D1727358

Krieg in der Geschichte
(KRiG)

Krieg in der Geschichte
(KRiG)

HERAUSGEGEBEN VON
HORST CARL · ISABELLE DEFLERS · CHRISTIAN KOLLER · KERSTIN VON LINGEN

BEGRÜNDET VON
STIG FÖRSTER · BERNHARD R. KROENER · BERND WEGNER · MICHAEL WERNER

WISSENSCHAFTLICHER BEIRAT
BRUNO BLECKMANN · OLIVIER CHALINE · LAURENCE COLE ·
KAREN HAGEMANN · MARTIN KINTZINGER · JUTTA NOWOSADTKO ·
ALARIC SEARLE · OSWALD ÜBEREGGER

BAND 116

KULTURKONTAKT KRIEG

BRILL | SCHÖNINGH

Katrin Brösicke

Kulturkontakt Krieg

Spanienbilder deutschsprachiger Teilnehmer am
spanischen Unabhängigkeitskrieg 1808–1814

2., durchgesehene und korrigierte Auflage

BRILL | SCHÖNINGH

Umschlagabbildung: Die Schlacht von Chiclana am 5. März 1811 (Ausschnitt), Gemälde von Louis-François, Baron Lejeune (1775-1848), Palast von Versailles (Wikimedia Commons/Public Domain).

Bibliografische Information der Deutschen Nationalbibliothek

Die Deutsche Nationalbibliothek verzeichnet diese Publikation in der Deutschen Nationalbibliografie; detaillierte bibliografische Daten sind im Internet über http://dnb.d-nb.de abrufbar.

Zugl. Dissertation an der Universität Rostock, Philosophische Fakultät, verteidigt im Jahr 2018.

2., durchgesehene und korrigierte Auflage

© 2023 Brill Schöningh, Wollmarktstraße 115, D-33098 Paderborn, ein Imprint der Brill-Gruppe
(Koninklijke Brill NV, Leiden, Niederlande; Brill USA Inc., Boston MA, USA; Brill Asia Pte Ltd, Singapore;
Brill Deutschland GmbH, Paderborn, Deutschland; Brill Österreich GmbH, Wien, Österreich)
Koninklijke Brill NV umfasst die Imprints Brill, Brill Nijhoff, Brill Hotei, Brill Schöningh, Brill Fink,
Brill mentis, Vandenhoeck & Ruprecht, Böhlau, V&R unipress und Wageningen Academic.

www.schoeningh.de

Einbandgestaltung: Evelyn Ziegler, München
Herstellung: Brill Deutschland GmbH, Paderborn

ISSN 2629-7418
ISBN 978-3-506-79285-3 (hardback)
ISBN 978-3-657-79285-6 (e-book)

Inhalt

Vorwort zur Reihe

Seit ihrer Gründung im Jahre 1999 hat die Reihe ›Krieg in der Geschichte‹ in zahlreichen Bänden illustriert, welch enorme Vielfalt an Fragestellungen und Perspektiven das Themenfeld Krieg generiert. Die Buchreihe thematisiert die Rolle des Krieges und des Militärs in verschiedenen historischen Perioden und Gesellschaften seit der Antike. Unter den Begriff Krieg fassen wir dabei die gesamte Bandbreite kriegerischer Konflikte zwischen konkurrierenden militärischen oder paramilitärischen Gruppen, Kampfeinheiten oder Staaten in all ihren Ausformungen, von auf Schlachtfeldern ausgetragenen Kämpfen bis hin zu hochtechnisierten Kriegsformen, welche auf die Zivilbevölkerung abzielen. Die historiographische Erforschung des Krieges kann nicht losgelöst vom Militär und der Zivilgesellschaft erfolgen. Die Herausgeberinnen und Herausgeber von ›Krieg in der Geschichte‹ sind methodologisch der neuen und kritischen Militärgeschichte verbunden, wie sie sich seit den 1990er Jahren auch im deutschsprachigen Raum entwickelt hat. Insbesondere von der Erweiterung um sozial-, alltags-, kultur-, mentalitäts- und geschlechterhistorische Perspektiven hat die Kriegs- und Militärgeschichte viel profitiert. Die Reihe sieht es als ihre Aufgabe, die enge Verknüpfung von Militär und Gesellschaft sichtbar zu machen und aufzuzeigen, wie die historisch unterschiedlichen militärischen Verbände in die zivile Gesellschaft eingebettet sind und von ihr geformt werden, umgekehrt auch in diese Gesellschaft stark normierend und reglementierend eingreifen. Ein derartiger Ansatz bedeutet nicht nur für die sogenannte ›Moderne‹, dass Beziehungen zwischen ›Front‹ und ›Heimat‹, gesellschaftliche Militarisierungsprozesse und Militarismus sowie die sozialen, wirtschaftlichen und gesellschaftlichen Folgen von Kriegen verstärkt in den Blick genommen werden. Darüber hinaus gilt es, die Verschränkung von ›Krieg‹ und ›Frieden‹ zu untersuchen und deshalb auch Nach- oder Zwischenkriegszeiten einzubinden. ›Krieg in der Geschichte‹ will Studien, die sich mit Ursachen, den Akteuren und Akteurinnen sowie den Auswirkungen von Kriegen in der Geschichte auseinandersetzen ebenso Raum geben wie technischen oder strategischen und operationalen Aspekten der Kriegsführung. Das Themenspektrum umfasst u. a. sozialhistorische Forschungen, die Strukturen und soziale Praxen des Militärs, die Auswirkungen des Krieges auf Soldatinnen und Soldaten, auf die Zivilbevölkerung oder den Alltag des Krieges in den Blick nehmen. Ebenso finden Untersuchungen ihren Platz in der Reihe, die Verknüpfungen von Krieg und Militär mit Normierungen von Geschlecht, zeitgenössischen Geschlechterordnungen oder der Verbindung von Gewalt und Geschlecht behandeln. ›Krieg in der Geschichte‹ will auch ein Forum für kulturgeschichtliche Zugänge bieten, welche den Krieg als Kultur beziehungsweise als Zerstörer von Kultur problematisieren oder der Frage nachgehen, wie verschiedene Medien Krieg visualisieren, kommentieren und propagieren. Emotions-, körper- und erfahrungsgeschichtliche Perspektiven, die Fragen der individuellen und gesellschaftlichen Traumatisierung oder die Verknüpfung von Gefühlen und kriegerischer Gewalt thematisieren, sind gleichfalls willkommen. Dasselbe gilt für Studien zu den umweltgeschichtlichen Dimensionen des Krieges. Im Rahmen der thematischen und methodologischen Vielfalt, welche die Reihe ›Krieg in der Geschichte‹ auszeichnet, finden Untersuchungen, die außereuropäische Schauplätze und globale Verflechtungen von Kriegen behandeln, hier ebenso ihren Ort. Publikationssprachen der Reihe sind Deutsch und Englisch.

Horst Carl
Maria Fritsche
Christa Hämmerle
Christian Koller

KAPITEL 1

Einleitung

> Der Absturz des Kampfhubschraubers der Bundeswehr in Afrika, der die beiden
> Besatzungsmitglieder das Leben kostete, erinnert die deutsche Öffentlichkeit
> an einen Einsatz, der sonst nur selten die Aufmerksamkeit und Anerkennung
> erfährt, die er verdient [...] Sie stellen sich zusammen mit Truppen anderer
> Länder dem islamistischen Terrorismus entgegen, der sich in jeder Staatsruine
> einzunisten versucht, die er finden kann.[1]

Krieg ist für viele Menschen in der Bundesrepublik Deutschland ein abstrakter
Terminus geworden, auch wenn in den Nachrichtensendungen immer
wieder Bilder und Mitteilungen aus Kriegsgebieten verbreitet werden. Durch
Meldungen wie die obige rückt jedoch die Tatsache ins Bewusstsein, dass
deutsche Soldaten in kriegerische Auseinandersetzungen involviert und
beim Einsatz von Friedensmissionen Gefahren ausgesetzt sind. Die Reaktion
der Öffentlichkeit auf solche Ereignisse ist für Politik und Militär nicht
unbedeutend, schließlich müssen Mandate für diese Einsätze gerechtfertigt
werden. Das öffentliche Interesse an Tragödien wie dem Absturz des Tiger-
Hubschraubers, aber auch der Tod von Soldaten bei Friedensmissionen im Allgemeinen, die militärische Kampfhandlungen nicht ausschließen, wird unter
anderem dadurch bestimmt, wie nah oder fern die jeweilige kriegerische Auseinandersetzung der Gesellschaft bzw. jedem Einzelnen erscheint, ihn betrifft
oder emotional berührt. Beeinflusst wird dieses Empfinden in erheblichem
Maße von der medialen Aufmerksamkeit, die den Ereignissen zuteilwird.
Nach dem Vorfall in Mali intensivierte sich beispielsweise die bis dahin kaum
wahrnehmbare Berichterstattung über den Einsatz der Bundeswehrsoldaten
in diesem Gebiet.

Generell lässt sich feststellen, dass militärische Auseinandersetzungen jeher
das Interesse der Öffentlichkeit erregen. Das bezieht sich sowohl auf den Verlauf der Kampfhandlungen als auch das Land oder die Region, in der sie sich
abspielen. In den verschiedenen Medien wurde und wird darüber berichtet
und damit zeitgleich ein Bild über die Ereignisse, aber auch über das Einsatzgebiet vermittelt. Der Einfluss der Medien auf die öffentliche Meinung bezüglich militärischer Einsätze ist dabei seit der Erfindung des Buchdrucks ständig

---

1   Kohler, Berthold: Die Hölle. Der Einsatz der Bundeswehr in Mali verdient nicht nur dann
    Anerkennung und Aufmerksamkeit, wenn er Opfer fordert, in: F.A.Z., 27.7.2017, http://www.
    faz.net/aktuell/politik/kommentar-kampf-in-mali-15124914.html (acc. 4.8.2017).

© BRILL SCHÖNINGH, 2023 | DOI:10.30965/9783657792856_002

gewachsen. Eine Reaktion darauf ist die gegenwärtige aktive Pressearbeit staatlicher Militärstrukturen oder die gezielte Einbeziehung ausgewählter Journalisten in die Berichterstattung über Kampfhandlungen.[2] Auf der Homepage der Bundeswehr gibt es inzwischen sogar eine Rubrik *Einsatztagebücher*, wo Bundeswehrsoldaten über ihre Einsätze berichten und dabei eine Vielzahl an landeskundlichen Informationen einflechten.[3] So soll nicht nur das eigene Image gepflegt, sondern vor allem ein bestimmtes Selbstverständnis in der Gesellschaft aufgebaut werden, deren Rückhalt man für die Einsätze benötigt.

Militärische Auseinandersetzungen werden heute von breiten Bevölkerungskreisen oft abgelehnt, was z. B. in Deutschland die Rekrutierung für die Bundeswehr nach Abschaffung der Wehrpflicht erschwert. Die öffentliche Meinung wird jedoch auch von anderer Seite beeinflusst. Neben Journalisten und offiziellen Berichterstattern treten immer wieder Teilnehmer an kriegerischen Auseinandersetzungen auf unterschiedlichen Wegen an die Öffentlichkeit – über Blogs, Facebook, in Interviews im Fernsehen oder auch auf dem klassischen Weg über einen Verlag.[4] Dies ist nicht ungewöhnlich, denn gerade in persönlichen Umbruch- oder Krisensituationen wie Kriegseinsätzen werden unterschiedliche Bewältigungsstrategien entwickelt, zu denen nicht zuletzt die Verschriftlichung des Erlebten gehört. Solche Umbruchsituationen führen zu einer höheren „Quellendichte"[5], die ein differenziertes, oft über die Kampfhandlungen hinaus gehendes Bild entstehen lässt.[6] Wie Bertrand

---

2 Vgl. u. a.: Bundesministerium der Verteidigung: Bundeswehr. Wir. Dienen. Deutschland (2014), http://www.einsatz.bundeswehr.de/portal/poc/einsatzbw?uri=ci%3Abw.bwde_ein satzbw.aktuelle_einsaetze.afghanistan (acc. 29.12.2014).

3 Vgl.: Bundesministerium der Verteidigung: Einsatz Bundeswehr. Einsatztagebücher (2017), http://www.einsatz.bundeswehr.de/portal/a/einsatzbw/start/aktuelle_einsaetze/ein satztagebuecher/!ut/p/z1/04_Sj9CPykssyoxPLMnMzovMAfIjo8zinSx8QnyMLI2MQi y8DAwcTXwtzJxC3Y0NvA31wwkpiAJKG-AAjgb6wSmp-pFAM8xxmuFsoh-sH6UflZV Yllih V5BfVJKTWqKXmAxyoX5kRmJeSk5qQH6yIoSgIDei3KDcUREASek6fA!!/dz/d5/ L2dBISEvZoFBIS9nQSEh/#Z7_B8LTL2922T8Joo A4M86BUG3oC4 (acc. 4.8.2017).

4 Zur Rolle der Medien in Bezug auf die Verbreitung von Kriegserlebnissen siehe: Roering, Johanna: Krieg bloggen. Soldatische Kriegsberichterstattung in digitalen Medien. (Kultur- und Medientheorie). Bielefeld 2014; Tonn, Horst: Medialisierung von Kriegserfahrungen, in: Schild/Schindling (Hg.): Kriegserfahrungen. Krieg und Gesellschaft in der Neuzeit. Neue Horizonte der Forschung (Krieg in der Geschichte, Bd. 55). Paderborn 2009, S. 103-133.

5 Baberowski beschreibt den Sachverhalt für Umbruchsituationen in Bezug auf Repräsentationssysteme. Es lässt sich jedoch grundsätzlich bei Situationen mit diskursiven Brüchen beobachten, wozu auch Kriege zählen. Vgl.: Baberowski, Jörg: Dem Anderen begegnen: Repräsentationen im Kontext, in: Baberowski u. a. (Hg.): Dem Anderen begegnen. Eigene und fremde Repräsentation in sozialen Gemeinschaften (Eigene und fremde Welten, Bd. 10). Frankfurt am Main u. a. 2008, S. 13.

6 Hahn und Hahn vertreten die These, dass besonders in Umbruchsituationen eine intensive öffentliche Kommunikation stattfinde. Vgl.: Hahn, Hans H./Hahn, Eva: Nationale

Gilles betont, erzeugen gerade Kriegssituationen „noch wirksamere Bilder, die danach selbst in Friedenzeiten nicht verschwinden."[7] Die Betroffenen setzen sich mit dem Erlebten auseinander und schreiben es mit zeitlicher Verzögerung aus persönlicher Sicht in das kommunikative und kulturelle Gedächtnis[8] der jeweiligen Gesellschaft ein. Dies kann je nach Empfinden und gesellschaftlicher Situation zeitnah oder gegen Ende ihres Lebens erfolgen. So finden sich gegenwärtig Publikationen zum Kosovo-Konflikt, Irak- und Afghanistaneinsatz, aber auch vermehrt Erinnerungsberichte von Teil-nehmern am Zweiten Weltkrieg.[9] Auf dieses Weise können bestimmte Ein-satzgebiete wie Afghanistan im gesellschaftlichen Bewusstsein sogar präsenter sein als z. B. neuere Einsätze wie der in Mali. Neben der dabei beschriebenen und besonders in der medialen Berichterstattung herausgestellten Gewalt, die mitunter auf das Bild einer ganzen Region, Religion und Kultur projiziert wird, gehört zu den Einsätzen aber auch ein Alltag, in dem Menschen verschiedener regionaler und kultureller Prägung aufeinandertreffen und – wenn auch in

Stereotypen. Plädoyer für eine historische Stereotypenforschung, in: Hahn (Hg.): Stereotyp, Identität und Geschichte. Die Funktion von Stereotypen in gesellschaftlichen Diskursen (Mitteleuropa – Osteuropa. Oldenburger Beiträge zur Kultur und Geschichte Ostmittel-europas, Bd. 5). Frankfurt am Main u. a. 2002, S. 51.

7   Bertrand, Gilles: Der Diskurs der Reisenden, in: Bauerkämper u. a. (Hg.): Die Welt erfahren. Reisen als kulturelle Begegnung von 1780 bis heute. Frankfurt am u. a. 2004, S. 306.

8   „Das ‚kommunikative Gedächtnis‘ bezeichnet [...] die eigensinnige Verständigung der Gruppenmitglieder darüber, was sie für ihre Vergangenheit im Wechselspiel mit der Groß-erzählung der Wir-Gruppe halten und welche Bedeutung sie dieser beilegen. ‚Kulturelles‘ und ‚kommunikatives Gedächtnis‘ sind [...] nur analytisch zu trennen; in der Erinnerungs-praxis der Individuen und sozialen Gruppen hängen ihre Formen und Praktiken miteinander zusammen, weshalb sich die Gestalt des ‚kulturellen Gedächtnisses‘ auch – zumindest über längere Zeitabschnitte hinweg – wandelt, indem bestimmte Aspekte ab- und andere auf-gewertet und wieder andere neu hinzugefügt werden." Welzer, Harald: Das kommunikative Gedächtnis. Eine Theorie der Erinnerung. (Becksche Reihe, Bd. 1669). 2. Aufl., München 2008, S. 15. Weiterführend zum kulturellen Gedächtnis siehe: Assmann, Aleida: Der lange Schatten der Vergangenheit. Erinnerungskultur und Geschichtspolitik. (Schriftenreihe bpb, Bd. 633). Lizenzausg., Bonn 2007.

9   Siehe u. a.: Clair, Johannes: Vier Tage im November. Mein Kampfeinsatz in Afghanistan. 5. Aufl., erweiterte Ausg., Berlin 2017; Buske, Rainer: Kunduz. Ein Erlebnisbericht über einen militärischen Einsatz der Bundeswehr in Afghanistan im Jahre 2008. Berlin 2015; Hahmann, Ernst-Ulrich: Mit neunzehn im Kessel von Stalingrad. Tatsachenbericht. Berlin 2015; Zinke, Josef: Als Bäcker im Krieg. Zeitzeugenbericht. 1. Aufl., Halle 2012; Groos, Heike: Ein schöner Tag zum Sterben. Als Bundeswehrärztin in Afghanistan. (Fischer-Taschenbuch, Bd. 18502). Frankfurt am Main 2011; Matijević, Daniela: Mit der Hölle hätte ich leben können. Als deutsche Soldatin im Auslandseinsatz. 2. Aufl., München 2011; Eckhold, Robert: Fall-schirmjäger in Kunduz. Wir kamen, um zu helfen und erlebten den perfiden Terror! 2. Aufl., Limbach-Oberfrohna 2010; Kuhlen, Kay: Um des lieben Friedens willen. Als Peacekeeper im Kosovo. 4. überarb. Aufl., Eschede 2009.

unterschiedlichem und teilweise sehr begrenztem Rahmen – in Austausch miteinander treten, wie z. B. auch der im Pressebereich eingesetzte Oberstfeldwebel Peter B. in seinem Einsatztagebuch hervorhebt.[10] Dieser speziellen Art von Austausch wird in der vorliegenden Arbeit nachgegangen.

1.1   Erkenntnisinteresse Kulturkontakt unter Kriegsbedingungen

Wenn in dieser Arbeit von Austausch die Rede ist, dann wird darunter im Sinne Peter Burkes „eine Folge von Begegnungen"[11], also von Kontakten verstanden, aus der sich in unterschiedlichem Maße und Verhältnis Austausch ergibt. Dabei treffen verschiedene Auffassungen und Handlungsmuster aufeinander, die kulturell gebunden sind.

> In der Kultur repräsentiert sich unsere spezifische Einstellung zur Welt und zu uns selbst; wir finden Kultur als etwas von unseren Vorgängern konkret Geschaffenes immer schon vor: wir beteiligen uns – zusammen mit vielen anderen – an ihrer Erhaltung und Veränderung; wir ‚bewohnen' sie als einen bedeutsamen Raum unserer Welt; sie ist Teil von uns, unser ‚Zuhause', und kann uns dennoch jederzeit ‚fremd' werden.[12]

Kultur kann somit als ein Sinnhorizont begriffen werden, in dem Subjekte handeln, als ein Deutungsrahmen, der von Subjekten geschaffen wird und von ihnen erweitert oder verändert werden kann – letztlich als ein Ordnungssystem, das kontinuierlichem Wandel unterliegt.[13] Obwohl der individuelle Sinnhorizont subjektiv spezifische Modifikationen aufweist, kann er (je nach Abstraktionsgrad) zu einem einigenden Moment avancieren, z. B. zur Identifikation einer Gruppe im Rahmen des Nationenbildungsprozesses.[14]

---

10   B., Peter: Einsatztagebuch MINUSMA Teil 5: Danke und „Auf Wiedersehen." (2014), http:// www.einsatz.bundeswehr.de/portal/a/einsatzbw/start/aktuelle_einsaetze/mali/!ut/p/z1/ hY_LCsIwEEX_qJNE-102FrFQivSlzUZCG2qlJiXE4sKPNoVoV5zFhbl35gwDDM7AJJ-Hnpt BST7avmHehQZpmZKQkBLTHUryuqrqaoexh6CGo78RZmOoUhGCohPQWIa_znChAA asEo6rpDCLGiHNYLXX3CjtTEqbcUkeWtvEGTpoEI4p9rffU_gVHlwahWRD4oTmC_DGZ _787fJ2eRqaK5fdKI6qjT7GdN8HWeb2bxorMbw!/dz/d5/L2dBISEvZoFBIS9nQSEh/#Z7_ B8LTL2922T1BC0IRVUUVUC1165 (acc. 4.8.2017).

11   Burke, Peter: Kultureller Austausch, in: Burke (Hg.): Kultureller Austausch (Erbschaft unserer Zeit, Bd. 8). Frankfurt am Main 2000, S. 28.

12   Soeffner, Hans-Georg: Kulturmythos und kulturelle Realität(en), in: Soeffner (Hg.): Kultur und Alltag (Soziale Welt, Sonderband 6). Göttingen 1988, S. 3.

13   Vgl.: ebd., S. 12.

14   Hahn beschreibt diesen Prozess im Zusammenhang mit der Zuschreibung von Fremdheit in der modernen Gesellschaft unter dem Terminus „Generalisierung der Fremdheit".

Allerdings – „Was das Eigene und das Fremde ist, [...] zeigt sich erst in der Begegnung."[15] Begegnungen und Austausch werden daher in der vorliegenden Arbeit begrifflich als Kulturkontakte gefasst. Die Bedingungen, unter denen Kulturkontakte stattfinden, können allerdings sehr vielfältig sein und wirken sich auf die Wahrnehmung und Rezeption der Begegnung aus. Kulturkontakte im Rahmen von diplomatischen Verhandlungen oder missionarischer Tätigkeit zu untersuchen, sind bekannte Forschungsfelder.[16] Den Ausgangspunkt für möglichen Kulturkontakt bilden in dieser Arbeit Krieg bzw. kriegerische Auseinandersetzungen in der Zeit der aufkommenden Massenheere und die Frage, ob bzw. inwiefern eine spezifische Form von Kulturkontakten mit solchen Auseinandersetzungen einhergeht.

Generell – und im Falle militärischer Auseinandersetzungen besonders – gilt, dass die Begegnung, der Kontakt mit Unbekanntem dazu führt, sich abzugrenzen, sich selbst und den eigenen Sinnhorizont zu definieren. Das Fremde wird somit zu einem unverzichtbaren Element der Selbstbeschreibung,[17] um „ein Gegenüber zu haben, an dem [...] [man, K.B.] sich abarbeiten kann."[18] Die Frage ist, wie sich solche Begegnungen und Austausche unter Kriegsbedingungen auf die Fremdwahrnehmung auswirken und die Fremdbildvermittlung beeinflussen.

In der Forschung wurde der Schwerpunkt bei der Untersuchung der Fremdwahrnehmung lange Zeit auf die Begegnungen von Europäern mit der außereuropäischen Fremde[19] gelegt – zum einen eine logische Konsequenz aus

---

Münkler und Ladwig nennen diese Abstraktion (bezogen auf den Nation-building-Prozess) eine „Kettenreaktion sekundärer Fremdheitskonstruktionen." Hahn, Alois: Die soziale Konstruktion des Fremden, in: Sprondel (Hg.): Die Objektivität der Ordnungen und ihre kommunikative Konstruktion. Für Thomas Luckmann (Suhrkamp-Taschenbuch Wissenschaft, Bd. 1140). 1. Aufl., Frankfurt am Main 1994, S. 162-163; Münkler, Herfried/ Ladwig, Bernd: Einleitung: Das Verschwinden des Fremden und die Pluralisierung der Fremdheit, in: Münkler (Hg.): Die Herausforderung durch das Fremde (Interdisziplinäre Arbeitsgruppen: Forschungsberichte, Bd. 5). Berlin 1998, S. 19.

15 Baberowski: Dem Anderen begegnen, S. 10.
16 Siehe u. a.: Burschel, Peter: Die Audienz. Ritualisierter Kulturkontakt in der Frühen Neuzeit. Köln u. a. 2014; Friedrich, Markus/Schunka, Alexander (Hg.): Reporting Christian Missions in the Eighteenth Century. Communication, Culture of Knowledge and Regular Publication in a Cross-Confessional Perspective (Jabloniana, Bd. 8). Wiesbaden 2017; Li, Wenchao: Die christliche China-Mission im 17. Jahrhundert. Verständnis, Unverständnis, Missverständnis. Eine geistesgeschichtliche Studie zum Christentum, Buddhismus und Konfuzianismus. (Studia Leibnitiana: Supplementa, Bd. 32). Stuttgart 2000.
17 Vgl.: Hahn: Soziale Konstruktion des Fremden, S. 142.
18 Baberowski: Dem Anderen begegnen, S. 10.
19 Zum Begriff der außereuropäischen Fremde siehe: Osterhammel, Jürgen: Gastfreiheit und Fremdenabwehr. Interkulturelle Ambivalenzen in der Frühen Neuzeit, in: Münkler

der Zeit des Kolonialismus, gleichzeitig aber auch ein sehr moderner Ansatz im Sinne der Bemühungen, das europäische Bewusstsein zu stärken. Doch auch der oft beschworene europäische Sinnhorizont ist kein einheitlicher, sondern weist in sich vielschichtige Fremdheiten auf, die nicht zuletzt in Krisensituationen und über kriegerische Auseinandersetzungen offenbar wurden und werden.[20] Die vorliegende Arbeit widmet sich dem Aspekt der Reflexion und Darstellung innereuropäischer[21] Fremdheit am Beispiel einer spezifischen Auseinandersetzung im europäischen Raum: dem spanischen Unabhängigkeitskrieg von 1808 bis 1814 – einem Zeitraum, in dem sich neue Kommunikationsstrukturen zu entwickeln begannen und die Presse sich um eine Erweiterung ihrer Leserschaft bemühte. Gleichzeitig veränderte sich auch das Selbstwertgefühl von Kriegsteilnehmern, was sich in einer Zunahme publizierter Berichte zeigt.[22] Sie stellten eine wesentliche Informationsquelle für die Daheimgebliebenen dar. Am Beispiel von Zeugnissen deutschsprachiger Teilnehmer am spanischen Unabhängigkeitskrieg wird eine mögliche fremdbildvermittelnde Funktion von Kriegsteilnehmern und ihren Berichten in Bezug auf das Spanienbild im deutschsprachigen Raum untersucht. Die Quellen weisen die Besonderheit auf, dass deutschsprachige Kriegsteilnehmer sowohl auf französischer als auch als Verbündete des spanischen Widerstands unter britischer Flagge kämpften, was die Perspektive erweitert. Um diese Vielschichtigkeit eines im deutschsprachigen Raum heute außerhalb militärischer und künstlerischer Kreise kaum erinnerten Krieges in den Blick nehmen zu können, ist in einem ersten Schritt neben einem Abriss zur Entwicklung des Spanienbildes im deutschsprachigen Raum der Kriegsverlauf überblicksartig darzustellen und der Weg/ die Rekrutierung der deutschsprachigen Teilnehmer

---

       (Hg.): Furcht und Faszination. Facetten der Fremdheit (Studien und Materialien der Interdisziplinären Arbeitsgruppe: Die Herausforderung durch das Fremde, der Berlin-Brandenburgischen Akademie der Wissenschaften). Berlin 1997, S. 381.

20   So erläutert Eibach, dass z. B. die Wahrnehmung des Osmanischen Reiches im europäischen Raum lange Zeit durch kriegerische Auseinandersetzungen geprägt war. Vgl.: Eibach, Joachim: Annäherung – Abgrenzung – Exotisierung: Typen der Wahrnehmung „des Anderen" in Europa am Beispiel der Türken, Chinas und der Schweiz (16. bis frühes 19. Jahrhundert), in: Eibach/Carl (Hg.): Europäische Wahrnehmungen 1650-1850. Interkulturelle Kommunikation und Medienereignisse (The Formation of Europe/Historische Formationen Europas, Bd. 3). Hannover 2008, S. 24.

21   Zum Begriff der innereuropäischen Fremde siehe: Osterhammel: Gastfreiheit und Fremdenabwehr, S. 381.

22   Yuval Noah Harari verweist auf das veränderte Selbst- und Sendungsbewusstsein von Subalternen im Zeitalter der aufkommenden Massenheere sowie die daraus resultierende vermehrte Publikation ihrer Berichte, deren Auswirkungen bis in die Gegenwart reichen. Vgl.: Harari, Yuval Noah: The Ultimate Experience. Battlefield Revelations and the Making of Modern War Culture, 1450-2000. Basingstoke 2008, S. 191-196.

für die Einsätze auf der Iberischen Halbinsel nachzuzeichnen. Als Folie dient ein – im Gegensatz zu gegenwärtigen militärischen Auseinandersetzungen – abgeschlossener Prozess, der von einer Gewaltspirale bis dahin unbekannten Ausmaßes geprägt war.

1.2 Ausgangspunkt Krieg

Über Jahrhunderte hinweg war der Kriegsdienst für viele junge Männer ein Weg, häuslicher Enge oder wirtschaftlicher Not zu entfliehen. Kriegsdienst galt nicht selten als Abenteuer, als Reisemöglichkeit in ferne Gegenden, oft mit unbekanntem Ziel. So war „die gewöhnliche bedeutung von reise in der ältern sprache ‚aufbruch zum kriege, der kriegszug selbst' [...] im 16. jahrh. noch sehr gebräuchlich"[23] [sic!]. Wie Ralf Pröve bemerkt, waren es im 18. Jahrhundert gerade Militärangehörige, die freiwillig oder unfreiwillig zu Reisenden wurden, dabei einen unmittelbareren Eindruck von Fremde erhielten und deren „Austausch von Sinn- und Bedeutungsstiftungen, [...] überdies oftmals nachhaltigere Wirkung erzielte als die wohlformulierten und dickleibigen Bücher innerhalb des dünnen Firnis' der europäischen Intellektuellenschicht."[24] Dennoch habe man die Quellengruppe unter dieser Perspektive bisher eher vernachlässigt.[25] Auch zu Beginn des 19. Jahrhunderts empfanden sich Kriegsteilnehmer oft als Reisende, nach Einführung der Konskription in weiten Teilen Europas allerdings zunehmend unfreiwillig.[26] In der Tat sind Kriegsteilnehmer Reisende, wenn auch unter spezifischen Bedingungen.

> Die Reise ist ein Bewegungsmodus, der die Aufmerksamkeit von Reisenden [...] schärft. Wer auf Reisen geht, gelangt über sich hinaus. Der Reisende entdeckt eine neue Welt, er lernt, die eigene Welt auf neue Weise zu sehen, und er vermittelt auch jenen, die nicht reisen, eine Vorstellung davon, dass die Welt größer und bunter ist als sie erwartet hatten.[27]

---

23 Trimberg, Hugo v.: Reise, in: Grimm/Grimm (Hg.): Deutsches Wörterbuch. Bd. 14 (1893), Online-Version, Sp. 718, http://woerterbuchnetz.de/cgi-bin/WBNetz/wbgui_py?sigle=DWB&mode=Vernetzung&lemid=GR03888#XGR03888 (acc. 19.1.2011).

24 Pröve, Ralf: Unterwegs auf Kosten der Kriegskasse. Formen des sozialen Kulturtransfers im Europa des 18. Jahrhunderts, in: Kroener/Strauß (Hg.): Lebenswelten. Militärische Milieus in der Neuzeit. Gesammelte Abhandlungen (Herrschaft und soziale Systeme in der Frühen Neuzeit, Bd. 11). Berlin 2010, S. 145.

25 Zur den Ausführungen Pröves siehe: ebd., S. 143-154.

26 Zum französischen Konskriptionssystem, dessen Adaptionen in den Rheinbundstaaten und zum britischen Rekrutierungssystem siehe Kapitel 2.2.3 und Kapitel 2.2.4.

27 Baberowski: Dem Anderen begegnen, S. 12.

Das gilt in gewisser Weise auch für die Deutschsprachigen, die die Iberische Halbinsel als Teilnehmer am spanischen Unabhängigkeitskrieg unter Kriegsbedingungen kennenlernten. Ausgangspunkt für die vorliegende Arbeit ist die These, dass im Kriegseinsatz nicht allein Kampfhandlungen bzw. das Kriegsgeschehen an sich wahrgenommen werden. Kriegseinsatz bedeutet zugleich Raum für bzw. die Notwendigkeit von Kontakten im Einsatzgebiet auf unterschiedlichsten Ebenen. Dies ist verbunden mit der Wahrnehmung, Aneignung und/ oder Ablehnung der angetroffenen Kultur, was es später zu verarbeiten gilt.

Ähnlich wie Kriege verlaufen auch Kulturkontakte in den seltensten Fällen symmetrisch, also auf der Ebene gleicher Parteien, zumal, wenn sie sich unter Kriegsbedingungen vollziehen. Auch Kulturkontakte sind meist von Asymmetrien gekennzeichnet.[28] Die Parteien verfügen über unterschiedliche Ressourcen, Erfahrungen und Wissen, was sie zu ungleichen Partnern macht. Unter Kriegsbedingungen erweitert sich diese Ungleichheit um unausgeglichene Machtverhältnisse. Kriegsteilnehmer, die in einem fremden Gebiet zum Einsatz kommen, sind in gewisser Hinsicht Reisende, die gewaltsam in bestehende Ordnungssysteme eindringen.[29] Als Beispiel sei die früher übliche Unterbringung von Soldaten in Privatquartieren genannt, wo man von ihnen als dominierendem Part im Verhältnis zu den Einheimischen ausgeht. In Anlehnung an Bogner ist jedoch zu prüfen, ob es sich hier nicht eher um ein Machtdifferenzial handelt, welches „durch ein ungleiches Verhältnis der (meist) wechselseitigen Angewiesenheit"[30] gekennzeichnet ist und ob diese

---

28 Die Begriffe der Asymmetrie und Symmetrie sind der Forschung Münklers entnommen und werden im Folgenden im Rahmen von Kriegshandlungen auf die Analyse von Kulturkontakten angewandt. Eibach verweist im Zusammenhang mit der Wahrnehmung von Fremdheit darauf, dass interkulturelle Beziehungen immer asymmetrisch seien. Vgl.: Münkler, Herfried: Die neuen Kriege. 5. Aufl., Reinbek bei Hamburg 2003; Eibach: Annäherung – Abgrenzung – Exotisierung, S. 23.

29 Simmel widmet sich in seinem „Exkurs über den Fremden" dem Fremden im Sinne von Wanderer. Diese Art des Reisenden ist jedoch nicht mit Kriegsteilnehmern zu vergleichen, da die Bedingungen für deren „Wanderung" andere sind und die Länge ihres Aufenthalts im jeweiligen Gebiet nicht ohne Weiteres vom Gastgebenden beeinflusst werden kann. Schütz untersucht die soziale Situation des Immigranten innerhalb einer Gesellschaft, was jedoch ebenso wenig auf diese Kriegsteilnehmer zutrifft, da sie in der Regel nicht beabsichtigten, sich in Spanien niederzulassen und langfristig zu integrieren. Vgl.: Simmel, Georg: Exkurs über den Fremden, in: Rammstedt (Hg.): Gesamtausgabe: Georg Simmel. Bd. 11: Soziologie: Untersuchungen über die Formen der Vergesellschaftung. 1. Aufl., Frankfurt am Main 1992; Schütz, Alfred: Der Fremde, in: Brodersen (Hg.): Gesammelte Aufsätze: Alfred Schütz, Bd. 2: Studien zu soziologischen Theorie. Den Haag 1972, S. 53-69.

30 Bogner, Artur: Gewaltkonflikte und Wandel sozialer Fremdheit in Nordghana, in: Münkler (Hg.): Die Herausforderung durch das Fremde (Interdisziplinäre Arbeitsgruppen: Forschungsberichte, Bd. 5). Berlin 1998, S. 204.

Art der asymmetrischen Verschiebung in den Zeugnissen Spuren hinterlassen hat. Im Zentrum dieser Arbeit steht daher die individuelle reflexive Fremd- und Selbstbeschreibung von Kriegsteilnehmern und das dabei entstehende spezifische Bild ihrer Einsatzregion, ausgelöst durch Kulturkontakte im Rahmen ihrer militärischen Zugehörigkeit und Aufgaben – ein von der Militärgeschichtsforschung eher vernachlässigtes Feld.[31]

Stand früher vor allem der Krieg als operativer und politischer Prozess im Mittelpunkt der Militärgeschichte, wird heute auch im deutschsprachigen Raum Selbstzeugnissen (nicht nur von Offizieren) zunehmend Aufmerksamkeit geschenkt. Die Perspektive ist dabei jedoch meist auf die Wahrnehmung des Krieges an sich, auf Kriegs- und Gewalterfahrung sowie neuerdings auch auf die Kriegslandschaft gerichtet – nicht jedoch auf kulturell fremdbildvermittelnde Aspekte.[32] Vorrangig werden dabei das 18. Jahrhundert sowie der 1. und 2. Weltkrieg genauer beleuchtet, weniger der Zeitraum um die Wende vom 18. zum 19. Jahrhundert. Für den Zeitraum der Befreiungskriege wurde

31 Eine Ausnahme bildet die Arbeit von Marc Höchner, in der er die Thematik des Kulturtransfers in Bezug auf schweizerische Söldneroffiziere im 18. Jahrhundert in einem Unterkapitel überblicksartig beleuchtet. Alexander Will setzt sich in einem Aufsatz mit der Wahrnehmung von Offizieren im Orient auseinander. Im Zentrum steht jedoch auch bei ihm die militärische Perspektive, nicht der Kulturkontakt in Hinsicht auf die Fremdbildvermittlung einer Region oder eines Landes. Höchner, Marc: Selbstzeugnisse von Schweizer Söldneroffizieren im 18. Jahrhundert. (Herrschaft und soziale Systeme der frühen Neuzeit, Bd. 18). Göttingen 2015; Will, Alexander: Grenzerfahrungen beim Waffenbruder. Offiziere der Mittelmächte im Orient 1914-1918, in: Penth u. a. (Hg.): Die Grenzen Europas. St. Ingbert 2006, S. 141-155.

32 Siehe u. a.: Behrends, Jan C.: Afghanistan als Gewaltraum. Sowjetische Soldaten erzählen vom Partisanenkrieg, in: Penter/Meier (Hg.): Sovietnam. Die UdSSR in Afghanistan 1979-1989. Paderborn 2017, S. 141-159; Schmiedel, David: „Du sollst nicht morden". Selbstzeugnisse christlicher Wehrmachtssoldaten aus dem Vernichtungskrieg gegen die Sowjetunion. Frankfurt u. a. 2017; Schaar, Sebastian: Wahrnehmung des Weltkrieges. Selbstzeugnisse Königlich Sächsischer Offiziere 1914 bis 1918. (Zeitalter der Weltkriege, Bd. 11). Paderborn 2014; Nübel, Christoph: Durchhalten und Überleben an der Westfront. Raum und Körper im Ersten Weltkrieg. (Zeitalter der Weltkriege, Bd. 10). Paderborn 2014; Kroll, Stefan: Soldaten im 18. Jahrhundert zwischen Friedensalltag und Kriegserfahrung. Lebenswelten und Kultur in der kursächsischen Armee 1728-1796. (Krieg in der Geschichte, Bd. 26). Paderborn 2006; Neitzel, Sönke/Welzer, Harald: Soldaten. Protokolle vom Kämpfen, Töten und Sterben. (Schriftenreihe bpb, Bd. 1139). Lizenzausgabe, Bonn 2011; Herrmann, Ulrich/Müller, Rolf-Dieter (Hg.): Junge Soldaten im Zweiten Weltkrieg. München 2010; Hagemann, Karen: 'Unimaginable Horror and Misery'.The Battle of Leipzig in October 1813 in Civilian Experience and Perception, in: Forrest u. a. (Hg.): Soldiers, Citizens and Civilians. Experiences and Perceptions of the Revolutionary and Napoleonic Wars, 1790-1820 (War, Culture and Society, 1750-1850). Basingstoke u. a. 2009, S. 157-178; Kühne, Thomas/Ziemann, Benjamin: Militärgeschichte in der Erweiterung. Konjunkturen, Interpretationen, Konzepte, in: Kühne/Ziemann (Hg.): Was ist Militärgeschichte? (Krieg in der Geschichte, Bd. 6). Paderborn u. a. 2000, S. 36.

kulturgeschichtlich damit begonnen, dem individuellen Blickwinkel deutschsprachiger Militärangehöriger nachzuspüren, jedoch nicht mit Schwerpunkt
auf deren Alteritätsvorstellungen.[33] Deutschsprachigen Kriegsteilnehmern
am spanischen Unabhängigkeitskrieg wurde bisher keine größere Beachtung
geschenkt.[34] In der französischen und britischen Forschung werden Selbstzeugnisse von französischen, britischen und teilweise spanischen Teilnehmern
in Hinsicht auf die Rekonstruktion des Kriegs- und Schlachtenablaufs, des

33   Ein neuer, erfahrungs- und erinnerungsgeschichtlicher Ansatz wurde im Forschungs-
      projekt der britisch-deutschen Projektgruppe Nations, Borders Identities – The
      Revolutionary and Napoleonic Wars in European Experiences and Memories (NBI)
      gewählt, die es sich zur Aufgabe gemacht hat, in einer Langzeitperspektive von 1792
      bis 1945 die Wahrnehmung der Revolutions- und Napoleonischen Kriege bezüglich
      der gegenseitigen Abhängigkeit von Erfahrung, Erinnerung und Krieg zu untersuchen
      und den sich verändernden Sichtweisen nachzugehen. International Research Project,
      Working Group and Network: Nations, Borders, Identities. The Revolutionary and
      Napoleonic Wars in European Expierences and Memories (2004-2009), 1.8.2009, http://
      www.unc.edu/nbi/index.htm (acc. 6.5.2013). Zu unter erfahrungsgeschichtlichen Blick-
      winkeln untersuchten Selbstzeugnissen für den Zeitraum der Napoleonischen Kriege
      im deutschsprachigen Raum siehe u. a.: Forrest, Alan u. a. (Hg.): War Memories. The
      Revolutionary and Napoleonic Wars in Modern European Culture. Basingstoke u. a.
      2012; Carl, Horst: Krieg lehrt beten – Kriegserfahrungen und Religion in Nordwesteuropa
      um 1800, in: Planert (Hg.): Krieg und Umbruch in Mitteleuropa um 1800. Erfahrungs-
      geschichte(n) auf dem Weg in eine neue Zeit (Krieg in der Geschichte, Bd. 44). Paderborn
      u. a. 2009, S. 201-217; Günther, Dagmar: Napoleonische Herrschaft und Befreiungskriege
      in der autobiographischen Erinnerung deutscher Bildungsbürger im Kaiserreich, in:
      Planert (Hg.): Krieg und Umbruch in Mitteleuropa um 1800. Erfahrungsgeschichte(n) auf
      dem Weg in eine neue Zeit (Krieg in der Geschichte, Bd. 44). Paderborn u. a. 2009, S. 359-
      376; Forrest, Alan u. a. (Hg.): Soldiers, Citizens and Civilians. Experiences and Perceptions
      of the Revolutionary and Napoleonic Wars, 1790-1820 (War, Culture and Society, 1750-
      1850). Basingstoke 2009; Maier, Gregor: Erfahrungsweisen von Krieg und Umbruch im
      Bistum Straßburg 1802-1813, in: Planert (Hg.): Krieg und Umbruch in Mitteleuropa um
      1800. Erfahrungsgeschichte(n) auf dem Weg in eine neue Zeit (Krieg in der Geschichte,
      Bd. 44). Paderborn u. a. 2009, S. 183-199; Planert, Ute: Der Mythos vom Befreiungskrieg.
      Frankreichs Kriege und der deutsche Süden. Alltag – Wahrnehmung – Deutung. 1792-1841.
      (Krieg in der Geschichte, Bd. 33). Paderborn 2007; Murken, Julia: Bayerische Soldaten im
      Russlandfeldzug 1812. Ihre Kriegserfahrungen und deren Umdeutungen im 19. und 20.
      Jahrhundert. (Schriftenreihe zur bayerischen Landesgeschichte, Bd. 147). München 2006.
34   Eine Ausnahme bildet Voigtländer. Er hat für den von der Verfasserin gewählten Zeit-
      raum vereinzelt relevante Zeugnisse deutschsprachiger Soldaten auf der Iberischen
      Halbinsel herangezogen, sie aber nur in Hinblick auf Gewalterfahrung in Gefangenschaft
      untersucht. Voigtländer, Lutz: Vom Leben und Überleben in Gefangenschaft. Selbst-
      zeugnisse von Kriegsgefangenen 1757 bis 1814. Freiburg im Breisgau 2005. Ansätze einer
      individuellen Betrachtungsweise finden sich bei Kürbis, die jedoch nicht weiter verfolgt
      wurden. Kürbis, Holger: Erinnerungen und Tagebücher – Die preußische Sicht auf den
      spanischen Unabhängigkeitskrieg 1808-1814, in: Luh u. a. (Hg.): Preußen, Deutschland
      und Europa 1701 bis 2001 (Baltic Studies, Bd. 8). Groningen 2003.

Kriegsalltags, der Kriegserfahrung, der Rekrutierung und Gewaltentgrenzung herangezogen.[35] In der spanischen Forschung dominieren Überblicksdarstellungen, Schlachtverläufe, Arbeiten zum Thema Gewaltentgrenzung und Gender sowie die Aufarbeitung des stark regional gebundenen antinapoleonischen Widerstands in Verbindung mit dem Nationenbildungsprozess sowie die Rolle Josephs I. und seiner Anhänger.[36] Auch die Lebenswege

---

35   Siehe u. a.: Daly, Gavin: The British Soldier in the Peninsular War. Encounters with Spain and Portugal. 1808-1814. (War, Culture and Society, 1750-1850). 1. Aufl., Basingstoke 2013; Petiteau, Natalie: Survivors of War: French Soldiers and Veterans of the Napoleonic Armies, in: Forrest u. a. (Hg.): Soldiers, Citizens and Civilians. Experiences and Perceptions of the Revolutionary and Napoleonic Wars, 1790-1820 (War, Culture and Society, 1750-1850). Basingstoke u. a. 2009, S. 43-58; Esdaile, Charles J.: Peninsular Eyewitnesses. The Expierence of War in Spain and Portugal 1808-1813. Barnsley 2008; Lorblanchès, Jean-Claude: Les soldats de Napoléon en Espagne et au Portugal. 1807-1814. Paris u. a. 2007; Petiteau, Natalie: Lendemains d'Empire. Les soldats de Napoléon dans la France du XIXe siècle. Paris 2003; Fletcher, Ian: Voices from the Peninsula. Eyewitness Accounts by Soldiers of Wellington's Army, 1808-1814. London 2001; Hibbert, Christopher (Hg.): A Soldier of the Seventy-First. The Journal of a Soldier in the Peninsular War. 2. Aufl., Moreton-In-Marsh, Gloucestershire 1996.

36   Siehe u. a.: Chust Calero, Manuel (Hg.): Valencianos en revolución. 1808-1821 (Histiòria, Bd. 171). València 2015; Bordes, Juan u. a.: Goya, cronista de todas las guerras "Los Desastres" y la fotografía de guerra. Berlin u. a. 2012; Bartolomé Gómez, Jesús (Hg.): Los desastres de la guerra. Mirada, palabra e imagen (Manuales. Cultura y filología clásica). Madrid 2010; Rueda, Ana: Heroísmo femenino, memoria y ficción: la Guerra de la Independencia, in: Vanderbilt e-Journal of Luso-Hispanic Studies 5, 9.4.2009, https://ejournals.library. vanderbilt.edu/index.php/lusohispanic/article/view/3235 (acc. 31.10.2014); Robles, Christóbal: La reforma eclesiástica en las Cortes de Cádiz, in: Magaz Fernández (Hg.): La iglesia en los orígenes de la España contemporanea (1808) (Presencia y diálogo, Bd. 24). Madrid 2009; Bozal, Valeriano (Hg.): Miradas sobre la Guerra de Independencia. Madrid 2008; La Parra López, Emilio (Hg.): Actores de la Guerra de la Independencia (Mélanges de la Casa de Velázquez, N.S., Bd. 38). Madrid 2008; Aymes, Jean-René: La Guerra de la Independencia. Héroes, villanos y víctimas (1808-1814). (Colección Hispania, Bd. 20). Lleida 2008; Diego, Emilio: España, el infierno de Napoleón. 1808-1814. Una historia de la Guerra de la Independencia. 1. Aufl., Madrid 2008; Vallejo Zamora, José: La Guerra de la Independencia en Tarazona, 1808-1814. (Publicación ... de la Institución Fernando el Católico, organismo autónomo de la Excm. Diputación de Zaragoza, Bd. 2717). Zaragoza 2008; Artola, Miguel: La Guerra de la Independencia. (Espasa Fórum). Pozuelo de Alarcón (Madrid) 2007; García Cárcel, Ricardo: El sueño de la nación indomable. Los mitos de la Guerra de la Independencia. (Historia). 2. Aufl., Madrid 2007; La Parra López, Emilio: El mito del rey deseado, in: Demange u. a. (Hg.): Sombras de mayo. Mitos y memorias de la Guerra de Independencia en España (1808-1908) (Collection de la Casa de Velázquez, Bd. 99). Madrid 2007; Martínez Laínez, Fernando: Como lobos hambrientos. Los guerrilleros en la Guerra de la Independencia (1808-1814). (Investigaciones históricas, Bd. 28). Madrid 2007; Álvarez de las Asturias, Nicolás: Las constituciones de Bayona y de Cádiz. La iglesia Española ante las primeras constituciones, in: Magaz Fernández (Hg.): La iglesia en los orígenes de la España contemporanea (1808) (Presencia y diálogo, Bd. 24).

einzelner bekannter Akteure werden zu rekonstruieren versucht bzw. Zeugnisse editiert, jedoch nicht unter der Selbstzeugnisperspektive bearbeitet.[37] Die Rolle deutschsprachiger Kriegsteilnehmer auf der Iberischen Halbinsel wird nicht gesondert behandelt. Sie werden in der Regel als Teil der französischen oder britischen Truppen sublimiert.

In dieser Arbeit bilden daher Quellen deutschsprachiger Kriegsteilnehmer am spanischen Unabhängigkeitskrieg die Grundlage für die Untersuchung des reflexiven Spanienbildes im deutschsprachigen Raum auf Basis eines Kulturkontakts unter Kriegsbedingungen. Die Kriegsteilnehmer sind dabei als Akteure zu betrachten, die zu Friedens- und Kriegszeiten in vielen Teilbereichen des Lebens vernetzt waren. Um ihre in den Zeugnissen dargestellte retrospektive Wahrnehmung nachvollziehen und die damit verbundenen Bedeutungsebenen entschlüsseln zu können, muss die Handlungsperspektive des Einzelnen in die strukturgeschichtliche Situationsanalyse eingebracht „und damit zugleich die Differenz zwischen den objektiven oder materiellen Bestimmungsfaktoren, denen der Mensch unterworfen ist, einerseits und seinem subjektiven Situationsverständnis sowie seinen handlungsleitenden Maximen andererseits deutlich"[38] gemacht werden. Daraus ergeben sich verschiedene Untersuchungsfelder und Fragestellungen, wobei Entstehungszeit, Medien und den Verfassern der Quellen genaueres Augenmerk zu widmen ist. Des Weiteren wird nach damit zusammenhängenden sozio-kulturellen Aspekten in Hinblick auf Fremdbildvermittlung in den präsentierten Sinnhorizonten gefragt. Wie also beschreiben die Kriegsteilnehmer die Iberische Halbinsel, die dort lebenden Menschen, deren Kultur und Mentalität? Welche Bereiche thematisieren sie oder blenden sie aus? Was berichteten sie über ihr Alltagsleben und das der spanischen Bevölkerung? Wurden sie als Individuen durch erlebte Gewalt sowie religiöse und kulturelle Differenzerfahrungen gebrochen oder geprägt? Welche Kontinuitäten und Diskontinuitäten der Selbst- und Fremdwahrnehmung werden aus ihren Zeugnissen und den in ihnen enthaltenen Weltbildern ersichtlich? Welche Strategien zeigen sich in

---

Madrid 2009; Rodríguez Zurro, Ana I.: Causas del fracaso de la política de conciliación del gobierno Josefino, in: Armillas Vicente (Hg.): La Guerra de la independencia. Estudios, Bd. 1. Zaragoza 2001.

37 Siehe u. a.: Zurita Aldeguer, Rafael: Suchet en España. Guerra y sociedad en las tierras del sur valenciano (1812-1814). (Colección Adalid, Bd. 65). Madrid 2015; Aranda Aznar, José: Merino, el guerrillero. (Los libros del ave Fénix, Bd. 189). Madrid 2000; Moreno Alonso, Manuel: José Bonaparte. Un rey republicano en el trono de España. (Historia). Madrid 2008; Azcárate, Pablo de: Wellington y España. (Grandes Biografías). Madrid 1960.

38 Vgl.: Sellin, Volker: Mentalitäten und Sozialgeschichte, in: Schieder/Sellin (Hg.): Sozialgeschichte in Deutschland. Entwicklungen und Perspektiven im internationalen Zusammenhang (Kleine Vandenhoeck-Reihe, Bd. 1523). Göttingen 1987, S. 118.

ihren Zeugnissen? Wie verhalten sich die Aussagen der Quellen zueinander? Wie sind sie im historischen Kontext zu werten? Welchen Einfluss hatte der Krieg auf ihr Spanienbild? Was für ein Spanienbild zeichnen sie? Besitzen die Quellen einen Mehrwert für die kulturhistorische Forschung? Diesen und anderen sich daraus ergebenden und bisher weitgehend vernachlässigten Fragen wird in dieser Arbeit nachgegangen.

1.3   Quellen

Da in der vorliegenden Arbeit die Alteritätsvorstellungen von Kriegs-teilnehmern untersucht werden, bilden Selbstzeugnisse, die ihrerseits den Ego-Dokumenten[39] zugerechnet werden, die Grundlage. Begnigna Krusenstjern zufolge wird eine Quelle als Selbstzeugnis verstanden, „wenn die Selbstthematisierung durch ein explizites Selbst geschieht [...] die Person des Verfassers bzw. der Verfasserin tritt in ihrem Text selbst handelnd oder leidend in Erscheinung oder nimmt darin explizit auf sich selbst Bezug. Dabei ist es unerheblich, ob er/ sie dies in der 1. oder 3. Person tut.“[40] Außerdem sind Selbstzeugnisse „ ‚selbst verfasst‘, in der Regel auch ‚selbst geschrieben‘

---

39   Der Begriff Ego-Dokument erfuhr im Laufe der Zeit verschiedene Erweiterungen. Hier wird die vorläufig getroffene Definition von Schulze zu Grunde gelegt: „Gemeinsames Kriterium aller Texte, die als Ego-Dokumente bezeichnet werden können, sollte es sein, daß Aussagen oder Aussagepartikel vorliegen, die – wenn auch in rudimentärer und verdeckter Form – über die freiwillige oder erzwungene Selbstwahrnehmung eines Menschen in seiner Familie, seiner Gemeinde, seinem Land oder seiner sozialen Schicht Auskunft geben oder sein Verhältnis zu diesen Systemen und deren Veränderungen reflektieren. Sie sollen individuell-menschliches Verhalten rechtfertigen, Ängste offen-baren, Wissensbestände darlegen, Wertvorstellungen beleuchten, Lebenserfahrungen und -erwartungen widerspiegeln.“ Schulze, Winfried: Ego-Dokumente: Annäherung an den Menschen in der Geschichte? Vorüberlegungen für die Tagung „Ego-Dokumente“, in: Schulze (Hg.): Ego-Dokumente. Annäherung an den Menschen in der Geschichte (Selbst-zeugnisse der Neuzeit, Bd. 2). Berlin 1996, S. 28. Zum Problem des allzu umfassenden Begriffs der Ego-Dokumente vgl. u. a.: Amelang, James S.: Spanish Autobiography in the Early Modern Era, in: Schulze (Hg.): Ego-Dokumente. Annäherung an den Menschen in der Geschichte (Selbstzeugnisse der Neuzeit, Bd. 2). Berlin 1996, S. 69. Zur weiteren Problematik, die mit dem Begriff Ego-Dokumente verbunden ist, siehe auch: Scharfe, Martin: Soll und kann die Forschung subjektiver Frömmigkeit das Ziel volkskundlich kulturwissenschaftlicher Tätigkeit sein?, in: Mohrmann (Hg.): Individuum und Frömmig-keit. Volkskundliche Studien zum 19. und 20. Jahrhundert (Beiträge zur Volkskultur in Nordwestdeutschland, Bd. 96). Münster 1997, S. 145-151.

40   Krusenstjern, Benigna: Was sind Selbstzeugnisse? Begriffskritische und quellenkundliche Überlegungen anhand von Beispielen aus dem 17. Jahrhundert, in: Hist. Anthropol. 2 (1994), S. 463.

(zumindest diktiert) und soweit aus eigenem Antrieb, also ‚von sich aus‘, ‚von selbst‘ entstanden."[41] Wie Ute Planert bemerkt, legt diese Definition den Bezug zum expliziten Selbst zugrunde, was „hieße, einen modernen Begriff von Individualität vorauszusetzen und ihn umstandslos auf andere historische Zeiten und Sozialgruppen zu übertragen, denen die Entfaltung und Thematisierung des Subjekts – etwa durch die Einbindung in jenseitige oder kollektive Wertesysteme – noch nicht als höchstes Gut erschien."[42] Daher wird in dieser Arbeit vom historischen Individuum[43] gesprochen, dem nicht der aktuelle Begriff von Individualität zu Grunde liegt und wodurch der Forderung der jüngeren Selbstzeugnisforschung Rechnung getragen wird, Selbstzeugnisse „als kontextuelle und sozial verflochtene Gebilde"[44] in den Blick zu nehmen.[45] In Bezug auf das Freilegen, die Wahrnehmung und Interpretation historischer

---

41   Ebd., S. 470. Zu weiteren Ausführungen zum Begriff Selbstzeugnis siehe auch: Rutz, Andreas: Ego-Dokument oder Ich-Konstruktion? Selbstzeugnisse als Quellen zur Erforschung des frühneuzeitlichen Menschen, in: Zeitenblicke 1, H. 2, 20.12.2002, http://www.zeitenblicke.de/2002/02/rutz/index.html (acc. 6.5.2013).

42   Planert: Mythos vom Befreiungskrieg, S. 55-56. Sundar Henny verweist außerdem darauf, dass Krusenstjerns Definition die Gefahr eines Zirkelschlusses berge, da die Grundlage das explizite Selbst sei, was das Selbst jedoch ist, müsse aus den Selbstzeugnissen heraus erschlossen werden. Vgl.: Henny, Sundar: Vom Leib geschrieben. Der Mikrokosmos Zürich und seine Selbstzeugnisse im 17. Jahrhundert. (Selbstzeugnisse der Neuzeit, Bd. 25). Köln u. a. 2016, S. 31.

43   Unter dem Begriff des historischen Individuums wird in dieser Arbeit aus soziologischer Perspektive „ein Komplex von Zusammenhängen in der geschichtlichen Wirklichkeit [verstanden, K.B.], die [...] unter dem Gesichtspunkt ihrer Kulturbedeutung begrifflich zu einem Ganzen zusammenzuschließen [sind, K.B.]. [Es bezieht sich dabei, K.B.] auf eine in ihrer individuellen Eigenart bedeutungsvolle Erscheinung [... und, K.B.] muß aus seinen einzelnen der geschichtlichen Wirklichkeit zu entnehmenden Bestandteilen allmählich komponiert werden." Weber, Max: Die protestantische Ethik und der Geist des Kapitalismus. (Wort-Schätze). Reprint, Erfstadt 2007, S. 36. Diese von Weber entwickelte Definition des historischen Individuums, die zur Untersuchung des Geistes des Kapitalimus diente, wird hier auf die Zeugnisse von Kriegsteilnehmern angewendet, um die darin enthaltenen subjektiven Selbst- und Fremdbildkonstruktionen bei Kulturkontakten unter Kriegsbedingungen freizulegen.

44   Henny: Vom Leib geschrieben, S. 44.

45   Zur Kritik der klassischen Selbstzeugnisforschung sowie deren Erweiterung um Raum- und Personenkonzepte siehe: Bähr, Andreas u. a.: Räume des Selbst. Eine Einleitung, in: Bähr u. a. (Hg.): Räume des Selbst. Selbstzeugnisforschung transkulturell (Selbstzeugnisse der Neuzeit, Bd. 19). Köln 2007, S. 1-12; Jancke, Gabriele/Ulbrich, Claudia: Einleitung. Vom Individuum zur Person. Neue Konzepte im Spannungsfeld vom Autobiographietheorie und Selbstzeugnisforschung, in: Jancke/Ulbrich (Hg.): Vom Individuum zur Person. Neue Konzepte im Spannungsfeld vom Autobiographietheorie und Selbstzeugnisforschung (Quereelles. Jahrbuch für Frauen- und Geschlechterforschung, Bd. 10). Göttingen 2005, S. 7-27; Mauss, Marcel: Soziologie und Anthropologie. Bd. 2: Gabentausch, Todesvorstellungen, Körpertechniken. Wiesbaden 2010.

Erfahrung – wesentliche Punkte bei der Untersuchung von Kulturkontakten und den damit verbundenen Selbst- und Fremdbildkonstruktionen – führt Planert die Kategorie des subjektiven Zeugnisses ein, die sie zwischen den Ego-Dokumenten nach Schulze und den selbstreferentiellen Selbstzeugnissen nach Krusenstjern verortet.[46] Dieser neuen Kategorie legt sie die niederländische Begriffsdefinition von van den Dunk über Ego-Dokumenten zugrunde, nach der es sich um historische Quellen persönlichen Charakters handele, in „de auteur niet zijns ondanks en zeer indirect iets over zich zelf te kennen geeft, maar waarin hij iets kwijt moet, dat hem persoonlijk bezig houdt, raakt, opwindt."[47] In dieser Arbeit wird sich auf die Definition nach van Dunk gestützt, da die Quellen zu Beginn der Moderne entstanden und damit nicht zwingend ein, wie Planert bemerkt, moderner Begriff von Individualität vorausgesetzt werden kann. Ziel der Arbeit ist es nicht zu untersuchen, inwiefern sich bereits Spuren eines modernen Individuumkonzepts in den Quellen finden lassen. Es bleibt jedoch zu prüfen, inwiefern die Akteure in Erscheinung treten und ob es Unterschiede zwischen den zwei oben genannten Gruppen gibt.

Da in der vorliegenden Arbeit die fremdbildvermittelnde Funktion von Selbstzeugnissen von Kriegsteilenehmern im Zentrum steht und das Potenzial dieser Gruppe von Quellen im Hinblick auf die Kultur- und Fremd-bildvermittlung untersucht werden, stützt sich diese Arbeit vornehmlich auf gedruckte Quellen mit einem möglichst großen Verbreitungsgrad – also auf historisch-politische Schriften. Zum Abgleich wurden auch handschrift-liche Selbstzeugnisse herangezogen. Aus den über 80 gefundenen Quellen wurden nach intensiver Recherche zwölf für die exemplarische Untersuchung ausgewählt. Da die Publikationen mit wachsendem zeitlichem Abstand zum Geschehen oft verändert oder auf bestimmte (zeitgemäße) Prämissen zugeschnitten wurden und die Einbeziehung der direkten vorrevolutionären Veränderungsprozesse von 1848 im Zusammenhang mit dem zweiten Karlisten-krieg (1847-1849) diese Arbeit sprengen würde, beschränkt sich die Auswahl der für diese Arbeit untersuchten gedruckten Zeugnisse auf solche, die bis 1840 veröffentlicht wurden. Weitere Kriterien sind die Nähe der Veröffentlichung zum eigentlichen Kriegsgeschehen, Herkunft der Verfasser sowie ihre Einsatz-orte und –zeit auf der Iberischen Halbinsel, die Art ihrer Tätigkeit, Dienstgrad,

---

46 Vgl.: Planert: Mythos vom Befreiungskrieg, S. 56.

47 Übersetzung der Definition Dunks nach Krusenstjern: „der Autor sich selbst nur indirekt zu erkennen gibt, aber zum Ausdruck bringt, was ihn persönlich beschäftigt, betrifft, beunruhigt." Krusenstjern: Was sind Selbstzeugnisse?, in: Hist. Anthropol. 2, (1994), S. 469. Anders als von Krusenstjern in ihrem Aufsatz „Was sind Selbstzeugnisse?" angegeben, findet sich Dunks Definition von Ego-Dokumenten in: van den Dunk, H. W.: Over de betekenis van Ego-documenten, in: TvG 83, H. 2 (1970), S. 156.

Zugehörigkeit zu britischer oder napoleonischer Seite, Publikationsart (selbstständig, unselbstständig, handschriftlich), inhaltliche Ausrichtung, Aufbau und
Stil, Umfang und Edition (Originalausgabe) der Quelle, die zeitliche Dimension
der Wiederauflagen sowie die gesellschaftliche Rezeption der Zeugnisse
(soweit nachvollziehbar). Da sich damalige wie heutige Diskurse[48] aus der Verdichtung vieler Einzelwahrnehmungen bilden, wurde darauf geachtet, dass
die ausgewählten Selbstzeugnisse sowohl thematisch als auch in Bezug auf die
Einsatzregionen Schnittpunkte aufweisen. So sollen spezifische Fremdwahr-
nehmungsmuster herausgeschält werden,[49] denn die im Selbstzeugnis sichtbar werdende individuelle Reflexion ist für sich allein nicht repräsentativ. Aus
diesem Grund wird außerdem speziell im sozio-kulturellen Bereich auf die
Kontextualisierung der zur Untersuchung herangezogenen Quellen geachtet
und besonderer Wert auf den Vergleich der Zeugnisse miteinander gelegt,
besonders dann, wenn ihre Verfasser den sich feindlich gegenüber stehenden
französischen und britischen Truppen angehörten. Der unterschiedlichen Ausrichtung der Berichte wurde ebenfalls Rechnung getragen: Sowohl thematisch
eher kulturell orientierte als auch militärisch-taktische Zeugnisse wurden
einbezogen. Quellen, deren Selbstzeugnischarakter unter vorn angeführter
Definition fraglich ist oder die nicht zu den historisch-politischen Schriften
gezählt werden, sondern in den literarisch-fiktionalen Bereich fallen, wurden
für diese Untersuchung nicht berücksichtigt. Ihnen müsste sich mit einem
anderen Instrumentarium genähert werden, was eines anderen Rahmens
bedürfte. Auch sehr umfangreiche Quellen, die zudem besonders militärische
Abläufe und/oder allgemeine historische Entwicklungen fokussieren (wie z. B.
die Publikationen von Franz Xaver Rigel mit mehr als 1.000 Seiten) konnten
für das aktuelle Vorhaben nicht berücksichtigt werden.[50] Ihnen müsste sich

---

48   Der Begriff Diskurs wird in dieser Arbeit im Foucaultschen Sinne verwendet. Zu Foucaults
     Überlegungen siehe: Foucault, Michel: Die Ordnung des Diskurses. Mit einem Essay
     von Ralf Konersmann. (Fischer-Taschenbücher Wissenschaft, Bd. 10083). erw. Ausg.,
     Frankfurt am Main 1993, S. 9-49; Foucault, Michel: Archäologie des Wissens. (Suhrkamp-
     Taschenbuch Wissenschaft, Bd. 356). 1. Aufl., Frankfurt am Main 1981.

49   Planert bemängelt, dass in der Selbstzeugnisforschung bisher eher Untersuchungszeit-
     räume gewählt wurden, die wenig Wandel aufweisen. Der in der vorliegenden Arbeit
     anvisierte Zeitraum (1808-1814) ist hingegen von diskursiven Brüchen geprägt. Vgl.:
     Planert, Ute: Zwischen Alltag, Mentalität und Erinnerungskultur. Erfahrungsgeschichte
     an der Schwelle zum nationalen Zeitalter, in: Buschmann/Carl (Hg.): Die Erfahrung des
     Krieges. Erfahrungsgeschichtliche Perspektiven von der Französischen Revolution bis
     zum Zweiten Weltkrieg (Krieg und Geschichte, Bd. 9). Paderborn u. a. 2001, S. 57.

50   Vgl.: Rigel, Franz X.: Der siebenjährige Kampf auf der Pyrenäischen Halbinsel vom Jahre
     1807 bis 1814. Besonders meine eignen Erfahrungen in diesem Kriege; nebst Bemerkungen
     über das Spanische Volk und Land. Bd. 1-3. Rastatt 1819-1821.

ebenfalls gesondert und mit anderem Instrumentarium genähert werden. Die zwölf ausgewählten Quellen werden in Kapitel 3 genauer vorgestellt und eingeordnet, wobei mikro- und makrohistorische Ansätze verbunden und die Spezifika der jeweiligen Selbstzeugnisse aufgezeigt werden.

1.4 Vorüberlegungen und zu berücksichtigende theoretisch/methodische Aspekte

Das Erkenntnisinteresse im Bereich der unter Kriegsbedingungen entstandenen und später einem breiten Publikum präsentierten reflexiven Fremdwahrnehmung historischer Individuen verlangt die Einbeziehung sogenannter materieller und objektiver Bestimmungsfaktoren. Methodisch bedeutet das die Wahl eines mentalitätsgeschichtlichen[51], akteurzentrierten Ansatzes, der sowohl Aspekte der Wahrnehmungsgeschichte als auch der historischen Stereotypen- und Emotionsforschung, aber auch mikro- und makrohistorische Elemente einschließt. Darüber hinaus werden Alltags-, Kultur- und Medizingeschichte, historische Anthropologie und Religionswissenschaft sowie theoretische Elemente der Sozialwissenschaften aus geschichtswissenschaftlicher Perspektive einbezogen. Um sich einer fremdbildvermittelnden Funktion der Selbstzeugnisse nähern zu können, sind zunächst einige allgemeine theoretische Vorüberlegungen bezüglich der in den Quellen präsentierten Wahrnehmung zu treffen.

Nach Ruppert zeichnen sich die von Kriegsteilnehmern verfassten Tagebücher und Memoiren aus dem spanischen Unabhängigkeitskrieg im Gegensatz zu regulären Reisebeschreibungen Spaniens dadurch aus, „daß ihre Verfasser nicht aus eigenem Interesse nach Iberia reisten und ihre Erfahrungen[52]

---

51   „Unter Mentalität versteht man ein komplexes Phänomen, das sowohl Konzepte und Ideen als auch unbewußte Motive umfaßt. Der Begriff M. läßt sich also nicht festlegen auf die vorherrschenden Denkfiguren und mentalen Strukturen einer Epoche, sondern er schließt vielmehr auch die psychischen Faktoren, die unbewußten und halbbewußten Beweggründe in sich ein, die bestimmte soziale Handlungsmuster und kulturelle Ausdrucksformen prägen." Nünning, Ansgar (Hg.): Grundbegriffe der Kulturtheorie und Kulturwissenschaften (Sammlung Metzler, Bd. 351). Stuttgart u .a. 2005, S. 150. „Als ‚rationale', affektive und internalisierte Verhaltensrepertoires vermitteln sie dem Individuum Sinn und dienen ihm der Lebensbewältigung im Wechselverhältnis zwischen Kollektiv und Gesellschaft [...]" Loetz, Francisca: Histoire des mentalités – Medizingeschichte. Wege zu einer Sozialgeschichte der Medizin, in: Medizinhistorisches Journal 27 (1992), S. 275.

52   In der vorliegenden Arbeit wird ein wissenssoziologischer Erfahrungsbegriff zugrunde gelegt, der im Tübinger Sonderforschungsbereich 437 Kriegserfahrungen, Krieg und

deshalb elementarer und unverfälschter, ihre Reaktionen auf diese fremde und unbekannte Welt spontaner und nicht durch die auch schon damals wirksamen ‚touristischen' Mechanismen gefiltert waren."[53] Ihr meist unfreiwilliger Aufenthalt auf der Iberischen Halbinsel bedeutete jedoch nicht, dass die Verfasser der Berichte ohne jegliche Vorstellungen von ihrem Einsatzort waren. Abhängig von Sozialisation und Bildungsstand gab es zumindest ein vages Bild von den zu erwartenden Verhältnissen, wobei Stereotypen zur Orientierung dienten. Stereotypen werden in diesem Zusammenhang als die Reduktion komplexer Informationen betrachtet, die dem eigenen Orientierungsbedürfnis dienen, kontextgebunden sind, Veränderungen unterliegen können, in der Regel in einem bestimmten geografischen Raum verwendet werden, eine Wertzuschreibung beinhalten und meist emotional stark aufgeladen sind.[54] Sie helfen, komplexe Informationen in ein Orientierungssystem und

---

Gesellschaft in der Neuzeit entwickelt wurde. Dieser Erfahrungsbegriff, wie Murken bemerkt, geht davon aus, dass „eine ‚authentische' Rekonstruktion der Vergangenheit unmöglich ist, Wirklichkeit immer eine soziale Konstruktion darstellt" und somit eine „akteursspezifische und eine gesellschaftliche Dimension" besitzt. Dementsprechend verändern sich Erfahrungen im Laufe der Zeit und führen zu unterschiedlichen Handlungen. Da in dieser Arbeit Selbstzeugnisse von Kriegsteilnehmern unter dem Gesichtspunkt der Fremdbildvermittlung und im Rahmen der Mentalitätsgeschichte betrachtet werden, lässt sich dieser Erfahrungsbegriff, wenn auch mit einigen Abstrichen, hier anwenden. Wie Kroll bereits bemerkte, ist es außerdem notwendig, den bisher wenig berücksichtigten materiellen Lebensbedingungen der Akteure stärkere Aufmerksamkeit zu widmen, da sie für die individuelle Betrachtungsweise von entscheidender Bedeutung sind. Vgl.: Buschmann, Nikolaus/Carl, Horst: Zugänge zur Erfahrungsgeschichte des Krieges – Forschung, Theorie, Fragestellung, in: Buschmann/Carl (Hg.): Die Erfahrung des Krieges. Erfahrungsgeschichtliche Perspektiven von der Französischen Revolution bis zum Zweiten Weltkrieg (Krieg in der Geschichte, Bd. 9). Paderborn u. a. 2001, S. 11-26; Murken: Bayerische Soldaten, S. 3; Kroll: Soldaten im 18. Jahrhundert, S. 31-32.

53   Ruppert, Andreas: Historische und Reiseliteratur zur Iberia in der Fürstlichen Bibliothek Corvey, in: Corvey-Journal. Mitteilungen aus dem Projekt Fürstliche Bibliothek Corvey 4, H. 3 (1992), S. 37.

54   Vgl.: Imhof, Michael: Stereotypen und Diskursanalyse. Anregungen zu einem Forschungskonzept kulturwissenschaftlicher Stereotypenforschung, in: Hahn (Hg.): Stereotyp, Identität und Geschichte. Die Funktion von Stereotypen in gesellschaftlichen Diskursen (Mitteleuropa – Osteuropa. Oldenburger Beiträge zur Kultur und Geschichte Ostmitteleuropas, Bd. 5). Frankfurt am Main u. a. 2002, S. 62; Ehlich, Konrad: Vorurteile, Vor-Urteile, Wissenstypen, mentale und diskursive Strukturen, in: Heinemann (Hg.): Sprachliche und soziale Stereotype (Forum Angewandte Linguistik: Publikationsreihe d. Gesellschaft für Angewandte Linguistik, Bd. 33). Frankfurt am Main 1998, S. 21; Hahn/ Hahn: Nationale Stereotypen, S. 24. Hans H. Hahn vertritt die These, dass aus kollektiven Bezeichnungen einer Wahrnehmung erst durch die Wertzuschreibung und emotionale Konnotation ein Stereotyp entstünde. Dazu siehe auch: Hahn, Hans H.: 12 Thesen zur Stereotypenforschung, in: Mannová/Hahn (Hg.): Nationale Wahrnehmungen und ihre

somit in den eigenen Sinnhorizont zu integrieren.[55] Über die Nutzung von Stereotypen kann auf formaler Ebene Kontingenz hergestellt werden, „was bedeutet, daß durch ihre Verwendung in Texten Verschränkungen von Themen möglich sind, die sich ohne ihre Hilfe [...] nicht ohne weiteres zusammenbringen ließen."[56] Baberowski bezeichnet die Stereotypisierung der Umwelt auch als eine Funktion kulturellen Geschehens.[57] Stereotypen sind also kein klares Abbild der Welt. Vielmehr machen sie im Sinne Lippmanns deutlich, wie sich derjenige, der sie nutzt, die Welt vorstellt und ordnet.[58] Das System entsteht dabei nicht erst in der Kontaktsituation, auch wenn es dabei Modifizierungen unterliegen kann, sondern es ist durch historische und soziale Genese bedingt.[59] „Jeder Mensch lernt die gespeicherten Kenntnisse und Erfahrungen seiner Gesellschaft, und zwar gleichzeitig mit einem das soziale Leben regulierenden Wertesystem."[60] Dieses fungiert wie ein Raster bei der Beurteilung der Umgebung und somit auch des Fremden,[61] da das Bekannte

---

Stereotypisierung. Beiträge zur Historischen Stereotypenforschung (Mitteleuropa – Osteuropa. Oldenburger Beiträge zur Kultur und Geschichte Ostmitteleuropas, Bd. 9). Frankfurt am Main u. a. 2007, S. 16-17.

55 Hoffmann beschreibt dies am Beispiel von visuellen Stereotypen. Vgl.: Hoffmann, Detlef: Visuelle Stereotypen, in: Hahn (Hg.): Stereotyp, Identität und Geschichte. Die Funktion von Stereotypen in gesellschaftlichen Diskursen (Mitteleuropa – Osteuropa. Oldenburger Beiträge zur Kultur und Geschichte Ostmitteleuropas, Bd. 5). Frankfurt am Main u. a. 2002, S. 76-77.

56 Imhof: Stereotypen, S. 62.

57 Vgl.: Baberowski, Jörg: Repräsentationen der Ausschließlichkeit: Kulturrevolution im sowjetischen Orient, in: Baberowski u. a. (Hg.): Selbstbilder und Fremdbilder. Repräsentation sozialer Ordnungen im Wandel (Eigene und fremde Welten. Repräsentationen sozialer Ordnungen im Wandel, Bd. 1). Frankfurt am Main u. a. 2008, S. 122.

58 Vgl.: Lippmann, Walter: Public Opinion. ungekürzte Ausg., o. O. 2013, S. 51-58.

59 Unter historischer Genese versteht Hahn im Grunde die Entstehung einzelner Stereotypen „als sprachliche oder bildliche Formeln, in Form und Inhalt im Laufe des historischen Prozesses [...] und haben hier ein oft langes Leben, d. h. sie werden von Generation zu Generation weitergegeben." Soziale Genese bedeutet für Hahn: „jedem Menschen werden die Stereotypen, mit denen er lebt und die er gebraucht, durch Sozialisation, durch Erziehung, Elternhaus, Schule, Massenmedien, Propaganda usw. vermittelt; es handelt sich also um die partielle oder völlige Übernahme eines Zeichensystems [...]; damit werden auch bestimmte Machtstrukturen eines Diskurses übernommen, d. h. der Übernehmende (Sozialisierte) ordnet sich in diese Strukturen ein bzw. ordnet sich diesen unter [...]" Hahn: 12 Thesen, S. 18.

60 Hahn/Hahn: Nationale Stereotypen, S. 22.

61 Zur Problematik der Wahrnehmungsraster siehe auch: Krömer, Wolfram: Das Bild der anderen Kultur. Wahrnehmungsraster in den Beziehungen zwischen Spanien und dem deutschsprachigen Raum, in: Raders/Schilling (Hg.): Deutsch-Spanische Literatur- und Kulturbeziehungen. Rezeptionsgeschichte. Madrid 1995, S. 25-36.

stets die Grundlage der eigenen Wahrnehmung bildet.[62] Hans H. Hahn
versteht Stereotypen daher auch als Wegweiser zum Selbstbild des Nutzers.[63]
Eibach bezeichnet in diesem Zusammenhang die Wahrnehmung des Fremden
in Anlehnung an Alois Hahn als eine mehr oder minder uneingestandene
„Erfahrung von Defiziten in der eigenen Lebenswelt."[64]. Das bedeutet, dass
die Verwendung von Stereotypen an Selbst- (Auto-) und Fremdbild (Hetero-
stereotyp) gebunden ist, die wiederum der Selbst- und Fremdwahrnehmung
unterliegen und mit Inklusions- und Exklusionsmechanismen verknüpft
sind.[65] „Der Subjektivität des Individuums entspricht so die Subjektivität einer
bestimmten Gruppe von Individuen, die sich durch ähnliche Wirklichkeits-
interpretationen auszeichnet."[66] Diese individuelle Betrachtung des Erlebten
ist jedoch nicht statisch, sondern unterliegt ihrerseits wieder Veränderungen
in der Wahrnehmung und Einschätzung, womit sich auch das Zugehörigkeits-
gefühl zur jeweiligen Gruppe ändern kann.

Im Falle von Kriegsteilnehmern haben deren militärische Laufbahn, ihre
Einheit, Einsatzort und Art des Einsatzes ebenso Einfluss auf die Darstellung
des Erlebten und seine Integration in den eigenen Sinnhorizont wie die spätere
gesellschaftliche Rezeption des entsprechenden Krieges und das Leben der
Betroffenen nach dessen Beendigung. Damit das Erlebte all dieser Einflüsse
in den eigenen Sinnhorizont integriert werden kann, muss es für den Einzelnen eine inhärente Logik aufweisen, wodurch die Wahrnehmungsstrategien
auch retrospektiv geprägt sind. Das heißt, die Erinnerung ist immer wieder
an neue Sachverhalte anzupassen, bis Ereignis und Kontext in den Langzeit-
speicher überschrieben werden können – ein Prozess der Konsolidierung,
der über Monate, ja sogar Jahre erfolgen kann und vom jeweiligen Kontext,
in dem Erinnern stattfindet, beeinflusst wird. Die Umstände eines solchen
Rekonstruktionsprozesses sind somit unbedingt zu berücksichtigen, da
die Verfasser ihre Wahrnehmung der „durch Wissen und Erwartungen vor-
strukturierte[n, K.B.] Rezeptionsumgebung"[67] anpassten, die auf bestimmten
Interpretationsmustern basierte, wobei sich weitere Transformationen vollzogen. Jedes ausgewählte Selbstzeugnis sowie sein Verfasser (sofern bekannt)
sind daher in einem zweiten Schritt zunächst zu kontextualisieren, bevor es in

---

62   Vgl.: Zimmermann, Christian von: Reiseberichte und Romanzen. Kulturgeschichtliche
      Studien zur Perzeption und Rezeption Spaniens im deutschen Sprachraum des 18. Jahr-
      hunderts. (Frühe Neuzeit, Bd. 38). Tübingen 1997, S. 15.
63   Vgl.: Hahn: 12 Thesen, S. 23.
64   Eibach: Annäherung – Abgrenzung – Exotisierung, S. 17.
65   Vgl.: Hahn: 12 Thesen, S. 22; Hahn/Hahn: Nationale Stereotypen, S. 34.
66   Zimmermann: Reiseberichte und Romanzen, S. 21.
67   Ebd., S. 17.

Bezug auf das Spanienbild erschlossen und mit anderen Quellen verglichen werden kann.

Ähnlich wie bei Stereotypen, zu deren Verständnis bei Adressaten und Trägern ein Stereotypen-Konsens vorliegen muss,[68] ist anzunehmen und damit zu untersuchen, inwiefern von den Verfassern der in dieser Arbeit untersuchten Zeugnisse Rücksicht auf ihren Adressatenkreis genommen wurde. Während solcher Prozesse wird „Die Wahrnehmung der eigenen kulturellen Ordnung [...] reflexiv und darin kann sie Akte der Bewahrung, der Adaption oder Veränderung erzeugen."[69] Es ist daher davon auszugehen, dass es sich in den vorliegenden Selbstzeugnissen um die Präsentation mentaler und sozialer Realitäten handelt, die jeweils einen bestimmten Moment der retrospektiven Wahrnehmung wiedergeben. Niedergeschriebene Erlebnisse wären danach – je nach zeitlichem Abstand und/ oder anderen, nachträglich erlangten Informationen oder Erkenntnissen – Veränderungen unterworfen, die das Fremde in unterschiedlichem Licht erscheinen lassen können, aber nichtsdestoweniger Fremdbilder offerieren. In der vorliegenden Arbeit geht es dementsprechend um die Erschließung der in den Zeugnissen präsentierten Sinnhorizonte, deren Ausgangspunkt eine Extremsituation – die des Krieges – ist und nicht primär um die Frage nach dem Wahrheitsgehalt der rekonstruierten Abbilder. Vor diesem Hintergrund des permanenten Rekonstruktions- und Konsolidierungsprozesses sind die Quellen sowohl als Subjekt als auch als Objekt zu untersuchen: Auf der einen Seite gilt es, den darin enthaltenen Sichtweisen auf Spanien nachzuspüren und sie gleichzeitig als Medien, die diese Sichtweisen zu bestimmten Zeitpunkten und Bedingungen in den deutschsprachigen Raum transferieren, in den Blick zu nehmen.[70]

Bei den theoretischen Vorüberlegungen zu dieser Arbeit gilt es des Weiteren zu berücksichtigen, dass das Fremde nicht naturgegeben fremd ist. „Fremdheit ist keine Eigenschaft, auch kein objektives Verhältnis zweier Personen oder Gruppen, sondern die Definition einer Beziehung. [...] Sehr häufig allerdings ist den Beteiligten gar nicht bewußt, daß es sich bei der Bestimmung von

---

68 Vgl.: Hahn: 12 Thesen, S. 21-22.
69 Baberowski: Dem Anderen begegnen, S. 11.
70 Henny verweist in ihrer Arbeit darauf, dass Selbstzeugnisse nicht nur inhaltlich, sondern verstärkt auch entstehungsgeschichtlich in den Blick genommen werden sollten. Ihr dazu entworfener theoretischer Ansatz geht weit über die bisher praktizierte Selbstzeugnisanalyse hinaus und bezieht teilweise die Archivgeschichte mit ein. Ihr Vorgehen bei der Analyse weist jedoch starke klassische Elemente auf. Da der Gegenstand dieser Arbeit nicht die Archivgeschichte ist, werden die Quellen im oben genannten Sinne als Subjekt und Objekt untersucht. Vgl.: Henny: Vom Leib geschrieben, S. 11-71.

Fremden und Nicht-Fremden um ‚Definitionen' handelt."[71] So eng Selbst-
und Fremdbeschreibung aneinander gebunden sind, so ungenau ist die
Zuweisung fremd. Wie Münkler und Ladwig bemerken, ist „ ‚Das Fremde'
[...] kein theoretisch signifikanter Begriff, nicht weil es zuwenig, sondern weil
es zuviel bezeichnet."[72] In diesem Sinne vermerkt Waldenfels, dass „so viele
Fremdheiten, wie es Ordnungen gibt"[73], existieren. Daher ist die Begrifflichkeit
des Fremden genauer zu definieren, um den Blick für die in den Quellen enthaltenen Bedeutungsebenen von Fremdheiten zu schärfen.

Münkler und Ladwig unterscheiden u. a. zwischen sozial, kulturell, radikal
und definitiv Fremdem. Unter Ersterem verstehen sie das Hervorheben der
„Distanz zwischen sozialen Einheiten oder zwischen Angehörigen dieser
Einheiten"[74]. Kulturelle Fremdheit hingegen sei vorhanden, wenn auf eine
bekannte Wirklichkeitsordnung bzw. eine bekannte kulturelle Welt eine
andere trifft.[75] Sie bezieht sich allerdings nicht auf fremd in Sinne von alltäglicher Fremdheit, die innerhalb einer jeden Gesellschaft existiert, aber
in ihre Ordnung integriert ist.[76] Da in dieser Arbeit Kultur als Sinnhorizont
definiert ist, wird der Begriff der kulturellen Fremde als das Aufeinandertreffen verschiedener Sinnhorizonte erweitert. Trifft also ein Sinnhorizont
auf einen anderen, der mit dem bereits vorhandenen Wissen fassbar ist, kann
von kultureller Fremdheit gesprochen werden. Je größer die empfundene
Unvertrautheit zwischen beiden ist, umso eher wird er bewusst als solche
wahrgenommen.

Im Gegensatz zu der (von Münkler und Ladwig übernommenen) Definition
von Waldenfels' radikaler Fremdheit wird in der vorliegenden Arbeit dessen
von Stenger leicht abgewandelte Definition (in Anwendung des bereits vorn

---

71 Hahn: Soziale Konstruktion des Fremden, S. 140-141. Koselleck kam bereits 1975 zum
    selben Schluss, formulierte ihn aber nicht mit Definition einer Beziehung, sondern
    bezeichnete es als die Äußerung einer Artikulation einer Beziehung zwischen Personen.
    Vgl.: Koselleck, Reinhart: Zur historisch-politischen Semantik asymmetrischer Gegen-
    begriffe, in: Weinrich (Hg.): Positionen der Negativität (Poetik der Hermeneutik. Arbeits-
    ergebnisse einer Forschungsgruppe, Bd. 6). München 1975, S. 65.
72 Münkler/Ladwig: Verschwinden des Fremden, S. 11.
73 Waldenfels, Bernhard: Das Eigene und das Fremde, in: DZPh 43, H. 4 (1995), S. 614.
74 Münkler, Herfried/Ladwig, Bernd: Dimension der Fremdheit, in: Münkler (Hg.): Furcht
    und Faszination. Facetten der Fremdheit (Studien und Materialien der Interdisziplinären
    Arbeitsgruppe: Die Herausforderung durch das Fremde, der Berlin-Brandenburgischen
    Akademie der Wissenschaften). Berlin 1997, S. 15.
75 Vgl.: ebd., S. 30. Waldenfels bezeichnet diesen Sachverhalt als strukturelle Fremdheit, in
    der vorliegenden Arbeit wird jedoch der Terminus der kulturellen Fremdheit gewählt,
    der, wie oben beschrieben, um den Sinnhorizont erweitert wird. Vgl.: Waldenfels: Das
    Eigene und das Fremde, in: DZPh 43, H. 4 (1995), S. 615.
76 Waldenfels: Das Eigene und das Fremde, in: DZPh 43, H. 4 (1995), S. 615.

erwähnten erweiterten kulturellen Fremdheitsbegriffs) verwendet.[77] Somit ist radikale Fremdheit dann vorhanden, wenn die wahrgenommene kulturelle Fremdheit so umfassend ist, dass sie das eigene Ordnungssystem nicht nur ins Schwanken bringt, sondern dieses zerstören könnte. Damit einher geht oft eine Sinnkrise. Dennoch ist es grundsätzlich möglich, diese Art der Fremdheit – wie auch die kulturelle und soziale – in das eigene Ordnungssystem zu integrieren und somit aus Unvertrautem Vertrautes entstehen zu lassen.[78] Aus dem Fremden kann also sogar Bekanntes oder zumindest anderes werden, das sich in den Sinnhorizont einfügen lässt.[79] Die Grundlage dafür bietet das, was Waldenfels als gemeinsames Drittes bezeichnet, „ein Drittes in Gestalt eines gemeinsamen Sinnes, gemeinsamer Ziele und gemeinsamer Regeln, in denen die Beteiligten, vor allem Dissens und über allen Dissens hinaus, miteinander übereinkommen."[80] Es ist anzunehmen, dass diese Möglichkeit trotz aller Fremdwahrnehmung auch zwischen den hier herangezogenen deutschsprachigen Kriegsteilnehmern und der spanischen Zivilbevölkerung bis zu einem gewissen Grad gegeben war. Galt Spanien lange Zeit als rückständiges Gebiet, so handelte es sich bei seinen Bewohnern dennoch um Christen, wenn auch spezifischer katholischer Prägung, deren Deutungssysteme zwar fremd, aber nicht definitiv fremd waren. „Jedes Fremdverstehen setzt demnach eine hinreichende ‚Verwandtschaft' oder ‚Ähnlichkeit' zwischen Verstehendem und zu Verstehendem voraus. Definitiv fremd ist alles, was sich der hermeneutischen Durchdringung prinzipiell verschließt."[81] Die beschriebenen Kategorien sind jedoch nicht hermetisch voneinander getrennt, sondern es ist vielmehr davon auszugehen, dass sie oft gemeinsam auftreten bzw. sich überlagern. Fremdheiten, die etwas bezeichnen, was sich außerhalb der bekannten Ordnung befindet oder abspielt, können also auf ganz unterschiedlichen

---

77 Vgl.: Stenger, Horst: Deutungsmuster der Fremdheit, in: Münkler (Hg.): Furcht und Faszination. Facetten der Fremdheit (Studien und Materialien der Interdisziplinären Arbeitsgruppe: Die Herausforderung durch das Fremde, der Berlin-Brandenburgischen Akademie der Wissenschaften). Berlin 1997, S. 200; Waldenfels: Das Eigene und das Fremde, in: DZPh 43, H. 4 (1995), S. 615-616; Münkler/Ladwig: Dimension der Fremheit, S. 30.

78 Vgl.: Münkler/Ladwig: Dimension der Fremheit, S. 31.

79 Münkler und Ladwig verweisen kurz auf diesen Fall am Beispiel der Integrationsfunktion von Religion. Vgl.: Münkler/Ladwig: Verschwinden des Fremden, S. 12.

80 Waldenfels, Bernhard: Phänomenologie des Eigenen und des Fremden, in: Münkler (Hg.): Furcht und Faszination. Facetten der Fremdheit (Studien und Materialien der Interdisziplinären Arbeitsgruppe: Die Herausforderung durch das Fremde, der Berlin-Brandenburgischen Akademie der Wissenschaften). Berlin 1997, S. 78.

81 Münkler/Ladwig: Dimension der Fremheit, S. 31.

Ebenen existieren. Um noch einmal mit Waldenfels zu sprechen: „Das Außer-
ordentliche begleitet die Ordnungen wie ein Schatten."[82]

Im Falle der sozialen, kulturellen und radikalen Fremdheit ist die Aneignung
des als fremd Klassifizierten möglich, wobei diese Adaption kein geradliniger
Prozess ist. Fremdheit ist also auch eine Ressource für die Erweiterung des
eigenen Wissenshorizonts.[83] Die Adaption wird von unterschiedlichen
Reaktionen auf Kontaktsituationen mit dem als fremd Definierten begleitet:
von Akzeptanz, notgedrungener Duldung oder Ablehnung. Dabei wird im
Sinne des kulturellen Austauschs „normalerweise auch dasjenige, was ent-
liehen wird, den Bedürfnissen des Entleihenden angepasst, es findet also
eine doppelte Bewegung von De- und Rekontextualisierung statt."[84] Der Ent-
leihende übernimmt nicht einfach, was er wahrnimmt – und auch das ist, wie
bereits erwähnt, gefiltert – sondern passt es seinem Sinnhorizont zu seinen
Bedingungen an, um es in sein Ordnungssystem einzufügen und für sich nutz-
bar zu machen oder es auszuschließen. Auch die Adaption ist somit ein Mono-
log, in dem das Fremde definiert und in eine scheinbar feststehende Kultur
eingeschrieben wird.[85] Je nachdem, wie die jeweilige Gesellschaft strukturiert
ist, aus welcher die betreffende Person stammt, in welche sie kommt und unter
welchen Bedingungen das geschieht, wird auf entsprechende Inklusions- und
Exklusionsmechanismen zurückgegriffen bzw. werden solche neu definiert. Im
Sinne Luhmanns fungieren dabei Inklusion und Exklusion „Auf semantischer
Ebene [...] ähnlich wie die Unterscheidung Selbstreferenz/ Fremdreferenz"[86]

---

82   Waldenfels: Phänomenologie, S. 72.

83   Hahn beschreibt Fremdheit im Sinne von Anonymität gegenüber der Gesellschaft als
      Ressource. Vgl.: Hahn, Alois: „Partizipative" Identitäten, in: Münkler (Hg.): Furcht und
      Faszination. Facetten der Fremdheit (Studien und Materialien der Interdisziplinären
      Arbeitsgruppe: Die Herausforderung durch das Fremde, der Berlin-Brandenburgischen
      Akademie der Wissenschaften). Berlin 1997, S. 150-151. Weber verweist im Zusammen-
      hang mit der patrimonialen Herrschaft auf Fremdheit als Ressource im Sinne von sozialer
      „Desintegration" in Netzwerke, was die Betreffenden z. B. für Verwaltungs- und Kontroll-
      arbeiten prädestiniert. Vgl.: Weber, Max: Wirtschaft und Gesellschaft. (Hauptwerke
      großer Denker). Paderborn 2006, S. 1092-1209. Simmel und Schütz hingegen verweisen
      auf die dadurch bedingte Objektivität des Außenstehenden. Vgl.: Simmel: Exkurs über
      den Fremden, S. 766-768; Schütz: Der Fremde.

84   Burke: Kultureller Austausch, S. 13.

85   Osterhammel beschreibt diesen Prozess in Zusammenhang mit Orientreisenden als: „Der
      Entdeckung folgt die Ordnung auf dem Fuße." Osterhammel: Gastfreiheit und Fremden-
      abwehr, S. 387. Zur Thematik der Aneignung vgl.: Baberowski: Repräsentationen, S. 122;
      Schwemmer, Oswald: Die kulturelle Existenz des Menschen. Berlin 1997, S. 137-139.

86   Luhmann, Niklas: Inklusion und Exklusion, in: Berding (Hg.): Studien zur Entwicklung
      des kollektiven Bewußtseins in der Neuzeit, Bd. 2: Nationales Bewußtsein und kollektive
      Identität (Suhrkamp-Taschbuch Wissenschaft, Bd. 1154). 2. Aufl., Frankfurt am Main

innerhalb einer Gesellschaft. Da der Untersuchungsgegenstand hier die präsentierte reflexive Wahrnehmung in Zeugnissen deutschsprachiger Kriegsteilnehmer auf der Iberischen Halbinsel ist, wird besonderes Augenmerk auf die Art der Integration des Erlebten in den eigenen Sinnhorizont und damit möglicherweise verbundene Mechanismen gelegt.

Zusammenfassend ergibt sich aus den theoretischen Vorüberlegungen zur Thematik Wahrnehmung und Fremdheit, dass für die Analyse der historische Kontext des Spanienbildes im deutschsprachigen Raum, des spanischen Unabhängigkeitskriegs, der Zustand des Buch- und Zeitschriftenmarktes zu Beginn des 19. Jahrhunderts und die Umstände, die zur Entsendung deutschsprachiger Teilnehmer an diesem Krieg führten, unbedingt zu berücksichtigen sind. Der Kategorie Raum ist dabei in geografischer, kultureller, sozialer, zeitlicher und religiöser Dimension Beachtung zu schenken. Auf dieser Basis kann sich den ausgewählten Quellen in Verbindung von mikro- und makrohistorischen Ansätzen genähert werden, um ihre jeweilige Spezifik freizulegen und in Hinsicht auf sichtbar werdende Grundstrukturen des Konsolidierungsprozesses zu hinterfragen. Anschließend wird sich in mehreren Teilschritten den in den Quellen thematisierten oder auch ausgeblendeten Aspekten gewidmet, deren sozio-kulturelle Bedeutungsebenen zu erschließen sind. Dabei ist eine ständige Kontextualisierung sowohl in Bezug auf das Herkunfts- und Entsendungsland sowie die Einsatzregion notwendig, damit der Wissenshorizont der damaligen Zeit so weit wie möglich für das Verständnis der Selbstzeugnisse herangezogen und die Funktionen der reflexiv präsentierten Fremdbilder in ihren unterschiedlichen Sinnhorizonten erschlossen werden können.

1996, S. 43. Luhmann beschreibt in seinem Aufsatz Inklusion und Exklusion in Bezug auf Gesellschaften und ihre Funktionssysteme abhängig von ihrer Differenziertheit.

KAPITEL 2

Vom religiösen Antipoden zum Brudervolk

Seit der Reformation wurde Spanien im deutschsprachigen Raum verstärkt als ein kulturell und religiös negatives, fremdes, geistig weit entferntes Land wahrgenommen.[1] Im konfessionellen Zeitalter sah man es besonders aus protestantischer Perspektive als Herd finstersten Katholizismus', wo Andersgläubige verfolgt wurden und wo man Neuerungen feindlich gegenüber stand.[2] Gerade das Spannungsfeld zwischen protestantischem und katholischem Glauben beeinflusste die Wahrnehmung des Landes.[3] „Wurden innerhalb des protestantischen Diskurses Horrorszenarien vom Wüten der Inquisition in Spanien entworfen, so wurde sie von katholischer Seite weitgehend verteidigt und noch im Jahr 1779 ihre Einführung in Deutschland gefordert."[4] Die realen Kenntnisse über das Leben, die Kultur und religiösen Praktiken in Spanien waren hingegen gering. Die aus religiösen Gegensätzen entstandene spanische Abschottungspolitik unter Philipp II. (1527-1598) trug ihrerseits zur spärlichen Informationsvermittlung bei.[5] Obwohl das Spanienbild im deutschsprachigen Raum im 18. Jahrhundert nach Dietrich Briesemeister und Harald Wentzlaff-Eggebert noch nicht gefestigt war,[6] finden sich in den verschiedenen

---

1   Hönsch äußert die Vermutung, dass bereits vor 1500 die Grundlagen eines negativen Spanienbildes existierten. Vgl.: Hönsch, Ulrike: Wege des Spanienbildes im Deutschland des 18. Jahrhunderts. Von der schwarzen Legende zum „Hesperischen Zaubergarten". (Hermaea, N.F., Bd. 91). Tübingen 2000, S. 11-17. Zur Genese solcher Vorurteile ab dem 13. Jahrhundert siehe auch: Edelmayer, Friedrich: Die „Leyendra negra" und die Zirkulation antikatholisch-antispanischer Vorurteile, in: EGO, 3.12.2010, http://www.ieg-ego.eu/edelmayerf-2010-de (acc. 25.7.2013).

2   Vgl.: Briesemeister, Dietrich: „Die spanische Verwirrung" (J.W. von Goethe). Zur Geschichte des Spanienbildes in Deutschland, in: Wentzlaff-Eggebert (Hg.): Spanien aus deutscher Sicht. Deutsch-spanische Kulturbeziehungen gestern und heute (Beihefte zur Iberoromania, Bd. 20). Tübingen 2004, S. 99, 103; Becker-Cantarino, Baerbel: Die „Schwarze Legende". Zum Spanienbild in der deutschen Literatur des 18. Jahrhunderts, in: ZfdPh 94, H. 2 (1975), S. 183-188.

3   Vgl.: Hönsch: Wege des Spanienbildes, S. 20-26.

4   Briesemeister, Dietrich/Wentzlaff-Eggebert, Harald: Einleitung – Aspekte der Kulturvermittlung, in: Briesemeister/Wentzlaff-Eggebert (Hg.): Von Spanien nach Deutschland und Weimar-Jena. Verdichtung der Kulturbeziehungen in der Goethezeit (Ereignis Weimar-Jena. Kultur um 1800. Ästhetische Forschungen, Bd. 3). Heidelberg 2003, S. 10.

5   Vgl.: Benavent Montoliu, Jorge F.: La imagen de España en Alemania de la ilustración al Romanticismo, in: Estudis 25 (1999), S. 203.

6   Briesemeister/Wentzlaff-Eggebert: Einleitung, S. 9.

© BRILL SCHÖNINGH, 2023 | DOI:10.30965/9783657792856_003

Diskursen kontinuierlich wenig authentische, sondern negativ konnotierte
Vorstellungen.[7] Um sich die weitreichenden Folgen für das Spanienbild im
deutschsprachigen Raum bis zum Unabhängigkeitskrieg zu vergegenwärtigen,
wird im Folgenden ein kurzer Überblick über die Entwicklung des Blickwinkels
auf die Iberische Halbinsel und die daran hauptsächlich beteiligten Medien ab
der zweiten Hälfte des 18. Jahrhunderts gegeben. Des Weiteren werden durch
die Französische Revolution bedingte Veränderungen der Medienlandschaft
und ihre Auswirkungen auf die Akteure der Fremdbildvermittlung aufgezeigt.
Vom äußeren Blick auf Spanien wird sich in einem zweiten Schritt den innerspanischen Verhältnissen gewidmet, die im Unabhängigkeitskrieg gipfelten.
Auch werden die Umstände erläutert, die zur Entsendung Deutschsprachiger
als Teilnehmer an diesem Krieg führten. In diesem Zusammenhang wird auf
die Rekrutierungsbedingungen eingegangen, auf deren Grundlage die Entsendung der Kriegsteilnehmer erfolgte und die bereits erste Anhaltspunkte für
deren unterschiedliche Perspektiven auf Spanien geben.

2.1   Am Rande Europas

In der zweiten Hälfte des 17. Jahrhunderts rückte Spanien durch seinen
Machtverlust in Portugal (1640) und den Niederlanden (1648) wie in der Geographie[8] nun auch politisch in der öffentlichen Wahrnehmung an den Rand
des Kontinents.[9] Lediglich die spanische Literatur war von Interesse. „In Übersetzungen, Bearbeitungen oder stofflichen Entlehnungen fanden besonders
die pikaresken Romane [...] sowie Ritter- und Schäferromane [...] ihr
Publikum im deutschen Sprachraum."[10] Insbesondere die literarische Fiktion
der pikaresken Romane wurde für den Spiegel des spanischen Charakters

---

7   Wentzlaff-Eggebert zeigt dies an den verschiedenen Diskursen um die Inquisition auf.
     Vgl.: Wentzlaff-Eggebert, Harald: Wie schrieb man in Deutschland über die spanische
     Inquisition? Von Zedlers großem vollständigen Universal-Lexikon (1735) zu Ersch/
     Grubers Allgemeiner Encyclopädie (1840), in: Raders/Schilling (Hg.): Deutsch-Spanische
     Literatur- und Kulturbeziehungen Rezeptionsgeschichte. Madrid 1995, S. 103-122.

8   Einen kurzen Überblick zur geschichtlichen Entwicklung um den Machtverlust Spaniens
     gibt u. a. Bernecker, Walther L.: Spanische Geschichte. Vom 15. Jahrhundert bis zur Gegen-
     wart. (Beck'sche Reihe, Bd. 2111). Orig.-Ausg., München 1999, S. 35-46.

9   Vgl.: Brüggemann, Werner: Die Spanienberichte des 18. und 19. Jahrhunderts und ihre
     Bedeutung für die Formung und Wandlung des deutschen Spanienbildes. (Spanische
     Forschungen der Görresgesellschaft, Reihe 1: Gesammelte Aufsätze zur Kulturgeschichte
     Spaniens, Bd. 12). Münster 1956, S. 1.

10   Hönsch: Wege des Spanienbildes, S. 27.

gehalten. Somit erweiterte sich die Vorstellung vom Spanier als grausamem Verfechter der katholischen Religion um den Narren.

Eine bedeutende Informationsquelle über fremde Regionen und Länder stellte bis ins 19. Jahrhundert der Reisebericht dar. Im Vergleich zu anderen Ländern gab es über Spanien jedoch bis ins späte 17. Jahrhundert nur wenige davon.[11] Eine Reise richtete sich bereits damals nach „den Interessen der Reisenden, ihrem sozialen Stand, ihren ökonomischen Möglichkeiten sowie nach ihrer Bildung"[12]. Dementsprechend rar war die Zahl der Reisenden und subjektiv die Eindrücke, die sie vermittelten. Speziell zwei ins Deutsche übersetzte und mehrfach aufgelegte Spanienberichte, *Mémoires de la Cour d'Espagne* (1690) und *Relation du Voyage d'Espagne* (1691), von Marie Cathérine le Jumel de Barneville, Baronne d'Aulnoy (1650/ 51-1750) prägten die exotisch-kuriose Vorstellung von diesem südwesteuropäischen Land.[13] Die Verfasserin versuchte, ein Seelenbild des spanischen Charakters zu zeichnen. Die im Bericht enthaltenen negativen Aussagen wurden meist unreflektiert rezipiert.[14]

> Dabei fanden besonders die Sitten- und Charakterschilderungen der Französin, die zur unangefochtenen Autorität in Sachen Spanien aufgestiegen war, häufig Eingang in andere, nicht-fiktionale Textsorten (wie etwa Länderbeschreibungen, Schulbücher und Enzyklopädien[15)], wodurch die ursprünglich literarischen Klischees nun in einen quasi-wissenschaftlichen Rahmen transportiert wurden.[16]

Die vermeintliche Authentizität der Berichte stieg, je häufiger sie rezipiert wurden. Ihre Verwendung in Sach- und Fachtexten wiederum galt als Beleg für die Wissenschaftlichkeit des Inhalts. Dementsprechend durften im Reisebericht der Madame d'Aulnoy beschriebene Stereotypen in später entstandenen Texten nicht fehlen. Auch Montesquieu (1689-1755) wurde von

---

11   Vgl.: Briesemeister: Spanische Kunst in europäischen Reiseberichten, S. 42.

12   Zimmermann: Reiseberichte und Romanzen, S. 61. Zimmermann beschreibt diese Voraussetzungen für die Frühe Neuzeit.

13   Vgl.: Benavent Montoliu: La imagen de España, in: Estudis 25, (1999), S. 207-210.

14   Vgl.: Brüggemann: Spanienberichte, S. 5-7.

15   Dazu siehe auch: Gerstenberger, Debora: Iberien im Spiegel frühneuzeitlicher enzyklopädischer Lexika Europas. Diskursgeschichtliche Untersuchung spanischer und portugiesischer Nationalstereotypen des 17. und 18. Jahrhunderts. (Beiträge zur Wirtschafts- und Sozialgeschichte, Bd. 110). Stuttgart 2007.

16   Hönsch, Ulrike: Zwischen aufklärerischem Anspruch und verlegerischem Pragmatismus. Der Spanienartikel in Johann Heinrich Zedlers „Universal Lexicon", in: Briesemeister/ Wentzlaff-Eggebert (Hg.): Von Spanien nach Deutschland und Weimar-Jena. Verdichtung der Kulturbeziehungen in der Goethezeit (Ereignis Weimar-Jena. Kultur um 1800. Ästhetische Forschungen, Bd. 3). Heidelberg 2003, S. 59.

ihren Darstellungen Spaniens beeinflusst. Sowohl er als auch Voltaire (1694-1778) zeichneten in ihren Schriften ein negatives Spanienbild.[17] Darin spiegelt sich auch das entstandene Selbstverständnis der französischen Hegemonial-macht gegenüber dem schwächer werdenden spanischen Nachbarn wider.[18] Durch die Bestätigung und den Ausbau bereits bekannter Klischees wurde Spanien zum negativen Gegenbild Frankreichs instrumentalisiert, um die eigene Kultur in umso hellerem Licht erscheinen zu lassen. Die so geschaffene fiktionale spanische Wirklichkeit galt weithin als authentisch. Auf diese Weise wurden bereits bekannte Ansichten weiter tradiert und verfestigten sich durch die Verbreitung der französischen Schriften in weiten Teilen Europas.

2.1.1 *Aus der Perspektive der Aufklärung*

Frankreich nahm insbesondere in der ersten Hälfte des 18. Jahrhunderts eine kulturelle Vermittlerposition zwischen Spanien und dem deutschsprachigen Raum ein.[19] Deutsche Übersetzungen, die wegen des eingeschränkten Buch-handels mit Spanien und der Sprachbarriere meist nicht vom spanischen Original,[20] sondern aus dem Französischen angefertigt wurden, paarten sich mit der Unkenntnis der spanischen Kultur und Sozialstruktur, was zu Missver-ständnissen und Fehlern führte. Während des Übersetzungsvorgangs wurden zum Teil gezielt inhaltliche Veränderungen vorgenommen, um sowohl die literarischen Werke als auch die Reisebeschreibungen auf das entsprechende Publikum zuzuschneiden und/ oder den politischen Verhältnissen anzu-passen.[21] Die Iberische Halbinsel wurde dadurch zunächst durch eine verzerrte, aufklärerisch französisch-deutsche Perspektive wahrgenommen, die Fantasie und Spekulation viel Raum ließ. Galt das Beherrschen des Französischen im

---

17   Vgl.: Tietz, Manfred: Das französische Spanienbild zwischen Aufklärung und Romantik. Inhalte, Funktion und Repliken, in: Komparatistische Hefte 2 (1980), S. 189-190; Hönsch: Wege des Spanienbildes, S. 67-75.

18   Vgl.: Floeck, Wilfried: Das Spanienbild der französischen Aufklärer und seine Aus-wirkungen auf die spanische Ilustración, in: Iberoromania, N. F. 13 (1981), S. 68.

19   Vgl.: Zimmermann: Reiseberichte und Romanzen, S. 288-308; Becker-Cantarino: „Schwarze Legende", in: ZfdPh 94, H. 2 (1975), S. 202.

20   Vgl.: Briesemeister: Die Rezeption der spanischen Literatur in Deutschland im 18. Jahr-hundert, S. 236. Erst im Jahr 1795 ist ein spanisch-deutsches Wörterbuch erschienen. Vgl.: ebd., S. 231.

21   Opitz konstatiert diese Art der Rezeption für die Reiseliteratur, die über die Iberische Halbinsel berichtet, sie lässt sich jedoch auch auf die Übersetzungen spanischer Literatur übertragen. Vgl.: Opitz, Alfred: Durch die Wüste, Lichter tragend ... Sozialgeschichte und literarischer Stil in den Reiseberichten über die Iberia um 1800, in: Griep/Jäger (Hg.): Reise und soziale Realität am Ende des 18. Jahrhunderts (Neue Bremer Beiträge, Bd. 1). Heidel-berg 1983, S. 199. Nicht selten wurde in der deutschen Übersetzung auch ein anderer Titel gewählt. Vgl.: Briesemeister: Rezeption der spanischen Literatur, S. 242.

Zeitalter der Aufklärung als gebildet und fortschrittlich, so gab es nur wenige, die des Spanischen mächtig waren. Das erschwerte den Zugang zur Kultur auf der Iberischen Halbinsel, wie schon Lessing bemerkte.[22] Umso mehr begann sich das Bild der Literaten und Philologen zu wandeln, als Mitte des 18. Jahrhunderts direkt aus dem Spanischen ins Deutsche übersetzte Literatur vermehrt erhältlich war. Spanische Lyrik, Dramen und Romane wurden nicht nur zur Inspiration und zum Vorbild für eine nicht-klassische Dichtung, sondern auch für den Versuch der Begründung eines deutschen Nationaltheaters.[23] Im Bereich der Spanienforschung entwickelte sich neben Göttingen auch Weimar zu einem Zentrum,[24] aber auch von Berlin aus trieb man die Erkundung des Landes voran.[25] Dennoch hatte die französische Perspektive auf Spanien auch weiterhin Einfluss auf deutschsprachige Literatur: „Las diatribas de Montesquieu y Voltaire encuentran un continuador en Schiller, con su *Don Carlos*, o en el propio Goethe, con su *Egmont* (retrado del brutal gobierno del duque de Alba en los Países Bajos).“[26]

In der zweiten Hälfte des 18. Jahrhunderts wurde die Iberische Halbinsel allmählich wieder Ziel von Reisenden, auch wenn sie vom Status eines klassischen Reiselandes (wie beispielsweise Italien) weit entfernt war. Im Rahmen der Aufklärung setzten es sich Reisende zum Ziel, gegen überlieferte Fehlinformationen über andere Kulturräume anzugehen und der Öffentlichkeit

---

22   Gonzáles García zufolge beschäftitgte sich Lessing im Europäischen Raum am intensivsten mit der spanischen Kultur und Geschichte. Vgl.: González García, Manuel-José: Lessings Kenntnisse der spanischen Literatur und Kultur, in: Juretschke (Hg.): Zum Spanienbild der Deutschen in der Zeit der Aufklärung. Eine historische Übersicht (Spanische Forschungen der Görresgesellschaft, Reihe 2, Bd. 33). Münster 1997, S. 133. Hervorzuheben ist Lessings Übersetzung von Huarte, auf den später eingegangen wird. Huarte de San Juan, Juan: Johann Huarts Prüfung der Köpfe zu den Wissenschaften. Worinne er die Verschiedenen Fähigkeiten die in den Menschen leigen zeigt Einer jeden Theil der Gelehrsamkeit bestimmt der für sie eigentlich gehöret Und endlich den Aeltern Anschläge ertheilt wie sie fähige und zu den Wissenschaften aufgelegte Söhne erhalten können. Aus dem Spanischen übersetzt von Gotthold Ephraim Leßing. Zerbst 1752.

23   Vgl.: Briesemeister: Rezeption der spanischen Literatur, S. 255; Hönsch: Wege des Spanienbildes, S. 171-209. Zimmermann zeigt die Vorbildfunktion anhand der Bearbeitung der Werke des spanischen Dichters Góngora. Vgl.: Zimmermann: Reiseberichte und Romanzen, S. 309-319, 351-373.

24   Vgl.: Raders, Margit: Überlegungen zur Spanien-Rezeption in Deutschland und Weimar-Jena (1770-1830) anhand zeitgenössischer Reiseberichte und anderer landeskundlicher Werke, in: Briesemeister/Wentzlaff-Eggebert (Hg.): Von Spanien nach Deutschland und Weimar-Jena. Verdichtung der Kulturbeziehungen in der Goethezeit (Ereignis Weimar-Jena. Kultur um 1800. Ästhetische Forschungen, Bd. 3). Heidelberg 2003, S. 80.

25   Vgl.: Briesemeister: Berlin und Spanien. Ein Streifzug durch die Geschichte, S. 83.

26   Núñez Florencio, Rafael: Sol y sangre. La imagen de España en el mundo. (Espasa fórum). Madrid 2001, S. 66.

ihre neu gewonnenen Erkenntnisse in Veröffentlichungen zu präsentieren.[27]
Im Gegensatz zu den in der ersten Hälfte des 18. Jahrhunderts erschienenen
Reiseberichten, die einer empirischen Erlebnisnarration entsprachen, galt es
daher nun als Ideal, die Zustände und die Entwicklung des jeweiligen Landes
möglichst originalgetreu und unparteiisch widerzugeben, es sozusagen zu
inventarisieren und somit ein wahres Bild der bereisten Gegend zu zeichnen.[28]
Die Kompetenz dazu erlangte man allein schon durch die Anwesenheit vor
Ort, da beschrieben wurde, was man mit eigenen Augen gesehen hatte.[29]
Dieser Vorsatz lebte allerdings von der Bewertung des Gesehenen und Erlebten
nach den eigenen Maßstäben, da man sich an bereits bekanntem Wissen über
das fremde Land und dem Vergleich mit den heimatlichen Verhältnissen
orientierte. Die Entwicklung eines Reiselandes wurde am dort herrschenden
Stand der Aufklärung gemessen. Aufklärerischer Fortschritt ging im damaligen
Verständnis mit dem Verdrängen und Auflösen kultureller Eigenheiten einher: „Differentes konnte so lediglich als Phasenverschiebung in der allgemeinen Entwicklung verstanden werden."[30] In den Reiseberichten ging es
fortan nicht mehr vornehmlich um die exakte Beschreibung von Reiserouten
und -erlebnissen, sondern vielmehr um Informationen über Politik, Wirtschaft, Kultur, Mentalität, Religion, Medizin, Infrastruktur und Geographie des
besuchten Landes. Das machte den Reisenden „zum Datenlieferanten für die
geographisch-statistischen Wissenschaften"[31], auf die wiederum andere auf-
bauten. Dementsprechend wurden die Publikationen inhaltlich geordnet, die
Informationen systematisiert und für das Publikum vorsortiert.[32] Von Spanien
und später Portugal zeichneten sie ein immer noch rückständiges Bild. Durch
die dort einsetzenden Reformen unter Karl III. (1716-1788) war es allerdings

---

27 Vgl.: Briesemeister: Spanien im Wandel. Beobachtungen ausländischer Reisender in der
    zweiten Hälfte des 18. Jahrhunderts, S. 192.
28 Vgl. u. a.: Segeberg, Harro: Die literarisierte Reise im späten 18. Jahrhundert. Ein Beitrag
    zur Gattungstypologie, in: Griep/Jäger (Hg.): Reise und soziale Realität am Ende des
    18. Jahrhunderts (Neue Bremer Beiträge, Bd. 1). Heidelberg 1983, S. 14-16.
29 Vgl.: ebd., S. 21.
30 Zimmermann, Christian von: „... fast fremder als Japan und manche entfernte Reiche ..."
    Die Aufklärung in Spanien und Portugal im Blick der deutschen Reisenden, in: Frank/
    Hänsel (Hg.): Spanien und Portugal im Zeitalter der Aufklärung. Internationales
    Symposium der Carl-Justi-Vereinigung und des Forschungszentrums Europäische Auf-
    klärung Potsdam, 19.-22. Februar 1998 (Ars Iberica et Americana: kunsthistorische Studien
    der Carl-Justi-Vereinigung, Bd. 8). Frankfurt am Main u. a. 2002, S. 134.
31 Ebd., S. 127.
32 Zum statistischen Reisebericht siehe auch: Zimmermann: Reiseberichte und
    Romanzen, S. 160-167.

nicht mehr ganz so negativ besetzt wie zuvor. Gleichzeitig war man weiterhin bemüht, das Wesen des Spaniers möglichst genau zu ergründen.[33]

Die Reiseberichte mit ihren zum Teil statistischen Bestandsaufnahmen boten dem Leser einen Blick in die Welt und entwarfen Bilder vom Fremden, welche die Vorstellungen, Ansichten und Meinungen der Bevölkerung stark beeinflussten. Die Aufzeichnungen erschienen als selbstständige Publikationen oder in Journalen. Gedruckte Materialien wie Zeitschriften, Magazine, Journale und insbesondere Zeitungen stellten die am meisten verbreiteten Kommunikationsmittel der Aufklärung im deutschsprachigen Raum dar.[34] Die Veröffentlichung der Reiseberichte diente, wie auch die Reise selbst, nicht nur der Präsentation des Verfassers und seiner Bildung und somit seiner Reputation. Sie bot darüber hinaus die Möglichkeit einer zusätzlichen Einnahmequelle.[35] Die 1789 ins Deutsche übersetzte und veröffentlichte Reisebeschreibung *Voyage en Espagne, aux années 1797 et 1798* von Jean-François, Baron de Bourgoing, zeigte ein differenzierteres Spanienbild. Bourgoing kämpfte damit gegen die auch noch in der Spätaufklärung vorherrschenden negativen Spanien-Assoziationen an.[36]

Besonders durch englische Reiseberichte erfuhren die spanische Kunst und Literatur im zweiten Drittel des 18. Jahrhunderts eine neue Bewertung.[37] „Das Maß der Beurteilung dieses Landes ist [...] jetzt [...] die liberale Verfassung und die politische Struktur, wie sie die englische Wirklichkeit bestimmte oder wenigstens bestimmen sollte.“[38] Alles in allem herrschte somit die Vermittlung

---

33   Vgl.: Briesemeister: Spanische Kunst, S. 43.

34   Vgl.: Schön, Erich: Geschichte des Lesens, in: Franzmann u. a. (Hg.): Handbuch Lesen. Im Auftrag der Stiftung Lesen und Deutsche Literaturkonferenz. München 1999, S. 32; Goetsch, Paul: Einleitung: Zur Bewertung von Lesen und Schreiben im 17. und 18. Jahrhundert, in: Goetsch (Hg.): Lesen und Schreiben im 17. und 18. Jahrhundert. Studien zu ihrer Bewertung in Deutschland, England, Frankreich (ScriptOralia, Bd. 65). Tübingen 1994, S. 1; Brunschwig, Henri: Gesellschaft und Romantik in Preußen im 18. Jahrhundert. Die Krise des preußischen Staates am Ende des 18. Jahrhunderts und die Entstehung der romantischen Mentalität. Frankfurt am Main u. a. 1976, S. 47; Briesemeister: Rezeption der spanischen Literatur, S. 231.

35   Vgl.: Zimmermann: Reiseberichte und Romanzen, S. 143.

36   Vgl.: Briesemeister: Spanische Kunst, S. 51; Briesemeister: Berlin und Spanien, S. 82. Zum Beitrag Bourgoings zum Wandel des Spanienbildes siehe auch: Brüggemann: Spanienberichte, S. 43-47; Briesemeister: Spanien im Wandel, S. 190-201; Hönsch: Wege des Spanienbildes, S. 126-136.

37   Vgl.: Briesemeister: Spanische Kunst, S. 49; Hönsch: Wege des Spanienbildes, S. 83-117.

38   Brüggemann: Spanienberichte, S. 12.

eines gemäßigteren Spanienbildes vor, was jedoch nicht mit größerem Verständnis einherging.[39]

Nach Übersetzungen aus dem Französischen, Italienischen, Englischen und Schwedischen fanden sich schließlich auch Berichte von deutschsprachigen Reisenden.[40] Deren Perspektive auf das iberische Land war jedoch von gängigen Anschauungen beeinflusst, noch bevor sie überhaupt in Spanien eintrafen. Hans Juretschke bemerkt dazu, die Reisebeschreibung als Literaturgattung „habe den Platz eingenommen, den die eigentliche Historiographie mangels günstiger Vorbedingungen nicht auszufüllen vermochte."[41]

Mit dem Ausbruch der Französischen Revolution richtete sich der Fokus des allgemeinen Interesses auf Frankreich. Das Bedürfnis nach aktuellen Informationen über die dortigen Ereignisse stieg stark an, wobei es sich als schwierig erwies, die Nachrichten auf ihren Wahrheitsgehalt zu überprüfen. Nicht belegte Informationen und Nachrichten waren auch im 19. Jahrhundert eher die Regel als die Ausnahme.[42] Erst die „Verdichtung der Kommunikation und der Berichterstattung eröffnete die Möglichkeit einer besseren Überprüfung von kursierenden Meldungen und Vermutungen."[43] Bis dahin eher sporadische Leser wurden durch die Umwälzungen in Frankreich zu regelmäßiger Zeitungs- und Zeitschriftenlektüre animiert. Im 18. Jahrhundert entstand somit erstmals ein vergleichsweise breites Lesepublikum.[44] Es setzte sich zunächst vornehmlich aus dem Bürgertum und dort vor allem aus der Beamtenschaft zusammen. Da diese Zielgruppe jedoch bald ausgeschöpft war, suchten Verleger neue Kunden zu gewinnen, wodurch sich der Leserkreis

---

39   Die bei weitem nicht vorurteilsfreie Bewertung Spaniens in britischen Berichten fasst u. a. Núñez Florencio zusammen. Núñez Florencio: Sol y sangre, S. 46-64.

40   Für einen Überblick zu deutschsprachiger Reiseliteratur über Spanien siehe auch: Brüggemann: Spanienberichte, S. 47-84; Zimmermann: Reiseberichte und Romanzen, S. 93-125. Zimmermann gibt ebenfalls eine Auswahlbibliografie ins Deutsche übersetzter Reiseberichte von 1750-1800 in seiner Arbeit an. Siehe: ebd., S. 73-93.

41   Juretschke, Hans: Die Anfänge der modernen deutschen Historiografie über Spanien (1750-1850). Ein Versuch, in: Wissenschaft (Hg.): Homenaje a Johannes Vincke para el 11 de mayo 1962, Bd. 2. Madrid 1962/63, S. 875.

42   Vgl.: Requate, Jörg: „Unverbürgte Sagen und wahre Fakta". Anmerkungen zur „Kultur der Neuigkeiten" in der deutschen Presselandschaft zwischen dem 18. und der ersten Hälfte des 19. Jahrhunderts, in: Sösemann (Hg.): Kommunikation und Medien in Preußen vom 16. bis zum 19. Jahrhundert (Beiträge zur Kommunikationsgeschichte, Bd. 12). Stuttgart 2002, S. 240, 253-254.

43   Ebd., S. 250.

44   Vgl.: Schön, Erich: Der Verlust der Sinnlichkeit oder Die Verwandlung des Lesers. Mentalitätswandel um 1800. (Sprache und Geschichte, Bd. 12). Stuttgart 1987, S. 41, 49-50.

besonders im Zeitungsmarkt vergrößerte.[45] Wie Johannes Birgfeld in einer umfassenden Studie nachweist, entstand im Rahmen dieses Prozesses im 18. Jahrhundert die Kriegsliteratur, die als Teil aller literarischen Richtungen zunehmend Verbreitung fand.[46] Damit bedienten die Verleger die Sensationslust der Bevölkerung, die das Thema Krieg hervorrief.[47] Um die Wende zum 19. Jahrhundert nahm die Zahl derer, die des Lesens und Schreibens kundig waren, deutlich zu. Die Auflagenhöhe der jeweiligen Periodika und Zeitungen allein lässt allerdings keine Aussage über die tatsächliche Zahl der Leser zu, da eine Blatt sowohl von Leihbibliotheken[48] und aus Kostengründen oftmals auch von einer Gruppe abonniert wurde, die es dann untereinander austauschte.[49] Sogenannte Lesegesellschaften[50], deren Schwerpunkt vor allem bei der Lektüre von Journalen lag, „veränderten nach der Französischen Revolution, sofern sie

---

45   Vgl.: Böning, Holger: Krieg und der ‚gemeine Mann' im 18. Jahrhundert. Selbstzeugnisse – neue Medien – Informationsstrukturen, in: Stockhorst (Hg.): Kriege und Frieden im 18. Jahrhundert. Kulturgeschichtliche Studien. 1. Aufl., Hannover 2015, S. 71-73.

46   Birgfeld zeigt auf, dass das Interesse an Kriegen und die zunehmende Kriegsliteratur für das gesamte 18. Jahrhundert galt. Siehe dazu: Birgfeld, Johannes: Krieg und Aufklärung. Studien zum Kriegsdiskurs in der deutschsprachigen Literatur des 18. Jahrhunderts. Bd. 1-2. Hannover 2012.

47   Vgl.: Stockhorst, Stefanie: Einleitung. Krieg und Frieden im 18. Jahrhundert als Forschungsdesiderat einer Kulturgeschichte der Moderne, in: Stockhorst (Hg.): Kriege und Frieden im 18. Jahrhundert. Kulturgeschichtliche Studien. 1. Aufl., Hannover 2015, S. 16-28.

48   Die Leihbibliothek ist ein „Gewerbebetrieb, der Bücher gegen Gebühr verleiht oder [...] vermietet [...] Infolge der Aufklärung löste das steigende Lesebedürfnis breiter Schichten eine stürmische Aufwärtsentwicklung der L.en aus, es gab auch den Anstoß zur Entstehung von Lesegesellschaften. Nach dem Vorbild der Pariser Lesekabinette entwickelten sich die dt. L.en im 18. Jh. zu Zentren der Verbreitung populärer Lit., die von den Aufklärern mißtrauisch beobachtet wurden. Die Einsicht, daß L.en ‚dem guten Geschmack oft mehr schädlich als nützlich seien' (Der Teutsche Merkur, 1795), weil sie minderwertige Lit. über Gebühr verbreiten, führte zu Anfang des 19. Jh.s zu besonderen Zensurvorschriften für den Leihbuchhandel, die nach 1818 noch verschärft wurden. Dies hatte zur Folge, daß die L.en zunehmend auf die Belletristik auswichen." Gutzmer, Karl: Leihbibliothek, in: Corsten u. a. (Hg.): Lexikon des gesamten Buchwesens. Bd. 4. 2. völlig neu bearb. Aufl., Stuttgart 1995, S. 442-443.

49   Vgl.: Brunschwig: Gesellschaft und Romantik in Preußen, S. 50. Das Gruppenabonnement, was Brunschwig für Preußen anführt, war um die Wende vom 18. zum 19. Jahrhundert ein allgemeines Phänomen. Zum Gruppenabonnement und der Spannbreite der Mitgliederinteressen vgl. z. B.: Stöber, Rudolf: Deutsche Pressegeschichte. Von den Anfängen bis zur Gegenwart. (UTB). 2. überab. Aufl., Konstanz 2005, S. 314-318.

50   Lesegesellschaft ist ein „Sammelbegriff für vereinsmäßige Zusammenschlüsse zwecks gemeinsamer Nutzung von Lesestoffen, d. h. Zss. und Büchern [...] Je nach Definition des Begriffes ‚Leseges.' haben damals zwischen 600 und 1000 L. in Deutschland bestanden [...]". Gutzmer, Karl u. a.: Lesegesellschaften, in: Corsten u. a. (Hg.): Lexikon des gesamten Buchwesens. Bd. 4. 2. völlig neu bearb. Aufl., Stuttgart 1995, S. 481-482. Vgl. auch: Brunschwig: Gesellschaft und Romantik in Preußen, S. 52-56.

sich nicht auflösten, ihren Charakter: Sie wurden zu literarisch-geselligen Vereinen."[51] Die Magazine, Journale und andere Zeitschriften passten sich dem an
und erweiterten ihr Repertoire. Reiseberichte waren nach wie vor beliebt und
enthielten sowohl allgemein-kritische Betrachtungen der Landesverhältnisse
als auch politische Anmerkungen.[52] „Der Reisebericht konnte zum politischen
Instrument funktionalisiert werden, das von der einführenden Lektüre für
Diplomaten über die Dokumentation ökonomischer Betätigungsfelder bis hin
zum Reisegepäck kriegführender Heere verwendet werden konnte."[53] Reiseberichte bedienten auch das Informationsbedürfnis im Zusammenhang mit
tagespolitischen Problemen: Kurz vor der Wende vom 18. zum 19. Jahrhundert
weckten die französischen Aktivitäten auf der Iberischen Halbinsel beim
deutschsprachigen Lesepublikum das Interesse an dieser Region. Ein möglicher Kriegsausbruch zwischen Frankreich und Portugal 1798 führte unter
anderem zur Veröffentlichung mehrerer Reiseberichte über das kleinere der
beiden iberischen Länder.[54]

„Nach der Jahrhundertwende kamen zunehmend idealistisch-schwärme-
rische, der Romantik nahestehende Persönlichkeiten nach Spanien"[55], die
besonders von der Kultur der Mauren beeindruckt waren und ein exotisches Bild
zu zeichnen begannen.[56] Damit wurde Spanien im Rahmen der aufkommenden
Romantik als eine in der Zeit stehen gebliebene, positiv-mittelalterliche Kultur
angesehen und „durch die Berührung mit dem orientalischen Genius als Wiege

---

51   Schön: Geschichte des Lesens, S. 49. Zur Entwicklung der Leihbibliotheken und Lese-
      gesellschaften im Rahmen der Entstehung eines „modernen Lesepublikums" siehe auch:
      Wittmann, Reinhard: Geschichte des deutschen Buchhandels. in: Lehmstedt (Hg.):
      Geschichte des deutschen Buchwesens (Digitale Bibliothek, Bd. 26). Digit. Fass. d. Orig.
      Ausg. 1999, Berlin 2004, S. 8059-8121.

52   Die Jahre 1790-1792 stellten den Höhepunkt der politischen Reisebeschreibung dar. Die
      unpolitische Reisebeschreibung setzte sich um 1800 durch. Vgl.: Stewart, William E.:
      Gesellschaftspolitische Tendenzen in der Reisebeschreibung des ausgehenden 18. Jahr-
      hunderts, in: Griep/Jäger (Hg.): Reise und soziale Realität am Ende des 18. Jahrhunderts
      (Neue Bremer Beiträge, Bd. 1). Heidelberg 1983, S. 32-47. Die Begeisterung für die Reise-
      literatur war auch im Vormärz ungebrochen. Siehe: Wülfing, Wulf: Reiseliteratur und
      Realitäten im Vormärz. Vorüberlegungen zu Schemata und Wirklichkeitsfindung im
      frühen 19. Jahrhundert, in: Griep/Jäger (Hg.): Reise und soziale Realität am Ende des
      18. Jahrhunderts (Neue Bremer Beiträge, Bd. 1). Heidelberg 1983, S. 371-394.

53   Zimmermann: Reiseberichte und Romanzen, S. 450.

54   Vgl.: Opitz: Sozialgeschichte und literarischer Stil, S. 200.

55   Raders: Spanien-Rezeption, S. 81.

56   Vgl.: Briesemeister: Die Iberische Halbinsel und Europa. Ein kulturhistorischer
      Rückblick, S. 9.

und Grundlage einer neuen Kultur"[57] wahrgenommen.[58] Dieser Wandel hatte bereits im 18. Jahrhundert eingesetzt, ohne dass jedoch bestehende Klischees und Stereotypen aufgegeben wurden: Man interpretierte sie nur neu. In der Reiseliteratur begann sich wieder die subjektive Erzählweise durchzusetzen, die den Leser persönlich berühren sollte.[59] Trotz der seit dem 18. Jahrhundert zunehmenden Fiktionalisierung der Reiseberichte galten sie auch weiterhin als authentische Widerspiegelung spanischer Verhältnisse.[60]

2.1.2   *Fanal Spanien*

Neben den romantischen und überhöht idealen Vorstellungen von Spanien, die sich auf Vorbilder aus Literatur und Kunst stützten, fanden sich nach Ausbruch des spanischen Unabhängigkeitskrieges nun in Fortsetzungsreihen abgedruckte Augenzeugenberichte von Kriegsteilnehmern. Dies entsprach auch einem sich seit der 2. Hälfte des 18. Jahrhunderts entwickelnden Selbstbewusstsein der unteren Offiziersränge, die zunehmend über ihre Erlebnisse berichteten, nicht zuletzt aufgrund ihrer im Einsatz gesammelten Erfahrungen.[61] Abgesehen davon, dass viele Männer aus dem deutschsprachigen Raum auf der Iberischen Halbinsel kämpften, hatte das mutige Aufbegehren der Spanier gegen den bis dahin als unbesiegbar geltenden Usurpator Napoleon elektrisierende Wirkung: „Ständig wartete die Öffentlichkeit auf Neuigkeiten von diesem Krieg, man las darüber in den Journalen oder hörte die Berichte von Kriegsbeteiligten, z. B. über die Taten und Untaten der Guerilla-Führer"[62]. Solche Berichte waren besonders begehrt, da man sich von ihnen große Authentizität und mehr glaubhafte Informationen versprach, als von offiziellen Verlautbarungen und den stark kontrollierten tagespolitischen

---

57   Briesemeister: Spanische Kunst, S. 49.

58   Vgl.: Benavent Montoliu: La imagen de España, in: Estudis 25, (1999), S. 67-70.

59   „Im empfindsamen Reisebericht verlor die Darstellung die Funktion einer empirisch-rationalen Bewältigung von Fremdheit; er wies gewiß auch auf ein Ungenügen dieser Bewältigungsstrategien gegenüber den Fremdheitsphänomenen, allerdings ohne ein alternatives Konzept zu bieten – wie dies später in den romantischen Reisedarstellungen, aber auch in der Historisierung der Beschreibung bei Wilhelm von Humboldt folgte." Zimmermann: Reiseberichte und Romanzen, S. 159-160.

60   Vgl.: Hönsch: Wege des Spanienbildes, S. 169. Zum Überblick der allgemeinen Funktionen des Utopischen in der Reiseliteratur siehe auch: Bersier, Gabrielle: Reise als Umrahmung der Utopie. Einige Überlegungen zum utopischen Reiseroman bis zum Ausgang des 18. Jahrhunderts, in: Griep/Jäger (Hg.): Reise und soziale Realität am Ende des 18. Jahrhunderts (Neue Bremer Beiträge, Bd. 1). Heidelberg 1983, S. 292-301.

61   Siehe dazu: Harari: The Ultimate Experience.

62   Ruppert, Andreas: Zum Spanienbild in der deutschen Unterhaltungsliteratur 1800-1850, in: Corvey-Journal. Mitteilungen aus dem Projekt Fürstliche Bibliothek Corvey 4, H. 3 (1992), S. 5.

Nachrichten.[63] Zudem waren sie weitaus aktueller als die bis dahin oft in Wiederauflagen erscheinenden Reiseberichte des 17. und 18. Jahrhunderts. Wie Rainer Wohlfeil feststellte, wurden die „Darstellungen und Gerüchte der Soldaten zwar [...] verboten, waren aber nach Ansicht der Regierungen der deutschen Staaten weniger gefährlich als die aktuellen Meldungen in der Berichterstattung der Tagespresse."[64] Dennoch gingen diese Regierungen mitunter auch gegen die Veröffentlichungen von Kriegsteilnehmern vor. Da Napoleon die Presse in den von ihm unterworfenen Gebieten durch entsprechende Gesetze bis 1810 formell wirksamer kontrollieren konnte als in Frankreich selbst,[65] hatten kritische Augenzeugenberichte nicht selten mit der Zensur zu kämpfen. Das gelang umso besser, da man in den eroberten deutschen Ländern auf gut funktionierende Zensursysteme zurückgreifen konnte.[66] Ähnlich wie in den Jahren des 1. Koalitionskrieges (1792-1797), wo strenge Zensurbestimmungen besonders Militärs zur Anonymität zwangen, wenn sie ihre Erlebnisse veröffentlichen wollten,[67] wurden Augenzeugenberichte aus dem spanischen Unabhängigkeitskrieg unter napoleonischer Herrschaft häufig anonym verfasst.

Mit dem Unabhängigkeitskrieg rückte Spanien „nun plötzlich auf zum Nachbarn, zum Brudervolk der Deutschen, verbunden über alle Entfernungen hinweg im Geist des gemeinsamen Gegensatzes zu Frankreich."[68] Das Spanienbild bewegte sich im Spannungsfeld zwischen romantischer Sehnsucht und kämpferischer Nation gegen Napoleon. Das religiöse Spanien diente als Vorbild

---

63   Zur Art und Weise der Berichterstattung während des spanischen Unabhängigkeitskriegs und der Zensurproblematik siehe auch: Wohlfeil, Rainer: Spanien und die deutsche Erhebung. 1808-1814. Wiesbaden 1965, S. 102-163.

64   Ebd., S. 138.

65   Mit dem napoleonischen Pressegesetz vom 5. Februar 1810 wurde die Zensur in Frankreich offiziell wieder eingeführt, nachdem sie 1789 im Rahmen der Revolution abgeschafft worden war. Vgl.: Siemer, Antje: „Moi, toujours moi rien que moi" – Zu einigen Facetten des Napoleonbildes in der deutschen Publizistik, in: Böning (Hg.): Französische Revolution und deutsche Öffentlichkeit. Wandlungen in Presse und Alltagskultur am Ende des achtzehnten Jahrhunderts (Deutsche Presseforschung, Bd. 28). München 1992, S. 310-311.

66   Zu den Unterschieden der Presseverhältnisse in napoleonischer und der Zeit nach den Befreiungskriegen siehe auch: Schneider, Franz: Pressefreiheit und politische Öffentlichkeit. Studien zur politischen Geschichte Deutschlands bis 1848. (Politica. Abhandlungen und Texte zur politischen Wissenschaft, Bd. 24). 1. Aufl., Neuwied 1966, S. 171-217.

67   Vgl.: Schneider, Erich: Das Bild der Französischen Revolutionsarmee (1792-1795) in der zeitgenössischen deutschen Publizistik, in: Voss (Hg.): Deutschland und die Französische Revolution. 17. Deutsch-Französisches Historikerkolloquium des Deutschen Historischen Instituts Paris (Bad Homburg 29. September - 2. Oktober 1981) (Beihefte der Francia, Bd. 12). München 1983, S. 194.

68   Briesemeister: „Die spanische Verwirrung", S. 108.

für die verloren gegangenen „nostalgisch beklagten Werte der Vergangenheit
und der großen Leidenschaften [...], die noch nicht an den engen sozialen
Konventionen der *bourgeois*"[69] scheiterten. Die Aufwertung Spaniens geht mit
einer Abwertung des aufklärerischen Frankreichs einher. Auch die liberalen
Entwicklungsansätze in Spanien stießen im deutschen Sprachraum auf reges
Interesse. Die Verfassung von Cádiz (1812) hatte besonders für deutsche Früh-
liberale eine Vorbildfunktion und war Inspiration für Veränderungen im
eigenen Land.[70]

Während der dem spanischen Unabhängigkeitskampf folgenden Befreiungskriege in Europa von 1813 bis 1815 diente die Presse sowohl auf napoleonischer
als auch auf Seiten seiner Gegner der Unterstützung der eigenen Kriegsführung. Patriotisch-nationale Literatur und Aufrufe zum Widerstand fanden
sich besonders in jenen Gebieten, die Napoleon nicht mehr kontrollierte.
Deren wieder erstarkende monarchische Regierungen waren jedoch im
Interesse des eigenen Machterhalts nicht an der Verbreitung von liberalem
Gedankengut interessiert.

> Auch die preußische Armeeführung unterlief, nachdem Frankreich am 16. März
> 1813 offiziell der Krieg erklärt worden war, die nach wie vor vorhandenen Zensur-
> bestrebungen der Zentralregierung [...] Erst nach dem ersten Sieg über Frank-
> reich im Sommer 1814 gestatteten es die Machtverhältnisse in der Monarchie,
> allgemein die Zensur schrittweise wieder durchzusetzen.[71]

Bis 1815 steigerten sich Nachfrage, Spektrum und Auflagenhöhe tagespolitischer
Literatur, wobei Hagemann feststellt, dass historisch-politische Einzelschriften
und Periodika im Zeitraum von 1806 bis 1813 eine besondere Rolle spielten.
Sie waren im Gegensatz zur Tagesliteratur einer weniger starken Zensur unterworfen, fanden großen Anklang und dementsprechenden Absatz.[72]

In der patriotisch-nationalen Lyrik wurden der Stand des Soldaten, der
Krieg sowie der heldenhafte Tod aufgewertet: „eine dauerhafte Sinngebung des
Krieges konnte nur durch Anbindung politischer Vorstellung an menschliche

---

69   Tietz: Das französische Spanienbild zwischen Aufklärung und Romantik, in: Kompa-
     ratistische Hefte 2, (1980), S. 36.

70   Vgl.: Wohlfeil, Rainer: Das Spanienbild der Süddeutschen Frühliberalen, in: Bährmann u. a.
     (Hg.): Festschrift Ludwig Petry, Bd. 1 (Geschichtliche Landeskunde, Bd. 5). Wiesbaden 1968,
     S. 109-150; Juretschke: Die Anfänge der modernen deutschen Historiografie, S. 881-889.

71   Hagemann, Karen: Federkriege: Patriotisch-Nationale Meinungsmobilisierung in Preußen
     in der Zeit der Antinapoleonischen Kriege 1806-1815, in: Sösemann (Hg.): Kommunikation
     und Medien in Preußen vom 16. bis zum 19. Jahrhundert (Beiträge zur Kommunikations-
     geschichte, Bd. 12). Stuttgart 2002, S. 286.

72   Vgl.: ebd., S. 287.

und vor allem männliche Affekte gewinnen."[73] Dabei wurden besonders drei Themen angesprochen: der christliche Glaube, die deutsche Männlichkeit in Verbindung mit einer Erotisierung und Ästhetisierung des Krieges und der Hass auf Fremdes und alle Fremden, besonders gegenüber Frankreich.[74] Ernst Moritz Arndt (1769-1860) und Theodor Körner (1791-1813) sind zwei der schillerndsten Vertreter dieser patriotisch-national gesinnten Lyrik.[75] In ihren Publikationen beförderten sie systematisch die Glorifizierung von Krieg und Tod und verdrängten die aufgeklärte Idee des ewigen Friedens.

„Nach dem Ende der napoleonischen Kriege florierte dann die militärische Erinnerungsliteratur auch außerhalb der Offiziersränge, was in dieser Breite ebenfalls ein historisches Novum darstellte."[76] Die Berichte von Kriegsteilnehmern über ihre Einsätze und Einsatzgebiete erreichten damit ein weitaus größeres Publikum als bisher für die Entwicklung von Fremdbildern berücksichtigt. Währenddessen lag der Fokus der offiziellen Geschichtsschreibung, aber auch der Literatur, Philologie oder Kunst, gerade in der Zeit der Restauration auf dem Mittelalter, in dem, wie Wolfgang Burgdorf bemerkt, das „verdrängte Deutsche Reich"[77] wieder auftauchte.[78] Die Verhandlung zeitgeschichtlicher Themen fand sich vor allem in der damaligen Memoirenliteratur,[79] deren Verfasser nicht zuletzt Kriegsteilnehmer waren. Ihre Berichte nehmen somit eine Scharnierfunktion ein. Die zur Zeit der Restauration in den einzelnen Ländern wieder einsetzende, wenn auch unterschiedlich starke Beschränkung der Presse wurde im August 1819 in den zentralen Beschlüssen der Konferenz von Karlsbad verankert.[80] Deren diesbezüglich ursprünglich

---

73   Pape, Walter: „Männerglück". Lyrische Kriegsagitation und Friedenssehnsucht zur Zeit der Befreiungskriege, in: Dülffer (Hg.): Kriegsbereitschaft und Friedensordnung in Deutschland 1800-1814 (Jahrburch für historische Friedensforschung, Bd. 3). Münster u. a. 1995, S. 108.

74   Vgl.: ebd., S. 109, 124; Hagemann: Federkriege, S. 298.

75   Vgl.: Wohlfeil: Spanien und die deutsche Erhebung, S. 231-245.

76   Planert: Mythos vom Befreiungskrieg, S. 34.

77   Burgdorf, Wolfgang: Der Kampf um die Vergangenheit. Geschichtspolitik und Identität in Deutschland nach 1813, in: Planert (Hg.): Krieg und Umbruch in Mitteleuropa um 1800. Erfahrungsgeschichte(n) auf dem Weg in eine neue Zeit (Krieg in der Geschichte, Bd. 44). Paderborn u. a. 2009, S. 357.

78   Vgl.: ebd., S. 351, 357.

79   Vgl.: ebd., S. 355.

80   Vom 6. Bis 31. August 1819 fand in Karlsbad eine geheime Ministerialkonferenz unter der Federführung Fürst Metternichs (1773-1859) statt, auf der besonders Österreich und Preußen zusammenarbeiteten. Die dort gefassten, ursprünglich als Ausnahmegesetze gedachten Beschlüsse dienten der Unterdrückung nationaler und liberaler Bewegungen im Deutschen Bund nach Napoleons Herrschaft. Sie beinhalteten u. a. die Zensur der Presse, Kontrolle und Überwachung der Hochschulen und das Verbot der Burschenschaften.

provisorische Festlegungen blieben später dauerhaft in Kraft. Mit diesem Maß-
nahmenkatalog sollten liberale und nationale Kräfte zurückgedrängt und die
politische Formierung einer bürgerlichen Gesellschaft verhindert werden.

> Tatsächlich war die Situation [...] nicht ohne Ironie: Die Mitglieder des Bundes,
> die 1815 eifersüchtig ihre Souveränitätsansprüche gegen die Bildung einer
> starken Zentralgewalt verteidigt hatten, schlossen sich ausgerechnet zu engster
> Zentralisation zusammen, wo es darum ging, jene Kräfte abzuwehren, die unter
> der Idee der nationalen Einheit einen solchen Zusammenschluß verfochten.[81]

Die Pressebeschränkungen wurden erst im April 1848 infolge der März-
revolution außer Kraft gesetzt. Die bis dahin veröffentlichten Berichte und
Erinnerungen deutschsprachiger Teilnehmer am spanischen Unabhängigkeitskrieg waren dementsprechend – je nach Verlagsort mehr oder weniger
stark – der Zensur durch die Karlsbader Beschlüsse ausgesetzt.

2.2   Im französischen Visier

Die Französische Revolution, die Herrschaft Napoleons und die Napoleonischen
Kriege hatten weitreichende Auswirkungen auf das Beziehungsgeflecht der
europäischen Staaten. Als Feldherr zu Ansehen und Macht gelangt, prägten
militär-strategische Entscheidungen Napoleons Politik. Er drängte nach
Entscheidungsschlachten, setzte dem Feind mittels Kavallerie selbst in der
Flucht nach und bevorzugte es, seinen Gegnern den Frieden zu diktieren.[82]
Sein erfolgreiches Agieren verdankte er nicht zuletzt der Fähigkeit, die Ereignisse zu kontrollieren und zu seinen Gunsten zu beeinflussen, es zog jedoch
auch unerwartete Allianzverschiebungen nach sich. Im Folgenden wird
kurz erläutert, wie aus den im 18. Jahrhundert konkurrierenden Seemächten
Großbritannien und Spanien zeitweilige Verbündete[83], aus ursprünglich

---

Personen, die durch die Lehre liberalen oder nationalen Gedankenguts auffielen oder
sie anderweitig verbreiteten, konnten entlassen und verfolgt werden. In Mainz wurde
eine zentrale Untersuchungsbehörde geschaffen, die gegen die revolutionären Umtriebe
vorging und der die lokalen Behörden der einzelnen Bundesmitglieder unterstanden.
Zu den Karlsbader Beschlüssen siehe auch: Huber, Ernst Rudolf (Hg.): Dokumente zur
Deutschen Verfassungsgeschichte. Bd. 1: Deutsche Verfassungsdokumente 1803-1850.
3. neubearb. und verm. Aufl., Stuttgart u. a. 1961.

81   Schneider: Pressefreiheit und politische Öffentlichkeit, S. 254.

82   Vgl.: Wunder, Bernd: Europäische Geschichte im Zeitalter der Französischen Revolution.
Stuttgart 2001, S. 101.

83   Zum Überblick über die Interessengegensätze Großbritanniens und Spaniens im 18. Jahrhundert siehe u. a.: Braubach, Max: Das Europäische Staatensystem 1740-1792, in: Valjavec
(Hg.): Historia mundi, Bd. 9: Aufklärung und Revolution. Bern 1960, S. 84-109.

verbündeten Spaniern und Franzosen erbitterte militärische Gegner wurden und wie deutschsprachige Militärangehörige in diesen auf der Iberischen Halbinsel ausgetragenen Konflikt gerieten. Der Überblick über den Verlauf des spanischen Unabhängigkeitskrieges dient im Weiteren der Zuordnung der in den untersuchten Quellen erwähnten Ereignisse. Die anschließend beschriebenen Rekrutierungsbedingungen der Kriegsteilnehmer zeigen die unterschiedlichen Ausgangssituationen und Wege der in Kapitel 3 näher vorgestellten Quellen auf.

2.2.1   *Vom inneren zum äußeren Konflikt*

Nach dem Tod des spanischen Königs Karl III. (1716-1788) bemühte sich sein Sohn Karl IV. (1748-1819), die Reformpolitik des Vaters weiterzuführen, die das Bürgertum gegen den Widerstand von Kirche und Adel fördern sollte. Letztere versuchten jedoch insbesondere nach dem Ausbruch der Französischen Revolution, die alten Zustände wiederherzustellen. Um einer latenten Finanzkrise beizukommen, war es dennoch notwendig, den reformorientierten Weg zumindest teilweise weiter zu verfolgen, wozu u. a. die Desamortisierung des Kirchenbesitzes gehörte.[84] Einem möglichen Übergreifen revolutionärer Tendenzen von Frankreich auf Spanien sollte u. a. mit einer Nachrichtensperre begegnet werden. Die Inquisition erhielt den Auftrag, das Land vor den gedanklichen Einflüssen und Schriften der Französischen Revolution zu bewahren und fungierte somit nach Pietschmann als politisches Kontrollinstrument.[85] Außenpolitisch hielt die spanische Krone jedoch Kontakt mit dem französischen Nachbarn, denn wenn „der spanische König seinen französischen Verbündeten verlor, mit dem er durch den bourbonischen Familienpakt[86] verbunden war, fehlte das Gegengewicht gegenüber England,

---

84   Vgl.: Schmidt, Peer: Absolutismus und Aufklärung. Die Bourbonen im 18. Jahrhundert, in: Schmidt (Hg.): Kleine Geschichte Spaniens (Schriftenreihe bpb, Bd. 527). Lizenzausg., Bonn 2005, S. 246; Pietschmann, Horst: Von der Gründung der spanischen Monarchie bis zum Ausgang des Ancien Régime, in: Bernecker/Pietschmann (Hg.): Geschichte Spaniens. Von der frühen Neuzeit bis zur Gegenwart. 4. überarb. u. aktual. Aufl., Stuttgart 2005, S. 233-234.

85   Vgl.:Pietschmann: Von der Gründung der spanischen Monarchie, S. 229. Henry Kamen kommt zur selben Schlussfolgerung, auch wenn er nicht den gleichen Terminus wie Pietschmann dafür verwendet. Siehe: Kamen, Henry: The Spanish Inquisition. London u. a. 1965, S. 266-270.

86   Der 3. bourbonische Familienpakt vom 15. August 1761 beinhaltete u. a. „a Franco-Spanish maritime bloc against Great Britain. Freed of the need to watch the French, Charles III. was thereby enabled to concentrate on building up his navy. The army was in the meantime left to manage as best it could." Esdaile, Charles J.: War and Politics in Spain, in: The Historical Journal 31, H. 2 (1988), S. 298. Der Wortlaut des Paktes findet sich auch in folgender Publikation: Cantillo, Alejandro del: Tratados, convenios y declaraciones de paz y de comercio que han hecho con las potencias estranjeras los monarcas españoles de la

das nun unbehinderter seine maritime Expansion verfolgen und sich Teile des spanischen Kolonialreiches aneignen konnte.“[87]

Die fortschreitenden Umbrüche in Frankreich, die Radikalisierung der Revolution, die Inhaftierung Ludwig XVI., dessen Hinrichtung und die französische Kriegserklärung an Großbritannien und Spanien führten schließlich dazu, dass sich Großbritannien im Februar und Spanien im März 1793 der 1. Koalition[88] gegen Frankreich anschlossen und als Verbündete in den 1. Koalitionskrieg eintraten. Großbritannien verhängte eine Seeblockade über die Küsten Frankreichs. Spanien zog mit euphorischer Begeisterung seiner Bevölkerung in den Krieg gegen den antimonarchischen Nachbarn. Doch die Voraussetzungen für eine solche Auseinandersetzung waren denkbar schlecht: Die spanische Flotte, die sich unter Karl III. (1716-1788) gegen Ausgang des 18. Jahrhunderts zur zweitgrößten Seemacht in Europa entwickelt hatte,[89] litt unter der mangelnden Aufmerksamkeit, die Karl IV. (1748-1819) Marine und Heer zuteilwerden ließ.[90] Im Pyrenäenkrieg (Guerra de los Pirineos) 1793-1795 gegen Frankreich trat die Schwäche der spanischen Armee offen zu Tage.[91] Sowohl die mangelnden Kriegsvorbereitungen als auch die Folgen der Finanzkrise wirkten sich zusätzlich negativ auf die Kriegsführung aus, sodass nach

---

casa de Borbon desde el año de 1700 hasta el día. Puestos en órden é ilustrados muchos de ellos con la historia de sus respectivas negociaciones. Madrid 1843, S. 468-73.

87   Konetzke, Richard: Die iberischen Staaten von der Französischen Revolution bis 1874, in: Bußmann (Hg.): Handbuch der europäischen Geschichte, Bd. 5: Europa von der Französischen Revolution zu den nationalstaatlichen Bewegungen des 19. Jahrhunderts. 1. Aufl., Stuttgart 1981, S. 890.

88   Der 1. Koalition gegen Frankreich gehörten u. a. Österreich, Preußen, das Königreich Piemont-Sardinien, Großbritannien, Spanien, Portugal und das Königreich Neapel an. Vgl.: Dobbs, Charles M.: First Coalition, War of the (1792-1797), in: Fremont-Barnes (Hg.): The Encyclopedia of the French Revolutionary and Napoleonic Wars. A Political, Social, and Military History. Bd. 1. Santa Barbara, Calif. u. a. 2006, S. 346-350. Zum 1. Koalitionskrieg siehe auch: Esdaile, Charles J.: The French Wars. 1792-1815. (Lancaster Pamphlets). London 2001, S. 4-14.

89   Zum Ausbau der Flotte unter Karl III. siehe auch: Esdaile, Charles J.: The Spanish Army in the Peninsular War. (War, Armed Forces and Society). Manchester u. a. 1988, S. 8-9.

90   Vgl.: Konetzke: Die iberischen Staaten, S. 891.

91   Martínez Ruiz beschreibt den Zustand der spanischen Bevölkerung und der Armee bei Kriegsausbruch wie folgt: „El país recibe la noticia con indudable entusiasmo y en todas partes se crea rápidamente un ambiente belicista que hace cerrar los ojos a la realidad de nuestras auténticas posibilidades militares, ya que nuestro ejército, mal dotado y escasamente 'modernizado' pese a las Ordenanzas de 1768, presentaba muchas deficiencias y una macrocefalia tan abrumadora como inútil, siendo el ejército europeo con menor número de soldados por oficial.“ Martínez Ruíz, Enrique: La España de Carlos IV (1788-1808). (Cuadernos de historia, Bd. 71). Madrid 1999, S. 29.

anfänglichen Erfolgen Spaniens bald schon Frankreich das Geschehen dominierte.[92] Im Frieden von Basel (22. Juli 1795) war Spanien gezwungen, sowohl Santo Domingo als auch den östlichen Teil der Insel La Española (heutiges Haiti) an Frankreich abzutreten, erhielt aber an Frankreich verloren gegangene Gebiete in der Grenzregion der Pyrenäen zurück.[93] Zu diesem Zeitpunkt hatte Manuel de Godoy[94] (1767-1851), ein Günstling des spanischen Königspaares, das Amt des ersten Ministers inne. Er bestimmte die spanische Politik nicht nur maßgeblich, sondern nutzte die ihm übertragenen weitgehenden Befugnisse im Sinne des aufgeklärten Absolutismus, aber auch zum persönlichen Vorteil.

> Der einseitige Friedensschluss mit Frankreich trug Spanien die Gegnerschaft Englands ein, das den spanischen Schiffsverkehr mit Amerika unterbrach [...] Spanien war außenpolitisch isoliert und erlitt schwere Einbußen in seinem Amerikahandel, die Staatsfinanzen waren ruiniert und der Volkszorn über den gescheiterten Krieg richtete sich gegen den Günstling.[95]

Karl IV. jedoch verlieh diesem aufgrund der zurück erhaltenen Pyrenäengebiete den Titel Príncipe de la Paz (Friedensfürst).

Auf Druck Frankreichs unterzeichnete Spanien am 18. August 1796 den 2. Vertrag von San Ildefonso.[96] Darin verpflichtete es sich u. a., in den Krieg gegen Großbritannien einzutreten, was am 06. Oktober 1796 geschah und in dessen Folge Spanien die Insel Trinidad an Großbritannien verlor. Godoys Stellung war nun nicht länger haltbar. Im März 1798 wurde er von Karl IV. seines Amtes enthoben, ohne jedoch die Gunst des Königs und seinen Einfluss auf ihn zu verlieren.

---

92   Vgl.: Esdaile: Spanish Army, S. 36-39.

93   Vgl.: Cantillo: Tratados, convenios y declaraciones, S. 654-657.

94   Manuel de Godoy entstammte niederem spanischen Adel und trat 1784 in die königliche Garde ein. Am Hof erlangte er bald die Aufmerksamkeit des spanischen Königspaares und die besondere Gunst der Königin, was ihm eine schnelle Karriere ermöglichte und viele Gegner einbrachte. Im Laufe der Regierungszeit Karls IV. übernahm und leitete er die Regierungsgeschäfte und galt als der eigentliche Herrscher Spaniens. Vgl.: Canales Torres, Carlos: Breve historia de la Guerra de la Independencia. 1808-1814. (Breve historia). Madrid 2006, S. 24-26; Wohlfeil: Spanien und die deutsche Erhebung, S. 5-6; Konetzke: Die iberischen Staaten, S. 889-890.

95   Vgl.: Pietschmann: Von der Gründung der spanischen Monarchie, S. 231-232.

96   Zum 2. Vertrag von San Ildefonso vgl.: Cantillo: Tratados, convenios y declaraciones, S. 673-676. Der 1. Vertrag von San Ildefonso wurde 1777 zwischen Spanien und Portugal geschlossen. Mit ihm wurden Besitzansprüche in Übersee geregelt. Vgl.: ebd., S. 537-544.

Nachdem Napoleon 1799 das Direktorium[97] gestürzt und die alleinige Macht in Frankreich übernommen hatte, brachte er Spanien in immer größere Abhängigkeit. Portugal jedoch, das sowohl der ersten als auch der zweiten Koalition[98] gegen Frankreich beigetreten und zudem mit Großbritannien verbündet war, entzog sich der französischen Kontrolle. Diese Haltung stand Napoleons Absicht entgegen, Großbritannien vom europäischen Festland zu isolieren. Daher forderte er Portugal auf, seine Allianz mit Großbritannien aufzukündigen, seine Häfen für die britischen Schiffe zu schließen und für spanische und französische zu öffnen sowie einen Teil seines Territoriums an Spanien abzutreten. Diese Forderungen wurden in dem am 29. Januar 1801 zwischen Spanien und Frankreich abgeschlossenen Vertrag von Madrid festgeschrieben, in dem sich Spanien zum Krieg gegen Portugal verpflichtete, falls dieses den französischen Wünschen nicht nachgab.[99] Dementsprechend erreichte die spanische Armee unter dem Oberbefehl von Godoy im April 1801 Portugal. Ihr folgten zur Unterstützung auch französische Truppen. Die spanisch-französischen Einheiten stießen im portugiesischen Gebiet kaum auf Gegenwehr. Der sogenannte Pomeranzenkrieg (Guerra de las Naranjas) endete damit, dass der französische Sondergesandte Lucien Bonaparte und Godoy als Vertreter Spaniens Portugal zur Zahlung einer hohen Kriegsentschädigung zwangen, an der sie sich persönlich bereicherten. Der von Napoleon angeordneten Besetzung Portugals kamen sie hingegen nicht nach, sondern schlossen den moderaten Frieden von Badajoz (06. Juni 1801), in dem sich Portugal verpflichtete, alle Häfen für britische Schiffe zu schließen.[100]

Der Kompromissfrieden von Amiens (27. März 1802)[101] zwischen Frankreich und Großbritannien, mit dem der zweite Koalitionskrieg (1799-1802) endete, hielt nicht lange. Bei erneutem Kriegsausbruch 1803 versuchte Spanien zunächst, sich seine Neutralität durch hohe Subsidienzahlungen[102] an Frank-

---

97   „Nach der Verfassung vom 1. Vendémiaire (23.9.1795) stellte das D. (franz. Directoire) die oberste Regierungsbehörde Frankreichs dar. Es bestand aus fünf Mitgliedern; sie wurden vom Rat der Alten aus einer durch den Rat der 500 aufgestellten Liste gewählt [...] Napoleon Bonaparte machte durch den Staatsstreich vom 18. Brumaire (9.11.1799) dem D. ein Ende; an dessen Stelle trat nunmehr das Konsulat." Fuchs, Konrad/Raab, Heribert: dtv-Wörterbuch zur Geschichte. Bd. 1. München 1972, S. 199-200.

98   Zum 2. Koalitionskrieg siehe auch: Esdaile: French Wars, S. 17-24.

99   Vgl.: Cantillo: Tratados, convenios y declaraciones, S. 694-696.

100   Vgl.: ebd., S. 699-701.

101   Zum Frieden von Amiens siehe: ebd., S. 702-706.

102   Subsidien sind: „Hilfsgelder, die, seit dem SpätMA üblich, einem Staat von einem Verbündeten gezahlt werden [...] Die Subsidienpolitik erklärt sich aus dem größeren Reichtum der Subsidienzahlenden und der milit. Stärke wirtschaftl. armer Staaten [...] In der 2. Hälfte des 18. Jh. sank die Bedeutung der S. beträchtlich; sie [...] entarteten

reich zu erkaufen. Großbritannien erkannte diese Art der Neutralität jedoch nicht an und ging auf See auch gegen spanische Schiffe vor, was erneut Einbußen im Handel Spaniens mit seinen Kolonien nach sich zog. Napoleon forderte trotz geleisteter Zahlungen die im (vorn genannten) Vertrag von Madrid zugesicherte militärische Hilfe Spaniens gegen Großbritannien ein. Die Niederlage in der Schlacht von Trafalgar (21. Oktober 1805) gegen Großbritannien bedeutete für Spanien nicht nur das endgültige Ende des Status' einer Seemacht, sie läutete langfristig auch die Loslösung der spanischen Kolonien vom Mutterland ein. Portugal hingegen erneuerte seine Beziehungen zu Großbritannien. Auch Spanien, das die von Napoleon geforderte Seeblockade der britischen Inseln nur lose umsetzte, versuchte in Geheimverhandlungen, Kontakte mit dem Empire zu knüpfen.[103] Großbritannien wiederum verhängte seinerseits im Mai 1806 eine Blockade über die Westindischen Inseln und über die europäische Küste von der Elbmündung bis Brest. Als Reaktion darauf verfügte Napoleon am 21. November 1806 eine Kontinentalsperre, die er in der Folge weiter verschärfte. Das bedeutete, dass nicht nur:

> jeder Handelsverkehr mit England so wie bisher verboten [war, K.B.] sondern es wurde darüber hinaus die Beschlagnahme und Vernichtung der englischen Waren und die Konfiskation aller von englischen Häfen kommenden Schiffe, auch der neutralen, dekretiert. Außerdem sollte jeder britische Staatsangehörige auf französischem oder verbündetem Staatsgebiet als Kriegsgefangener behandelt werden.[104]

Da Napoleon die britischen Inseln nicht in einem Seekrieg schlagen oder im Zuge einer Landung erobern konnte, war er bestrebt, sie von seinen Verbündeten auf dem Kontinent endgültig zu isolieren und in einem Wirtschaftskrieg zu bezwingen. Daher forderte er Dänemark und erneut Portugal auf, ihre Häfen für britische Schiffe zu sperren, woraufhin Großbritannien „Kopenhagen bombardierte und die dänische Flotte in Besitz nahm; damit wurde ein Exempel statuiert, das Portugal davon abhielt, Napoleons Forderungen zu erfüllen."[105] Um Portugal dennoch Herr zu werden und in Spanien seine

---

einerseits zum Soldatenverkauf, nahmen andererseits den Charakter von Kriegsanleihen an." Fuchs, Konrad/Raab, Heribert: dtv-Wörterbuch zur Geschichte. Bd. 2. München 1972.

103   Vgl.: Rothenberg, Gunther: Die Napoleonischen Kriege. (Weltgeschichte des Krieges). Berlin 2000, S. 115.

104   Bußmann, Walter: Die Napoleonische Hegemonie und das europäische Staatensystem, in: Bußmann (Hg.): Handbuch der europäischen Geschichte, Bd. 5: Europa von der Französischen Revolution zu den nationalstaatlichen Bewegungen des 19. Jahrhunderts (Handbuch der Europäischen Geschichte). 1. Aufl., Stuttgart 1981, S. 24.

105   Rothenberg: Napoleonischen Kriege, S. 115.

Politik endlich vollständig umgesetzt zu wissen, schloss Frankreich im Geheimen den Vertrag von Fontainebleau (27. Oktober 1807) mit Spanien. In ihm wurde die Aufteilung Portugals und das erneute Durchmarschrecht französischer Truppen durch Spanien festgeschrieben.[106] Portugal, das von den Briten keinerlei Unterstützung erhielt, setzte dem kaum Widerstand entgegen. Das portugiesische Königshaus floh nach Brasilien. Napoleon entsandte zur Verstärkung weitere Truppen auf die Iberische Halbinsel. Ab Februar 1808 marschierte ein Heer unter General Murat in Spanien ein und besetzte dort strategisch wichtige Positionen.

In der Zwischenzeit war es zu zahlreichen Zerwürfnissen innerhalb der spanischen Königsfamilie gekommen. Godoy, der in der Bevölkerung für die militärischen Niederlagen und territorialen Verluste verantwortlich gemacht wurde, stellte zudem eine Konkurrenz für den Kronprinzen Ferdinand dar, der selbst versuchte, den Thron zu besteigen.[107] Um den Thronfolger hatten sich viele Unzufriedene in Spanien geschart. Es handelte sich dabei um durchaus unterschiedliche Interessengruppen aus politischen, religiösen und wirtschaftlichen Bereichen, die in einer Machtübernahme Ferdinands die Lösung ihrer Probleme sahen. Der Kronprinz wurde immer mehr zum el Deseado (dem Ersehnten) stilisiert.[108] Ein im März 1808 als Volksaufstand getarnter Umsturzversuch Ferdinands (Motín de Aranjuez) führte zur Inhaftierung Godoys und nur zwei Tage später zur Abdankung Karls des IV., welche letzterer jedoch bald widerrief.[109] Sowohl Vater Karl als auch Sohn Ferdinand bemühten sich nun um die Gunst Napoleons, um mit dessen Unterstützung ihren jeweiligen Anspruch auf den Thron zu sichern. Napoleon, in Kenntnis der Situation und des unsicheren Bündnispartners überdrüssig, gelang es, beide Parteien zu einer Reise ins französische Bayonne zu bewegen, wo diese im April 1808 eintrafen. „En el momento de su marcha hacia Bayona Fernando VII había nombrado una Junta[110] de gobierno que presidía el Infante don Antonio e integraban

---

106   Zum Vertrag von Fontainebleau vgl.: Cantillo: Tratados, convenios y declaraciones, S. 710-712.

107   Zur Stilisierung Godoys als Verräter siehe auch: García Cárcel: El sueño de la nación indomable, S. 25-55.

108   Zur Verklärung des Bildes von Ferdinand VII. siehe auch: La Parra López: Mito, S. 85-94.

109   Vgl.: Pietschmann: Von der Gründung der spanischen Monarchie, S. 236; Schmidt: Absolutismus und Aufklärung, S. 248.

110   Als Junta bezeichnete man im Spanien des 12. Jahrhunderts einen Städtebund, aus dem sich im 13. Jahrhundert eine Verwaltungseinheit, „Später allgem. zur Erfüllung von Verwaltungsaufgaben gewählte oder berufene Körperschaft" entwickelte. Bayer, Erich/ Wende, Frank (Hg.): Wörterbuch zur Geschichte. Begriffe und Fachausdrücke. 5. neugestalt. u. erw. Aufl., Darmstadt 1995, S. 272.

cuatro de los ministros de su efímero primer reinado."[111] Ferdinand hatte die
Junta de gobierno angewiesen, weiterhin gute Beziehungen zu Frankreich zu
pflegen und alles dafür Notwendige zu veranlassen.

Noch während der Verhandlungen in Bayonne gab Napoleon Befehl, in
Madrid verbliebene Mitglieder der königlichen Familie nach Frankreich
bringen zu lassen. In Madrid, das sich seines Königshauses beraubt sah, brach
daraufhin ein Aufstand aus, der sogenannte Dos de Mayo, der auch als Beginn
des spanischen Unabhängigkeitskrieges gilt. General Murat entsandte eine
Einheit mameluckischer Kavallerie der französischen Armee, die der Aufständischen schnell Herr wurde. Der Anblick und das Auftreten eben jener
Einheit verstärkte jedoch den Hass und den Widerstandswillen der spanischen
Bevölkerung gegenüber den Franzosen auf ungeahnte Weise: „Diese Kavallerieeinheit, die, mit Turban orientalisch gekleidet, zwar mehr Franzosen als Ausländer in ihren Reihen zählte, wirkte für die Spanier ausgerechnet wie die
‚Moros'"[112], gegen welche spanische Christen seit Jahrhunderten kämpften. Zu
dem neuen anti-französischen Feindbild trat ein ausgeprägt tradiertes hinzu,
was für die Art der künftigen Kriegsführung schwerwiegende Folgen haben
sollte. Der Niederschlagung des Aufstands folgten Disziplinierungs- bzw. Ver-
geltungsmaßnahmen gegen die Bevölkerung.[113] Ein interessanter Aspekt des
Ereignisses ist seine in der Folgezeit unterschiedliche Deutung.[114]

2.2.2 *Die französische Lösung und ihre Folgen*

Am 06. Mai 1808 übertrugen die spanischen Bourbonen in Bayonne alle
Thronrechte auf Napoleon. Während den ehemaligen spanischen Herrschern
Schlösser in Frankreich als Wohnsitz zugewiesen und Pensionen gezahlt

---

111   Artola Gallego, Miguel: La burguesía revolucionaria (1808-1874). Bd. 5 (Historia de España,
       Bd. 46). 8. Aufl., Madrid 1981, S. 10.

112   Pelizaeus, Ludolf: Die Radikalisierung des Krieges der „Guerilla" auf der Iberischen
       Halbinsel und in Süditalien 1808-1813, in: Neitzel/Hohrath (Hg.): Kriegsgreuel. Die Ent-
       grenzung der Gewalt in kriegerischen Konflikten vom Mittelalter bis ins 20. Jahrhundert
       (Krieg in der Geschichte, Bd. 40). Paderborn 2007, S. 210.

113   Vgl.: Wohlfeil: Spanien und die deutsche Erhebung, S. 15.

114   Kurz nach dem spanischen Unabhängigkeitskrieg deutete bspw. Toreno den Aufstand als
       spontanen Ausdruck des Unwillens des Volkes gegen die französische Willkür. Diese Auf-
       fassung hat sich teilweise bis in die Gegenwart gehalten. Siehe z. B.: Goodman, Edward J.:
       Spanish Nationalism in the Struggle against Napoleon, in: The Review of Politics 20, H. 3
       (1958), S. 333. Inzwischen wird jedoch darauf verwiesen, dass es sich beim *Dos de Mayo*
       um eine „carefully prepared rebellion by some of Ferdinand's followers and by military
       officials" handelte. Tone, John L.: The Peninsular War, in: Dwyer (Hg.): Napoleon and
       Europe (A Pearson Education Book). 1. Aufl., Harlow u. a. 2001, S. 233. Zum Mythos des
       Aufstandes vom 2. Mai 1808 siehe auch: García Cárcel: El sueño de la nación indomable,
       S. 95-124.

wurden, setzte Napoleon seinen Bruder Joseph Bonaparte als König von Spanien ein, der das Land gemäß seinen Wünschen und mittels einer Verfassung (Verfassung von Bayonne vom 8. Juli 1808)[115] regieren und umstrukturieren sollte. Teile der spanischen und portugiesischen Armee wurden außerhalb der Iberischen Halbinsel eingesetzt, um möglichen militärischen Widerstand zu unterbinden.[116]

Als Joseph Bonaparte den spanischen Thron bestieg, übernahm er die Regierungsgeschäfte in einem Land, das trotz aller Reformen zu Beginn des 19. Jahrhunderts noch eine „völlig intakte soziale Gesellschaftsordnung vor-revolutionärer Prägung"[117] aufwies und sich auf Adel und Kirche stützte.[118] Dementsprechend fand er kein Bürgertum vor, welches, wie in Frankreich, als staatstragende Schicht dienen konnte. Das jedoch war für die Akzeptanz und Umsetzung der napoleonischen Politik von grundlegender Bedeutung.[119] Nach Jaime Vicens Vives gab es nur in einigen Regionen Spaniens Kaufleute und Fabrikanten, die sich, wenn auch mit Abstrichen, unter der Bezeichnung Bürgertum fassen lassen und den Liberalen zugerechnet werden können.[120] Innerhalb der Liberalen nahmen die Fabrikanten eher konservative Positionen ein. Unter den Kaufleuten war zwischen jenen zu unterscheiden, die durch die politischen Veränderungen um das spanische Handelsmonopol

---

115   Die Verfassung von Bayonne, auch als Statut von Bayonne bekannt, war zwar von Spaniern ausgearbeitet worden, aber dennoch eine von Napoleon aufoktroyierte Ver-fassung, die zudem auf Grund des Krieges auf der Iberischen Halbinsel nie vollständig umgesetzt werden konnte. Auch waren von den weit über 100 Abgeordneten nur ca. 65 in Bayonne zur Ausarbeitung und Verabschiedung der Verfassung erschienen. Vgl.: Artola Gallego: La burguesía revolucionaria. Bd. 5, S. 16-17. Einen Abdruck der Verfassung von Bayonne enthält u. a. folgende Publikation: Sanz Cid, Carlos: La constitución de Bayona. Labor de redacción y elementos que a ella fueron aportados, según los documentos que se guardan en los Archives Nationales de París y los papeles reservados de la Biblioteca del Real Palacio de Madrid. Madrid 1922, S. 417-449.

116   Vgl.: Partridge, Richard/Oliver, Michael: Battle Studies in the Peninsula. A Historical Guide to the Military Actions in Spain, Portugal and Southern France between June 1808 and April 1814, with Notes for Wargamers. 1. Aufl., London u. a. 1998, S. 4, 6; Esdaile: Spanish Army, S. 81, 89.

117   Wohlfeil: Spanien und die deutsche Erhebung, S. 28.

118   Vgl. u. a.: Bernecker, Walther L.: Vom Unabhängigkeitskrieg bis heute, in: Bernecker/ Pietschmann (Hg.): Geschichte Spaniens. Von der frühen Neuzeit bis zur Gegenwart. 4. überarb. u. aktual. Aufl., Stuttgart 2005, S. 241-243.

119   Vgl. u. a.: ebd., S. 245.

120   Vicens Vives weist darauf hin, dass in Spanien der Begriff Bürgertum für die Gruppe der Fabrikanten erst ab 1868 gebraucht wurde. Bis dahin waren für sie die Bezeichnungen „capitalistas, amos o fabricantes" üblich. Vicens Vives, Jaime u. a. (Hg.): Historia social y económica de España y America. Bd. 5: Burguesia, industrialización, obrerismo. Los siglos XIX y XX. America Independiente. Barcelona 1961, S. 151.

mit den Kolonien fürchteten und denen, die sich durch die Reformen Joseph I. eine Stärkung ihrer Position versprachen.[121] Joseph I. bemühte sich, die Entwicklung des Bürgertums in Spanien zu fördern,[122] stieß jedoch auf Grund der hohen Militärausgaben schnell an die Grenzen seiner Reformmöglichkeiten.[123] Die veranlassten Reformen dienten nicht nur der Effektivierung der Verwaltung des Landes, sondern vor allem auch dem Eintreiben von dringend benötigten finanziellen Mitteln. „La desamortización eclesiástica habíase también ya realizado con éxito económico, con la adquisición masiva de las posesiones de las Órdenes Militares y del clero regular, convertidas en bienes nacionales, por altos funcionarios y la burguesía urbana y rural [...]"[124] Dieses Vorgehen mobilisierte die konservativen Kräfte im Lande, welche über großen Einfluss auf das Kleinbürgertum und die unteren Bevölkerungsschichten verfügten.[125] Die hier als Kleinbürgertum bezeichnete Gruppe setzte sich vor allem aus Intellektuellen, Beamten und Militärs zusammen.[126] Im Gegensatz zu anderen europäischen Ländern waren diese in Spanien wirtschaftlich weitaus weniger abgesichert und in ihrem gesellschaftlichen Aufstieg wesentlich stärker an den Staat gebunden.[127] Aus diesem Grund erfuhr Joseph Bonaparte trotz des konservativen Einflusses gerade im administrativen Bereich Unterstützung. Die als Afrancesados (Französlinge) Bezeichneten bildeten allerdings ebenfalls keine homogene Einheit: „los más numerosas – el grupo que forman funcionarios, pequeños propietarios, miembros de profesiones liberales y similares, que se limitaron a aceptar las órdenes que recibían y la nueva situación sin cuestionarse la legitimdad de su origen por miedo a ser objeto de represalias y por instinto de supervivencia."[128] Ein kleinerer Teil von ihnen sah durch die Herrschaft Josephs die Möglichkeit, die Monarchie in Spanien zu erneuern, den Staat zu reformieren und auf diese Weise inneren Unruhen und revolutionären Umtrieben entgegenzutreten. Durch ihr Handeln im Namen

---

121   Vgl.: ebd., S. 152-156.
122   Vgl.: Bahamonde Magro, Angel/Mérida, Toro J.: Burguesía, especulación y cuestión social en el Madrid del siglo XIX. (Estudios de historia contemporánea: siglo XXI). Madrid 1978, S. 11-12; Artola Gallego: La burguesía revolucionaria. Bd. 5, S. 35.
123   Vgl.: Cuenca Toribio, José Manuel: La Guerra de la Independencia. Un conflicto decisivo. (Ensayos, Bd. 274). Madrid 2006, S. 293.
124   Ebd., S. 280.
125   Vgl.: Wohlfeil: Spanien und die deutsche Erhebung, S. 28-30.
126   Vgl.: Vicens Vives u. a. (Hg.): Burguesia, S. 170.
127   Vgl.: ebd., S. 169.
128   Martínez Ruiz, Enrique: La Guerra de la Independencia (1808-1814). Claves españolas en una crisis europea. (Historia). Madrid 2007, S. 183.

des eingesetzten Königs (Rey Intruso) galten die Afrancesados jedoch im eigenen Land als Kollaborateure und Verräter.[129]

Nach dem Aufstand vom 2. Mai 1808 verstärkte sich der Unmut der spanischen Bevölkerung gegen den in ihren Augen unrechtmäßigen französischen Herrscher. Bis zum Ende des Monats kam es in vielen Provinzen zu Unruhen und Erhebungen. Den Anfang machte Asturien: „Eine am 25. V. eingesetzte Junta de Gobierno übte im Namen Ferdinands VII. die Regierungsgewalt in Asturien aus, beschloß eine allgemeine Volksbewaffnung und organisierte den Kleinkrieg (guerrilla) [...]"[130]. Diesem Beispiel folgten weitere Provinzen, wo sich der Widerstand über traditionelle Strukturen, die Provinzjuntas, organisierte. Sie übernahmen die administrativen Aufgaben in ihren Provinzen, da sie Joseph I. nicht als rechtmäßigen König anerkannten und versuchten, die Kontrolle über das regionale Militär zu erlangen.[131] Da sich die Provinzjuntas als selbstständige Vertreter eigenständiger Provinzen verstanden, wandten sie sich dementsprechend einzeln u. a. an Großbritannien und baten um Unterstützung.[132] „Troops were not seen as being that important [...] but there was almost no limit to the arms, equipment and money that were asked for."[133] Der im weiteren Verlauf nicht zu unterschätzende regionale Charakter des Widerstands wurde somit schon zu Beginn ersichtlich. Als die spanische Armee von Andalusien – einschließlich einem ihr angehörenden Schweizer Regiment – unter General Francisco Javier Castaños (1756-1852) und dessen Schweizer Generalleutnant Theodor von Reding (1755-1809) im Juli 1808 in der Schlacht bei Bailén ein Korps der französischen Armee bezwangen,[134] gab das der regionalen Identifikation weiteren Auftrieb. Darüber hinaus ließ dieser Sieg Europa nach Spanien blicken, wo Napoleons Truppen auf dem europäischen Kontinent erstmals empfindlich geschlagen worden waren.

---

129 Vgl.: Konetzke: Die iberischen Staaten, S. 897. Mit der Rückkehr Ferdinand VII. 1814, der Restauration und der damit einhergehenden Verfolgung von Afrancesados und Liberalen waren viele von ihnen gezwungen, ins Exil zu gehen. Weiterführend dazu auch: Barbastro Gil, Luis: Los afrancesados. Primera emigración política del siglo XIX español (1813-1820). (Monografias, Instituto de Cultura 'Juan Gil-Albert', Bd. 1640). Madrid 1993.

130 Konetzke: Die iberischen Staaten, S. 896.

131 Zur innermilitärischen Auseinandersetzung zwischen Generälen und Untergebenen in der spanischen Armee sowie zwischen Militär, den Provinzjuntas und der Junta Central siehe: Esdaile: Spanish Army, S. 75-153.

132 Vgl.: Carr, Raymond: Spain. 1808-1975. (Oxford History of Modern Europe). 2. Aufl., Oxford 1982, S. 90; Artola Gallego: La burguesía revolucionaria. Bd. 5, S. 13-14.

133 Esdaile, Charles J.: Napoleon's Wars. An International History, 1803-1815. London u. a. 2007, S. 364.

134 Vgl.: Esdaile: War and Politics, in: The Historical Journal 31, H. 2 (1988), S. 305.

In Folge der Ereignisse musste Joseph Bonaparte Madrid verlassen.[135] Die Landung britischer Truppen in Portugal im August desselben Jahres unter dem Befehl von Lieutenant General Sir Arthur Wellesley (1769-1852, späterer Duke of Wellington), der zuvor in Indien gedient hatte, konnte von französischen Kräften nicht verhindert werden. Deren Lage verschlechterte sich nach Ankunft der Briten so sehr, dass sie sich gezwungen sahen, die Konvention von Sintra (30. August 1808) zu unterzeichnen.

> En aquella llamada Convención de Çintra los franceses entregaban todas las posiciones que aún dominaban en tierras portuguesas y a cambio podían retirarse con armas y bagajes, sin ser considerados prisioneros de guerra. Serían trasladados a Francia en barcas ingleses y, una vez en su país, podrían volver a combatir donde dispusiera el Emperador. Toda la artillería, el material y la impedimenta, saldrían también con las tropas.[136]

Sowohl auf portugiesischer als auch auf spanischer Seite erregte die Konvention äußerstes Missfallen. In London war man ebenfalls über dieses viel zu moderate Abkommen entsetzt und beorderte die Verantwortlichen, darunter auch Wellesley, zur Untersuchung der Angelegenheit nach Großbritannien zurück.

Aufgrund des stark regionalen Charakters der Erhebung in Spanien gestaltete sich die Kommunikation zwischen der britischen Regierung und den spanischen Aufständischen äußerst schwierig. Die Briten drängten daher auf einen zentralen Ansprechpartner. Um dieser Forderung Nachdruck zu verleihen, stellten sie ab Sommer 1808 jegliche finanzielle Unterstützung der Aufständischen ein.[137] Mit der Formierung einer Zentraljunta (Junta Suprema Central Gubernativa del Reino)[138] am 25. September 1808 in Aranjuez wurde dieser Ansprechpartner zwar geschaffen, doch anstatt die Vorbereitungen

---

135 Vgl.: Diego: Infierno de Napoleón, S. 233-249.
136 Ebd., S. 252-253.
137 Vgl.: Esdaile: Napoleon's Wars, S. 369.
138 Die Zusammensetzung der Junta Suprema Central Gubernativa del Reino war eine Kompromisslösung: Jeweils zwei Abgeordnete wurden aus den größten und wichtigsten Provinzen entsandt. „Instead of a coordinating committee, in short, the Junta Central set itself up as a national government. From this, however, stemmed many problems. Around the country many of the provincial juntas were outraged, and they did all that they could to sabotage its authority, as did a number of prominent generals, who, as aristocrats wanted the formation of a council of regency in which they would play a major part." Esdaile, Charles J.: Junta Central (1808-1810), in: Fremont-Barnes (Hg.): The Encyclopedia of the French Revolutionary and Napoleonic Wars. A Political, Social, and Military History. Bd. 2. Santa Barbara, Calif. u. a. 2006, S. 519.

für die Einberufung der Cortes[139] als einem legitimen Vertreter Spaniens zu treffen, erhob sie sich selbst zur spanischen Regierung. Aus diesem Grund wurde ihre Legitimität von vielen Provinzjuntas nicht anerkannt und sie selbst nicht akzeptiert – ihre Weisungen dementsprechend schlecht umgesetzt, wenn überhaupt. Andauernde Streitigkeiten der Provinzjuntas untereinander und deren ständiges Bestreben, ihre Unabhängigkeit und Macht gegenüber den anderen Provinzen zu behaupten, erschwerten die Arbeit der zentralen Junta zusätzlich.

Der anhaltende spanische Widerstand und die Landung britischer Truppen auf der Iberischen Halbinsel veranlassten Napoleon, zur Niederschlagung der Aufständischen persönlich einzugreifen. Er führte die „Kaisergarde, drei Korps aus Deutschland, die Kavallerie der Reserve, zusammen mit zwei italienischen Divisionen, einer polnischen und einer deutschen Division"[140] gegen die spanischen Aufständischen, was deren Lage dramatisch verschlechterte. Der Feldzug dauerte von November 1808 bis Januar 1809. Die Aufständischen wurden zurückgedrängt und der spanischen Armee viele Niederlagen beigebracht, die ihre Schwäche einmal mehr offen zu Tage treten ließen. Am 4. Dezember 1808 nahm Napoleon Madrid wieder ein, Joseph Bonaparte kehrte in die spanische Hauptstadt zurück. Napoleon wandte sich nun gegen die Briten, welche zu diesem Zeitpunkt von General Moore befehligt wurden.[141] Nachrichten über die Vorbereitung eines Aufstands in Österreich gegen die

---

139   Die Cortes waren „in den Ländern der Pyrenäenhalbinsel u. in Sardinien die Versammlung der Stände, [...] die allgm. zu rein pol. Versammlungen wurden u. im 12. u. 13. Jh. nach Aufnahme der Städte als drittem Stand den Namen C. Annahmen." Haberkern, Eugen/Wallach, Joseph F. (Hg.): Hilfswörterbuch für Historiker. Mittelalter und Neuzeit. 2. neubearb. u. erw. Aufl., Bern u. a. 1964, S. 129-130.

140   Rothenberg: Napoleonischen Kriege, S. 117. Rothenberg beziffert die Zahl der gefechtsfähigen Männer auf 25.000 bei einer Gesamtstärke der napoleonischen Spanienarmee von 30.500. Derartige Zahlenangaben können laut Glover jedoch nur als Richtwerte angesehen werden. "The problem of the number of troops present at any one time is more complicated. French and Portuguese returns usually give the number of troops including both officers and soldiers. In the early stages of the war, however, Portuguese returns were works of imaginative fiction while French generals (although not their staff officers) were seldom averse to rigging a figure to prove a point. In particular it is never safe to trust any figure given by Marshal Soult in an official despatch. British returns were trustworthy but confusing [...] Another complication in accounts of strength on both sides is the difference between the total number of troops in a force and the number of 'effectives' or *soldats présents sous armes*. There is a remarkable similarity between letters going from Spain to Paris and between Portugal and London in which harassed generals tried to explain to their governments that the number of troops sent to them was not the same as the number available for action." Glover, Michael: The Peninsular War 1807-1814. A Concise Military History. 1. Aufl., London u. a. 1974, S. 12-13.

141   Vgl.: Diego: Infierno de Napoleón, S. 276-279.

französische Herrschaft veranlassten den Imperator zwar zur Abreise,[142] seine Armee jedoch brachte die britischen Truppen auf der Iberischen Halbinsel in arge Bedrängnis. Den Briten gelang es, sich einzuschiffen und sich so dem Zugriff der Franzosen zu entziehen, wobei Moore ums Leben kam.[143]

Napoleons Vormarsch in Spanien führte dazu, dass die Zentraljunta aus Madrid zunächst nach Sevilla und schließlich auf die Isla de León (heute San Fernando in der Provinz Cádiz) fliehen musste. „Already weakened by arguments over its legitimacy, the position of the first government formed by the Patriots, the *Junta Suprema Central*, was thereby undermined by military defeat and geographical division."[144] Mit der Wiederherstellung der Cortes[145] sollte daher bis zur Rückkehr des rechtmäßigen Königs Ferdinand VII. ein legitimes, allgemein akzeptiertes Organ die Herrschaft über das Land übernehmen.

Napoleons Feldzug auf der Iberischen Halbinsel hatte zwar den desolaten Zustand der spanischen Armee offengelegt, den Widerstand der Bevölkerung konnte er aber nicht brechen. Spanische Soldaten schlossen sich ortskundigen widerständischen Gruppen an, die einen Kleinkrieg (Guerilla) gegen die napoleonischen Truppen führten oder sie sammelten sich neu in Gebieten, die der Gegner nicht besetzt hatte.[146]

> Die Guerillas [...] hielten sich an eine [...] Taktik, die auf recht einfachen, aber unter den gegebenen Umständen sehr effektiven Prinzipien gründete: Überraschungsangriffe auf einen nichts ahnenden Feind, das Vermeiden einer offenen Schlacht um jeden Preis, Rückzug und Zerstreuung als beste Form der Verteidigung und natürlich auch nur dann anzugreifen, wenn die Voraussetzungen wirklich günstig waren und der Erfolg sicher.[147]

Auf diese Weise beschäftigten die Guerillas die französischen Truppen. Angriffe auf deren Verbindungs- und Transportwege reduzierten deren Gesamtschlagkraft und ließen die Verbände nicht zur Ruhe kommen. Im Laufe der Zeit

---

142 Vgl.: Tulard, Jean: Geschichte Frankreichs. Bd. 4: Frankreich im Zeitalter der Revolutionen 1789-1851. Stuttgart 1989, S. 261-264; Rothenberg: Napoleonischen Kriege, S. 118-131.

143 Vgl.: Diego: Infierno de Napoleón, S. 280-281.

144 Esdaile: War and Politics, in: The Historical Journal 31, H. 2 (1988), S. 316.

145 Die Cortes tagten von 1810 bis 1813 in Cádiz und gelten in der Gegenwart als das erste moderne Parlament Spaniens. Die Cortes setzten sich aus über 300 Abgeordneten zusammen, die sowohl aus Spanien als auch aus den amerikanischen Kolonien stammten. Zu genaueren Informationen über ihre Zusammensetzung siehe u. a.: Aymes, Jean René: La Guerra de la Independencia en España 1808-1814. (Estudios de historia contemporánea). Madrid 1974, S. 89-103.

146 Vgl.: Álvarez, César (Hg.): Die spanischen Guerillas, 1808-1814. Napoleons iberischer Albtraum (Heere & Waffen, Bd. 3). Berlin 2006, S. 8.

147 Ebd., S. 28.

wurden die Aktionen der Guerillaeinheiten immer effektiver. Sie setzten den Krieg gegen die Franzosen anstelle der Volksaufstände fort.[148]

Im Frühjahr 1809 landete Wellesley erneut mit ca. 28.000 Mann in Portugal. Ergänzt wurden seine Kräfte durch ca. 16.000 portugiesische Gemeine[149], die in der Zwischenzeit mit Zustimmung des portugiesischen Königs unter dem englischen Offizier Sir William Carr Beresford (1768-1854) nach britischem Vorbild ausgebildet worden waren. Dieser hatte auch die portugiesische Armee reorganisiert.[150] Die französischen Truppen in Spanien zählten ca. 360.000 Mann. Zahlenmäßig war Wellesleys Armee der französischen also weit unterlegen. Dennoch drängte er den Gegner bis auf wenige Festungen aus Portugal heraus, wofür er den Titel eines Barons verliehen bekam und nun Viscount of Wellington hieß. Anschließend überschritt er mit seiner Armee die Grenze zu Spanien und vereinigte sich mit den 30.000 Mann des General Cuestas, um auf Madrid vorzurücken. Die Kooperation zwischen britischen und spanischen Truppen gestaltete sich jedoch oft schwierig. So weigerte sich Wellington nach der Schlacht bei Talavera, erneut gemeinsam mit spanischen Verbänden zu agieren, da Cuestas die zugesagte Unterstützung nicht geleistet habe. Nur unter der Bedingung, dass er das Oberkommando über alle regulären und irregulären Kräfte erhalte, war er gewillt, die Zusammenarbeit fortzusetzen.[151] Diese Forderung konnte er zu diesem Zeitpunkt jedoch nicht durchsetzen. Die Spanier wiederum warfen den Briten vor, sich in Gefahrenmomenten zu schnell nach Portugal zurückzuziehen. Beide Seiten brachten einander Misstrauen entgegen, das durch seit langem bestehende Interessengegensätze Großbritanniens und Spaniens als konkurrierende Seemächte tradiert worden war.[152]

Wellington konzentrierte sich in der Folge auf die Verteidigung Portugals und den Ausbau der dortigen Verteidigungsanlagen bei Torres Vedras. 1810 versuchte man von französischer Seite erneut, in Portugal einzudringen. Die Grenzgefechte dauerten bis 1811 an.[153] Wellington versuchte, die Festungen an den zwei Invasionsrouten zwischen Portugal und Spanien einzunehmen, die noch in französischer Hand waren (Almeida, Ciudad Rodrigo, Badajoz).

---

148 Vgl.: Rothenberg: Napoleonischen Kriege, S. 138.
149 Im 18. und 19. Jahrhundert wurden dienstgradlose Soldaten als Gemeine bezeichnet, weshalb dieser Begriff in der vorliegenden Arbeit verwendet wird.
150 Vgl.: Partridge/Oliver: Battle Studies, S. 5; Esdaile: Napoleon's Wars, S. 368.
151 Vgl.: Rothenberg: Napoleonischen Kriege, S. 140.
152 Zu den gegensätzlichen Interessenlagen bezüglich der spanischen Kolonien und deren Unabhängigkeitsbewegung in Lateinamerika siehe auch: Esdaile: Napoleon's Wars, S. 371-374.
153 Vgl.: Artola: Guerra de la Independencia, S. 161-188.

Bei Badajoz zurückgeworfen, konnte er den Krieg zunächst nicht in dem
von ihm vorgesehenen Maß nach Spanien tragen. Im Laufe der militärischen
Auseinandersetzungen wurden immer wieder Stellungen erobert und fallen-
gelassen. Vorstoß und Rückzug waren oft aneinander gebunden – das Land,
die Armeen und die Bevölkerung kamen nicht zur Ruhe. Im Jahr 1811 hatten
die Franzosen wieder die Oberhand auf der Iberischen Halbinsel gewonnen.
Auf spanischem Territorium konnten einzig die Levante[154] und Cádiz von den
Aufständischen und ihren Verbündeten gehalten werden.[155] Cádiz war von
ihnen 1810 zur Gegenhauptstadt ausgerufen worden, in der auch die Cortes
tagten. Die in einem französischen Erlass vom Januar 1812 verkündete Absicht,
Katalonien an Frankreich anzuschließen,[156] wurde zwar nicht realisiert, sie
verstärkte jedoch die antinapoleonische Haltung der spanischen Bevölkerung.
Am 19. März 1812 wurde die Verfassung von Cádiz[157] proklamiert, was der
Guerillabewegung erneuten Auftrieb verlieh und die für viele Liberale in
Europa Vorbildcharakter annahm.

Für den Russlandfeldzug 1812 zog Napoleon bis dahin auf der Iberischen
Halbinsel eingesetzte Truppen ab, was Wellingtons Chancen verbesserte.[158]
Dieser begann eine neue, groß angelegte Offensive. Am 19. Januar nahm er
Ciudad Rodrigo ein, am 6. April Badajoz. Auch die Schlacht bei Salamanca am
22. Juli konnte er für sich entscheiden. Wellington wurde daraufhin zunächst
zum Grafen und später zum Marquis von Wellington erhoben. Außerdem
erhielt er im Herbst desselben Jahres nach langen Kontroversen offiziell den
Oberbefehl über die spanische Armee, wobei jedoch gerade die Liberalen in

---

154   Levante bezeichnet im Spanischen die Ostküste der Iberischen Halbinsel sowie ihr
       Hinterland und schließt die Baleareninsel Mallorca ein.
155   Vgl.: Esdaile: Napoleon's Wars, S. 351.
156   Vgl.: Cuenca Toribio: Guerra de la Independencia, S. 285.
157   „In brief, Spain was transformed into a constitutional monarchy, and all Spaniards
       were henceforth to enjoy freedom and equality before the law as well as such rights as
       freedom of speech, property, and occupation. Inherent in this program was the abolition
       of feudalism and of all forms of provincial privilege. The Cortes also went on to abolish
       the Spanish Inquisition. (Freedom of worship, however, was not granted; indeed, Spain
       was formally declared to be a Catholic country.)" Esdaile, Charles J.: Cádiz, Cortes of
       (1810-1813), in: Fremont-Barnes (Hg.): The Encyclopedia of the French Revolutionary
       and Napoleonic Wars. A Political, Social, and Military History. Bd. 1. Santa Barbara, Calif.
       u. a. 2006, S. 196. Zur Verfassung von Cádiz siehe auch: o.V.: Constitución política de la
       monarquía española, promulgada en Cadiz a 19 de marzo de 1812. Fak. der Ausg. Madrid,
       1820, Valladolid 2001.
158   Vgl.: Esdaile: Napoleon's Wars, S. 352, 356.

den Cortes versuchten, seine neue Position im Interesse ihres Machterhalts zu untergraben.[159]

Im August 1812 drang Wellington bis nach Madrid vor, konnte die Stadt aber nur kurz halten. Die Belagerung von Burgos, die im September begonnen hatte, musste er im Oktober infolge heranziehender Verstärkung für die französischen Truppen aufgeben und sich unter schweren Verlusten erneut nach Portugal zurückziehen. Bis zum Frühjahr 1813 trafen zu seiner Unterstützung weitere Truppen aus Großbritannien ein. Diese kompensierten Wellingtons Verluste nicht nur, sie verschafften ihm zum ersten Mal eine zahlenmäßige Überlegenheit über die französische Spanienarmee. Wellington eröffnete eine zweite, breit angelegte Offensive. Joseph Bonaparte verließ auf Weisung Napoleons Madrid und versuchte auf seinem Rückzug, eine Verteidigungslinie zu errichten. Bei Vitoria traf seine Armee auf die Wellingtons. Die Briten entschieden die Schlacht für sich, schlugen Josephs Armee in die Flucht und zwangen sie schließlich zum Rückzug hinter den Ebro. Dieser Sieg war von entscheidender Bedeutung, führte er doch dazu, dass die meisten noch von französischen Verbänden besetzten Gebiete Spaniens geräumt wurden. Die Niederlage der napoleonischen Truppen in der Schlacht von Vitoria wurde von den europäischen Gegnern Napoleons mit großem Interesse zur Kenntnis genommen. Österreich entschloss sich daraufhin, einer erneuten Koalition gegen Napoleon beizutreten.[160] Der Krieg auf der Iberischen Halbinsel war jedoch noch nicht beendet. Frankreich sandte unter Marschall Soult neue Truppen über die Pyrenäen. Wellington belagerte San Sebastian und Pamplona. San Sebastian fiel am 31. August unter erheblichen Verlusten und Pamplona ergab sich am 31. Oktober 1813. Anschließend überquerte Wellingtons Armee die Grenze zu Frankreich und setzte dort die Gefechte fort.

Mit dem Vertrag von Valençay vom 11. Dezember 1813 setzte Napoleon den abgesetzten spanischen Kronprinzen wieder als König Ferdinand VII. ein.[161]

---

159   Wellington erhielt den Oberbefehl über die spanische Armee aufgrund interner Streitigkeiten in den Cortes. Angedacht war von Seiten der Spanier, Wellington den Oberbefehl über die spanische Armee zu erteilen und ihn als Oberkommandierenden wiederum den Cortes zu unterstellen. Auf diese Weise wollte man die Kontrolle über die gesamten regulären wie irregulären Kräfte erhalten. Wellington ließ sich darauf jedoch nicht ein. Seine Position als Oberkommandierender war somit nicht gefestigt. Vgl.: ebd., S. 367-376. „For the whole 1813, the *liberales* and their supporters strove by every means in their power to undermine the new commander-in-chief's authority, sabotage his orders and rescue at least a part of the army form his control." ebd., S. 376.

160   Vgl.: Rothenberg: Napoleonischen Kriege, S. 151.

161   Vgl.: Miraflores, Manuel P. F. de Pinedo Alava y Davila de: Documentos a los que se hace referencia en los apuntes histórico-críticos sobre la revolución de España. Bd. 1. London 1834, S. 12-14.

Dessen Rückreise nach Spanien erfolgte jedoch erst am 07. März 1814, wenige Wochen vor Napoleons Abdankung. Ferdinand VII. wurde bei seiner Rückkehr von der Bevölkerung begeistert empfangen.[162] Die Kampfhandlungen von Wellingtons Verbänden auf französischem Territorium dauerten unterdessen an. Erst am 17. April 1814 ergab sich der französische Marschall Soult mit seiner Armee und beendete somit offiziell den spanischen Unabhängigkeitskrieg. Die Nachricht von Napoleons bedingungsloser Abdankung am 6. April 1814 hatte Soult bis zu diesem Zeitpunkt noch nicht erreicht.

Die Expeditionskorps der siegreichen Briten setzten sich nicht nur aus Engländern, Schotten und Iren zusammen. Ihnen gehörten auch Soldaten aus dem deutschsprachigen Raum an, die u. a. in der britischen King's German Legion (KGL)[163] dienten. Sie standen nicht selten Landsleuten gegenüber, da Napoleon seine Truppen auf der Iberischen Halbinsel u. a. mit Männern aus den Ländern des Rheinbundes verstärkte.

2.2.3   *Pflicht statt Werbung – Konskription*

Heinz Stübig bezeichnet den Rheinbund u. a. als „ein militärisches Offensiv- und Defensivbündnis"[164], mittels dessen sich Napoleon eine große Zahl an Rekruten sicherte, die unter seinem Befehl dienten. Im Falle eines Krieges waren die Rheinbundstaaten verpflichtet, 63.000 Mann zu stellen.[165] So wurden Truppen aus den Rheinbundstaaten auf den spanischen Kriegsschauplatz, aber auch zum Russlandfeldzug abkommandiert. Nur Wenige kehrten zurück.

> Am Beginn des politisch-gesellschaftlichen Umwälzungsprozesses, der in Deutschland unter dem Einfluß der napoleonischen Herrschaft einsetzte, stand die sog. territoriale Revolution durch Säkularisation und Mediatisierung [...] Der unmittelbare Anlaß der Säkularisation von 1803 ergab sich aus der französischen Eroberung der linksrheinischen Gebiete, für deren Verlust die

---

162   Vgl.: Konetzke: Die iberischen Staaten, S. 899.

163   „During the nineteenth century the term 'legion' was applied to formations composed of foreigners [...] The designation 'legion', however, bears little resemblance to the old Roman conception [...]" England, Robert: Legion, in: Bradford (Hg.): International Encyclopedia of Military History. Bd. 2. New York u. a. 2006, S. 757. Genauere Ausführungen zur KGL und ihren Einsatzgebieten folgen in Kapitel 2.2.4.

164   Stübig, Heinz: Bildung, Militär und Gesellschaft in Deutschland. Studien zur Entwicklung im 19. Jahrhundert. (Studien und Dokumentation zur deutschen Bildungsgeschichte, Bd. 54). Köln u. a. 1994, S. 69.

165   Vgl.: Fiedler, Siegfried: Grundriß der Militär- und Kriegsgeschichte. Bd. 2: Das Zeitalter der Französischen Revolution und Napoleons. München 1976, S. 220.

Fürsten rechtsrheinisch entschädigt werden sollten, was nur durch die Auflösung der geistlichen Staaten möglich war.[166]

Mit dem Reichsdeputationshauptschluss, dem Frieden von Preßburg (1805/
06) und der Gründung des Rheinbundes (1806) vergrößerten sich nicht nur
einige Mittelstaaten auf Kosten von anderen,[167] sondern machten sich damit
zeitgleich von Napoleon abhängig. Besonders in den rheinischen Territorien
blieb es nicht allein bei geographischen Veränderungen. Das französische
Modell diente als Orientierung und wurde – je nach regionalen Gegebenheiten
und Möglichkeiten – modifiziert übernommen. Auch die verschiedenen Wehr-
ordnungen der neuen Territorialstaaten wurden reformiert, was die Einführung
der Wehrpflicht zur Folge hatte.[168] Das weit verbreitete, Länder übergreifende
Werbungssystem von Freiwilligen wurde somit schrittweise zurückgedrängt
und durch ein national ausgerichtetes Rekrutierungssystem ersetzt.[169]

Die Grundlage für die Rekrutierung der Soldaten bildete das napoleonische
Gesetz zur Aushebung vom 7. März 1800, welches den Abschluss einer Reihe
verschiedener aufeinander folgender Einberufungsgesetze seit der Revolution
bildete.[170] Dieses diente als Vorbild und wurde ab 1806, nicht zuletzt unter
napoleonischem Druck,[171] von den meisten Rheinbundstaaten übernommen.[172] Demzufolge war jeder Mann vom vollendeten 20. bis 25. Lebens-
jahr wehrdienstpflichtig. In der Regel wurden zuerst die jüngeren Jahrgänge
eingezogen.[173] Die tatsächliche Zahl der Einberufenen richtete sich nach dem

---

166   Fehrenbach, Elisabeth: Vom Ancien Régime zum Wiener Kongreß. (Oldenbourg Grund-
      riss der Geschichte, Bd. 12). 2. überarb. Aufl., München 1986, S. 68.
167   Vgl.: Grab, Alexander I.: Napoleon and the Transformation of Europe. (European History
      in Perspective). Basingstoke u. a. 2003, S. 88.
168   „Auch in Organisation, Ausrüstung und Ausbildung unterschieden sich die Rheinbund-
      staaten untereinander nach Ausmaß und Bedeutung der Übernahme französischer
      Formen und Institutionen. Die meisten, besonders aber die kleinen und kleineren unter
      ihnen, konnten sich nur schwer und selten dem ‚Wunsch' Napoleons entziehen, ihre
      Truppen der kaiserlichen Armee anzugleichen." Wohlfeil, Rainer: Vom Stehenden Heer
      des Absolutismus zur allgemeinen Wehrpflicht (1789-1814), in: Forstmeier u. a. (Hg.):
      Deutsche Militärgeschichte in sechs Bänden: 1648-1939, Bd. 1, Abschn. 2. Herrsching,
      München 1983, S. 157.
169   Die Werbung von Auswärtigen wurde sowohl in den Rheinbundstaaten als auch ab 1807
      in Preußen abgeschafft, wo man sich zur Rekrutierung auf das Kantonsystem stützte.
      Vgl.: Sikora, Michael: Desertion und nationale Mobilmachung. Militärische Verweigerung
      1792-1813, in: Bröckling/Sikora (Hg.): Armeen und ihre Deserteure. Vernachlässigte Kapitel
      einer Militärgeschichte der Neuzeit (Sammlung Vandenhoeck). Göttingen 1998, S. 119.
170   Vgl.: Wohlfeil: Vom Stehenden Heer, S. 47.
171   Vgl.: ebd., S. 48.
172   Vgl.: Sikora: Desertion, S. 118.
173   Vgl.: Fiedler: Grundriß der Militär- und Kriegsgeschichte. Bd. 2, S. 49.

jeweiligen Bedarf an Rekruten. Somit wurde nicht jeder im dienstfähigen Alter sofort eingezogen, auch wenn er sich in den Konskriptionslisten registrieren lassen musste. Das Los entschied darüber, wer letztlich diente. Das Gesetz wurde außerdem von zahlreichen Ausnahmeregelungen begleitet. So befreite man bspw. verheiratete Männer, die ihre Ehe bis zu einem festgelegten Stichtag eingegangen waren (in Westfalen bspw. bis zum 1. April 1808)[174], vom Dienst. Auch körperlich Eingeschränkte und Behinderte sowie Diener des Staates, Religionslehrer, Witwer und Söhne in Familien, die schon mehrere Gefallene nachweisen konnten, wurden nicht eingezogen. Eine weitere Ausnahme stellten Angehörige qualifizierter Berufsgruppen dar, deren Arbeitskraft abseits der Kampfplätze dringend benötigt wurde.[175] Des Weiteren gab es die Möglichkeit, einen Ersatzmann zu stellen, dem für sein Eintreten in die Armee eine Entschädigung gezahlt werden musste. Das erforderte allerdings die Zustimmung des jeweiligen Präfekten oder Bürgermeisters.[176] Das System war je nach Region und Gegebenheiten unterschiedlich. So musste man z. B. in Westfalen eine höhere Summe an den Stellvertreter zahlen und zusätzlich 100 Franken an den Staat.[177] Eine Ausnahme im Rheinbund stellte das Königreich Württemberg dar, dessen Militärkonskriptionsordnung von 1809 die Möglichkeiten der Befreiung vom Dienst im Vergleich zum napoleonischen System einschränkte.[178] Insgesamt stieß das neue Rekrutierungssystem bei der Bevölkerung auf erheblichen Widerstand, denn über die Konskription sollten möglichst alle Wehrpflichtigen eines Landes erfasst werden. Das machte den Zugriff des Staates auf den Einzelnen spürbarer denn je, insbesondere in Regionen, in denen es zuvor keine Dienstpflicht gegeben hatte.[179] Mit den Ausnahmeregelungen kam Napoleon besonders dem Bürgertum entgegen. Dieses drängte seinerseits auf eine solche Regelung, da der einfache Kriegsdienst als Angelegenheit niederer sozialer Schichten und in Bezug auf sich selbst als Strafe betrachtet wurde. Im Gegensatz zu den weniger begüterten Bevölkerungsteilen verfügte man hier über die notwendigen finanziellen Mittel, um die Söhne vor dem Kriegsdienst zu bewahren.

---

174 Vgl.: Severin-Barboutie, Bettina: Vom freiwilligen Söldner zum wehrpflichtigen Untertan. Militärische Massenmobilisierung im Königreich Westphalen, in: Eissenhauer/Westerburg (Hg.): König Lustik!? Jérôme Bonaparte und der Modellstaat Königreich Westphalen (Kataloge der Museumslandschaft Hessen Kassel). Kassel 2008, S. 122.

175 Vgl.: ebd.

176 Vgl.: ebd. Im Königreich Westphalen wurde die Konskription aufgrund fehlenden Personals vom Präfekten auf die Kantonsebene übertragen. Vgl.: ebd., S. 123.

177 Zu den unterschiedlichen Ausformungen des Militärwesens in den Rheinbundstaaten und Preußens siehe: Wohlfeil: Vom Stehenden Heer, S. 61-77, 81-153.

178 Vgl.: ebd., S. 70.

179 Vgl.: Sikora: Desertion, S. 124.

Besonders stark belasteten die Rekrutierungsmaßnahmen die Landbevölkerung, was in manchen Gebieten in einem Stadt-Land-Konflikt gipfeln konnte. Stadtbewohner halfen u. a. dabei, die Konskription auf dem Land durchzusetzen, in der Hoffnung, dafür weitere Erleichterungen zu erhalten. Dadurch wurden die Bauern jedoch ihrer Knechte und Erntehelfer beraubt, weshalb sie Deserteuren Unterschlupf gewährten. Man war auf ihre Arbeitskraft angewiesen.[180]

Ein weiteres, mit der Zeit größer werdendes Konfliktpotential verband sich mit den Eignungskriterien für den Militärdienst. Übergeordnete Behörden und Gemeinden standen sich in diesem Punkt oft diametral gegenüber. Eine frühneuzeitliche Sichtweise auf das Militär traf auf eine durch die Französische Revolution geprägte Praxis, was weitreichende Folgen für die Heeresaufbringung hatte.

> Soldat zu sein, das war im Zeitalter der Stehenden Heere eine Sache der untersten Sozialschichten gewesen [...] Das Ansehen dieser Armeen der Habenichtse war entsprechend gering und verschlechterte sich noch dadurch, dass das Heer die fehlenden Strafanstalten ersetzte, indem aufgegriffene Vaganten, Wanderarbeiter ohne Ausweispapiere, Schmuggler, Diebe, Wilderer und andere Kleinkriminelle an das Militär überstellt wurden.[181]

Auch war die Rekrutierung im 18. Jahrhundert immer wieder genutzt worden, um sich unliebsamer Einwohner zu entledigen. Auch unter Napoleon wurde versucht, diese Praxis fortzuführen, z. B. in Hohenzollern-Sigmaringen, wo man 1811 40 Rekruten nach Spanien schickte, um sich von sogenannten schlechten Elementen zu befreien.[182] Konnte man anfangs noch nach traditionellem Muster verfahren, mussten im Verlauf der Kriege aufgrund des ständig wachsenden Bedarfs an Rekruten auch die bis dahin verschonten Männer eingezogen werden. Die in größeren Verbänden aus Bayern, Württemberg und Baden Dienenden wurden meist nicht aufgeteilt, sondern geschlossen unter der Führung ihrer Befehlshaber eingesetzt. Im Gegensatz dazu stand den entsandten Kontingenten kleinerer Rheinbundstaaten zwar jeweils ein deutschsprachiger Vorgesetzter vor, diese wurden jedoch in Divisionen zusammengeschlossen und von französischen Generälen befehligt.[183]

---

180   Vgl.: Planert, Ute: Militär, Krieg und zivile Gesellschaft. Rekrutierungsverweigerung im
      Süden das Alten Reiches in: Planert (Hg.): Krieg und Umbruch in Mitteleuropa um 1800.
      Erfahrungsgeschichte(n) auf dem Weg in eine neue Zeit (Krieg in der Geschichte, Bd. 44).
      Paderborn u. a. 2009, S. 130-133.
181   Ebd., S. 120.
182   Vgl.: ebd., S. 122.
183   Vgl.: Wohlfeil: Vom Stehenden Heer, S. 77.

Die Napoleonische Armee hatte von Anfang an mit einer hohen Zahl von Desertionen zu kämpfen, die teilweise sogar von den Lokalbehörden gedeckt wurden. Ein neues Moment der Kriegsdienstverweigerung stellte die Flucht vor der Konskription dar, also noch vor der eigentlichen Einberufung. So wurden bspw. übermäßig viele Heiraten vollzogen, gefälschte Atteste erstellt oder auch Selbstverstümmelungen geübt, in der Hoffnung, dadurch nicht diensttauglich zu sein.[184] Wem das nicht gelang, der verließ die Kompanie nach Möglichkeit, bevor sie am Zielort eintraf. Deserteure oder Konskriptionsflüchtlinge, die nirgendwo Unterschlupf fanden, konnten sich ihren Lebensunterhalt nur auf illegale Weise verdienen. Eine Folge war die zunehmende Zahl an Räuberbanden, welche die Wege unsicher machten.[185] Eine weitere Möglichkeit war das Überlaufen zu anderen Armeen. Insbesondere im Gebiet um Hannover kam es zu vielen Übertritten von ehemals hannoverschen Armeeangehörigen zum britischen Militär, was nicht zuletzt historisch begründet war.

2.2.4 *Die King's German Legion (KGL)*

Infolge der Auseinandersetzung um die religiöse Ausrichtung des britischen Königshauses (Bill of Rights 1689, Act of Settelment 1701)[186] bestieg im Jahre 1714 der protestantische Kurfürst Georg Ludwig von Braunschweig-Lüneburg (auch Kurhannover genannt) den englischen Thron.[187] Die Personalunion Großbritanniens und Hannovers dauerte bis 1837 an. Das im Gegensatz zu Großbritannien absolutistisch regierte Kurfürstentum stellte durch seine geographische Lage einen militärischen Schwachpunkt im Kampf des Empires gegen Napoleon dar.

> Napoleon struck at least three times at what he believed to be Britain's weakest spot: in 1801, when he forced the Prussians to occupy the electorate as part of their obligations under the Armed Neutrality; in 1803, as a direct reprisal for the resumption of hostilities with Britain; and in 1806, when he made Hanover an object of the peace negotiations that year.[188]

---

184 Vgl.: Sikora: Desertion, S. 120-121; Planert: Militär, Krieg und zivile Gesellschaft, S. 123-124.

185 Vgl.: Sikora: Desertion, S. 121.

186 Ein Abdruck der *Bill of Rights* (1689) und des *Act of Settlement* (1701) findet sich in: Browning, Andrew (Hg.): English Historical Documents. Bd. 6: Early Modern. 1660-1714. 2. Aufl., London 1996, S. 122-136.

187 Einen kurzen Überblick über die Erbfolgeregelungen gibt u. a.: Schormann, Michael H.: Vorgeschichte und politische Zusammenhänge der Personalunion, in: Rohloff (Hg.): Großbritannien und Hannover. Die Zeit der Personalunion 1714-1837. Frankfurt am Main 1989, S. 25-59.

188 Simms, Brendan: Britain and Napoleon, in: Dwyer (Hg.): Napoleon and Europe (A Pearson Education Book). Harlow u. a. 2001, S. 192.

Der Friede von Amiens (27. März 1802) beendete zwar den zweiten Koalitionskrieg (1799-1802), nicht aber den Interessenkonflikt zwischen Frankreich und
Großbritannien.[189] Zum Schutz Hannovers vor Frankreich bemühte sich
Georg III. (1738-1820) um die Unterstützung Preußens für den Fall eines Angriffs
napoleonischer Truppen. „He hoped to press Prussia to act to save Hanover
for fear of a French-occupied Electorate elbowing into central Germany [...]
if the attempt to gain Prussian aid failed, the king favored the removal of the
Hanoverian army to England."[190] In den folgenden Auseinandersetzungen
zwischen Frankreich und Großbritannien traf es wieder die britische Achilles-
ferse auf dem europäischen Festland, ohne dass Preußen eingriff. Unter Missachtung der Neutralitätsbestrebungen Braunschweig-Lüneburgs besetzten
französische Truppen 1803 das Kurfürstentum und diktierten dessen Armee
in der Konvention zu Artlenburg (5. Juli 1803)[191] ihre Auflösung. Sämtliche
Waffen, Munition und Pferde mussten an die französische Armee übergeben
werden.[192] Die ehemaligen hannoverschen Soldaten waren nun ohne Ver-
dienst, in ihrem Verständnis aber ungebunden bei der Suche nach einem
neuen Dienstherrn.[193] Zu diesem Zeitpunkt setzte der erste, damals noch
unkoordinierte Zustrom ehemaliger Angehöriger der Armee Hannovers nach

---

189   Zum Interessenkonflikt zwischen Großbritannien und Frankreich im Anschluss an den
      Frieden von Amiens siehe: Riotte, Torsten: Hannover in der britischen Politik (1792-
      1815). Dynastische Verbindungen als Element außenpolitischer Entscheidungsprozesse.
      (Historia profana et ecclesiastica, Bd. 13). Münster 2005, S. 118-120; Einsel, Andreas u. a.:
      The King's German Legion – Hannoversche Soldaten unter britischer Flagge, in: Rohloff
      (Hg.): Großbritannien und Hannover. Die Zeit der Personalunion 1714-1837. Frankfurt
      am Main 1989, S. 301-306; Brosius, Dieter: Die Industriestadt. Vom Beginn des 19. Jahr-
      hunderts bis zum Ende des 1. Weltkriegs, in: Mlynek/Röhrbein (Hg.): Geschichte der
      Stadt Hannover. Bd. 2: Vom Beginn des 19. Jahrhunderts bis in die Gegenwart. Hannover
      1994, S. 277; Laudi, Jürgen: Schleswig-Holsteiner und Hamburger in der „King's German
      Legion". Ein wenig bekanntes Randgebiet schleswig-holsteinischer Militärgeschichte aus
      den napoleonischen Kriegen als genealogische Fundstelle, in: Familienkundliches Jahr-
      buch Schleswig-Holstein 41 (2002), S. 82.
190   Gray, Daniel S.: The French Invasion of Hanover in 1803 and the Origins of the King's
      German Legion, in: Consortium on Revolutionary Europe 1750-1850. Proceedings 10
      (1980), S. 199.
191   Ein Abdruck der Konvention von Artlenburg findet sich u. a. bei Beamish, North L.:
      Geschichte der Königlich Deutschen Legion. Bd.1: Mit 18 colorierten Abbildunge, 4
      Schlachtplänen und mehreren Tabellen. Hannover 1832, S. 56-57.
192   Vgl.: Gray: The French Invasion of Hanover in 1803, in: Consortium on Revolutionary
      Europe 1750-1850. Proceedings 10, (1980), S. 204.
193   In der Konvention von Artlenburg wurde u. a. festgelegt, dass sich die ehemaligen Armee-
      angehörigen durch ihr Ehrenwort verpflichten sollten, zukünftig nicht gegen Frankreich
      und dessen Verbündete zu kämpfen. Dieser Passus wurde jedoch nicht umgesetzt, sodass
      der Suche nach einem neuem Dienstherrn keine Grenzen gesetzt waren. Vgl.: ebd.

Großbritannien ein.[194] Frankreich versuchte, dieser Abwanderung im Juli 1803 zunächst mit der Errichtung der Légion Hanovrienne zu begegnen. Daraufhin suchten jedoch immer mehr ehemalige Angehörige der hannoverschen Armee den Weg nach Großbritannien, um nicht in napoleonische Dienste treten zu müssen.[195] In Großbritannien war man seinerseits nicht daran interessiert, die ausgebildeten Hannoveraner dem Feind zu überlassen, sondern versuchte aktiv, sie für die britischen Truppen zu gewinnen.[196]

Am 28. Juli 1803 erhielt Major Johann Friedrich von der Decken (1774-1840), Adjutant des Herzogs von Cambridge (Sohn König Georg III. und vormaliger Oberbefehlshaber der hannoverschen Armee), einen Werbebrief und den Auftrag, ein bis zu 4.000 Mann starkes Korps[197] aus Ausländern aufzustellen.[198] Die Rekruten mussten bestimmte Voraussetzungen erfüllen: „over five feet three inches in height, below thirty-five years of age, and being 'free from infirmity'. Recruits were enlisted for a period of seven years or six months after the signing of a definitive treaty of peace."[199] Ausgenommen von der Werbung waren Untertanen des britischen Königs, Franzosen, Spanier und Italiener – die Rekruten sollten Deutschsprachige sein. Die Geworbenen wurden britischen Soldaten in Bezug auf Sold, Eid und Versorgung bei Dienstunfähigkeit gleichgestellt sowie dem Kriegsrecht unterworfen.[200] Von der Decken organisierte von London aus nicht nur die Werber, sondern auch die ärztliche Untersuchung der neuen Rekruten auf Diensttauglichkeit (in der Regel in Lymington) sowie deren Unterbringung und Montierung (Ausrüstung) in Plymouth und Harwich. Von der Decken stand bei der Rekrutierung unter Zugzwang: Wenn nicht innerhalb von drei Monaten 400 Rekruten geworben waren, lief er Gefahr, dass Georg III.

---

194   Vgl.: Mastnak, Jens: Werbung und Ersatzwesen der Königlich Deutschen Legion 1803 bis 1813, in: MGZ 60, H. 1 (2001), S. 120-121.

195   Vgl.: Gray: The French Invasion of Hanover in 1803, in: Consortium on Revolutionary Europe 1750-1850. Proceedings 10, (1980), S. 207; Einsel, Andreas: Geschichte und Bedeutung der Hannoverschen Legion. Unveröffentlichte Abschlussarbeit, Celle 1983, S. 17-18.

196   Vgl.: Einsel u. a.: King's German Legion, S. 303.

197   „Corps is the designation for a military unit consisting of between two and five divisions." Crumley, Brian T.: Corps, in: Bradford (Hg.): International Encyclopedia of Military History. Bd. 1. New York u. a. 2006, S. 337.

198   Von der Decken wurde am selben Tag zum Oberstleutnant befördert. Die Werbung von Rekruten war für ihn auch ein finanzieller Anreiz, da er für jeden Geworbenen, der die Anforderungen erfüllte, entlohnt wurde. Vgl.: Mastnak: Werbung und Ersatzwesen, in: MGZ 60, H. 1 (2001), S. 122; Beamish: Geschichte der Königlich Deutschen Legion. Bd. 1, S. 72.

199   Gray, Daniel S.: „Prisoners, Wanderers, and Deserters". Recruiting for the King's German Legion, 1803-1815, in: SAHR 53 (1975), S. 149.

200   Vgl.: Mastnak: Werbung und Ersatzwesen, in: MGZ 60, H. 1 (2001), S. 123.

die Werbung beenden würde.[201] Außer ihm hatte auch Major Colin Halkett (1774-1856, zuvor in holländischen Diensten, nun schottischer Offizier)[202] einen ähnlichen Werbeauftrag erhalten: Er sollte ein Bataillon[203] von 459 Ausländern aufstellen. „Eine Vermehrung desselben bis zu 800 Mann sicherte ihm den Rang eines Oberstleutnants zu."[204] Beide befanden sich damit in einer – offenbar durchaus gewollten – Konkurrenzsituation, die zu schnellen Ergebnissen führen sollte.

Zu Beginn der Rekrutierung meldeten sich vor allem Offiziere, jedoch kaum Gemeine.[205] Um der Werbung Nachdruck zu verleihen, war bereits am 10. August 1803 eine Proklamation erlassen worden. Darin wurden besonders alle „braven Deutschen"[206] aufgefordert, in einem Korps leichter Infanterie Dienst zu nehmen, das als King's Germans bezeichnet wurde.[207] Der Begriff Germans ist dabei laut Daniel S. Gray kein Zufall. Obwohl man von britischer Seite in erster Linie an den Soldaten der ehemaligen hannoverschen Armee interessiert war, warb man offiziell um Germans, um Frankreich keinen Vorwand für zusätzliche Repressalien gegenüber Hannover zu geben.[208]

Nach dem Auf- und Ausbau entsprechender Verbindungswege stieg die Zahl der Gemeinen unter den Geworbenen schnell an.

> [...]Decken's recruiting officers [...] were strategically placed about Northern Germany. The recruiting officer obtained proper papers for these volunteers and also provided the rank and file with transportation to a port, most often Husum, for passage to England. At Husum, another agent would pay each recruit his bounty money, supply him with a Danish passport, and place him aboard a transport vessel.[209]

---

201 Vgl.: ebd., S. 122.

202 Vgl.: ebd., S. 10; Gray: Recruiting, in: SAHR 53, (1975), S. 149.

203 „Battalion is a subordinate element of a brigadesized unit. Generally speaking, a battalion is composed of two or more companies or batteries and three battalions comprise a brigade. In centuries past, battalions were only composed of infantry." Crumley, Brian T.: Battalion, in: Bradford (Hg.): International Encyclopedia of Military History. Bd. 1. New York u. a. 2006, S. 162.

204 Beamish: Geschichte der Königlich Deutschen Legion. Bd. 1, S. 76.

205 Vgl.: ebd., S. 18; Schwertfeger, Bernhard: Geschichte der Königlich Deutschen Legion 1803-1816. Bd. 1. Hannover u. a. 1907, S. 20. Zur anfänglich problematischen Haltung der älteren Offiziere zu von der Decken siehe auch: Einsel u. a.: King's German Legion, S. 307-308.

206 Beamish: Geschichte der Königlich Deutschen Legion. Bd. 1, S. 77.

207 Ein Abdruck der Proklamation findet sich u. a. bei: Schwertfeger: Geschichte der Königlich Deutschen Legion. Bd. 1, S. 19; Beamish: Geschichte der Königlich Deutschen Legion. Bd. 1, S. 77.

208 Vgl.: Gray: The French Invasion of Hanover in 1803, in: Consortium on Revolutionary Europe 1750-1850. Proceedings 10, (1980), S. 204.

209 Gray: Recruiting, in: SAHR 53, (1975), S. 150.

Die Freiwilligen kamen von Hamburg über Husum oder über die Unterweser nach Helgoland, um sich dort nach Großbritannien einzuschiffen. Ein anderer Weg führte über Barth nach Stralsund.[210] Da sich Dänemark damals nicht mit Frankreich im Krieg befand, waren die dortigen Häfen weitaus sicherer als jene in den norddeutschen Gebieten. Dänemark wurde somit zur Drehscheibe für Rekruten und Werber. Letztere versuchten u. a., über dänische Gesandte in Hamburg möglichst viele gültige Papiere für die Rekruten zu beschaffen. Dies war jedoch ab 1804 mit großen Schwierigkeiten verbunden, da Dänemark zunehmend von Frankreich bedrängt wurde. Entscheidend für das erfolgreiche Anwerben von Rekruten war sowohl im hannoverschen Raum als auch in Dänemark die Zusammenarbeit mit der Zivilbevölkerung, die Napoleon ablehnend gegenüberstand. Dänische Kontrollen erschwerten zwar mit der Zeit das Ausschiffen über Husum, unterbanden es aber nicht.[211]

Am 06. Oktober 1803 kamen von der Decken und Halkett überein, die Werbung nicht mehr getrennt, sondern gemeinsam voranzutreiben.[212] Die bis dahin Rekrutierten bildeten fortan die Basis der King's Germans. Bis Ende Oktober trafen so viele neue Rekruten ein, dass ihre Unterbringung Probleme breitete.

> Decken was having difficulty enrolling them all before some were obtained by British regiments. Decken complained of this loss and the War Office agreed that all Hanoverians should be reserved for Decken; permission was even given allowing Hanoverian soldiers in British regiments to transfer to the King's German Legion as Decken's unit now came to be called.[213]

Der große Zulauf führte dazu, dass nun nicht mehr nur ein leichtes Infanterie-Bataillon, sondern ein Korps mit allen drei Waffengattungen aufgestellt werden sollte.[214] „During the Napoleonic Wars, the British raised The King's German Legion composed of ten line battalions, two battalions of riflemen, five cavalry regiments, and foot and light artillery commands."[215]

Den französischen Behörden blieb die Abwanderung ehemaliger hannoverscher Armeeangehöriger nicht verborgen. Ebenfalls am 06. Oktober

---

210 Vgl.: Bresemann, Manfred: Des Königs Deutsche Legion 1803-1816 und ihre britische Überlieferung in der Königlich-hannoverschen Armee bis 1866, in: Alt-Hannoverscher Volkskalender (1987), S. 102.

211 Vgl.: Mastnak: Werbung und Ersatzwesen, in: MGZ 60, H. 1 (2001), S. 126-127.

212 Vgl.: ebd., S. 124-125.

213 Gray: Recruiting, in: SAHR 53, (1975), S. 151.

214 Vgl.: Mastnak: Werbung und Ersatzwesen, in: MGZ 60, H. 1 (2001), S. 124.

215 England: Legion, in: Bradford (Hg.): International Encyclopedia of Military History. Bd. 2, S. 757.

1803 wurden die lokalen Behörden per Proklamation aufgefordert, jegliche Rekrutierung von britischer Seite zu unterbinden und zur Anzeige zu bringen. Ein entsprechender Aufruf an die Zivilbevölkerung erfolgte am 10. desselben Monats. Demzufolge sollten sowohl diejenigen, die sich werben ließen, als auch die, die an der Werbung aktiv oder passiv beteiligt waren, an französische Kriegsgerichte überstellt und im Falle eines Schuldspruchs mit dem Tode bestraft werden.[216] Die Rekrutierung konnte dennoch weiter erfolgreich fortgesetzt werden.

Die Stärke der Legion wurde im Dezember 1803 vom britischen Foreign War Office auf 5.000 und 1805 auf bis zu 20.000 Mann erhöht, 1806 dann auf 14.000 korrigiert.[217] Gleichzeitig mussten sich die Rekruten ab Dezember 1803 auf mindestens sieben Jahre verpflichten, erwünscht waren zehn.[218]

Im Rahmen der Kämpfe des dritten Koalitionskrieges[219] entsandte Großbritannien im Jahr 1805 u. a. Truppen in den norddeutschen Raum. „Die KGL nahm mit den beiden leichten, den ersten vier Linienbataillonen, einem Teil der Artillerie und Teilen der Kavallerie an dieser Expedition teil."[220] Während dieses Einsatzes wurde die Anwerbung neuer Rekruten weiter fortgesetzt. Nach der Niederlage der dritten Koalition in der Schlacht bei Austerlitz (2. Dezember 1805) und dem Frieden von Preßburg (26. Dezember 1805) wurden die britischen Truppen aus dem norddeutschen Raum abgezogen und nach Großbritannien verbracht. Dies betraf auch die Mitglieder der King's German Legion. Viele von ihnen hatten allerdings gehofft, mit dem Eintritt in die KGL aktiv am Kampf um die Befreiung ihrer Heimat von Napoleon teilnehmen zu können. Die Wiedereinschiffung der britischen Truppen bedeutete hingegen eine nicht absehbare Trennung von Familie und Heimat. Die nicht unberechtigte Angst vor einem Einsatz in den britischen Kolonien in Übersee[221]

---

216 Vgl.: Beamish: Geschichte der Königlich Deutschen Legion. Bd. 1, S. 74-75, 360-361. Mastnak bemerkt dazu, dass trotz solcher Drohungen die Werbung „zwischen August 1803 und Ende 1805 auf weniger Hindernisse stieß, als man hätte erwarten können." Mastnak: Werbung und Ersatzwesen, in: MGZ 60, H. 1 (2001), S. 129.

217 Vgl.: Gray: Recruiting, in: SAHR 53, (1975), S. 150-153.

218 Vgl.: Beamish: Geschichte der Königlich Deutschen Legion. Bd. 1, S. 80.

219 „Britain would not acquiesce to a French-controlled Europe and, by 1805, had found allies for a new coalition against Napoleon. Russia, Austria, and Sweden joined with Britain in April, August and October, respectively, making circumstances apparently auspicious fort the Allies." Dobbs, Charles M.: Third Coalition, War of the (1805), in: Fremont-Barnes (Hg.): The Encyclopedia of the French Revolutionary and Napoleonic Wars. A Political, Social, and Military History. Bd. 3. Santa Barbara, Calif. u. a. 2006, S. 982.

220 Mastnak: Werbung und Ersatzwesen, in: MGZ 60, H. 1 (2001), S. 129.

221 Vgl.: Beamish: Geschichte der Königlich Deutschen Legion. Bd. 1, S. 88-90; Mastnak: Werbung und Ersatzwesen, in: MGZ 60, H. 1 (2001), S. 130-131.

führte trotz Eid und Dienstverpflichtung zu einem erheblichen Anwachsen der Desertionen, denn bei ihren Einsätzen wurde „Die Legion [...] niemals als selbstständiges Korps betrachtet, sondern [...] mit englischen Truppenteilen zu geschlossenen Befehlsverbänden vereinigt und auf den verschiedensten Kriegsschauplätzen verwendet."[222] Von den 7.876[223] im norddeutschen Raum Geworbenen desertierten vor der Einschiffung nach Großbritannien 1.442 Männer.[224] Die anderen kamen in verschiedenen Einheiten der Legion, vorwiegend in Holland, Sizilien, Gibraltar, Portugal und Spanien zum Einsatz.

Für die 1808 unter dem Befehl von General Moore auf die Iberische Halbinsel entsandten Truppen barg allein die Überfahrt immense Risiken: Schiffe sanken oder die Mannschaften, die eng zusammengedrängt transportiert wurden, erkrankten noch vor ihrer Ankunft.[225] Die Kampfhandlungen auf der Halbinsel führten zu weiteren Verlusten, die es ständig zu ersetzen galt. „This campaign and all the subsequent ones by Wellington would cause the Legion a steady loss of men whom Decken was hard pressed to replace. By the fall of 1810, every unit of the King's German Legion suffered a critical need for recruits."[226] Nach dem Rückzug Großbritanniens aus Norddeutschland und dem wachsenden französischen Druck auf Dänemark war eine kontinuierliche Werbung deutschsprachiger Rekruten in größerer Zahl in diesem Raum bereits seit 1806/ 1807 nicht mehr möglich.[227] Trotzdem durften für die Legion auch weiterhin einzig „Deutsche, Österreicher, Preußen, Polen, Schweizer sowie Holländer, sofern sie flämisch sprachen"[228] angeworben werden.[229] Um die steigenden Verluste dennoch auszugleichen, griff man daher ab 1810 verstärkt auf die Werbung von Kriegsgefangenen und Deserteuren aus der französischen Armee zurück. Diese wurden sowohl in den Gefangenenlagern in Großbritannien als auch direkt vor Ort auf der Iberischen Halbinsel rekrutiert. Letztere wurden in der Regel nach Großbritannien verbracht und kamen

---

222   Bolte, Ernst: Hannoversche Geschichte und die Kämpfe der Königlich Deutschen Legion im Auslande. Ein Gedenkbüchlein deutscher Waffentaten im In- und Auslande. Hannover 1914, S. 16.

223   Vgl.: Schwertfeger, Bernhard: Geschichte der Königlich Deutschen Legion 1803-1816. Bd. 2. Hannover u. a. 1907, S. 188.

224   Vgl.: Gray: Recruiting, in: SAHR 53, (1975), S. 151.

225   Vgl.: Bresemann: Des Königs Deutsche Legion, in: Alt-Hannoverscher Volkskalender (1987), S. 103-104.

226   Gray: Recruiting, in: SAHR 53, (1975), S. 153.

227   Vgl.: Mastnak: Werbung und Ersatzwesen, in: MGZ 60, H. 1 (2001), S. 142.

228   Einsel: Hannoverschen Legion, S. 44.

229   Während der Expedition nach Kopenhagen (1807), in der die Briten Kopenhagen bombardierten und sich der dänischen Flotte bemächtigten, war man jedoch davon abgewichen und hatte auch Dänen rekrutiert. Ebd.

nach Möglichkeit andernorts zum Einsatz, um erneutem Überlaufen zuvor-zukommen.[230] Im weiteren Kriegsverlauf stammten immer mehr Rekruten der KGL nicht mehr aus den norddeutschen Gebieten. Auch wenn Deutsch-sprachige nach wie vor bevorzugt wurden[231]: „men from nearly every nation in Europe found their way into the King's German Legion since a knowledge of German and a lie about place of birth would convince the eager recruiting officer of a man's eligibility".[232]

2.2.5 *Braunschweiger in britischen Diensten*

Neben der sich ursprünglich aus Hannoveranern rekrutierenden KGL standen ab 1809 auch zwei Braunschweiger Regimenter in britischen Diensten. Nach-dem der mit einer britischen Prinzessin verheiratete Karl Wilhelm Ferdinand (1735-1806) von Braunschweig-Wolfenbüttel-Oels im 4. Koalitionskrieg (1806-1807) während der Schlacht bei Jena und Auerstedt (1806) verletzt wurde und starb, konnte dessen jüngster Sohn Karl Friedrich Wilhelm (1771-1815) sein Erbe nicht antreten, da das Herzogtum Braunschweig-Wolfenbüttel 1807 von Napoleon dem neu geschaffenen Königreich Westphalen zugeschlagen wurde.[233] Karl Friedrich Wilhelm zog sich daraufhin erst nach Baden und dann nach Schlesien (Oels) zurück.[234] In der Beteiligung am 5. Koalitions-krieg (1809) gegen Frankreich sah er eine Möglichkeit, seine Besitzungen zurück zu erlangen und warb zunächst in Oels und dann in Böhmen mehr als 2000 Mann, von denen viele zuvor in preußischen Diensten gestanden hatten und nach dem Ende des 4. Koalitionskriegs entlassen worden waren.[235] Nach der Schlacht bei Wagram (1809) und dem Waffenstillstand zwischen Frankreich und Österreich zog Karl Friedrich Wilhelm mit einem Teil seiner

---

230   Vgl.: Gray: Recruiting, in: SAHR 53, (1975), S. 153-154; Mastnak: Werbung und Ersatzwesen, in: MGZ 60, H. 1 (2001), S. 134. Mastnak verweist darauf, dass es auch Ausnahmen gab und die vor Ort Rekrutierten wieder auf der Iberischen Halbinsel eingesetzt wurden. Vgl.: ebd., S. 136. Gray zeigt auf, dass Wellington zunächst die Erlaubnis gab, direkt auf der Halbinsel zu rekrutieren, um bestimmte Einheiten schnell wieder auffüllen zu können. Da diese Praxis jedoch zahlreiche Desertionen nach sich zog, wurde sie im August 1812 eingestellt. Vgl.: Gray: Recruiting, in: SAHR 53, (1975), S. 155.

231   Vgl. z. B.: Mastnak: Werbung und Ersatzwesen, in: MGZ 60, H. 1 (2001), S. 142.

232   Gray: Recruiting, in: SAHR 53, (1975), S. 154.

233   Vgl.: Strauß, Ulrike: Die „Franzosenzeit" (1806-1815), in: Jarck/Schildt (Hg.): Die Braun-schweigische Landesgeschichte. Jahrtausendrückblick einer Region. 2. Aufl., Braun-schweig 2001, S. 693; Ortenburg, Georg/Hodemacher, Jürgen: Braunschweigisches Militär. Mit einem Anhang über Braunschweiger Kasernen. Cremlingen 1987, S. 39-40, 42.

234   Vgl.: Strauß: „Franzosenzeit", S. 703; Ortenburg/Hodemacher: Braunschweigisches Militär, S. 42.

235   Vgl.: Ortenburg/Hodemacher: Braunschweigisches Militär, S. 42; Pivka, Otto von: The Black Brunswickers. (Men-At-Arms Series). Reading 1973, S. 7.

Männer in den norddeutschen Raum,[236] um sich mit – Gerüchten zufolge dort erwarteten – britischen Truppen zu verbünden.[237] Als jedoch sowohl die erhoffte allgemeine Erhebung als auch die britische Invasion ausblieben, setzte er nach entsprechenden Verhandlungen mit der britischen Regierung mit seinen Truppen über Helgoland nach Großbritannien über, wo sie in britische Dienste traten.[238] Die nach britischem Vorbild reorganisierten Truppen umfassten nun ein Infanterie- und ein Husaren-Regiment mit dem Namen „The Duke of Brunsvick-Oels Infantry and Cavalery"[239]. Beide kamen innerhalb der britischen Verbände getrennt voneinander u. a. auch auf der Iberischen Halbinsel zum Einsatz.[240] Während die Infanterie 1810 über Portugal nach Spanien und kämpfend bis nach Bayonne gelangte, wurden die Husaren 1812 von Alicante aus direkt in Spanien eingesetzt.[241] 1814 ging das Infanterie-Regiment zurück nach Großbritannien und von dort aus in den deutschsprachigen Raum, die Husaren hingegen wurden nach Genua verschifft, kamen in Sizilien zum Einsatz und kehrten erst 1816 aus britischen Diensten zurück.[242] Eine Besonderheit der braunschweigischen Truppen war ihre schwarze Uniform mit einem Totenkopf am Tschako (Kopfbedeckung).[243] Damit hoben sie sich von den sonstigen damas gängigen Uniformen ab und wurden auch *die schwarze Schar* genannt.[244]

---

236 Ein Teil seiner Truppen war nicht gewillt, Karl Friedrich Wilhelm nach Ende des 5. Koalitionkriegs in den norddeutschen Raum zu folgen und erhielt daraufhin den Abschied. Vgl.: Ortenburg/Hodemacher: Braunschweigisches Militär, S. 42.

237 Vgl.: Pivka: Black Brunswickers, S. 8-13.

238 Vgl.: ebd., S. 13-14.

239 Ortenburg/Hodemacher: Braunschweigisches Militär, S. 43.

240 Vgl.: Pivka: Black Brunswickers, S. 14-17.

241 Der Einsatz des Husarenregiments wird in der Literatur unterschiedlich bewertet. Vgl.: Ortenburg/Hodemacher: Braunschweigisches Militär, S. 44; Pivka: Black Brunswickers, S. 14-17.

242 Vgl.: Ortenburg/Hodemacher: Braunschweigisches Militär, S. 44.

243 Vgl.: Pivka: Black Brunswickers, S. 7; Ortenburg/Hodemacher: Braunschweigisches Militär, S. 44-45.

244 Vgl.: Pivka: Black Brunswickers, S. 7; Ortenburg/Hodemacher: Braunschweigisches Militär, S. 44.

KAPITEL 3

Zwölf Blickwinkel

Wie im vorigen Kapitel bereits angesprochen, waren es im deutschsprachigen Raum insbesondere die Memoiren- und Reiseliteratur, die, im Gegensatz zur damals offiziellen Geschichtsschreibung, die jüngsten Ereignisse der Zeitgeschichte verhandelten.[1] Grundlage dieser Arbeit sind daher ausgewählte Veröffentlichungen deutschsprachiger Teilnehmer an den Kämpfen auf der Iberischen Halbinsel, die einem größerem Publikum zugänglich waren und aufgrund ihrer verschiedenen Perspektiven und Fragestellungen ganz unterschiedlichen Umfang haben. Zur Ergänzung wurden nicht publizierte Texte herangezogen. Die Sichtung der Quellen ergab, dass es sich bei der Mehrzahl der Verfasser um Offiziere handelt, die aufgrund ihrer Herkunft am ehesten lesen und schreiben konnten.[2] Dass dies keine Selbstverständlichkeit war, ist nicht zuletzt auf die in der vornapoleonischen Zeit häufig geübte Praxis des Stellenkaufs zurückzuführen, durch die unerfahrene und/ oder weniger (aus)gebildete Personen in der militärischen Hierarchie aufsteigen konnten. Das traf auch auf die britische Armee zu,[3] nicht aber auf die King's German Legion (KGL). „An Bewerbern für Offiziersstellen innerhalb der KGL herrschte nie Mangel, allerdings bleibt zu bemerken, daß im Gegensatz zur englischen Armee Stellenkauf in der KGL nicht üblich war und sich Beförderungen nach Eignung, Anciennität in der ehemaligen kurhannoverschen Armee und freien Stellen richtete."[4]

---

1   Vgl. dazu auch: Burgdorf: Kampf um die Vergangenheit, S. 355.

2   Nach Schwertfeger kamen z. B. die Offiziere der KGL zu beinahe gleichen Teilen aus dem Adel und dem Bürgertum. Vgl.: Schwertfeger: Geschichte der Königlich Deutschen Legion. Bd. 1, S. 8-11, 44-50.

3   Ab 1795 war man in der britischen Armee um eine stärkere Regulierung dieser Praxis bemüht: „[...] no one of less than three years' service could be promoted to captain, or to major without two years as captain. To become a lieutenant-colonel one required at least nine years' total service. The scale for purchase of commission varied from time to time. In 1795 a cornetcy – the cavalry equivalent of an infantry ensign or second lieutenant – cost £ 700, while the price of a lieutenancy was £ 1,205 and that of a captaincy £ 2,960. Any commission could be sold provided it had been bought in the first place. Consequently an officer who wished to sell out could do so and receive, so to speak, a lump sump." Brett-James, Antony: The British Soldier in the Napoleonic Wars 1793-1815. (Sources of History Series). London 1970, S. 15.

4   Mastnak: Werbung und Ersatzwesen, in: MGZ 60, H. 1 (2001), S. 142.

© BRILL SCHÖNINGH, 2023 | DOI:10.30965/9783657792856_004

Auf dem europäischen Festland führten von Napoleon durchgesetzte
Regularien – wie die bereits beschriebene Einführung der Konskription – zu
massiven Veränderungen in der sozialen Zusammensetzung der Armee und des
Offizierskorps, das lesen und schreiben können sollte. Die damals geforderten
Kenntnisse sind allerdings nicht überzubewerten: Ein Offizier musste schriftliche Befehle verstehen, solche selbst ausfertigen sowie militärische Berichte
verfassen können. Lese- und Schreibfähigkeit konnten also sehr unterschiedlich ausgeprägt sein. Das traf auch auf die Rheinbundtruppen zu, die als Verbündete Napoleons unter französischem Oberbefehl dienten. Auch dort wurde
das Leistungsprinzip eingeführt. Adlige Herkunft und Dienstalter bestimmten
nicht länger die Aufstiegsmöglichkeiten, obwohl es, ähnlich wie bei der Konskription, auch bei der Rekrutierung und Ausbildung der Offiziere innerhalb
des Rheinbundes und anderer Verbündeter regionale Modifizierungen gab.[5]
Gerade für die Rheinbundstaaten waren die Veränderungen im französischen
Militär nicht die einzige Orientierung. Die Niederlage Preußens in der
Schlacht bei Jena und Auerstedt (1806), wo eine durch Drill kontrollierte,
wenig motivierte Armee den durch die Revolution entstandenen und von
Patriotismus beflügelten französischen Truppen unterlegen war, führte u. a. zu
tiefgreifenden militärischen Reformen in Preußen mit entsprechenden Auswirkungen auf das Offizierskorps.[6] Offiziere sollten besser ausgebildet werden
und sich nun ähnlich,[7] wenn auch bei weitem nicht so ausgeprägt wie in der
französischen Armee, mehr mit ihren Untergebenen verbunden fühlen, was
sich z. B. mit dem Entzug gewisser Privilegien bei der Mitführung von Tross
und Bagage zeigte.[8] „Im Fokus stand das Verhältnis der Offiziere zur Gesellschaft. [...] [Man, K.B.] ging davon aus, dass der Großteil der Bevölkerung
unaufgeklärt sei und der Fürsprache der aufgeklärten Oberschicht bedürfe.
Somit definierte sich die Stellung des Soldatenstandes insgesamt über das

---

5   Einen Überblick über die Veränderungen des Offizierskorps im preußischen Heer gibt z. B.:
    Wohlfeil: Vom Stehenden Heer, S. 137-147. Vgl. auch: Fiedler, Siegfried: Kriegswesen und Krieg-
    führung im Zeitalter der Revolutionskriege. Bd. 2 (Heerwesen der Neuzeit, Bd. 3). Koblenz
    1988, S. 99-121.
6   Vgl.: Wohlfeil: Vom Stehenden Heer, S. 137-147.
7   Vgl.: Pröve, Ralf: Enzyklopädie deutscher Geschichte. Bd. 77: Militär, Staat und Gesellschaft
    im 19. Jahrhundert. München 2006, S. 9.
8   Vgl.: Wohlfeil: Vom Stehenden Heer, S. 166. Innerhalb der französischen Armeen waren die
    Einschränkungen für Offiziere weitaus größer. Vgl.: Fiedler: Grundriß der Militär- und Kriegs-
    geschichte. Bd. 2, S. 65-66.

Ansehen des Offizierskorps."[9] Die preußischen Militärreformen gewannen schnell Vorbildfunktion für andere deutschsprachige Staaten. An der preußischen Reorganisation des Offizierskorps orientierte sich z. B. Bayern, das die Ausbildung seiner Unteroffiziere an einer eigens dafür gegründeten Schule strukturierte.[10] Das löste jedoch nicht alle Probleme der nun aus dem Bürgertum und dem Adel stammenden Offiziere. „Um die sich aus so verschiedenen Schichten rekrutierenden Offiziere zu einem geschlossenen Stand zu verschmelzen, fehlte in Bayern der integrierende Faktor. In der Armee des revolutionären Frankreich hatten das Ideengut von 1789 und die Not diese Rolle gespielt, in Bayern gab es eine solche Kraft nicht."[11] In Württemberg stellte der Offiziersdienst nicht einmal einen hinlänglichen Anreiz dar, weshalb man auf Auswärtige zurückgriff.[12] In Baden, wo sich „1805 einige Offiziere geweigert hatten, an der Seite der Franzosen gegen die Truppen des österreichischen Kaisers als ihren ehemaligen Kriegsherrn zu kämpfen, verschmolz das Offizierskorps infolge der Teilnahme an den napoleonischen Feldzügen langsam zu einer Einheit"[13]. Der französische Einfluss hatte nicht nur Bildung und soziale Zusammensetzung des Offiziersstandes verändert, sondern auch dessen allgemeines Ansehen. Durch die steigenden Verluste in den Napoleonischen Kriegen war es jedoch nicht immer möglich, gut ausgebildete Kräfte nachzuziehen.

Das wachsende öffentliche Ansehen der Offiziere begünstigte u. a. auch die Wertschätzung der von ihnen niedergeschriebenen Erinnerungen, die sie im Sinne der Bewahrung eines Andenkens verfassten und damit auch retrospektiv eine Basis kollektiver, emotional konnotierter Zugehörigkeit der Teilnehmer an den Kämpfen um die Iberische Halbinsel schufen.[14] Das Wort eines Offiziers

---

9   Huck, Stephan: Vom Berufsmilitär zur allgemeinen Wehrpflicht. Militärgeschichte zwischen Französischer Revolution und Freiheitskriegen 1789 bis 1815, in: Neugebauer/ Busch (Hg.): Grundkurs deutsche Militärgeschichte. Bd. 1: Die Zeit bis 1914. Vom Kriegshaufen zum Massenheer. München 2006, S. 138.

10 Vgl.: ebd., S. 150.

11 Wohlfeil: Vom Stehenden Heer, S. 68.

12 Vgl.: ebd., S. 70.

13 Ebd., S. 74.

14 Der hier erwähnte Prozess des Schaffens eines kollektiven Erinnerungsraums, der die Form des Gedenkens einschließt, lässt sich allgemein auch wie folgt zusammenfassen: „Geschichte und Gedächtnis haben sich erst mit der Entstehung der Geschichtswissenschaft als eines professionalisierten Diskurses im 19. Jahrhundert voneinander getrennt […] Für alle Formen von Geschichtsschreibung gilt demgegenüber, dass sie sich als eine Form von Erinnerung, als Bewahrung eines Gedächtnisses verstanden. Deshalb gehen die Begriffe ‚Geschichte' und ‚Gedächtnis' im Altertum ineinander über. Von der Antike bis in die Neuzeit ist die Gedächtnisfunktion immer wieder als zentrale Funktion der Geschichtsschreibung herausgestellt worden." Im Gegensatz zu Assmanns Aussage

hatte dabei nicht nur innerhalb der militärischen Hierarchie, sondern auch in der Gesellschaft größeres Gewicht als das eines Gemeinen. Ein militärischer Rang bedeutete gleichsam soziales Prestige. Je höher dieser Rang war, desto erfolgversprechender auch der Absatz des Geschriebenen, was für die Verleger einen wichtigen Faktor darstellte. Verfügte man nicht über eine derartige Reputation, konnte diese durch das Vorwort einer bekannten Persönlichkeit kompensiert werden.[15] Gaben Verfasser aufgrund von Zensurbestimmungen nicht ihre Namen an, so vermerkten sie doch oft bereits im Titel der Publikation Ort und Dauer ihres Einsatzes und/ oder ihren militärischen Rang.[16] Diese Angaben fungierten als Referenz des Verfassers und seiner Glaubwürdigkeit.

Die Veröffentlichung und Verbreitung umfassender Berichte von deutschsprachigen Teilnehmern am spanischen Unabhängigkeitskrieg erfolgte auf unterschiedliche Weise. Im Folgenden wird dem anhand von zwölf ausgewählten Zeugnissen exemplarisch nachgespürt. Beginnend mit der zeitnahesten der ausgewählten Publikationen, der die jeweils ältere folgt, werden die Verfasser kurz vorgestellt, dem Aufbau, der inhaltlichen Struktur und der Rezeption ihrer Zeugnisse nachgegangen und diese in den entsprechenden historischen Kontext des Buch- und Zeitschriftenmarktes eingeordnet. Um das Einsatzgebiet der einzelnen Kriegsteilnehmer auf der Iberischen Halbinsel besser erfassen zu können, wurden die in den Quellen von ihnen benannten Orte grafisch dargestellt. Die daraus entstandenen Karten sind im Anhang beigefügt, um die zurückgelegten Wege nachvollziehbar zu machen, die zu spezifischen Spanienansichten führten und denen ab Kapitel 4 ausführlicher nachgegangen wird. Sie gestatten auch die Visualisierung räumlicher Schnittmengen zwischen den verschiedenen Berichten. Wo es aufgrund einer thematischen Quellenstruktur nicht möglich war, eine chronologische Abfolge zu erstellen (wie z. B. bei Schümberg und von Brandt), wurden lediglich die erwähnten Orte festgehalten, was jedoch ebenfalls ein sehr anschauliches Bild vom jeweiligen Einsatzgebiet vermittelte. Zur besseren Orientierung

---

muss diese Form des Erinnerns jedoch nicht automatisch mit den Machtinteressen der Herrschenden übereinstimmen, was sich z. B. an den hier untersuchten Quellen zeigt. Assmann: Lange Schatten der Vergangenheit, S. 44.

15 Als Beispiel sei hier auf Mämpel verwiesen, dessen Vorwort von Goethe stammt. Vgl.: Mämpel, Johann C.: Der junge Feldjäger in französischen und englischen Diensten während des Spanisch-Portugisischen Kriegs von 1806-1816. Eingeführt durch J. W. von Göthe. Bd. 1. Leipzig 1826, S. V-X.

16 Vgl. z. B.: [Fürstenwärther, Moritz von]: Ansichten von Spanien während eines sechsjährigen Aufenthalts in diesem Lande. Von einem Officier des ehemaligen Rheinbundes. Wiesbaden 1814, (Titelblatt); o.V.: Briefe aus Spanien, im Jahre 1810, von einem deutschen Soldaten, in: Fackeln 1, H. 1 (1811), S. 3.

ist jeder Karte ein Ortsverzeichnis mit der in den Quellen enthaltenen sowie
der gegenwärtigen Schreibweise der Orte in Spanien beigegeben.

3.1   Veröffentlichungen in Zeitschriften

Die unter napoleonischer Herrschaft allgegenwärtige Pressezensur bezog sich,
wie bereits in Kapitel 2 vermerkt, besonders bei ungünstigem Kriegsverlauf
auch auf die Publikation von Erinnerungen einzelner Kriegsteilnehmer. Da
Zeitschriften davon weniger betroffen waren als die tagespolitische Presse,
beförderte dies die Veröffentlichung von Augenzeugenberichten in Journalen
und Magazinen.[17] Deren Abonnements durch Lesegesellschaften und Leihbibliotheken führten zu einer schnelleren Verbreitung, als das bei eigenständigen Publikationen gewöhnlich der Fall war.[18] Dennoch musste gerade
in zeitnahen Veröffentlichungen auch hier mit Zensurmaßnahmen gerechnet
werden, was sich u. a. in der Anonymisierung von Autorenangaben nieder-
schlug. Die Anonymität gab den Verfassern eine gewisse Sicherheit und gleichzeitig die Möglichkeit zur freieren Äußerung ihrer Ansichten und Erlebnisse.
Markus Hänsel stellt in Bezug auf anonyme Veröffentlichungen im 19. Jahrhundert fest, dass es „gerade die autobiographischen Anonyma [...] [= sind,
die, K.B.] aus einer aus der Verborgenheit resultierenden Offenheit gefördert,
eine echte, nicht bloß plusquamperfektische Vitalität entfalte[n], die der in ihr
ruhenden historischen Materie die Aura der Authentizität verleih[en].“[19] Das

---

17   Einen Überblick über die Auswirkungen der Pressegesetze und Zensurbestimmungen
      auf Zeitschriften für die Jahre 1806-1813 gibt: Fratzke-Weiß, Birgit: Europäische und
      nationale Konzeptionen im Rheinbund. Politische Zeitschriften als Medien der
      politischen Öffentlichkeit. (Europäische Hochschulschriften, Reihe 3: Geschichte und
      ihre Hilfswissenschaften, Bd. 756). Frankfurt am Main u. a. 1997, S. 183-200. Obwohl
      laut Kirchner nicht alle der damals gegründeten Zeitschriften aufgrund ihres zum Teil
      kurzen Erscheinungszeitraums erfasst werden konnten, zeichnet sich doch ab, dass
      Neugründungen zwischen 1811 und 1815 im Vergleich zum Ende des 18. Jahrhunderts
      abnahmen bzw. bestehende Zeitschriften ihr Erscheinen einstellten. Ursachen können
      sowohl Auswirkungen der Zensur als auch in kriegsbedingten wirtschaftlichen Schwierig-
      keiten zu suchen sein. Vgl.: Kirchner, Joachim: Das Deutsche Zeitschriftenwesen. Seine
      Geschichte und seine Probleme. Bd. 1: Von den Anfängen bis zum Zeitalter der Romantik.
      Wiesbaden 1958, S. 269-270.
18   Vgl. z. B. für den Fall der *Minerva* Stöber: Deutsche Pressegeschichte, S. 317. Zur Thematik
      des Lesekonsums in Lesegesellschaften und Leihbibliotheken siehe z. B.: Wittmann:
      Geschichte des deutschen Buchhandels, S. 8095-8117.
19   Hänsel-Hohenhausen, Markus von: Die anonym erschienenen autobiographischen
      Schriften des neunzehnten Jahrhunderts. Bibliographie. Mit einem Nachweis für die
      Bibliotheken Deutschlands. München 1986, S. VIII.

trifft auch auf den für diese Arbeit herangezogenen anonymen Bericht *Briefe aus Spanien im Jahre 1810, von einem deutschen Soldaten* zu.[20]

3.1.1   *Briefe aus Spanien*

Der Bericht *Briefe aus Spanien, im Jahre 1810, von einem deutschen Soldaten* erschien 1811 als Frankreich kritischer, programmatischer erster Beitrag der ersten Ausgabe des in Leipzig verlegten Journals *Fackeln*.[21] Allein diese Tatsache verweist auf die Brisanz des Artikels und zugleich auf die Bedeutung, die dem Spanienfeldzug beigemessen wurde. Wie im Vorwort der Ausgabe vermerkt, verstand sich *Fackeln* ganz im Sinne ihres Titels als eine Zeitschrift, die alles, Angenehmes und Unangenehmes, beleuchten und vor dem Dunkel nicht Halt machen wollte, einzig, wenn die Zensur sie zwänge[22] – ein Herangehen, das eine grundlegend kritische Sichtweise auf die französische Herrschaftspraxis erahnen lässt. Ein weiteres Indiz dafür ist die Tatsache, dass nur eine Ausgabe der Zeitschrift erschien. Erst ab 1813 fand sie in den *Neuen Fackeln* ihren Nachfolger.[23] In besagtem ersten Beitrag der ersten Ausgabe vermerkt die Redaktion des Journals gleich zu Beginn in einer Fußnote, dass sich die Nachweise für die vom Verfasser des Artikels angegebene militärische Laufbahn für die Zeit bis kurz vor seinem Abzug nach Spanien in ihren Händen befänden und somit der Wahrheit entsprächen[24] – ein Verweis darauf, dass es sich bei dem Publizierten nicht um einen fiktiven Roman handele. Leider konnten für diese Untersuchung die oben erwähnten Nachweise nicht ausfindig gemacht werden. Der Inhalt des Berichtes sowie die Art und Weise der Beschreibungen legen aber in der Tat eine Augenzeugenschaft nahe. In einer Rezension der *Jenaischen Allgemeinen Literatur-Zeitung* aus dem Jahr 1812 über die in den *Fackeln* veröffentlichten *Briefe aus Spanien* und ihren Verfasser heißt es, dass es sich wohl um einen preußischen Offizier handele, „dessen Beschreibung unverkennbare Spuren von Wahrhaftigkeit trägt, und manches

---

20   Vgl.: o.V.: Briefe aus Spanien, in: Fackeln 1, H. 1 (1811), S. 3-108, 323.

21   Vgl.: ebd., S. 3-108.

22   Vgl.: o.V.: Nothwendige Vorerinnerungen an die Leser dieser Zeitschrift, in: Fackeln 1, H. 1 (1811), S. V-VI; o.V.: Erklärung des Umschlags. An sämmtliche verehrte Leser, in: Fackeln 1, H. 1 (1811), S. VII-VIII.

23   Vgl. u. a.: Koner, W.: Repertorium über die vom Jahre 1800 bis zum Jahre 1850 in Akademischen Abhandlungen, Gesellschaftsschriften und wissenschaftlichen Journalen auf dem Gebiete der Geschichte und ihrer Hülfswissenschaften erschienenen Aufsätze. Geschichte. Bd. 1, Heft 1: Einleitung. Chronologie. Allgemeine Zeitgeschichte. Geschichte Deutschlands und Ungarns. Berlin 1852, S. XVI.

24   Vgl.: o.V.: Briefe aus Spanien, in: Fackeln 1, H. 1 (1811), S. 4 (Fußnote).

Neue darbietet."[25] Auch wenn der Verfasser ungenannt blieb und man über ihn spekulierte, atmete der Artikel also für das damalige Lesepublikum durchaus die Aura der Authentizität. Die Anonymität des Verfassers könnte den Reiz des Berichts für die Leser sogar gesteigert haben. Daher soll diese Quelle als Beispiel für anonyme Veröffentlichungen in Zeitschriften dienen.

Das Zeugnis gliedert sich in zwölf Briefe, die an ein (als Freund bezeichnetes) Mitglied der Redaktion gerichtet sind.[26] Nach Angaben des Verfassers basieren sie auf seinen Erinnerungen sowie auf Notizen aus seinem Tagebuch.[27] Sie sind sowohl chronologisch als auch thematisch gegliedert. Über die als stilistisches Mittel gewählte Briefform wird ein sehr persönlicher Blick auf die Zustände in Spanien sowie auf die Erlebnis- und Gefühlswelt des Verfassers vermittelt, was zugleich die zeitliche Differenz zwischen Erlebnis, Niederschrift und Veröffentlichung als unerheblich erscheinen lässt. Anliegen des Verfassers ist es, die während seines Aufenthaltes in Spanien erworbenen Kenntnisse über das spanische Volk weiterzuvermitteln:

> Was ich über seinen politischen, moralischen Zustand, über seine Lebensweise, seine Kultur, Industrie [...] habe erfahren und sammeln können, habe ich gethan, und ich hoffe, daß Sie mir nach Einsicht dieser Notizen die Gerechtigkeit werden wiederfahren lassen, daß ich mit der Erfüllung meiner Pflichten als Soldat, die sorgfältigste Anwendung der Bildung, die frühere erfreulichere Verhältnisse mir verliehen hatten, möglichst zu vereinigen gesucht habe.[28]

Eine Besonderheit dieser Quelle sind die beigefügten schematischen Skizzen von landwirtschaftlichem Gerät, einem spanischen Bewässerungssystem und einer „Erdrosselungsmaschine"[29], die die Beschreibungen im Text plastisch ergänzen, jedoch durch ihre Positionierung im Anhang nicht vordergründig ins Auge fallen.[30] Über seine persönlichen Erlebnisse hinaus bringt der Verfasser zusätzlich zahlreiche allgemeine und spezielle Informationen über Spanien in seinen Bericht ein, wozu er, seinen Möglichkeiten entsprechend, unterschiedliche Quellen zu Rate zog. Dieses Vorgehen, das sich auch in anderen publizierten Zeugnissen zeigt,[31] diente der Einschreibung in den

---

25   Coelln, Friedrich von: Rezension: Fackeln. Ein Journal in zwanglosen Heften, in: Jenaische Allgemeine Literatur-Zeitung 9, H. 3 (1812), S. 464.
26   Vgl.: o.V.: Briefe aus Spanien, in: Fackeln 1, H. 1 (1811), S. 3.
27   Vgl.: ebd., S. 3-4.
28   Ebd., S. 4-5.
29   Ebd., S. 91.
30   Vgl.: ebd., S. 44, 54, 91, 323.
31   Die Verarbeitung weiterer, nachträglich erlangter Informationen ist z. B. auch im Bericht von Schümberg ersichtlich. Vgl.: [Schümberg, Heinrich A.]: Erinnerungen an Spanien,

gängigen Spaniendiskurs. Besonderen Bezug nimmt er dabei auf die Schriften Bourgoings über Spanien, den er als Referenzpunkt nutzt,[32] ohne seinen eigenen Bericht danach auszurichten. Damit einher geht ein sehr präsentes Selbst. Die Erwähnung früher genossener Bildung verweist nicht nur auf einen entsprechenden sozialen Stand, sondern auch auf die Befähigung, den eigenen Horizont über den militärischen Einsatz hinaus zu erweitern. Dadurch wird dem Bericht von Anfang an eine klare Zielstellung gegeben und auf den gebildeten und sich bilden wollenden Leser als Adressatenkreis verwiesen. Diesen Bildungsanspruch unterstreicht die Redaktion ihrerseits durch eigene, in zusätzlichen Fußnoten enthaltene Informationen und Erläuterungen, z. B. Begriffserklärungen und Übersetzungen, aber auch Korrekturen bestimmter Angaben, die die Überprüfung des Augenzeugenberichts seitens der Redaktion belegen sollen.[33] Diese Art der kritischen Edition diente der Glaubwürdigkeit des Journals und unterstrich von der ersten Ausgabe an dessen hohes Niveau. Die Angaben über den Werdegang des Verfassers, die versicherte und glaubhaft belegte Augenzeugenschaft seiner Erlebnisse in Spanien, der Bezug auf ein Tagebuch und die Überprüfung seiner Angaben durch die Redaktion legitimierten die Authentizität des Zeugnisses in den Augen seiner Leser.[34] Über den Verfasser selbst erfährt man bereits im Titel, dass es sich um den Beitrag „von einem deutschen Soldaten"[35] handele. Selbst wenn dieser Zusatz möglicherweise von der Redaktion ausgewählt wurde, finden sich auch im Text immer wieder Hinweise auf eine entsprechende Selbstzuschreibung: „Jetzt bin ich denn wieder auf deutschem Grund und Boden. O heiliges Vaterland, nimm deinen Sohn auf"[36], „unserer Nordländer"[37] oder „bis zu meiner Rückkunft in das heilige deutsche Vaterland"[38]. Über seinen Werdegang gibt der Verfasser an, zunächst in preußischen Diensten gestanden und bis 1807 teilweise[39] in ostpreußischen Gebieten gedient zu haben.[40] 1809 in die Dienste des Fürsten von Lobkowicz (1772-1816)[41] getreten, geriet er während

---

belehrenden und unterhaltenden Inhalts. Mit Beziehungen auf den gegenwärtigen Krieg, hg. von Belmont. Dresden 1823.

32   Vgl. z. B.: o.V.: Briefe aus Spanien, in: Fackeln 1, H. 1 (1811), S. 61-62, 69-70.

33   Vgl. z. B.: ebd., S. 39, 43, 49-50, 66, 90.

34   Vgl.: ebd., S. 3-5.

35   Ebd., S. 3.

36   Ebd., S. 5.

37   Ebd., S. 33.

38   Ebd., S. 108.

39   Vgl.: ebd., S. 3.

40   Vgl.: ebd., S. 5, 82.

41   Franz Joseph Maximilian Fürst von Lobkowicz, Herzog von Raudnitz (heute Roudnice nad Labem in Tschechien) war Generalmajor in der österreichischen Armee und dem

des fünften Koalitionskriegs (1809) in Gefangenschaft.[42] Von dort aus gelangte
er 1810, in seinem Rang herabgestuft, unter Nassau-Usingischen Fahnen[43]
nach Spanien,[44] wo er unfreiwillig an einem in seinen Augen nicht zu recht-
fertigenden französischen Feldzug teilnehmen musste – eine Haltung, die er
in seinem Bericht immer wieder durchscheinen lässt.[45] Über die nordwest-
lichen Pyrenäen nach Spanien gekommen, hielt sich der Verfasser die längste
Zeit seines Einsatzes in der Mancha auf.[46] Nach einer Verletzung sah er sich
„veranlaßt [...] den Abschied zu fordern"[47], den er auch trotz relativ kurzer Einsatzzeit in Spanien erhielt. Obwohl er keine Angaben über eine medizinische
Versorgung macht, Aufenthalte in Hospitälern oder Krankenhäusern weitgehend mied und den Heimweg selbständig antreten konnte, muss es wohl
einen triftigen Grund gegeben haben, der ihm den vorzeitigen Abschied ermöglichte.[48] Seinen Heimweg nutzte der Verfasser, um das Alltagsleben der Spanier
genauer zu beobachten und mit Einheimischen in Kontakt zu treten. Die dabei
gewonnenen Eindrücke schildert er im Bericht ausführlich.[49] Spanische Auf-
ständische werden von ihm meist als „Insurgenten"[50] bezeichnet.[51] Den Begriff

Habsburger Monarchen im fünften Koalitionskrieg gegen Frankreich verpflichtet. Vgl.:
Kinderfreund, Carl J.: Das Fürstenhaus Lobkowitz. Mit einem Anhange: Das Banquett zu
Raudnitz im Jahre 1811. Nach Archivs-Quellen bearbeitet und herausgegeben. Prag 1860,
S. 22-23.

42   Vgl.: o.V.: Briefe aus Spanien, in: Fackeln 1, H. 1 (1811), S. 4.

43   Der Verfasser trat aus der Gefangenschaft heraus in den Dienst von Nassau-Usingen
      (eine Nebenlinie des Hauses Nassau, die 1659 entstand), ohne die näheren Umstände zu
      beschreiben. Nach 1804 bauten Nassau-Usingen und Nassau-Weilburg eine gemeinsame
      Militärverwaltung auf, wobei man sich maßgeblich auf die Nassau-Usingische Militär-
      administration stützte. 1806 trat Nassau-Usingen dem Rheinbund bei und hatte dem-
      entsprechende Bündnisverpflichtungen. Vgl.: Müller-Schellenberg, Guntram: Das
      nassauische Militär in napoleonischer Zeit. Militärgeschichte eines deutschen Klein-
      staates im Spannungsfeld von Politik, Wirtschaft und sozialen Verhältnissen. 2. Aufl.,
      Wiesbaden 2007, S. 14-18, 30-71.

44   Vgl.: o.V.: Briefe aus Spanien, in: Fackeln 1, H. 1 (1811), S. 4. Die Werbung unter gefangenen
      Kriegsteilnehmern war ein damals üblicher Weg der Rekrutierung.

45   Vgl. z. B.: ebd., S. 25.

46   Vgl.: ebd., S. 5. Abgesehen von den namentlich angegebenen Orten betont der Verfasser
      die Dauer seines Aufenthalts in der Mancha. Vgl.: ebd., S. 47.

47   Ebd., S. 29.

48   Die strengen Kontrollen kranker und verletzter Kriegsteilenehmer, die trotz ärztlicher
      Bescheinigungen weiter bzw. wieder eingesetzt wurden, beschreibt z. B. Volgmann. Vgl.:
      Volgmann: Wanderungen durch Spanien und Portugal im Gefolge der Französischen
      Armeen, in: Minerva 95, H. 3 (1815), S. 9.

49   Vgl.: o.V.: Briefe aus Spanien, in: Fackeln 1, H. 1 (1811), S. 31-108.

50   Ebd., S. 7.

51   Vgl. z. B.: ebd., S. 64, 66, 88, 93.

Guerilla benutzt er nicht. Damit übernimmt er trotz oben genannter Grundeinstellung die französische Kategorisierung des spanischen Widerstands: „die französische Propaganda hatte den Widerstand der Spanier von vornherein als ‚Insurrektion‘[52] bezeichnet und damit als eine gesetzwidrige Erhebung gegen die legale Regierung abgestempelt.“[53] Allerdings unterscheidet er zwischen Insurgenten und „Brigands“[54], der französischen Bezeichnung für Räuber und Diebe,[55] auch wenn, wie er in einer Fußnote bemerkt, einige Insurgentenkorps Ähnlichkeit mit den Brigands hätten.[56] Nach sechs Monaten auf der Iberischen Halbinsel gelangt der Verfasser 1810 wieder nach Frankreich, womit sein Bericht über Spanien endet.[57]

3.1.2 Volgmann

Bei der zweiten ausgewählten Quelle handelt es sich um einen Bericht von Volgmann[58], der in zwei Zeitschriften veröffentlicht wurde, zunächst 1815 in der in Leipzig verlegten *Minerva*. Die *Minerva* betitelte sich selbst als *Ein Journal historischen und politischen Inhalts* und war 1792 von einem ehemaligen preußischem Offizier[59] in Paris mit folgender Absicht gegründet

---

52 „Eine Insurrektion war […] nach dem Sprachgebrauch der Zeit ein Volksaufstand gegen die legitime Ordnung des Staates. Sie war keine Gefahr, die von außen den Staat bedrohte, sondern die Entfesselung chaotischer Kräfte durch ungehorsame Untertanen. So war es nur natürlich, daß sich besonders die Spanier gegen den Vorwurf der Insurrektion wehrten. Gerade sie traf diese Abwertung stark […] Sie bemühten sich deshalb von Anfang an, mit allen ihnen möglichen Mitteln zu widerlegen, daß sie Insurgenten seien, und kämpften darum, den Rechtsstatus einer kriegführenden Nation zugesprochen zu erhalten.“ Alexander, Manfred: Kleine Geschichte Polens. (Schriftenreihe bpb, Bd. 537). Lizenzausg., Bonn 2005, S. 166.

53 Wohlfeil: Spanien und die deutsche Erhebung, S. 40.

54 o.V.: Briefe aus Spanien, in: Fackeln 1, H. 1 (1811), S. 9.

55 Vgl. z. B.: ebd., S. 24, 26-29.

56 Vgl.: ebd., S. 9 (Fußnote).

57 Vgl.: ebd., S. 108.

58 In der *Minerva* und in *Geist der Zeit* wird der Verfasser nur als „Volgmann“ bezeichnet. Weitere Angaben über den Verfasser gibt es seitens der Redaktion bei diesem in Folge abgedruckten Bericht nicht. Vgl.: Volgmann: Wanderungen, in: Minerva 95, H. 3 (1815), S. 1; Volgmann: Wanderungen durch Spanien und Portugal im Gefolge der Französischen Armeen, in: Geist der Zeit 3, H. 2 (1816), S. 18.

59 Die *Minerva* wurde von Johann Wilhelm von Archenholtz (1741-1812) gegründet. 1757-1763 in preußischen Diensten, war er danach durch verschiedene Länder Europas gereist. Allgemeine Bekanntheit erlangte er durch seine Veröffentlichung *England und Italien* im Jahr 1785, die damals zu einer der meist gelesenen Reisebeschreibungen wurde. Archenholtz gab mehrere Zeitschriften heraus, zu denen auch die *Minerva* gehörte. Er leitete das Journal bis 1809 und kurzfristig noch einmal 1811. Zu Johann Wilhelm von Archenholtz siehe auch: Bovekamp, Boris: Die Zeitschrift „Minerva“ und ihre Herausgeber Johann

worden:[60] „Dies Werk ist vorzüglich der neuesten Geschichte gewidmet, in so
ferne die Schicksale naher oder ferner Länder, und die Meynungen und Handlungen ihrer Bewohner für aufgeklärte Völker Interesse haben."[61] Die dort veröffentlichten Beiträge sollten unterschiedliche Meinungen wiedergeben und
möglichst unparteiisch sein.[62] Spanien und die Ereignisse auf der Iberischen
Halbinsel stellten über mehrere Jahre hinweg einen Themenschwerpunkt
der Minerva dar, in dem u. a. der Mut der Spanier immer wieder eine Rolle
spielte.[63] Wohlfeil stellt fest, dass

> die Bedeutung nur weniger solcher Sätze im Gesamtkomplex spanischer
> Themen, wie sie sich in der ‚Minerva' finden, für die Deutsche Erhebung nicht
> hoch genug bewertet werden [könne, K.B.]. Die Auflagenhöhe der Zeitschrift
> gewährleistete, daß der national ansprechbare Teil der Leserschaft Gedanken,
> die vorbildhaft wirken konnten, in weitere Kreise hinaustrug.[64]

Im Rahmen einer Reihe von Artikeln über den spanischen Unabhängigkeitskrieg, zu denen historische Überblicksdarstellungen sowie Übersetzungen aus
dem Englischen und Französischen über Spanien gehörten,[65] wurde im Juli
1815 – also nach der Schlacht bei Waterloo und Napoleons Verbannung – der
erste Teil der *Wanderungen durch Spanien und Portugal im Gefolge der Französischen Armee* veröffentlicht, in dem Volgmann Auskunft über seinen Einsatz

---

Wilhelm Archenholtz (1743-1812) und Friedrich Alexander Bran (1767-1831). Ein Beitrag
zur Kompatibilität von Militär, Aufklärung und Liberalismus. (Geist & Wissen, Bd. 3).
Kiel 2009; Ruof, Friedrich: Johann Wilhelm von Archenholtz. Ein deutscher Schriftsteller
zur Zeit der Französischen Revolution und Napoleons (1741-1812). (Historische Studien,
Bd. 131). Berlin 1915.

60   Vgl.: Dovifat, Emil: Archenhol(t)z, Johann Wilhelm, in: Wissenschaften (Hg.): NDB. Bd. 1
      (1953), Online-Version, S. 336, http://www.deutsche-biographie.de/pnd118503839.html
      (acc. 3.6.2012). In der Onlineausgabe findet sich eine andere Schreibweise des Nach-
      namens als in der ebenfalls online stehenden Version der Publikation, die auch über
      diesen Link unter NDB zu erreichen ist.

61   Archenholtz, Johann Wilhelm von: Vorwort, in: Minerva 1, H. 1 (1792), S. 1. Zur Geschichte
      der Minerva als politisches Journal siehe folgende Studie: Fratzke-Weiß: Konzeptionen im
      Rheinbund.

62   Vgl.: Archenholtz: Vorwort, in: Minerva 1, H. 1 (1792), S. 2.

63   Vgl.: Wohlfeil: Spanien und die deutsche Erhebung, S. 149.

64   Vgl.: ebd., S. 150.

65   Vgl. z. B.: Archenholtz, Johann Wilhelm von: Ideen der Engländer von dem Kriege
      in Spanien, in: Minerva 70, H. 2 (1809), S. 109-158; Clinton, H.: Beiträge zur Geschichte
      der gegenwärtigen Feldzüge in Spanien, in: Minerva 73, H. 1 (1810), S. 104-134;
      Laborde, A.L.J. Comte de: Ursachen der Entvölkerung Spaniens, in: Minerva 78, H. 2 (1811),
      S. 182-200; Férussac, A. d'Audebard, Baron de: Ansicht der Provinz Andalusien in Spanien,
      in: Minerva 87, H. 3 (1813), S. 1-46. Überblicksartig skizziert Wohlfeil diesen Sachverhalt.
      Vgl.: Wohlfeil: Spanien und die deutsche Erhebung, S. 148-150.

in Spanien und Portugal gibt.[66] Der Bericht fand im August und Oktober desselben Jahres seine Fortsetzung.[67] Um die sowohl in der napoleonischen Ära als auch in der sich anschließenden Zeit der Restauration betriebene Zensur zu umgehen, war die Verwendung möglichst neutraler Überschriften ein gängiger Weg der *Minerva*.[68] Der Begriff „Wanderungen"[69] in Volgmanns Titel deutet darauf hin. Er könnte aber auch in den langen Fußmärschen begründet sein, die der Verfasser auf der Iberischen Halbinsel zurücklegen musste. Ein Selbstverständnis als Wanderer lässt sich aus seinem Bericht – im Gegensatz zu anderen – nicht vordergründig herauslesen. Dass seitens der Redaktion keine Angaben über Volgmann gemacht wurden, schien zunächst verwunderlich. Eine Erklärung fand sich in der Tatsache, dass der Bericht über Spanien und Portugal nicht seine erste Veröffentlichung in der *Minerva* war. Im Vorwort eines im März 1815 erschienenen Beitrags über seine Teilnahme am Russlandfeldzug[70] finden sich einige wenige Informationen über den „Verfasser des nachstehenden Aufsatzes, ein Deutscher, welcher Sekretär des General-Stabs eines Französischen Korps während der Feldzüge in Portugal, Spanien und Russland war"[71] – Informationen, bei denen sich die Redaktion auf eine Zuschrift besagten Verfassers beruft.[72] Obwohl die Selbstzuschreibung als Deutscher im Bericht kaum eine Rolle spielt und die Funktion eines Sekretärs des Generalstabs im Zeugnis nicht explizit erwähnt wird, erklärt diese Ausgangsposition die eingenommene Perspektive und die Art der Beschreibung von Handlungsabläufen und Begebenheiten. Da über Volgmann vergleichsweise wenig in Erfahrung gebracht werden konnte, könnte dieser Name auch ein Pseudonym im Sinne von *Volksmann* oder *Gefolgsmann* sein, hinter der die eigentliche

---

66   Vgl.: Volgmann: Wanderungen, in: Minerva 95, H. 3 (1815), S. 1-42.

67   Vgl.: Volgmann: Wanderungen durch Spanien und Portugal im Gefolge der Französischen Armeen (Fortsetzung), in: Minerva 95, H. 3 (1815), S. 222-255; Volgmann: Wanderungen durch Spanien und Portugal im Gefolge der Französischen Armeen (Beschluß), in: Minerva 96, H. 4 (1815), S. 21-48.

68   Vgl.: Wohlfeil: Spanien und die deutsche Erhebung, S. 150.

69   Volgmann: Wanderungen, in: Minerva 95, H. 3 (1815), S. 1.

70   Vgl.: Volgmann: Merkwürdiger Rückzug des Marschalls Ney nach dem Gefecht von Krasnoi am 18. November 1812, in: Minerva 93, H. 1 (1815), S. 404-434. Volgmanns Ausführungen wurden unterschiedlich gewertet, kritisch rezipiert und in anderen Veröffentlichungen erwähnt. Vgl. z. B.: Kausler, Franz G. F. v./Woerl, Joseph E.: Die Kriege von 1792 bis 1815 in Europa und Aegypten in gedrängter Darstellung mit besonderer Rücksicht auf die Schlachten Napoleons und seiner Zeit nach den zuverläßigsten Quellen bearbeitet. Karlsruhe u. a. 1840, S. 384 (Fußnote); Liebenstein, Ludwig A. F. v.: Der Krieg Napoleons gegen Russland in den Jahren 1812 und 1813. Bd. 2. Frankfurt am Main 1819, S. 258 (Fußnote).

71   o.V.: Merkwürdiger Rückzug des Marschalls Ney nach dem Gefecht von Krasnoi am 18. November 1812. Vorwort, in: Minerva 93, H. 1 (1815), S. 404.

72   Vgl.: ebd.

Person in einer gewollten Anonymität blieb. Allerdings ist Volgmann nicht, wie andere, im Pseudonym-Lexikon vermerkt.[73] Ebenso wie der Bericht über den Russlandfeldzug (mit demselben Vorwort!)[74] wurden auch Volgmanns Spanien- und Portugalschilderungen – in diesem Fall 1816 – in der in Wien erschienenen Zeitschrift *Geist der Zeit. Ein Journal für Geschichte, Politik, Geographie, Staaten- und Kriegskunde*[75] veröffentlicht – beides ohne ersichtliche Bezugnahme auf die bereits erfolgte Publikation in der *Minerva*. Ob der Verfasser seine Beiträge jeweils an beide Zeitschriften sandte oder eine Verbindung zwischen beiden Journalen bestand, konnte nicht ausfindig gemacht werden. Letzteres ist jedoch nicht auszuschließen. Die Übernahme eines Berichts aus einem anderen Journal war zumindest nicht unüblich, solange man sich dadurch einen Zugewinn an Leserschaft versprach.[76] In jedem Fall erhöhte sich dadurch der Verbreitungsgrad von Volgmanns Schilderungen, was sie für diese Arbeit interessant macht. Im Folgenden wird sich auf die Veröffentlichung in der *Minerva* aus dem Jahr 1815 gestützt.

Volgmann beginnt seinen Bericht mit einem kurzen historischen Abriss, in dem er erläutert, dass nach dem Ende des fünften Koalitionskriegs und dem Frieden von Schönbrunn (1809) u. a. aus Spanien abgezogene Kräfte zur Niederschlagung von Aufständen in süddeutschen Gebieten und Österreich 1810 wieder zurück auf die Iberische Halbinsel gesandt wurden.[77] Er selbst musste sich 1810 durch nicht näher geschilderte Umstände zum Dienst in einer

---

73   Vgl. z. B.: Eymer, Wilfrid: Eymers Pseudonymen Lexikon. Realnamen und Pseudonyme in der deutschen Literatur, Teil 1-2. Bonn 1997.

74   Vgl.: Volgmann: Beyträge zur Geschichte des merkwürdigen Feldzuges der Franzosen in Rußland im Jahr 1812. Merkwürdiger Rückzug des Marschalls Ney nach dem Gefechte von Krasnoi am 18. November 1812. Beschrieben von Herrn Walgmann, in: Geist der Zeit 1, H. 3 (1815), S. 380. In der Veröffentlichung wird *Walgmann* als Verfasser angegeben, wobei es sich um einen Druckfehler handelt, der von der Redaktion in der Ausgabe vom Mai 1815 berichtigt wurde, allerdings unter falscher Seitenangabe. Vgl.: o.V.: Berichtigung, in: Geist der Zeit 2, H. 2 (1815), S. 320. Volgmann veröffentlichte auch weitere Berichte zum Russlandfeldzug. Vgl. z. B.: Volgmann: Beyträge zur Geschichte des merkwürdigen Feldzuges der Franzosen in Rußland im Jahr 1812. Uebergang der Franzosen über die Berezina, in: Geist der Zeit 2, H. 2 (1815), S. 288-309.

75   Vgl.: Volgmann: Wanderungen, in: Geist der Zeit 3, H. 2 (1816), S. 18-55; Volgmann: Wanderungen, in: Geist der Zeit 3, H. 3 (1816), S. 194-223; ebd., S. 187-211.

76   „Die eigentliche Blütezeit des Nachdruckens war allerdings das 18. Jahrhundert, aber auch das 19. leistete darin noch Erklecklichbes." Schulze, Friedrich: Der Deutsche Buchhandel und die geistigen Strömungen der letzten hundert Jahre. in: Lehmstedt (Hg.): Geschichte des deutschen Buchwesens (Digitale Bibliothek, Bd. 26). Digit. Fass. d. Orig.-Ausg. 1925, Berlin 2004, S. 5154.

77   Vgl.: Volgmann: Wanderungen, in: Minerva 95, H. 3 (1815), S. 1-2.

Division in Nantes melden, die nach Spanien beordert wurde.[78] Von Bayonne aus überquerte er die Pyrenäen.[79] In Spanien gelangte er über Irun, Burgos, Valladolid, Salamanca und Ciudad Rodrigo bis an die Grenze zu Portugal, worüber er im ersten Teil seiner Veröffentlichung berichtet.[80]

Bezüglich der Umstände in Spanien, aber auch der eigenen Truppen, nimmt Volgmann in seinem Zeugnis oft die Perspektive eines Beobachters ein. Dies entspricht der Sicht, die sich aus besagter Position eines Sekretärs im Generalstab ergeben haben dürfte. In der Beschreibung des von ihm zurückgelegten Weges werden die verheerenden Auswirkungen des Krieges auf Entsandte und Einheimische deutlich. Auch Volgmann bezeichnet die spanischen Aufständischen als „Insurgenten"[81] oder „Insurgentenhaufen"[82] und ihren Aufstand sogar als „Insurgentenkrieg"[83]. Im Gegensatz zum Verfasser der *Briefe aus Spanien* verwendet er aber auch den Begriff „Guerilla"[84], allerdings in abwertender Diktion, die sich in der Bezeichnung „Guerilla-Haufen"[85] noch steigert. Da er den Begriff nicht näher definiert, ging er offenbar davon aus, dass Guerilla ein der Leserschaft bereits geläufiger Begriff war. Die wechselnde Verwendung von Insurgenten und Guerilla scheint bei Volgmann weniger aus inhaltlichen als aus stilistischen Gründen zu erfolgen.[86]

Der (im August 1815 publizierte) zweite Teil des Berichts beschreibt Volgmanns Einsatzzeit in Portugal. Dort gelangt er über Celorico de Beira und Penela bis nach Leiria.[87] Im dritten Teil schildert er den Rückzug aus Portugal über Pombal und Celorico de Beira nach Ledesma in Spanien.[88] Durch seinen Einsatz in Portugal änderte sich der Blickwinkel des Verfassers auf Spanien, was die Quelle besonders interessant macht.

3.1.3 *Georg Holzenthal*

Georg Holzenthals Bericht über seine Kriegserlebnisse wurde 1816 im *Journal für die neuesten Land- und Seereisen und das Interessanteste aus der Völker und Länderkunde zur angenehmen Unterhaltung für gebildete Leser in allen*

---

78 Vgl.: ebd., S. 3.
79 Vgl.: ebd., S. 3-10.
80 Vgl.: ebd., S. 10-42.
81 Ebd., S. 14.
82 Ebd., S. 17.
83 Ebd., S. 32.
84 Ebd., S. 14.
85 Ebd., S. 31.
86 Vgl. z. B.: ebd., S. 14, 21, 31.
87 Vgl.: Volgmann: Wanderungen, in: Minerva 95, H. 3 (1815), S. 222-255.
88 Vgl.: Volgmann: Wanderungen, in: Minerva 96, H. 4 (1815), S. 21-48.

Ständen in Fortsetzung veröffentlicht.[89] Dieses Journal war 1808 im Rahmen der Begeisterung für Reiseberichte entstanden und erschien bis 1838 (zum Teil auch unter dem Namen *Neues Journal für die neuesten Land- und Seereisen und das Interessanteste aus der Völker- und Länderkunde. Zur angenehmen Unterhaltung für gebildete Leser aus allen Ständen*).[90] Wie schon im Titel ersichtlich, sollten dem gebildeten Leser Informationen über fremde und interessante Völker vermittelt werden, wobei Bildung nicht an einen Stand gebunden war. Hier erschienen sowohl bis dahin unveröffentlichte Beiträge, aber auch Nachdrucke von Aufsätzen aus anderen Zeitschriften.[91] In Berlin verlegt und weithin in Umlauf gebracht, konnte diese Zeitschrift z. B. auch in der Schweiz erworben werden.[92] Parallel dazu erschien das *Magazin der neuesten Reisebeschreibungen in unterhaltenden Auszügen* (1808-1830), in dem hauptsächlich verkürzte Artikel aus genanntem Journal abgedruckt wurden. In einer Rezension der Neuen Leipziger Literaturzeitung aus dem Jahr 1808 zum Magazin heißt es: „Die Auszüge sind mit beständiger Rücksicht auf das grosse Publicum, und also mit Weglassung alles dessen, was den eigentlichen Gelehrten angeht, gemacht, um diesem grossen Publicum [...] mit geringen Kosten eine Bibliothek der neuen Reisebeschreibungen zu verschaffen."[93] Holzenthals Bericht mit dem Titel *Briefe über Deutschland, Frankreich, Spanien, die balearischen Inseln, das südliche Schottland und Holland, geschrieben in den Jahren 1809, 10, 11, 12, 13 und 14 von Georg Holzenthal, Premier-Lieutenant in Hochfürstlich Schaumburg-Lippischen Diensten* erschien nur in jenem Journal, dessen ausdrückliche Zielgruppe die gebildeten Leser waren.

---

89 Vgl.: Holzenthal, Georg: Briefe über Deutschland, Frankreich, Spanien, die balearischen Inseln, das südliche Schottland und Holland, geschrieben in den Jahren 1809, 10, 11, 12, 13 und 14, von Georg Holzenthal, Premier-Lieutenant in Hochfürstlich Schaumburg-Lippischen Diensten, in: Journal für die neuesten Land- und Seereisen 23, H. 7 (1816), S. 223-272; Holzenthal: Briefe, in: Journal für die neuesten Land- und Seereisen 23, H. 8 (1816), S. 275-322; ebd., S. 49-96; Holzenthal: Briefe, in: Journal für die neuesten Land- und Seereisen 24, H. 10 (1816), S. 97-144; Holzenthal: Briefe, in: Journal für die neuesten Land- und Seereisen 24, H. 11 (1816), S. 229-276; Holzenthal: Briefe, in: Journal für die neuesten Land- und Seereisen 24, H. 12 (1816), S. 281-301.

90 Vgl.: o.V.: Wissenschaftliche Werke. Erdbeschreibungen, in: Allgemeine Literatur-Zeitung, 22.9.1808, Sp. 185. Über den Verfasser C. Salfeld konnten keine genaueren Informationen ermittelt werden.

91 Vgl.: ebd.

92 Vgl.: o.V.: Ankündigung. Journal für die neuesten Land- und Seereisen und das Interessanteste aus der Völker- und Länderkunde zur angenehmen Unterhaltung für gebildete Leser in allen Ständen, in: Der Nachläufer zum Schweizerboten No. 3, 15.1.1808, o. S.

93 o.V.: Sammlungen von Reisebeschreibb. Geographie, in: Neue Leipziger Literaturzeitung, 18.8.1808, S. 1584.

Dies zeigt bereits Wert und Stellung, die man Holzenthals Schilderungen beimaß: ein Kriegsteilnehmer als Wissensvermittler, der gebildeten Schichten aufgrund seiner Augenzeugenschaft weitere Kenntnisse zukommen lassen konnte. Schon ein Jahr später (1817) wurde der Bericht vom gleichen Verlag als selbstständige Publikation auf den Markt gebracht,[94] von der man sich offensichtlich weitere Absatzmöglichkeiten versprach. In der Bremer Zeitung wurde sie wie folgt beworben:

> Der Verfasser, dem Publikum bereits durch das Journal der Reisen rühmlich bekannt, liefert hier in lebhaften Styl, so manche neue und treffende Bemerkungen und Nachrichten über jene Länder, ihre Einwohner und die damaligen Kriegsvorfälle, und erzählt so anstehend seine und seiner Gefährten leidenvolle Gefangenschaft in englischen und spanischen Händen, daß gewiß jeder nicht ohne Befriedigung das Werk lesen wird.[95]

Hier wurde insbesondere auf die emotionale Konnotierung des Berichts verwiesen. Dass auch an der Wahrhaftigkeit seiner Aussagen kein Zweifel bestand, belegt u. a. ein enzyklopädischer Eintrag über die Trinklust der Schotten, der sich explizit auf eine Passage in Holzenthals Bericht über seine Gefangenschaft in Schottland bezieht.[96] Sein Eintrag im Verzeichnis lebender Schriftsteller aus dem Jahr 1826, in dem als Grundlage für Holzenthals Publikation ein Tagebuch des Verfassers angegeben wird, weist den Kriegsteilnehmer auch als anerkannten Autor aus.[97] Zuletzt wurde Holzenthals Zeugnis im Rahmen

---

94   Im Unterschied zum Abdruck im *Journal für die neuesten Land und Seereisen* besaß die eigenständige Publikation zwei Kupferabbildungen (Kirche von Tarragona, Ansicht von Edinburgh), eine Widmung an den damaligen Fürsten Georg Wilhelm von Schaumburg-Lippe (1784-1860), ein Vorwort, in welchem die Publikation legitimiert und einen Anhang, wo auf weitere Veröffentlichungen des Verlegers verwiesen wird. Auch im Text bestehen zwischen dem Abdruck im *Journal* und der Publikation teilweise Abweichungen. Die einzelnen Folgen weisen jeweils zu Beginn und Ende verschiedene Auslassungen auf, die jedoch dem Gesamtinhalt in der Regel nicht abträglich sind. Ähnlich verhält es sich mit Unterüberschriften verschiedener Briefe, wenn diese geteilt und in unterschiedlichen Ausgaben des *Journals* abgedruckt wurden. Vgl.: Holzenthal, Georg: Briefe über Deutschland, Frankreich, Spanien, die balearischen Inseln, das südliche Schottland und Holland. Geschrieben in den Jahren 1809 bis 1814. Berlin 1817. Zu Georg Wilhelm von Schaumburg-Lippe siehe auch: Kampelmann, Felix: Das Haus Schaumburg-Lippe. 900 Jahre Gesamtgeschichte mit Stammfolge. (Deutsche Fürstenhäuser, Bd. 33). Werl 2011, S. 20-29.

95   o.V.: Anzeigen (Literatur), in: Bremer Zeitung, 3.1.1817, o. S.

96   Vgl.: o.V.: Trinken und Trinksucht, in: Krünitz (Hg.): Ökonomisch-technologische Encyklopädie oder allgemeines System der Staats-, Stadt-, Haus- und Landwirtschaft, und der Kunstgeschichte, in alphabetischer Ordnung. Bd. 188. Berlin 1846, S. 230.

97   Vgl.: Rücker, August: Rücker, in: Hitzig]/Büchner] (Hg.): Verzeichniss im Jahre 1825 in Berlin lebender Schriftsteller und ihrer Werke. Aus den von ihnen selbst entworfenen

der *Historical Collection from the British Library* im Jahr 2010 wieder aufgelegt.[98] Für die vorliegende Arbeit wird der 1816 im *Journal für die neuesten
Land- und Seereisen und das Interessanteste aus der Völker- und Länderkunde
zur angenehmen Unterhaltung für gebildete Leser in allen Ständen* in Fortsetzung abgedruckte Bericht herangezogen.

Das Zeugnis Holzenthals ist, ähnlich dem des Verfassers der *Briefe aus
Spanien*, in – diesem Falle 42 – Briefe gegliedert. Die vergleichsweise wenigen
Anmerkungen der Redaktion beinhalten in der Regel weitergehende,
Holzenthals Bericht ergänzende Informationen.[99] Auf der ersten Seite vermerkt die Redaktion, dass es sich bei den abgedruckten Briefen um Abschriften
von Originalen handele, die der Verfasser selbst angefertigt habe,[100] womit der
Herausgeber für die Authentizität des Berichts wirbt. Diesen Umstand vorausgesetzt, ist dennoch nicht auszuschließen, dass im Prozess des Abschreibens
vom Verfasser Änderungen, Auslassungen oder Zusätze vorgenommen wurden,
die eine nachträgliche Sicht bzw. spätere Einsichten implizieren. Die Originale
liegen jedoch leider zur Gegenprüfung nicht vor. Für die damalige Leserschaft
stellte die Publikation dieser an einen Freund verfassten Briefe offensichtlich
ein wahrheitsgetreues Abbild des Erlebten dar, wobei auch hier das Medium
Brief eine besondere Nähe zwischen Verfasser und Leser entstehen lassen
konnte. Allerdings bleiben dem Leser dadurch bestimmte Informationen
über die Person des Verfassers vorenthalten, da der als Freund ausgewiesene
Adressat bereits darüber verfügte. Auf diese Weise war es dem Verfasser möglich, nähere Angaben zu sich selbst auf unauffällige Art zu umgehen, ohne
dass der Bericht an Legitimität verlor. Eine Besonderheit des Zeugnisses ist der
in der dritten Fortsetzung des Berichts von der Redaktion beigefügte Kupferstich vom Kreuzgang einer von Holzenthal erwähnten Kirche in Tarragona, zu
dem sie auch eigene Anmerkungen macht.[101] Damit widmet die Redaktion

---

oder revidirten Artikeln zusammengestellt und zu einem milden Zwecke herausgegeben.
Berlin 1826, S. 225.

98   Vgl.: Holzenthal, Georg: Briefe über Deutschland, Frankreich, Spanien, die balearischen
Inseln, das südliche Schottland und Holland. Geschrieben in den Jahren 1809 bis 1814 ...
Mit ... Kupfern. (Historical Collection from the British Library). Reprint, London 2010.

99 Vgl. z. B.: Holzenthal: Briefe, in: Journal für die neuesten Land- und Seereisen 24, H. 9 (1816),
S. 88 (Fußnote).

100   Vgl.: ebd., S. 223 (Fußnote).

101   Vgl.: ebd., S. 87-88, (Kupferstich Tarragona). Kupferstiche und Holzschnitte in Zeitschriften waren im 19. Jahrhundert üblich und nahmen im Verlauf der Zeit zu. Vgl.: Bohrmann, H.: Zeitschrift, in: Corsten u. a. (Hg.): Lexikon des gesamten Buchwesens. Bd. 8. 2.
völlig neu bearb. Aufl., Stuttgart 2008, S. 365.

der ungewöhnlichen, „merkwürdigen"[102] spanischen Architektur besondere Aufmerksamkeit.[103] Für das Magazin stand in Holzenthals Fall offensichtlich der kulturelle und nicht der kriegerische Aspekt seines Berichts im Vordergrund, weshalb er in das Programm der Zeitschrift eingegliedert und einem entsprechenden Lesepublikum zugänglich gemacht wurde.

Holzenthal, ein Kanzlei-Sekretär aus Bückeburg,[104] beginnt seinen Bericht 1809 mit seinem offensichtlich unfreiwilligen Einzug ins Schaumburg-Lippische[105] Militär, der ihn vorerst von einer beabsichtigten Karriere im Rechtswesen abbrachte.[106] Schaumburg-Lippe hatte mit seinem Beitritt zum Rheinbund Bündnisverpflichtungen gegenüber Frankreich nachzukommen, was u. a. die Entsendung von Truppen einschloss.[107] Davon betroffen war auch Holzenthal, der zunächst bei der Niederschlagung des Hofer-Aufstands[108] in Tirol eingesetzt wurde.[109] Zurück in Seckenheim (nahe Heidelberg), erhielt sein Regiment im Januar 1810 den Marschbefehl nach Spanien.[110] Dazu heißt es im Bericht: „Morgen setzen wir über diesen Fluß, um fern vom Vaterlande, in einem unglücklichen Lande zu streiten, uns fremd durch Sprache,

---

102 Holzenthal: Briefe, in: Journal für die neuesten Land- und Seereisen 24, H. 9 (1816), S. 88 (Fußnote).

103 Durch die Platzierung dieses Kupferstichs vor der Titelseite der bereits erwähnten selbständigen Veröffentlichung wird der gesamte Bericht Holzenthals von der Ansicht des prachtvollen religiösen Gebäudes bildlich dominiert. Vgl.: Holzenthal: Briefe.

104 Vgl.: Wiegmann, W. (Hg.): Franzosenzeit und Befreiungskriege. Zur Geschichte des Fürstentums Schaumburg-Lippe 1807-1815. Stadthagen 1915, S. 300.

105 Schaumburg-Lippe mit der Residenzstadt Bückeburg war 1647 aus der Aufteilung der Grafschaft Schaumburg entstanden. Für einen territorial kleinen Staat verfügte die Grafschaft jedoch Mitte des 18. Jahrhunderts über eine relativ große Armee. Durch den Beitritt zum Rheinbund am 18. April 1807 wurde die Grafschaft von Napoleon zum Fürstentum erhoben und hatte Frankreich gegenüber Bündnisverpflichtungen nachzukommen. Vgl.: Hoffmann, Peter: Niedersächsische Geschichte, in: Künzel/Rellecke (Hg.): Geschichte der deutschen Länder. Entwicklungen und Traditionen vom Mittelalter bis zur Gegenwart (Schriftenreihe bpb, Bd. 723). Überarb. Neuaufl., Lizenzausg., Bonn 2008, S. 250.

106 Vgl.: Holzenthal: Briefe, in: Journal für die neuesten Land- und Seereisen 23, H. 7 (1816), S. 223.

107 Vgl.: Wiegmann (Hg.): Franzosenzeit, S. 15.

108 Zum Hofer-Aufstand siehe auch: Brandau, Birgit u. a.: Von der Gründung der USA bis zum Wiener Kongress (1776-1815), in: Lexikonredaktion des Verlages F.A. Brockhaus in Zusammenarbeit mit Gernot Dallinger/Golz (Hg.): Weltgeschichte der Neuzeit. Vom 18. Jahrhundert bis zur Gegenwart (Schriftenreihe bpb, Bd. 486). Lizenzausg., Bonn 2005, S. 52.

109 Vgl.: Holzenthal: Briefe, in: Journal für die neuesten Land- und Seereisen 23, H. 7 (1816), S. 262-272; Holzenthal: Briefe, in: Journal für die neuesten Land- und Seereisen 23, H. 8 (1816), S. 275-285.

110 Vgl.: Holzenthal: Briefe, in: Journal für die neuesten Land- und Seereisen 23, H. 8 (1816), S. 304-305.

Sitten und Clima.“[111] Dieses unbehagliche Gefühl begleitete Holzenthal auf
seinem weiteren Weg. Über Straßburg, Speyer, Chalons, Lyon, Montpellier
und Perpignan gelangte er nach Le Boulou, von wo aus er im März 1810 die
Pyrenäen überquerte.[112] In Spanien wurde er gleich zu Beginn seines Weges auf
der Iberischen Halbinsel mit der Zerstörungswut des Krieges und den damit
einhergehenden Mangelerscheinungen konfrontiert.[113] Seine diesbezüglichen
Beobachtungen in Katalonien hielt er auf mehreren Seiten seines Berichts
ausführlich fest.[114] Besondere Aufmerksamkeit widmete er darüber hinaus der
Religionsausübung der Katalanen und ihren Frauen.[115] Von Figueres führte ihn
sein Einsatz über Barcelona, Girona und La Bisbal d'Empordà bis nach Bagur,
wo Holzenthal im Herbst 1810 von einer nicht näher bezeichneten, mit Fieber
und starken Schmerzen einhergehenden „Unpässlichkeit befallen“[116] wurde.[117]
Auf seinem daraufhin angeordneten Rücktransport geriet er in die Kampfhandlungen um La Bisbal d'Empordà und dort in spanische Gefangenschaft.[118]
Von Palamós aus wurde er auf dem Seeweg nach Tarragona gebracht, das er in
seinem Bericht als „Hauptort der Insurrection Catalaniens“[119] bezeichnete.[120]
Auch Holzenthal übernimmt damit die französische Diktion bezüglich der
spanischen Aufständischen.[121] Von Tarragona wurde er zunächst nach Mallorca
und später nach Menorca transportiert.[122] Da er während seines Aufenthaltes
auf den Inseln gelegentlich die Erlaubnis erhielt, nahe gelegene Städte wie z. B.
Palma zu besuchen,[123] kam er selbst während seiner Gefangenschaft mit der
ansässigen Bevölkerung und ihrem Alltagsleben in Berührung. Einschneidend
wirkte sich für ihn der in der Gefangenschaft gekürzte Sold aus, von dem auch
Lebensmittel erworben werden mussten.[124] Einer geplanten Flucht wurde im
Herbst 1811 durch Holzenthals unvorhergesehene Verbringung nach Schottland

---

111   Ebd., S. 305.
112   Vgl.: ebd., S. 305-322.
113   Vgl.: ebd., S. 49-59.
114   Vgl.: ebd., S. 54-96; Holzenthal: Briefe, in: Journal für die neuesten Land- und Seereisen 24,
       H. 10 (1816), S. 97-108.
115   Vgl. z. B.: Holzenthal: Briefe, in: Journal für die neuesten Land- und Seereisen 24, H. 10
       (1816), S. 97-103.
116   Holzenthal: Briefe, in: Journal für die neuesten Land- und Seereisen 24, H. 9 (1816), S. 79.
117   Vgl.: ebd., S. 54-79.
118   Vgl.: ebd., S. 79-82.
119   Ebd., S. 88.
120   Vgl.: ebd., S. 82-86.
121   Vgl. z. B.: Holzenthal: Briefe, in: Journal für die neuesten Land- und Seereisen 24, H. 10
       (1816), S. 106.
122   Vgl.: ebd., S. 108-129.
123   Vgl. z. B.: ebd., S. 113-118.
124   Vgl. z. B.: ebd., S. 111-112.

zuvorgekommen,[125] wo er den Rest seiner Gefangenschaft in Harwick verbrachte.[126] Nach der Schlacht von Leipzig (1813) und den sich verändernden
Bündnissen im deutschsprachigen Raum war Holzenthal gemeinsam mit
anderen Offizieren – nun in ausdrücklicher Abgrenzung zu den mit ihm
gefangenen Franzosen – bemüht, möglichst schnell in die Heimat zurückzukehren: „da [...] jetzt aller Zweifel in Hinsicht der Gesinnungen unserer Fürsten
beseitigt war, stellten dabei unsre höchst unangenehme Lage als Deutsche,
mitten unter National-Franzosen [...] vor"[127]. Der Bericht endet 1814 mit der
Heimkehr nach Bückeburg.[128] Der durch die Gefangenschaft auf Mallorca,
Menorca und in Schottland bedingte spezifische Blickwinkel des Verfassers auf
Spanien und damit verbundene Brüche führen zu interessanten Perspektiven
in dieser Quelle. Dafür spricht auch ihre Veröffentlichung als Zeitschriftenauf-
satz in Fortsetzung und als eigenständige Publikation, wodurch sich ihr Verbreitungsgrad erhöhte. Beides macht die Quelle für die vorliegende Arbeit in
mehrfacher Hinsicht ergiebig.

3.2   Eigenständige Publikationen

Dominierten im deutschsprachigen Raum bis 1816 unselbstständig publizierte
Berichte von Teilnehmern am spanischen Unabhängigkeitskrieg, so änderte
sich das in den folgenden Jahren. Die Befreiungskriege hatten das Interesse
an militärischer, politischer und historischer Literatur befördert, dem der
Buchhandel dankbar nachkam.[129] Nachdem 1805 die bis dahin höchste Buch-
produktion erreicht worden war,[130] hatten die Verlagshäuser seit der Gründung
des Rheinbundes 1806 mit stetig sinkenden Auflagen und dementsprechend

---

125   Vgl.: ebd., S. 128-144; Holzenthal: Briefe, in: Journal für die neuesten Land- und See-
       reisen 24, H. 11 (1816), S. 229-236.
126   Vgl.: Holzenthal: Briefe, in: Journal für die neuesten Land- und Seereisen 24, H. 11 (1816),
       S. 236-266.
127   Holzenthal: Briefe, in: Journal für die neuesten Land- und Seereisen 24, H. 12 (1816), S. 268.
128   Vgl.: Holzenthal: Briefe, in: Journal für die neuesten Land- und Seereisen 24, H. 11 (1816),
       S. 269-276; Holzenthal: Briefe, in: Journal für die neuesten Land- und Seereisen 24, H. 12
       (1816), S. 281-301.
129   Vgl.: Schulze: Deutsche Buchhandel S. 5183-5184.
130   Vgl.: Kapp, Friedrich/Goldfriedrich, Johann: Geschichte des Deutschen Buchhandels.
       Im Auftrag des Börsenvereins der Deutschen Buchhändler herausgegeben von der
       Historischen Kommission desselben. Bd. 4, in: Lehmstedt (Hg.): Geschichte des deutschen
       Buchwesens (Digitale Bibliothek, Bd. 26). Digit. Fass. d. Orig.-Ausg. 4 Bde. 1886-1913, Berlin
       2004, S. 4303.

rückläufigen Einnahmen zu kämpfen.[131] Die in einigen deutschsprachigen
Staaten und Fürstentümern nach 1816 (wenn auch in unterschiedlichem Maß)
kurzzeitig gelockerten Zensurbestimmungen erlaubten den Verlegern mehr
Spielraum,[132] was sich insbesondere auf die Presselandschaft, aber auch auf
den Buchmarkt auswirkte: Die Produktion stieg und zwischen 1816 und 1830
wurden viele Buchhandlungen neu gegründet.[133] Ihr Netz wurde dichter und
konzentrierte sich nicht mehr nur auf Universitätsstädte oder Zentren des
Buchhandels wie Leipzig.[134]

Das seit dem frühen 19. Jahrhundert steigende historische Interesse der
Leser ist dabei in engem Zusammenhang mit der damaligen politischen
Situation sowie den jahrelangen Einschränkungen durch die Zensur zu sehen
und hielt auch nach den neuerlichen Beeinträchtigungen durch die Karlsbader
Beschlüsse (1819) weiter an.[135] Nun jedoch gerieten, im Gegensatz zur Zeit des
Rheinbundes, außer der Tagespresse auch Zeitschriften verstärkt in das Visier
der Zensoren.[136] Während die Erinnerung an den Kampf gegen die französische
Besetzung durchaus erwünscht war, lagen Publikationen über das Aufbegehren
gegen eine missliebige Obrigkeit, noch dazu, wenn es mit liberalem Gedankengut gepaart war, nicht im Interesse der damaligen Herrscher. Insbesondere in
den Berichten von Kriegsteilnehmern lag Historisches und Aktuelles dicht
beieinander und nicht zuletzt deshalb erfreuten sie sich großen Zuspruchs.
Die Folge war eine Zunahme eigenständiger Publikationen. Das traf auch
auf die Berichte der Teilnehmer am spanischen Unabhängigkeitskrieg zu, die
eine gewisse Scharnierfunktion einnahmen. Sie befassten sich mit einem im
Rückschritt geglaubten Land, in dem sich nach Vorstellung der Romantiker
noch ein Urzustand finden ließe und das im Kampf gegen Napoleon eine

---

131   Vgl.: ebd., S. 3953-3961, 4303; Wittmann: Geschichte des deutschen Buchhandels, S. 8124.

132   Vgl.: Schulze: Deutsche Buchhandel S. 5147-5148; Kapp/Goldfriedrich: Geschichte des
       Deutschen Buchhandels, S. 4317. Preußen, Sachsen, Baden und Österreich setzten die
       Zensur hingegen mit unvermittelter Härte fort. Vgl.: Kirchner, Joachim: Das Deutsche
       Zeitschriftenwesen. Seine Geschichte und seine Probleme. Bd. 2: Vom Wiener Kongress
       bis zum Ausgange des 19. Jahrhunderts. Wiesbaden 1962, S. 1.

133   Vgl.: Schulze: Deutsche Buchhandel S. 5035.

134   Vgl.: ebd., S. 5031-5036.

135   Vgl.: ebd., S. 5175-5176.

136   Zuerst verlagerte sich die politische Presse von den Tagesblättern auf Zeitschriften, bis
       auch diese verstärkt ins Visier der Zensur gerieten. Vgl.: Schottenloher, Karl/Binkowski,
       Johannes: Flugblatt und Zeitung. Ein Wegweiser durch das gedruckte Tagesschrifttum.
       Bd. 1: Von den Anfängen bis zum Jahre 1848. (Bibliothek für Kunst- und Antiquitäten-
       freunde, Bd. 21). Nachdr. aus der Erstausg. Berlin, R. C. Schmidt, 1922, München 1985,
       S. 370; Kirchner: Deutsche Zeitschriftenwesen. Bd. 2, S. 2; Kapp/Goldfriedrich: Geschichte
       des Deutschen Buchhandels, S. 4319-4320.

Kraft offenbarte, die die europäischen Nachbarn in Erstaunen versetzt und als Inspiration gedient hatte. Dem Interesse des Lesepublikums an originären Quellen folgend, wurden einigen Berichten z. B. die Abdrucke militärischer Korrespondenz, Verlautbarungen und ähnliche Originaldokumente beigefügt.[137] Diese dienten einerseits als Authentizitätsbeweis, orientierten sich aber auch am Lesergeschmack, um die Publikation attraktiver zu gestalten. Auch Farbillustrationen konnten durch die Weiterentwicklung der Drucktechnik insbesondere ab 1830 zunehmend eingesetzt werden.[138] Die Möglichkeit, feineres und vor allem preiswerteres Papier herzustellen, wirkte sich auch auf die Buchpreise aus. Die Drucke gewannen an Schärfe und wurden zugleich kostengünstiger, was wiederum den Leserkreis erweiterte.[139] Mit dieser Entwicklung einher ging ab 1830 allerdings eine strikte Durchsetzung der Zensurpolitik von Seiten des Deutschen Bundes,[140] die im Zusammenhang mit der Julirevolution in Frankreich zu sehen ist.[141] Parallel dazu waren seit 1825 sogenannte Brüderbünde (Veteranenbruderschaften mit informellem Charakter) entstanden, zu denen ab 1830 immer mehr Veteranenvereine offiziellen Charakters hinzu kamen.[142] Diese forderten die Anerkennung der Leistung ihrer Mitglieder ein, was die Produktion von Berichten über deren Einsätze beförderte.[143] Gerade die offiziellen Veteranenvereine wiesen jedoch eine starke soziale Separierung auf und dienten vor allem ab 1840 der „symbolische[n] Aufwertung der

---

137   Vgl. z. B.: Heusinger, Ernst: Ansichten, Beobachtungen und Erfahrungen, gesammelt während der Feldzüge in Valencia und Catalonien in den Jahren 1813 und 1814, mit Bezugnahme auf die Operationen der verbündeten englisch-sicilianisch-spanischen Armeen; wie auch bei der darauf folgenden Expedition nach Genua und während des Aufenthalts des Braunschweigischen Husaren-Regiments in Sicilien und Italien, bis zur Rückkehr desselben nach Deutschland im Jahre 1816. Braunschweig 1825.

138   Vgl.: Kapp/Goldfriedrich: Geschichte des Deutschen Buchhandels, S. 4341, 4347-4350.

139   Vgl.: ebd., S. 4347.

140   Vgl.: ebd., S. 4319-4320.

141   Karl X. (1757-1836) hatte 1830 versucht, das Parlament in Frankreich aufzulösen, um den Adel zu stärken. Daraufhin erhoben sich verschiedene Teile der Bevölkerung (darunter auch Handwerker und Studenten), die Karl X. zur Abdankung zwangen. Die Ereignisse in Frankreich wirkten sich auch auf andere Länder Europas aus und gaben den liberalen Kräften erneut Aufschwung. Vgl.: Schottenloher/Binkowski: Flugblatt und Zeitung. Bd. 1, S. 371; Schmidt-Funke, Julia A.: Die 1830er Revolution als europäisches Medienereignis, in: EGO, 23.2.2011, http://www.ieg-ego.eu/schmidtfunkej-2011-de (acc. 5.7.2012).

142   Planert zeigt diese Entwicklung exemplarisch für Bayern, Baden und Württemberg auf. Vgl.: Planert, Ute: Auf dem Weg zum Befreiungskrieg. Das Jubiläum als Mythenstifter. Die Re-Interpretation der napoleonischen Zeit in den Rheinbundstaaten, in: Müller u. a. (Hg.): Das historische Jubiläum. Genese, Ordnungsleistung und Inszenierungsgeschichte eines institutionellen Mechanismus (Geschichte: Forschung und Wissenschaft, Bd. 3). Münster 2004, S. 203, 209.

143   Vgl.: ebd., S. 203-212.

ehemaligen Kriegsteilnehmer zu ihrer Domestizierung und zur Förderung staatskonformen Verhaltens"[144]. Trotz der Karlsbader Beschlüsse von 1819 stieg so auch die Zahl eigenständiger Publikationen von Teilnehmern am Krieg auf der Iberischen Halbinsel. Hinzu kommen die in Kapitel 2 bereits erwähnten Karlistenkriege. Sie gaben Anstoß zur Publikation der eigenen Erlebnisse in Spanien und machten die deutschsprachigen Kriegsteilnehmer in den Augen des Lesepublikums zu legitimen Informationsvermittlern, was ihren Berichten eine ganz eigene Autorität verlieh und die Publikation ebenfalls beförderte. Die Mehrheit der Zeugnisse stammt dabei von Kriegsteilnehmern, die auf französischer Seite gedient hatten. Die Publikationen von unter britischem Befehl auf der Halbinsel zum Einsatz Gekommenen waren wesentlich geringer. Sie kehrten in der Regel auch erst später in den deutschsprachigen Raum zurück und begannen in den meisten Fällen erst nach 1840, ihre Erlebnisse zu publizieren.[145] Im Vergleich zu Berichten von auf französischer Seite Gedienten stand dabei meist der rein militärische Aspekt im Vordergrund. Da die im Vorfeld der 1848er Revolution entstandenen diskursiven Verschiebungen und Herrschaftsinstrumentalisierungen hier nicht einbezogen werden können, wurde die Zäsur für die Auswahl der gedruckten Quellen (wie bereits in der Einleitung dargelegt) jedoch auf das Jahr 1840 gelegt. Durch die inhaltliche und quantitative Quellenlage sind für die Untersuchung daher hauptsächlich Zeugnisse von ehemals unter französischem Befehl stehenden Kriegsteilnehmern ausgewählt worden.

3.2.1   Heinrich von Brandt

Im Jahr 1823 veröffentlichte Heinrich von Brandt bei Schüppel seinen Bericht *Ueber Spanien mit besonderer Hinsicht auf einen etwanigen Krieg* von „Heinrich von Brandt Königl. Preuß. Hauptmann"[146].[147] Im Vergleich zu den bisher skizzierten Quellen ist von Brandts Publikation weniger chronologisch gegliedert, sondern weist verschiedene thematische Schwerpunkte auf, denen er sich in acht Kapiteln genauer widmet. Historische Bezüge, Vergleiche mit anderen Autoren bis zur Bewertung ihrer Angaben heben ihn als

---

144   Ebd., S. 212.

145   Vgl. z. B.: Lindau, Friedrich: Erinnerungen eines Soldaten aus den Feldzügen der Königlich-deutschen Legion. Hannover 1846; Dehnel, Heinrich: Rückblicke auf meine Militair-Laufbahn in den Jahren 1805 bis 1849 im königlich-preußischen Heere, im Corps des Herzogs von Braunschweig-Oels, im königlich-großbritannischen und im königlich-hannoverschen Dienst. Hannover 1859.

146   Brandt, Heinrich von: Ueber Spanien mit besonderer Hinsicht auf einen etwanigen Krieg. Mit einem Kupfer. Berlin 1823, (Titelblatt).

147   Vgl.: ebd.

ebenso belesenen wie kritischen Verfasser hervor.[148] Eine Besonderheit ist ein Kupferstich, ein sogenanntes Titelkupfer[149], der neben das Titelblatt gestellt wurde. Derartige Kupfer erhöhten die Produktionskosten und den Preis für die Publikation, aber auch ihr Prestige. Das von Brandts Bericht vorangestellte Titelkupfer zeigt zwei bewaffnete Spanier, einen Aragonier und einen Valencianer, in ihrer „Volkstracht"[150] vor bergiger Landschaft. So wird der Leser noch vor Beginn der Lektüre in bildlicher Form auf die Thematik eingestimmt und der kriegerische Aspekt in den Vordergrund gestellt, was auch von Brandts Blickwinkel entsprach.

Aufgrund von Brandts späterer Karriere liegen über ihn ausführlichere Informationen vor, die im Folgenden kurz zusammengefasst werden. Von Brandt wurde 1789 in Łaki Kozielskie (im damaligen Westpreußen) geboren, studierte Jura und trat 1807 in die preußische Armee ein.[151] Infolge der nach dem Frieden von Tilsit im Juli 1807 veränderten Grenzen Preußens gehörten die Besitzungen der von Brandts nun zum neu gegründeten Herzogtum Warschau.[152] Als Fähnrich aus preußischen Diensten entlassen, trat Heinrich von Brandt 1807 daher als Secondlieutenant in die vom Herzogtum Warschau auf die Iberische Halbinsel entsandte Légion de la Vistule (Weichsel-Legion) ein.[153] Er kämpfte von 1808 bis 1812 in Spanien und nahm anschließend am Russlandfeldzug teil, wo er mehrfach verwundet wurde. 1810 in den polnischen Adelsstand erhoben, trat er 1815 in die neu gebildete polnische Armee ein, nahm jedoch 1816 seinen Abschied, nachdem seine Besitzungen durch die Beschlüsse des Wiener Kongresses (18. September 1814-09. Juni 1815) wieder an Preußen übergingen.[154] Ab 1817 als Hauptmann erneut in preußischem Dienst,

---

148 Vgl. z. B.: ebd., S. 40-57.

149 „Wurde zu einem typographisch gesetzten Titelblatt nur noch eine Kupferstich-Abb. hinzugefügt, spricht man von Titelkupfer. Da sich Kupferstiche wegen der andersgearteten Drucktechnik nicht ohne weiteres mit Buchdruck kombinieren lassen, hatten K. vermehrte technische und finanzielle Aufwendungen zur Folge. Dennoch sind sie in vielen Veröff. bis zum Beginn des 19. Jh.s zu finden." Corsten, Severin: Kupfertitel, in: Corsten u. a. (Hg.): Lexikon des gesamten Buchwesens. Bd. 4. 2. völlig neu bearb. Aufl., Stuttgart 1995, S. 368.

150 Brandt: Ueber Spanien, (Titelkupfer). Im Text seiner Publikation bezeichnet von Brandt die Kleidung als „National-Tracht". Ebd., S. 35. Dem vielschichtigen Begriff Spaniens als Nation wird in Kapitel 5 nachgegangen.

151 Vgl.: Meerheimb, v.: Brandt, Heinrich August von, in: Wissenschaften (Hg.): ADB. Bd. 3 (1876), Online-Version, https://www.deutsche-biographie.de/pnd120745992.html#adbcontent (acc. 4.6.2012).

152 Vgl.: Alexander: Kleine Geschichte Polens, S. 175-179.

153 Vgl.: Meerheimb: Brandt.

154 Vgl.: ebd.

war er später an verschiedenen militärischen Ausbildungsstätten tätig.[155] 1819
wurde er in den preußischen Adelsstand erhoben.[156] In den 1830ern übernahm
er u. a. verschiedene diplomatische Missionen und war militärischer Lehrer des
Prinzen Friedrich Wilhelm Waldemar von Preußen (1817-1849).[157] Besondere
Bekanntheit erlangte von Brandt 1848 als Brigadekommandeur von Posen
bei der schnellen Niederschlagung des polnischen Aufstands[158] in genannter
Provinz,[159] die er daraufhin als Abgeordneter im Frankfurter Reichstag vertrat
und bald darauf Unterstaatssekretär im preußischen Kriegsministerium wurde.
„Brandt wurde mehrmals zum Mitglied des Abgeordnetenhauses gewählt,
wo er wiederholt in die Debatte über die Reorganisation der Armee eingriff.
Als Schriftsteller hat er sich mit erstaunlicher Vielseitigkeit über taktische
und militärpolitische Fragen geäußert."[160] Für seine Argumentation nutzte er
oft Beispiele aus Spanien und Russland, wo er praktische Erfahrungen hatte
sammeln können.[161] Sein wachsender militärischer und politischer Einfluss
sowie sein gesellschaftliches Prestige verliehen seinen teilweise in mehrere
Sprachen übersetzten Schriften besonderes Gewicht.[162]

Der für die vorliegende Arbeit herangezogene Bericht über Spanien ist
eine der ersten Publikationen von Brandts. Bereits auf der Titelseite verortet
er sich als „Königl. Preuß. Hauptmann"[163] obwohl er (als Secondlieutenant)
mit der vom Herzogtum Warschau entsandten Weichsel-Legion nach Spanien
gegangen war.[164] Polen aber dient ihm in seinem Bericht eher als Negativfolie. Die 1823 erschienene Publikation nimmt Bezug auf erneute Unruhen in
Spanien. Seit 1820 hatten sich liberale Kräfte gegen die Herrschaft Ferdinands
VII. aufgelehnt, die 1823 von französischen Truppen (nun im Auftrag der

---

155   Vgl.: Best, Heinrich/Weege, Wilhelm: Biographisches Handbuch der Abgeordneten
      der Frankfurter Nationalversammlung 1848/49 (Handbücher zur Geschichte des
      Parlamentarismus und der politischen Parteien, Bd. 8). Düsseldorf 1996, S. 105.
156   Vgl.: Meerheimb: Brandt; Kraft, Heinz: Brandt, August Heinrich von, in: Wissenschaften
      (Hg.): NDB. Bd. 2 (1955), Online-Version, S. 531, http://www.deutsche-biographie.de/
      pnd120745992.html (acc. 3.6.2012).
157   Vgl.: Best/Weege: Brandt, S. 105.
158   Zum Großpolnischen Aufstand von 1848 siehe auch: Alexander: Kleine Geschichte
      Polens, S. 215-228.
159   Vgl.: Kraft: Brandt, S. 531.
160   Ebd.
161   Vgl. z.B.: Brandt, Heinrich von: Handbuch für den ersten Unterricht in der höheren
      Kriegskunst. Zum Gebrauch in Militär-Schulen und für den Selbstunterricht. Mit zwei
      Plänen. Berlin 1829, S. 321-363.
162   Zu den verschiedenen Schriften von Brandts und ihren Übersetzungen siehe z.B.:
      Meerheimb: Brandt, S. 255.
163   Vgl.: Brandt: Ueber Spanien, (Titelblatt).
164   Vgl.: Best/Weege: Brandt, S. 105.

Heiligen Allianz[165] entsandt, zu der auch Preußen gehörte), niedergeschlagen wurden.[166] In dieser Zeit, als Spanien erneut ins europäische Bewusstsein rückte, veröffentlichte von Brandt seinen Bericht, der sich – in Erwartung preußischer Beteiligung an einem „etwanigen Krieg"[167] auf der Iberischen Halbinsel – mit entsprechenden Hinweisen besonders an künftige Kriegs-teilnehmer richtete:

> Sie werden den Soldaten, den eigene Wahl oder das Geschick dahin verschlagen, gewissermaßen vertraut mit dem Lande machen, das er zu bekämpfen hat; sie werden ihm zeigen, wie er dem Clima und den Einwirkungen von tausend andern Dingen zu begegnen habe; sie werden endlich hinreichen, ihm in all-gemeinen Zügen ein Bild seiner Verhältnisse in diesem Lande zu geben.[168]

Es ist zu vermuten, dass das Vorwort vom Verfasser selbst geschrieben wurde. Da ein entsprechender Vermerk jedoch fehlt, könnte es sich auch um einen Hinweis des Herausgebers handeln. Obwohl im Vorwort darauf verwiesen wird, dass der Bericht für nach Spanien entsandte Kriegsteilnehmer eine Art Anleitung darstellen soll, sprechen insbesondere die ersten zwei Kapitel durchaus auch eine größere Leserschaft an. Der Spannungsbogen in den acht thematisch gegliederten Kapiteln beginnt mit einer Landschaftsbeschreibung der Pyrenäen, beschäftigt sich mit Mentalität, Sitten und Gebräuchen der spanischen Bevölkerung und steigert sich im weiteren Verlauf bis zu Feind-bildschilderungen und Kriegsprognosen.[169] Dabei werden die royalistische Gesinnung des Verfassers und seine Wertschätzung einer strikten Trennung der Stände deutlich, eine Haltung, die sich aus seinem eigenen Aufstieg in den Adel erklären lässt. Diese Grundhaltung bestimmte auch seine Sicht auf Spanien. Obwohl von Brandt der spanischen Kriegführung einschließlich der Guerilla-Taktik zwei Kapitel seines Berichts widmet,[170] kommt er zu dem

---

165 Am 26. September 1815 unterzeichneten die Monarchen Russlands, Österreichs und Preußens ein Dokument, mit dem sie die Heilige Allianz von 1815 gründeten. Als friedens-sichernde, mit christlichen Werten begründete Maßnahme, war sie zunächst vor allem eine Absichtserklärung und wurde in der Folgezeit ein Instrument der Restauration. Vgl.: Remedy, Sovereign: Holy Alliance of 1815, in: Kohn (Hg.): Dictionary of Historic Documents. (Facts on File Library of World History). überarb. Aufl., New York, NY 2003, S. 202-203.

166 Vgl.: Kleinmann, Hans-Otto: Zwischen Ancien Régime und Liberalismus, in: Schmidt (Hg.): Kleine Geschichte Spaniens (Schriftenreihe bpb, Bd. 527). Lizenzausg., Bonn 2005, S. 267-272.

167 Brandt: Ueber Spanien, (Titelblatt).

168 Ebd., S. III-IV.

169 Vgl.: ebd., S. 1-137.

170 Vgl.: ebd., S. 57-75, 105-122.

Schluss, dass ihr Erfolg im Kampf gegen die französischen Truppen allein der britischen Unterstützung zu verdanken sei.[171] Derartige Widersprüchlichkeiten zwischen durchaus wahrgenommenen Tatsachen und vorgefasster Meinung finden sich auch in anderen Zusammenhängen. Besonderen Wert legt von Brandt auf die bei einem nächsten Feldzug auf der Iberischen Halbinsel zu berücksichtigende Faktoren. Selbst mehrere Jahre nach ihrem Erscheinen wurde diese Publikation weiterhin beworben, da sie über Grundlagen einer Kriegführung in Spanien Aufschluss gebe.[172] Ein weiterer dreiteiliger Bericht über Brandts Kriegserlebnisse wurde nach seinem Tode im Zeitraum 1868-1882 von seinem Sohn herausgegeben. Dieser wird hier nicht herangezogen, da nachträgliche Änderungen durch den Sohn nicht ausgeschlossen werden können.[173]

3.2.2   Belmont alias Heinrich Adolph Schümberg

Ebenfalls 1823 erschien bei Hilscher in Dresden die Publikation *Erinnerungen an Spanien, belehrenden und unterhaltenden Inhalts. Mit Beziehungen auf den gegenwärtigen Krieg*.[174] Der Verfasser der Publikation wird nicht angegeben. Auf der Titelseite erscheint lediglich der Herausgeber Belmont. Im Vorwort des Herausgebers nimmt dieser allerdings die Position des Verfassers des folgenden Berichts ein.[175] Eine im Bericht enthaltene Bezugnahme auf

---

171   Vgl.: ebd., S. 47.

172   Vgl. z. B.: o.V.: Codes – Anzeige. Brandt, H. v., Ueber Spanien, in: Allgemeine Zeitung. Mit allerhöchsten Privilegien. Beilage, 19.2.1837, S. 318.

173   An dieser Stelle muss auf die 1999 von dem Militärhistoriker Jonathan North herausgegebene Quellenedition *The Memoirs of a Polish Officer in Spain and Russia 1808-1813* hingewiesen werden, bei der es sich, wie in der Danksagung und im Vorwort der Ausgabe erwähnt, um die Erinnerungen Heinrich von Brandts handele. Grundlage dieser Veröffentlichung ist die französische Übersetzung (1877) einer nach dem Tode von Brandts (23.01.1868) von seinem Sohn, der ebenfalls Heinrich hieß, herausgegebenen Publikation über die Kriegserlebnisse des Vaters. Jonathan North fand eine solche Ausgabe in der London Library und übersetzte sie aus dem Französischen ins Englische. Die deutschsprachige Originalpublikation wurde offensichtlich nicht eingesehen. North berücksichtigt nicht, dass die Schrift vom *Sohn* des eigentlichen Akteurs nach dessen Tod veröffentlicht wurde. Auch die historischen Grenzverläufe und die Selbstverortung des Verfassers als Preuße bleiben, wie bereits im Titel ersichtlich, unberücksichtigt. Vgl.: [Brandt, Heinrich von]: In the Legion of Napoleon. The Memoirs of a Polish Officer in Spain and Russia 1808-1813, übers. und hg. von Jonathan North. London u. a. 1999; Brandt, Heinrich von: Souvenirs d'un officier polonais. Scènes de la vie militaire en Espagne et en Russie (1808-1812). Paris 1877; Brandt, Heinrich von: Aus dem Leben des Generals der Infanterie z. D. Dr. Heinrich von Brandt. Aus Tagebüchern und Aufzeichnungen seines verstorbenen Vaters zusammengestellt. Bd. 1-3. Berlin 1868-1882.

174   Vgl.: [Schümberg]: Erinnerungen.

175   Vgl.: ebd., S. V-VIII.

eine frühere Veröffentlichung des Verfassers über die Inquisition in Spanien in einem „Morgenblatte"[176] führte zu einem weiteren Indiz für die Übereinstimmung von Herausgeber und Verfasser: Ein 1820 im damals bekannten *Morgenblatt für gebildete Stände*[177] in zwei Teilen veröffentlichter Artikel über die Inquisition in Spanien beginnt mit dem Untertitel „(Von einem Augenzeugen)"[178] und endet im zweiten Teil (im sogenannten „Beschluß"[179]) mit dem Namen des Verfassers – Belmont.[180] Dieser Artikel ist nicht nur, wie die hier herangezogene Quelle, mehrheitlich in der ersten Person (Singular und Plural)[181] geschrieben, er stimmt auch inhaltlich mit dem zehnten Kapitel der *Erinnerungen an Spanien* überein.[182] Daraus lässt sich schließen, dass Belmont – entgegen den Angaben in einem 1825 publizierten Nachschlagewerk[183] über damals lebende Schriftsteller – nicht nur Herausgeber, sondern offensichtlich auch der Verfasser der *Erinnerungen an Spanien* ist.[184]

---

176 Ebd., S. 146.

177 Das *Morgenblatt für gebildete Stände* war in der ersten Hälfte des 19. Jahrhunderts eines der weitverbreitetsten Blätter, das im Verlag Cotta erschien, einem der einflussreichsten Verlage der damaligen Zeit. Die Veröffentlichung von Schümbergs Bericht in dieser Zeitschrift bedeutete eine hohe Reputation für den Verfasser. Zu Programm, Absicht und Verbreitung der Zeitschrift siehe auch: Estermann, Alfred: Die Deutschen Literatur-Zeitschriften 1815-1850. Bibliographien, Programme, Autoren. Bd. 1. 2., verb. und erw. Aufl., München u. a. 1991, S. 358-377; Zürn, Guntram: Reisebeschreibungen Italiens und Frankreichs im Morgenblatt für gebildete Stände (1830-1850). (Europäische Hochschulschriften: Reihe 18, Vergleichende Literaturwissenschaft, Bd. 119). Frankfurt am Main u. a. 2008, S. 9-14.

178 [Schümberg, Heinrich A.]: Beytrag zur Geschichte der spanischen Ex-Inquisition, in: Morgenblatt für gebildete Stände 14.2, H. 177 (1820), S. 709.

179 [Schümberg, Heinrich A.]: Beytrag zur Geschichte der spanischen Ex-Inquisition. (Beschluß), in: Morgenblatt für gebildete Stände 14.2, H. 178 (1820), S. 715.

180 Vgl.: [Schümberg]: Beytrag zur Geschichte der spanischen Ex-Inquisition, in: Morgenblatt für gebildete Stände 14.2, H. 177 (1820), S. 709-710; [Schümberg]: Beytrag zur Geschichte der spanischen Ex-Inquisition. (Beschluß), in: Morgenblatt für gebildete Stände 14.2, H. 178 (1820), S. 714-715.

181 Nur in einem kurzen Abschnitt über seine bis zur Niederschrift anhaltenden gesundheitlichen Einschränkungen spricht der Verfasser in der dritten Person über sich, was eine nicht unübliche Vorgehensweise bei der Entfremdung des eigenen Körpers im Krankheitsfall ist. Vgl. [Schümberg]: Erinnerungen, S. VII-VIII.

182 Vgl.: [Schümberg]: Beytrag zur Geschichte der spanischen Ex-Inquisition, in: Morgenblatt für gebildete Stände 14.2, H. 177 (1820), S. 709-710; [Schümberg]: Beytrag zur Geschichte der spanischen Ex-Inquisition. (Beschluß), in: Morgenblatt für gebildete Stände 14.2, H. 178 (1820), S. 714-715; [Schümberg]: Erinnerungen, S. 146-154.

183 Vgl.: Meusel, Johann G.: Schümberg, in: Ersch (Hg.): Das gelehrte Teutschland oder Lexicon der jetzt lebenden Teutschen Schriftsteller. Bd. 20. 5., durchaus verb. und verm. Ausg., Lemgo 1825, S. 310.

184 Vgl.: [Schümberg]: Erinnerungen, S. V-VII.

Nunmehr galt es zu prüfen, ob Belmont ein deutschsprachiger Teilnehmer an den Auseinandersetzungen auf der Iberischen Halbinsel war (wofür die im Vorwort enthaltende Widmung für den sächsischen Herzog spricht)[185] , oder ob es sich bei den Veröffentlichungen über Spanien um ins Deutsche übersetzte Erinnerungen eines französischen Kriegsteilnehmers (worauf der Name Belmont hindeuten würde) handelt. Aufschluss ergab sich aus Eintragungen in Pseudonymen-Lexika aus den Jahren 1905 und 1997, wonach sich hinter Belmont der aus Sachsen stammende Heinrich Adolph Schümberg (1787-1852) verbirgt.[186] Dieser war vor 1808 Oberamtsadvokat in Bautzen, „gieng sodann in Franzos.-Kriegsdienste, wo er den Feldzug in Spanien beywohnte"[187]. Der Verweis auf den Dienst in französischen (und nicht in unter französischem Befehl stehenden deutschsprachigen) Truppen findet sich in der Perspektive des Berichts wieder. Der Name Belmont (bel mont, französisch – wenn auch nicht ganz korrekt – für schön(er) Berg) könnte aus dieser Zeit stammen und aus der Übersetzung der phonetischen Ähnlichkeit des Namens Schümberg – schönberg herrühren. Nach seiner Rückkehr nach Sachsen betätigte sich Schümberg (u. a.) unter dem Pseudonym Belmont als Schriftsteller und publizierte zu verschiedenen Themen.[188] Die hier herangezogenen *Erinnerungen an Spanien* gehören zu seinen ersten selbstständigen Publikationen.[189]

Geht man, entsprechend der angeführten Hinweise und Belege, davon aus, dass Schümberg die *Erinnerungen an Spanien* verfasste, stellt sich die Frage, warum er es offensichtlich für nötig befand, sich unter dem Pseudonym Belmont als Herausgeber eines vermeintlich anonym verfassten Zeugnisses nochmals zu anonymisieren. Das Pseudonym Belmont verwendete Schümberg generell bei seinen Publikationen. Es ist durchaus möglich, dass es ihm

---

185 „Dem Allerdurchlauchtigsten, Großmächtigsten Fürsten und Herrn Friedrich August Herzoge zu Sachsen Königliche Hoheit als einen schwachen Beweis innigster Verehrung und Liebe in tiefster Ehrfurcht gewidmet von dem Verfasser." ebd., S. IV.

186 Vgl.: Holzmann, Michael: Deutsches Pseudonymen-Lexikon. Aus den Quellen bearbeitet von Dr. Michael Holzmann und Dr. Hanns Bohatta. Leipzig u. a. 1906, S. 28; Eymer: Eymers Pseudonymen Lexikon, S. 330-420.

187 Meusel: Schümberg, in: Ersch (Hg.): Das gelehrte Teutschland oder Lexicon der jetzt lebenden Teutschen Schriftsteller. Bd. 20, S. 310.

188 Vgl.: ebd., S. 310-311; o.V.: Heinrich Adolf Schümberg, in: Wolff (Hg.): Encyclopädie der deutschen Nationalliteratur oder biographisch-kritisches Lexicon der deutschen Dichter und Prosaisten seit den frühesten Zeiten; nebst Proben aus ihren Werken. Bd. 7. Leipzig 1842, S. 64-65.

189 Erste Artikel zu spezifischen Spanienerlebnissen veröffentlichte Schümberg 1820 und 1821 im *Morgenblatt für gebildete Stände* und der in Dresden herausgegebenen *Abend-zeitung*. Vgl. z. B.: [Schümberg]: Beytrag zur Geschichte der spanischen Ex-Inquisition, in: Morgenblatt für gebildete Stände 14.2, H. 177 (1820), S. 709-710; [Schümberg, Heinrich A.]: Spanierinnen, in: Abend-Zeitung, 15.1.1821, o. S.

dabei weniger um Anonymität als um einen wohlklingenden, den Leser ein-
stimmenden und zum Kauf animierenden Namen ging. Andererseits besteht
auch die Möglichkeit, dass jenes Pseudonym anfangs durchaus die Funktion
des Anonymisierens hatte, die aber nicht gewahrt blieb. So konnten ihm z. B.
in einem 1842, also noch zu seinen Lebzeiten, erschienenen Nachschlagewerk
seine unter Belmont verfassten Berichte zugeordnet werden.[190] Insofern bot
ihm die bloße Angabe als Herausgeber der *Erinnerungen an Spanien* als Text
eines vermeintlich unbekannten Verfassers zusätzlichen Schutz. Die Veröffentlichung der Schrift unter den mit den Karlsbader Beschlüssen (1819)
einhergehenden Zensurbestimmungen könnte zu dieser Vorsichtsmaßnahme
geführt haben. Interessant ist in dieser Hinsicht nochmals das Vorwort. Mit
Verweis auf die Zensurproblematik unterstreicht der Verfasser (im Weiteren
Schümberg), dass seine Schilderungen über Spanien keine politischen Ziele
verfolgten und unparteiisch seien.[191] Der mehrfache Hinweis darauf, dass es
sich bei seiner Schrift lediglich um ein kleines „Werkchen"[192] handele, welches
keinen Anspruch auf Vollständigkeit erhebe, ist neben dem Schutz vor dem
Vorwurf der Verallgemeinerung seitens der Zensur ein durchaus taugliches
Mittel, den Bericht interessanter und authentischer erscheinen zu lassen.[193]

Neben vielen abwägenden Passagen und der Bewunderung für den
spanischen Widerstand kommt Schümberg am Ende des Berichts zu dem
Schluss, dass sich das „Bürgerglück"[194] erst durch die Unterordnung unter die
Herrschaft eines Monarchen werde voll entfalten können.[195] Diese Äußerung
könnte mit Rücksicht auf die vorn erwähnte Zensur platziert worden sein, sie
entspricht aber auch der grundsätzlichen, im Bericht erkennbaren Perspektive
des Verfassers. In seinem Vorwort gibt er an, dass er, ähnlich wie von Brandt,
von den aktuellen Ereignissen in Spanien zu seiner Schrift inspiriert worden
sei.[196] Eine Fußnote am Ende des bereits genannten Artikels über die
Inquisition aus dem Jahr 1820 zeigt jedoch, dass der Verfasser bereits zu diesem
Zeitpunkt an einer größeren Publikation arbeitete: „Dieser Aufsatz ist einem
noch ungedruckten, nächstens unter dem Titel: Durchflüge durch Spanien

---

190 Vgl.: o.V.: Heinrich Adolf Schümberg, in: Wolff (Hg.): Encyclopädie der deutschen
    Nationalliteratur oder biographisch-kritisches Lexicon der deutschen Dichter und
    Prosaisten seit den frühesten Zeiten; nebst Proben aus ihren Werken. Bd. 7, S. 64-65.
191 Vgl.: [Schümberg]: Erinnerungen, S. VII.
192 Ebd.
193 Vgl.: ebd., S. VII-VIII.
194 Ebd., S. 232.
195 Vgl.: ebd., S. 231-232.
196 Vgl.: ebd., S. VIII.

und Bemerkungen eines Offiziers während der Kriege der Halbinsel u. s. w. erscheinenden Werkchen entnommen."[197]

Der im Zitat genannte Titel konnte nicht ausfindig gemacht werden. Wahrscheinlich wurde er aufgrund der 1820 einsetzenden und sich 1823 zuspitzenden Entwicklung auf der Iberischen Halbinsel in *Erinnerungen an Spanien, belehrenden und unterhaltenden Inhalts. Mit Beziehungen auf den gegenwärtigen Krieg* geändert, um durch den aktuellen Bezug auch neun Jahre nach Kriegsende eine größere Leserschaft anzusprechen und die Absatzchancen zu erhöhen.

Im Vorwort erklärt Schümberg, dass seine Schilderungen vor allem auf Erinnerungen an selbst Erlebtes und Beobachtetes sowie von glaubwürdigen Kameraden und ihm im Dienst nahe stehenden Männern Zugetragenes basierten, da ihm seine Aufzeichnungen im späteren Russlandfeldzug verlorengegangen wären. Einschübe aus der Perspektive von Dritten kennzeichnet Schümberg entsprechend.[198] Der retrospektiven Wahrnehmung in diesem Bericht liegt somit eine spezifische, intensive und mehrfache Bündelung von Informationen zu Grunde. Diese wird dem Leser nicht chronologisch, sondern, ähnlich wie bei von Brandt, in thematischen Kapiteln (hier sechzehn) präsentiert. Obwohl sich der Verfasser an ein deutsches Publikum wendet,[199] wird seine Selbstzuschreibung als Deutscher nur in bestimmten Extremsituationen deutlich.[200] Ebenfalls im Vorwort lässt der Verfasser den Leser wissen, dass er zu den Lanciers[201] gehörte und beinahe vier Jahre an verschiedensten Orten auf der Iberischen Halbinsel eingesetzt wurde (u. a. in der Mancha und in Andalusien)[202] .[203] Aus dem Bericht geht hervor, dass er während seines Einsatzes den Rang eines Kapitäns innehatte.[204] Der

---

197   [Schümberg]: Beytrag zur Geschichte der spanischen Ex-Inquisition. (Beschluß), in: Morgenblatt für gebildete Stände 14.2, H. 178 (1820), S. 715 (Fußnote).

198   Vgl. z. B.: [Schümberg]: Erinnerungen, S. 184-186.

199   Vgl.: ebd., S. VII.

200   Siehe dazu Kapitel 4.2.2.

201   „Lancers were a class of light and medium cavalry armed with and trained to use lances [...] The lance had been considered obsolete in western Europe [...] in the late Middle Ages, but remained in use in the east, particularly in Poland and was reintroduced to the west by Polish *uhlan* units, serving in the Saxon army during the War of Austrian Succession [...] A contingent served in the French army of Italy and in 1807 the Grand Duchy of Warsaw furnished regiments to Napoleon's army. Napoleon transplanted it to France, first as *chevaux-légers-polonnais* (1807), then in the Imperial Guard (1810)." Showalter, Dennis: Lancers, in: Bradford (Hg.): International Encyclopedia of Military History. Bd. 2. New York u. a. 2006, S. 740.

202   Vgl.: [Schümberg]: Erinnerungen, S. 209-226.

203   Vgl.: ebd., S. V.

204   Vgl.: ebd., S. 66.

Bericht setzt mit seinem Weg in Frankreich nahe der spanischen Grenze
ein. Schümberg macht dabei von Beginn an zwei Perspektiven deutlich: einmal die des „Kriegers"[205], zum anderen die Betrachtung Spaniens „mit rein
menschlichen Augen"[206] – beide finden sich im Zeugnis wieder. Der Verfasser
beschreibt verschiedene Routen über die Pyrenäen und erweckt den Eindruck, das Gebirge während seiner Dienstzeit mehrfach bzw. auf unterschiedlichen Pässen überquert zu haben.[207] Ebenso wie von Brandt schildert auch
er die Guerilleros, ihre Anführer und ihre Taktik in gesonderten Kapiteln.[208]
Schümberg verwendet aber auch den Begriff „Insurgenten"[209], wobei er
zwischen beiden unterscheidet: die Guerilleros, deren Anführer er auch als
„Guerillashäuptling"[210] [sic!] bezeichnet, sind für ihn die im Vergleich gefähr-
licheren Gegner, die insbesondere im Gebirge agierten.[211] Auch regionalen
Eigenheiten, der spanischen Religionspraxis und ihren Vertretern sowie der
medizinischen Versorgung und zu beachtenden Vorsichtsmaßnahmen widmet
Schümberg in seinem Bericht Aufmerksamkeit.[212] Die gewählte Form und der
Erzählstil vereinen landeskundliche und militärtaktische Beschreibungen. Das
dadurch entstehende vielseitige und vielschichtige Bild von Spanien dürfte
eine Leserschaft angesprochen haben, die weit über militärische Kreise hinaus
ging.

3.2.3   *Karl Franz von Holzing*

Eine weitere Perspektive auf Spanien gibt der 1824 bei Wangler in Freiburg
im Breisgau veröffentlichte Bericht *Meine Gefangennehmung in Spanien, vier-*
jährige Gefangenschaft in Alicante, auf den balearischen Inseln, und endlich
nach erlangter Freiheit, die Rückreise über Genua durch die italienische und
teutsche Schweiz in's Vaterland, nebst Gedichten und Charaden von Karl Franz
von Holzing (1788-1839)[213].[214] Dem Sohn eines Hofrates war eine umfangreiche
Bildung zugekommen, die u. a. Studien an den Universitäten Landshut und

---

205   Ebd., S. VI.

206   Ebd.

207   Vgl.: ebd., S. 1-88.

208   Vgl.: ebd., S. 101-116, 120-127.

209   Ebd., S. 24.

210   Ebd., S. 113.

211   Vgl.: ebd., S. 101-127.

212   Vgl.: ebd., S. 76-100, 128-226.

213   Karl Franz von Holzing wird unter dem Eintrag seines Vetters Leopold von Holzing in den
       Badischen Biographien erwähnt. Vgl.: Löhlein, L.: Leopold von Holzing, in: Weech (Hg.):
       Badische Biographieen. Bd. 1. Heidelberg 1875, S. 393.

214   Vgl.: Holzing, Karl F. von: Meine Gefangennehmung in Spanien, vierjährige Gefangen-
       schaft in Alicante, auf den balearischen Inseln und endlich, nach erlangter Freiheit, die

Freiburg im Breisgau einschloss.[215] 1808 trat er als Unterleutnant ins Badische Militär ein und wurde bald darauf durch Bündnisverpflichtungen Badens[216] mit einem Regiment der Infanterie als Leutnant nach Spanien entsandt.[217] Aufgrund seiner Spanischkenntnisse wurde von Holzing in Mora (Nahe Toledo) als Platz-Adjutant eingesetzt.[218] Am 19. Mai 1810 mit der Leitung eines Detachements[219] zur Beschaffung von Lebensmitteln im nahe gelegenen Lillo beauftragt, geriet er nach Auseinandersetzungen mit Guerilleros[220] verletzt in Gefangenschaft,[221] welche er in seinem Zeugnis ausführlich schildert.[222] Dabei gibt er hauptsächlich selbst Erlebtes wieder, lässt aber auch aus Zeitungen Entnommenes oder Hörensagen einfließen, wobei er dies kennzeichnet.[223] Von Holzing kehrte im Juli 1814 in seine Heimat zurück. Im Sommer 1815 nahm er an den Kämpfen gegen Napoleon teil, als dieser nach seiner Flucht von Elba seine Herrschaft wiederherstellen wollte. Nach weiteren acht Jahren Militärdienst, in denen von Holzing u. a. 1817-1819 als Kommandant von Kehl eingesetzt war,[224] wurde er 1823 pensioniert.[225] 1824 erschien oben genannte Publikation. Eine aus seinen Papieren zusammengestellte biographische

---

Rückreise über Genua durch die italienische und teutsche Schweiz in's Vaterland, nebst Gedichten und Charaden. Freiburg im Breisgau 1824.

215   Zum genaueren Verlauf seines Bildungswegs siehe: Schreiber, Heinrich: Freiburg im Breisgau mit seinen Umgebungen. Geschichte und Beschreibung. Freiburg im Breisgau 1825, S. 365.

216   Vgl.: Sauer, Paul: Napoleons Adler über Württemberg, Baden und Hohenzollern. Südwestdeutschland in der Rheinbundzeit. Stuttgart u. a. 1987, S. 225, 258; Vereinigung der Freunde des Wehrgeschichtlichen Museums Schloß Rastatt e. V. (Hg.): Unter dem Greifen. Altbadisches Militär von der Vereinigung der Markgrafschaften bis zur Reichsgründung 1771-1871. Karlsruhe 1984, S. 54, 57.

217   Vgl.: Löhlein: Leopold von Holzing, in: Weech (Hg.): Badische Biographieen. Bd. 1, S. 393; Blankenhorn, Erich: 1808-1814. Badische Truppen in Spanien. Amtliche Veröffentlichung des Armeemuseums Karlsruhe/Baden. Deutsche Wehr am Oberrhein. (Deutsche Wehr am Oberrhein, Bd. 5). Karlsruhe 1939, S. 49.

218   Vgl.: Holzing: Meine Gefangennehmung (1824), S. 2.

219   Als Detachement wurde eine kleinere militärische Einheit für besondere Aufgaben, in diesem Fall zur Beschaffung von Lebensmitteln, bezeichnet. Vgl.: ebd., S. 3.

220   Von Holzing verwendet sowohl den Terminus Guerrilla als auch die entsprechenden militärischen Bezeichnungen für den Gegner. Vgl. z. B.: ebd., S. 7, 23.

221   Vgl.: ebd., S. 3-6; Löhlein: Leopold von Holzing, in: Weech (Hg.): Badische Biographieen. Bd. 1, S. 393.

222   Vgl.: Holzing: Meine Gefangennehmung (1824), S. 6-65.

223   Vgl. z. B.: ebd., S. 36-37.

224   Vgl.: Löhlein: Leopold von Holzing, in: Weech (Hg.): Badische Biographieen. Bd. 1, S. 393.

225   Vgl.: Blankenhorn: Badische Truppen in Spanien, S. 51.

Veröffentlichung über die Kriegserlebnisse von Holzings gab Max Dufner[226] (1891-1969) 1936 und 1937 noch einmal unter seinem Pseudonym Max Dufner-Greif heraus.[227] Im Klappentext von 1937, also während des spanischen Bürgerkrieges und der Unterstützung Deutschlands für die Putschisten um General Franco (1892-1975), wurde diese den Zeitgeist bedienende Publikation mit folgenden Worten beworben: Max Dufner-Greif „hat diese Denkwürdig-keiten aus alten Papieren an den Tag gebracht und damit nicht nur seiner heimatlichen Landschaft, sondern dem ganzen deutschen Volk ein Denkmal von Tapferkeit unserer Ahnen erhalten."[228] Diese lange nach dem Tod des Ver-fassers entstandene Publikation ist keine Quellenedition. Die Passagen über die Gefangenschaft enthalten Abweichungen. Daher wird auf diese Veröffent-lichung nicht zurückgegriffen.

Seinen 1824 publizierten Bericht widmet von Holzing deutschsprachigen Leidensgenossen, mit denen er vier Jahre in Gefangenschaft verbrachte.[229] Der Widmung folgt ein Subskribentenverzeichnis. Durch Subskription, ein Vorab-Verkaufsverfahren, wurden im deutschsprachigen Raum seit dem 17. Jahrhundert vorrausichtlich schwer verkäufliche Werke veröffentlicht.[230] Die Subskribenten wurden meist zu Beginn der Publikation namentlich aufgeführt. Wie bereits 1732 in einem Nachschlagewerk vermerkt, dienten

---

226 Max Dufner war der Enkel eines Rheinbunddragoners. Er nahm an beiden Welt-kriegen teil und wurde Invalide. Er arbeitete u. a. in einer Lehrerbildungsanstalt, wo er 1945 wegen nationalsozialistischer Betätigung entlassen wurde. Vgl.: Ferdinand, Horst: Dufner-Greif, Max Emil, in: Ottnad (Hg.): Baden-Würrembergische Biographien. Bd. 2 (1999), S. 531, http://www.leo-bw.de/web/guest/detail/-/Detail/details/PERSON/kgl_bio-graphien/116241330/Dufner-Greif+Max+Emil (acc. 17.5.2012); Kosch, Wilhelm: Dufner-Greif, in: Kosch (Hg.): Deutsches Literatur-Lexikon. Biographisches und Bibliographisches Handbuch. Bd. 1. 2. vollständ. neubearb. u. stark erw. Aufl., Bern 1949, S. 387.

227 Vgl.: Holzing, Karl F. von: Unter Napoleon in Spanien. Denkwürdigkeiten eines badischen Rheinbundoffiziers (1787-1839). Aus alten Papieren hg. von Max Dufner-Greif. Berlin u. a. [1936]; Holzing, Karl F. von: Unter Napoleon in Spanien. Denkwürdigkeiten eines badischen Rheinbundoffiziers (1787-1839). Aus alten Papieren hg. von Max Dufner-Greif. Berlin u. a. 1937.

228 Holzing: Unter Napoleon in Spanien (1937), (Klappentext).

229 Vgl.: Holzing: Meine Gefangennehmung (1824), S. III.

230 Vgl.: o.V.: Subscription auf Bücher, Pränumeration, in: Zedler (Hg.): Grosses vollständiges Universal-Lexikon aller Wissenschaften und Künste, welche bishero durch mensch-lichen Verstand und Witz erfunden und verbesserte worden. Bd. 40. Leipzig u. a. 1744, Sp. 1572-1573; Gutzmer, Karl: Subskription, in: Corsten u. a. (Hg.): Lexikon des gesamten Buchwesens. Bd. 7. 2. völlig neu bearb. Aufl., Stuttgart 2007, S. 298-299. Einen Über-blick zur Entwicklung der Subskription im 19. Jahrhundert gibt Charlotte Tacke. Vgl.: Tacke, Charlotte: Denkmal im sozialen Raum. Nationale Symbole in Deutschland und in Frankreich im 19. Jahrhundert. (Kritische Studien zur Geschichtswissenschaft, Bd. 108). Göttingen 1995, S. 135-200.

solche Verzeichnisse aber auch als Anreiz für den Kauf der entsprechenden Publikation. Zudem war es nicht unüblich, für die Erwähnung seines Namens in einer solchen Liste zu bezahlen:

> Jezuweilen pfleget solchen Büchern das Verzeichnis der Subscribenten vorgedrucket zu werden, welches eine gedoppelte Absicht hat, die beyde zum Vortheil des Verlegers ausschlagen. Denn da finden sich so viele eitele Menschen, die, um nur ihren Nahmen in Schrifften gedruckt zu sehen, gern zwey, drey und mehr Thaler zahlen, und die Anzahl der Subscribenten oder Pränumeranten aus dieser Einbildung vermehren. Hernach so locket auch manchen [...] sich bloß lediglich von dem Ansehen g offer [sic!] Männer blenden lässet, ein solches Verzeichnis zu Erkauffung des Werkchens an, wenn er in solchem eine ziemliche Anzahl der größten Männer darinnen erblicket [...][231]

Ein Blick in die Liste der Subskribenten vor von Holzings Schrift zeigt Empfänger aus dem Adel, dem Militär, aus Politik und Verwaltung sowohl in als auch außerhalb Badens.[232] Sie war demnach zunächst nur für einen relativ kleinen Leserkreis gedacht bzw. der Absatz der Publikation sollte von vornherein gesichert und beworben werden – eine Taktik, die offensichtlich aufging: Bereits 1825 wurde die Schrift in Mannheim erneut verlegt.[233] 1826 wurden von Holzings Schilderungen seiner Gefangenschaft im *Badischen Archiv* unter der Rubrik „Die vaterländische Literatur der Geschichte von 1820 bis 1825"[234] als „zur Beurtheilung des spanischen Krieges"[235] dienlich bezeichnet.

Von Holzings Bericht beginnt mit einer kurzen historischen Einordnung der Ereignisse um 1808, die zur Entsendung seines Regiments nach Spanien führten.[236] Dem damaligen Großherzog Karl Friedrich von Baden[237] (1728-

---

231   o.V.: Subscription, in: Zedler (Hg.): Grosses vollständiges Universal-Lexikon aller Wissenschaften und Künste, welche bishero durch menschlichen Verstand und Witz erfunden und verbessere worden. Bd. 40, Sp. 1573.

232   Vgl.: Holzing: Meine Gefangennehmung (1824), S. V-XIV.

233   Vgl.: Holzing, Karl F. von: Meine Gefangennehmung in Spanien, vierjährige Gefangenschaft in Alicante, auf den balearischen Inseln und endlich, nach erlangter Freiheit, die Rückreise in's Vaterland über Genua durch die italienische und teutsche Schweiz, nebst Gedichten und Charaden. Mannheim 1825.

234   Mone, Franz Joseph (Hg.): Badisches Archiv zur Vaterlandskunde in allseitiger Hinsicht. Bd. 1. Karlsruhe 1826, S. 324.

235   Ebd., S. 335.

236   Vgl.: Holzing: Meine Gefangennehmung (1824), S. 1-2.

237   Durch den Reichsdeputationshauptschluss (1803) vergrößerte sich das Territorium Badens. 1806 wurde Karl Friedrich von Napoleon zum Großherzog erhoben. Infolgedessen hatte Baden entsprechende Bündnisverpflichtungen zu erfüllen. Vgl.: Weech, Friedrich von: Karl Friedrich, in: Wissenschaften (Hg.): ADB. Bd. 15 (1882), Online-Version, https://www.deutsche-biographie.de/pnd118560166.html#adbcontent   (acc.   14.7.2012);

1811) wird dabei bescheinigt, nur unter Zwang Truppen gegen die freiheits-
liebenden Spanier gesendet zu haben.[238] Damit offenbart der Verfasser gleich
zu Beginn seines Berichts seine Grundhaltung, nach der der Krieg auf der
Iberischen Halbinsel gegen Spanien nicht zu rechtfertigen war. Sein Blick
auf die spanische Bevölkerung ist vom Zusammenhang zwischen Klima und
Mentalität bestimmt.[239] Nach der Schilderung seiner Gefangennahme folgt
die ausführliche Beschreibung seiner vierjährigen Gefangenschaft. Dabei tritt
seine Selbstzuschreibung als Badener und Deutscher deutlich hervor.[240] Von
Lillo gelangte er über Alicante, wo er einige Zeit in einem Hospital behandelt
wurde, auf die Alicante vorgelagerte Insel Tabarca.[241] Dort verbrachte er
einen Teil seiner Gefangenschaft und konnte sich frei bewegen.[242] Später
wurde er mit anderen Gefangenen über Ibiza und Mallorca nach Menorca
gebracht, dort jedoch wegen Differenzen zwischen britischer und spanischer
Administration erneut eingeschifft und zurück nach Mallorca transportiert.[243]
Während seines Aufenthaltes in Palma verbrachte von Holzing einige Zeit im
Hospital, von wo aus er gelegentlich die Stadt besuchen durfte.[244] Ein erster
Fluchtversuch wurde durch seine Verbringung nach Ibiza vereitelt,[245] wo ihn
die bis dahin schlechteste Unterbringung erwartete.[246] Der Bericht wird an
dieser Stelle mit fünf extra gekennzeichneten Klagen unterbrochen, in denen
er die Leiden der Gefangenschaft teils dichterisch verarbeitet.[247] Ein zweiter
Fluchtversuch scheiterte am Verrat eines italienischen Mitgefangenen.[248] Als
Folge wurde von Holzing der Briefkontakt mit seinem Regiment und in die

---

Wehling, Hans-Georg: Baden-Württemberg in der Geschichte, in: Künzel/Rellecke (Hg.):
Geschichte der deutschen Länder. Entwicklungen und Traditionen vom Mittelalter bis
zur Gegenwart (Schriftenreihe bpb, Bd. 723). Überarb. Neuaufl., Lizenzausg., Bonn 2008,
S. 38-39; Sauer: Napoleons Adler, S. 225, 258; Vereinigung der Freunde des Wehrgeschichtlichen Museums Schloß Rastatt e. V. (Hg.): Unter dem Greifen, S. 54, 57.

238 Vgl.: Holzing: Meine Gefangennehmung (1824), S. 1-2.
239 Von Holzing verweist in diesem Zusammenhang auf Montesquieu, um seine Sichtweise
     zu legitimieren. Vgl.: ebd., S. 23. Der Zusammenhang zwischen Klima und Mentalität ist
     ein mit der Humoralpathologie verbundenes und damals weit verbreitetes Deutungs-
     schema, auf das in Kapitel 5 eingegangen wird.
240 Vgl. z. B.: ebd., S. 38-39, 69, 79.
241 Vgl.: ebd., S. 3-28.
242 Vgl.: ebd., S. 26.
243 Vgl.: ebd., S. 28-31.
244 Vgl.: ebd., S. 37.
245 Vgl.: ebd., S. 38.
246 Vgl.: ebd., S. 39-44.
247 Vgl.: ebd., S. 48-57.
248 Vgl.: ebd., S. 58-60.

Heimat untersagt, der offenbar bis dahin möglich war.[249] Nach der Niederlage
Napoleons bei Leipzig (1813) und der daran anschließenden Auflösung des
Rheinbunds erhielten von Holzing und andere Offiziere, durch ihr Ehrenwort
gebunden, die Erlaubnis, sich auf private Kosten eine Unterkunft in Ibiza-Stadt
zu suchen.[250] In der folgenden Zeit nahmen sie am gesellschaftlichen Leben
der Stadt teil.[251] Die Verschiebungen der Bündnissysteme führten schließlich
dazu, das von Holzing am 01. Juni 1814 über Menorca und Genua seinen Heimweg antreten konnte.[252] Über Mailand, Luzern und Basel kehrte er im Juli 1814
nach Freiburg im Breisgau zurück.[253] Sein Bericht endet mit der Ankunft bei
seiner Familie in Karlsruhe.[254] Dem Bericht beigefügt ist eine Sammlung von
Gedichten und Charaden (spezielle Form eines Silbenrätsels), die von anderen
Verfassern, aber auch von von Holzing selbst stammen und zum Teil Bezug
auf seine Erlebnisse in Spanien nehmen.[255] Einige davon (z. B. die *Auflösung
des Räthsels*) wurden nach bereits erfolgter Veröffentlichung im Anhang des
Berichts mit leichten Änderungen erneut abgedruckt.[256] Durch diese früheren
Veröffentlichungen verfügte von Holzing über einen gewissen Bekanntheits-
grad,[257] der auch den Leserkreis seines Berichts über seine Gefangenschaft in
Spanien erweitert haben dürfte. Sofern diese Gedichte oder Charaden für die
Spanienbildvermittlung des Verfassers relevant sind, wurden sie einbezogen.

3.2.4   *Ernst Heinrich Christian Heusinger*

Eine interessante Perspektive auf Spanien vermittelt der 1792 in Eisenach
geborene Ernst Heinrich Christian Heusinger (1792-1884) in seinem 1825 bei
Meyer in Braunschweig veröffentlichten Bericht *Ansichten, Beobachtungen
und Erfahrungen, gesammelt während der Feldzüge in Valencia und Catalonien
in den Jahren 1813 und 1814, mit Bezugnahme auf die Operationen der verbündeten englisch-sicilianisch-spanischen Armeen; wie auch bei der darauf
folgenden Expedition nach Genua und während des Aufenthalts des Braunschweigischen Husaren-Regiments in Sicilien und Italien, bis zur Rückkehr*

---

249   Vgl.: ebd., S. 60.
250   Vgl.: ebd., S. 62.
251   Vgl.: ebd., S. 63.
252   Vgl.: ebd., S. 64-71.
253   Vgl.: ebd., S. 71-87.
254   Vgl.: ebd., S. 87-88.
255   Vgl. z. B.: ebd., S. 67-68, 196-197.
256   Die *Auflösung des Räthsels* wurde bereits 1808 im *Morgenblatt für gebildete Stände*
        abgedruckt. Vgl.: Holzing, Karl F. von: Auflösung des Räthsels, in: Morgenblatt für gebildete
        Stände 2, H. 302 (1808), S. 1208; Holzing: Meine Gefangennehmung (1824), S. 198-199.
257   Vgl.: Schreiber: Freiburg im Breisgau, S. 365-366.

desselben nach Deutschland im Jahre 1816.[258] Heusinger, der in zu Hessen
geschlagenem hannoverischem Gebiet bei seinem Stiefvater lebte,[259] besuchte
das Gymnasium, anschließend für kurze Zeit die Universität in Eisenach und
trat 1808 in das westfälische Kürassier[260]-Regiment ein.[261] 1809 schloss er sich
dem hessischen Aufstand unter Wilhelm von Dörnberg[262] (1768-1850) gegen
die französische Herrschaft an, geriet bei dessen Niederschlagung in Gefangenschaft und wurde zum Tode verurteilt.[263] Heusinger konnte allerdings fliehen
und schlug sich über Helgoland nach Großbritannien durch, wo er sich 1811 für
den Dienst im ebenfalls dorthin geflüchteten und nun in britischen Diensten
stehenden Braunschweigischen Husarenregiment werben ließ,[264] das 1812 von

---

258   Vgl.: Heusinger: Ansichten, Beobachtung und Erfahrungen.

259   Heusingers Stiefvater war hessischer Beamter in einem zu Kurhessen geschlagenen
      Gebiet. Dieser Sachverhalt geht aus einer anonymen Publikation Heusingers aus dem
      Jahr 1851 hervor. Vgl.: [Heusinger, Ernst]: Achtundvierzig Jahre. Zeichnungen und Skizzen
      aus der Mappe eines constitutionellen Officiers. Bd. 1, Cassel 1851, S. VIII-XIX.

260   „Cuirassier, a term in common use since 1625, describes a mounted soldier wearing a
      cuirass or upper torso armor, designed to resist the lance, and which in the early modern
      period represented the maximum weight deemed feasible for a mobile arm. The term
      became generalized as a synonym for heavy cavalry, armed and armored for shock attack
      against opposing horsemen or infantry formations ... Napoleon Bonaparte formed twelve
      heavy cavalry regiments wearing cuirasses and steel helmets, but after 1815 cavalry gene-
      rally failed on the battlefield as a decisive arm, despite striking episodes of valor." Vgl.:
      Estes, Kenneth W.: Cuirassier, in: Bradford (Hg.): International Encyclopedia of Military
      History. Bd. 1. New York u. a. 2006, S. 359-360.

261   Vgl.: Brümmer, Franz: Deutsches Dichterlexikon. Biographische und bibliographische
      Mittheilungen über deutsche Dichter aller Zeiten. Unter besonderer Berücksichtigung
      der Gegenwart. Bd. 1. Eichstätt u. a. 1876, S. 185; [Heusinger]: Achtundvierzig Jahre. Bd. 1,
      S. XIX.

262   Ferdinand Wilhelm Caspar Freiherr von Dörnberg „trat zuerst in kurhessische Militär-
      dienste (1783), um später (1796) in preuß. überzuwechseln. Um seine Güter zu retten, sah
      er sich dann gezwungen, in westfälische Dienste zu wechseln. Nachdem sein Plan eines
      allg. Aufstandes gegen das Königreich Westphalen scheiterte, suchte er mit Gefährten
      [...] Aufnahme im Korps des Hzgs. von Brsg (1809). Hier wurde er Chef des Generalstabs,
      später Generalmajor und bis 1816 Kommandeur des Englisch-Brsg. Husaren-Regiments."
      Reckewell: Dörnberg, in: Jarck/Schell (Hg.): Braunschweigisches biographisches
      Lexikon. 19. und 20. Jahrhundert. Hannover 1996, S. 81.

263   Vgl.: Heusinger: Ansichten, Beobachtung und Erfahrungen, S. 265; Brümmer: Deutsches
      Dichterlexikon. Bd. 1, S. 185; Brümmer, Franz: Lexikon der deutschen Dichter und
      Prosaisten von den ältesten Zeiten bis zum Ende des 18. Jahrhunderts (Reclams Universal-
      Bibliothek 1941/1945). Leipzig 1884, S. 187.

264   Vgl.: Heusinger: Ansichten, Beobachtung und Erfahrungen, S. 265; Brümmer:
      Deutsches Dichterlexikon. Bd. 1, S. 185; Brümmer: Lexikon der deutschen Dichter und
      Prosaisten, S. 187.

Alicante aus direkt in Spanien zum Einsatz kam.[265] 1814 wurde sein Regiment von dort nach Genua beordert.[266] Nach dessen Rückkehr nach Braunschweig wurde Heusinger aus dem Dienst entlassen und widmete sich daraufhin der Landwirtschaft, Malerei und Schriftstellerei.[267] Er veröffentlichte zu verschiedenen Themen, wobei er immer wieder Bezug auf seine Kriegserlebnisse mit dem braunschweigischen Husarenregiment nahm, so auch in einer zweibändigen historisch-romantischen Novelle, die zur Zeit des spanischen Unabhängigkeitskriegs spielt.[268] Im Vorwort vermerkt er dazu: „Geschichtliche Wahrheit liegt zum Grunde. Dem geneigten Leser bleibt es überlassen, zu beurtheilen, was die Phantasie hinzugethan hat."[269] Heusinger verweist darauf, diese Art der zum Teil fiktiven Darstellung gewählt sowie reale Namen und andere Angaben geändert zu haben, um das Erlebte in ein anderes Licht setzen zu können.[270] Auf der Titelseite der Novelle wird auf seinen historisch-militärischen Bericht *Feldzüge in Valencia und Catalonien* verwiesen,[271] was die Reputation des Verfassers beförderte.[272] Auch später verarbeitete Heusinger seine Kriegserlebnisse in weiteren Schriften. Darin wurden sie – besonders nach einer erneuten Reise nach Großbritannien und Spanien im Jahre 1840 – ausgebaut und sind aufgrund ihrer zum Teil fiktionalen Herangehensweise nicht Gegenstand dieser Arbeit.[273] Herangezogen wird sein erster

---

265   Vgl.: Garzmann, Manfred R. W.: Zur Geschichte der Garnison Braunschweig, in: Spies/
        Puhle (Hg.): Festschrift zur Ausstellung Brunswiek 1031 – Braunschweig 1981. Die Stadt
        Heinrichs des Löwen von den Anfängen bis zur Gegenwart. Vom 25.4.1981 bis 11.10.1981.
        Braunschweig 1981, S. 185; Brümmer: Deutsches Dichterlexikon. Bd. 1, S. 185; Brümmer:
        Lexikon der deutschen Dichter und Prosaisten, S. 187; [Heusinger]: Achtundvierzig Jahre.
        Bd. 1, S. 1-231.

266   Vgl.: Brümmer: Deutsches Dichterlexikon. Bd. 1, S. 185; Brümmer: Lexikon der deutschen
        Dichter und Prosaisten, S. 187.

267   Vgl.: Brümmer: Deutsches Dichterlexikon. Bd. 1, S. 185; Brümmer: Lexikon der deutschen
        Dichter und Prosaisten, S. 187.

268   Vgl.: [Heusinger, Ernst]: Des Kriegers Feierabende oder historisch-romantische Dar-
        stellungen, Kriegs- und Reisefahrten, Seebilder und Reminiscenzen, aus der Zeit der
        deutschen und spanischen Befreiungs-Kriege. Bd. 1, Braunschweig 1835; Heusinger,
        Ernst: Des Kriegers Feierabende oder historisch-romantische Darstellungen, Kriegs- und
        Reisefahrten, Seebilder und Reminiscenzen, aus der Zeit der deutschen und spanischen
        Befreiungs-Kriege. Bd. 2. Braunschweig 1835.

269   [Heusinger]: Des Kriegers Feierabende. Bd. 1, S. IV.

270   Vgl.: ebd., S. IV-VI.

271   Vgl.: ebd., (Titelblatt).

272   Heusinger verfasste auch später verschiedene Novellen, die z B. auch im deutsch-
        sprachigen Raum spielten. Siehe z. B.: Heusinger, Ernst: Schicksals Walten. Novellen und
        Skizzen. Bd. 1. Braunschweig 1873; ebd.

273   Vgl.: [Heusinger, Ernst]: Achtundvierzig Jahre. Zeichnungen und Skizzen aus der
        Mappe eines constitutionellen Officiers. Bd. 3, Cassel 1852, S. 29-305. Die Verarbeitung

veröffentlichter Bericht, der die zeitnahe Wiedergabe seiner Erinnerungen zum Inhalt hat.[274] Diese Publikation wurde u. a. auch in den Bestand der Göttingschen Leihbibliothek Rudolph Deuerlichs unter der Rubrik „Schöne Wissenschaften und bildende Künste"[275] aufgenommen,[276] was ihren Verbreitungsgrad im hannoverschen Raum erhöhte, aber auch über ihre damalige Einordnung Aufschluss gibt: Die Aufzeichnungen eines Kriegsteilnehmers wurden trotz ihres großenteils militärischen Charakters dem schöngeistigen bzw. wissenschaftlichen Gebiet zugeordnet und somit einem Leserkreis über den militärischen hinaus empfohlen.

Heusinger widmet seine Schrift (dem damals noch unmündigen) Karl II. Herzog von Braunschweig (1804-1873),[277] Sohn des „einzigen damals freien Fürsten"[278], der die braunschweigischen Regimenter seinerzeit nach Großbritannien geführt hatte und der in Waterloo gefallen war.[279] Die Perspektive

---

der späteren Reise auf die Iberische Halbinsel wirkte sich auf die danach erschienenen Publikationen aus. Aufgrund zusätzlicher Brechungen werden sie für die vorliegende Arbeit nicht herangezogen. Neben der vier Bände umfassenden Publikation *Achtundvierzig Jahre* gehören z. B. auch folgende, nach der erneuten Reise nach Spanien erschienene Veröffentlichungen, die u. a. Spanien thematisieren: Heusinger, Ernst: Weltbilder. Militairische Erinnerungen. Bd. 1-2. Hannover 1847; Heusinger, Ernst: Bilder aus den Freiheitskämpfen des neunzehnten Jahrunderts. Bd. 1-4. Leipzig 1863.

274 Vgl.: Heusinger: Ansichten, Beobachtung und Erfahrungen.

275 Deuerlich, Rudolph: Universal-Katalog der Leihbibliothek von Rudoplh Deuerlich, Universitäts-Buchhändler. Wissenschaftlich und alphabetisch geordnet. Göttingen 1830, S. 237.

276 Vgl.: ebd., S. 243.

277 Vgl.: Heusinger: Ansichten, Beobachtung und Erfahrungen, S. III. Zu weiteren Informationen zu Karl II. Herzog von Braunschweig siehe auch: Deeters, Walter: Karl II., in: Wissenschaften (Hg.): NDB. Bd. 11 (1977), Online-Version, S. 226, http://www.deutsche-biographie.de/pnd118175017.html (acc. 3.6.2012).

278 Heusinger: Ansichten, Beobachtung und Erfahrungen, S. VII.

279 Friedrich Wilhelm, Herzog von Braunschweig-Lüneburg-Oels (1771-1815) war der 4. Sohn von Herzog Karl Wilhelm Ferdinand (1735-1806) und Prinzessin Auguste (1737-1813) (Tochter des Kurprinzen von Hannover). Von seinem Vater zum Nachfolger bestimmt, war er 1789 in preußische Dienste getreten, nahm an Kämpfen gegen Frankreich teil und geriet 1806 in französische Kriegsgefangenschaft. „Nach Entlassung aus frz. Gefangenschaft zog sich der durch die Eingliederung seiner 1806 ererbten Stammlande in das Kg.reich Westfalen Depossedierte nach Schlesien zurück, wo ihm 1805 im Erbgang das Mediatft. Oels zugefallen war. 1809 stellte er dort wie in Böhmen mit österr. Hilfe ein Freikorps von 2000 Mann auf, um als Reichsf. am Kampf gegen Napoleon teilzunehmen." H.: Braunschweig (-Oels). Friedrich Wilhelm, in: Rößler u. a. (Hg.): Biographisches Wörterbuch zur deutschen Geschichte. Bd. 1. 2. völlig neubearb. und stark erw. Aufl., München 1973, S. 363-364. Vgl. auch: Multhoff, Robert F.: Friedrich Wilhelm, Herzog, in: Wissenschaften (Hg.): NDB. Bd. 5 (1961), Online-Version, S. 502, http://www.deutsche-biographie.de/pnd118703242.html (acc. 3.6.2012).

vom aufopfernden Kampf einer Minderheit Deutschsprachiger gegen französische Interessen zu einer Zeit, als sich deren Mehrheit der napoleonischen
Politik unterworfen hatte, zieht sich ebenso durch seinen Bericht wie die Einschätzung, dass Spaniens vollständige Befreiung letztlich nur durch Wellington
und seine Truppen, zu denen Heusinger gehörte, möglich wurde.[280] Im
Anschluss an seine Widmung wendet sich Heusinger direkt an den damaligen
Herzog von Braunschweig und legt die Quellenbasis dar, aus der er sein Wissen
schöpft: der Dienst als Bote zwischen englischen und spanischen Heerführern,
genaue Tagebuchaufzeichnungen und gute Verbindungen zu einem Stabsoffizier, der Heusinger tieferen Einblick in die Ereignisse eröffnete.[281]

In der Einleitung erläutert er das mit seiner Publikation verfolgte Ziel, über
den Kampf gegen die bonapartistische Herrschaft in Spanien zu informieren
und dadurch insbesondere dem braunschweigischen Husarenregiment die
gebührende Anerkennung zu verschaffen.[282] Als Vorbild diente ihm die drei
Bände umfassende Schrift von Franz Xaver Rigel[283] (1783-1852), die dieser von
1819 bis 1821 im Eigenverlag veröffentlicht hatte und mit der sich Heusinger
schon in der Einleitung seiner *Ansichten, Beobachtungen und Erfahrungen* auseinandersetzt.[284] Rigel bettete seine eigenen Kriegserfahrungen als badischer
Offizier auf französischer Seite in eine größere Geschichtsschreibung des
Kriegs auf der Iberischen Halbinsel ein. Er publizierte und gab bis zu seinem
Tode verschiedene kriegsgeschichtliche Abhandlungen heraus, wovon die
Genannte jedoch die Wichtigste blieb.[285] Diese äußerst umfassende Schrift von

---

280   Explizit erwähnt Heusinger diesen Sachverhalt gleich in der Einleitung. Vgl.: Heusinger:
      Ansichten, Beobachtung und Erfahrungen, S. 5.

281   Vgl.: ebd., S. III-VIII.

282   Vgl.: ebd., S. 1-6.

283   Franz Xaver Rigel war großherzoglich badischer Oberleutnant, hatte auf französischer
      Seite am Krieg auf der Iberischen Halbinsel teilgenommen und betätigte sich später
      als militärhistorischer Schriftsteller. Vgl.: Poten, Bernhard von: Rigel, Franz, in: Wissen-
      schaften (Hg.): ADB. Bd. 28 (1889), Online-Version, S. 608, http://www.deutsche-
      biographie.de/pnd116547006.html?anchor=adb (acc. 4.6.2012).

284   Vgl.: Rigel: Siebjährige Kampf auf der Pyrenäischen Halbinsel. Bd. 1-3. Heusinger ver-
      weist zwar auch auf andere militärhistorische Berichte, Rigels Publikation ist jedoch sein
      Hauptbezugspunkt.

285   Vgl. z. B.: Rigel, Franz X.: Kampf um Tarragona während des Befreiungskrieges der
      Catalonier vom Jahre 1808 bis 1814 nebst ausführlichem Belagerungsplan. Rastatt 1823;
      Rigel, Franz X.: Zeitgemäße, Ansichten und Wünsche aus dem politisch-militärischen
      Standpunkte betrachtet. [Mannheim] 1831; Suchet, Louis G.: Blokade, Belagerung und
      Eroberung von Tortosa durch das dritte Französische Armeekorps im Jahre 1810/11 und
      Vertheidigung von Monzon durch die Franzosen im Jahre 1813/14. Mit 2 Plänen. Aus den
      Memoiren des Marschalls Suchet, Herzog von Albufera ins Teutsche übersetzt und mit
      Anmerkungen versehen von Franz X. Rigel. Mannheim 1847.

über 1600 Seiten wurde in die vorliegende Arbeit nicht einbezogen, da sie ein
eigenes Untersuchungsfeld darstellt. Sie wurde jedoch hinsichtlich Heusingers
Abgrenzung zu Rigel berücksichtigt. Heusinger würdigt Rigels umfassende
Recherchen und vermerkt gleichzeitig, dass ihm derart gründliche Nachforschungen nicht möglich waren.[286] Heusinger beschreibt seine Erlebnisse
aus einer in seinem Verständnis subalternen Perspektive, da er den unteren
Offiziersrängen angehörte.[287] Seine Publikation sollte Rigels Ausführungen
korrigieren und ergänzen, der das französische Vorgehen in Heusingers Augen
zu positiv bewerte.[288] Dem Publikum werde so ein falsches Bild vom Einsatz
der unter britischem Befehl stehenden Truppen vermittelt, den „der Hauptmann Rigel in mehreren Stellen seines Werkes durch häufige Rügen, wiewohl
vergeblich, zu schmälern bemüht ist."[289] Heusinger sieht sich selbst zwar
nicht als unfehlbar, da er kein professioneller „militairischer Schriftsteller"[290]
sei, stellt seine Kompetenz bezüglich eines korrigierenden Eingreifens
aber nicht in Frage.[291] Seine *Ansichten, Beobachtungen und Erfahrungen*
sind nicht zuletzt Ausdruck der nachträglichen Auseinandersetzung über
Legitimierung, Selbstverständnis, Deutungshoheit und Bewertung der Aktivitäten Deutschsprachiger, die im spanischen Unabhängigkeitskrieg auf ent-
gegengesetzten Seiten kämpften. Die Unparteilichkeit, die Heusinger bei
Rigel vermisst, löst er jedoch ebenso wenig ein. Sein Bestreben besteht in der
Aufwertung der Truppen Braunschweigs, die in Ostspanien agierten. Daraus
ergibt sich der Aufbau der Heusingerschen Publikation, die maßgeblich auf
seinen Beobachtungen beruht, aber auch historische Daten und Fakten, die
Beschreibung militärischer Abläufe und den Abdruck von Schriftverkehr
zwischen verschiedenen höheren Offizieren umfasst.[292] Darüber hinaus enthält sie einige persönliche Einschätzungen Heusingers über taktische Entscheidungen bzw. Fehlentscheidungen seiner Vorgesetzten.[293]

Um seinem Hauptanliegen – der Würdigung der gegen Napoleon kämpfenden
braunschweigischen Regimenter – gerecht zu werden, stellt er dem ersten
Kapitel eine kurze Monografie über das braunschweigische Husarenregiment
in britischen Diensten voran.[294] Auch wenn bzw. obwohl Heusinger selbst,

---

286 Vgl.: Heusinger: Ansichten, Beobachtung und Erfahrungen, S. 4.
287 Vgl.: ebd., S. V.
288 Vgl.: ebd., S. 2, 58-60 (Fußnote), 95 (zweite Fußnote).
289 Vgl.: ebd., S. 3.
290 Ebd., S. VIII.
291 Vgl.: ebd., S. VII-VIII.
292 Vgl.: ebd., S. 7-278.
293 Vgl. z. B.: ebd., S. 166.
294 Vgl.: ebd., S. 7-12.

wie bereits erwähnt, erst 1811 in Großbritannien für dieses Regiment rekrutiert wurde, unterstreicht er damit seine Selbstzuschreibung: Er sieht sich zwar als Deutschen,[295] identifiziert sich aber insbesondere mit den kämpferischen Braunschweigern (Braunschweig wurde später auch zu seiner Wahlheimat).[296] Dieser Einstieg ermöglicht ihm einen fließenden Übergang zum Einsatz des Regiments, ohne seinen eigenen Weg zu den Husaren näher erläutern oder seinen vorherigen Dienst für die Gegenseite erwähnen zu müssen.[297] Nur in der im Anhang aufgeführten (und mit einigen biographischen Angaben versehenen) Liste der Offiziere des Husaren-Regiments werden seine vormaligen „westphälischen Diensten"[298] [sic!] für den aufmerksamen Leser ersichtlich.[299] Franzosen bezeichnet Heusinger in seiner Publikation als „Erbfeinde"[300] des „Vaterlands"[301] schlechthin. Im Gegensatz zu den auf französischer Seite kämpfenden deutschsprachigen Kriegsteilnehmern spricht er bzgl. der widerständischen Einheimischen von Spaniern, „spanische[n] Anführer[n]"[302] oder „Krieger[n]"[303].[304] „Häuptlinge"[305] nennt er diejenigen, die sich von privaten Interessen leiten ließen und dadurch die Zusammenarbeit mit den britischen Truppen erschwerten, aber z. B. auch einen besonders kühnen und erfolgreichen spanischen Oberst.[306] Die Beschreibungen der Einsätze des Regiments enthalten sowohl landeskundliche als auch die Mentalität der Einwohner betreffende Informationen.[307] Heusinger bezieht auch militärische und politische Ereignisse in seinen Bericht ein, die Auswirkungen auf die braunschweigischen Regimenter hatten.[308] Im Februar 1816 endete sein Einsatz in

---

295 Vgl. z. B.: ebd., S. 40, 53, 205, 249.
296 Vgl. z. B.: ebd., S. 6. Seine Sympathie für Braunschweig brachte Heusinger u. a. besonders in folgender Schrift zum Ausdruck: Heusinger, Ernst: Braunschweig in seiner Beteiligung an der deutschen Volkserhebung. Rückblicke und Zeitbilder. Braunschweig 1849.
297 Vgl.: Heusinger: Ansichten, Beobachtung und Erfahrungen, S. 12-29. Erst in seiner 1851-1852 anonym in vier Bänden veröffentlichte Publikation *Achtundvierzig Jahre* zeichnet Heusinger seinen Weg zum braunschweigischen Husaren-Regiment in britischen Diensten genauer nach. Vgl.: [Heusinger]: Achtundvierzig Jahre. Bd. 1, S. 1-231.
298 Heusinger: Ansichten, Beobachtung und Erfahrungen, S. 265.
299 Vgl.: ebd.
300 Ebd., S. 13.
301 Ebd., S. 7.
302 Ebd., S. 34.
303 Ebd., S. 174.
304 Vgl. z. B.: ebd., S. 173-176.
305 Ebd., S. 37.
306 Vgl. z. B.: ebd., S. 37, 127-128.
307 Vgl. z. B.: ebd., S. 29-109.
308 Vgl. z. B.: ebd., S. 163-164, 169-172.

Ost- und Südostspanien. Von Tarragona aus gelangte Heusinger über Genua,[309] Sizilien, Gibraltar und Großbritannien schließlich zurück nach Braunschweig, wo sein Regiment im Juni 1816 aufgelöst wurde und womit der Bericht schließt.[310] Im Anhang befinden sich die schon erwähnte Liste der Offiziere des Husaren-Regiments, eine auf Englisch abgedruckte Depesche über den tapferen Einsatz der Braunschweiger in Spanien,[311] die Namen von in der Schlacht von Castalla (13. April 1813) gefallenen und verwundeten Offizieren, eine kurze Monografie des braunschweigischen Infanterie-Regiments in britischen Diensten sowie eine Liste der Offiziere des Infanterie-Regiments von 1809.[312]

3.2.5   Johann Friedrich Hering

Wie Heusinger, kämpfte auch der Verfasser der 1826 anonym in Hannover erschienenen Publikation *Erinnerungen eines Legionärs, oder Nachrichten von den Zügen der Deutschen Legion des Königs (von England) in England, Irland, Dänemark, der Pyrenäischen Halbinsel, Malta, Sicilien und Italien. In Auszügen aus dem vollständigen Tagebuche eines Gefährten derselben auf britischer Seite gegen die von Napoleon auf die Iberische Halbinsel entsandten Truppen.*[313] Mit Hilfe der 1986 erschienenen Hänselschen Bibliographie über anonyme Schriften aus dem 19. Jahrhundert konnte als Verfasser Friedrich Hering ausfindig gemacht werden.[314] Offenbar unabhängig von Hänsel ermittelte der Historiker Christopher John Woods ebenfalls den aus Hann. Münden stammenden und als „Ober-Wundarzt"[315] in der Königlich Deutschen

---

309   Ebd., S. 185-187, 190-192.

310   Vgl.: ebd., S. 198-256.

311   Die Depesche wurde im Gegensatz zu anderen im Text abgedruckten Schriftstücken nicht übersetzt, sondern im Englischen belassen. Inwiefern die Begründung des Verfassers, nach der sie „nur einzig und allein das Braunschweigische Husaren-Regiment betrifft", die Ursache für den sprachlichen Bruch in der Publikation ist, konnte nicht geklärt werden. Ebd., S. 265. Es würde jedoch darauf hindeuten, dass die Angehörigen des Regiments Englisch beherrschten. Denkbar ist allerdings auch, dass aus zeitlichen oder finanziellen Gründen auf eine Übersetzung verzichtet wurde. Vgl.: ebd., S. 266-267.

312   Vgl.: ebd., S. 257-278.

313   Vgl.: [Hering, Friedrich]: Erinnerungen eines Legionärs, oder Nachrichten von den Zügen der Deutschen Legion des Königs (von England) in England, Irland, Dänemark, der Pyrenäischen Halbinsel, Malta, Sicilien und Italien. In Auszügen aus dem vollständigen Tagebuche eines Gefährten derselben. Hannover 1826.

314   Vgl.: Hänsel-Hohenhausen: Anonym erschienenen autobiographischen Schriften, S. 128.

315   Die genaue Funktion Herings ist bei Beamish vermerkt, auf den auch Woods verweist. Vgl.: Beamish, North L.: Geschichte der Königlich Deutschen Legion. Bd. 2: Mit 5 Schlachtpänen, einer Lithographie und mehreren Tabellen. Hannover 1837, Anhang B, S. 112; Woods, Christopher J.: Select Documents XLI: Johann Friedrich Hering's Description of Connacht, 1806-7, in: Irish Historical Studies 25, H. 99 (1987), S. 311 (Fußnote Nr. 2).

Legion dienenden Johann Friedrich Hering als Verfasser dieser Publikation.[316]
Hann. Münden gehörte damals zum Kurfürstentum Braunschweig-Lüneburg,
das (wie in Kapitel 2 näher ausgeführt) in Personalunion von George III.
regiert wurde, wodurch sich die Loyalität des Verfassers zum britischen König
erklärt.[317] Die anonyme Veröffentlichung betrachtet er als Beleg dafür, weder
als Schriftsteller glänzen zu wollen noch auf Gewinn aus zu sein.[318] Diese rein
persönlichen Gründe erscheinen möglich, da andere Kriegsteilnehmer (wie
z. B. auch Heusinger) ihre Berichte trotz wirkender Karlsbader Beschlüsse im
gleichen Zeitraum unter ihrem Namen veröffentlichten. Dennoch sind Zensurbestimmungen als Grund für die gewählte Anonymität nicht auszuschließen.
Hering brach im August 1804 von Hann. Münden nach Großbritannien auf
und kam in der KGL – wie bereits im Titel seiner Publikation vermerkt – an
verschiedenen Kriegsschauplätzen in Europa zum Einsatz.[319] 1816 kehrte er in
seine Heimat zurück und verstarb dort im November 1832.[320] Seinen Bericht
veröffentlichte er zehn Jahre nach seiner Rückkehr. Den Druck finanzierte er,
ähnlich wie Karl Franz von Holzing, über die Werbung von Subskribenten.[321]
Dabei waren ihm verschiedene Buchhandlungen und Privatpersonen behilf-
lich.[322] Die im Verzeichnis nach Buchhandlungen geordneten Subskribenten
stammen hauptsächlich aus dem Militär. Es finden sich jedoch auch Staats-
diener und Ärzte darunter.[323] Trotz Vorfinanzierung verzögerte sich der
Druck, ehe die Publikation 1826 erschien und in Kommission z. B. bei der
Helwingschen Hofbuchhandlung verkauft wurde.[324] Ebenso wie Heusingers
Publikation findet sich auch Herings Bericht im Katalog der Göttingschen
Leihbibilothek. Die Erinnerungen eines Legionärs sind dort jedoch anonym
unter der Rubrik „Historische Werke überhaupt, auch Kriegs- und politische
Schriften"[325] eingetragen.[326] Im Gegensatz zu Heusinger wird Herings Bericht
nicht den schönen Wissenschaften, sondern dem geschichtlich, militärisch
und politisch interessierten Leser empfohlen, obwohl inhaltlich beide Schriften

---

316 Woods' Aufsatz erschien ein Jahr später als Hänsels Bibliografie. Vgl.: Woods: Select
     Documents XLI, in: Irish Historical Studies 25, H. 99 (1987), S. 311.
317 Vgl. dazu auch: ebd., S. 311-312.
318 Vgl.: [Hering]: Erinnerungen, S. XVIII-XIX.
319 Vgl.: ebd.
320 Vgl.: ebd., S. 544; Woods: Select Documents XLI, in: Irish Historical Studies 25, H. 99
     (1987), S. 312.
321 Vgl.: [Hering]: Erinnerungen, S. V-XIV.
322 Vgl.: ebd.
323 Vgl.: ebd.
324 Vgl.: ebd., (Titelblatt), S. XIX.
325 Deuerlich: Universal-Katalog der Leihbibliothek, S. 270.
326 Vgl.: ebd., S. 273.

eher in diesen Bereich fallen. Auch in Herings Falle bedeutete die Aufnahme in eine Leihbibliothek einen höheren Verbreitungsgrad seines Berichts im hannoverschen Raum.

In einer dem Titel nachgestellten „Zueignung"[327] der Helwingschen Hofbuchhandlung[328] (die Hering besonders unterstützt und die größte Zahl an Subskribenten geworben hatte)[329] werden Angehörige von Gefallenen und Überlebende der KGL als Adressaten der geschilderten „Begebenheiten und Beobachtungen"[330] angesprochen.[331] Des Weiteren wird darauf verwiesen, dass die Publikation mit dem Einverständnis des Verfassers „Dem Andenken der Deutschen Legion des Königs"[332] gewidmet sei. Dieses Engagement ist insofern erwähnenswert, als einer der Teilhaber an der Helwingschen Hofbuchhandlung ebenfalls in der KGL gedient hatte.[333] In diesem Zusammenhang ist zu bedenken, dass Angehörige der KGL, die ihre Heimat verlassen und in anderen Ländern gegen die französische Vorherrschaft gekämpft hatten, mit ihren Berichten eine – auch mental – unangenehme Konkurrenz für die im

---

327 Helwingsche Hof-Buchhandlung: Zueignung, in: Hering] (Hg.): Erinnerungen eines Legionärs, oder Nachrichten von den Zügen der Deutschen Legion des Königs (von England) in England, Irland, Dänemark, der Pyrenäischen Halbinsel, Malta, Sicilien und Italien. In Auszügen aus dem vollständigen Tagebuche eines Gefährten derselben. Hannover 1826, S. III.

328 Die Geschichte der Helwingschen Hofbuchhandlung reicht – unter verschiedenen Besitzern – bis ins 16. Jahrhundert zurück. 1706 war sie zur Hofbuchhandlung ernannt worden. Im vorliegenden Zeitraum wurde sie von den Gebrüdern Helwing geführt, die auch militärische Abhandlungen veröffentlichten. Vgl.: Schmidt, Rudolf: Deutsche Buchhändler, Deutsche Buchdrucker. Beiträge zu einer Firmengeschichte des deutschen Buchgewerbes. Bd. 3, in: Lehmstedt (Hg.): Geschichte des deutschen Buchwesens (Digitale Bibliothek, Bd. 26). Digit. Fass. der Orig.-Ausg. 6 Bde. 1902-1908, Berlin 2004, S. 6220-6223.

329 Vgl.: [Hering]: Erinnerungen, S. V-IX, XIX.

330 Helwingsche Hof-Buchhandlung: Zueignung, S. III.

331 Vgl.: ebd., S. III-IV.

332 Ebd., S. IV.

333 1820 wurde der polnische Edelmann August Mierzinsky Teilhaber, 1833 Eigentümer der Hofbuchhandlung. Mierzinsky war 1789 von seinen polnischen Gütern vertrieben worden, hatte später in der KGL gedient und war u. a. auf der Iberischen Halbinsel zum Einsatz gekommen. Vgl.: Thielen, Hugo: Helwing, Christian Friedrich, in: Böttcher u. a. (Hg.): Hannoversches Biographisches Lexikon. Von den Anfängen bis in die Gegenwart. Hannover 2002, S. 163; Schmidt: Deutsche Buchhändler, S. 6220-6223. In der Allgemeinen hannoverschen Biographie findet sich ein etwas anderer Lebenslauf, wobei es sich wahrscheinlich um seinen Vater gehandelt haben dürfte und die Lebenswege von Vater und Sohn offenbar nicht immer sauber getrennt wurden. Vgl.: Rothert, Wilhelm: Mierzinsky, Ignaz Aug., in: Rothert/Peters (Hg.): Allgemeine hannoversche Biographie, Bd. 3: Hannover unter dem Kurhut (1646-1815). Bd. 3. Hannover 1916, S. 508.

Rheinbund Gedienten darstellten, welche die Mehrheit der deutschsprachigen Kriegsteilnehmer bildete.

Während die Veröffentlichung der Heringschen Erinnerungen im deutschsprachigen Raum nicht problemlos verlief, erschien der Bericht bereits ein Jahr später (1827) ins Englische übersetzt unter dem Titel *Journal of an officer in the King's German Legion. Comprising an account of his campaigns and adventures in England, Ireland, Denmark, Portugal, Spain, Malta, Sicily, and Italy.*[334] Dieser Publikation ist kein Subskribentenverzeichnis vorangestellt und das Inhaltsverzeichnis ist wesentlich feingliedriger.[335] Im Vorwort heißt es:

> [...] the following Work conceives that it possesses three separate sources of interest: – the authenticity of the narrative; the importance of the scenes wherein the journalist was engaged; and their singular variety; – to these advantages, it is scarcely too much to add, a pleasant naïveté of style [...] and his attention fixed, by the striking novelty of the manners and customs whereby he was surrounded.[336]

Die durch Personalunion entstandene Verbindung zwischen dem britischen und dem deutschsprachigen Raum beeinflusste nicht nur Herings Lebensweg und militärischen Werdegang, sondern auch die Verbreitung seiner Publikation, die so ihren Weg in den englischen Sprachraum fand und als authentischer Bericht eines Kriegsteilnehmers angesehen wurde – ein Umstand, der Woods offensichtlich nicht bekannt war. Da ihm nur die über Umwege erlangte deutschsprachige Version vorlag, übersetzte er einige Passagen, um sie dem englischsprachigen Publikum zugänglich zu machen (die Übersetzung folgte 1987 seinem Artikel in der Zeitschrift *Irish Historical Studies*)[337]. Für Woods war die Quelle besonders wegen ihrer umfassenden und genauen Informationen über das irische Alltagsleben von Interesse. Diese hätten weitaus mehr Gehalt als andere, damals ebenfalls erschienene Reiseberichte und eröffneten dem Historiker ganz neue Einblicke in die irische Alltagskultur zu Beginn des 19. Jahrhunderts.[338] Diese Einschätzung machte Herings Bericht auch für die hier vorliegende Arbeit unter dem Gesichtspunkt seiner in Spanien gewonnenen Eindrücke interessant. Sie weist zugleich auf die Kultur vermittelnde Rolle von Kriegsteilnehmern hin, die es endlich umfassend zu untersuchen gilt. Obwohl

---

334   Vgl.: [Hering, Friedrich]: Journal of an Officer in the King's German Legion. Comprising an Account of his Campaigns and Adventures in England, Ireland, Denmark, Portugal, Spain, Malta, Sicily, and Italy. London 1827.

335   Vgl.: ebd., S. ix-xviii.

336   Ebd., S. v.

337   Vgl.: Woods: Select Documents XLI, in: Irish Historical Studies 25, H. 99 (1987), S. 315-321.

338   Vgl.: ebd., S. 312.

der Schwerpunkt dieser Arbeit auf deutschsprachigen Zeugnissen liegt, die für ein Lesepublikum im deutschsprachigen Raum gedacht waren, sei an dieser Stelle auf die grenzüberschreitende englische Publikation von Hering verwiesen, zumal sie (auf Englisch) seit 2007 von verschiedenen Verlagen mit unterschiedlichen Titeln erneut aufgelegt wurde, also bis in die Gegenwart hinein nichts von ihrer Faszination eingebüßt hat.[339]

Aufbau und Anliegen von Herings Zeugnis spiegeln sich bereits im Titel seiner Publikation wider: Auch er ist bemüht, über seine subjektive Sicht den Blick für größere Ereignisse zu öffnen – im vorliegenden Fall für die Einsätze der „Deutschen Legion des Königs (von England)"[340]. Er verwendet England in diesem Zusammenhang synekdochisch für Großbritannien, teilweise auch für das Vereinte Königreich Großbritannien und Irland[341] – eine Praxis, die sich auch in anderen herangezogenen Berichten findet.[342] Bei dem Begriff Engländer liegt ebenfalls eine synekdochische Wortverwendung vor.[343] Als Quelle dieser *Erinnerungen eines Legionärs* werden im Untertitel Auszüge aus einem Tagebuch angegeben.[344] Den dadurch entstehenden Eindruck von kontinuierlich im Einsatz gemachten Notizen relativiert Hering auf den folgenden Seiten, da es sich eigentlich um eine Sammlung von Briefen handele, die er während seiner Dienstzeit verfasst habe und die anschließend die Grundlage für seinen Bericht bildeten.[345] Dieser sei ursprünglich für Freunde und Verwandte gedacht gewesen, die ihn dann zur Veröffentlichung ermutigt hätten.[346] Sehr persönliche, nur für die ursprünglichen Adressaten bestimmte Passagen wurden dabei vom Verfasser herausgekürzt,[347] woraus offenbar der Titelvermerk „In Auszügen"[348] resultiert. Gesammelte Briefe als Tagebuch zu

---

339 Vgl. z. B.: [Hering, Friedrich]: Journal of an Officer in the King's German Legion. Comprising an Account of his Campaigns and Adventures in England, Ireland, Denmark, Portugal, Spain, Malta, Sicily and Italy. Withefish, MT 2007; Hering, John F.: Journal of an Officer in the King's German Legion. Recollections of Campaining during the Napoleonic Wars. (Eyewitness to War Series). Reprint, Oakpast 2009; [Hering, Friedrich]: Journal of an Officer in the King's German Legion. Comprising an Account of his Campaigns and Adventures in England, Ireland, Denmark, Portugal, Spain, Malta, Sicily and Italy. Neuaufl., Withefish, MT 2010; [Hering, Friedrich]: Journal of an Officer in the King's German Legion. Reprint, o. O. 2010.
340 [Hering]: Erinnerungen, (Titelblatt).
341 Vgl. z. B.: ebd., S. 106, 203, 261.
342 Vgl. z. B.: Holzing: Meine Gefangennehmung (1824).
343 Vgl. z. B.: [Hering]: Erinnerungen, S. 52, 192, 248.
344 Vgl.: ebd., (Titelblatt).
345 Vgl.: ebd., S. XVII.
346 Vgl.: ebd., S. XVII-XVIII.
347 Vgl.: ebd., S. XVIII.
348 Ebd., (Titelblatt).

deklarieren und sie als Grundlage für eine spätere Veröffentlichung zu nutzen, war dem damaligen Lesepublikum nicht fremd oder erschien illegitim – im Gegenteil: Verschiedene Reiseberichte bedienten sich dieses Stils, der dort jedoch bis ins Fiktionale reichen konnte. Auch der Briefroman[349] war sehr populär.[350] In Herings Publikation und der von ihm beschriebenen Herleitung (Briefe, Tagebuch, Freunde und Verwandte, Veröffentlichung) wird dieses akzeptierte Stilmittel möglicherweise zur nachträglichen Legitimation genutzt, sie können als reale Entstehungsumstände aber auch nicht ausgeschlossen werden. Dass es sich bei den veröffentlichten Briefen nur um Auszüge handelt, kann den Leseanreiz durchaus erhöht haben – es suggeriert, dass nur die interessanten Aspekte präsentiert werden.

Herings Publikation erschien zu einer Zeit, als im deutschsprachigen Raum noch keine größere Abhandlung über die Königlich Deutsche Legion vorlag (die bis heute für wissenschaftliche Untersuchungen herangezogene umfassende Monografie zur Geschichte der KGL von Ludlow Beamish wurde erst 1832, also acht Jahre später, verlegt)[351]. Das Fehlen einer solchen Informationsquelle gibt Hering als einen der Gründe für seine Veröffentlichung an.[352] Ohne den Platz einer allumfassenden Monografie einnehmen zu wollen, sollte sein Bericht diese Lücke überbrücken helfen.[353] Dieses Anliegen unterstreicht er mit allgemeineren Ausführungen über die Einsätze der KGL,[354] was zugleich einen größeren Leserkreis ansprechen sollte. Gerade unter den offenbar schwierigen Publikationsbedingungen waren derartige Aspekte von nicht zu unterschätzender (auch wirtschaftlicher) Bedeutung.[355]

---

349   Der Briefroman „besteht aus einer Folge von Briefen eines oder mehrerer fingierter Verfasser ohne erzählende Verbindungstexte, allenfalls ergänzt durch ähnliche fingierte Dokumente (Tagebuchfragmente etc.). Anders als im Ich-Roman wird nicht vom Ende her erzählt, sondern scheinbar ohne Kenntnis des weiteren Handlungsverlaufs [...] Die Form der direkten nuancierten Selbstaussage macht den B. zum Mittel differenzierter Seelenschilderung; gegenüber dem Tagebuchroman wirkt sich aber die der Briefsituation eigene Wendung an einen Adressaten objektivierend aus." Steinhoff, Hans-Hugo: Briefroman, in: Schweilke/Schweilke (Hg.): Metzler Literatur Lexikon. Begriffe und Definitionen. 2. überarb. Aufl., Stuttgart 1990, S. 62.

350   Die Problematik der Reiseberichte ist in Kapitel 2 genauer ausgeführt.

351   Der erste Teil von Beamishs zweibändiger Publikation erschien auf Englisch und Deutsch im gleichen Jahr. Vgl.: Beamish: Geschichte der Königlich Deutschen Legion. Bd. 1; Beamish, North L.: History of the King's German Legion. Bd. 1. London 1832.

352   Vgl.: [Hering]: Erinnerungen, S. XVII-XVIII.

353   Vgl.: ebd; Helwingsche Hof-Buchhandlung: Zueignung, S. III.

354   Vgl. z. B.: [Hering]: Erinnerungen, S. XXI-XXVIII.

355   Hering reißt die schwierigen Publikationsbedingungen in seinem Vorwort kurz an. Vgl.: ebd., S. XIX.

Der „Zueignung"[356] und dem Inhaltsverzeichnis folgt Herings anonymes
Vorwort. Dort verweist er u. a. auf das Problem der nicht immer korrekten
Ortsnamen, da er diese in der Regel nur dem Hören nach niederschrieb.[357] Der
Versuch, sie für die Publikation mit zugänglichen Karten abzugleichen, wäre
nur begrenzt erfolgreich gewesen, da auch dort keine einheitliche Schreibweise zu finden gewesen sei.[358] Dieses nicht nur Hering betreffende Problem
erschwerte u. a. das Erstellen der im Anhang dieser Arbeit befindlichen Karten
bezüglich der in den Quellen von den Kriegsteilnehmern angegebenen Orte auf
der Iberischen Halbinsel.[359] Die Mehrzahl der vermerkten Orte konnte zwar
ausfindig gemacht werden, einige sind jedoch z. B. wegen problematischer
Schreibweise oder der Häufung gleicher Namen lediglich in den beigefügten
Ortsverzeichnissen vermerkt und nicht in den Karten enthalten.[360]

Ähnlich wie Heusinger, so stellt auch Hering seinem eigentlichen Bericht
einen kurzen historischen Überblick über die KGL von ihrer Entstehung bis
zu ihrer Auflösung voran.[361] Dabei verwendet er den Begriff der „Deutschen
Legion"[362] und verweist lediglich auf die offizielle Bezeichnung „King's German
Legion"[363]. Er hebt die Leistung dieser (sich ursprünglich aus Hannoveranern
rekrutierenden) Legion und ihre Bedeutung hervor und grenzt sie gleichzeitig
von der später erstellten französisch-hannoverschen Legion[364] ab.[365] Neben
seinem starken Bezug zu Hannover wird in Herings Zeugnis mit „Deutschland"[366] ein weiter gefasster Heimatbegriff deutlich, mit dem er sich ebenfalls
identifiziert.[367]

In den folgenden zwei Kapiteln beschreibt Hering seinen Weg von Hann.
Münden über Göttingen, Hamburg und Dänemark bis nach Großbritannien,[368]
was den in Kapitel 2 erläuterten Bedingungen der Rekrutierung für die KGL
entspricht. Er wird zunächst für längere Zeit in verschiedenen Teilen Großbritanniens und Irlands stationiert und nimmt 1807 als Mitglied der KGL

---

356   Helwingsche Hof-Buchhandlung: Zueignung, S. III.
357   Vgl.: [Hering]: Erinnerungen, S. XX.
358   Vgl.: ebd.
359   Siehe Anhang Karten.
360   Siehe Anhang Verzeichnisse der in den Quellen angegebenen Ortschaften.
361   Vgl.: [Hering]: Erinnerungen, S. XXI-XXVII.
362   Ebd., S. XXI.
363   Ebd.
364   Zur französisch-hannoverschen Legion siehe Kapitel 2.2.4.
365   Vgl.: [Hering]: Erinnerungen, S. XXVII-XXVIII.
366   Ebd., S. 41.
367   Vgl. z. B.: ebd., S. 53.
368   Vgl.: ebd., S. 1-21.

an der Expedition nach Kopenhagen teil.[369] Am 22. April 1809 wird Hering
gemeinsam mit anderen Angehörigen der KGL in Spithead (Insel Wight, Großbritannien) eingeschifft und auf die Iberische Halbinsel gebracht.[370] Anders
als Heusinger kommt er von Portugal aus über Figueira da Foz, Pombal, Leiria,
Lissabon und Coria im Juli 1809 nach Spanien.[371] Er nimmt an der Schlacht um
Talavera teil, geht danach in ein kurzes „Ruhelager"[372] nach Portugal zurück
und ist immer wieder in der Grenzregion zwischen Portugal und Spanien
im Einsatz.[373] Seinen hauptsächlich den Kriegsverlauf beschreibenden und
Wellingtons Entscheidungen erläuternden Erklärungen fügt er Eindrücke
über Spanien, Portugal und ihre Einwohner bei. Dazu gehören z. B. Rituale
bei Beerdigungen, wobei er Portugiesen und Spanier vergleicht.[374] 1810
kommt er in Portugal gegen die dorthin vorstoßende französische Portugal-
armee unter Marschall André Masséna[375] (1758-1817) zum Einsatz,[376] in der
u. a. der hier bereits erwähnte Volgmann kämpfte. Beide Berichte – obwohl
oder gerade weil aus entgegengesetzter Perspektive geschrieben – ergänzen
einander und geben Aufschluss über die Situation der Kriegsteilnehmer auf
beiden Seiten sowie über die fatalen Folgen der Kampfhandlungen für die
ansässige Bevölkerung und deren heimatliche Umgebung. Beide sehen das
durch den Krieg hervorgerufene Elend, das zum Teil von den eigenen Truppen
verursacht wurde, betrachten jedoch den jeweiligen Gegner als eigentlich
Schuldigen. So zeichnet Hering ein beklemmendes Bild von der Zerstörung
und der Gewaltentgrenzung seitens der Franzosen.[377] Dazu zählen für ihn aus-
nahmslos alle Angehörigen der Armeen Napoleons, obwohl er durchaus
nach Herkunftsregionen differenziert (z. B. Holländer, Deutsche etc.)[378]. Der
Feind ist für ihn Frankreich und damit alle, auch Deutschsprachige, die auf
dessen Seite kämpfen. Als Wundarzt war es ihm offenbar möglich, selbst in
Gefechtssituationen oft eine beobachtende Position einzunehmen, aus der

---

369   Vgl.: ebd., S. 21-148.
370   Vgl.: ebd., S. 173-184.
371   Vgl.: ebd., S. 184-226.
372   Ebd., S. 278.
373   Vgl.: ebd., S. 226-325.
374   Vgl. z. B.: ebd., S. 283, 292, 315.
375   Massénas militärischer Aufstieg hatte während der Revolutionskriege begonnen. Er
      kam u. a. in Italien, der Schweiz und Spanien zum Einsatz. Zu einer genaueren militär-
      historischen Aufarbeitung seines Einsatzes in Portugal gegen Wellington siehe z. B.:
      Buttery, David: Wellington against Massena. The Third Invasion of Portugal 1810-1811.
      Barnsley 2007.
376   Vgl.: [Hering]: Erinnerungen, S. 325-365.
377   Vgl. z. B.: ebd., S. 379-382.
378   Vgl. z. B.: ebd., S. 313.

heraus er seine Eindrücke wiedergibt.[379] Über seine genaue medizinische
Tätigkeit schreibt Hering kaum, dafür aber umso mehr von Verwundeten, Verletzten und der Zerstörung, auf die er 1811 in den Kämpfen gegen den wieder
auf spanisches Territorium zurückgedrängten Masséna und beim Rücktransport von Verwundeten und Kranken trifft.[380] Herings nüchterne Schilderung
der Geschehnisse war für ihn offenbar die einzige Möglichkeit, sich über die
ungeheuren Kriegsgräuel zu äußern, die er erleben musste und die mitunter
so groß waren, dass es ihm gänzlich unmöglich war, sie niederzuschreiben.[381]
Im August 1811 wird Hering nach Großbritannien zurückbeordert,[382] kommt
anschließend in Sizilien zum Einsatz und gelangt 1816 über Genua, Neapel und
Gibraltar wieder nach Großbritannien. Von dort aus kehrt sein Bataillon nach
Emden zurück, wo es aufgelöst wird, Hering seinen Weg in die „Heimath"[383]
antritt und der Bericht endet.[384]

3.2.6   *Johann Karl August Geißler*

Eine spezifische landeskundliche und medizinische Perspektive auf Spanien
findet sich auch in der 1830 veröffentlichten Publikation *Denkwürdigkeiten
aus dem Feldzuge in Spanien in den Jahren 1810 und 1811 mit dem Herzoglich
Sächsischen Weimarischen Contingent* von „C. Geißler, Großherzogl. Sächs.
Militairwundarzt".[385].[386] Im Medizinischen Schriftsteller-Lexicon von 1831
wird als Verfasser genannter Schrift der Militärarzt Carl Geissler angegeben.[387]
In der Auflage von 1840 hingegen wird vermerkt, dass Carl Geissler und der
Verfasser der vorgenannten Quelle, C. Geisler (nun mit s geschrieben), ver-
schiedene Personen seien.[388] Aus dem Zeugnis selbst geht hervor, dass sein
Verfasser aus Eisenach stammt.[389] Im Bürgerbuch von Eisenach findet sich

---

379   Vgl. z. B.: ebd., S. 234, 401-402, 404.
380   Vgl. z. B.: ebd., S. 379-382, 407-413.
381   Vgl. z. B.: ebd., S. 356, 380.
382   Vgl.: ebd., S. 417-427.
383   Ebd., S. 544.
384   Vgl.: ebd., S. 429-544.
385   Geißler, C.: Denkwürdigkeiten aus dem Feldzuge in Spanien in den Jahren 1810 und 1811
        mit dem Herzoglich Sächsischen Weimarischen Contingent. Leipzig 1830, (Titelseite).
386   Vgl.: ebd., (Titelblatt).
387   Vgl.: Callisen, Adolph Carl Peter: Medicinisches Schriftsteller-Lexicon der jetzt lebenden
        Aerzte, Wundärzte, Geburtshelfer, Apotheker, und Naturforscher aller gebildeten Völker.
        Bd. 7. Copenhagen 1831, S. 119.
388   Vgl.: ebd; Callisen, Adolph Carl Peter: Medicinisches Schriftsteller-Lexicon der jetzt
        lebenden Verfasser. Bd. 28. Copenhagen 1840, S. 172.
389   Vgl.: Geißler: Denkwürdigkeiten (1830), S. 60.

jedoch nur ein August Geißler, der 1825 mit Frau und Kind in der Stadt lebte.[390]
Ihm zugeordnet wird allerdings ein Artikel in den *Blättern für Heimatkunde*
(eine Beilage des *Eisenacher Postboten*) aus dem Jahr 1927. Dabei handelt es
sich offenbar um den Wiederabdruck eines Nachrufs auf Johann Karl August
Geißler aus dem Jahr 1840, der dort u. a. als Verfasser der *Denkwürdigkeiten
aus dem Feldzuge in Spanien* geehrt wurde. Demnach ging der 1785 in Eisenach
geborene Geißler nach dem Besuch des Gymnasiums bei einem Bader in die
Lehre und besuchte gleichzeitig Anatomiekurse.[391] 1805 arbeitete er in Wien
als Wundarztgehilfe in einem Militärhospital.[392] Im selben Jahr nahm er am
dritten Koalitionskrieg (1805) gegen Frankreich teil und geriet in Gefangenschaft.[393] Auf dem Marsch nach Frankreich erkrankte er, verblieb im Lazarett
und ging nach seiner Genesung nach Mühlheim und Gotha, wo er weitere
medizinische Praxis erwarb.[394] 1810 ließ er sich als Wundarzt für die damals
bereits in Spanien befindlichen Truppen von Sachsen-Weimar-Eisenach[395]
anstellen.[396] Der Einsatz in der Fremde entsprach, wie Geißler in seinem Bericht
vermerkt, seinem Anliegen, dem Vaterland zu dienen und sich „durch Reisen
für die Welt zu bilden und wissenschaftliche Erkenntnis zu befördern"[397]. Die
Aussage bezüglich des Dienstes am Vaterland ist erstaunlich, hatte Geißler
doch zuvor gegen Frankreich gekämpft,[398] für das Sachsen-Weimar-Eisenach
durch den Beitritt zum Rheinbund und die damit einhergehenden Bündnisverpflichtungen nun Truppen zu stellen hatte. Interessant ist auch, dass Geißler
gerade im Militärdienst eine Möglichkeit sah, zu reisen und seinen Wissenshorizont zu erweitern. Dies bezog sich sowohl auf die allgemeine Länderkunde
als auch auf den medizinisch-wissenschaftlichen Bereich: Ein Wundarzt in der

---

390   Vgl.: o.V.: Eisenacher Bürgerbuch, 1781-1829, Stadtarchiv Eisenach, 21.3-004, S. 940.

391   Vgl.: Günther, J.: Johann Karl August Geißler, großherzogl. sachs. weimar.-eisenach.
       Landesdirektionskanlist zu Eisenach; geb. 3. April 1785, gest. 5. Januar 1840, in: Luginsland.
       Blätter für Heimatkunde, Beilage zur „Eisenacher Tagespost", 22.11.1927, S. 173.

392   Vgl.: ebd.

393   Vgl.: ebd.

394   Vgl.: ebd.

395   Herzog Karl August von Sachsen-Weimar-Eisenach (1757-1828) war 1806 dem Rheinbund
       beigetreten. Dementsprechend hatte Sachsen-Weimar-Eisenach Truppen zu stellen,
       die u. a. in Spanien und Russland zum Einsatz kamen. Vgl.: Peter, Antonio: Geschichte
       Thüringens, in: Künzel/Rellecke (Hg.): Geschichte der deutschen Länder. Entwicklungen
       und Traditionen vom Mittelalter bis zur Gegenwart (Schriftenreihe bpb, Bd. 723). Überarb.
       Neuaufl., Lizenzausg., Bonn 2008, S. 397-398.

396   Vgl.: Geißler: Denkwürdigkeiten (1830), S. 5, 60; Günther: Geißler, in: Luginsland. Blätter
       für Heimatkunde, Beilage zur „Eisenacher Tagespost", 22.11.1927, S. 173-174.

397   Geißler: Denkwürdigkeiten (1830), S. 5.

398   Vgl.: Günther: Geißler, in: Luginsland. Blätter für Heimatkunde, Beilage zur „Eisenacher
       Tagespost", 22.11.1927, S. 173.

Armee wurde mit medizinischen Herausforderungen konfrontiert, die außerhalb des Militärs seltener vorkamen. Die Verbindung von Militär, Bildung und Wissenschaft stellt für Geißler keinen Widerspruch dar, sie bedingen einander geradezu. Diese Perspektive wird in seinem Bericht deutlich, den er über sechzehn Jahre nach dem Ende seines Einsatzes veröffentlichte.[399] Zu dieser Zeit war er als Militärwundarzt für ein bei Eisenach garnisoniertes Bataillon zuständig.[400] In seinem Bericht über Spanien kündigt er zwei weitere Publikationen über seine Erlebnisse im Russlandfeldzug und seinen darauf folgenden Einsatz in Danzig an.[401] Das Erscheinen seines Berichts über den Russlandfeldzug[402] im Jahre 1840 erlebte Geißler nicht mehr, da er noch während des Drucks desselben verstarb.[403] Die *Denkwürdigkeiten aus dem Feldzuge in Spanien* wurden 1910 erneut als fünfter Band der Reihe *Aus vergilbten Pergamenten. Eine Folge von Tagebüchern, Briefen und Berichten aus der Napoleonischen Epoche* von Theodor Rehtwisch herausgegeben.[404] In der Einleitung dazu vermerkt Rehtwisch: „Mit hellen Augen schaut Geißler in die Welt und gibt uns in den vorliegenden Blättern […] liebenswürdige Reisebilder und ernste Kriegsbilder […] deren Schilderung man mit großem Interesse folgt."[405]

---

399   Vgl.: Geißler: Denkwürdigkeiten (1830).

400   Vgl.: Günther: Geißler, in: Luginsland. Blätter für Heimatkunde, Beilage zur „Eisenacher Tagespost", 22.11.1927, S. 174. Nach 1832 verließ Geißler das Militär und arbeitete für die Landesdirektionskanzlei. Vgl.: ebd.

401   Vgl.: Geißler: Denkwürdigkeiten (1830), (Vorerinnerung).

402   Vgl.: [Geissler, C.]: Geschichte des Regiments Herzoge zu Sachsen unter Napoleon mit der grossen Armee im russischen Feldzuge 1812. Insbesondere Beziehung auf die übrigen damals der Division Lioson zugetheilten Großherzoglich Frankfurtischen, Herzoglich Anhaltischen, Fürstlich Lippischen, Schwarzburgischen, Waldeckischen Reußischen Truppen, hg. von C. Geissler. Eisenach 1840.

403   Geißler „starb […] ohne noch die Herausgabe seines Werkes zu erleben." o.V.: Geschichte, in: Literaturblatt, Beilage zum „Morgenblatt für Gebildete Stände", 20.8.1841, S. 336. Im *Literaturblatt* wird Geißlers Todesdatum auf den November 1839 datiert. Im Nachruf des Beiblatts der *Eisenacher Zeitung* wird hingegen der 5. Januar 1840 angegeben. Vgl.: Günther: Geißler, in: Luginsland. Blätter für Heimatkunde, Beilage zur „Eisenacher Tagespost", 22.11.1927, S. 174.

404   Geißlers Vorwort entfiel bei der Wiederauflage. Sein Name wird im Titel mit ss geschrieben. Vgl.: Geissler, C.: Denkwürdigkeiten aus dem Feldzuge in Spanien in den Jahren 1810 u. 1811 mit dem Herzogl. Sächs. Kontingent von C. Geissler, Großherzogl. Sächsischer Militärwundarzt. (Aus vergilbten Pergamenten. Eine Folge von Tagebüchern, Briefen und Berichten aus der Napoleonischen Epoche, Bd. 5). Leipzig [1910].

405   Rehtwisch, Theodor: Einleitung, in: Rehtwisch (Hg.): Denkwürdigkeiten aus dem Feldzuge in Spanien in den Jahren 1810 und 1811 mit dem Herzoglich Sächsischen Weimarischen Contingent. Dargestellt von C. Geissler, Großherzogl. Sächs. Militairwundarzt (Mit einem ilum. Kupfer) (Aus vergilbten Pergamenten. Eine Folge von Tagebüchern, Briefen und Berichten aus der Napoleonischen Epoche, Bd. 5). Leipzig [1910], S. 1.

Die zwölf Bände umfassende Reihe von Rehtwisch zeigt u. a., dass Berichte von Kriegsteilnehmern aus der napoleonischen Zeit auch Anfang des 20. Jahrhunderts einen Leserkreis hatten.

Im Gegensatz zu von Holzing und Heusinger stellt Geißler seiner Publikation keine Widmung voran. Stattdessen wurde noch vor dem Titelblatt ein Titelkupfer platziert, worauf ein Spanier mit der Unterschrift „Ein Catalonier in der Landschaft, bewaffnet"[406] abgebildet ist. Der Leser wird somit, ähnlich wie bei von Brandt, noch vor der eigentlichen Lektüre bildlich auf das Folgende eingestimmt, denn Geißler kam in Katalonien zum Einsatz. Interessant ist die Haltung des bewaffneten, in der für die Region damals üblichen Kleidung abgebildeten Spaniers: Weder aufbrausend noch kämpferisch stützt sich der dargestellte Prototyp eher nachdenklich auf sein Gewehr. Die im Untertitel erwähnte Landschaft beschränkt sich auf die Darstellung eines steinigen Untergrunds, auf dem der Katalane steht. Die Abbildung dieses nachdenklichen, aber wehrhaften Mannes in unergründlicher Umgebung (er)scheint wie ein Motto, das dem Bericht zu Grunde liegt. Sie weist zugleich auf den Kriegszustand hin, sodass der Leser noch vor der ersten gelesenen Zeile ein entsprechendes Bild vor Augen hat. Das Titelkupfer kann daher auch als Leseanreiz betrachtet werden.[407] Geißler selbst nimmt erst bei der Erläuterung der Kleidung von Katalanen wieder Bezug auf die Abbildung.[408] Das Titelkupfer aus Geißlers Bericht hat auch in Publikationen der letzten Jahre Eingang gefunden, wo es bis heute als verallgemeinerndes Beispiel für den zeitgenössischen Katalanen steht.[409] Die Verwebung von Informationen aus damaligen Zeugnissen als authentische Wiedergabe spanischer Zustände zur Zeit des Unabhängigkeitskrieges hält also bis in die Gegenwart an.

Auf dem dem Titelkupfer folgenden Titelblatt ist auch in Geißlers Publikation dessen militärischer Rang als „Großherzogl. Sächs. Militairwundarzt"[410] ver-

---

406   Geißler: Denkwürdigkeiten (1830), (Bildtitel Titelkupfer).

407   Vgl.: ebd., (Titelkupfer).

408   Vgl.: ebd., S. 101.

409   So findet sich z. B. in der von Hemmann herausgegebenen Quelledition des Tagebuchs des Kriegsteilnehmers Knauth eine Abbildung des Kupferstichs aus Geißlers Publikation. Mit Hilfe des hinzugefügten Kupferstichs wird Knauths Beschreibung eines Katalanen bildlich unterlegt und vermittelt so bis in die Gegenwart hinein eine plastische Vorstellung von einem Spanier zur Zeit der spanischen Unabhängigkeitskriegs. Vgl.: Hemmann (Hg.): Manresa – Das Tagebuch des gotha-altenburgischen Majors Knauth über seinen Feldzug in Katalonien 1810. Norderstedt 2009, S. 20-21.

410   Geißler: Denkwürdigkeiten (1830), (Titelblatt). Während Geißlers Dienst in Spanien war Karl August von Sachsen-Weimar-Eisenach noch Herzog. Erst 1815 wurde er zum Großherzog erhoben. Dass Geißler sich im Titel seiner 1830 veröffentlichten Publikation als „Großherzogl. Sächs. Militairwundarzt" bezeichnet, kann im damals aktuellen Titel

merkt. Neben seiner dadurch legitimierten Autorität wird so die spezifische Perspektive des Berichts ersichtlich, die die Behandlung medizinischer Themen erwarten lässt und sich somit auch an ein heilkundlich interessiertes Publikum als Leserkreis richtet. Dem Titelblatt folgt ein mehrere (nicht nummerierte) Seiten umfassendes Vorwort („Vorerinnerung").[411] Bereits auf diesen ersten Seiten wird Geißlers Selbstverortung als Deutscher deutlich, die auch im Bericht immer wieder hervortritt.[412] Er verbindet dabei die „Deutsche Sprache"[413] mit dem Vaterlandsbegriff.[414] Der Aufbau seiner Publikation ist eine Symbiose aus seinem eigenen Weg und dem des sächsisch-weimarischen Kontingents, das gemeinsam mit anderen Kontingenten kleinerer Fürstentümer im Regiment der Herzöge von Sachsen zusammengefasst worden war.[415] Trotz seiner subjektiven Perspektive ist Geißler um eine umfassende Darstellung der Aktivitäten des gesamten Regiments bemüht, was einen größeren Interessentenkreis erwarten ließ.[416] Dem Bericht liegen hauptsächlich eigene Kriegserfahrungen, aber auch von anderen Augenzeugen Übermitteltes zu Grunde. Im Gegensatz zu anderen Kriegsteilnehmern bedient er sich „weniger [...] aus dazu dienlichen Quellen geschöpften Materialien"[417].[418] Geißlers individueller Blickwinkel ist ihm durchaus bewusst, lässt ihn aber nicht daran zweifeln, die damaligen Ereignisse in einer spezifischen, noch nicht da gewesenen Weise beleuchten zu können. Der Wahrheitsanspruch ist dabei für ihn von zentraler Bedeutung.[419]

---

des Herrschers, aber auch in seinem derzeitig eigenen Rang begründet sein. Vgl.: Peter: Geschichte Thüringens, S. 398.

411   Vgl.: Geißler: Denkwürdigkeiten (1830), (Vorerinnerung).

412   Vgl. z. B.: ebd., (Vorerinnerung), S. 81-83.

413   Ebd., S. 33.

414   Vgl.: ebd.

415   Vgl.: Peter: Geschichte Thüringens, S. 398.

416   Geißler: Denkwürdigkeiten (1830), (Vorerinnerung).

417   Ebd.

418   Um seinen Anspruch einer umfassenden Darstellung des sächsischen Regiments gerecht zu werden, nahm Geißler auch den Bericht eines lippischen Soldaten in seine Schilderungen auf. Dieser war bei den Gefechten um La Bisbal d'Empordà in Gefangenschaft geraten und konnte in Tarragona fliehen. Seine Beschreibung der Ereignisse, insbesondere die der Kapitulation, findet sich ähnlich in den veröffentlichten Berichten von Georg Holzenthal und Wilhelm Ludwig Falkmann. Vgl.: ebd., S. 169-175; Holzenthal: Briefe, in: Journal für die neuesten Land- und Seereisen 24, H. 9 (1816), S. 77-81; Falkmann, Wilhelm L.: Auszüge aus meinem Tagebuche in den Jahren 1809 bis 1814. Bilder aus dem Kriegsleben eines Lippischen Officiers, in: Lippisches Magazin für vaterländische Kultur und Gemeinwohl 4, H. 38 (1838), S. 593-597.

419   Vgl.: Geißler: Denkwürdigkeiten (1830), (Vorerinnerung).

Geißler beginnt seinen in elf Kapitel gegliederten Bericht über seine Erlebnisse auf der Iberischen Halbinsel mit einem kurzen historischen Abriss über die Ereignisse, die zur Entsendung der Truppen führten.[420] Dem schließt er die Beschreibung seiner Anstellung für das bereits in Spanien befindliche Kontingent an, ohne seine vorherige Tätigkeit für die Gegenpartei im dritten Koalitionskrieg (1805) zu erwähnen.[421] Mit Papieren und Briefen von Vorgesetzten und Privatpersonen bricht er allein von Weimar aus auf und gelangt über Mainz, Straßburg, Lyon, Uzès und Montpellier nach Perpignan.[422] Auf seinem Weg schließt er sich verschiedenen Reisegesellschaften und Truppen an, wobei er seine Grundkenntnisse in Französisch auffrischt.[423] Wie Holzenthal, so überquert auch er über Le Boulou die Pyrenäen und stößt dann in Girona zu seinem Regiment.[424] Die mitgegebene Post und die (teils eigens für diesen Einsatz erworbenen) medizinischen Instrumente gingen auf dem Transport von Medina nach Girona verloren, sodass sich Geißler auf eigene Kosten neu ausstatten musste.[425] Obwohl er als Wundarzt tätig war, gibt er in seinem Bericht kaum Auskunft über Behandlungsmethoden. Genauer wird er hingegen bei der Erläuterung medizinischer Organisationsstrukturen und verbindet u. a. landeskundliche Informationen mit gesundheitsdienlichen Hinweisen.[426] Auch Beschreibungen der Sozialstruktur und des Alltagslebens der Einheimischen finden sich in seinem Bericht.[427] Ergänzend stellt er den Verlauf der Kampfhandlungen dar, in die das Regiment verwickelt war.[428] Dadurch erhält der Leser auch ein Bild von den Operationen des Gegners, wobei Geißler sowohl die Begriffe Guerilla, Guerilla-Haufen, Brigands und Insurgenten verwendet.[429] Er sieht die „Deutsche[n] Truppen"[430] von französischer Seite stets absichtlich auf besonders schwierige Posten gestellt, was er im Einsatz seines Regiments bestätigt findet.[431] Die Entwicklung der Kampfhandlungen

---

420 Vgl.: ebd., S. 1-5.
421 Vgl.: ebd., S. 5-6.
422 Vgl.: ebd., S. 6-57.
423 Vgl.: ebd.
424 Vgl.: ebd., S. 61-75.
425 Vgl.: ebd., S. 75-77.
426 Vgl. z. B.: ebd., S. 85-95.
427 Vgl. z. B.: ebd., S. 99-102.
428 Vgl. z. B.: ebd., S. 147-155, 165-169.
429 Vgl. z. B.: ebd., S. 66, 75, 117, 152.
430 Ebd., (Vorerinnerung).
431 Geißler nimmt dabei z. B. Bezug auf den Schriftverkehr über die zur Auszeichnung vorgeschlagenen Regimentsangehörigen, die sich bei den Kämpfen bei Manresa hervorgetan hatten. Die auf Französisch abgedruckte Korrespondenz übersetzt er in den Fußnoten ins Deutsche. Vgl.: ebd., S. 155-161.

führt zum Rückzug und dem Einsatz Geißlers in Südfrankreich.[432] Über Lyon und Dijon gelangt er schließlich mit seinem Regiment nach Frankfurt, wo es aufgelöst wird.[433] Geißler vermerkt die Verluste des Regiments und dessen Bestand mit besonderem Bezug zum Kontingent Weimar.[434] Sein Bericht endet mit dem begeisterten Empfang der Zurückgekehrten in Weimar.[435]

3.3 Handschriften

Die bereits erwähnte allgegenwärtige Zensur führt in den Berichten u. a. zu Umschreibungen und Aussparungen. Diese Leerstellen – wie z. B. in den Bereichen Krankheit, Verletzung, medizinische Versorgung und Leid – können ihre Ursache aber auch im vorherrschenden Männlichkeitsbild haben, nach dem die Offenbarung von Schwächen als unmännlich galt.[436] Die in der Regel nicht zur Veröffentlichung bestimmten Handschriften enthalten jedoch vereinzelt Hinweise zu eben genannten Leerstellen. Sie haben für diese Arbeit daher eine ergänzende bzw. vervollständigende Funktion.

Handschriften deutschsprachiger Teilnehmer am spanischen Unabhängigkeitskrieg (bei denen, wie bei den gedruckten Quellen, mehr Zeugnisse von französischer als von britischer Seite vorliegen) sind aus unterschiedlicher Motivation heraus entstanden. So handelt es sich zum einen um teilweise sehr

---

432 Vgl.: ebd., S. 191-192.
433 Vgl.: ebd., S. 214-232.
434 Vgl.: ebd., S. 232-236.
435 Vgl.: ebd., S. 238-239.
436 Zum damaligen Männlichkeitsbild siehe: Murken, Julia: Von „Todesängsten" zu „guter Manneszucht". Soldatische Männlichkeit im napoleonischen Russlandfeldzug und ihre Umdeutung im 19. und 20. Jahrhundert, in: Planert (Hg.): Krieg und Umbruch in Mitteleuropa um 1800. Erfahrungsgeschichte(n) auf dem Weg in eine neue Zeit (Krieg in der Geschichte, Bd. 44). Paderborn u. a. 2009; Dudink, Stefan/Hagemann, Karen: Masculinity in Politics and War in the Age of Democratic Revolutions 1750-1850, in: Dudink u. a. (Hg.): Masculinities in Politics and War. Gendering Modern History (Gender in History). Manchester u. a. 2004, S. 3-21; Hagemann, Karen: „Männlicher Muth und Teutsche Ehre". Nation, Militär und Geschlecht zur Zeit der Antinapoleonischen Kriege Preußens. (Krieg in der Geschichte, Bd. 8). Paderborn 2002; Hagemann, Karen: „Heran, heran, zu Sieg oder Tod!" Entwürfe patriotisch-wehrhafter Männlichkeiten in der Zeit der Befreiungskriege, in: Kühne (Hg.): Männergeschichte – Geschlechtergeschichte. Männlichkeit im Wandel der Moderne (Geschichte und Geschlechter, Bd. 14). Frankfurt am Main 1996, S. 51-68; Kaulbach, Hans-Martin: Männliche Ideale von Krieg und Frieden in der Kunst der napoleonischen Ära, in: Dülffer (Hg.): Kriegsbereitschaft und Friedensordnung in Deutschland 1800-1814 (Jahrbuch für historische Friedensforschung, Bd. 3). Münster u. a. 1995, S. 127-154.

umfangreiche Erlebnisberichte, die Familie und Freunden zugedacht waren.[437]
Einige wurden später von Angehörigen abgeschrieben, um sie zu erhalten.[438]
In solchen Fällen kann das nur die Kriegserlebnisse selbst betreffen, diese
können aber auch in die Lebensgeschichte des Verfasser eingebettet sein,
um sie den Nachkommen als gesammelte Erfahrungen für den eigenen Weg
helfend und belehrend zu vermitteln. Auch Briefe an Bekannte, Familie und
Freunde können Zeugnis über die Kriegsteilnahme ablegen.[439]

Eine völlig andere Form und Zielstellung verfolgen z. B. handschriftlich
abgefasste Berichte von Betroffenen oder Zeugen, die im Rahmen von Untersuchungen militärischen Fehlverhaltens entstanden sind.[440] Grundabsicht
und Inhalt dieser Berichte stellen allerdings einen eigenen Forschungsbereich
dar, dem hier nicht nachgegangen werden kann.

Zu den handschriftlichen Aufzeichnungen zählen auch Tagebücher militärischen Charakters, die hauptsächlich Angaben über Marschrouten, Verweil-
dauer, Verluste etc., aber kaum bzw. wenige landeskundliche Informationen
enthalten. Dies ist besonders bei Deutschsprachigen auf britischer Seite der
Fall. Im Vergleich mit den gedruckten Quellen von Angehörigen der KGL
und Braunschweigern unterscheiden sie sich kaum in ihrem überwiegend
militärischen Charakter.[441] Aus diesem Grund wurde keine von ihnen für die
vorliegende Arbeit ausgewählt.

---

437   Vgl. z. B.: Keim: Kriegserlebnisse des Leutnants Keim in den Feldzügen der Jahre 1806-
       1815, (1835-1839), HHStAW, 3004 Nr. A 112 b.

438   Eine solche Abschrift von einem Verwandten liegt z. B. im Falle von Keims Bericht vor.
       Vgl.: Keim: Kriegserlebnisse des Leutnants Keim in den Feldzügen der Jahre 1806-1815.
       Abschrift, (1835-1837), HHStAW, 3004 Nr. A 112 a.

439   In der Abschrift der Quelle von Sachs finden sich Hinweise, dass er den Bericht über seine
       Hospitalaufenthalte in Briefform an einen Freund schrieb. [Sachs, Friedrich]: Bericht des
       Leutnants Friedrich Sachs aus Karlsruhe über seine Kriegsverletzung und seine Hospital-
       aufenthalte 1812 in Spanien. Abschrift von Rainer Fürst, [nach 1812], GLAK, 69 Klose
       Nr. 21.

440   Vgl. z. B.: Untersuchungssache gegen den Obristen v. Ledebur und den Obristleutenant
       Hermanny wegen ihres Betragens bei dem Kommando des Regiments Groß- und Erb-
       prinz in Spanien, 1808-1810, HStAD, E 8 B 74/1; Akten der außerordentlichen Militär-
       kommission: Untersuchung über das Benehmen des Oberleutenants Danner im Regiment
       Georg (Groß-) und Erbprinz bei dem Kommando des Regiments und 2. Bataillon
       während des Feldzugs in Spanien, 1809, HStAD, E 8 B 73/2; Akten der außerordentlichen
       Militärkommission: Untersuchung über das Benehmen des Obristen v. Ledebur und
       des Oberleutenants Hermann bei dem Kommando des Regiments Groß- und Erbprinz
       während des Feldzugs in Spanien, 1809, HStAD, E 8 B 73/1.

441   Vgl. z. B.: Poten, Augustus: Kriegstagebuch des August Poten (Kings German Legion).
       Kurze Generale Recapitulation von Schlachten, Scharmützeln, Kanonaden und anderen
       Hauptbegebenheiten usw. woran das 2. schwere, nachherige 2. leichte Dragoner-Regiment
       der Kgl.-Englisch-Teutschen-Legion teilgenommen hat. Mit alphabetischer Liste sämt-

Abschließend sei bemerkt, dass zu einigen Handschriften deutschsprachiger Teilnehmer am spanischen Unabhängigkeitskrieg sowohl nicht veröffentlichte als auch publizierte Transkriptionen aus dem 20. Jahrhundert vorliegen, wodurch auch diese in der Regel für den privaten Gebrauch gedachten Zeugnisse später einer größeren Öffentlichkeit zugänglich wurden.[442] Einige dieser Transkriptionen weisen allerdings im Vergleich mit dem Original teilweise starke sprachliche Eingriffe auf, enthalten Auslassungen und sogar Fehler.[443] In der vorliegenden Arbeit wurden daher so weit als möglich die Originale eingesehen. Einzig die Abschrift der Quelle von Sachs konnte nicht mit dem Original abgeglichen werden, da im Wehrgeschichtlichen Museum in Rastatt, wo es sich befinden soll, im Zeitraum der Nachforschungen längerfristige Inventurarbeiten durchgeführt wurden und ein Zugang nicht möglich war.

3.3.1   *Jacob Klauß*

Während der Recherchen wurde ich auf den handschriftlichen Bericht von Jacob Klauß aufmerksam.[444] Da hier einige der in den gedruckten Zeugnissen auffälligen Leerstellen angesprochen werden, empfehlen sich seine Ausführungen als interessante Ergänzung zu den publizierten Quellen. Im Archiv zu Haßloch befindet sich in den Akten über Jacob Klauß u. a. ein von ihm verfasster Lebenslauf.[445] Klauß wurde 1788 geboren und erhielt ab 1802 eine Ausbildung zum Bader und Barbier.[446] Haßloch, das dem Landgrafen von Hessen-Darmstadt unterstand, wurde nach dem Frieden von Campo Formio von 1797 bis 1814 dem französischen Département Mont Tonnerre zugeschlagen. Klauß kam 1807 über das in Kapitel 2 erwähnte Losverfahren in den Militärdienst.[447]

---

licher Offiziere des 2. Dragonerregiments, 1805-1816, NLA HA, MS, Nr. 280; Holle, Karl Ludwig von: Tagebuch des Karl Ludwig von Holle, 1804-1808, NLA HA, Dep. 130, Acc. 2010/021 Nr. 44; Cordemann, Ernst: Tagebuch des Oberleutnants Ernst Cordemanns (1809-1815), 1833, NLA HA, Hann. 91 Cordemann I Nr. 1.

442   Vgl. z. B.: Knauth: Tagebuch (2009).

443   Vgl. z. B. das Original und die Abschrift von Rückerts Bericht: Rückert, Leonhard: Meine Laufbahn, 1809-1813, GLAK, 65 Nr. 721; [Rückert, Leonhard]: Aufzeichnungen von Oberstleutnant L. Rückert über seine Erlebnisse im spanischen Feldzug 1809-1813. Abschrift, 20. Jh., GLAK, 65 Nr. 721.

444   Vgl.: Klauß, Jacob: Ich, Jacob Klauß, 1815/1863, Gemeindearchiv Haßloch, Bestand 1 A 1 Nr. 45, Fol. 1-51.

445   Vgl.: ebd., Fol. 59-63.

446   Vgl.: ebd., Fol. 59.

447   Vgl.: ebd., Fol. 1, 58.

Klaus gehörte den ‚voltigeurs' an, einer Eliteformation, die Napoleon im Jahre 1804 geschaffen hatte und für die Soldaten ausgewählt wurden, die wegen ihrer kleinen Körpergröße für den Dienst bei den Grenadieren nicht geeignet waren. Die Aufgabe der Voltigeure war es, entweder als Scharfschütze (tirailleur) zu kämpfen, oder als eine Art mitaufsitzende Infanterie auf dem Pferd hinter dem Kavalleristen zu sitzen. Diese Leute mußten fähig sein, auf das Pferd und vom Pferd zu springen.[448]

Nach einer kurzen militärischen Ausbildung in Holland wurde er im gleichen Jahr nach Spanien abkommandiert.[449] Er verortet sich als Deutscher,[450] identifiziert sich rückblickend aber mit den „Franzosen"[451], da er ihnen als kriegsführender Partei angehörte und die während ihres Einsatzes in Spanien und Portugal „gemer # viel verloren"[452] hatten.[453] In seinem handschriftlichen Zeugnis schildert er sein Leben als Soldat auf der Iberischen Halbinsel, die er während seiner dortigen Dienstzeit so gut wie möglich zu erkunden suchte.[454] Spanier bezeichnet er in der Regel als „Spanioler"[455] und Widerständische auch als „Briganten"[456].[457] Klauß gelangte zunächst nach Madrid und nahm 1808 u. a. an der Belagerung von Saragossa teil.[458] Danach erhielt sein Regiment den Auftrag, Gefangene nach Bayonne zu transportieren, von wo es nach kurzer Rast nach Portugal gesendet wurde.[459] Auf dem Weg dorthin erkrankte Klauß jedoch und musste ein „Spital"[460] aufsuchen.[461] Nach seiner Genesung ging er zu seinem Regiment zurück, das sich inzwischen wieder in Spanien im Einsatz befand.[462] 1810 nahm er an der Belagerung von Tortosa, 1811 an der

---

448 Kermann, Joachim: Jakob Klaus aus Haßloch. Die Teilnahme am Kriegsgeschehen in Spanien (1808-1812). Die politischen und militärischen Hintergründe, in: Kermann (Hg.): Pfälzer unter Napoleons Fahnen. Verteranen erinnern sich. Erlebnisberichte anläßlich der 200. Wiederkehr der Französischen Revolution (Sonderdruck der Bezirksgruppe Neustadt im Historischen Verein der Pfalz, Bd. 6). Speyer 1989, S. 65.

449 Vgl.: Klauß: Ich, 1815/1863, Gemeindearchiv Haßloch, Bestand 1 A 1 Nr. 45, Fol. 1-2, 60.

450 Vgl. z. B.: ebd., Fol. 3.

451 Ebd., Fol. 2.

452 Ebd., Fol. 59.

453 Vgl. z. B.: ebd., Fol. 8.

454 Vgl.: ebd., Fol. 1-51.

455 Ebd., Fol. 8.

456 Ebd., Fol. 41.

457 Vgl. z. B.: ebd., Fol. 8, 12, 37.

458 Vgl.: ebd., Fol. 2-12.

459 Vgl.: ebd., Fol. 12.

460 Ebd., Fol. 13.

461 Vgl.: ebd., Fol. 12-14.

462 Vgl.: ebd., Fol. 13-14.

von Tarragona teil.[463] Auf dem Marsch nach Alicante geriet er in spanische Gefangenschaft, aus der er jedoch fliehen und sich zu seiner Kompanie durchschlagen konnte.[464] 1812 wurde er während einer Aufklärungsmission nahe Alicante schwer verwundet, nach seiner Genesung Ende 1812 nach Frankreich beordert und dort für dienstuntauglich befunden.[465] 1813 kehrte er nach Haßloch zurück und nahm seine alte Tätigkeit als Barbier wieder auf.[466] In seinen Aufzeichnungen schildert Klauß neben Gewaltexzessen und der Abstumpfung der Kriegsteilnehmer auch die eigene Verletzung und Genesung.[467] Darüber hinaus vermittelt er landeskundliche Informationen, wobei er z. B. von prächtigen Gebäuden besonders beeindruckt war.[468] Rückblickend empfand er es als Glück, lebendig und arbeitsfähig aus diesem Krieg zurückgekehrt zu sein.[469] Er schrieb seine Erlebnisse 1815 nieder und 1863 aufgrund des schlechten Zustands der zu diesem Zeitpunkt bereits fast 50 Jahre alten Originalpapiere noch einmal ab.[470] Ausdruck und Schrift der Aufzeichnungen weisen darauf hin, dass Klauß im Schriftlichen offensichtlich nicht geübt war bzw., dass ihm das Schreiben im Alter schwer fiel, was sein Zeugnis umso bemerkenswerter macht. Der Bericht von 1815 liegt leider nicht mehr vor. Auch hier kann nicht ausgeschlossen werden, dass die Abschrift von 1863 Abweichungen vom Original enthält. Die von Klauß selbst gefertigte Abschrift wird dennoch als Quelle herangezogen. Sie war offensichtlich nicht zur Veröffentlichung bestimmt, unterlag keiner Zensur und enthält für das Erkenntnisinteresse in dieser Arbeit wertvolle ergänzende Hinweise. So wird das Kriegsgeschehen in einer Deutlichkeit thematisiert, die sich in gedruckten Berichten kaum findet. Eine Übertragung von Klauß' Bericht und Lebenslauf mit Anpassungen an die gegenwärtige Sprache (Rechtschreibung, Satzbau, Grammatik, Interpunktion) findet sich in der 1989 erschienenen Publikation *Pfälzer unter Napoleons Fahnen. Veteranen erinnern sich.*[471] Die dort abgedruckte Fassung enthält jedoch kleinere Auslassungen, sprachliche Eingriffe und führt z. B. durch die

---

463 Vgl.: ebd., Fol. 19-31.
464 Vgl.: ebd., Fol. 39-44.
465 Vgl.: ebd., Fol. 44-51, 60.
466 Vgl.: ebd., Fol. 61.
467 Vgl. z. B.: ebd., Fol. 28-29, 45-51.
468 Vgl. z. B.: ebd., Fol. 2-4.
469 Vgl.: ebd., Fol. 61.
470 Vgl.: ebd.
471 Vgl.: Klaus, Jakob: Jakob Klaus aus Haßloch. Erinnerungsbericht, in: Kermann (Hg.): Pfälzer unter Napoleons Fahnen. Veteranen erinnern sich. Erlebnisberichte anläßlich der 200. Wiederkehr der Französischen Revolution (Sonderdruck der Bezirksgruppe Neustadt im Historischen Verein der Pfalz). Speyer 1989, S. 73-120; Klaus: Jakob Klaus aus Haßloch. Lebenslauf des Jakob Klaus, S. 121-123.

einfügte Interpunktion zu durchaus strittigen Interpretationen.[472] Dadurch ist
der Bericht dem heutigen Lesepublikum allerdings zugänglich(er) geworden
und belegt einmal mehr das ungebrochene Interesse an Kriegserinnerungen
aus napoleonischer Zeit, zu denen auch der spanische Unabhängigkeitskrieg
gehört. Für die Bearbeitung der Quelle in dieser Arbeit erwies sich die Fassung
jedoch als ungeeignet.

3.3.2   *Friedrich Sachs*

Im Generallandesarchiv Karlsruhe befindet sich die Abschrift eines Berichts,
in dem der Teilnehmer am spanischen Unabhängigkeitskrieg Friedrich Sachs
einem Freund seinen leidvollen Weg nach einer Verletzung beschreibt. Die
ungewöhnliche Offenheit, mit der dieses Thema dabei zur Sprache kommt,
füllt die diesbezüglichen Leerstellen anderer Berichte auf besondere Weise.

Der 1788 in Karlsruhe geborene Friedrich Sachs war Pharmazeut und trat
1810 als Offiziersanwärter (Junker) ins Militär ein.[473] Im selben Jahr wurde er
nach Spanien entsandt, wo er 1811 zum Unterleutnant aufstieg und bis 1812 im
Einsatz war.[474] Während seiner Zeit in Spanien nahm er an verschiedenen
Kampfhandlungen teil, bis Sachs 1812 bei einem Gefecht bei Illescas (zwischen
Toledo und Madrid) schwer verwundet wurde.[475] Seine daran anschließende
Odyssee schildert Sachs in seinem Bericht an einen Freund ausführlich.[476]
Dabei treten Leid und Not des Verletzten genauso hervor, wie der unbedingte
Wille zum Überleben. Entgegen von vielen gedruckten Zeugnissen schildert
Sachs Schmerzen und Ohnmachtsgefühle sowie die damit einhergehende
ambivalente Haltung gegenüber der spanischen Bevölkerung.[477] Wenn auch
immer wieder nur beiläufig erwähnt, wird sein Bursche für ihn zur zentralen
Person, die für ihn – neben finanziellen Zuwendungen von anderer Seite,
z. B. seinem Vorgesetzen – überlebenswichtige Bedeutung hatte.[478] Sachs'
Verletzung ändert dessen Blickwinkel auf seine Umgebung und damit auch

---

472   Vgl. z. B.: Klauß: Ich, 1815/1863, Gemeindearchiv Haßloch, Bestand 1 A 1 Nr. 45, Fol. 49;
       Klaus: Erinnerungsbericht, S. 118.

473   Vgl.: o.V.: Sachs, Friedrich, in: Vaterlandsfreunden (Hg.): Universal-Lexikon vom Groß-
       herzogthum Baden. Karlsruhe 1843, S. 947.

474   Vgl.: ebd; Wechmar, Karl: Handbuch für Baden und seine Diener oder Verzeichnis aller
       badischen Diener vom Jahr 1790 bis 1840, nebst Nachtrag bis 1845. Von einem ergrauten
       Diener und Vaterlandsfreund. Heidelberg 1846, S. 67, 305.

475   Vgl.: o.V.: Sachs, Friedrich, in: Vaterlandsfreunden (Hg.): Universal-Lexikon vom Groß-
       herzogthum Baden, S. 947; [Sachs]: Bericht. Abschrift, [nach 1812], GLAK, 69 Klose Nr. 21,
       S. 1-2.

476   Vgl.: [Sachs]: Bericht. Abschrift, [nach 1812], GLAK, 69 Klose Nr. 21.

477   Vgl.: ebd., S. 2-12.

478   Vgl. z. B.: ebd., S. 6.

seine Einschätzung bezüglich Franzosen und Spaniern, wobei er die Begriffe „Guerillas"[479] und „Brigands"[480] benutzt. Grundlage für seine Beschreibungen waren offensichtlich bereits vorliegende Aufzeichnungen, die er noch einmal abschrieb, um sie einem Freund zugänglich zu machen.[481] Sein Bericht, der mit seiner Verwundung einsetzt, endet mit seiner Rückkehr nach Karlsruhe.[482] Nach seiner Genesung kämpfte Sachs gegen Frankreich, stieg weiter auf und blieb bis zu seiner Pensionierung (1843) im Militärdienst.[483] 1852 verstarb er in Karlsruhe.[484] Wie vorn bereits bemerkt, war es leider nicht möglich, das Original einzusehen. Der vorliegenden Abschrift zufolge spricht dieses Dokument jedoch eine außerordentlich klare Sprache bzgl. einer oft verschwiegenen Seite des Krieges: dem Leid. Zur Vervollständigung des Gesamtbildes wurde es daher in die Untersuchung einbezogen.

3.3.3   *Christian Maximilian Wilhelm Knauth*

Auf die Handschrift von Christian Maximilian Wilhelm Knauth stieß ich während meiner Recherchen auf Schloss Friedensstein in Gotha. Der 1756 geborene Knauth trat 1771 ins Militär ein,[485] stieg 1778 in den untersten Offiziersrang, 1788 zum Premierleutnant und 1795 zum Hauptmann auf.[486] Im Rahmen der Bündnisverpflichtungen Sachsen-Gotha-Altenburgs gegenüber Frankreich (Beitritt zum Rheinbund 1806) kam Knauth 1809 im Regiment der Herzöge zu Sachsen in Tirol zum Einsatz und wurde im gleichen Jahr zum Major befördert.[487] 1810 gelangte er über Frankreich von Perpignan über Figueres nach Girona in Spanien,[488] wo er u. a. an den Kämpfen um Manresa (Katalonien) teilnahm.[489] Knauth, der seine militärische Karriere

---

479   Ebd., S. 1.

480   Ebd.

481   Vgl.: ebd., S. 8.

482   Vgl.: ebd.

483   Vgl.: o.V.: Sachs, Friedrich, in: Vaterlandsfreunden (Hg.): Universal-Lexikon vom Großherzogthum Baden, S. 947.

484   Vgl.: o.V.: Todesfälle, in: Großherzoglich Badisches Regierungs-Blatt 34 (1852), S. 312.

485   Vgl.: Hemmann, Thomas: Einleitung, in: Hemmann (Hg.): Das Tagebuch des gotha-altenburgischen Majors Knauth 1809: Feldzug in Süddeutschland, Österreich und Tirol. 2. Aufl., Norderstedt 2007, S. 11.

486   Vgl.: ebd.

487   Vgl.: ebd.; Knauth, Christian M. W.: Tagebuch des Majors Knauth vom Regiment Herzöge zu Thüringen von 1809-1810 den Feldzug gegen Spanien betreffend, o. J., LATh-StA Gotha, Geheimes Archiv WW VII r Nr. 62.

488   Vgl.: ebd., Fol. 24 RS-27 RS.

489   Vgl.: ebd., Fol. 31 RS-33 RS.

bereits in vornapoleonischer Zeit als einfacher Dragoner[490] begonnen hatte, verschloss auch nach seinem Aufstieg in die Offiziersränge den Blick für die Situation seiner Untergebenen und ihre Umgebung nicht. So schildert er in seinem Bericht, der auch Abschriften verschiedener schriftlicher Befehle enthält,[491] den Verlauf seines Einsatzes und dessen Auswirkungen auf Truppen und Bevölkerung sehr eindrücklich, wobei immer wieder Alltagsprobleme wie logistische Schwierigkeiten des Transports (z. B. von Kranken) in den Vordergrund treten.[492] Obwohl auf französischer Seite kämpfend, distanziert sich Knauth von den „Herren Franzosen"[493], wie er sie auch nennt. Für die spanischen Aufständischen verwendet er im Allgemeinen die Bezeichnung „Insurgenten"[494].[495] Dieser zwischen beiden Parteien eingenommene Standpunkt prägt auch seinen Blick auf die spanische Bevölkerung.

Nach kurzer Ruhepause kam Knauth über Hostalric wieder nach Girona, wo er die Erlaubnis zur Rückkehr nach Gotha erhielt und 1810 dort eintraf.[496] Mit dem Begriff „Teutschland"[497] wird bei ihm ein auch über Sachsen-Gotha-Altenburg hinaus gehendes Vaterlandsverständnis deutlich.[498]

Knauths Bericht über Spanien wurde 1937 nach redaktioneller Bearbeitung von Otto Bessenrodt veröffentlicht.[499] Diese Auflage enthält jedoch inhaltliche und sprachliche Eingriffe. 2009 erschien eine neue Edition, bei der sich der Herausgeber nach eigenen Angaben vom „Grundsatz möglichster Texttreue leiten"[500] ließ. Erstaunlich ist allerdings, dass sich in der gesamten Quellenedition kein Verweis auf den Verbleib des Originals findet, was dem Leser den Zugang zur Handschrift ermöglichen würde. Auch interpretieren Einleitung und in Fußnoten enthaltene Anmerkungen den Quelleninhalt mitunter sehr

---

490   Den Dragonern als Teil seiner Kavallerie maß Napoleon große Bedeutung bei. Zur Rolle der Dragoner unter Napoleon siehe: Pawly, Ronald: Napoleon's Dragoons of the Imperial Guard. (Men-at-arms Series, Bd. 480). Oxford 2012.

491   Vgl. z. B.: Knauth: Tagebuch des Majors Knauth, o. J., LATh-StA Gotha, Geheimes Archiv WW VII r Nr. 62, Fol. 35 RS-37 VS, 44 RS-45 VS.

492   Vgl. z. B.: ebd., Fol. 33 RS-44 VS.

493   Ebd., Fol. 33 RS.

494   Ebd., Fol. 28 VS.

495   Vgl. z. B.: ebd., Fol. 30 VS, 32 VS.

496   Vgl.: ebd., Fol. 44 VS-46 RS.

497   Ebd., Fol. 24 VS.

498   Vgl. z. B.: ebd., Fol. 24 VS, 46 RS.

499   Vgl.: Knauth, Christian M. W.: Spanisches Kriegstagebuch. Feldzug in Katalonien hg. von Otto Bessenrodt. Gotha 1937.

500   Hemmann, Thomas: Vorwort, in: Hemmann (Hg.): Manresa – Das Tagebuch des gotha-altenburgischen Majors Knauth über seinen Feldzug in Katalonien 1810., Norderstedt 2009, S. 7.

großzügig,[501] wodurch z. B. stereotype Vorstellungen bedient werden, die
in der Quelle so direkt nicht enthalten sind und in die aus der Handschrift
hervorgehende relativierende Sicht auf die Verhältnisse eingegriffen wird. Für
die vorliegende Arbeit wurde die Handschrift herangezogen.

3.4 Resümee

Deutschsprachige Teilnehmer am spanischen Unabhängigkeitskrieg publizierten ihre Zeugnisse oft unter den Bedingungen strenger Zensur. Ihre Berichte
enthalten daher z. B. Umschreibungen und belanglose Überschriften, um mit
deren Hilfe auch offiziell Unerwünschtes zum Ausdruck bringen zu können.
Aber auch Aussparungen und Leerstellen zu bestimmten Themen waren die
Folge. Letztere sind jedoch nicht immer zwangsläufig auf die Zensur zurückzuführen, sondern können (wie z. B. im Falle von Verletzung oder Krankheit)
ihre Ursache auch im vorherrschenden Männlichkeitsbild haben.[502] Zu dieser
Thematik finden sich in Handschriften vereinzelte Hinweise, weswegen sie für
diese Arbeit eine ergänzende Funktion haben.

Auffällig ist die im ausgewählten Zeitraum weitaus höhere Zahl an
Publikationen von Kriegsteilnehmern, die auf französischer Seite gedient
haben. Neben der Tatsache, dass wesentlich mehr Deutschsprachige auf
französischer als auf britischer Seite im Einsatz waren und die Rückkehr der
deutschsprachigen Angehörigen der britischen Truppen in ihre Heimat in der
Regel wesentlich später (nach Kriegsende, 1816, bzw. nach Ende der jeweiligen
Verpflichtungsdauer) erfolgte als die der unter Napoleon Dienenden, ist auch
ein inhaltlich-mentaler Hintergrund zu berücksichtigen. Frankreich stand
nach 1789 für den Bruch mit den bisherigen Herrschaftsverhältnissen und
die napoleonische Herrschaft hatte massive Veränderungen besonders in den
linksrheinischen Gebieten zur Folge, Veränderungen, die, wenn auch in unterschiedlichem Maße, Vorbildfunktion für angrenzende Länder annahmen.[503]
Deutschsprachige Kriegsteilnehmer auf französischer Seite hatten also einerseits im Dienst eines später als Besatzer definierten Herrschers, andererseits
für ein liberales System gestanden, während die Mitglieder der KGL gegen
Napoleon und für die Aufrechterhaltung der alten Ordnung gekämpft hatten.

---

501 Vgl. z. B.: Knauth: Tagebuch (2009), S. 79 und die dazu gehörige Fußnote 159 auf S. 76.

502 Siehe dazu auch Kapitel 4.2.4.

503 Als Beispiel verweise ich an dieser Stelle auf die in der Einleitung von Kapitel 3
     angesprochene Reformierung der preußischen Armee, die von den Militärreformen
     Frankreichs inspiriert war.

Diese Differenz und der Kampf um die Anerkennung der jeweiligen Leistung führten zu Auseinandersetzungen zwischen beiden Gruppen. Sehr anschaulich schildert von Holzing diese Problematik, als er auf dem Rückweg aus der Gefangenschaft auf einen hannoverschen General trifft und um Unterstützung für seine Rückreise bittet.

> Wie niederschlagend für einen teutschen Offizier, von einem teutschen Generale so anmaßend, und so unwürdig sich behandelt zu sehen. Indem er mir in wenig Worten erklärte, daß er uns nicht unterstützen könne und wolle, richtete er an mich die Frage: warum wir für Napoleon gekämpft hätten? Ich erwiederte ihm, ein ächter Soldat dürfe nie nach dem Beweggrunde fragen, sondern er müsse unbedingt dem Befehle seines Fürsten gehorchen. Seine Erbitterung stieg nun auf den höchsten Grad. Er ertheilte uns den strengen Befehl [...] die Stadt zu verlassen [...] wenn wir diesen Befehl nicht würden befolgen, gewaltsam aus der Stadt zu weisen.[504]

Diese Auseinandersetzung spiegelt sich auch in den Publikationen der Kriegsteilnehmer wider. Sie ist nicht zuletzt ein Grund für die unterschiedliche inhaltliche Ausrichtung der Berichte. Ging es den ehemals unter britischem Befehl Stehenden insbesondere um die Anerkennung ihrer unter fremder Flagge für das Vaterland geleisteten militärischen Dienste,[505] so widmeten die aus französischem Einsatz Zurückgekehrten die Aufmerksamkeit neben Kriegsschilderungen und Taktik auch und teilweise sogar besonders den landeskundlichen Aspekten. Dadurch schufen sie eine Nische, die ihre Publikationen trotz der erlittenen Niederlage attraktiv machten. Für diese Arbeit sind die auf französischer Seite entstandenen Berichte Deutschsprachiger also nicht nur zahlenmäßig, sondern auch inhaltlich weitaus ergiebiger als die aus britischer Perspektive. Hinzu kommt folgender Aspekt: So sehr sich die Deutschsprachigen auf britischer Seite im Grunde für die – dann auch erfolgreiche – Restauration eingesetzt hatten, so wenig entsprach ihr Engagement dem im Zitat geschilderten Verständnis von soldatischem Gehorsam, im Gegenteil: Ihr Handeln barg nach 1816 ein eher gefährliches Potenzial den nun bestehenden Regierungen gegenüber, die ihre Existenz als eigenständige Reiche (z. B. das ab 1806 existierende Königreich Württemberg) und/oder ihre territoriale Ausdehnung erst unter Napoleon erhalten hatten und nun bemüht waren, ihre Herrschaft weiterhin zu sichern. Demzufolge entsprach der jedem Herrscher gegenüber gehorsame Soldat eher dem von der nach-napoleonischen Obrigkeit gewünschten Bild, da er leichter in die nun

---

504   Holzing: Meine Gefangennehmung (1824), S. 69.
505   Das zeigt sich besonders deutlich im Zeugnis von Heusinger. Vgl.: Heusinger: Ansichten, Beobachtung und Erfahrungen.

bestehenden Herrschaftsverhältnisse (einschließlich der Re-Interpretation der Vergangenheit der ehemaligen Rheinbundstaaten) integriert werden konnte.[506] Das erklärt auch die in einigen Berichten erwähnten Schwierigkeiten der Publikation von ehemals auf britischer Seite Dienenden.[507] Auflagen, Verbreitungsgrad, aber auch inhaltlicher Ausrichtung Rechnung tragend, stammen dementsprechend nur zwei der ausgewählten Quellen von britischer Seite, da sie relativ umfassend sind und vergleichsweise viele landeskundliche Informationen enthalten. Die über die Jahrhunderte teilweise immer wieder aufgelegten Zeugnisse bis hin zur Einbeziehung der in ihnen enthaltenen Informationen als authentische Belege in gegenwärtige Publikationen zeigen außerdem die Langlebigkeit der von Kriegsteilnehmern vermittelten Spanienbilder, denen in den folgenden Kapiteln nachgegangen wird.

---

506 Planert zeigt diesen Sachverhalt am Beispiel der Instrumentalisierung von Veteranenvereinigungen und der Inszenierung von Jubiläumsfeiern in Bayern und Württemberg. Vgl.: Planert: Auf dem Weg zum Befreiungskrieg, S. 195-217. Burgdorf beschreibt die allgemeinen Re-Interpretationsbemühungen der Vergangenheit von staatlicher Seite auch in Bezug auf Baden und Preußen. Vgl.: Burgdorf: Kampf um die Vergangenheit, S. 333-357.
507 Vgl. z. B.: [Hering]: Erinnerungen, S. XIX.

KAPITEL 4

Eintritt in eine fremde Welt

Der Einsatz auf Kriegsschauplätzen in fremden Ländern stellt für Militärangehörige immer einen Einschnitt dar, so auch in den vorliegenden Quellen ersichtlich, in denen Deutschsprachige über ihre Teilnahme an den kriegerischen Auseinandersetzungen um bzw. gegen die napoleonische Herrschaft in Spanien berichten. Dort trafen sie nicht nur auf einen militärischen Gegner, sondern auch auf fremde geografische und klimatische Bedingungen sowie auf unbekannte Sozialstrukturen und Mentalitäten. Ihre verschriftlichten und später veröffentlichten Erlebnisse enthalten besonders bei den auf französischer Seite Dienenden eine Fülle von Landschafts- und Klimabeschreibungen. Diesem Phänomen wird in Abschnitt 4.1 unter der Prämisse verschiedener Lesarten von landschaftlichen Räumen nachgegangen.

Das Durchschreiten und zeitlich begrenzte Verweilen in verschiedenen geografischen Räumen brachte die Kriegsteilnehmer vor Ort in unterschiedlichste Kontaktsituationen. Dort wurden sie als Teil einer Gruppe, nämlich als Angehörige einer fremden Armee, wahrgenommen – als Fremde, deren Aufenthaltsdauer für sie selbst, ebenso wie für die ansässige Bevölkerung, ungewiss war. In den Quellen der Deutschsprachigen, die auf französischer Seite dienten, zeigt sich dabei eine starke Selbstidentifikation mit ihrem jeweiligen Regiment. Infolge der napoleonischen Rekrutierungspraxis stammten Konskribierte einzelner militärischer Einheiten häufig aus derselben geografischen Region, was innerhalb der heterogen zusammengesetzten Truppen identitätsstiftend wirkte. Das Regiment konnte unter den extremen Umständen des Krieges dem Status einer Familie gleichkommen, wie es u. a. Jacob Klauß nach seiner Genesung beschreibt: „da ich ankam Befragte ich Mich Nach Mein Regemend da Heiß Es Liegt TrauS in Kloster Sant Josezf dahinrte ich Mein Regement viter da wahr ich so froh ich Klaubich seg Vatter und Mutter"[1]. Diese engen Bindungen berücksichtigend, stellt sich die Frage nach Netzwerkstrukturen sowie deren spezifischer Bedeutung in der Fremde und bei der Beurteilung des Unbekannten, welchen in 4.2 exemplarisch nachgegangen wird.

---

1 Klauß: Ich, 1815/1863, Gemeindearchiv Haßloch, Bestand 1 A 1 Nr. 45, Fol. 14.

© BRILL SCHÖNINGH, 2023 | DOI:10.30965/9783657792856_005

4.1 Räume und Grenzen

Umfassendere Berichte von Kriegsteilnehmern beginnen neben einer historischen Einordnung der Geschehnisse in der Regel mit der Rekrutierung bzw. dem Weg zum Einsatzort.[2] Damit geben sie ihren Erlebnissen einen räumlichen und zeitlichen Rahmen, der vom Durchschreiten geografischer, aber auch imaginierter Räume als Folge ihres militärischen Einsatzes geprägt ist. Die daraus resultierende Konstitution von Räumen ist als ein Prozess anzusehen, der sich nicht zuletzt auf die durchschrittene Landschaft bezieht. Da die Zeugnisse der Kriegsteilnehmer für ein bestimmtes – bei Veröffentlichung größeres, bei Handschriften meist für ein kleineres (z. B. die Familie, Freunde) – Publikum bestimmt waren, ist davon auszugehen, dass die Beschreibung der pragmatischen und ästhetischen Landschaft keinesfalls zufällig erfolgte, sondern immanenter Bestandteil, sogar Voraussetzung für das in den Berichten Dargestellte war. Mögliche weitere Funktionen der Landschaftsbeschreibungen gilt es zu ergründen.

Zu Beginn des 19. Jahrhunderts beinhalteten Berichte über andere Länder sowohl ontologische als auch semiologische Diskurse, die eng miteinander verwoben waren. Das wird auch in den Zeugnissen der Kriegsteilnehmer deutlich.[3] Gerade in Erinnerungsberichten gehen Orte und Emotionen fließend ineinander über und schaffen Räume, in denen sich beides untrennbar miteinander verbindet.[4] Trotz dieser bis in die Gegenwart anhaltenden Praxis betont man im gegenwärtigen wissenschaftlichen Landschaftsdiskurs immer noch die Trennung zwischen „einem semiologischen Verständnis einerseits – Landschaft als Bild, Text und Vorstellung – und einem ontologischen Verständnis andererseits – Landschaft als realer, objektiver Raum"[5]. In der Kulturgeographie hingegen werden diese Ebenen aufeinander bezogen: „cultural geography is about the diversity and plurality of life in all its variegated richness; about how the world, spaces and places are interpreted and used by people; and how those places then help to perpetuate that

---

2 Vgl. z. B.: Volgmann: Wanderungen, in: Minerva 95, H. 3 (1815), S. 3-13; [Hering]: Erinnerungen, S. 1-185; Geißler: Denkwürdigkeiten (1830), S. 5-75.

3 Zur Entwicklung und Veränderung der ästhetischen Landschaftswahrnehmung über die Jahrhunderte bis zur Moderne gibt es in den verschiedenen Disziplinen unterschiedliche Theorien. Manuel Schramm gibt dazu einen kurzen und prägnanten Überblick. Vgl.: Schramm, Manuel: Die Entstehung der modernen Landschaftswahrnehmung (1580-1730), in: HZ 287, H. 1 (2008), S. 37-59.

4 Vgl.: Löw, Martina: Raumsoziologie. (Suhrkamp-Taschenbuch Wissenschaft, Bd. 1506). Frankfurt am Main 2001, S. 199.

5 Strohmeier, Gerhard/Stekl, Hannes: Wahrnehmung von Landschaft – aktuelle Positionen und Diskurse, in: ÖGL 53, H. 2 (2009), S. 99.

culture."[6] Da der geografische Raum und damit einhergehende Deutungen und
Vorstellungen damals wie heute eng miteinander verbunden sind, wird Landschaft in dieser Arbeit unter einer kulturgeografischen Perspektive im Sinne
des Kulturkontakts unter Kriegsbedingungen betrachtet. Landschaftliche Lesarten und ihre mögliche Nutzung als Folie und Vermittler zur Integration des
Erlebten in den eigenen Sinnhorizont werden beleuchtet. Zu hinterfragen ist
auch, ob Landschaft darüber hinaus – in Kenntnis des damaligen Landschafts-
diskurses und der politisch-sozialen Gegebenheiten – eine Codefunktion hatte.
Die als Rahmen gewählte neuere Mentalitätsgeschichte ermöglicht es dabei,
die emotionale Ebene der Selbstzeugnisse in die Analyse einzubeziehen. Im
Sinne Freverts sollen dazu die emotionale Konnotation der Quellen markiert
und „die verhaltenssteuernde Rolle von Gefühlen"[7] berücksichtigt werden. Aus
diesem Blickwinkel auf die Thematik Landschaft wird der gezielten Schaffung
landschaftlicher Tableaus in den Selbstzeugnissen nachgegangen, die eine
Vielzahl von Funktionen haben konnten und deren Verbindung der von den
Kriegsteilnehmern zurückgelegte Weg ist.

4.1.1   *Landschaft und Emotionen*

Trotz strenger Zensur der Berichterstattung im deutschsprachigen Raum über
die damals aktuellen Ereignisse in Spanien kursierten Gerüchte über furchtbare Kämpfe auf der Iberischen Halbinsel. Die Entsendung dorthin wurde nicht
selten mit dem sicheren Tod gleichgesetzt.[8] Grund dafür war nicht zuletzt die
hohe Zahl an Toten und Verwundeten und der daraus resultierende ständige
Bedarf an neuen Rekruten.[9] Marschbefehle nach Spanien gingen daher
gewöhnlich mit hohen Desertionsraten einher.[10] In den Berichten der deutschsprachigen Kriegsteilnehmer auf napoleonischer Seite werden die angespannte
militärische Lage und die durch Gerüchte beförderten Befürchtungen vor
dem Kommenden bereits in den Passagen vor der Überquerung der Pyrenäen
thematisiert,[11] welche in der Mehrheit der herangezogenen Selbstzeugnisse
als natürliche und symbolträchtige Grenze zwischen Frankreich und Spanien

---

6   Crang, Mike: Cultural Geography. (Routlegde Contemporary Human Geography). London
     u. a. 1998, S. 3.

7   Frevert, Ute: Was haben Gefühle in der Geschichte zu suchen?, in: GG 35, H. 2 (2009),
     S. 198.

8   Vgl.: Geißler: Denkwürdigkeiten (1830), S. 61.

9   Vgl. dazu auch: o.V.: Briefe aus Spanien, in: Fackeln 1, H. 1 (1811), S. 6; Geißler: Denkwürdig-
     keiten (1830), S. 61.

10   Vgl.: Sikora: Desertion, S. 124-125; Müller-Schellenberg: Nassauische Militär, S. 59.

11   Vgl.: z. B.: o.V.: Briefe aus Spanien, in: Fackeln 1, H. 1 (1811), S. 6; Brandt: Ueber Spanien,
     S. 22.

präsentiert werden.[12] Bezugspunkt ist zunächst die französische Seite des Gebirges. Für Volgmann ergeben sich die ersten Anzeichen einer als Omen verstandenen Veränderung in Umgebung und Klima bereits nach Langon, einem Ort nahe Bordeaux – lange bevor er in Bayonne, einem der französischen Sammelplätze der Truppen vor den Pyrenäen, eintraf.

> So weit die Straße nach Bayonne längs der Garonne sich hinzieht [...] bietet dem Auge so weit es reichen kann, eine malerische Landschaft dar; aber schon jenseits Langon verändert sich plötzlich die Scene. Ungeheure Tannen- und Kork-Wälder, von meilenlangen Sandwüsten zuweilen unterbrochen, treten an die Stelle der fruchtbaren Auen; das sanfte Klima wird hier zur drückendsten Hitze, und vergebens späht man auf der in gerader Richtung fortlaufenden, oft mehrere Stunden weit sichtbaren, Straße nach einem Dorfe oder einer Hütte.[13]

Trockenheit, Hitze, dünne bis gar keine Besiedlung in einer Volgmann fremden, unwirtlichen Gegend gingen für ihn einher mit Unfruchtbarkeit, die menschliches Leben bedrohlich rar macht. Obwohl er den Raum im Fußmarsch vergleichsweise langsam durchschritt, traten geografische und klimatische Veränderung für ihn unerwartet und schlagartig ein. Da es sich hier um die Beschreibung des Weges *nach* Spanien handelt, der Einsatzort also noch nicht erreicht war, sind seine Ausführungen über die Umgebung wie eine Ankündigung für das Kommende, die zugleich seine Erwartungshaltung widerspiegeln. Mit der räumlichen Annäherung an Spanien wuchs die Sorge um das eigene Leben. Dem bevorstehenden unvermeidlichen Kontakt mit dem Fremden suchte man nahe der Grenze – ähnlich einer Wanderung ins Unbekannte – mit entsprechenden Vorbereitungen zu begegnen. Für Angehörige der napoleonischen Truppen bedeutete das, sich vor dem Übertritt ins Unbekannte mit allem Notwendigen zu versorgen, vor allem mit dem, was vom Militär nicht gestellt wurde oder man in Spanien nicht erwartete vorzufinden.[14] Auffällig ist dabei, dass keine Angaben darüber gemacht werden, woher man wusste, was in Spanien benötigt wurde. Der einzige Hinweis sind Bemerkungen über den Erwerb von Waren der nach Spanien gehenden und den Verkauf von nicht mehr benötigten Gegenständen der aus Spanien

---

12 Nicht in jedem Fall werden die Pyrenäen explizit benannt. Teilweise wird in allgemeiner Form vom Gebirge oder von Bergen geschrieben, die Frankreich und Spanien trennen. Anhand der geografischen Angaben ist der Weg über die Pyrenäen jedoch nachvollziehbar. Vgl. z. B.: Holzenthal: Briefe, in: Journal für die neuesten Land- und Seereisen 24, H. 9 (1816), S. 53-54.
13 Volgmann: Wanderungen, in: Minerva 95, H. 3 (1815), S. 7.
14 Vgl. z. B.: ebd., S. 8; [Schümberg]: Erinnerungen, S. 9.

kommenden Kriegsteilnehmer.[15] Dieses Notwendige erhielt man in den grenznahen Städten und Orten, die zu diesem Zweck erkundet und auch beschrieben
werden, was jedoch meist handlungsorientiert bleibt. Die dort ansässigen
Händler hatten sich demzufolge auf ihre neue Kundschaft eingestellt und
boten entsprechende Waren feil. Erwähnt werden in den Berichten vor allem
Gegenstände, die sich später als nützlich erwiesen und deren Erwerb auch
nachfolgenden Reisenden oder Kriegern empfohlen wurde, wie z. B. im Falle
Schümbergs bestimmte Salben gegen Krankheiten, lederne Unterhosen
oder ein französisch-spanisches Wörterbuch.[16] Da diese Waren, ebenso wie
zumeist Lebensmittel, vom eigenen Sold bezahlt werden mussten, wird in den
Zeugnissen immer wieder auf überhöhte Preise hingewiesen,[17] gegen die man
sich kaum wehren konnte – ein Fakt, der durchgängig sowohl in Berichten
Deutschsprachiger auf französischer als auch auf britischer Seite während
des gesamten Krieges auch innerhalb Spaniens Erwähnung findet.[18] In ihrem
Anspruch, mit den gegebenen Hinweisen zur Ausrüstung vor dem Übertritt
nach Spanien sowohl zukünftigen Kriegsteilnehmern als auch Reisenden Rat
erteilen zu können, spiegelt sich ihr Selbstverständnis und der Blick auf ihren
Einsatz wider: Sie betrachteten ihn als Reise und sich selbst als Reisende und
Wanderer, wodurch sie sich legitimiert sahen,[19] Auskunft über ein in ihren
Augen Europa fremd gewordenes Land zu geben – ganz im Sinne der aus dem
16. Jahrhundert herrührenden Wortbedeutung von Reise als Krieg oder Kriegszug.[20] Ihr militärischer Einsatz wird so über ein spezifisches Wortverständnis
oft zu einer Art Abenteuer- und partiell zur Bildungsreise stilisiert, wobei der
eigentliche Zweck dieser Reise zwischenzeitlich in den Hintergrund tritt – ein
Phänomen, dem im nächsten Unterkapitel genauer nachgegangen wird.

---

15   Vgl.: Volgmann: Wanderungen, in: Minerva 95, H. 3 (1815), S. 8.
16   Vgl. u. a.: [Schümberg]: Erinnerungen, S. 9-12.
17   Vgl. z. B.: ebd., S. 14.
18   Vgl. z. B.: Heusinger: Ansichten, Beobachtung und Erfahrungen, S. 116. Der Verfasser
      der *Briefe aus Spanien* erwähnt dies z. B. auch in Bezug auf die Preise von Kleidungs-
      stücken in Spanien im Vergleich zum deutschsprachigen Raum und Frankreich. Der
      auf französischer Seite kämpfende von Holzing geriet in Spanien in britisch/ spanische
      Kriegsgefangenschaft. In seinem Selbstzeugnis verweist er ausdrücklich auf variierende
      Soldzahlungen und Preise, was lebensbedrohliche Konsequenzen haben konnte. Vgl.:
      o.V.: Briefe aus Spanien, in: Fackeln 1, H. 1 (1811), S. 79; Holzing: Meine Gefangennehmung
      (1824), S. 34-37.
19   Beide Bezeichnungen finden sich in verschiedenen Zeugnissen durchgängig immer
      wieder. Vgl. z. B.: o.V.: Briefe aus Spanien, in: Fackeln 1, H. 1 (1811), S. 25; Volgmann:
      Wanderungen, in: Minerva 95, H. 3 (1815), S. 26. Der Terminus des Reisenden bzw. das
      Reisen als Kriegsteilnehmer wird auch in den Selbstzeugnissen Deutschsprachiger in
      Wellingtons Armee genutzt. Vgl. z. B.: [Hering]: Erinnerungen, S. 194.
20   Vgl. dazu die Definition von Reise bei: Trimberg: Reise, Sp. 718.

Mit dem Auftauchen der Pyrenäen am Horizont wird die Aufmerksamkeit in vielen Quellen zunehmend auf das Gebirge gerichtet. Vor ihrem Betreten beschreibt Volgmann die Gebirgskette im Gegensatz zur vorherigen Umgebung als kalte, raue und „kolossalische" Grenze, auf die sich die Kriegsteilnehmer unweigerlich zuarbeiten müssten:

> Die Pyrenäen mit ihren in ewigen Schnee gehüllten Häuptern, dem Auge schon in einer Entfernung von vierzig Stunden sichtbar, lagen nun dicht vor unsern Blicken und erhoben sich als eine ungeheure Scheidewand zwischen den beiden Reichen, noch weit ins Meer hinaus ihre Felsen streckend, an denen sich die Wogen mit schrecklichem Getöße schäumend brechen. Möchten doch, dachten Viele bei ihrem Anblick, diese von der Natur zur kolossalischen Mauer aufgethürmten Massen nie von Heeren überstiegen worden seyn, dann wäre eins der reichsten und schönsten Länder Europas nicht der gräßlichsten Verwüstung überliefert, und sein Boden mit dem Blut einer halben Million Menschen gedüngt worden [...] die Pyrenäen eine Scheidewand zwischen Spanien und der Civilisation des übrigen Europas.[21]

Schritt für Schritt nähern sich die Kriegsteilnehmer dieser Grenze, die nicht nur für das Ende des Bekannten, sondern auch für das Jenseits der Zivilisation stünde und, wie Geißler es beschreibt, die Übertretenden zum „offenen Grab"[22] brächte. Informationen und Gerüchte werden zu Furcht einflößenden Metaphern über die zu erwartende Gewalt gebündelt und in den aufklärerischen Spaniendiskurs gegen Romantikvorstellungen gesetzt, ohne die allgegenwärtige Angst vor dem Kommenden zu benennen. Als verantwortliche Akteure für den Zustand Spaniens macht Volgmann jedoch Armeen und nicht die Mentalität der Spanier aus. Im Sinne der Aufklärung finden sich in den Selbstzeugnissen verschiedene Gleichnisse wie Licht (nördlich der Pyrenäen) und Schatten (Iberische Halbinsel).[23] Die Pyrenäen werden

---

21   Volgmann: Wanderungen, in: Minerva 95, H. 3 (1815), S. 10.

22   Geißler: Denkwürdigkeiten (1830), S. 61.

23   Das Grauen, das sich in damaligen Vorstellungen mit Spanien verband, wird in verschiedenen Quellen thematisiert. Besonders deutlich wird es in einem veröffentlichten Auszug aus dem Tagebuch eines deutschsprachigen Offiziers, der als Kriegsgefangener mit seiner Division nach Spanien verbracht werden sollte, wogegen sie sich erfolgreich zur Wehr setzten. Für ihn waren die Pyrenäen die Grenze zwischen Seelenverkäufern und Hoffnung, womit er ganz im Sinne der Aufklärung argumentierte. Vgl.: Bösenberg, F.W.: Auszug aus dem Tagebuche des preußischen Unterofficiers F.W. Bösenberg, (welcher bei der Grenadier-Compagnie des ersten Bataillons Leibgarde, Major von Schwichow gestanden) während seiner Kriegsgefangenschaft im Jahr 1807 in Frankreich und Spanien geführt, in: Militairische Blätter. Eine Zeitschrift 2, H. 9 (1821), S. 129-144. Von Bösenbergs Originalpublikation aus dem Jahr 1810 konnte keine Ausgabe mehr ausfindig gemacht werden. Die letzte bekannte wurde von der Staatsbibliothek zu Berlin als Kriegsverlust

dabei als eine von höherer Macht geschaffene Grenze stilisiert, als „natürliche
Bollwerke zwischen Frankreich und Spanien"[24], welche die Iberische Halbinsel nicht ohne Grund vom restlichen Europa verschlössen – eine Verbindung
geografischer Gegebenheiten mit religiösen Deutungen, die emotional unterlegt werden und die Grenzziehung zwischen Bekanntem und Unbekanntem
besonders hervorheben. Die Texte zeigen dabei allerdings bereits vor dem
Übertritt erste Anzeichen für die Suche nach erkennbaren Indizien für Über-
gänge zwischen Frankreich und Spanien, die über die geografisch-klimatischen
Verhältnisse hinaus gehen und auch veränderte Mentalität und Kultur der
ansässigen Bevölkerung betreffen, die sich den Kriegsteilnehmern offensichtlich durch die Betrachtung der Umgebung erschlossen. Von Brandt wird dabei
besonders deutlich: „Der kriegerische Geist dieser Bergbewohner spricht sich
selbst in den Ansiedlungen und Wohnungen aus [...]"[25]. Die Kriegsteilnehmer
erkunden, beobachten, tasten sich vor und schreiben dabei die den Spaniern
nachgesagte Gewalt und Gewinnsucht bereits den französischen Pyrenäen-
bewohnern zu,[26] die teilweise bis 1659 tatsächlich zu Spanien gehört hatten.[27]
Auch in diesem Zusammenhang dient die Umgebung als visuelles Barometer
für Veränderung. Dabei stehen zunächst weniger die militärischen Aspekte der
Landschaft im Fokus der Beschreibungen, sondern die über Landschaft vermittelten Emotionen, welche die Kriegsteilnehmer auf ihrem Weg zu dem von
Gefahr umwitterten Einsatzort bewegen und die Landschaft dadurch bereits
vor der spanischen Grenze als Schrecken erregendes Panorama erscheinen
lassen. Kontakt bzw. bevorstehende Kontaktaufnahme mit fremder Landschaft hat somit eine Codefunktion für eine emotionale Kontaktsituation mit
sich selbst, deren Spiegel die Umgebung ist – ein Umstand, der sich auch in
Zeugnissen von Deutschsprachigen innerhalb der britischen Truppen widerspiegelt, die mit Schiffen auf die Iberische Halbinsel gelangten. Für sie wurde
in der Regel schon die Überfahrt zur geografischen, mentalen und emotionalen
Grenze auf ihrem Weg zum Einsatzgebiet. Zwar hatten viele von ihnen bereits
an anderen Einsätzen (z. B. in Dänemark) teilgenommen und Schiffspassagen

---

gemeldet. Allerdings liegt ein Auszug daraus in den Militairischen Blättern von 1821 vor.
Interessant ist die Anmerkung der Redaktion, dass der Teil der Verbringung und der
Gefangenschaft nur gewöhnliche Begebenheiten der Kriegsgefangenschaft enthalte und
daher nicht abgedruckt werde.

24   Geißler: Denkwürdigkeiten (1830), S. 61.

25   Brandt: Ueber Spanien, S. 5.

26   Vgl. z. B.: ebd., S. 5-7.

27   Der Pyrenäenfriede von 1659 beendete den seit 1635 andauernden Französisch-Spanischen
     Krieg. Spanien trat mit diesem Vertrag u. a. die Grafschaften Roussillon und Cerdagne an
     Frankreich ab „so daß definitiv die Pyrenäengrenze zwischen beiden Ländern Geltung
     erlangte." Pietschmann: Von der Gründung der spanischen Monarchie, S. 167-168.

waren ihnen nichts Ungewohntes. Jedoch länger als eine Woche auf dem offenen Meer zu sein, waren die meisten von ihnen nicht gewohnt. Die mehrfach und ausführlich beschriebene Einschiffung von Mensch und Tier sowie deren Transportbedingungen auf See zeigen dies deutlich, auch wenn sie – je nach Komfort, den der Betroffene entsprechend seines Ranges genoss – unterschiedlich gewertet wurden.[28]

Die Überfahrt wurde durch feindliche Schiffe, aber auch durch Wetterunbilden erschwert.[29] Die Kriegsteilnehmer waren den Naturgewalten ausgesetzt und mussten ihr Schicksal in die Hände der Schiffsmannschaften legen. So beschreibt Heusinger, der über die Meerenge von Gibraltar nach Spanien kam:

> Um das Schreckliche dieser Schauernacht noch zu vermehren, näherte sich jetzt pfeilschnell eine Brigantine dem Vordertheile unsers Schiffes [...] und ein schrecklicher Krach verrieth das Aneinandergerathen [...] Tod und Verderben drohte jetzt überall, und bei der nicht endenden langen Winternacht schien uns, den Neulingen zur See, das Weltall der Auflösung nahe [...] Endlich brach der Morgen an – lange war wol keiner sehnlicher von uns herbeigewünscht [...] Von der ganzen Flotte sahen wir nur noch in großer Ferne fünf Segel; es konnte indessen nicht entdeckt werden, wer sie waren, und gegen Abend waren auch diese aus dem Gesicht.[30]

Bereits die Überfahrt zum eigentlichen Kriegsschauplatz endete für viele Kriegsteilnehmer mit dem Tod. Auf stürmischer See, die, wie bei Heusinger zu lesen, nicht das Element der Husaren sei,[31] war für eben diese weder eine klare Orientierung noch eine Verteidigung möglich. Der eigene Körper entzog sich unter dem Einfluss der Naturgewalten und der von ihnen verursachten Seekrankheit jeglicher Kontrolle, was als vollkommen unsoldatisch empfunden wurde und der Auflösung der bestehenden Ordnung gleichkam. Das Selbst war in seiner eigenen Verheißung gefangen. Der Begriff Angst findet hier ebenfalls keine Verwendung, die überdeutliche Schilderung der Umstände spricht jedoch für sich.[32]

Die Beschreibung von Schrecken und gefühlter Bedrohung durch geografisch klimatische Verhältnisse – ob im Gebirge oder auf See – dient in den

---

28   Vgl. z.B.: Heusinger: Ansichten, Beobachtung und Erfahrungen, S. 15-18; [Hering]: Erinnerungen, S. 174-183. Hering erwähnt sogar eine Schiffsbibliothek, die er während seiner Überfahrt offensichtlich nutzen konnte. Vgl.: ebd., S. 179.
29   Vgl. z. B.: Heusinger: Ansichten, Beobachtung und Erfahrungen, S. 20-22.
30   Ebd., S. 20-21.
31   Vgl.: ebd., S. 22.
32   Vgl.: ebd., S. 20-22.

vorliegenden Beispielen nicht zuletzt als Folie für Gefühlsäußerungen. In den ausgewählten Quellen werden diese emotionalen Verflechtungen deutlich sichtbar. Auf diese Weise wurden z. B. die erwartete Feindberührung vorweggenommen bzw. Räume geschaffen, in denen Vermutungen über das Fremde in landschaftlicher Beschreibung Ausdruck fanden. Landschaftsbeschreibung wird aber auch gezielt genutzt, um offensichtlich Unsagbares im damaligen Diskurs sagbar zu machen. Das betrifft speziell das bis in die Gegenwart als unmännlich und unsoldatisch geltende Gefühl der Angst. Über allgemein akzeptierte Umschreibungen konnten Kriegsteilnehmer Emotionen äußern und trotzdem dem Typus des Kriegers im damaligen Männlichkeitsbild entsprechen.[33] Landschaftsbeschreibung ist in diesem Kontext nicht nur eine Wiedergabe des Gesehenen, sondern stellt eine Folie für die Darstellung retrospektiver Wahrnehmung und emotional Erinnertem gleichermaßen dar. Die Konstitution des Raumes ist dabei weder objektiv, zufällig oder neutral, sondern stets von subjektiven Empfindungen determiniert, ohne dass die Landschaftsbeschreibungen deswegen realer Grundlagen entbehrten, im Gegenteil: Ontologische und semiologische Perspektiven verschmelzen unter den Bedingungen des erwarteten Krieges zu einer Art Bühnenbild, welches die bevorstehende Handlung bereits anzukündigen scheint. Unausgesprochene Angst fungiert dabei gleichsam als einigendes Moment einer Gefühlsgemeinschaft der Kriegsteilnehmer, der sich auch Volgmann zuordnet.[34] Besonders deutlich wird dies vor dem Übertritt nach Spanien ab den letzten Sammelplätzen in Frankreich. Die dort einsetzende starke Bewachung der Truppentransporte zu ihrer Sicherung gegen den in Spanien praktizierten *kleinen Krieg*, für den Gebirge ein ideales Terrain darstellen, trug eher dazu bei, das Unsicherheitsgefühl der Kriegsteilnehmer zu verstärken. Oft wurden daher Berge und unübersichtliche Landschaften oder undurchdringliche Wälder von vornherein mit Gefahr assoziiert. Straßen waren aus dieser Perspektive nicht nur Verbindungen von einem Ort zum anderen, sondern konnten jederzeit zu Schauplätzen kriegerischer Auseinandersetzungen werden.[35]

---

33   Zum damaligen Männlichkeitsbild siehe auch: Spickernagel, Ellen: „So soll dein Bild auf unsern Fahnen schweben". Kultur und Geschlechterpolitik in der Napoleonischen Ära, in: Dülffer (Hg.): Kriegsbereitschaft und Friedensordnung in Deutschland 1800-1814 (Jahrbuch für historische Friedensforschung, Bd. 3). Münster u. a. 1995, S. 155-169; Kaulbach: Männliche Ideale, S. 127-154; Hagemann: Männlicher Muth und Teutsche Ehre.

34   Vgl.: Volgmann: Wanderungen, in: Minerva 95, H. 3 (1815), S. 10.

35   Zur Unsicherheit der Straßen vgl. z. B.: ebd., S. 14; [Schümberg]: Erinnerungen, S. 23-26, 50.

4.1.2 *Straßen und Wege*

Im Gegensatz zu der im vorigen Unterkapitel aufgezeigten Codefunktion der Landschaft für Emotionen führt der zurückgelegte Weg über die Pyrenäen bei Deutschsprachigen auf französischer Seite zu einer Versachlichung der Darstellung, ohne dabei die emotionale Ebene der Landschaftsbeschreibung zu verlassen. Beispielhaft dafür sind die in einigen Berichten beschriebenen verschiedenen Passstraßen.[36] Von den in Frankreich liegenden Orten Saint-Jean-de-Luz, Saint-Jean-Pied-de-Port oder Perpignan gelangten die Kriegsteilnehmer auf napoleonischer Seite in der Regel über die Pyrenäen nach Spanien.[37] Selbst Wege, welche die Verfasser nicht persönlich genommen hatten, wurden durch zusätzliche Recherchen, z. B. unter Zuhilfenahme von vorhandenen Karten und Beschreibungen anderer Kriegsteilnehmer, so umfassend wie möglich in den Berichten dargestellt, um später als eine Art Reiseanleitung für das Lesepublikum, aber auch für Militärs in zukünftigen Kriegen zu Rate gezogen werden zu können.[38] Obwohl die Kartographie unter Napoleon vorangetrieben wurde,[39] blieben weite Teile der von ihm beherrschten Territorien nicht erfasst, sodass man sich vor Ort auf Führer verlassen oder an anderweitigen Wegbeschreibungen orientieren musste.[40] Aber auch neu erstellte Karten waren keinesfalls sofort frei zugänglich. Sie stellten ein Machtinstrument dar, weswegen sie häufig unter Verschluss gehalten und der Zugang zu ihnen erschwert wurde. Als Augenzeugen fühlten sich Kriegsteilnehmer daher legitimiert, diese Wissenslücken mit ihren Berichten schließen zu helfen und somit zukünftig das Vorankommen nach und in Spanien über den rein militärischen Kreis hinaus für Reisende mit den unterschiedlichsten Absichten zu erleichtern.[41] Dazu gehörte auch die Kategorisierung der Straßen in ihren Zeugnissen, womit sie das Land für den Leser neben emotionaler Schilderung der Umgebung auch kartographisch erschlossen und so Stück für Stück ihr begonnenes Tableau weiter ausbauten. In den Berichten wird dabei hauptsächlich zwischen ortsüblichen Wegen und Straßen sowie Chausseen, Kunst-, Militär- bzw. Heerstraßen

---

36   Vgl. z. B.: Brandt: Ueber Spanien, S. 6-22; [Schümberg]: Erinnerungen, S. 18-20, 27-31.

37   Vgl. z. B.: Brandt: Ueber Spanien, S. 6-22; [Schümberg]: Erinnerungen, S. 18-20, 27-31.

38   Vgl. z. B.: Brandt: Ueber Spanien, S. 7.

39   Vgl.: Chappey, Jean-Luc/Bourguet, Marie-Noëlle: Die Beherrschung des Raumes, in: Savoy/Potin (Hg.): Napoleon und Europa. Traum und Trauma. Berlin u. a. 2010, S. 77-90.

40   Volgmann beschreibt dieses Problem besonders während seiner Zeit in Portugal. Vgl.: Giehrl, Hermann: Der Feldherr Napoleon als Organisator. Betrachtungen über seine Verkehrs- und Nachrichtenmittel, seine Arbeits- und Befehlsweise. Berlin 1911, S. 84-106.

41   Vgl. z. B.: [Schümberg]: Erinnerungen, S. 4, 27.

unterschieden.[42] Einige wurden unter napoleonischer Herrschaft erweitert, damit sie den Anforderungen seiner Armee entsprachen.[43] Sie waren breiter und besser befestigt, um das Vorankommen der Truppen zu beschleunigen. In Spanien wirkte sich der Krieg jedoch insgesamt lähmend auf den Straßenbau aus. Den wenigen durch die Bourbonen im 18. Jahrhundert errichteten *caminos reales* (königliche Straßen), die befestigt und von Bäumen gesäumt waren und von Kriegsteilnehmern besonders positiv hervorgehoben werden, standen schmalere, unbefestigte Straßen und Wege gegenüber, welche die Mehrheit in Spanien bildeten und von den Kriegsteilnehmern oft genutzt werden mussten.[44] Im Verlauf des Krieges wurden jedoch auch die befestigten Verkehrswege, die Madrid zum Zentrum hatten, erheblich beschädigt.[45] Kriegsteilnehmer konnten so als Augenzeugen, die oft weite Teile des Landes durchquert hatten und teilweise bis nach Portugal gekommen waren, über den letzten Stand der Straßenverhältnisse auf der Iberischen Halbinsel informieren. Nicht an reguläre Reiserouten gebunden, waren sie in der Lage, teilweise eine recht umfassende Einschätzung zu geben, die weit über Beschreibungen der Straßenverhältnisse in Reiseberichten hinaus gehen konnte. Dadurch, dass mehrere Kriegsteilnehmer solche Routenbeschreibungen in ihre Publika-

---

42   Vgl. z. B. bei: o.V.: Briefe aus Spanien, in: Fackeln 1, H. 1 (1811), S. 6; Holzenthal: Briefe, in: Journal für die neuesten Land- und Seereisen 24, H. 9 (1816), S. 56; Brandt: Ueber Spanien, S. 7-22.

43   Das trifft z. B. bereits auf die in Frankreich gelegene Verbindung zwischen Bordeaux und Bayonne zu, wo ein schneller Durchmarsch der Truppen nach Spanien gewährleistet werden sollte. Vgl.: Giehrl: Napoleon als Organisator, S. 115-116. Dass auch als „Militär-Straßen" bezeichnete Wege nicht grundsätzlich gut ausgebaut waren bzw. sich noch im Bau befanden und das Vorankommen der Truppen je nach Witterung immer noch beschwerlich sein konnte, beschreibt u. a. Volgmann für das Jahr 1810 eindrücklich über seinen Weg nach Bayonne. Vgl.: Volgmann: Wanderungen, in: Minerva 95, H. 3 (1815), S. 7-8. In einer 1813 erschienenen Publikation über den Stand des Ausbaus der Brücken und Wege unter Napoleon werden die immensen, auch finanziellen Anstrengungen für den Bau der Strecke Bordeaux-Bayonne hervorgehoben. Vgl.: Courtin: Arbeiten der Brücken- und Wegebau- Ingenieurs seit 1800 oder Übersicht der neuen Baue, die unter der Regierung Napoleon's I. an Straßen, Brücken und Canälen gemacht, und der Arbeiten, die für die Flußschiffahrt, die Austrocknungen, die Handelshäfen usw. unternommen worden sind. Gotha 1813, S. 77-78.

44   Vgl. z. B.: o.V.: Briefe aus Spanien, in: Fackeln 1, H. 1 (1811), S. 95; Volgmann: Wanderungen, in: Minerva 95, H. 3 (1815), S. 12-13; Holzenthal: Briefe, in: Journal für die neuesten Land- und Seereisen 24, H. 9 (1816), S. 78; Geißler: Denkwürdigkeiten (1830), S. 71. Zur allgemeinen Situation des damaligen Straßenwesen siehe auch: Livet, Georges: Histoire des routes et des transports en Europe. Des chemins de Saint-Jacques à l'âge d'or des diligences. Strasbourg 2003, S. 383-384.

45   Vgl.: Uriol Salcedo, José I.: Historia de los caminos de España 2: Siglos XIX y XX. (Colección de ciencias, humanidades e ingeniería, Bd. 41). Madrid 1992, S. 4.

tionen aufnahmen, war dem Leser ein Vergleich der Angaben der verschiedenen Verfasser möglich. Besonders bei später erschienenen Berichten dürften daher genauere Recherchen sinnvoll gewesen sein, wollte man seine Aufzeichnungen nicht schon durch eine falsche Beschreibung der Straßenverhältnisse delegitimieren.

In den Zeugnissen findet jedoch nicht nur in Bezug auf die Straßenverhältnisse eine Versachlichung statt. Mit dem Weg über die verschiedenen Passstraßen in die Pyrenäen wird auch das Gebirge selbst in einigen Berichten näher beschrieben.[46] Die Berge und ihre Umgebung bleiben zwar weiterhin gefährlich, werden aber zur gefährlichen Schönen, deren Bezwingung möglich ist. Die teilweise akribische Beschreibung der Bergwelt lässt die Verfasser der Zeugnisse wiederum weniger als Kriegsteilnehmer, sondern vielmehr als forschende Reisende auf einer Wanderung in gefährlicher Landschaft erscheinen – Reisende, die im Gegensatz zu der damals bekannten britischen Schriftstellerin Ann Radcliffe[47] (1764-1823), welche u. a. die Pyrenäen in ihren Schriften popularisierte,[48] vor Ort gewesen waren. Es wird über Vegetation, Höhe, Zusammensetzung des Gesteins und Temperaturschwankungen berichtet. So trägt das erste Kapitel des Selbstzeugnisses von Heinrich von Brandt den Titel *Pyrenäen*. Auch er ist bemüht, die Gebirgskette möglichst genau zu erfassen, gibt u. a. die in den dortigen Bergwerken verborgenen Schätze wie „Eisen, Blei, Kupfer, Silber, Zink, Kobald und Gold"[49] an. Es ist offensichtlich, dass einige Verfasser zusätzliche Studien betrieben, um – ähnlich wie bei den Passstraßen – die Beschreibung der Pyrenäen zu komplettieren. Auf diese Weise sichert z. B. von Brandt sein öffentlich dargelegtes Wissen zweifach ab (selbst erlebtes und recherchiertes Wissen). Er zieht dabei als Bezugsebene die Alpen heran, lässt die Pyrenäen so über Vergleichsdaten mental näher erscheinen und erleichtert dadurch die Eingliederung des von ihm präsentierten Wissens in den eigenen und den Sinnhorizont der Leser im damaligen

---

46 Vgl. z. B.: [Schümberg]: Erinnerungen, S. 16-18; Brandt: Ueber Spanien, S. 1-4.

47 Ann Radcliffe war eine der bedeutendsten Schriftstellerinnen der 1790er und eine der einflussreichsten Vertreterinnen des Schauerromans, der sogenannten *gothic novel*. Ihre Bücher wurden in verschiedene Sprachen, so auch ins Deutsche, übersetzt und fanden in Europa viele Leser. Vgl.: Miles, Robert: Ann Radcliffe, in: Kastan (Hg.): The Oxford Encyclopedia of British Literature. Bd. 4. Oxford u. a. 2006, S. 308-311; Lessenich, Rolf: Radcliffe, Ann, in: Kreutzer/Nünning (Hg.): Metzler-Lexikon englischsprachiger Autorinnen und Autoren. 631 Porträts. Von den Anfängen bis in die Gegenwart. Stuttgart 2002, S. 473.

48 Zur Popularisierung der Pyrenäen im Rahmen des Alpinismus siehe auch: Woźniakowski, Jacek: Die Wildnis. Zur Deutungsgeschichte des Berges in der europäischen Neuzeit. 1. Aufl., Frankfurt am Main 1987, S. 316-327.

49 Brandt: Ueber Spanien, S. 3.

Diskurs. „Das Uebergewicht, das der Kalk und der Thon in der Formation des Gebirges haben, wodurch die Verwitterung, die Zerklüftungen und Zertrümmerungen desselben beschleunigt werden, giebt ihm jenen Charakter von Alter, den Reisende ihm, es mit den Alpen vergleichend, so oft vorgeworfen [...]"[50] Von Brandt tritt mit seiner Art der Pyrenäenbeschreibung gezielt in den damaligen Alpinismus-Diskurs ein und präsentiert damit zugleich seine Bildung. Im Rahmen der europäischen Naturbegeisterung jener Zeit erfuhren Berge besondere Aufmerksamkeit, wobei die Alpen im Zentrum standen. Wie Mathieu bemerkt, zeigte sich die „dominante Stellung der Alpen in der westlichen Kultur des 18. und 19. Jahrhunderts [...] in vielen Landschaftsvergleichen dieser Art. Dies war auch die Periode, in welcher der Alpenbegriff zu einem globalen Exportprodukt wurde."[51] Von Brandt, der die damalige Wahrnehmung der Pyrenäen von Reisenden durch Wissen über deren Beschaffenheit versachlicht, wird auch bezüglich der Höhe des Gebirges genauer, was im Rahmen des Alpinismus ein entscheidendes Klassifikationsmerkmal darstellte.[52] Er beschreibt, dass „[...] in der Eisregion endlich jede Vegetation erstarrt. Diese begreift hier nur 360 Toisen, und beginnt erst in einer Höhe von 1.400 Toisen, wodurch denn das Gebirge weit gangbarer, und das Ersteigen der höchsten Gipfel weniger gefahrvoll wird als in den Alpen, obwohl deren höchste Gegenden nur etwa 550 – 600 Toisen höher sind."[53]

In seinem 1823 veröffentlichten Bericht nutzt von Brandt für seine Höhenangaben die französische Längeneinheit *Toise*, die ungefähr zwei Metern entspricht.[54] In den verschiedenen Zeugnissen werden immer wieder unterschiedliche Längenmaße angegeben. Dabei ist auffällig, dass auch in der jeweiligen Region gängige Maßeinheiten übernommen und dann im Text

---

50   Ebd.

51   Mathieu, Jon: Landschaftsgeschichte global. Wahrnehmung und Bedeutung von Bergen im internationalen Austausch des 18. und 20. Jahrhunderts, in: SZG 60, H. 4 (2010), S. 415.

52   Vgl.: ebd., S. 418-419. Zum Alpinismus siehe auch: Reichel, Claude: Entdeckung einer Landschaft. Reisende, Schriftsteller, Künstler und ihre Alpen. 1. Aufl., Zürich 2005.

53   Brandt: Ueber Spanien, S. 3-4.

54   „Toise (Peru-Toise), ein eiserner Maßstab, angefertigt 1735 für die Gradmessung in Peru nach dem eisernen Eichmaße, das 1668 in die Treppe des Grand Châtelet de Paris eingelassen war [...] Die Peru-Toise wurde 1766 für Frankreich und damit für alle wissenschaftlichen Maßvergleiche als Prototyptoise erklärt. Sie wurde als Urmaß für die Basismessungen der großen französischen Gradmessung zur Einführung des metrischen [...]" Ambronn, L.: Toise, in: Lueger/Frey (Hg.): Luegers Lexikon der gesamten Technik und ihrer Hilfswissenschaften. Bd. 6. 3. Aufl., Berlin u. a. 1929, S. 600. Zur Problematik der Toise siehe auch: Peters, Carl Friedrich Wilhelm: Zur Geschichte und Kritik der Toisen-Maass-Stäbe. Ein Beitrag zur definitiven Einordnung der auf das altfranzösische System begründeten Messungen in das metrische System. (Metronomische Beiträge, Bd. 5). Berlin 1885.

oder in Fußnoten in die für das Lesepublikum gebräuchliche Maßeinheit umgerechnet werden.[55] Von Brandt verwendet die spanische Einheit Legua gleich im ersten Kapitel und gibt dafür u. a. eine Umrechnung in Toisen an, wobei er die deutsche Pluralform und nicht die französische (Toises) verwendet.[56] Im Weiteren nutzt er für die Angabe von Entfernungen auch die „deutsche Meile".[57] Im Falle von Wegstrecken geben die Verfasser anstelle oder auch zusätzlich zu den geografisch messbaren Entfernungen Stunden, Tagesabschnitte oder Tage an.[58] Darin kommen auch die unterschiedlichen Raum- und/ oder Zeitwahrnehmungen zum Ausdruck, die man nach militärischen Maßstäben bemüht war, auf mechanisch messbare Zeiten und Entfernungen zu vereinheitlichen. Gleichzeitig komplettieren die Verfasser durch den Vermerk der Entfernungen zwischen verschiedenen Orten und der Umrechnung der Längeneinheiten ihre Angaben zu den Routen auf der Iberischen Halbinsel für zukünftige Reisende, welche in ihrem Verständnis, da sie die Strecken selbst zurückgelegt hatten, authentischer kaum sein könnten. Der Zuschnitt der Berichte auf das Lesepublikum wird einmal mehr deutlich.

So wie von Brandt die Alpen in Bezug zu den Pyrenäen heranzieht, nutzt Hering in seiner drei Jahre später erschienenen Publikation die Pyrenäen als Bezug zur Serra da Estrela, dem westlichen Teil des Iberischen Scheidegebirges, das Teile Portugals von Spanien trennt.[59] Dieses wurde für viele Deutschsprachige, die auf britischer Seite in Portugal gelandet waren, zur Grenze, von der sie sich dem Kriegsschauplatz in der Regel näherten. Die Landzugänge des spanischen Teils der Iberischen Halbinsel erscheinen so in den Selbstzeugnissen von Kriegsteilnehmern beider Seiten als geografisch eingezäunt und abgeschottet. Die beiderseits vorgenommene Bezugnahme auf ein bekanntes Gebirge zeigt eine typische Vermittlungsstrategie in den Berichten, die jedoch in ganz unterschiedlichem Maße – von der bloßen Erwähnung (wie bei Hering) bis hin zur genaueren Beschreibung – genutzt wird. Von Brandts Vergleich zwischen Pyrenäen und Alpen führt zwar nicht zu einer Gleichsetzung beider Gebirge, aber zu ihrer Präsentation als ebenbürtige Schwestern. Damit erfahren die Pyrenäen eine Aufwertung, während das ihnen innewohnende Gefahrenpotenzial gemindert wird und sie trotz ihrer Grenzfunktion als interessantes Reiseziel dargestellt werden. Von Brandt entspricht damit im

55 So verwendet z. B. Schümberg vor allem die spanische Längeneinheit Legua bei seiner Beschreibung der Entfernungen zwischen einzelnen Stationen der Passstraßen. Vgl.: [Schümberg]: Erinnerungen, S. 27-31.

56 Vgl.: Brandt: Ueber Spanien, S. 1, 4.

57 Vgl.: ebd., S. 17-18.

58 Vgl. z. B.: o.V.: Briefe aus Spanien, in: Fackeln 1, H. 1 (1811), S. 13, 22-23.

59 Vgl.: [Hering]: Erinnerungen, S. 202.

Grunde einem Programm, das er bereits auf der ersten Seite seines Selbstzeugnisses in Bezug auf Berge aufstellt: Der Gegensatz zwischen imaginierter
Gefahr und Wirklichkeit, den der Leser erst durch den Augenzeugen wahrnimmt. Dementsprechend wird der rechte Blick auf die Pyrenäen für von
Brandt erst im Rückblick auf ihre Überquerung möglich:

> Schroffer senkt sich das Gebirge nach Spanien zu; schauerlicher und öder werden
> die Thäler, wilder und enger die Schluchten, reissender die Bergströme, und, sei
> es das Gefühl, sich in einem Lande zu wissen, in dem Alle anders reden, fühlen
> und denken, als der Ankömmling, oder daß man durch die Menge seltsamer
> und neuer Gegenstände betroffen sey, [...] fühlt man sich fremde, ja unheim-
> lich jenseits der Berge. Aber schon nach einer kurzen Wanderung verliert sich
> der traurige und wilde Eindruck, und das Gebirge erscheint dem Auge nur noch
> [...] als ein majestätisches, aber doch freundliches Bollwerk, das die Natur zum
> ewigen Scheidepunkte zwischen zwei großen Nationen aufgethürmt hat, das
> durch seine mannigfaltigen Abwechslungen, durch seine pittoresken Ansichten
> das Auge fesselt, aber durch seine Größe nicht zurückstößt.[60]

Die korrekte Einschätzung des Erlebten könne erst aus einem gewissen
Abstand heraus erfolgen – eine Feststellung, mit der von Brandt auch die erst
einige Jahre nach dem Krieg erfolgte Veröffentlichung seiner Erinnerungen
legitimiert. Von Brandt zeigt anhand der Pyrenäen exemplarisch, dass Grenzen
überschritten, Angst und Fremdheit überwunden werden können, was Blickwinkel und Beurteilung des Erlebten nicht nur verändere, sondern erst ins
rechte Licht rücke. Zwar stellen die Pyrenäen weiterhin eine Grenze zwischen
verschiedenen „Nationen"[61] und damit zwischen Menschen dar, aber sie
wandeln sich trotz des Kriegszuges von einer Grenze in den Tod zu einer
Grenze zum Anderen, zum Fremden (was in den Selbstzeugnissen oft gleichgesetzt wird), zu Unbekanntem, das nicht mehr nur Tod bedeute, sondern das
es nun zu erkunden gelte.[62] Die Grenze sei zwar auf natürlichem Wege entstanden, aber keineswegs als negatives Omen zu verstehen, denn sie trenne
zwei große Nationen, womit von Brandt Spanien und Frankreich auf eine
Stufe stellt.[63] Das Überqueren des Gebirges wird von ihm im Nachhinein als

---

60   Brandt: Ueber Spanien, S. 2.

61   Ebd.

62   Schümberg geht bei seiner retrospektiven Sicht auf die Pyrenäen noch weiter, indem er sie
      zu einer außergewöhnlichen Grenze erklärt, die eben nicht den Erwartungen einer Trenn-
      linie zwischen Leben und Tod entspräche, sondern ein einmaliges Schauspiel der Natur
      darstelle, welches er anschließend beschreibt. Vgl.: [Schümberg]: Erinnerungen, S. 1-3,
      16-18.

63   Vgl.: Brandt: Ueber Spanien, S. 2.

„Wanderung"[64] bezeichnet, was wiederum auf das bereits genannte Selbst-
verständnis des spezifischen soldatischen Reisens hinweist. Diese Art der
Darstellung relativiert auch die beim Überqueren der Pyrenäen empfundene
Gefahr, die durch Geleitschutz und breite, abgeholzte Schneisen zwischen
Straße und Wald einerseits gemindert, andererseits erst deutlich wurde.[65]
Unabhängig von den erwarteten Gefahren durch Insurgenten bleiben die
Gefahren der Natur bestehen,[66] die Schümberg bezüglich eines Gewitters
jedoch als „furchtbar schönes Naturschauspiel im Inneren dieser Gebirge"[67]
beschreibt. Das unbeeinflussbare Fremde, das sich dem Kriegsteilnehmer
offenbare und diesen in Angst und Schrecken versetzen könne, wird zugleich
auch zu einem Anziehungspunkt mit schönen, entdeckenswerten Seiten.[68]
Dass es sich bei dem zurückgelegten Weg dennoch nicht um eine friedliche
Wanderung handelte, wird u. a. an der Bezeichnung der „blutrothe[n] Brücke
des Bidassoa"[69] deutlich, einen Übergang über den genannten Fluss am süd-
westlichen Fuß des Gebirges, der Aufgrund vieler Angriffe stark gesichert
werden musste. Auch wenn die Pyrenäen im Rückblick weitaus weniger
gefahrvoll erschienen, so befanden sich die Kriegsteilnehmer nun erst am
eigentlichen Einsatzort und waren noch immer von Angst einflößenden Nachrichten und Gerüchten umgeben und befangen,[70] besonders, da diese nicht
jeglicher Grundlage entbehrten.

Nicht nur auf französischer Seite werden die Berichte über das persönliche
Erleben und das vor Ort gesammelte Wissen legitimiert und ihre Publikation
als Bildungslektüre stilisiert. Auch bei dem in der KGL dienenden Hering wird
ein solches Konzept sichtbar. Hering bemüht am Ende der Schilderung seiner
Überfahrt den Vergleich zwischen dem romantisch verklärten Bild der im Meer
untergehenden Sonne mit der von ihm erlebten Realität. Er kommt zu dem
Schluss, dass die literarische Beschreibung einen weitaus größeren Genuss
darstelle als die real erfahrene, welche „mit der physischen und moralischen
Anspannung in der See verbunden ist."[71] Seine verklärende Wirkung habe das
Meer (ein Topos der Romantik) vor allem in der Imagination. Er trägt dabei den
anstrengenden Umständen der Überfahrt Rechnung, vernachlässigt jedoch,

---

64   Ebd.
65   Vgl.: o.V.: Briefe aus Spanien, in: Fackeln 1, H. 1 (1811), S. 6-7.
66   Zu den Gefahren durch Insurgenten vgl. z. B.: ebd., S. 6-8.
67   [Schümberg]: Erinnerungen, S. 20.
68   Vgl.: ebd., S. 20-22.
69   o.V.: Briefe aus Spanien, in: Fackeln 1, H. 1 (1811), S. 6.
70   Vgl. z. B.: Volgmann: Wanderungen, in: Minerva 95, H. 3 (1815), S. 18; [Schümberg]:
     Erinnerungen, S. 69-71.
71   [Hering]: Erinnerungen, S. 180.

dass er diese Erfahrung unter Kriegsbedingungen machte und solche Über-
fahrten vom Grundsatz her anderen Voraussetzungen unterliegen als Handels-
oder Forschungsreisen. Der subjektive Blickwinkel der Kriegsteilnehmer, der
sich im aufklärerischen Diskurs verortet, wird zum allgemeingültigen erklärt
und gegen eine imaginär romantische Sichtweise gesetzt.

Das in den Zeugnissen vor der Überquerung der Pyrenäen bzw. der Überfahrt
nach Spanien oder Portugal stilisierte Angst-Panorama ändert sich im Rückblick durch den erfolgreich bewältigten Weg und dem damit einhergehenden
Wissenserwerb über die Umgebung. Die Bündelung des Wissens durch persönliches Erleben in Verbindung mit zusätzlich bzw. nachträglich von anderen
Kriegsteilnehmern, aus Karten oder Büchern erworbenen Informationen
erweitert den eigenen Sinnhorizont des Gesehenen so umfassend, dass es zur
Legitimation der Verfasser wurde, nicht nur als Kriegsteilnehmer, sondern
gleichsam als Wissensvermittler auch in geografisch-geologischen Sachver-
halten aufzutreten. Das im Kriegseinsatz erworbene Wissen über Landschaft
wertet das Selbstverständnis des Verfassers auf und setzt ihn und das erlebte
Unbekannte gleich zu Beginn seines Berichts in Szene. Die Perspektive des
Selbst ändert sich durch den Kontakt mit dem unbekannten Fremden, was
die Niederschrift des Erlebten aus einer dominanten monologen Stellung
legitimiert. Über diese Art der Landschaftsbeschreibung wird am Beginn
einiger Berichte ein Muster der Verfasser ersichtlich, das sich wie ein roter
Faden durch die Quellen zieht, ihnen eine neue Funktion zuschreibt und das
Selbstverständnis der Berichtenden offenbart. Der Kriegseinsatz wird gleichsam zum Bildungsprogramm, in dem über das angeeignete Wissen der eigene
Sinnhorizont erweitert und das durch seine Publikation auch für die Daheimgebliebenen zum Wissensquell wird. Die Kriegsteilnehmer sehen sich als
aktive Wissensvermittler auf nicht militärischem Gebiet.

Mit ihrer Ankunft in Spanien wird die Aufmerksamkeit der Leser von der
ästhetisch, ontologisch und emotional getragenen Umgebungsbeschreibung
auf die durch menschliche Hand gerichtete Landschaft gelenkt, die über
bestehende Sprachbarrieren hinweg Aufschluss über den Akteur in der Fremde
gibt. Gerichtete Landschaft wird hier nicht im Sinne Lewins verwendet, der
diesen Begriff anhand seiner spezifischen Wahrnehmung als Feldartillerist
im ersten Weltkrieg entwickelte,[72] sondern als vom Menschen veränderte
Umgebung, was nicht in erster Linie im Zusammenhang mit kriegerischen Auseinandersetzungen stehen muss, diese aber nicht ausschließt. Das im deutschsprachigen Raum vorherrschende negativ aufklärerische oder romantisch

---

[72]   Zu Lewins Begrifflichkeit siehe: Lewin, Kurt: Kriegslandschaft, in: Graumann (Hg.): Kurt-
        Lewin-Werkausgabe, Bd. 4: Feldtheorie. Bern u. a. 1982, S. 315-325.

verklärte Bild Spaniens erfährt durch die Beschreibung der von menschlicher
Hand gerichteten Landschaft eine Erweiterung. Dem inneren, imaginären Bild
vom Einsatzgebiet steht nun ein äußeres, erlebtes gegenüber, die beide miteinander zu verhandeln sind.

4.1.3   *Auf unsicherem Terrain*

Mit ihrer Ankunft in Spanien wurden die Kriegsteilnehmer mit der, wie
Volgmann schreibt, durchweg anderen Kultur und Mentalität der einheimischen
Bevölkerung konfrontiert.[73] Das Unwissen über die bestehenden Verhältnisse
ließ sich aufgrund der Sprachbarriere nur langsam abbauen und erschwerte
die Einschätzung der eigenen Situation und der Umgebung. In den Quellen
finden sich verschiedentlich Hinweise auf diese Problematik.[74] In der Grande
Armée waren, wie bereits ausgeführt, Kenntnisse der französischen Sprache
Voraussetzung für den Aufstieg. Dennoch „fehlen zwischen 1799 und 1814 [...]
nicht nur sprachpolitische Gesetze, sondern auch im Diskurs des Kaisers selbst
bleiben die sprachpolitischen Intentionen der hegemonischen Schichten versteckt"[75] – wurden aber mit politischem Kalkül eingesetzt.[76] So mussten z. B.
auch deutschsprachige Offiziere in den Napoleonischen Armeen französische
Befehle verstehen und darauf antworten können – nicht so die Gemeinen.
Bezüglich der Verständigung mit der einheimischen Bevölkerung in Spanien
waren die Kriegsteilnehmer auf sich selbst gestellt, was der Beobachtung der
Umgebung besondere Bedeutung zukommen ließ. Schümberg verweist in
diesem Zusammenhang auf das Erlernen spanischer Vokabeln mit Hilfe eines
(in Bayonne erworbenen) französisch-spanischen Wörterbuchs, was ihm aufgrund seiner Französischkenntnisse sehr hilfreich gewesen wäre.[77] Eine Ausnahme stellt von Holzing dar, der nach eigenen Angaben spanisch sprechen
und schreiben konnte und daher als Platz-Adjutant für den dienstlichen

---

73   Vgl.: Volgmann: Wanderungen, in: Minerva 95, H. 3 (1815), S. 11-12.

74   Vgl. z. B.: Klauß: Ich, 1815/1863, Gemeindearchiv Haßloch, Bestand 1 A 1 Nr. 45, Fol. 3; o.V.:
      Briefe aus Spanien, in: Fackeln 1, H. 1 (1811), S. 32; [Schümberg]: Erinnerungen, S. 9-10.

75   Brumme, Jenny u. a.: Sprachpolitik in der Romania. Zur Geschichte sprachpolitischen
      Denkens und Handelns von der Französischen Revolution bis zur Gegenwart. Berlin u. a.
      1993, S. 149. Zur Sprachpolitik in der französischen Revolution siehe ebd., S. 63-82.

76   Falls Napoleon genauere Sprachregelungen zusicherte, bedeutet dies nicht, dass er sich
      daran hielt. „Vereinzelte Äußerungen des Kaisers zu nichtfranzösischen Sprachen lassen
      politische Hintergründe durchschimmern: 1808 versprach er den Basken während der
      Konferenz zu Bayonne, deren sprachlich-kulturelle Identität gegen den spanischen
      Absolutismus und im Sinne einer gesamtbaskischen Verfassung zu unterschützen. Er
      kam auf diese Frage nie zurück." Ebd., S. 148.

77   Vgl.: [Schümberg]: Erinnerungen, S. 9-10.

Schriftverkehr in Mora eingesetzt wurde.[78] Deutschsprachige in Diensten der britischen Armee lernten während ihres oft längeren Aufenthaltes in Großbritannien meist Englisch. Wie ihre Landsmänner in der Napoleonischen Armee waren sie in der Regel zu Beginn ihres Einsatzes auf der Iberischen Halbinsel weder des Spanischen noch des Portugiesischen mächtig.[79]

Aus den Quellen geht hervor, dass die Kenntnisse der spanischen Sprache mit der Dauer des Aufenthaltes der Kriegsteilnehmer wuchsen.[80] Auch wenn keine näheren Angaben über die Kommunikation an sich gemacht werden, zeigt sich das in der Präsentation des erworbenen Sprachwissens in den Selbstzeugnissen. Die Verfasser verwenden spanische Wörter und Floskeln, die sie mitunter mit Aussprachehilfen versehen, für den Leser übersetzen und in den entsprechenden kulturellen Zusammenhang stellen.[81] So treten sie auch im sprachlichen Bereich als Wissensvermittler auf.

> Da [...] in diesem kleinen Werkchen spanische Benennungen und Wörter sehr häufig vorkommen, so werden einige kurze Andeutungen der richtigen Aussprache, besonders in den von dem Teutschen abweichenden Fällen hier gerade nicht am unrechten Orte stehen [...]
> B wird gesprochen wie W – C vor e, i, y, und ç vor a, o, u wie f, Ch wie tsch – d am Ende der Wörter verschluckt – G vor e und i wie ch. I (Iot) wie ch – Ll wie gl, oder das französische l mouillé – R oder n mit einem Circumflex, con tilde, wie nj. X wie ein scharfes ch. – Z wie ein s.[82]

Im Gegensatz dazu finden sich bei französischen Begriffen nur wenige Erläuterungen – sie wurden offenbar als bekannt vorausgesetzt.[83] Die Verschriftlichung der spanischen Ortsnamen und Begriffe sowie deren Übersetzung sind nicht immer korrekt,[84] da sie oft nach dem Gehörten niedergeschrieben wurden. Trotz dieser sprachlichen Bemühungen blieben die Verständigungsprobleme allgegenwärtig, denn parallel zum Spanischen gab es im Land

---

78   Vgl.: Holzing: Meine Gefangennehmung (1824), S. 2.

79   Vgl. z. B.: Heusinger: Ansichten, Beobachtung und Erfahrungen, S. 40. [Hering]: Erinnerungen, S. 209.

80   Vgl. z. B.: Klauß: Ich, 1815/1863, Gemeindearchiv Haßloch, Bestand 1 A 1 Nr. 45, Fol. 3; o.V.: Briefe aus Spanien, in: Fackeln 1, H. 1 (1811), S. 32.

81   Vgl. z. B.: [Schümberg]: Erinnerungen, S. 91; o.V.: Briefe aus Spanien, in: Fackeln 1, H. 1 (1811), S. 78-79; Brandt: Ueber Spanien, S. 28.

82   [Schümberg]: Erinnerungen, S. 90-91.

83   Vgl. z. B.: Volgmann: Wanderungen, in: Minerva 95, H. 3 (1815), S. 42; [Schümberg]: Erinnerungen, S. 20, 26; Brandt: Ueber Spanien, S. 82.

84   Vgl. z. B.: o.V.: Briefe aus Spanien, in: Fackeln 1, H. 1 (1811), S. 43, 47, 53, 78; [Schümberg]: Erinnerungen, S. 45, 91.

verschiedene Regionalsprachen, die besonders auf antinapoleonischer Seite
genutzt wurden.[85]

> Ebenso wie in den katalanischen Gebieten erklärt sich die Verwendung der
> Nationalitätensprache in politischen Texten aus den politisch-militärischen
> Erfordernissen des Unabhängigkeitskrieges in Galicien: Durch die Beteiligung
> der Bauern an der politischen und militärischen Auseinandersetzung wurden
> die im Kampf gegen den äußeren Feind und um die Macht führenden Kräfte mit
> dem Sprachproblem konfrontiert.[86]

Ein Umstand, der sich auch in den Quellen findet. So zeigt z. B. Schümberg
in seinem Selbstzeugnis die Unterschiede zwischen dem Baskischen und
dem Spanischen auf.[87] Der Verfasser der *Briefe aus Spanien* bemerkt dazu,
dass das Baskische eine Mundart sei, in welcher sich das Spanische ganz ver-
löre.[88] Trotz ihrer während des Aufenthalts erworbenen Spanischkenntnisse
blieben den Kriegsteilnehmern also immer wieder bestimmte Bereiche der
Kommunikation verschlossen.[89]

Umso mehr Bedeutung kam der genauen Beobachtung des fremden
Landes und seiner Bewohner zu, um sich zu orientieren und sein Umfeld
sowie die damit einhergehenden Gefahren ein- und abschätzen zu können.
In den Texten wird deutlich, wie die Kriegsteilnehmer versuchten, anhand
des Erscheinungsbildes der Menschen und der durch ihre Hand gerichteten
Umgebung lesen und korrekt interpretieren zu lernen, wobei auch Vorurteile
in das Gegebene hineingeschrieben wurden. Der Beobachtung von menschlicher Hand gerichteter Landschaft kam besonders bei Kommunikations-
schwierigkeiten eine Art Brückenfunktion zu.

> Die Straßen der ersten Spanischen Stadt, die Gruppen der Männer und Weiber
> mit blassen, hagern, Gesichtern [...] die klosterähnliche Bauart der Häuser und
> Balkons, die nur durch kleine Oeffnungen, ohne Glasscheiben, mit hölzernen
> Laden versehen, erhellt werden, kurz alles um uns her beschäftigte unsere Auf-
> merksamkeit und veranlaßte uns zu Vergleichen mit den volkreichen Straßen,
> dem geschäftigen lebendigen Gedränge des kürzlich verlassenen Bayonne.[90]

---

85   Vgl.: Brumme u. a.: Sprachpolitik in der Romania, S. 219, 225-226, 231-232.

86   Ebd., S. 232.

87   Vgl.: [Schümberg]: Erinnerungen, S. 89-90.

88   Vgl.: o.V.: Briefe aus Spanien, in: Fackeln 1, H. 1 (1811), S. 106.

89   Schümberg bemerkt in seinem Zeugnis u. a., dass nicht alle Einheimischen sich auf
Spanisch auszudrücken wüssten. Vgl.: [Schümberg]: Erinnerungen, S. 92.

90   Volgmann: Wanderungen, in: Minerva 95, H. 3 (1815), S. 12.

So beschreibt Volgmann seine Eindrücke von Irun, der ersten kleineren Stadt, die er auf spanischem Territorium betrat. Im Vergleich mit dem französischen Bayonne, das als Bezugsebene dient, meint er, die erwartete, auf den Katholizismus zurückzuführende Rückständigkeit bereits in der Bauart der Häuser zu erkennen. Beobachtung und Deutung des Unbekannten sind zentral und es wird einmal mehr versucht, sie in bekannte Raster zu integrieren. Die von Menschen geformte Umgebung und deren Akteure rücken nun in den Mittelpunkt der Beschreibung. Um Bezugsebenen herstellen zu können, wird wieder nach Bekanntem im Fremden gesucht. Holzenthal und Geißler, die die Pyrenäen beide im Südosten überschritten, gelangen zunächst in zerstörte Städte und Dörfer, in deren Ruinen sich französische Truppen und ihnen nachziehende Händler organisierten.[91] Bei der Etablierung der als fortschrittlich geltenden bonapartistischen Herrschaft wurde alles zerstört, was sich ihr widersetzte. Nicht die Natur, sondern der Mensch, dessen Handschrift sich in diesem Sinne deutlich in die Umgebung einschrieb, wird somit als vernichtend stilisiert. Umgebung im Sinne von Landschaft in ihrer durch Menschen gerichteten Form gibt Aufschluss über das Geschehene und Hinweise auf das zu Erwartende, selbst wenn die Akteure abwesend sind. Über die Wahrnehmung der Umgebung wird so auch der fremde Akteur sichtbar, der seine Spuren in der weiterhin emotional konnotierten Landschaft hinterlassen hat. Dieses Herangehen findet sich in den Selbstzeugnissen immer wieder, auch bei der Beschreibung von zerstörtem oder menschenleerem Raum, was Spanien für den Leser umso plastischer erscheinen lässt.

Dem mit den britischen Truppen nach Spanien einrückenden Hering dient Portugal als Vergleichsperspektive, wobei er gleich zu Beginn sowohl auf gerichtete Landschaft als auch auf deren Akteure trifft:

> Am folgenden Tage gingen wir 3 Leguas weiter nach Zebreira. Die Gegend war
> eben so schlecht wie die bisherigen [...] Je mehr wir uns Spanien näherten, je
> ärmer schienen die Menschen. In jenem Orte gingen die Kinder bis zum Alter
> von 10 bis 12 Jahren völlig nackend, und die Erwachsenen waren in Lumpen
> gehüllt. Die Häuser bestanden aus zusammen gelegten Steinen [...] Die Oerter
> in Spanien liegen nicht auf solchen schwer zugänglichen Anhöhen, wie in
> Portugall, die Häuser sind reinlicher und regelmäßiger gebaut; aber die Ein-
> wohner nicht so gutmüthig, sondern stolz und zurückstoßend.[92]

Im Unterschied zu den besonders in der Grenzregion arg in Mitleiden-
schaft gezogenen portugiesischen Ortschaften und deren in bitterer Armut

---

91   Vgl.: Holzenthal: Briefe, in: Journal für die neuesten Land- und Seereisen 24, H. 9 (1816),
       S. 54-56; Geißler: Denkwürdigkeiten (1830), S. 67.

92   [Hering]: Erinnerungen, S. 226-227.

lebenden Bevölkerung findet Hering auf spanischer Seite architektonisch
und hygienisch bessere Verhältnisse vor. Im damals aufkommenden Armuts-
diskurs wurde Unreinheit mit Armut assoziiert, Reinlichkeit hingegen mit
Fortschritt, ein Denkmuster, dem Herings erste Eindrücke im als rückständig
geltenden Spanien nicht gerecht wurden.[93] Auch die Reaktion der spanischen
Bevölkerung auf die britischen Truppen entsprach nicht seinen Erwartungen.
Er hatte seine Heimat verlassen, war über Großbritannien und Portugal nach
Spanien gekommen, um für dessen Unabhängigkeit zu kämpfen, und erfährt
ausgerechnet hier Zurückweisung statt Unterstützung – obwohl die im Vergleich zu den Portugiesen offenbar betuchteren Spanier seiner Meinung nach
durchaus in der Lage gewesen wären, diese zu leisten. Obgleich Verbündete,
waren die Kriegsteilnehmer doch Fremde, denen man besonders in ländlichen
Gegenden mit Misstrauen begegnete. Die Beobachtung gerichteter Landschaft
konnte so auch bei bestehenden Sprachkenntnissen dazu dienen, sich Dinge
zu erschließen, die in der Kommunikation ausgespart waren.

Der von Kriegsteilnehmern auf französischer Seite erwarteten und nach
Grenzübertritt aus ihrer Perspektive oft auch wahrgenommenen Rückständigkeit und erlebten Zerstörung Spaniens folgten in den städtischen Zentren
des Landes andere Eindrücke. Als mehr oder weniger bekannte kulturelle,
politische und oder wirtschaftliche Knotenpunkte werden sie dem bis dahin
Geschilderten gegenüber gestellt. Auch wenn man das in Spanien nicht
unbedingt erwartete, so entsprach es doch den eigenen Erfahrungen, dass
man in Städten aufgeschlossener war als auf dem Land. Diese Erwartungshaltung traf insbesondere auf Handels- und Hafenstädte zu, deren Bewohner
allein schon durch den Kontakt mit dem Fremden am ehesten für fortschritt-
liches Gedankengut empfänglich und die damit nach Auffassung der Verfasser
sicherer wären als das Land. Holzenthal beschreibt diesen Sachverhalt für die
Einwohner Barcelonas, deren Sitten und Charaktereigenschaften im Gegensatz zu denen anderer Katalonier „durch den Umgang mit dem Fremden, die
zahlreich sich sonst hier einfanden, gemildert und abgeschliffen"[94] worden
seien. Das Fremde, also Außerspanische, wird zum Maßstab erhoben, an dem
die positive Integration der Spanier in den europäischen Raum gemessen
wurde. Der für die Kriegsteilnehmer mit dem Fortschrittsgedanken verbundene Wohlstand der Bevölkerung in den Städten würde, so hoffte man,
auch ihnen zugute kommen. Die erwartete Aufgeschlossenheit der Bewohner
gegenüber Neuerungen wie den Reformen Joseph Bonapartes verband sich

---

93 Zum damaligen Armuts- und Reinlichkeitsdiskurs siehe: Corbin, Alain: Pesthauch und
    Blütenduft. Eine Geschichte des Geruchs. 16.-18. Tsd Ausg., Berlin 1986.
94 Holzenthal: Briefe, in: Journal für die neuesten Land- und Seereisen 24, H. 9 (1816), S. 66.

mit einem Gefühl der persönlichen Sicherheit in der Fremde – ein Gefühl, das
z. B. Schümberg und der Verfasser der *Briefe aus Spanien* besonders auf der
„Etappenstraße" nach Madrid vermissten. Dort waren in kurzen Abständen
Posten stationiert, was die anhaltende Unsicherheit außerhalb großer Städte
deutlich machte.[95]

> Ich näherte mich nun Madrid; doch es ist unmöglich wahrzunehmen aus den
> Umgebungen, daß man nach einer so großen glänzenden Hauptstadt komme,
> denn hier sieht man nicht, so wie bei andern solchen Städten, schon Meilen
> weit davon schöne Villen und Sommerhäuser, die den Wohlstand einer Haupt-
> stadt, und die Anwesenheit zahlloser Prasser bekunden. Nein! Bis vor die Thore
> ist alles still, einförmig und ruhig [...] Doch wie sehr irrte sich der, welcher
> vielleicht von der äußern Stille auf die Stadt geschlossen hatte. Kaum betrit
> man diese, so sieht man in schönen, breiten und regelmäßigen Straßen, die jeder
> Hauptstadt eigene Lebhaftigkeit, und wird hierdurch aufs angenehmste für die
> todtenähnliche Stille, die außerhalb herrscht, überrascht.[96]

Wie sehr Erwartungen und Realität auseinanderklaffen konnten, zeigt hier der
Verfasser der *Briefe aus Spanien* in Bezug auf die Hauptstadt Madrid. Hinter
der Stadtmauer trifft er auf von außen unerwartetes hauptstädtisches Leben.
Erst das Überwinden von Grenzen führt ihn zu neuen An- und Einsichten –
Bekanntes kann nicht vorausgesetzt, aber gefunden werden. Es lohnt, das Ver-
borgene zu suchen und zu erleben. Der Verfasser der *Briefe aus Spanien* hielt
sich zweimal in Madrid auf. Während einer Durchreise zum Einsatzort
beziehen sich seine Aufzeichnungen hauptsächlich auf seine Einquartierung,
die Unterbringungsbedingungen sowie auf die Organisation und Versorgung
der Truppen, welche er sehr negativ beurteilt.[97] Erste Eindrücke bezüglich der
Architektur, Infrastruktur (Straßennetz) und sozialer Zusammensetzung der
Stadt werden während seines zweiten Aufenthaltes in Madrid vertieft, als er
dort nach Verwundung und Abschied aus der Armee ca. zwei Wochen auf den
nächsten Konvoi in die Heimat warten musste.[98] Er beobachtet luxuriösen
Reichtum, der für ihn nichts Negatives darstellt, es sei denn, er verkommt zur
„Prasserei", konstatiert jedoch auch die Armut vieler Bewohner – ein Fakt, der
Madrid in dieser Hinsicht für den Verfasser mit anderen großen Städten außer-
halb Spaniens in eine Reihe stellt.[99] Er nutzt die Zeit seines Aufenthaltes für

---

95   Vgl. z. B.: o.V.: Briefe aus Spanien, in: Fackeln 1, H. 1 (1811), S. 9-10; [Schümberg]:
      Erinnerungen, S. 23-26, 75.

96   o.V.: Briefe aus Spanien, in: Fackeln 1, H. 1 (1811), S. 68-69.

97   Vgl.: ebd., S. 13-16.

98   Vgl.: ebd., S. 69-82.

99   Vgl.: ebd., S. 70-72.

eine genauere Besichtigung, die er auf mehreren Seiten schildert.[100] Der Leser wird förmlich auf einen Spaziergang entführt. So werden die prachtvollen Gärten des Prado und eine Eigenheit der sich dort bewegenden gehobenen Bevölkerungsschicht beschrieben, ohne dass sich dem Verfasser der Sinn dieses Rituals erschließt.[101] Infolge des fortdauernden Krieges zeigten allerdings Gebäude und Parks – geradezu sinnbildlich für das ehemalige spanische Weltreich – Spuren des Verfalls. Das träfe auch auf den Botanischen Garten zu, in dem der Verfasser sowohl koloniale Repräsentation als auch einen Hort des Wissens erkennt.[102] Bäume und Pflanzen aus spanischen Kolonien und Nordamerika stehen symbolisch für die einstige Größe des Weltreichs und den Blick spanischer Monarchen über die eigenen Grenzen hinaus. Sie vermittelten das Gefühl, in der Neuen Welt lustwandeln zu können, ohne die alte verlassen zu müssen.[103] Botanische Gärten waren damals allerdings nicht nur repräsentative Anlagen für die Sammelleidenschaft der jeweiligen Herrscher, sondern sie dienten auch ganz praktischen Zwecken „vielmehr wurde dort getestet, welche Bäume aus fernen Ländern sich in Europa säen oder pflanzen ließen."[104] Der Botanische Garten in Madrid diente vor allem auch der Erforschung der Pflanzen in Hinblick auf ihren medizinischen Nutzen.[105] Über dieses Wissen verfügte der Verfasser jedoch offensichtlich nicht. Der herrschaftlichen Pracht des im Text geschilderten Spaziergangs durch den Prado und dem Ort des Wissens in den Gärten schließt sich die Beschreibung einer Stierkampfarena (Coliseo del Buen Retiro) an – für den Verfasser offenbar ein in Architektur geschlagener Beleg für die grausame Seite spanischer Mentalität.[106] Dort

> [...] liegt außerhalb derselben eine große Rotunde, die für die Stiergefechte bestimmt ist. Sie hat über die rund herum amphitheatralisch angebrachten Sitze ein Dach. Auch werden auf diesem Platze Feuerwerke und andere Belustigungen gegeben.

---

100   Vgl.: ebd., S. 71-77.
101   Vgl.: ebd., S. 72.
102   Vgl.: ebd., S. 73.
103   Vgl.: ebd.
104   Küster, Hansjörg: Geschichte des Waldes. Von der Urzeit bis zur Gegenwart. 2. Aufl. der brosch. Ausg., München 2008, S. 174.
105   Vgl.: Iborra, Pascual: Historia del protomedicato en España. 1477-1822. (Acta historico-medica Vallisoletana: Monografías, Bd. 24). Valladolid 1987, S. 125-126. Zur langen Tradition des Erforschens von Heilpflanzen (insbesondere aus den spanischen Kolonien) siehe auch: Blanco Fernández de Caleya, Paloma u. a.: Catálogo del herbario de la Real Expedición Botánica de Nueva España (1787-1803). Conservado en el Real Jardín Botánico de Madrid. Madrid 2010, S. 28-37.
106   Vgl.: o.V.: Briefe aus Spanien, in: Fackeln 1, H. 1 (1811), S. 73.

> Gerade über dieser Blut-Bühne liegt ein recht hübscher königlicher, zum
> Retiro gehörender Garten [...][107]

In Manzanares, einer Stadt in der Nähe Madrids, hatte der Verfasser der *Briefe
aus Spanien* erlebt, dass der Marktplatz für Stierkämpfe genutzt wurde – wo
dann friedliches Miteinander in zelebrierte Gewaltausübung zum Zwecke allgemeiner Erheiterung umschlug.[108] In Madrid sah er diesen Brauch im Coliseo
del Buen Retiro fest institutionalisiert. Er verweist zwar auf anderweitige
Nutzung, im Gegensatz zu einer später beschriebenen Kirche erwähnt er die
italienischen Architekturelemente jedoch nicht, sondern rekurriert lediglich
auf die Antike. Auch die gleichzeitige Funktion der Arena als Theaterspielstätte
wird nicht thematisiert.[109] Der Verfasser des Selbstzeugnisses stellt die Nutzung
der Rotunde als Blutbühne, wie er es nennt, in den Vordergrund. Er rezipiert
damit die Funktion des Bauwerks vornehmlich über dessen Bezeichnung als
Coliseo und assoziiert diese mit der erlebten Praxis des Stierkampfes.[110]

Befand sich der damalige Diskurs über die emotionale Empfindsamkeit
von Tieren und daraus möglicherweise resultierende Folgen für das Mensch-
Tier-Verhältnis noch am Anfang, so war sie für den Menschen unbestritten.[111]
Prado, Botanischer Garten und Stierkampfarena sind für den Verfasser mit

---

107 Ebd.

108 Bei seiner Beschreibung des Umgangs mit den Stieren in Manzanares macht der Verfasser
der *Briefe aus Spanien* ein Dreistufenprinzip vom Verletzen des Stieres bis zum Töten auf,
an welchem er auch das Zusammenspiel zwischen Zuschauern und Gewaltausübenden
erfasst. Vgl.: ebd., S. 38-41. Schümberg verweist in seinen Schilderungen über Manzanares
ebenfalls auf den Zusammenhang von Marktplatz und Stierkampfarena. Im Gegensatz
zum Verfasser der *Briefe aus Spanien* verallgemeinert er diese Verbindung jedoch nicht
für alle Städte Spaniens. Vgl.: [Schümberg]: Erinnerungen, S. 219. Zur historischen Entwicklung des Stierkampfs siehe auch: Melgar y Abreu, Bernardino de/Piedras Albas y de
Benavites, San Juan de: Fiestas de toros. Bosquejo histórico. (Colección Tauromaquias,
Bd. 12). Sevilla 2008, S. 354-427.

109 Der unter Ferdinand VI (1713-1759) angeordnete Umbau des Coliseo del Buen Retiro
diente vornehmlich seiner besseren Nutzung als Theater. Vgl.: Mariblanca, Rosaria:
Historia del Buen Retiro. Madrid 2008, S. 84-90, 116. Zur traditionsreichen Nutzung des
Coliseo del Buen Retiro als Theater siehe auch: Flórez Asensio, Asunción: El Coliseo del
Buen Retiro en el siglo XVII. Teatro público y cortesano, in: Anales de historia del arte 8
(1998), S. 171-195.

110 Vgl.: o.V.: Briefe aus Spanien, in: Fackeln 1, H. 1 (1811), S. 73.

111 Eitler spricht davon, dass die Diskussion um das Empfindungsleben der Tiere in den
Medien des deutschsprachigen Raums ab den 1850er Jahren geläufiger wurde, schließt
jedoch einen solchen Prozess ab Ende des 18. Jahrhunderts nicht aus. Vgl.: Eitler, Pascal:
„Weil sie fühlen, was wir fühlen". Menschen, Tiere und die Genealogie der Emotionen im
19. Jahrhundert, in: Hist. Anthropol. 19, H. 2 (2011), S. 211-228.

Spanien verbundene Symbole für Pracht, Errungenschaft und Grausamkeit.[112] Von der Arena, in der gehegte Gewalt Mensch gegen Tier zelebriert wurde, wendet sich der Verfasser im Text den von französischen Truppen in Spanien verursachten Verwüstungen am Beispiel des Buen Retiro und dessen Umgebung zu, einem Symbol für entfesselte Gewalt in diesem Krieg.[113] Das ursprüngliche königliche Lustschloss wurde von napoleonischen Truppen geplündert, teilweise zerstört und schließlich in ein Fort umgewandelt.[114] Für den Verfasser, der dem Spanienfeldzug kritisch gegenüber stand, spiegeln sich in der Plünderung und Zerstörung Gier und Habsucht „der Franzosen"[115] wider – sie sind aber auch ein Hinweis auf unregelmäßige Soldzahlungen.[116] Er selbst gehörte zwar den französischen Truppen an, war aber kein Franzose und distanziert sich in seinem Bericht von deren Vorgehen. Aus der vermeintlichen Position eines Beobachters richtet er im Weiteren seinen Blick auf den ebenfalls vereinnahmten Königspalast, der nun die französische Herrschaft in Spanien repräsentiere.[117] Das beeindruckende Gebäude stehe jedoch, verglichen mit Wien oder Dresden, an einem unvorteilhaften Ort, um seine Vorzüge zur Geltung zu bringen.[118] Daher sollte unter französischer Ägide ein repräsentativer Platz nebst Gärten um den Palast angelegt werden. Die dafür zu nah stehenden Bürgerhäuser müssten jedoch abgerissen werden.[119] Die beschriebene Situation liest sich wie eine Metapher auf die französische Herrschaft in Spanien: Sie fiel nicht auf fruchtbaren Boden und ließ sich nur mit Gewalt etablieren. Alles, was sich ihr widersetzte, wurde zerstört. Selbst auf die Bürger, auf die sich das bonapartistische System eigentlich stützte, wurde keine Rücksicht genommen, wenn es um die Durchsetzung der französischen Interessen ging. Die Zerstörungswut und rohen Umgangsformen französischer Soldaten werden auch am Beispiel einer Bibliothek und des Naturalienkabinetts (einer naturkundlichen Sammlung) thematisiert.[120] Der Verfasser hält es allerdings für ausgeschlossen, dass dieses Verhalten des Militärs im

---

112 Vgl.: o.V.: Briefe aus Spanien, in: Fackeln 1, H. 1 (1811), S. 72-73.

113 Vgl.: ebd., S. 73-74.

114 Vgl.: Mariblanca: Buen Retiro, S. 124-127; o.V.: Briefe aus Spanien, in: Fackeln 1, H. 1 (1811), S. 74. Schümberg führt in seinem Bericht die strategische Bedeutung dieses von ihm auch als eine Art Zitadelle bezeichneten Baus genauer aus. Vgl.: [Schümberg]: Erinnerungen, S. 137-139.

115 o.V.: Briefe aus Spanien, in: Fackeln 1, H. 1 (1811), S. 73.

116 Vgl.: ebd., S. 73-74.

117 Vgl.: ebd., S. 74.

118 Vgl.: ebd., S. 74-75.

119 Vgl.: ebd., S. 75.

120 Vgl.: ebd.

Sinne Napoleons wäre oder auch nur mit seinem Wissen geschehe.[121] Ob er diese Einschätzung aus Zensurgründen oder aus Überzeugung vornahm, ist nicht nachvollziehbar.

Nach diesen Schilderungen folgt ein thematischer Bruch. Ohne Überleitung wendet sich der Verfasser einer in seinen Augen stilvollen spanischen Kirche zu.[122] Er bewertet die Schönheit des sakralen Baus in Kunst- und Architektur als Ausnahme, findet auch hier in Form des Grabmals eines spanischen Königs Zeichen für den vergangenen Glanz des Landes, dessen wahre Pracht sich sowohl Laien als auch Kennern, zu letzteren sich der Verfasser zählt, erschließe.[123] Durch die Erwähnung des Grabes Ferdinand VI. in der Kirche lässt sie sich als die Pfarrkirche Santa Bárbara identifizieren. Die positive Beurteilung dieser Kirche resultiert nicht zuletzt aus der Tatsache, dass dort nur wenige Spuren des sonst allgegenwärtigen Laienkults spanisch-katholischer Prägung vorzufinden wären und ein italienischer Baustil zu erkennen sei.[124] Neben der erneut beanspruchten Zugehörigkeit zu einer gebildeten Schicht deutet die Art der Schilderung der Kirche darauf hin, dass der Verfasser dem spanischen Katholizismus nicht grundlegend ablehnend gegenüber stand, solange der sich nicht zu sehr von Bekanntem entfernte – womit positive Eindrücke Ausnahmecharakter hatten.

Betrachtet man die auf diesem Spaziergang beschriebenen Objekte, so fällt anhand der landschaftlichen Tableaus bei genauem Lesen eine Progression in der Abfolge des Rundgangs auf: soziale Gegensätze, Reichtum und Pracht, Vergänglichkeit von Macht, spanische Gewaltbereitschaft, französische Herrschaftspraxis und Zerstörungswut – und als Gegenpol die Religion. Kriegsteilnehmer veröffentlichten ihre Berichte teilweise in Journalen, die, wie bereits erwähnt, im Rahmen der populären Reiseliteratur entstanden waren und keiner allzu strengen Zensur unterlagen. Dennoch hatten sie mit Beschränkungen zu kämpfen. Im Spaziergang des Verfassers der *Briefe aus Spanien* wird die Beschreibung der durch menschliche Hand gerichteten Landschaft zur Kritik am Verhalten französischer Soldaten. Wenn der Verfasser auch nicht für Spanien Partei ergreift, so sah er doch Errungenschaften, die unnützer Zerstörung anheimfielen und die Entwicklung lähmten. Entsprechendes Potenzial lässt sich aus seiner Beschreibung herauslesen – wie die nur durch Zeichen des Aberglaubens verhüllte prächtige Architektur

---

121   Vgl.: ebd.
122   Vgl.: ebd., S. 76-77.
123   Vgl.: ebd.
124   Vgl.: ebd. Die religiösen Aspekte in den Selbstzeugnissen werden in Kapitel 5.4 näher beleuchtet.

spanischer Kirchen. Der italienische Baustil der im Rahmen des Spaziergangs beschriebenen Kirche oder auch der Botanische Garten bedeuteten dem Leser, dass Spanien bei weitem nicht so abgeschnitten von der restlichen Welt war, wie im deutschsprachigen Raum oft angenommen.[125] So sehr dieser Teil des Berichts den Eindruck einer klassischen Reisebeschreibung entstehen lassen kann, so lernten die Leser, ebenso wie die Kriegsteilnehmer, die beschriebenen Gebiete doch im Kriegszustand kennen, der deutliche Spuren hinterlassen hatte. Die Einbettung gerichteter Landschaft in einen kulturellen Spaziergang konnte so als Codefunktion für sonst unsagbar Politisches dienen, was grundsätzliche Kritik an der französischen Herrschaftspraxis einschloss.

Die beschriebenen Umstände bargen nicht zuletzt die Frage nach einer möglichen Reaktion der Bewohner Madrids auf das Verhalten französischer Kriegsteilnehmer, zumal deren hartes Vorgehen sich nicht nur gegen Gebäude, sondern z. B. auch gegen spanische Händler richtete.[126] Die Madrider Bevölkerung würde sich nach Ansicht des Verfassers der *Briefe aus Spanien* zwar nicht gegen die fremden Truppen erheben, sie aber auch nicht unterstützen, sondern eher passiven Widerstand leisten. Diese Erkenntnis habe sich ihm aufgrund seines durch den Kontakt mit Einheimischen geschärften Blicks erschlossen, was er am Beispiel der von den Spaniern bereits geübten Rückhaltung von Vermögen erläutert.[127] Nach den von ihm beobachteten Feierlichkeiten zum einjährigen Thronjubiläum Joseph Bonapartes geht der Verfasser der *Briefe aus Spanien* dennoch davon aus, dass man sich in Madrid am ehesten der französischen Herrschaft fügen würde. Dies wäre aber nicht repräsentativ für ganz Spanien, insbesondere nicht in Bezug auf die Geistlichkeit.[128] Die Hoffnung der Menschen läge auf dem ehemaligen spanischen Kronprinzen, dessen Rückkehr ersehnt würde, auch wenn viele Spanier von Joseph Bonapartes gutem Charakter überzeugt seien.[129] Die zuvor indirekt geäußerte Kritik an der französischen Herrschaftsausübung wird durch Aussagen über die mögliche Reaktion der Spanier und ihr Verhältnis zu Joseph Bonaparte relativiert. Aufgrund der Codefunktion der gerichteten Landschaft in der vorherigen Passage erscheinen jedoch auch nachfolgende Schilderungen in einem anderen Licht.

Schümberg hingegen, dessen Selbstzeugnis – im Gegensatz zu den anonym verfassten *Briefen aus Spanien* – erst nach der Regierungszeit Napoleons

---

125   Vgl.: ebd., S. 73-74, 76-77.
126   Vgl.: ebd., S. 14.
127   Vgl.: ebd., S. 16-17.
128   Vgl.: ebd., S. 21-22.
129   Vgl.: ebd., S. 16.

veröffentlicht wurde, nahm bei der Schilderung eines Anschlags auf Joseph Bonaparte direkter auf dessen nicht vorhandene Akzeptanz in der spanischen Bevölkerung Bezug.[130] Das in Madrid allgemein herrschende Misstrauen und der passive Widerstand, der sich schnell in aktive Formen – wie des besagten Anschlags – wandeln konnte, waren für ihn allgegenwärtig. Er suggeriert auch einen Zusammenhang zwischen dem mangelnden Respekt der französischen Truppen gegenüber religiösen Orten (da zum Beispiel Klöster als Kasernen genutzt wurden) und dem geringen Mitgefühl mancher Spanier für Kranke und Versehrte der französischen Armee, die in Hospitälern ein leichtes Ziel für Anschläge waren.[131] Nach Schümbergs Auffassung wäre in Madrid im Ernstfall nur der zum Fort umgebaute Buen Retiro zu halten gewesen – eine mehr als deutliche Einschätzung der wenig akzeptierten französischen Herrschaft unter Joseph Bonaparte.[132] Auch die Stadt erwies sich nicht als sicher, sondern nur unter strenger Kontrolle für einen beschränkten Zeitraum gebändigt.[133] Dass eine Stadt von einem gesicherten Ort sogar zum Gefängnis für die französischen Truppen werden konnte, schildert z. B. Geißler.[134] Für die französischen Truppen bedeutete das, sich ständig nach innen *und* außen absichern zu müssen. Brandt hielt es für angebracht, das Verhalten der Bewohner in den „Provinzialstädte[n, K.B.]"[135] und des flachen Landes zu beobachten, um die Verhältnisse in Spanien realistisch einschätzen zu können.[136] Trotz gewisser Unterschiede bewegten sich die französischen Kriegsteilnehmer von Beginn ihres Einsatzes an sowohl auf dem Land als auch in den Städten auf unsicherem Terrain. Aus ihren Beschreibungen lässt sich ersehen, dass die in Kapitel 2 beschriebenen *Afrancesados* nicht ausreichten, um die bonapartistische Herrschaft in einem von feudalen Strukturen und überwiegend agrarisch geprägten Land wie Spanien ausreichend zu stützen.

---

130 Vgl.: [Schümberg]: Erinnerungen, S. 135.

131 Vgl.: ebd., S. 129, 135.

132 Vgl.: ebd., S. 137.

133 Volgmann bemerkt diesen Sachverhalt ebenfalls schon nach kurzem Aufenthalt in Spanien. Er geht jedoch gegenüber anderen Kriegsteilnehmern noch weiter und weist darauf hin, dass auf der Straße zwischen Irun und Madrid auch Dörfer zur Sicherung der französischen Truppen befestigt worden seien. Vgl.: Volgmann: Wanderungen, in: Minerva 95, H. 3 (1815), S. 15-16.

134 Vgl.: Geißler: Denkwürdigkeiten (1830), S. 95. Zur Interpretation von Geißlers Stadt-Land-Gegensatz siehe auch: Brösicke, Katrin: Kriegsteilnehmer als Vermittler von Landschaftsbildern, in: Garstenauer/Müller (Hg.): Aus der Mitte der Landschaft. Landschaftswahrnehmung in Selbstzeugnissen (Jahrbuch für die Geschichte des ländlichen Raumes, Bd. 8). Wien u. a. 2011, S. 117-118.

135 Brandt: Ueber Spanien, S. 131.

136 Vgl.: ebd.

4.1.4   *Gärten und Wälder*

Dem hoffnungsvollen Blick der Kriegsteilnehmer auf die spanischen Städte steht der ländliche Raum in den Zeugnissen gegenüber. Eine Art verbindendes Element zwischen Stadt und Land stellen die in der Umgebung der Städte vorgefundenen und in den Berichten erwähnten Obst- und Gemüsegärten dar. Das diesbezügliche Interesse der Verfasser lässt sich nicht zuletzt aus der Entstehungsgeschichte der Gartenkultur im deutschsprachigen Raum erklären. Im Zug der Urbanisierung waren Obst- und Gemüsegärten auch dort zunächst vor allem in der Nähe von Städten zu finden: „insofern gehören Stadt und Garten stets zusammen, und als im 19. Jahrhundert (meist nicht früher) auch in den Dörfern Gärten angelegt wurden, war die dortige Bevölkerung auch schon in vieler Hinsicht urban geprägt. Wie man Gärten anlegte, sollte der Landbevölkerung nämlich vom Lehrer und vom Pfarrer gezeigt werden."[137] Diese in der Heimat der Kriegsteilnehmer zu dieser Zeit noch relativ neue Entwicklung hatte in Spanien bereits eine lange Tradition. Obst- und Gemüsegärten fanden sich nicht nur in der Nähe von Städten und nahmen zum Teil Plantagen ähnliche Ausmaße an.[138] Besonderes Augenmerk galt dabei den Bewässerungssystemen, die höchst effektiv und mit geringem Kraftaufwand betrieben wurden. Deren Größe und Ausmaße offenbarten sich Holzenthal anhand der Überreste von Kanalanlagen zur Bewässerung ganzer Felder, denen gegenüber die in den Gärten nur kleine Abbilder seien.[139] Der in britischen Diensten stehende Heusinger trifft im südlichen Spanien auf funktionstüchtige Anlagen, die ebenfalls sowohl in den Gärten als auch zur Bewässerung von Feldern Anwendung fanden. Die dadurch ermöglichte effektive Nutzung der knappen Wasserressourcen gestattete sogar den Anbau von Reis.[140]

> Um sich das, jeden Abend vorzunehmende, Bewässern der Gärten möglichst zu erleichtern, hat man den Brunnen in der Mitte desselben angelegt, und um seine, etwa fünf Fuß über die Erde aufgemauerte Einlassung, einen oben flachen, jedoch so breiten Hügel gebildet, daß ein Maulesel bequem herumgehen kann.
>
> Durch ein einfaches leichtes Getriebe schafft nun der Esel das Wasser zu Tage, und die Beete sind so angelegt, daß sie; ohne weiteres zu thun, als vermittelst

---

137   Küster: Geschichte des Waldes, S. 171.

138   Vgl. z. B.: o.V.: Briefe aus Spanien, in: Fackeln 1, H. 1 (1811), S. 53-55, 97; Holzenthal: Briefe, in: Journal für die neuesten Land- und Seereisen 24, H. 9 (1816), S. 92-93; Heusinger: Ansichten, Beobachtung und Erfahrungen, S. 75-76.

139   Vgl.: Holzenthal: Briefe, in: Journal für die neuesten Land- und Seereisen 24, H. 9 (1816), S. 93.

140   Vgl.: Heusinger: Ansichten, Beobachtung und Erfahrungen, S. 75-76.

des Durchstechens der kleinen vor der Rinne befindlichen Erddämme, welches
durch ein Kind geschieht, von selbst bewässert werden.[141]

Den Verfasser der *Briefe aus Spanien* faszinierte dieses bei Manzanares vorgefundene und beschriebene Bewässerungssystem so, dass er seinem Bericht
eine schematische Skizze nebst Beschreibung beifügte.[142] Die Bewässerung
von Gärten, die sich in den Augen des Kriegsteilnehmers fast von allein
erledigt oder auch von Alten und Kindern bewältigt werden kann, erscheint
ihm als nachahmenswertes Beispiel. Mit seinen detaillierten Aufzeichnungen
ermöglicht er dem interessierten Leser die Übernahme dieses faszinierenden
Wissens,[143] dessen Anwendung in der Heimat Arbeitserleichterung bedeuten
würde und damit auch im damaligen Verständnis mit Fortschritt gleichgesetzt wurde. Der Aufwand, der für die regelmäßig notwendige Pflege und die
Erhaltung der Bewässerungsanlagen betrieben werden muss, blieb den Kriegsteilnehmern offensichtlich verborgen. Fremdes, tradiertes Wissen aus einem
im Rückschritt geglaubten Land wird somit positiv und zukunftsweisend.
Dass es sich bei den Bewässerungsanlagen um übernommenes Wissen aus
der Zeit der Mauren handelt, wird in den untersuchten Selbstzeugnissen
nicht erwähnt. Dieser Umstand lässt darauf schließen, dass den Verfassern
dieser Fakt nicht bekannt war. Im Gegensatz zu bestimmten Bauwerken bzw.
Ruinen bringen sie die Bewässerungssysteme nicht mit dem Orient in Verbindung, sondern schreiben sie Spanien zu. Zwar verfügten auch später noch
in Spanien lebende sogenannte Morisken (getaufte Muslime) über besondere
Kenntnisse im Bereich der Bewässerungstechnik. Mit ihrer Vertreibung im Jahr
1609 ging jedoch auch vieles von ihrem Wissen verloren, was die Nutzung und
Instandhaltung von Bewässerungsanlagen beeinträchtigte und zu schweren
wirtschaftlichen Einbußen führte.[144] Es ist nicht auszuschließen, dass der Verfall einiger der von Holzenthal erwähnten Überreste großer Bewässerungsanlagen darauf zurückzuführen ist.

Holzenthal stellt den technischen Errungenschaften im Bereich der
Bewässerung eine für ihn ineffektive Ackerbestellung gegenüber,[145] wie er sie

---

141   o.V.: Briefe aus Spanien, in: Fackeln 1, H. 1 (1811), S. 54.

142   Vgl.: ebd., S. 54, 323.

143   Vgl.: ebd., S. 54-55, 323.

144   Vgl.: Windler, Christian: Religiöse Minderheiten im christlichen Spanien, in: Schmidt
      (Hg.): Kleine Geschichte Spaniens (Schriftenreihe bpb, Bd. 527). Lizenzausg., Bonn 2005,
      S. 117-118.

145   Vgl.: Holzenthal: Briefe, in: Journal für die neuesten Land- und Seereisen 24, H. 9 (1816),
      S. 92; vgl. zur Gegenüberstellung von Ackerbestellung und Bewässerungssystem auch: o.V.:
      Briefe aus Spanien, in: Fackeln 1, H. 1 (1811), S. 42-43.

auch schon in den grenznahen französischen Provinzen beobachtet hatte. Mit
dieser Feststellung werden Grenzlinien dekonstruiert. Die Grenze zwischen
Frankreich und Spanien wird zu einem Übergangsraum, aber nicht nur das:
Holzenthal stellt die an Spanien grenzenden Gebiete Frankreichs in diesem
Bereich auf eine Stufe mit dem Land, das im damaligen Diskurs eigentlich eine
Kontrastfolie zum positiven Frankreichbild darstellte. Auf diese Weise schafft
er einen Übergangsraum, der Frankreich zugleich degradiert. Die bis zum
Abschluss des Pyrenäenfriedens von 1659 während spanische Herrschaft über
die seitdem französische Provinz Pyrénées-Orientales,[146] welche die ähnlichen
landwirtschaftlichen Praktiken erklären würde, erwähnt Holzenthal nicht. Es
ist anzunehmen, dass ihm diese Tatsache nicht bekannt war. Die Auslassung
lässt das Urteil allerdings um so härter erscheinen. Als eigene Bezugsebene
der Bewertung des Gesehenen dienten ihm offenbar bekannte Methoden,
die er für effektiver hielt. Setzt man produktive spanische Bewässerungstechnik und unproduktive Anbaumethoden ins Verhältnis, so ergibt sich eine
Neutralisation, die indirekt auch den Vergleich zwischen Spanien und der
Herkunftsregion einschließt. Während sich diese Einschätzung auch in den
Berichten anderer Kriegsteilnehmer findet, ist die Deutungshoheit bezüglich
der in Spanien gebräuchlichen sogenannten „Dresch-Maschine"[147] weniger
eindeutig. Der Verfasser der *Briefe aus Spanien* begegnete ihnen in der Mancha.
Er bewertete sie ebenfalls als effektiv und arbeitserleichternd und fügte auch
hier eine Zeichnung bei.[148] Schümberg hingegen berichtet nicht direkt von
der Maschine, sondern nur von dem mit dem Verarbeitungsprozess einhergehenden Austreten des Strohs durch beschlagene Maultiere und Ochsen.[149]
Dadurch würde – im Gegensatz zur Verwendung eines Dreschflegels – nur
kurzes Stroh produziert, welches sich schlechter binden und transportieren
lasse.[150] Er sieht in dieser Praxis ein Indiz für die Bequemlichkeit der Spanier.[151]
Auch Hering bemängelt unter Verweis auf die Ochsen die Qualität des Strohs,
das durch die Art der Verarbeitung so kurz werde, dass es nicht für ein Nacht-
lager gebunden werde könne.[152] Für Hering und Schümberg steht im Gegensatz zum Verfasser der *Briefe aus Spanien* das produzierte Stroh und nicht die
Arbeitserleichterung im Zentrum. Trotz des unterschiedlichen Blickwinkels
werden die Verfasser zu Vermittlern von Wissen über die Landwirtschaftskultur

---

146   Vgl.: Pietschmann: Von der Gründung der spanischen Monarchie, S. 167-168.
147   o.V.: Briefe aus Spanien, in: Fackeln 1, H. 1 (1811), S. 43.
148   Vgl.: ebd., S. 42-45, 323.
149   Vgl.: [Schümberg]: Erinnerungen, S. 35-36.
150   Vgl.: ebd.
151   Vgl.: ebd., S. 35.
152   Vgl.: [Hering]: Erinnerungen, S. 229.

Spaniens, das durch die Verschriftlichung und Veröffentlichung der Berichte in den deutschsprachigen Raum transferiert wurde. Die Thematisierung und Bewertung landwirtschaftlicher Gegebenheiten lässt bei einigen Verfassern einen ländlichen Hintergrund vermuten, der ihr Interesse, aber auch die für eine vergleichende Bewertung notwendigen Kenntnisse über Bewässerungs-, Anbau- und Verarbeitungsmethoden über den militärischen Nutzen hinaus erklärt.

Ständige und immer wieder beachtete Begleiter der Kriegsteilnehmer auf ihrem Weg durch Spanien waren Bäume.[153] Ganz allgemein als Schatten-spender und Brennholzquelle geschätzt,[154] zogen die exotisch anmutenden Orangenbäume mit ihren fremden, duftenden Blüten und wohlschmeckenden Früchten die besondere Aufmerksamkeit auf sich.[155] Ganze Orangen- und Zitronen-Wälder wurden ausgemacht und bewundernd erwähnt.[156] Doch auch damals im mitteleuropäischen Raum stark zurückgedrängte Baumarten, z. B. die Linde, weckten das Interesse[157] – wie überhaupt Wälder, sofern sie nicht undurchdringlich waren.[158] Jahrhundertelanger Raubbau am Rohstoff Holz hatte in Mitteleuropa zu einem dramatischen Rückgang der Wälder und bestimmter Baumarten sowie zu entsprechendem Holzmangel geführt, dem man seit dem 18. Jahrhundert durch Aufforstung beizukommen suchte.[159] In den Quellen ist ersichtlich, dass auch in Spanien Mangel an Brennholz

---

153 Vgl. z. B.: Volgmann: Wanderungen, in: Minerva 95, H. 3 (1815), S. 12-14; o.V.: Briefe aus Spanien, in: Fackeln 1, H. 1 (1811), S. 99; Holzenthal: Briefe, in: Journal für die neuesten Land- und Seereisen 24, H. 10 (1816), S. 131; [Schümberg]: Erinnerungen, S. 222.

154 Vgl. z. B.: o.V.: Briefe aus Spanien, in: Fackeln 1, H. 1 (1811), S. 95.

155 Vgl. z. B.: Heusinger: Ansichten, Beobachtung und Erfahrungen, S. 75. Für Volgmann werden Pomeranzen (Bitterorangen) während seines Portugalaufenthaltes zeitweise zur einzigen Nahrungsquelle. Vgl.: Volgmann: Wanderungen, in: Minerva 95, H. 3 (1815), S. 238, 244. Hering erwähnt Orangen-, Zitronen- und Pomeranzenbäume sowohl in Spanien als auch in Portugal. Vgl. z. B.: [Hering]: Erinnerungen, S. 277-281, 293-297.

156 Vgl. z. B.: Holzenthal: Briefe, in: Journal für die neuesten Land- und Seereisen 24, H. 10 (1816), S. 131. Volgmann verweist auch in Portugal auf sie. Vgl.: Volgmann: Wanderungen, in: Minerva 95, H. 3 (1815), S. 233. Heusinger erwähnt diese ebenfalls während seines kurzen Aufenthaltes bei Gibraltar. Vgl.: Heusinger: Ansichten, Beobachtung und Erfahrungen, S. 23, 131.

157 Vgl. z. B.: Holzenthal: Briefe, in: Journal für die neuesten Land- und Seereisen 24, H. 10 (1816), S. 116; o.V.: Briefe aus Spanien, in: Fackeln 1, H. 1 (1811), S. 72. Die Linde war im mittel-europäischen Raum bereits im 18. Jahrhundert stark dezimiert. Vgl.: Küster: Geschichte des Waldes, S. 182.

158 Undurchdringliche oder „dicke Waldungen" wurden als Gefahrenzone angesehen. Vgl. z. B.: [Schümberg]: Erinnerungen, S. 63.

159 Vgl.: Küster: Geschichte des Waldes, S. 176-180. Durch die unter Napoleon initiierte Kontinentalsperre wurde die Holzausfuhr nach Großbritannien weitestgehend unter-bunden. Neben der Aufforstung wirkte sich der eingeschränkte Holzexport langfristig

herrschte.[160] Der Blick der Kriegsteilnehmer auf Bäume und Sträucher ist daher immer auch funktionsgerichtet. Um jedoch das Potenzial der verschiedenen fremden Bäume einschätzen zu können, sind bestimmte Kenntnisse nötig, welche, wie die Quellen zeigen, nicht immer vorlagen. Daher wurde versucht, Unbekanntes in bekannte Kategorien einzugruppieren oder im Sinne von Genealogien zu erfassen. So vergleicht z. B. der Verfasser der *Briefe aus Spanien* einen ihm unbekannten Baum mit einer Fichte, um deren Aussehen und Eigenschaften zu beschreiben.[161] Auf diese Weise ist es ihm möglich, dem Leser eine Vorstellung von dem fremden Wald, den er als „Fichtenwald"[162] bezeichnet, zu vermitteln und in den Sinnhorizont integrierbar zu machen.[163]

In der aufkommenden Romantik erhielt der Wald im deutschsprachigen Raum im Rahmen der eigenen kulturellen und nationalen Identitätssuche eine neue Bedeutung. „Das dabei beschworene Symbol ‚Wald', als Zeichen der Urwüchsigkeit und Natürlichkeit, stand in Kontrast zu ‚Stadt', als Zeichen für die französische Aufklärung. Die gemeinsamen Wurzeln des Volkes wurden im Wald gesucht. Dem ‚Wald' wurden dadurch Assoziationen beigefügt wie ‚deutsch', ‚Volk' und ‚Heimat'."[164] Ausgelöst durch die im Zuge der Revolution von 1789 in Frankreich als Freiheitsbäume gepflanzten Eichen fanden sich solche später auch im deutschsprachigen Raum.[165] Dort wurden sie dann „als Sinnbild der nationalen Identität auch ein Symbol für die Auflehnung gegen die französische Unterdrückung in der Zeit, als Napoleons Truppen fast ganz

---

positiv auf die Waldbestände in Mitteleuropa aus, da Großbritannien daraufhin Holz vornehmlich aus seinen Kolonien einführte. Vgl.: ebd., S. 197-198.

160 Vgl. z.B.: Holzenthal: Briefe, in: Journal für die neuesten Land- und Seereisen 24, H. 9 (1816), S. 94; o.V.: Briefe aus Spanien, in: Fackeln 1, H. 1 (1811), S. 37.

161 In den *Briefen aus Spanien* versucht der Verfasser z. B., einige ihm Fichten ähnliche Bäume im Vergleich mit besagten zu beschreiben und zu erfassen. Vgl. z. B.: o.V.: Briefe aus Spanien, in: Fackeln 1, H. 1 (1811), S. 88-89. Ebenso verfährt er bei Olivenbäumen, die er in Ähnlichkeit und Unterschied zu Weiden beschreibt. „Die Olivenbäume haben eine auffallende Aehnlichkeit mit den deutschen Weiden, wachsen im Stamm höchstens 6-7 Fuß hoch, welcher, sobald er alt wird, spaltet, und trotz dem ausgefaulten Kern, in jedem seiner Theile, große Kronen treibt; sie bleiben Winter und Sommer grün, ihre Blüte, die sie in der Mitte des Monats Juni treiben, ist der Schleedornblüte ähnlich; die Frucht, die einer unreifen Pflaume gleicht, [...] wird erst im December abgenommen, und etwas nach drei Monaten gepreßt [...]" ebd., S. 37.

162 Ebd., S. 89.

163 Vgl.: ebd.

164 Braun, Annette: Wahrnehmung von Wald und Natur. (Forschung Soziologie, Bd. 58). Opladen 2000, S. 58.

165 Vgl.: Küster: Geschichte des Waldes, S. 182.

Europa beherrschten."[166] Eichen finden auch in den Berichten über Spanien immer wieder Erwähnung. Der Verfasser der *Briefe aus Spanien* sucht z. B. den Vergleich zwischen sogenannten spanischen und deutschen Eichen.

> Die spanischen Eichen ähneln im Holze zwar den Deutschen, nur ihr Blatt ist ganz klein, rund und mit mehrern Stacheln versehen; sie sind auch, so wie alle Holzarten, sehr theuer; und man brennt deswegen meistens nur das Gesträuche solcher Eichen, oder Rosmarin; auch werden wohl von dem bivouakirenden Militair nicht selten Olivenbaum-Aeste gebrannt, die wegen ihres fetten Safts, selbst ganz grün, eine herrliche Flamme geben.[167]

Die als „spanische Eichen"[168] identifizierten Bäume erschienen dem Kriegs-teilnehmer eher feindlich als nützlich und bildeten damit einen Gegensatz zum bekannten Eichentypus. Möglicherweise impliziert diese Beschreibung Analogien auf die unterschiedliche Körpergröße von Spaniern und Mittel-europäern sowie bezüglich der auf Abwehr von Fremden (Stacheln) ein-gestellten Spanier. Deutlich wird hingegen, dass auch die Kriegsteilnehmer von den hohen Holzpreisen betroffen waren und sich, wann immer möglich, im Sinne des Nährens aus dem Lande mit Brennmaterial versorgten. Dabei griffen sie selbst auf Olivenbäume zurück, die die Lebensgrundlage vieler Spanier und Portugiesen bildeten. Aus eben diesem Grund wurden sie sogar Gegen-stand der Kriegsführung: Das Verbrennen von Olivenbäumen als taktische Maßnahme beschreibt z. B. Volgmann bei seinem Rückzug aus Portugal.[169] Von Brandt geht in seinem Selbstzeugnis noch weiter. In Hinblick auf künftige Kriegsereignisse beschreibt er das gezielte Zerstören von sogenannten Ölwäldern als erprobte Maßnahme, derer man sich bedienen solle, um die

---

166   Ebd. Insbesondere der Dichter Friedrich Gottlieb Klopstock (1724-1803) vertrat den vater-ländischen Gedanken in Zusammenhang mit der Eiche, den auch seine Nachfolger weiter ausbauten. Vgl.: Hürlimann, Annemarie: Die Eiche, heiliger Baum deutscher Nation, in: Weyergraf (Hg.): Waldungen. Die Deutschen und ihr Wald. Ausstellung der Akademie der Künste vom 20. September bis 15. November 1987 (Akademie-Katalog/Akademie der Künste, Berlin West, Bd. 149). Berlin 1987, S. 62-63; Umersbach, Viktoria: Im Wald, da sind die Räuber. Eine Kulturgeschichte des Waldes. (Kleine Kulturgeschichten). Berlin 2009, S. 67-76.
167   o.V.: Briefe aus Spanien, in: Fackeln 1, H. 1 (1811), S. 37.
168   Ebd.
169   Vgl.: Volgmann: Wanderungen, in: Minerva 96, H. 4 (1815), S. 22. Volgmann verweist zudem auf die durch britische Truppen vorgenommene zielgerichtete Verwüstung von Feldern, das Töten von Viehherden und Vernichten von Vorräten als taktische Maßnahmen, die den französischen Truppen das Vorwärtskommen erschweren sollten. Vgl.: Volgmann: Wanderungen, in: Minerva 95, H. 3 (1815), S. 233-234.

Bevölkerung zum Gehorsam zu bewegen.[170] „Zuvörderst zerstöre man den
Ort von Grund aus, dann vernichte man die Oelwälder und Weinpflanzungen,
und verderbe und verwüste, wo es nur angeht."[171] Der Olivenbaum spielte für
die Kriegsteilnehmer nicht nur als Brennmaterial und Gegenstand der Kriegsführung eine Rolle, er steht bei Schümberg z. B. auch als Sinnbild für Spanien
und seine Bewohner.[172] Seine den klimatischen Bedingungen angepassten,
lebensspendenden Eigenschaften werden in den Zeugnissen nicht reflektiert.
Im Vergleich mit der ausladenden, dicht belaubten und damit Schatten
spendenden deutschen Eiche unterliegt er. Der Gedanke an die heimatliche
Eiche verbindet sich insbesondere in der unwirtlichen Fremde mit dem Gefühl
von Schutz und Geborgenheit.

> Die ungeheuern, mehr als 20 Stunden sich ausdehnenden Ebenen der Mancha
> verursachten durch ihre Einförmigkeit tödtende Langeweile […] dünne Oliven-
> pflanzungen, niedriges Rosmaringesträuche unterbrechen nur hier und da
> das traurige Einerlei. Es ist ein Qual, auf diesen sonnenverbrannten Fluren 24
> Stunden auf einer Feldpost auszuhalten. Was gäbe man für eine teutsche Eiche,
> um sich unter ihrem Schattendache zu bergen! Wie verwünscht man bisweilen
> den besenähnlichen Olivenbaum, der keinen Schutz gewährt![173]

Die Bezeichnung „teutsche"[174] Eiche offenbart eine nationale *deutsche*
Zuschreibung, obwohl der deutschsprachige Raum aus verschiedenen Ländern
bestand. Damit folgen die Verfasser – bewusst oder unbewusst – dem von
Friedrich Gottlieb Klopstock[175] (1724-1803) und seinen Anhängern maßgeb-
lich beförderten nationalen Diskurs. Der Eiche kommt dabei eine zentrale
Funktion zu. Unter den klimatischen Bedingungen des Südens sind jedoch

---

170   Vgl.: Brandt: Ueber Spanien, S. 116.
171   Ebd.
172   [Schümberg]: Erinnerungen, S. 220.
173   Ebd.
174   Ebd.
175   Klopstocks „Leben und Werk verkörpern das Dilemma der aufklärerischen Utopie im
      Deutschland des ‚bürgerlichen' 18. Jahrhunderts; sie umspannen Aufschwung, Wider-
      sprüchlichkeit und Wirkungsverlust einer intellektuellen Bewegung, die aus dem Schoß
      der alten feudalen Welt heraus eine neue Ära der menschlichen ‚Glückseligkeit' entwerfen
      und verwirklichen wollte […] Als empfindsamer Dichter der Liebe, der Freundschaft,
      der Natur und des Allerheiligsten, als patriotischer Dramatiker und Historiograph, als
      Dichtungstheoretiker, Sprach- und Grammatikforscher, ja als Repräsentant eines neuen,
      ‚freien' Schriftstellertypus hat K. zeitlebens einem christlich-empfindsam getönten
      Rationalismus angehangen." Zimmermann, Harro: Klopstock, Friedrich Gottlieb, in: Lutz
      (Hg.): Metzler-Autoren-Lexikon. Deutschsprachige Dichter und Schriftsteller vom Mittel-
      alter bis zur Gegenwart. Stuttgart 1986, S. 365, 369.

nur angepasste Formen wie z. B. die Korkeiche überlebensfähig.[176] Auch für
die Kriegsteilnehmer wurde die Anpassung an die auf der Iberischen Halbinsel
herrschenden klimatischen Gegebenheiten zu einer überlebenswichtigen
Frage.

Auf ihrem Weg durch Spanien müssen die Kriegsteilnehmer feststellen,
dass das Vorgefundene nicht immer mit ihren Vorstellungen übereinstimmt.
So finden sie gerade im ländlichen Raum unerwartet effektive traditionelle
Methoden vor, während sich Städte entgegen ihren Erwartungen als relativ
unsicherer Rückzugsort erweisen. Vorannahmen brechen auf und Deutungen
verändern sich. Landschaftsbeschreibung dient dabei als Vermittlungstechnik
und kann verschiedene Codefunktionen, z. B. für Erwartungshaltungen, Vermutungen, die Sorge um das eigene Leben, allgegenwärtige Gefahr, gefühlte
Bedrohung und Angst übernehmen, was sich jedoch oft nur in Kenntnis der
damaligen Diskurse erschließen lässt. Bei der Erklärung für Unerwartetes
und Unbekanntes wird jedoch – wie im Falle der Dreschmaschine oder der
Eichen – schnell auf alte stereotype Erklärungsmuster zurückgegriffen, sofern
sie dem eigenen Sinnhorizont nicht entsprechen. Doch selbst dann bleibt
ein Transfer des Wissens nicht aus, der den Bildungsanspruch der Zeugnisse
einmal mehr unterstreicht. Über die bildgewaltig und emotional konnotierte
Beschreibung der Landschaft ermöglichen die Verfasser dem Leser außerdem
das Eintauchen in eine ihm ferne Welt sowie eine emotionale Bindung zu
vorn genannter Gefühlsgemeinschaft. Die dabei konstruierten Räume stehen
symbolisch für unterschiedliche Emotionen und Entwicklungsebenen. Den
landschaftlichen Tableaus und ihrer Entschlüsselung kommt daher in den vorliegenden Zeugnissen eine große Bedeutung zu.

4.2   Über-Leben

Die ebenso unbekannten wie ungewohnten klimatischen Bedingungen auf
der Iberischen Halbinsel stellten nicht nur für die deutschsprachigen Kriegsteilnehmer eine besondere Herausforderung dar, sie konnten sogar den Verlauf des Krieges beeinflussen. Von Brandt bezeichnet das Klima Spaniens
zwar als prinzipiell positiv, dennoch waren die Auswirkungen in bestimmten
klimatischen Regionen Spaniens für ihn so bedeutsam, dass er die dort
vorherrschenden Krankheiten bzw. negativen gesundheitlichen Einflüsse

---

176   Zur Korkeiche vgl.: Goerigk, Martine: Bäume. Eine Reise durch Zeiten und Kulturen.
       Geschichte, Mythologie, Märchen, Brauchtum, Nutzen, Botanik. 1. Aufl. , Bürgel 2009,
       S. 204-207.

gesondert anführt.[177] Die Weitergabe seiner Kenntnisse versteht von Brandt dabei als taktische Hinweise für die Truppenführung in einem zukünftigen Krieg auf der Iberischen Halbinsel. Auch Schümberg beschreibt in seinem Zeugnis die klimatischen Bedingungen in Spanien, die, wenn man ihnen falsch begegnete, fatale Auswirkungen haben konnten. Auch Einflüsse der Lehre von den Miasmen[178] spiegeln sich in seinen Aussagen wider:

> Äußerst gefährlich war das Bivouacquiren in dem mittlern Landstriche von Spanien. Es ist unerträglich heiß; der lechzende Boden scheint zu glühen, die Berge versperren den erfrischenden Winden den Durchgang, und werfen die brennenden Sonnenstrahlen verstärkt in die Ebenen hinab, die sie umschließen. [...] Aber die Witterung wechselt oft und schnell. Die wohlthätige Hand der Natur führt eine erfrischende Kühle herbei, ein reichlicher, bisweilen eiskalter Thau enttäufelt den Wolken, und tränkt die sonnenverbrannte Erde. Oft führt letzterer einen Fieberfrost herbei, und bei dem ersten heißen Sonnenstrahle entsteigen Wolken von Ausdünstungen dem dampfenden Boden.[179]

Schnelle Wetter- und Temperaturumschwünge sowie unzweckmäßige Kleidung konnten viele Kriegsteilnehmer – ebenso wie ungewohnte Ernährung und nicht angepasstes Verhalten – schon vor der Konfrontation mit dem Gegner kampfunfähig machen. Die Verluste der Napoleonischen als auch der britischen Truppen durch Krankheiten und Infektionen waren beträchtlich und die Wahrscheinlichkeit, einer von ihnen zum Opfer zu fallen, oft höher, als in der direkten militärischen Auseinandersetzung den Tod zu finden.[180] Dass der Kontakt der ins Land gekommenen Kriegsteilnehmer mit dem fremden, ungewohnten Klima von Einheimischen sogar als eine Ebene der Kriegführung empfunden und geschätzt wurde, beschreibt von Brandt, der diese Einschätzung offensichtlich teilte: „Die Spanier waren von dem nachtheiligen Einfluß, den ihr Clima auf Ausländer haben mußte so überzeugt, daß sie nicht selten äußerten, die Monate Juli, August und September wären

---

177 Vgl.: Brandt: Ueber Spanien, S. 101-102.

178 Als Begründer der Lehre von den Miasmen gilt Hippokrates. Man ging davon aus, dass giftige Ausdünstungen des Bodens durch die Luft verbreitet und Krankheiten verursachen würden. Daher versuchte man, sich mit verschiedenen Mitteln vor diesen Ausdünstungen und üblen Gerüchen zu schützen. Dazu siehe: Corbin: Pesthauch und Blütenduft.

179 [Schümberg]: Erinnerungen, S. 204-205.

180 Vgl.: Howard, Martin R.: Napoleon's Doctors. The Medical Services of the Grande Armée. Staplehurst 2006, S. 199, 219-220; Baecque, Antoine de: Imperiale Verletzungen, in: Savoy/ Potin (Hg.): Napoleon und Europa. Traum und Trauma. Berlin u. a. 2010, S. 57; Rüster, Detlef: Alte Chirurgie. Von der Steinzeit bis zum 19. Jahrhundert. 4. überarb. Aufl., Berlin 1999, S. 252; Howard, Martin: Wellington's Doctors. The British Army Medical Services in the Napoleonic Wars. Staplehurst 2002, S. 157, 167.

ihre besten Generäle; sie würden den Franzosen schon zeigen, daß Spaniens Clima für sie zu feurig sei."[181] Die Sommermonate als die besten Generäle zu bezeichnen, legt noch eine andere Sichtweise nahe: nämlich, dass das Klima im Kampf gegen Napoleon zuverlässiger war als mancher General. Dem Klima konnte niemand entrinnen. In verlässlichen Zyklen schwächte es den Gegner effektiver, als es offensichtlich der militärische Einsatz vermochte. Auf diesen Umstand verweisen die Kriegsteilnehmer auch aufgrund ihrer persönlichen Erfahrungen. Klimatische und dadurch bedingte gesundheitliche Spezifika, die im Falle eines erneuten Krieges in Spanien, aber auch bei Reisen auf die Iberische Halbinsel unbedingt zu berücksichtigen seien, finden in den Berichten immer wieder Erwähnung.[182] Von Brandt widmet der Gesundheitspflege mehrere Seiten.[183] Dabei kam dem Klima, wie später in Kapitel 5 genauer ausgeführt, beim generellen Verständnis und der Bewertung des Unbekannten eine entscheidende Rolle zu. In Hinblick auf die Gesundheit wird neben allen angenehmen Facetten der im spanischen Raum vorherrschenden Bedingungen mit dem Klima auch ein Gegner ausgemacht, dem die Kriegsteilnehmer, ebenso wie das medizinische Personal der damaligen Zeit, kaum etwas entgegenzusetzen hatten.[184] Als Fremde unvorbereitet auf die Iberische Halbinsel entsandt, fühlten sich die Männer oft nicht für die dortigen Verhältnisse geschaffen. Die durch Krankheiten verursachten Mortalitätsraten waren sehr hoch, das medizinische Personal mit der Versorgung der Verwundeten und der zahlreichen Kranken meist überfordert.[185] Besonders in großen Militärhospitälern brachen immer wieder Krankheiten aus, die sowohl Patienten als auch medizinisches Personal gefährdeten und viele Opfer forderten.[186] Geißler, ein deutschsprachiger Wundarzt, der in Girona u. a. für das Coburgsche und Hildburghäusische Kontingent zuständig war, schildert diesen Zustand in Bezug auf deutschsprachige Kriegsteilnehmer in einem französischen Hospital[187] in Spanien:

---

181   Brandt: Ueber Spanien, S. 102.
182   Geißler bemerkt dazu z. B.: „Alle, dem Ausländer und besonders dem Soldaten, meist unbekannte Südfrüchte, als Melonen, Feigen, Apfelsinen, Liebesäpfel, Trauben u. dgl., zu deren Genuß man nur zu sehr gereizt wurde, da sie am häufigsten und billigsten hier zu haben waren, verursachten bösartige Fieber, Ruhren und baldigen Tod." Geißler: Denkwürdigkeiten (1830), S. 94.
183   Vgl.: Brandt: Ueber Spanien, S. 101-104.
184   Vgl.: Howard: Napoleon's Doctors, S. 214; Brandt: Ueber Spanien, S. 101.
185   Vgl.: Howard: Wellington's Doctors, S. 59, 95.
186   Vgl.: ebd., S. 58-59; Howard: Napoleon's Doctors, S. 163, 200.
187   „Das ‚Krankenhaus' im heutigen Sinn als ein Ort zur Krankenbehandlung entstand gegen Ende des 18. Jahrhunderts [...] Dieses läßt sich, bei aller Problematik einer Etikettierung, noch am ehesten in der Gesch. des ‚Hospitals' zusammenfassen." Tröhler, Ulrich/Prüll,

Wie viele hat dieses Loos betroffen, und wie viele betraf es noch täglich! Wo ich hinsah, nichts als Krankheiten und ihren Begleiter, den Tod! Wenn ich früh ins Hospital kam, so begegneten mir die Krankenwärter, in dem grausenden Geschäfte begriffen, die in der Nacht Verschiedenen aus den Reihen der noch Lebenden in die Todenkammer zu schaffen, wo sie sich in wenigen Stunden zu hohen und langen Schichten anhäufen. Frage ich diese Menschen : was sind es für Landsleute, die ihr dahin traget? So ist unter zehnmal, gewiß achtmal die Antwort : Deutsche![188]

Unter derartigen Umständen der militär-medizinischen Versorgung ist anzunehmen, dass Betroffene auch außerhalb der eigenen Strukturen Hilfe suchten und so mit verschiedenen medikalen Kulturen[189] in Kontakt kamen. Gerade in Notsituationen wie Verwundung oder Krankheit haben sich oft Kontakte zur einheimischen Bevölkerung ergeben, denen in den nächsten Kapiteln nachgegangen wird. Franzosen wurden jedoch von der Mehrheit der Spanier als Feinde betrachtet und die deutschsprachigen Angehörigen der Napoleonischen Armeen in der Regel als Franzosen wahrgenommen. Wie wirkte sich dieses gespannte Verhältnis auf die medizinische Hilfeleistung aus, wenn sie von den militärischen Strukturen nicht in ausreichendem Maße bewerkstelligt werden konnte? Welche Folgen hatte das für verletzte oder erkrankte Kriegsteilnehmer? Welches Bild wird dabei von der spanischen Medizin und spanischen Heilkundigen vermittelt? Haben Austauschprozesse stattgefunden? Welche Auswirkungen hatten Krankheit und Verwundung auf die Selbstverortung der Kriegsteilnehmer? Um diesen Fragen nach-gehen zu können, ist es zunächst notwendig, sich kurz den damaligen Stand

---

Cay-Rüdiger: Hospital, Krankenhauswesen, in: Gerabek u. a. (Hg.): Enzyklopädie Medizin-geschichte. Berlin u. a. 2005, S. 620. Da auch in den untersuchten Quellen die Begriffe *Hospital* und *Spital* Verwendung finden, wird in dieser Arbeit mit dem Begriff Hospital operiert.

188   Vgl.: Geißler: Denkwürdigkeiten (1830), S. 81.

189   Der hier verwendete Begriff der medikalen Kulturen stammt aus der Volkskunde. Ihm liegt eine Definition Jutta Dornheims zu Grunde. Der Begriff umfasst sowohl die professionalisierte akademische Ärzteschaft als auch die Laienkultur einschließlich magisch-ritueller Praktiken und schließt somit verschiedene medizinische Dienst-leistungen, Dienstleister und Diskurse ein. Gerade in Bezug auf den Kulturkontakt, der das medikale Wissen auf der Iberischen Halbinsel stark beeinflusst hat (z. B. aus dem arabischen und lateinamerikanischen Raum) und dem unterschiedlichen medikalen Wissen der Kriegsteilnehmer eröffnet der Plural-Begriff ein weites Feld und es können dadurch die verschiedensten Einflüsse, Sichtweisen und auch Abgrenzungsbestrebungen berücksichtigt werden. Zum Begriff der medikalen Kultur siehe: Unterkircher, Alois: „Medikale Kultur" – zur Geschichte eines Begriffes und zur Einführung in diesen Band, in: bricolage. Innsbrucker Zeitschrift für Europäische Ethnologie 5, H. 5 (2008), S. 7-23.

der Militär-Medizin und die ihr zu Beginn des 19. Jahrhunderts in den verschiedenen Ländern beigemessene Bedeutung zu vergegenwärtigen.

4.2.1 Militär und medizinische Versorgung

Trotz neuerer Entwicklungen in der Medizin um die Wende vom 18. zum 19. Jahrhundert dominierten auch im Militär bei vielen Ärzten althergebrachte Sichtweisen.[190]

> „Many army doctors continued to believe that the majority of diseases were caused by 'miasma' or 'miasmata', invisible poisons in the air which were exuded from rotting animal and vegetable material, the soil and standing water [...] Closely linked to these miasmatic theories was the view that climate and the lie of the land both played significant roles in determining the types and incidence of diseases."[191]

Dieser Sichtweise, die bereits bei Schümberg sichtbar wurde,[192] lag ein sehr viel älteres System zu Grunde, das über die Jahrhunderte verschiedene Interpretationen erfuhr: die Humoralpathologie – eine „allgemeine Krankheitslehre, die von der Überzeugung ausgeht, daß die Krankheitsursache hauptsächlich in den flüssigen Substanzen, den Säften des Körpers zu suchen sei."[193] Die auch im deutschsprachigen Raum über lange Zeit dominante Stellung der Galenischen Humoralpathologie[194] galt in der medizinischen Literatur des 18. Jahrhunderts als konservativ,[195] in der medikalen Kultur breiter Bevölkerungsschichten blieb sie jedoch bis ins 19. Jahrhundert hinein in verschiedenen Formen wirksam. Gleichzeitig wurden unterschiedliche, sich teilweise widersprechende

---

190   Howard beschreibt dies z. B. für britische Militärärzte und ihre Sicht auf Krankheiten. Vgl.: Howard: Wellington's Doctors, S. 189.

191   Howard: Napoleon's Doctors, S. 201-202.

192   Vgl.: [Schümberg]: Erinnerungen, S. 204-205.

193   Müller, Ingo W.: Humoralmedizin. Physiologische, pathologische und therapeutische Grundlagen der galenistischen Heilkunst. Heidelberg 1993, S. 17.

194   Zu Galen und der Humoralpathologie siehe: Tieleman, Teun: Galen, in: Leven (Hg.): Antike Medizin. Ein Lexikon. München 2005, S. 315; Schöner, Erich: Das Viererschema in der antiken Humoralpathologie. (Sudhoffs Archiv für Geschichte der Medizin und der Naturwissenschaften. Beiheft 4). Wiesbaden 1964, S. 86; Schnipperges, Heinrich: Homo Patiens. Zur Geschichte des kranken Menschen. München u. a. 1985, S. 115; Huerkamp, Claudia: Der Aufstieg der Ärzte im 19. Jahrhundert. Vom gelehrten Stand zum professionellen Experten. (Kritische Studien zur Geschichtswissenschaft, Bd. 68). Göttingen 1985, S. 18-37. „Erst die Veröffentlichung v. R. Virchows ‚Cellularpathologie' (1858) markiert die endgültige Abwendung der Universitätsmedizin von der Humoralpathologie." Gundert, Beate: Humoralpathologie, in: Leven (Hg.): Antike Medizin. Ein Lexikon. München 2005, S. 440-441.

195   Vgl.: Müller: Humoralmedizin, S. 25.

medizinische Konzepte entwickelt und angewendet.[196] Die medizinische Versorgung oblag auch im deutschsprachigen Raum verschiedenen Gruppen, wobei Mediziner mit einer Universitätsausbildung die kleinste bildeten und meist in Städten lebten. Ihr Zuständigkeitsbereich erstreckte sich vor allem auf sogenannte innere Leiden, denen sie mit entsprechenden Medikamenten oder Diäten beizukommen versuchten.[197] Wundärzte hingegen gehörten zur Gruppe der Handwerkschirurgen und widmeten sich dem physischen Bereich, den sogenannten äußeren Leiden, zu denen z. B. Brüche und Amputationen zählten. Eine besondere Stellung unter ihnen nahmen die im Militärdienst Ausgebildeten ein, welche auf Kriegsverletzungen spezialisiert waren.[198] Vor allem über die Ausbildung der Militärchirurgen begann sich bereits im 18. Jahrhundert die Rolle der Chirurgie zu wandeln.[199] Sowohl in Frankreich, Großbritannien, aber auch im deutschsprachigen Raum (z. B. Preußen) wurden spezielle Ausbildungsstätten geschaffen, die qualifizierteres militärmedizinisches Personal gewährleisten sollten und dadurch langfristig die Zusammenführung der Chirurgie, Anatomie und der an Universitäten gelehrten Medizin beeinflussten.[200] Diese Entwicklung förderte die Verdrängung und

---

196   Zu den Konzepten der Zeit siehe: Tsouyopoulos, Nelly: Asklepios und die Philosophen. Paradigmawechsel in der Medizin im 19. Jahrhundert. (Medizin und Philosophie. Beiträge aus der Forschung, Bd. 2). Stuttgart-Bad Cannstatt 2008, S. 176; Lammel, Hans-Uwe: Nosologische und therapeutische Konzeptionen in der romantischen Medizin. (Abhandlungen zur Geschichte der Medizin und der Naturwissenschaften, Bd. 59). Husum 1990, S. 43-72; Bynum, W. F. (Hg.): Brunonianism in Britain and Europe (Medical History: Supplement, Bd. 8). London 1988; Geyer-Kordesch, Johanna: Pietismus, Medizin und Aufklärung in Preußen im 18. Jahrhundert. Das Leben und Werk Georg Ernst Stahls. (Hallesche Beiträge zur Europäischen Aufklärung, Bd. 13). Tübingen 2000; Geyer-Kordesch, Johanna: Die Medizin im Spannungsfeld zwischen Aufklärung und Pietismus. Das unbequeme Werk Georg Ernst Stahls und dessen kulturelle Bedeutung, in: Hinske (Hg.): Zentren der Aufklärung: Halle. Aufklärung und Pietismus (Wolfenbütteler Studien zur Aufklärung, Bd. 1). Heidelberg 1989, S. 255-274.

197   Vgl.: Huerkamp: Aufstieg der Ärzte, S. 22-23.

198   Siehe dazu: Sander, Sabine: Handwerkschirurgen. Sozialgeschichte einer verdrängten Berufsgruppe. (Kritische Studien zur Geschichtswissenschaft, Bd. 83). Göttingen 1989.

199   Einen kurzen Überblick dazu gibt Frank-Peter Kirsch in seiner Dissertation. Vgl.: Kirsch, Frank-Peter: Berliner Militärärzte im Labor von 1870-1895, Berlin 2009, https://refubium. fu-berlin.de/bitstream/handle/fub188/5209/ELEKTRONISCHE_VERSION_FPKDR_09. pdf?sequence=1&isAllowed=y (acc. 18.2.2012), S. 16-22.

200   Vgl.: Harig, Georg: Aspekte der chirurgischen Ausbildung in Berlin, in: Harig (Hg.): Chirurgische Ausbildung im 18. Jahrhundert (Abhandlungen zur Geschichte der Medizin und der Naturwissenschaften, Bd. 57). Husum 1990, S. 35-58; Lammel, Hans-Uwe: Zur Stellung der Pensionärchirurgen an der Berliner Charité, in: Harig (Hg.): Chirurgische Ausbildung im 18. Jahrhundert (Abhandlungen zur Geschichte der Medizin und der Naturwissenschaften, Bd. 57). Husum 1990, S. 59-68; Imbault-Huart, Marie J.: La formation

Auflösung des traditionellen Medizinalwesens.[201] Chirurgen, die ohnehin die Mehrheit der Heilkundigen (auch im Militär) ausmachten, waren im Krieg von zentraler Bedeutung und wurden weit über die ihnen ursprünglich zugedachten Kompetenzen zu Rate gezogen.[202] Neben Chirurgen wurde insbesondere in ländlichen Gebieten die medizinische Versorgung von nichtapprobierten Heilern geleistet.[203] Dementsprechend ist davon auszugehen, dass die Mehrheit der Kriegsteilnehmer vor ihrem Militärdienst kaum Kontakt mit approbierten Ärzten hatte.

Die durch die Französische Revolution ausgelösten gesellschaftlichen Veränderungen und die daran anschließenden Kriege beschleunigten besonders in Frankreich die Entwicklung der Chirurgie im Militär, welche Vorbildfunktion für andere Länder gewann. Approbierte Ärzte und die wesentlich zahlreicheren Chirurgen wurden nun unter dem Terminus *officier de santé* zusammengefasst.[204] Wie Howard bemerkt, führten die Gleichheitsbestrebungen so weit, dass letztlich jeder, der Kranke versorgte, als *officier de santé* bezeichnet wurde, auch wenn es unter ihnen Abstufungen nach Qualifikation gab.[205] Während der Revolutionskriege wurden sie wie Offiziere behandelt, 1803 aber ins technische Personal zurückgestuft. Die Bezeichnung

---

chirurgicale en France au XVIII'ème siècle, composante essentielle d'une nouvelle chirurgie, in: Harig (Hg.): Chirurgische Ausbildung im 18. Jahrhundert (Abhandlungen zur Geschichte der Medizin und der Naturwissenschaften, Bd. 57). Husum 1990, S. 75-90; Kilpatrick, Robert: Eighteenth-Century England: Surgical Education in a Commercial Society, in: Harig (Hg.): Chirurgische Ausbildung im 18. Jahrhundert (Abhandlungen zur Geschichte der Medizin und der Naturwissenschaften, Bd. 57). Husum 1990, S. 91-111; Wunderlich, Peter: Das Collegium medico-chirurgum zu Dresden (1748-1814), in: Harig (Hg.): Chirurgische Ausbildung im 18. Jahrhundert (Abhandlungen zur Geschichte der Medizin und der Naturwissenschaften, Bd. 57). Husum 1990, S. 181-191; Kaiser, Wolfram/ Völker, Arina: Ausbildungsmodalitäten im 18. Jahrhundert: Zielstellungen und Resultatsvergleiche zwischen dem halleschen System und den Praktiken am Berliner Collegium medico-chirurgicum, in: Harig (Hg.): Chirurgische Ausbildung im 18. Jahrhundert (Abhandlungen zur Geschichte der Medizin und der Naturwissenschaften, Bd. 57). Husum 1990, S. 193-206; Jacyna, Stephen: Medicine in Transformation. 1800 to1849, in: Bynum u. a. (Hg.): The Western Medical Tradition. 1800 to 2000. Cambridge u. a. 2006, S. 20-25, 28-33, 37-53.

201 Siehe dazu: Sander: Handwerkschirurgen.

202 Vgl.: Huerkamp: Aufstieg der Ärzte, S. 34-35.

203 Vgl.: ebd., S. 36.

204 Vgl.: Howard: Napoleon's Doctors, S. 4.

205 Vgl.: ebd., S. 21. Zur Versorgung der Kranken und Armen vor, während und nach der Revolutionszeit in Frankreich siehe: Jones, Colin: Charity and Bienfaisance. The Treatment of the Poor in the Montpellier Region 1740-1815. Cambrigde 1982.

officier de santé behielt man jedoch bei.[206] Da in den bearbeiteten deutsch-sprachigen Quellen die Termini *Arzt*, *Wundarzt* oder *Chirurg* Verwendung finden, werden diese Begriffe in der vorliegenden Arbeit genutzt. *Arzt* ist dabei jedoch ein weit gefasster Begriff, der Personen mit ganz unterschiedlichem heilkundlichen Wissen umfasst.

Trotz aller Reformen waren dennoch viele in der französischen Armee tätige Ärzte und Chirurgen nur schlecht ausgebildet. Die 1803 durch Napoleon veranlasste Schließung der militärischen Lehrhospitäler trug das Ihre dazu bei: Die medizinische Praxis musste von diesem Zeitpunkt an am Einsatz-ort erworben werden.[207] Der Ende des 18. Jahrhunderts kriegsbedingt hohe Bedarf an *officiers de santé* führte dazu, dass immer weniger qualifizierte Kräfte rekrutiert und eingesetzt werden konnten.[208] Als problematisch erwies sich bei vielen von ihnen auch die Aversion gegen einen militärischen Einsatz – sie kamen ihren Aufgaben mitunter nur widerstrebend nach.[209] Die Reorganisation und Effektivierung der medizinischen Strukturen inner-halb der französischen Armee führte nach der Revolution zum forcierten Ausbau der Hospitäler, die sowohl im zivilen als auch im militärischen Bereich zum Kernelement medizinischer Versorgung avancierten.[210] Die im Kriegsverlauf entstehenden temporären Hospitäler gehörten, je nach ihrem Standort, der ersten, zweiten oder dritten Evakuierungslinie an.[211] Einige Einrichtungen waren auf die Behandlung von Haut- und Geschlechtskrank-heiten spezialisiert.[212] Während des spanischen Unabhängigkeitskrieges gab es zu wenige Hospitäler und Personal, zu viele Verwundete und Kranke. Außerdem erschwerten Korruption und vom Gegner abgefangene Lieferungen von Verbandsmaterial und Medikamenten die Situation.[213] Dennoch war die medizinische Versorgung der napoleonischen Truppen vergleichsweise gut.

Im Gegensatz zu den französischen Gleichheitsbestrebungen kamen die in Kapitel 2 angeführten Standesunterschiede innerhalb der britischen

---

206 Vgl.: Sournia, Jean-Charles u. a.: Illustrierte Geschichte der Medizin. Bd. 5. Genehmigte Sonderaufl., Salzburg 1990, S. 2901-2902.

207 Vgl.: Baecque: Imperiale Verletzungen, S. 57. Lehrkrankenhäuser wurden erst Ende 1814 wieder ins Leben gerufen. Vgl.: Howard: Napoleon's Doctors, S. 158-159. Dazu siehe auch: Foucault, Michel: Die Geburt der Klinik. Eine Archäologie des ärztlichen Blicks. (Fischer-Taschenbücher Wissenschaft, Bd. 7400). 9. Aufl., Frankfurt am Main 2011, S. 79-101.

208 Vgl.: Howard: Napoleon's Doctors, S. 35.

209 Vgl.: ebd., S. 26.

210 Vgl.: ebd., S. 154-176.

211 Vgl.: Sournia u. a.: Illustrierte Geschichte der Medizin Bd. 5. Bd. 5, S. 2903; Howard: Napoleon's Doctors, S. 158.

212 Vgl.: Howard: Napoleon's Doctors, S. 158.

213 Vgl.: ebd., S. 116-117,163, 176.

militärischen Hierarchie auch beim medizinischen Personal zum Tragen. Rang und Beziehungen spielten trotz aller Professionalisierungsbestrebungen in der ersten Hälfte des 19. Jahrhunderts eine große Rolle und führten zu internen Auseinandersetzungen.[214] Besonders deutlich wird dies auch im Falle der Versorgung der Verwundeten. Ein verwundeter Offizier konnte aufgrund seines Ranges mit einer schnelleren Erstversorgung rechnen,[215] wurde aber anschließend in der Regel nicht in einem Militär-Hospital, sondern privat untergebracht. Dort musste er für seine Verpflegung bezahlen und war auf die Hilfe der Einheimischen und anderer Kriegsteilnehmer angewiesen, um die entsprechende medizinische Versorgung zu erhalten.[216] Ungeachtet dessen, dass Großbritannien und Spanien Verbündete waren, wurde auch von britischer Seite auf eine strikte Trennung zwischen eigenen Militär- und spanischen Hospitälern geachtet: „[...] the sharing of a Spanish hospital was exceptional and the British Army generally relied on being able to use large civic and religious buildings."[217] Dennoch griff man z. B. bei größeren Schlachten bei der Versorgung britischer Kriegsteilnehmer auf die Hilfe der portugiesischen und spanischen Bevölkerung zurück.

Heilkunde und medizinische Versorgung in Spanien waren durch den langen Kontakt mit dem arabischen Raum, den italienischen Gebieten und den Kolonien in Amerika geprägt. Missionare hatten verschiedene Heilmethoden nach Spanien gebracht.[218] Der in Kapitel 4.1.3 erwähnte Botanische Garten mit seinen aus den unterschiedlichsten Teilen der Welt stammenden Pflanzen war ein Herzstück der Erforschung von Heilmitteln.[219] Der medizinischen Versorgung der eigenen Truppen wurde in Spanien seit langem mit großer Umsicht begegnet.[220] Die Mehrheit der Ärzte bestand auch im spanischen

---

214   Vgl.: Ackroyd, Marcus u. a.: Advancing with the Army. Medicine, the Professions, and Social Mobility in the British Isles, 1790-1850. New York 2006, S. 16, 150, 201, 340.

215   Vgl.: Howard: Wellington's Doctors, S. 44.

216   Vgl.: ebd., S. 120. Erst 1813 wurde ein provisorisches Hospital für Offiziere errichtet. Vgl.: ebd., S. 121.

217   Ebd., S. 106.

218   Siehe dazu: Anagnostou, Sabine: Jesuiten in Spanisch-Amerika als Übermittler von heilkundlichem Wissen. (Quellen und Studien zur Geschichte der Pharmazie, Bd. 78). Stuttgart 2000.

219   Vgl.: Blanco Fernández de Caleya u. a.: Catálogo del herbario S. 19-52.

220   Vgl.: Arcarazo García, Luis Alfonso: La asistencia sanitaria en Zaragoza durante la Guerra de la Independencia Española (1808-1814). (Publicación ... de la Institución Fernando el Católico, organismo autónomo de la Excm. Diputación de Zaragoza, Bd. 2762). Zaragoza 2007, S. 32-33. Ein allgemeiner Überblick über die medizinische Versorgungslage in den Jahrhunderten wird auch in folgender Dissertation gegeben, in der Angaben über die Zeit des spanischen Unabhängigkeitskrieges in den zugänglichen Teilen der Arbeit jedoch spärlich ausfallen. Sánchez Madrid, Vicente: El servicio de farmacia en hospitales

Militär aus Chirurgen, die ihr Handwerk bis Ende des 18. Jahrhunderts vor allem in praktischer Ausbildung erlernten und sich aus dem zivilen Bereich rekrutierten.[221] Gleichzeitig hatten spezielle Schulen für Chirurgie in Spanien eine lange Tradition (z. B. in Zaragossa seit dem 15. Jahrhundert).[222] Einige wenige Chirurgen verfügten sogar über einen Universitätsabschluss.[223] Das Verhältnis zwischen approbierten Medizinern und Chirurgen änderte sich in Spanien (im Vergleich zu Großbritannien) schneller. Hatte man noch 1796 in mehreren Dekreten versucht, beide Bereiche strikt voneinander abzugrenzen, so wurde aufgrund der zunehmenden Verflechtung beider Wissensbereiche in einem Erlass von 1799 die Zusammenarbeit von Medizin und Chirurgie betont.[224] Wesentliche Impulse für die Medizin kamen auch aus Frankreich nach Spanien. Während des spanischen Unabhängigkeitskrieges und der daran anschließenden Herrschaft Ferdinand VII. stagnierte diese Entwicklung allerdings.[225] Gleichzeitig boten die Kriegsbedingungen allen Parteien großen Spielraum für eine Vielzahl an praktischen Erfahrungen und neuen Erkenntnissen.

4.2.2 Verletzung und Verletzlichkeit

> Nichts ist in Spanien leichter zu behandeln, als Wunden. Namentlich ist dies, nach Versicherung spanischer Aerzte, mit Kopfverletzungen der Fall. Französische Chirurgen dagegen wollten dies nicht wahr haben, und schalten die Spanier Ignoranten. Dem sei indeß wie ihm wolle, die Spanier haben den Erfolg für sich. Alle Soldaten, die am Kopfe verwundet waren, wurden sehr bald hergestellt. Der Verfasser selbst hatte das Unglück, am Kopfe sehr schwer blessirt zu werden. Unsere Aerzte gaben ihn ganz auf, und doch war er in 8 Wochen vollkommen wieder hergestellt. Führt ja der Wille unserer Fürsten noch Deutsche nach Spanien, so können unsere Aesculaps die Sachen mit ausfechten helfen.[226]

Die Quelle verdeutlicht, wie viele unterschiedliche Parteien und miteinander in Konkurrenz stehende medizinische Behandlungsmethoden an einem Heilungsprozess beteiligt sein konnten. Von Brandts persönliche Erfahrung

---

militares españoles, Madrid 1995, http://webs.ucm.es/BUCM/tesis//19911996/D/1/AD1029701.pdf (acc. 13.9.2013).

221 Vgl.: Arcarazo García: Asistencia sanitaria, S. 15, 19.

222 Siehe dazu: ebd; Navarro, Ramon: Historia de la sanidad en España. Barcelona 2002; López Piñero, José María: Enfermedad y medicina en la España del siglo XIX, in: Aula. Historia Social 7 (2001); Sánchez Madrid: El servicio de farmacia.

223 Vgl.: Arcarazo García: Asistencia sanitaria, S. 21-22, 59-63.

224 Vgl.: Navarro: Sanidad en España, S. 92.

225 Vgl.: Arcarazo García: Asistencia sanitaria, S. 57.

226 Brandt: Ueber Spanien, S. 103.

bei der Versorgung und Heilung seiner Verletzung sowie die bei Anderen
beobachtete führten ihn dazu, insbesondere im Falle von Kopfverletzungen
die spanischen Methoden als effektivste zu bewerten. Die Suche nach Hilfe
bedeutete für von Brandt, Grenzen zu überschreiten und sich nicht seinem
von einem Arzt festgestellten Schicksal zu ergeben. Es war für ihn offensichtlich keineswegs ungewöhnlich, sich von mehr als einer Seite medizinischen
Rat zu holen. Dementsprechend besaß ein Arzt für ihn zwar Autorität, aber
bei weitem keine absolute. Ein Arzt ist nur so gut wie sein Behandlungserfolg.
Dadurch nimmt der zu Behandelnde die entscheidende Position ein: Eben
dieser Behandlungserfolg ist es, der dem Genesenen die Autorität verleiht, über
die angewandten Methoden zu urteilen. In diesem Zusammenhang kann man
durchaus von einem Markt an Heilmethoden sprechen, der den Verwundeten
zur Verfügung stand, sofern ihr Zustand bzw. ihre finanziellen Möglichkeiten
ein entsprechendes Agieren erlaubten.

Wegen einer von von Brandt nicht näher definierten Kopfverletzung
trat er mit Personen verschiedener Nationalität in Kontakt, die über unter-
schiedliches heilkundliches Wissen verfügten. Zuerst unterzieht er sich der
offiziellen medizinischen Versorgung in der Napoleonischen Armee. Schnitt-
wunden konnten zum damaligen Zeitpunkt relativ gut geheilt werden. Bei
Schussverletzungen bestand vor allem in der französischen Militärchirurgie
eine der Hauptbehandlungsmethoden in der Amputation, die von vielen Verletzten sogar erbeten wurde, um von ihren Schmerzen befreit zu werden.[227]
Unzweifelhaft schwieriger war die Behandlung von Kopfverletzungen. Außer
den französischen Militärchirurgen, die von Brandt als einzige explizit
benennt, verweist er in seinem Bericht auf verschiedene andere Gruppen von
Ärzten, die Ansprechpartner für Verwundete waren bzw. werden konnten:
Wenn er im Weiteren von „unseren"[228] Ärzten spricht, bezieht er sich zunächst
auf die in seiner, der polnischen Weichsellegion, dienenden, welche wahrscheinlich polnischer Herkunft waren. Zumindest identifiziert er sie nicht mit
französischen oder deutschen Ärzten. Das zweite „unsere"[229] mit Bezug auf
deutsche Fürsten entspricht seiner konsequent betonten Selbstverortung als
Preuße und Deutscher in Abgrenzung zu Polen. Deutschen Ärzten, die sich erst
bei einem neuen Feldzug an dem Diskurs beteiligen könnten, gesteht er – im

---

227   Vgl.: Howard: Napoleon's Doctors, S. 177-198. Zur wechselnden Akzeptanz der Amputation
      in der britischen Armee siehe auch: Kaufman, Matthew H.: Surgeons at War. Medical
      Arrangements for the Treatment of the Sick and Wounded in the British Army during the
      Late 18th and 19th Centuries. (Contributions in Military Studies, Bd. 205). Westport, Conn.
      u. a. 2001, S. 77.
228   Brandt: Ueber Spanien, S. 103.
229   Ebd.

Unterschied zu französischen – die medizinische Kompetenz einer korrekten Beurteilung der Behandlungsmethoden zu. Von Brandt verwendet dabei den Begriff Aesculap, eine Bezeichnung für Mediziner, die sich auf den römischen Namen (Aesculapius) des griechischen Heilgottes Asklepios bezieht.[230] Damit erhöht er die Wertigkeit der Ärzte deutscher Fürsten gegenüber anderen und unterstreicht ihre Entscheidungskompetenz.

Nach von Brandts erfolgreicher Genesung stellt er den in seinen Augen überheblichen Habitus der französischen Chirurgen sowie die Machtlosigkeit der Ärzte der eigenen Legion die von den Franzosen als ignorant bezeichnete, aber erfolgreiche spanische Medizin gegenüber. Nach seinen Erfahrungen verfügten spanische Ärzte im Bereich der Kopfverletzungen sogar über mehr Wissen als die als besonders fortschrittlich geltenden französischen Chirurgen. Dennoch übernahmen Letztere die spanischen Behandlungsmetoden trotz ihrer offensichtlichen Erfolge nicht, weswegen Verwundete wie von Brandt von spanischen Ärzten geheilt wurden. Auffällig ist, dass es offenbar keine Hindernisse bei der Inanspruchnahme spanischen medizinischen Personals gab. Die problemlose Kontaktaufnahme zu spanischen Ärzten könnte jedoch auch darin begründet sein, dass diese, ähnlich wie im Falle von Sachs,[231] unter französischen Vorgesetzten bzw. für sie arbeiteten und so grundsätzlich Zugang zu ihnen und ihren Behandlungsmethoden bestand.[232] Von Brandt fordert im Grunde dazu auf, bei Wunden – nicht jedoch bei Krankheiten – einheimische Ärzte aufzusuchen, seien sie doch in der Lage, selbst als hoffnungslos geltende Fälle zu heilen. Allerdings generalisiert er seine gute Erfahrung und bezieht sie auf spanische Medizin schlechthin. Ärzte und ihr Wissen werden einzelnen Nationalitäten zugeordnet, national geprägte Wissensgemeinden kreiert. Der Patient wird dabei zum aktiven Grenzgänger zwischen den medikalen Kulturen und zugleich zu deren Richter. Über seine konkrete Behandlung und den eigentlichen Heilungsverlauf äußert sich von Brandt nicht. Einzig der Zeitraum von acht Wochen wird genannt.

Der Verfasser der *Briefe aus Spanien* berichtet genauer über eine Heilmethode beim Biss einer Tarantel, die er in Manzanares miterleben konnte

---

230   Vgl.: Holzapfel, Otto: Aesculapius, in: Holzapfel (Hg.): Lexikon der abendländischen Mythologie. Köln 2010, S. 35; Holzapfel, Otto: Asklepios, in: Holzapfel (Hg.): Lexikon der abendländischen Mythologie. Köln 2010, S. 62.

231   Vgl.: [Sachs]: Bericht. Abschrift, [nach 1812], GLAK, 69 Klose Nr. 21, S. 1-10.

232   Arcarazo García erwähnt eine Zusammenarbeit französischer und spanischer Mediziner zur Versorgung von Verletzten und Kranken in Hospitälern in Pamplona während der Angriffe französischer Truppen auf Saragossa. Vgl.: Arcarazo García: Asistencia sanitaria, S. 214.

und die ihn trotz ihres Erfolgs seltsam anmutete.[233] Im Gegensatz zum vorherigen Beispiel ist er nicht selbst betroffen, sondern in der Position eines Beobachters. Er nimmt zunächst Bezug auf die Tarantel als einem dem Lesepublikum bekannten und kontrovers diskutierten Thema, zu dem er aufgrund seiner persönlichen Erlebnisse einige Bemerkungen machen könne.[234] Nach einer kurzen Beschreibung der Spinne, ihrem hohen Verbreitungsgrad in Spanien und Portugal sowie dem Verweis auf ihr tödliches Gift kommt er auf die Umstände zu sprechen, die ihn zum Zeugen dieser von ihm auch als märchenhaft bezeichneten Heilung machten.[235] Demnach erhielt er über einen bereits zuvor in der Quelle erwähnten spanischen Freund Zugang zu einem von einer Tarantel gebissenen Spanier. Obwohl die Bezeichnung Freund im Kriegszustand sehr weit zu fassen und oft an gegenseitige Abhängigkeiten gebunden ist, sind es auch hier wieder, wie schon in Madrid, die persönlichen Kontakte des Verfassers zu Einheimischen, die ihm Zugang zu spanischen Lebensbereichen vermittelten.

> Man ist in Spanien, oder, wenn ich nicht irre, in Italien, wo dieses Thier auch sein Wesen treibt, durch den Zufall auf eine Methode gekommen, die bei dem Kranken als einziges Rettungsmittel angewendet wird; wirkt diese nicht, so schwillt ihm der Kopf ungeheuer, und er muß in einigen Tagen, unter den fürchterlichsten Qualen seinen Geist aufgeben.
>
> Die Kurart klingt so märchenhaft, daß man sie selbst mit angesehen haben muß, um ihr Glauben beizumessen.
>
> Durch die Güte meines Freundes, Cantalejo, habe ich die Gelegenheit gehabt, die Behandlungsart eben jenes Mannes und den darüber von den deutschen und französischen Aerzten angestellten Untersuchungen beizuwohnen.
>
> Vor allem ist wahr, daß die Musik auf die Tarantel eine Wirkung macht, deren Folge tanzartige Convulsionen sind. Man höre.

> Der Kranke befand sich in einem Ohnmacht ähnlichen Zustande, fortdauernd schwitzend und so ermattet, daß er kaum seiner sich bewußt war. Man machte zum Versuch der Heilung auf einer Guitarre eine starke Musik in $^2/_4$ Takt; nachdem diese eine Weile fortgesetzt war, fing der verwundete Theil, ohne alles Zuthun des Kranken an, sich zu bewegen, diese Bewegung theilte sich bald seinem ganzen Körper mit, und in der höchsten Wirkung derselben sprang er vom Lager auf und tanzte, und zwar so lange, bis er, nachdem die Musik abnahm und schwieg, ohnmächtig zu Boden fiel, und die Zuckungen in der verkehrten Ordnung wie vorher wieder nachließen. Jede Wiederholung der Musik brachte eine Wiederholung des Tanzes hervor. So lange die Musik noch diese Wirkung hervorbringt, ist der Kranke noch nicht vom eigentlichen Uebel befreit; die Besserung beginnt gewöhnlich am dritten Tage. Alsdann gebraucht er, um sich

---

233   Vgl.: o.V.: Briefe aus Spanien, in: Fackeln 1, H. 1 (1811), S. 51-53.
234   Vgl.: ebd., S. 51.
235   Vgl.: ebd.

von der angreifenden Kur zu erholen, stärkende Mittel und ist nach wieder erlangten Kräften außer aller Gefahr vor etwaigen üblen Folgen.

Bis zum Schaudern ergreift der Anblick des Unglücklichen, der, ohne sein Zuthun, ohne seinen Willen, als bloße Maschine, der Musik folgen muß; er ist in einen Tanzbär verwandelt.

Zehn Tage nach dem Stiche ging der Mann wieder, vollkommen hergestellt, aus.[236]

Der Verfasser der *Briefe aus Spanien* bringt sich mit seinen Beobachtungen in einen Tarantel-Diskurs ein, der im deutschsprachigen Raum vor allem durch Berichte aus Italien geprägt war, wo man den Ursprung dieser Heilungsform in Apulien ausmachte.[237] Die Krankheit und die Art der Kur riefen lange Zeit großes Interesse hervor und ihre Anwendung machte diejenigen Regionen Italiens, in denen sie praktiziert wurde, als Reiseziel attraktiv.[238] Wenn auch immer wieder angezweifelt, so akzeptierten Mediziner doch lange mangels anderweitiger Erklärungen die Heilung eines von der Tarantel Gebissenen durch Tanz und Musik und banden sie in die Humoralpathologie ein.[239] In der Zeit der Aufklärung geriet diese Praxis jedoch immer stärker in die Kritik, denn mehrere Mediziner hatten zum Teil durch Selbstversuche nachweisen können, dass Tarantelgift in der Regel nicht tödlich ist.[240] Die traditionelle Methode der Heilung durch Musik stand im Gegensatz zu neueren Sichtweisen. Die als Tarantismus bezeichnete Krankheit geriet in den Verdacht, lediglich ein Vorwand für exzessive Tänze zu sein, für die es inzwischen eine Vielzahl unterschiedlicher Melodien und Lieder gab.[241] Wer sich trotzdem

---

236   Ebd., S. 51-53.

237   Gegenwärtig gibt es verschiedene Erklärungsansätze zur Herkunft dieser Heilmethode. Einen Überblick gibt dazu u. a.: Lüdtke, Karen: Dances with Spiders. Crisis, Celebrity and Celebration in Southern Italy. (Epistemologies of Healing, Bd. 4). New York u. a. 2009, S. 57-64.

238   Vgl.: Katner, Wilhelm: Das Rätsel des Tarentismus. Eine Ätiologie der italienischen Tanzkrankheit. (Nova Acta Leopoldina. Abhandlungen der Deutschen Akademie der Naturforscher Leopoldina. N. F., Bd. 18). Leipzig 1956, S. 107.

239   Vgl.: Sigerist, Henry E.: The Story of Tarantism, in: Schullian/Schoen (Hg.): Music and Medicine. New York 1948, S. 109. Katner vermerkt in seinen Ausführungen die Mitverantwortung der Ärzte bei der Entstehung und Anerkennung dieser Heilmethode. Vgl.: Katner: Tarentismus, S. 107.

240   Vgl.: Katner: Tarentismus, S. 36-40. Mitte des 20. Jahrhunderts wurde in Brasilien eine solche Versuchsreihe mit Tieren durchgeführt, die den genauen Verlauf der Wirkung des Gifts der Tarantel in unterschiedlichen Hauttiefen dokumentierte. Vgl.: Buecherl, Wolfgang: Von der Tarantel gestochen, in: Staden-Jahrbuch 9 (1961), S. 27-34.

241   Vgl.: Confini, Marcello Tarantella, in: Blume (Hg.): Die Musik in Geschichte und Gegenwart. Allgemeine Enzyklopädie der Musik. Bd. 9, Sachteil. 2. neubearb. Aufl. , Kassel 1998, S. 414.

auf diese Weise behandeln ließ, wurde häufig als Simulant, Melancholiker
oder als geisteskrank angesehen.[242] Obwohl diese Praxis ab Mitte des 18. Jahrhunderts zurück ging,[243] findet sich z. B. im Zedler-Lexikon von 1744 und auch
in Diderots und d'Alemberts Enzyklopädie von 1779 unter dem Stichwort
Tarantel ein gesonderter, mehrere Seiten umfassender Eintrag, wo Musik und
Tanz als Haupttheilmittel angeben werden.[244] Selbst in einer „kulturhistorisch-
choreographischen Studie" zum Tanz aus dem Jahr 1868 wird der Tarantel und
der durch ihren Biss verursachten „Tanzwut" Aufmerksamkeit zuteil.[245] Dabei
werden sowohl althergebrachte Sichtweisen als auch neuere medizinische
Erkenntnisse über die Tarantel präsentiert, wobei der krankhafte „Tanz" als eine
Folge des Bisses anzusehen sei.[246] Parallel zum Rückgang der Behandlungs-
praxis durch Tanz wurde ein immer intensiverer theoretischer Diskurs um
den Tarantismus geführt, der ursprünglich von historisch interessierten Zeitgenossen ausging.[247] In diesen Diskurs bringt sich der Verfasser der *Briefe
aus Spanien* mit seinem Augenzeugenbericht ein, der die Anwendung der
Methode nicht in Italien, sondern zu Beginn des 19. Jahrhunderts in Spanien
schildert. Nach seinem wegen Verwundung im Kampf erfolgten Abschied aus
der Armee auf dem Weg in die Heimat blieb ihm offensichtlich genügend Zeit,
den Verlauf einer solchen Behandlung zu verfolgen, der sich über mehrere
Tage hinzog. Unter nur kurzem Verweis auf die Herkunft der Methode, die
er zunächst mit Spanien, im Nebensatz dann erst mit Italien in Verbindung
bringt, schildert er zuerst die furchtbaren Auswirkungen des Giftes, um dann
das einzige „Rettungsmittel"[248] näher zu beschreiben. Woher er um die töd-
lichen Folgen des Giftes wusste, lässt er im Dunkeln. Selbst gesehen hat er nach
eigenen Angaben nur den positiv verlaufenen Heilungsprozess. Der Verweis
auf den Zufall, durch den die Heilmethode gefunden worden wäre, enthebt
ihn der Erklärung möglichen heidnischen bzw. nicht christlichen Brauchtums,

---

242   Vgl.: Katner: Tarentismus, S. 30-35.

243   Sigerist spricht im Verlauf des 18. Jahrhunderts sogar davon, dass der Tarantismus aus-
       gestorben sei, was jedoch zu weit gefasst ist, wie Lüdtke und Katner belegen. Vgl.: Sigerist:
       Tarantism, S. 111-112; Lüdtke: Dances with Spiders, S. 62-63; Katner: Tarentismus, S. 22-25.

244   Vgl.: o.V.: Tarantel, in: Zedler (Hg.): Grosses vollständiges Universal-Lexicon aller Wissen-
       schaften und Künste, welche bishero durch menschlichen Verstand und Witz erfunden
       und verbessert worden. Bd. 41. Leipzig u. a. 1744, Sp. 1801-1804; J., D.: Tarentule, in: Diderot/
       d'Alembert (Hg.): Encyclopédie, ou Dictionnaire raisonné des sciences, des arts et des
       métiers. Bd. 32. Genf 1779, S. 674-678.

245   Vgl.: Voß, Rudolph: Der Tanz und seine Geschichte. Eine kulturhistorisch-choreographische
       Studie. Mit einem Lexikon der Tänze. Erfurt 1868, S. 284-288.

246   Vgl.: ebd.

247   Vgl.: Katner: Tarentismus, S. 108.

248   o.V.: Briefe aus Spanien, in: Fackeln 1, H. 1 (1811), S. 51.

dessen die Behandlung auch verdächtigt wurde.[249] Interessant ist dabei der
Verweis auf die Anwesenheit deutscher und französischer Ärzte, welche für
den Verfasser offenbar den Stand der damaligen Forschung repräsentieren.
Als Fremde erscheinen sie als Begleiter und Beobachter einer bereits damals
umstrittenen Heilmethode. Es ist anzunehmen, dass es sich um Angehörige der
Napoleonischen Truppen handelte, deren Behandlungspflicht sich eigentlich
nicht auf die spanische Bevölkerung erstreckte. Doch offensichtlich hatten sie
ein Interesse daran, den Behandlungsverlauf bei diesem Spanier zu begleiten.
Die von ihnen „angestellten Untersuchungen"[250] werden nicht näher erläutert.
Eine Behandlungsalternative wurde von ihnen offenbar nicht angeboten. Das
zumindest suggeriert die Einschätzung des Verfassers, der die Heilung durch
Tanz und Musik trotz der Anwesenheit der Deutschen und Franzosen als einziges „Rettungsmittel"[251] angibt. Das Interesse der Ärzte konnte jedoch auch
mit neueren Erkenntnissen in Zusammenhang stehen: Ende des 18. Jahrhunderts hatte man die Malmignatte, eine mediterrane Art der schwarzen
Witwe, identifiziert.[252] Ihr Biss ruft unter anderem Halluzinationen hervor
und kann tödlich sein. Ebenso wie die Tarantel kommt auch die Malmignatte
sowohl in Italien als auch in Spanien vor.[253] Beide Tiere ähneln sich, wobei die
Tarantel auch tagsüber aktiv ist und dadurch öfter beobachtet werden konnte
als die nachtaktive Malmignatte. Beide Tiere wurden in der damaligen Zeit
von Ärzten oft verwechselt, was die verbreitete Meinung über die vermeintlich tödliche Wirkung eines Tarantelbisses erklären würde.[254] In Frankreich
hingegen wurde im Verlauf des 19. Jahrhunderts die Existenz von für den
Menschen giftigen Spinnen von verschiedener Seite geleugnet.[255] Es ist nicht
auszuschließen, dass die in der Quelle erwähnten und die Legitimation des
Verfassers unterstreichenden Ärzte sich am konkreten Beispiel selbst ein Bild
von den verschiedenen Thesen machen wollten. Die Anwesenheit mehrerer
Nichtspanier bei der Behandlung eines Einheimischen ist allerdings erstaunlich und wirft die Frage auf, in welchem Verhältnis sie zu dem Erkrankten
standen. Denkbar sind private Verbindungen. Nicht bekannt, aber auch nicht

---

249 Zur negativen Wertung der Tarantel in der christlichen Religion siehe auch: Lüdtke:
      Dances with Spiders, S. 55-57.
250 o.V.: Briefe aus Spanien, in: Fackeln 1, H. 1 (1811), S. 51.
251 Ebd.
252 Vgl.: Katner: Tarentismus, S. 43.
253 Zum Verbreitungsgrad der Spinnen vgl.: o.V.: Taranteln, in: Bertelsmann (Hg.): Bertels-
      mann. Lexikon. Tiere. Gütersloh 1992, S. 840-841; o.V.: Kugelspinnen, in: Bertelsmann
      (Hg.): Bertelsmann. Lexikon. Tiere. Gütersloh 1992, S. 460.
254 Katner zeigt dies für eine durch Dürre bedingte Serie von Bissen in Spanien um 1830 auf.
      Vgl.: Katner: Tarentismus, S. 51.
255 Vgl.: ebd., S. 58.

auszuschließen ist, dass die Anwesenheit völlig fremder Kriegsteilnehmer bei einer solchen Behandlung mit der Zahlung eines Obolus' verbunden war, was derartige Ereignisse zu einem einträglichen Geschäft gemacht haben könnte.

Der Verfasser der *Briefe aus Spanien* präsentiert den Taranteltanz als eine traditionelle, im spanischen Raum verwurzelte Methode und verweist auf den Umgang des Betroffenen und seiner Umgebung mit der Krankheit, wodurch die feste kulturelle Verankerung der Heilmethode in der Gesellschaft deutlich wird. Im Sinne von Lenz und in Anlehnung an Lux kann die durch den Biss einer Tarantel hervorgerufene Krankheit und ihre Behandlung im vorliegenden historischen Beispiel als sinnstiftendes Konzept für soziales Verhalten gesehen werden.[256] Kuschik bemerkt im Zusammenhang mit der Verbreitung der Heilmethode in Südwesteuropa, dass sich durch Transferprozesse zwischen Spanien und den spanischen Herrschaftsbereichen in Italien seit 1570 Hinweise auf deren Existenz in Spanien finden lassen.[257] Dementsprechend waren die üblichen Handlungsabläufe im Falle eines Tarantelbisses allgemein bekannt, die, wie im Zeugnis des Verfasser der *Briefe aus Spanien* deutlich wird, eben nicht eines Arztes, sondern Musiker zur Heilung bedürften. Letztere wüssten sofort um die richtige Musik, die – im auf die jeweilige Persönlichkeit des Betroffenen abgestimmten Takt – zu spielen war. Die musikalische Wirkung auf die Spinne würde sich auf den Menschen übertragen, solange er das Gift in sich trug. Mit der Bezeichnung der dadurch hervorgerufenen Bewegung als tanzartige Konvulsionen, also als krampfartige, sich schüttelnde, der Musik folgende Bewegungen, bekräftigt der Verfasser, dass es sich bei dem beobachteten Vorgang um eine Erkrankung und nicht lediglich um Tanzwut handelte. Trotzdem fällt es ihm schwer, das Gesehene in seinen Sinnhorizont einzuordnen. Das exzessive körperliche Agieren des Spaniers wirkt auf ihn nicht nur fremd, sondern befremdlich und führt ihn an die Grenzen seiner Verständnisfähigkeit. Da der sich in mehreren Schritten wiederholende Heilungsprozess in seiner Art Bezüge zum Exorzismus erahnen lässt, ist die Möglichkeit der Einordnung dieses Erlebnisses jedoch gegeben, auch wenn es vom religiösen Kontext losgelöst beschrieben wird. Der mehrfache Hinweis des Verfassers auf die eigenen Zweifel an der Methode macht deutlich, dass er sich einer möglichen kontroversen Resonanz auf seine Beschreibung bewusst war. Er verzichtet dennoch nicht darauf, ist jedoch bemüht, durch die

---

256 Vgl.: Lenz, Christoph: Die wissenschaftliche Auseinandersetzung mit dem stark soziokulturell geformten „Krankheitsbild" Tarantismus von 1300 bis heute, Bamberg 2011, S. 17.

257 Vgl.: Kuschick, Ingrid: Medicina popular en España. (Antroplogía y etnología). Madrid 1995, S. 41.

Art seiner Schilderung nicht als abergläubisch zu erscheinen, was grundsätzliche Zweifel an seinem Bericht aufkommen lassen könnte. Ob er selbst von der Heilmethode überzeugt war, bleibt offen. Dass er dennoch einen gewissen Zugang dazu fand, lässt darauf schließen, dass ihm traditionelle medizinische Heilung nicht unbekannt war. Das wiederum bestärkt die Vermutung über seine Herkunft aus dem ländlichen Raum. Dort hatten sich, wie oben bemerkt, solche Procedere noch bis weit ins 19. Jahrhundert halten können.

Das Beispiel zeigt unter anderem die Auseinandersetzung zwischen traditioneller und von Militärchirurgen praktizierter Medizin um die Wende vom 18. zum 19. Jahrhundert sowie die soziale Bewältigung von Krankheit. Die traditionelle Heilung durch Tanz in Spanien vorzufinden, das im deutschsprachigen Raum als rückständig galt, dürfte den zeitgenössischen Leser nicht verwundert haben. Der vom Verfasser bezeugte Behandlungserfolg stützte allerdings die Bewahrung der Tradition. Spanien wird so zum Austragungsort eines in der damaligen Wissenschaft aktuellen Konflikts. Mit seiner Darstellung widerspricht der Verfasser führenden, besonders in Frankreich vertretenen Auffassungen und überführt sie der Unwissenheit: Durch Augenzeugenschaft könne er versichern, dass es giftige Spinnen gäbe und die Tarantel dazu zähle, wovon sich auch die anwesenden Ärzte als medizinische Autoritäten überzeugen konnten. Die Verletzlichkeit des Körpers durch einen unscheinbaren, nicht beherrschbaren Feind in Form einer Spinne war für alle auf der Iberischen Halbinsel Agierenden gleichermaßen gefährlich. Im Gegensatz zu denen des militärischen Gegners konnte den Folgen seiner Angriffe nur durch kulturell verankertes Wissen beigekommen werden. Spanien wird vom Verfasser der *Briefe aus Spanien* nicht nur exotiert, sondern auch als Beobachtungsfeld für Mediziner präsentiert. Damit wird eine weitere Lesergruppe angesprochen, was die Universalität der Darstellung Spaniens durch einen Kriegsteilnehmer unterstreicht. Er tritt als Mittler zwischen verschiedenen Sinnhorizonten auf und übernimmt die Funktion eines Forschungsreisenden und Sinnstifters für die Daheimgebliebenen.

4.2.3 *Mit-Leid*

Im Gegensatz zum Verfasser der *Briefe aus Spanien* gelangten bei weitem nicht alle Kriegsteilnehmer nach Verletzungen ohne größere Zwischenfälle in ihre Heimat zurück. Viele gerieten krank oder verletzt in spanische Gefangenschaft und waren dort gänzlich auf medizinische Hilfe der Gegenpartei angewiesen. Auch Holzenthal und von Holzing teilten dieses Schicksal. Beide fürchteten, die Gefangenschaft sowohl aufgrund ihres gesundheitlichen Zustands als auch wegen des erwarteten grausamen Umgangs der Spanier mit ihren Gefangenen nicht zu überleben.[258] Die ungeheure Brutalität im damaligen Krieg berechtigte durchaus zu solchen Befürchtungen. Aber beide überlebten – durch die Hilfe von Spaniern.

Der bereits erkrankte Holzenthal geriet nach der Kapitulation seines Generals in La Bisbal d'Empordá (nahe der Pyrenäen) in spanische Gefangenschaft und wurde nach Mallorca verbracht.[259] Auf dem Weg zum Einschiffen in Palamós nahm sich ein spanischer Wachtmeister seiner an, den er in der Folge als seinen „Beschützer" bezeichnet.[260] Dieser verhinderte Übergriffe auf Holzenthal, versorgte ihn mit Nahrung und einem Esel zur besseren Fortbewegung.[261] Als Grund für diese Beschützerrolle gibt der Verfasser Anteilnahme an seinem Zustand an. Eventuelle, wie auch immer geartete (z. B. finanzielle) Gegenleistungen erwähnt er nicht. Des Weiteren nimmt er auf einen Geistlichen Bezug, den Holzenthals Zustand offensichtlich ebenfalls rührte.[262]

Von Holzing war in Lillo (nahe Toledo) nach einer schweren Verwundung an den Oberschenkeln in Gefangenschaft geraten.[263] Auch seiner nahm sich ein nicht näher benannter spanischer Unteroffizier an.[264] Durch dessen Hilfe wurde von Holzing während des Transports von Wundärzten versorgt. In der am Wege liegenden Geburtsstadt seines Helfers erwirkte dieser einen Tag Rast für den Schwerverletzten, den von Holzing im Hause der Eltern des Spaniers verbringen konnte.[265] Trotz zahlreicher negativer Erfahrungen mit Einheimischen während des Transports (wie Spott, Beleidigungen und Diebstahl) schildert er das Mitgefühl einiger weniger Spanier, besonders aber die unerwartete Humanität des spanischen Unteroffiziers ausführlich.[266] Neben der fürsorglichen Aufnahme, die man ihm angedeihen lässt, berührt ihn besonders das Interesse einer der Schwestern dieses Unteroffiziers an seinem „Vaterlande"[267]. Da der Verfasser, wie oben angeführt, über spanische Sprach-

258   Vgl.: Holzenthal: Briefe, in: Journal für die neuesten Land- und Seereisen 24, H. 9 (1816),
       S. 81-82; Holzing: Meine Gefangennehmung (1824), S. 5-8.
259   Vgl.: Holzenthal: Briefe, in: Journal für die neuesten Land- und Seereisen 24, H. 9 (1816),
       S. 79-81; Holzenthal: Briefe, in: Journal für die neuesten Land- und Seereisen 24, H. 10
       (1816), S. 108-113.
260   Vgl.: Holzenthal: Briefe, in: Journal für die neuesten Land- und Seereisen 24, H. 9 (1816),
       S. 83.
261   Vgl.: ebd., S. 82-83.
262   Vgl.: ebd., S. 82.
263   Vgl.: Holzing: Meine Gefangennehmung (1824), S. 4-6.
264   Vgl.: ebd., S. 8.
265   Vgl.: ebd., S. 8-10.
266   Vgl.: ebd., S. 6-10.
267   Ebd., S. 9.

kenntnisse verfügte, ist anzunehmen, dass er Auskunft über die heimatlichen Verhältnisse gab und so als kultureller Vermittler auftrat. Die kurze Zeit der Rast in der Familie des Unteroffiziers wird so zu einem Lichtblick für von Holzing. Auf die Versorgung seiner Wunden in der Familie und auf dem Transport geht er jedoch nicht näher ein. Aufgrund seines schlechten gesundheitlichen Zustands hat er sie möglicherweise nicht aktiv wahrgenommen bzw. sie erschloss sich ihm nicht. Möglich ist auch, dass sie sehr einfach und daher für ihn nicht erwähnenswert war.

Sowohl im Falle von Holzings als auch bei Holzenthal waren es keine Gemeinen, sondern spanische Unteroffiziere, die sich ihrer auf dem Transport in die Gefangenschaft annahmen. Eine mögliche Verbundenheit aufgrund der Dienstgrade ist nicht auszuschließen. Aber auch der in beiden Fällen offenbar erbarmungswürdige, Mitleid erregende Zustand kann der Anlass für die erwiesene Hilfe gewesen sein. Durch die mit Krankheit und Verletzung einhergehende Verletzlichkeit des Körpers stand zumindest zeitweise nicht der gefangene Feind, sondern der hilfsbedürftige Kranke im Vordergrund, was neue Türen öffnete.[268]

Der Grund für von Holzings kurzen Aufenthalt im Hause der spanischen Familie ist mit großer Wahrscheinlichkeit in seiner beeinträchtigten Transportfähigkeit zu suchen. Dafür spricht die Tatsache, dass sein Weg, den er nun ohne den spanischen Unteroffizier fortsetzen musste, wegen seines schlechten Zustands in Alicante erneut unterbrochen und er in ein nahe gelegenes Kapuzinerhospital gebracht wurde.[269] Dem ersten Schock über die Unterbringung folgten unerwartet positive Eindrücke bezüglich der Behandlung durch den dortigen spanischen „Ober-Chirurgen"[270]. Dieser wird zur zentralen Person bei der weiteren Versorgung von Holzings. Wer für seine Pflege zuständig ist bzw. sich sonst um ihn kümmert, wird nicht thematisiert. Obwohl es sich um ein katholisches Hospital handelt, erwähnt er weder die Anwesenheit von Mönchen noch christliches (Pflege-) Personal.[271] Überhaupt gibt es für die Zeit seines Aufenthaltes im Kapuzinerhospital keine Äußerungen mit religiösen

---

268   Eine Aussage, die von Holzing direkt in seinem Bericht trifft. Vgl.: ebd., S. 10.

269   Vgl.: ebd., S. 11.

270   Von Holzing verwendet in seinem Zeugnis zwei verschiedene Schreibweisen: „Ober-Chirurg" und „Oberchirurg". Wie in seinen Angaben ist hier zuerst die Schreibweise mit Bindestrich, im unteren Quellenabschnitt ohne diesen wiedergegeben. Vgl.: ebd., S. 11, 18.

271   Holzenthal hingegen erwähnt unter Bezugnahme auf zwei Kameraden, die in einem von Geistlichen geführten Hospital versorgt wurden, die positive Behandlung der Verwundeten durch Geistliche. Weitere Angaben bezüglich einer religiösen Differenz erfolgen jedoch nicht. Vgl.: Holzenthal: Briefe, in: Journal für die neuesten Land- und Seereisen 24, H. 9 (1816), S. 87.

Bezügen. Auch über Behandlungs- oder Heilmethoden werden keine Angaben gemacht – bis auf die von Holzing zugestandene separate Unterbringung und die regelmäßige, offenbar relativ häufige ärztliche Kontrolle, an die die Versorgung gebunden war.[272] Trotz separater Unterbringung und bettlägerigen Zustands hatte von Holzing in dieser Zeit Kontakt zu anderen deutschsprachigen Kriegsteilnehmern, die im gleichen Hospital untergebracht waren und ihn mit Erlaubnis besuchen durften.[273] Offenbar gab es für Gefangene innerhalb des Hospitals einen gewissen Bewegungsspielraum. Eine mit dem Verlauf des Krieges begründete kurzzeitige Umquartierung in ein anderes Hospital,[274] insbesondere aber die damit verbundene Abwesenheit des genannten Chirurgen, der an von Holzings Heilung offenbar ein persönliches Interesse hatte, wirkte sich negativ auf dessen Genesungsprozess aus.[275] Bei seiner Rückkehr in das Kapuzinerhospital erwartete ihn zudem eine unangenehme Überraschung: die steigende Zahl der Verwundeten auf spanischer Seite führte dazu, dass von Holzing nun in einem Saal Bett an Bett mit spanischen Gemeinen untergebracht wurde.[276] Einige davon hätten an ansteckenden Krankheiten gelitten,[277] was ihn wohl besonders besorgte. Die erzwungene räumliche Nähe mit Kriegsteilnehmern der Gegenpartei, die damit verbundene Verschlechterung besonders der hygienischen Bedingungen, vor allem aber die Missachtung seines Ranges stellten für ihn einen degradierenden, unerträglichen Zustand dar.[278] Dennoch bleibt zu konstatieren, dass der kriegsgefangene von Holzing trotz der Verschlechterung der Versorgungsumstände von spanischer Seite gemeinsam mit den eigenen Kriegsteilnehmern versorgt wurde. Wenn auch unter Nichtbeachtung der sozialen Hierarchie stellte, man die Erhaltung seines Lebens letztlich mit dem der eigenen Kämpfer gleich und kam damit der von der Junta Central angeordneten Versorgung des Gegners nach. Doch auch in dieser Situation erfuhr von Holzing erneut helfende Fürsorge oder, wie er es empfand, die „Menschenfreundlichkeit"[279] eines Spaniers:

---

272 Von Holzing betont bei der Umquartierung in ein anderes Hospital, dass der dortige Arzt im Idealfall nur einmal täglich nach ihm sah. Es ist daher anzunehmen, dass er im Kapuzinerhospital häufigere Kontrollen des Arztes gewohnt war. Vgl.: Holzing: Meine Gefangennehmung (1824), S. 11-17.

273 Vgl.: ebd., S. 12-13.

274 Vgl.: ebd., S. 13-14.

275 Vgl.: ebd., S. 16-17.

276 Vgl.: ebd., S. 18.

277 Vgl.: ebd.

278 Vgl.: ebd.

279 Vgl.: ebd.

> Da der Oberchirurg, dessen Menschenfreundlichkeit ich oben schon rühmte, bei dem Gouverneur und der Junta zu meiner Wiederherstellung die Nothwendigkeit eines Bades schilderte, so erhielt ich endlich die ausgezeichnete Erlaubniß, mich täglich im Meere baden zu dürfen. Mein Zustand war äußerst leidend; denn ich war gezwungen, mich auf Krücken zu stützen. – Welche Fülle froher Empfindungen durchströmte mich, am Strande des Meeres frische Luft einsaugen, und mich in den hochaufschlagenden Wogen kühlen zu dürfen! – Zwei spanische Soldaten begleiteten mich hin und her, immer mit dem Bajonette drohend [...][280]

Ein spanischer Chirurg wird für von Holzing zum Mittler zwischen ihm als verwundetem Kriegsgefangenen und spanischen Autoritäten. Durch dessen Fürsprache erhielt er die einzige explizit erwähnte Behandlung: das tägliche Baden im Meer, eine für ihn offenbar in mehrfacher Hinsicht heilsame Therapie. Trotz allgemeiner Versorgung der verletzten Gefangenen bedurfte es einer persönlichen Beziehung des Arztes zum Verwundeten, um diese auf die Verletzung zugeschnittene Behandlung zu erhalten. Auch hier dürften von Holzings Sprachkenntnisse von Vorteil gewesen sein. Warum er ausgerechnet diese Behandlungsmethode hervorhebt, kann verschiedene Gründe haben. Zum einen scheint sie sich erwähnenswert günstig auf seinen physischen Zustand ausgewirkt zu haben. Auch betont er die positiven psychischen Effekte des in der spanischen Hitze besonders angenehmen, weil kühlenden Badens und des täglichen kurzen Aufenthalts in der Freiheit der Natur. Selbst wenn dies an Krücken und unter Bewachung erfolgte, konnte er dadurch der degradierenden Unterbringung und der Enge im Hospital zumindest zeitweise entfliehen. Fremder landschaftlicher Raum wird zum ausgleichenden Faktor für in der Fremde erlittene Verletzung. Zum anderen handelte es sich um eine ab der Mitte des 18. Jahrhunderts neue Entwicklung in der Medizin, das Baden im Meer als Heilmittel für verschiedene Erkrankungen zu nutzen.[281] Zu Beginn des 19. Jahrhunderts erfuhren die damit einhergehenden Praktiken auch im mittel- und nordeuropäischen Raum großen Zuspruch und wurden u. a. bei Melancholikern angewendet, die dadurch neuen Lebensmut gewinnen sollten.[282] Allerdings blieben diese Heilmethoden gewöhnlich höheren sozialen Schichten vorbehalten. Dass von Holzing als Kriegsgefangener in einem fremden Land diese bevorzugte Behandlung in Anspruch nehmen konnte, wertete sein Sozialprestige im damaligen Hierarchieverständnis auf

---

280   Ebd., S. 18-19.
281   Zur Entwicklung im kontinentaleuropäischen Raum siehe: Karge, Wolf: Heiligendamm. Erstes deutsches Seebad, gegründet 1793. 3., erg. Aufl., Schwerin 2008.
282   Vgl.: Corbin, Alain: Meereslust. Das Abendland und die Entdeckung der Küste 1750-1840. Berlin 1990, S. 83-131.

und stellte für ihn eine gewisse Entschädigung für die Zusammenlegung mit
spanischen Gemeinen dar. Der Bedeutung des Badens in der damaligen Zeit
entsprechend könnte dessen Thematisierung als national übergreifendes, verbindendes Element mit einem eigentlich als rückständig geltenden Land eingeordnet worden sein.

> Doch auch das Vergnügen, mich dort frischer Luft zu erfreuen, sollte ich nicht
> lange genießen. Das Kind eines Spaniers starb plötzlich in einer Hütte, welche
> im Hofe des Hospitals stand. Dieses Ereignis würde einige Monate früher von
> keiner Bedeutung gewesen seyn; – da aber die Pest bis nach Elche vier Leguas
> von Alicante, [...] ihre Verwüstung ausgedehnt hatte, so bebte die ganze Stadt,
> der schrecklichen Besorgnis dahingegeben, durch jenes Kind die Zerstörung auf
> ihre Flur verpflanzt zu sehen. Die strengsten Maaßregeln wurden daher ergriffen;
> das Hospital, in welchem wir uns befanden, wurde in Quarantäne erklärt, und
> rings mit Wachen umstellt [...][283]

Die Brückenfunktion, die von Holzings Verwundung für ihn hatte, endet mit
dem Tod eines spanischen Kindes. Nur durch diesen Umstand erfährt der Leser
überhaupt von weiteren Spaniern in der Nähe der Kranken und Verletzten.
Infolge der als Todesursache vermuteten Pest wurde das gesamte Hospital
mitsamt seinen Insassen sofort unter Quarantäne gestellt, eine erprobte
Maßnahme, um eine Ausbreitung zu verhindern.[284] Sie beendete auch von
Holzings Badekur. Krankheit konnte ebenso gut Brücken zerstören und zum
trennenden Faktor werden. Pest war im damaligen Verständnis allerdings ein
weit gefasster Begriff, der aus heutiger Sicht für ganz unterschiedliche Krankheiten benutzt wurde.[285] Mit der Feststellung, dass der Tod des Kindes nicht
durch die Pest verursacht worden war, hob man die Quarantäne auf.[286] Von
Holzing beklagt jedoch, dass vor allem die Spanierinnen allein die Nähe des
Hospitals auch weiterhin mieden, was den Zweifel vieler Einheimischer an

---

283   Holzing: Meine Gefangennehmung (1824), S. 19.
284   In der Publikation von John Howard werden die verschiedenen Maßnahmen zur Pest-
       bekämpfung in unterschiedlichen Ländern eindrucksvoll dargestellt, einschließlich des
       Zustands damaliger Pesthäuser und Hospitäler. Siehe: Howard, John: Nachrichten von den
       vorzüglichen Krankenhäusern und Pesthäusern in Europa. Nebst einigen Beobachtungen
       über die Pest und fortgesetzten Bemerkungen über Gefängnisse und Krankenhäuser.
       Aus dem Englischen. Mit Zusätzen des deutschen Herausgebers, welche besonders die
       Krankenhäuser angehen. Mit Kupfern und Tabellen, hg. von Christian F. Ludwig. Leipzig
       1791.
285   Zur Verwendung des Begriffs Pest über die Jahrhunderte siehe auch: Bergdolt, Klaus: Pest,
       in: Gerabek u. a. (Hg.): Enzyklopädie Medizingeschichte. Berlin u. a. 2005, S. 1122-1127.
286   Vgl.: Holzing: Meine Gefangennehmung (1824), S. 20.

der Kompetenz der eigenen Ärzte deutlich macht und von Holzing einer angenehmen Abwechslung (der Beobachtung der Frauen) beraubte.[287]

Das Vorgehen zur Verhinderung bzw. Ausbreitung von Epidemien sorgte auch zwischen spanischen und britischen Ärzten für Dissonanzen, wie aus einem – von Holzenthal beschriebenen – in einer Zeitung öffentlich ausgetragenen Disput ersichtlich wird.[288] Bezüglich zweier britischer Schiffe bei Menorca, deren Mannschaften in Verdacht standen, am gelben Fieber[289] erkrankt zu sein, warfen spanische Ärzte den Briten in der Presse vor, nicht genügend Vorsicht walten zu lassen.[290] Die britische Seite hingegen bestritt, dass es sich überhaupt um jenes Fieber handelte.[291] In der Wahrnehmung des Verfassers dominiert die Uneinigkeit über die scheinbar national gebundene Einschätzung der Situation, denn die auf unterschiedlichen medikalen Kulturen beruhenden Maßnahmen entschieden letztendlich auch über das Schicksal der anwesenden Gefangenen.

Nach seiner Ankunft auf Mallorca wurde von Holzing in einem spanischen Hospital versorgt. Er beschreibt die dortige Behandlung der verwundeten und kranken Gefangenen positiv – ganz im Gegensatz zu den offensichtlich auf der Gefängnisinsel Cabrera herrschenden Zuständen, die sich ihm durch andere Gefangene mitteilten.[292] Auch Holzenthal verbüßte einen Teil seiner Gefangenschaft auf Mallorca. Als er dort erkrankte, wurde er in ein nach seinen Angaben für Gefangene aus Cabrera errichtetes Hospital (Hospital der Franzosen) gebracht, wo er von einem spanischen Arzt behandelt wurde.[293] Unabhängig von ihrer unterschiedlichen Herkunft wurden gefangene Angehörige der Napoleonischen Truppen, also auch Holzenthal, grundsätzlich als Franzosen betrachtet.

---

287 Vgl.: ebd.

288 Vgl.: Holzenthal: Briefe, in: Journal für die neuesten Land- und Seereisen 24, H. 10 (1816), S. 128.

289 Das gelbe Fieber wurde 1804 „durch die Besatzung engl. Kriegsschiffe aus der Karibik [...] nach Gibraltar und in den Mittelmeerraum (in Südspanien angeblich 280.000 Erkrankte mit 89.000 Todesfällen)" gebracht. Köhler, Werner: Fieber, hämorrhagische, in: Gerabek u. a. (Hg.): Enzyklopädie Medizingeschichte. Berlin u. a. 2005, S. 397.

290 Vgl.: Holzenthal: Briefe, in: Journal für die neuesten Land- und Seereisen 24, H. 10 (1816), S. 128.

291 Vgl.: ebd.

292 Vgl.: Holzing: Meine Gefangennehmung (1824), S. 37.

293 Vgl.: Holzenthal: Briefe, in: Journal für die neuesten Land- und Seereisen 24, H. 10 (1816), S. 112.

> Die ärztliche Behandlung ließ nichts zu wünschen übrig, und das edle Benehmen
> des Ober-Arztes, Don Francisco Noguera, versöhnte uns alle wieder mit der
> spanischen Nation. Durch seine Geschicklichkeit, seinen unermüdeten Eifer
> und seine Geduld rettete dieser treffliche Mann Manchen, der sonst ein Opfer
> dieser Krankheit geworden seyn würde. Auch in Hinsicht der Nahrungsmitteln
> [sic!] konnten wir zufrieden seyn. Der Controlleur, Don Bernardo, ein redlicher
> Mann, wacht mit Sorgfalt über die gehörige Verabreichung derselben [...] Zu
> bedauern war nur, daß den Wiederhergestellten die so nöthige Bewegung vom
> Gouvernement versagt wurde.[294]

Erneut steht das Handeln eines spanischen Arztes der immer wieder
beschriebenen Furcht vor der Gefangenschaft[295] diametral gegenüber.
Trotz äußerst brutaler Kriegführung auf dem Schlachtfeld werden die verwundeten Gefangenen der Gegenpartei von spanischer Seite – mitunter
sogar, wie bei von Holzing, gemeinsam mit den eigenen Verletzten – versorgt und medizinisch behandelt. Sowohl Holzenthal als auch von Holzing
konnten dadurch überleben. Das durch Verwundung und Krankheit (nicht
epidemischer Natur) hervorgerufene Leid und das sich daraus ergebende
Mitleid können auch im Krieg Barrieren zwischen verfeindeten Parteien und
administrativen Strukturen punktuell überwinden. Es bringt insbesondere
gefangen genommene Kriegsteilnehmer mit den verschiedensten Personengruppen auf Seiten des Gegners in Kontakt und ermöglicht ihnen den Einblick in sonst verschlossene Welten, zu deren Grenzgängern sie als Patienten
werden. Das betrifft nicht nur die Grenze zwischen Gesundheit, Krankheit,
Verletzung oder Tod, sondern vor allem die am eigenen Leib erfahrene fremde
Heilkunde und den damit verbundenen Einblick in die spanische Gesellschaft
und ihren Begriff von Nächstenliebe. Für die spanische Bevölkerung bedeutete
der Kontakt mit verwundeten oder kranken Kriegsteilnehmern der Gegenseite
eine Verschiebung der asymmetrischen Machtverhältnisse zu ihren Gunsten.
Das minimierte Gefahrenpotenzial bot aber auch die Chance, Barrieren der
gegenseitigen Abgrenzung zumindest zeitweise zu überwinden und in Austausch mit dem Gegner zu treten. Der vollzog sich in der Regel zunächst über
die Versorgung der Verwundeten. Über diesen Kontakt konnte sich jedoch
auch ein Austausch von Wissen über die jeweiligen Länder entwickeln,
ganz abgesehen davon, dass allein die Beobachtung der Gegebenheiten für
die Kriegsteilnehmer zu weiteren Einblicken und Einsichten führte. Diese
Erfahrungen gestatteten es ihnen, eine Mittlerfunktion auf Mikroebene zu
übernehmen. Auch wenn es sich bei den genannten Beispielen um individuelle

---

294   Ebd.
295   Zur Furcht vor der Gefangenschaft siehe z. B.: [Sachs]: Bericht. Abschrift, [nach 1812],
      GLAK, 69 Klose Nr. 21, S. 5-6.

Erfahrungen handelt, die auf konkreten Begegnungen mit einzelnen Spaniern basierten und für eine Verallgemeinerung nicht repräsentativ sind, machen sie dem Leser doch eines deutlich: Verwundete Gefangene waren in Spanien nicht, wie damals allgemein befürchtet, zwangsläufig dem Tode geweiht. Diese Tatsache implizierte, dass die als grausam geltenden Spanier auf persönlicher Ebene durchaus Mitleid empfinden und für die Kriegsteilnehmer unerwartet menschliche Züge zeigen konnten.

Krankheit und Verletzung konnten eine Brückenfunktion einnehmen, die gegenseitige Fremdheit – zunächst vorübergehend, teilweise aber auch langfristig – abbauen half. Solche Prozesse vollzogen sich aber nur im persönlichen Kontakt, also auf der Mikroebene, und auch dort nur dann, wenn das Leid eines Kriegsteilnehmers bei einzelnen Mitgliedern der Gegenpartei auf emotionale Empathie stieß. Somit blieb diese Erfahrung stets individuell, veränderte aber die persönliche Wahrnehmung der betroffenen Kriegsteilnehmer und ihrer Umgebung. Aus der hier diskutierten deutsch(sprachig)en Sicht konnte die Verschriftlichung und Veröffentlichung solcher Erlebnisse auch bei den Lesern in der Heimat die Fremdheit gegenüber Spanien reduzieren.

4.2.4 *Das deutsche Selbst*

Krankheiten und Verletzungen konnten für die Kriegsteilnehmer nicht nur in der Gefangenschaft, sondern auch in den eigenen Reihen zur Konfrontation mit unbekannten medikalen Kulturen, Behandlungs- und Verhaltensweisen führen. Oft waren es auch hier persönliche Beziehungen und individuelles Empathievermögen, die über die Versorgung des Einzelnen bis hin zu seinem Überleben entschieden. Die individuelle Ebene war trotz aller administrativen Vorgaben sowohl innerhalb der napoleonischen Truppen als auch unter Wellington von entscheidender Bedeutung. Daraus erklärt sich das Bemühen der Kriegsteilnehmer, im Falle von Verletzung oder Krankheit möglichst beim eigenen Regiment zu bleiben.[296] Zusammengehörigkeitsgefühl, Verbundenheit und die durch die regionale Zusammensetzung erleichterte Verständigung innerhalb der Regimenter und ihrem medizinischen Personal erhöhten die Überlebenschancen nicht unbeträchtlich. Das bestätigt sich z. B. bei Geißler, bereits genannter deutschsprachiger Wundarzt auf französischer Seite, der sich stets besonders den in seinem Verständnis deutschen Verletzten und Kranken verbunden fühlte. Wenn auch speziell für deutschsprachige Regimenter zuständig, so ist in seinem Zeugnis doch das Mitgefühl auffällig an

---

296   Vgl. z. B.: ebd., S. 3-4, 7. Howard erwähnt dieses Verhalten auch grundsätzlich für Kriegsteilnehmer, die unter Wellington dienten. Vgl.: Howard: Wellington's Doctors, S. 39, 115-116.

nationale Zuschreibung gebunden.[297] Der starke Bezug zum eigenen Regiment
wird auch in den handschriftlichen Aufzeichnungen von Sachs deutlich.[298] Er
versuchte immer, dorthin zurückzukehren, wo er als Kamerad wahrgenommen
wurde, Hilfe erwarten konnte und im Falle einer Truppenbewegung auch
unter widrigen Umständen in der Regel nicht zurückgelassen wurde.[299] Eine
gegenteilige Erfahrung musste er allerdings 1812 während seines Aufenthalts in
dem am Prado gelegenen französischen Hospital in Madrid machen.[300] Beim
schnellen Abzug der Truppen aus der Stadt wurde er – wie die meisten Verletzten und Kranken – auf Befehl zurückgelassen.[301] Sachs mobilisiert seine
letzten Kräfte für die Flucht vor dem gefürchteten Feind, die er ohne Hilfe
jedoch nicht hätte bewerkstelligen können.

> Ein spanischer Offizier, begleitete mit einigen Reutern, einen beladenen Wagen,
> und rief als er vorüber fuhr, uns auf Spanisch zu, wir sollten eilen der Feind käme
> ihm auf dem Fuß nach. ,Doch halt hier sehe ich Deutsche Officiere, sagte er zu
> mir und meinem Freunde, ich bin auch ein Deutscher, und laße keinen Lands-
> mann im Elend liegen, er befahl seinen Leuten abzusitzen und uns aufzuladen,
> und nun fuhren wir was die Maulthiere nur laufen konnten, was wir bey dißem
> Transport gelitten, ist über allen Glauben [...] unseren Retter (Lehne [?] aus
> Wien) zu danken.[302]

Auch in den Joseph Bonaparte dienenden spanischen Truppen befanden sich
Deutschsprachige, deren nationales Gemeinschaftsgefühl als Deutsche (im
Sinne der Zugehörigkeit zum 1804 aufgelösten Heiligen Römischen Reich
Deutscher Nation) über Regimentsgrenzen hinaus ging.[303] Sprachliche und
national imaginierte Zuschreibungen stellten eine Grundlage für Zusammen-
gehörigkeitsgefühl und Hilfeleistungen dar. So hatte Sachs als Secondlieutenant
(Unterleutnant) eines Badischen Regiments bereits nach seiner Verletzung

---

297 Vgl. z. B.: Geißler: Denkwürdigkeiten (1830), S. 81-82.
298 Vgl.: [Sachs]: Bericht. Abschrift, [nach 1812], GLAK, 69 Klose Nr. 21, S. 2-8.
299 Vgl.: ebd., S. 7.
300 Vgl.: ebd., S. 4-8.
301 Vgl.: ebd., S. 5-6. Klauß vermerkt in seinem Zeugnis für 1807 ein ähnliches Vorgehen beim
     vorübergehenden Rückzug aus Madrid. Vgl.: Klauß: Ich, 1815/1863, Gemeindearchiv Haß-
     loch, Bestand 1 A 1 Nr. 45, Fol. 4.
302 [Sachs]: Bericht. Abschrift, [nach 1812], GLAK, 69 Klose Nr. 21, S. 7.
303 Auch Deutschsprachige wurden für den Dienst in der spanischen Armee geworben. Teil-
     weise kamen sie mit schweizer Truppen, die in der spanischen Armee dienten, auf die
     Iberische Halbinsel. Da es sich dabei jedoch um eine spezielle Gruppe mit eigenen Ver-
     flechtungen handelt, kann sie nicht in diese Arbeit einbezogen werden. Als Beispiel sei
     dennoch auf folgendes Zeugnis verwiesen: Schwarze, Carl: Wahre und abentheuerliche
     Lebensgeschichte eines Berliners, der in den Kriegsjahren von 1807 bis 1815 in Spanien,
     Frankreich und Italien sich befand. Berlin 1829.

Hilfe von anderen Offizieren erhalten. In dieser Zeit war insbesondere seine Verbindung zu seinem General wichtig, da der über den nötigen Einfluss sowie finanzielle Mittel verfügte, um Sachs zu unterstützen. Gerade die finanzielle Hilfe, aber auch sein Bursche, der sich auch während Sachs' Aufenthalt in verschiedenen Hospitälern ständig um dessen Versorgung kümmerte, waren für sein Überleben entscheidend.[304]

Geißler als Wundarzt hingegen war grundsätzlich von der Effektivität der französischen Militärhospitäler beeindruckt. Über mehrere Seiten seines Berichts erläutert er detailliert deren Aufbau und Organisation sowie Versorgungsstandards.[305] Allerdings kommt er nicht umhin, darauf zu verweisen, dass eben diese Standards infolge des Kriegsverlaufs in Spanien und der hohen Zahl an Kranken nicht aufrecht erhalten werden konnten.[306] Dabei war es gerade die durch die Französische Revolution bedingte Forcierung der Hospitäler, die sie sowohl im zivilen als auch im militärischen Bereich zum Kernelement der Versorgung machten.[307] Doch bei kurzfristigem Rückzug oder Unterbrechung des Nachschubs wurde der Mangel an und in den Hospitälern spürbar, was die allgegenwärtige Korruption noch beförderte.[308] So vermied z. B. der Verfasser der *Briefe aus Spanien* nach Möglichkeit jeden Aufenthalt in einem Hospital, da die hygienischen Bedingungen oft schlecht waren und Medikamente nicht immer ausreichend verabreicht wurden.[309] Ständige Preissteigerungen für zusätzlich notwendige Nahrungsmittel, die auch Sachs beklagt, verschärften das Problem.[310] So berichtet Schümberg, dass im Hospital von Atocha selbst zu Behandelnde in ihrer Not versuchten, sich z. B. durch das Verfassen von Briefen für Schreibunkundige im Hospital etwas dazu zu verdienen.[311]

---

304   Vgl.: [Sachs]: Bericht. Abschrift, [nach 1812], GLAK, 69 Klose Nr. 21, S. 5-6, 9.

305   Vgl.: Geißler: Denkwürdigkeiten (1830), S. 85-92. Geißler geht in seinem Zeugnis davon aus, dass die von ihm präsentierten Informationen über Aufbau und Organisation der französischen Militärhospitäler für den Leser von Interesse seien. Er hatte ihre Effektivität offensichtlich in Frankreich kennengelernt und obwohl sie unter den logistisch schwierigen Verhältnissen in Spanien nicht in gleichem Maße funktionierten, hatten sie für ihn trotz allem erlebten Mangel eine Vorbildfunktion für den deutschsprachigen Raum. Seine genaue Beschreibung ermöglichte die Übernahme solcher Strukturen.

306   Vgl.: ebd., S. 92-93.

307   Vgl.: Howard: Napoleon's Doctors, S. 154-176.

308   Vgl. z. B.: [Sachs]: Bericht. Abschrift, [nach 1812], GLAK, 69 Klose Nr. 21, S. 4-6; [Schümberg]: Erinnerungen, S. 142, 144-145.

309   Vgl.: o.V.: Briefe aus Spanien, in: Fackeln 1, H. 1 (1811), S. 97-98.

310   Vgl.: [Sachs]: Bericht. Abschrift, [nach 1812], GLAK, 69 Klose Nr. 21, S. 5-6.

311   Vgl.: [Schümberg]: Erinnerungen, S. 142-143.

Die französische Innovation, die Schaffung mobiler Feldambulanzen (ambulance volante), die im Kampf Verwundeten sofortige Hilfe gewährleisten sollten, war zwar bereits 1792 offiziell genehmigt, aber aus Mangel an Ressourcen nie flächendeckend umgesetzt worden.[312] So mussten verletzte Kriegsteilnehmer auch weiterhin oft bis zum Ende der Auseinandersetzungen vor Ort ausharren bzw. sie waren auf die Hilfe von Anderen angewiesen. Das galt besonders für kleinere Gefechte, die in Spanien allgegenwärtig waren. Darüber schreibt z. B. Klauß, der während eines Angriffs in einem Dorf in der Nähe von Alicante verletzt wurde.[313] Nachdem er zunächst mehrere Stunden unbeachtet unter einem Baum gelegen hatte, wurde er von einem ihm bekannten Husaren entdeckt.[314] Durch einen Schuss in die Brust des Sprechens nicht mehr fähig, konnte Klauß sich nur mit Gesten verständigen. Der Husar brachte ihn daraufhin auf seinem Pferd zu einem, wie er es nennt „dockter mit Seinem Lumbna Wagen"[315], wo Klauß eine erste notdürftige Versorgung erhielt. Als sein Regiment später dort eintraf, wurde er von Kameraden zu den übrigen Verletzten gebracht. Aus Angst vor Übergriffen der einheimischen Bevölkerung blieben zunächst zwei Mann zu seiner Bewachung bei ihm.[316] Auf dem Weg zum Sammelpunkt für die sich zurückziehenden französischen Truppen einen Moment unbeobachtet, wurde er von spanischen Bauern angegriffen und überlebte nur knapp.[317] Nach tagelangem Transport gelangte er in ein Hospital in Valencia. Bei weitem nicht alle Verletzten erreichten in diesem Krieg ihr Ziel, denn viele von ihnen fielen den auch von Sachs beschriebenen schlechten Transportbedingungen oder Übergriffen spanischer Guerilleros auf dem Weg in die Hospitäler zum Opfer.[318] In Valencia wurde Klauß in ein temporäres Hospital gebracht, wo er ca. einen Monat blieb.[319] Dort traf er auf einen Bekannten aus seiner Kompanie, der dafür sorgte, dass ein deutschsprachiger Arzt auf Klauß, der sich nach wie vor nicht artikulieren konnte, aufmerksam wurde:

---

312   Vgl.: Rüster: Alte Chirurgie, S. 250-251; Howard: Napoleon's Doctors, S. 75-152; Baecque: Imperiale Verletzungen, S. 57.
313   Vgl.: Klauß: Ich, 1815/1863, Gemeindearchiv Haßloch, Bestand 1 A 1 Nr. 45, Fol. 44-45. Mayer nutzte die (fehlerhafte) Transkription der Quelle von Kermann als Beispiel für die medizinische Versorgung in der Grande Armée. Vgl.: Mayer, Karl J.: Napoleons Soldaten. Alltag in der Grande Armée. (Geschichte erzählt, Bd. 12). Lizenzausg., Darmstadt 2008, S. 121.
314   Vgl.: Klauß: Ich, 1815/1863, Gemeindearchiv Haßloch, Bestand 1 A 1 Nr. 45, Fol. 45.
315   Gemeint ist wahrscheinlich Lumpenwagen. Vgl.: ebd., Fol. 46.
316   Vgl.: ebd.
317   Vgl.: ebd., Fol. 46-47.
318   Vgl.: ebd., Fol. 48, 51.
319   Vgl.: ebd., Fol. 51.

[...] der Ickgrod wo Neben Mir Lieg der sag Zu Mir Seh der Tockter wo da war Bei
dier derent ist Tockter Gutwein ich kenn in Nich aber Er Kent Mich von Seinem
vetter von Haßlog da Sie Mich fertig gereinich Haben da kam der Tocktor witer
und fragt den Ickgrod was ich vor ein Lantzman # der Ickgrod Sagt Ein Teusher
aus Haßloch wie Heiß Er Jacob Klauß Reten Kann ich Leiter 36 Tag Kein wort
wie Er Heth wie ich Heiß da Treth Er sich auf Einem fus Rum und geht Vort
aber Kleich Kam er witer Mit 5 anderen Tockter bei Sich Jetz Sacht er Klauß Kan
Du gar Nich Reten ich schürtel in den Kozh Er betrachte Meine Beite wunden
Hücten und vornen [...] Er Sacht Zu Mir Klauß Halte dich ein wenig vest Er Nam
Eine Silberne Natel von 2 shuh Lan und dicke wie ein Strohhalmen intz packen
Mich die Tocktor [...] der Gutwein Nam die Natel # und der Tockter dalläus von
zeier und Steck die Natel in die wund [...] Tockter dalleus Er nam Ein feines Nas
duch und shraubt es an die Natel und zug die Natel durch die Brust [...] dann zug
der Tocker Gutwein daß weis duch aus Meiner Brust Herraus und dann Macht er
das duch Gans auf da falt Ein Knob Herraus da Sagte der Tockter dallaus damir
die Kugel ist Mit Krat auf den Knob gefahren an dem aufschlag auf die Rechte
Seit und Hat den Knob Mit in die Brust genommen daß war Klüh das der Tockter
den guten Einfall Bekommen Hat Mit dem Nas duch shonß were der Knob in
der Brust geblieben dann Hat ich Sterben Mursen den vielen Haben so Sterben
Mursen wo die Tockter Ein Leichten Sinn gehab haben [...] der Tockter gutwein
und dalleus hat viehe ach und aufsich auf Mich gehabt phon were ich Nich
dorton gekurne. Mein guttäter Tockter Gutwein und dalleus van zeier befin sich
noch # Leben in Haßloch Bei Neustadt an der Hart [...][320]

Klauß kam mit einer großen Zahl von Verletzten in Valencia an.[321] Dort hatte
er das Glück, neben einem Bekannten aus der Kompanie namens Ickgrod zu
liegen. Der war dem dortigen (deutschsprachigen) Arzt durch einen entfernten
Verwandten bekannt. Ickgrod fungierte als Mittler für den durch Verletzung
am Reden gehinderten Klauß. So erfuhr der Arzt dessen Namen und Herkunft,
was in Klauß' Augen ausschlaggebend für seine weitere Behandlung war. Für
den Arzt Gutwein war offenbar weniger die Zugehörigkeit zur Kompanie des
Verletzten als ihre gemeinsame Landsmannschaft von Bedeutung. Zumindest
lösten die von Ickgrod gegebene Zuordnung *deutsch* und die nachfolgende
regionale Eingrenzung sofortiges Handeln aus. Über die allgemeine Landsmannschaft hinaus wurde Klauß in das Verwandtschafts- und Freundes-
netz des Arztes eingegliedert, da er aus dem gleichen Ort wie einer dessen
Vettern stammte. Dies führte wohl zur Einbeziehung weiterer medizinischer
Personals in die Behandlung. Bedenkt man die hohe Zahl an Verwundeten,
die oft schlechte logistische Versorgung der Hospitäler und die personelle
Unterbesetzung, so scheint der Aufwand von fünf Personen (in der Quelle als
Ärzte bezeichnet und ausführlich geschildert) für einen Verletzten durchaus

320   Ebd., Fol. 48-51.
321   Vgl.: ebd., Fol. 48.

nicht alltäglich.[322] Auch die anschließende Betreuung durch zwei Ärzte ist als
überproportional anzusehen,[323] zieht man in Betracht, um wie viele Patienten
sich z. B. Geißler kümmern musste oder auf wie viele Männer ein Arzt in
den Truppen gewöhnlich kam.[324] Dieser Fall unterstreicht auch im Krieg die
Bedeutung familiär-regionaler Verbindungen in der Fremde. Indem Klauß den
Wohnort der aus dem Krieg ebenfalls zurückgekehrten Ärzte angibt, bot er den
Zeitgenossen die Möglichkeit der Überprüfung seiner Schilderung.

4.3   Resümee

Einer der ausschlaggebenden Faktoren für die persönlichen Verbindungen der
Kriegsteilnehmer war der eigene Herkunftsort bzw. die Herkunftsregionen.
„Deutsch" fungierte dabei trotz aller regionaler Diversität als Dachbegriff,
wurde aber ganz unterschiedlich gefasst: Zum Teil schloss er – wie in der
Quelle von Sachs ersichtlich – in Anlehnung an das Heilige Römische Reich
Deutscher Nation auch Personen der österreichischen Habsburger Monarchie
ein.[325] Die Selbstzuordnung deutsch ist dabei im Sinne Andersons als eine
Imagined Community mit praktischem Bezug zur Sicherung des Überlebens
zu verstehen.[326] Andere deutschsprachige Kriegsteilnehmer wiederum unterschieden zwischen Deutschen, Österreichern und Schweizern.[327] Trotzdem standen ihnen Österreicher und Schweizer vor allem innerhalb der
napoleonischen Truppen in der emotionalen Wahrnehmung oft näher als
Kriegsteilnehmer aus anderen Regionen, deren Sprache sie nur schlecht oder
gar nicht verstanden. Herkunft und Sprache waren entscheidende Merkmale
der Zusammengehörigkeit. Das sich daraus ergebende Beziehungsgeflecht
bildete die Grundlage für den Zusammenhalt. Wurden die Regimenter im
Kampf aufgerieben oder der Einzelne von ihnen getrennt (wie z. B. Sachs, der
fälschlich für tot erklärt und aus den Listen gestrichen worden war)[328], konnte
das für die Betroffenen schwere Schutz- und Versorgungkonsequenzen nach
sich ziehen.

---

322   Vgl.: ebd., Fol. 49-50.
323   Vgl.: ebd., Fol. 50-51.
324   Siehe dazu: Geißler: Denkwürdigkeiten (1830); Howard: Napoleon's Doctors.
325   Vgl.: [Sachs]: Bericht. Abschrift, [nach 1812], GLAK, 69 Klose Nr. 21, S. 7.
326   Zur Theorie der imaginierten Gemeinschaft in Bezug auf den Nationsbildungsprozess
      siehe: Anderson, Benedict: Imagined Communities. Reflections on the Origin and Spread
      of Nationalism. überarb. Aufl., London u. a. 2006.
327   Vgl. z. B.: Holzing: Meine Gefangennehmung (1824); Geißler: Denkwürdigkeiten (1830).
328   Vgl.: [Sachs]: Bericht. Abschrift, [nach 1812], GLAK, 69 Klose Nr. 21, S. 9.

Deutschsprachige Kriegsteilnehmer in der britischen Armee identifizierten sich nicht in erster Linie mit den ihnen zugewiesenen Regimentern, in denen sie zusammen mit anderen britischen Einheiten zum Einsatz kamen, sondern mit den Angehörigen der KGL und deutschsprachigen Landsleuten, die unter Wellington gegen die napoleonischen Truppen kämpften. Das Zusammengehörigkeitsgefühl war auch hier stark an Sprache und Herkunft gebunden. Sie hatten sowohl auf britischer als auch auf französischer Seite oft überlebenswichtige Bedeutung. Die diesbezüglichen Gemeinsamkeiten werden in den Quellen ebenfalls bei Verletzung oder Erkrankung hervorgehoben. Verletzung und Krankheit bargen nicht nur eine Brückenfunktion zum Fremden, sondern formten auch das Selbstverständnis der deutschsprachigen Kriegsteilnehmer, wodurch der heimische Nationendiskurs in der Fremde aufgenommen und intensiviert wurde. Der kriegsbedingte Aufenthalt in der Fremde beförderte die Selbstverortung der aus unterschiedlichen Ländern stammenden deutschsprachigen Kriegsteilnehmer als Deutsche und innerhalb der napoleonischen Truppen ihre Zuschreibung zu einer Gruppe, ohne regionale Spezifika auszublenden. Die in den Zeugnissen immer wieder hervorgehobene Situation der Deutschen im Vergleich zu anderen bekräftigt dieses Identifikationsmuster. Dementsprechend kehrten die Kriegsteilnehmer als Träger und Vermittler eines spezifischen Nationenverständnisses in die Heimat zurück.

KAPITEL 5

Die Bevölkerung und Alltagsleben

Nach der Erschließung landschaftlicher Tableaus und körperlichen Leids als Kontaktzonen wird im Folgenden dem von den Kriegsteilnehmern wahrgenommenen und in den Zeugnissen beschriebenen Alltag der spanischen Bevölkerung und ihrer Mentalität nachgegangen. Wie in der Einleitung bereits angeführt, werden Wahrnehmung und Erinnerung von verschiedenen Faktoren beeinflusst. Sie sind selektiv, Lücken werden überbrückt. Zudem ist die Wiedergabe von Erlebtem von einer ständigen Suche nach Kausalbeziehungen, also nach Zusammenhängen geprägt, die Synthesen erlauben und so Umgebung und Erlebnisse als Ganzes fassbar machen. Dazu bedarf es einer Strukturierung der Informationen. Hier sollen Kausalbeziehungen daher unter dem Gesichtspunkt der Wissensstrukturierung betrachtet werden. Auch wenn, wie Frithjof Benjamin Schenk bemerkt, die Wissenschaft davon ausgeht, dass Wissen im menschlichen Gehirn in strukturierter Form memoriert wird, sei man sich über Form und Regeln nicht einig.[1] Wissensstrukturierung geht eng mit der Konstruktion individueller, dem jeweiligen Sinnhorizont adäquater Ordnungssysteme einher. Berücksichtigt man die hier bereits herausgearbeiteten Bedeutungsebenen der Landschaft in den ausgewählten Quellen, so deuten die von den Verfassern erstellten landschaftlichen Tableaus auf geografische, aber auch auf geografisch-mentale Ordnungkategorien hin.[2] Auch wenn die sogenannte mentale Landkarte in der kognitiven Psychologie als „ein subjektives, inneres räumliches Bild eines Teils der räumlichen Umwelt eines Menschen"[3] gilt, so schließt das – da eben mental – andere Aspekte wie z. B. Emotionen nicht aus, denn Emotionen färben bzw. schattieren Erfahrungen im Prozess ihrer Strukturierung.[4] In der Geschichtswissenschaft wird unter

---

1 Vgl.: Schenk, Frithjof B.: Mental Maps. Die Konstruktion von geographischen Räumen in Europa seit der Aufklärung, in: GG 28, H. 3 (2002), S. 494.

2 Zur Bedeutung der Umgebung für die Bildung geografisch-mentaler Ordnungssysteme siehe z. B. folgenden Sammelband: Kitchin, Robert/Freundschuh, Scott (Hg.): Cognitive Mapping. Past, Present and Future (Routledge Frontiers of Cognitive Science, Bd. 4). 1. Aufl., London u. a. 2000.

3 Schenk: Mental Maps, in: GG 28, H. 3 (2002), S. 494.

4 Zum Einfluss von Emotionen beim kognitiven Kartieren siehe: Tuan, Yi-Fu: Space and Place. The Perspective of Experience. 7. Aufl., Minneapolis MN 2011; Dafinger, Andreas: Anthropologie des Raumes. Untersuchungen zur Beziehung räumlicher und sozialer Ordnung im Süden Bukina Fasos (i.e. Ober Volta). (Studien zur Kulturkunde, Bd. 122). Köln 2004; Gould,

© BRILL SCHÖNINGH, 2023 | DOI:10.30965/9783657792856_006

mentalen Landkarten seit einiger Zeit auch die Repräsentation von räumlich-sozialen Zusammenhängen als spezifische historisch-kulturelle Konstrukte verstanden.[5] Sie können bewirken, dass zeitlich und räumlich gebundene Vorstellungen von der jeweils bekannten Welt über reine geografische Anordnungen hinausgehen und zum Abbild subjektiver Sinnhorizonte werden. Mentale Landkarten sind so auch als ein Beziehungsgeflecht zu sehen, das „in Form einer mehrdimensionalen dynamischen Karte Ordnung in die Welt"[6] bringt. Vor dem Hintergrund der landschaftlichen Tableaus und noch zu ergründender Ordnungskategorien in Bezug auf die spanische Bevölkerung stellt sich die Frage, ob sich in den Berichten der Kriegsteilnehmer Spuren solch kognitiven Kartierens finden,[7] die – geografische, zeitliche und soziale Faktoren einschließend, sich aber nicht auf diese begrenzend – beim Leser zu einer Wissensstrukturierung führen oder beitragen. Besonders hinsichtlich sozialer Aspekte ist dabei auch Emotionen Aufmerksamkeit zu widmen, da sie einerseits soziale Beziehungen beeinflussen, aber auch selbst als kulturelles Gut anzusehen sind.[8] In Anlehnung an Sabine Damir-Geilsdorf und Béatrice Hendrich stellt sich darüber hinaus die Frage nach religiösen Aspekten des mental Mapping,[9] allerdings nicht nur im Sinne einer topografischen Zuordnung, sondern als möglicher beeinflussender mentaler Blickwinkel.

Um sich solchen Ordnungskategorien zu nähern, müssen zunächst die in den Zeugnissen verwendeten Begrifflichkeiten herausgearbeitet werden, mit

---

Peter/White, Rodney: Mental Maps. (Pelican Books: A: Pelican Geography and Environmental Studies). Harmondsworth u. a. 1974.

5   Vgl.: Langenohl, Andreas: Mental Maps, Raum und Erinnerung. Zur kultursoziologischen Erschließung eines transdisziplinären Konzepts, in: Damir-Geilsdorf u. a. (Hg.): Mental Maps – Raum – Erinnerung. Kulturwissenschaftliche Zugänge zum Verhältnis von Raum und Erinnerung (Kulturwissenschaft. Forschung und Wissenschaft, Bd. 1). Münster 2005, S. 67-68. Einen Überblick über die verschiedenen Forschungsansätze und Definitionen gibt: Kitchin, Robert: Cognitive Maps: What are they and why study them?, in: Journal of Environmental Psychology 14, H. 1 (1994), S. 1-19.

6   Damir-Geilsdorf, Sabine/Hendrich, Béatrice: Orientierungsleistungen räumlicher Strukturen und Erinnerung. Heuristische Potentiale einer Verknüpfung der Konzepte Raum, Mental Maps und Erinnerung, in: Damir-Geilsdorf u. a. (Hg.): Mental Maps – Raum – Erinnerung. Kulturwissenschaftliche Zugänge zum Verhältnis von Raum und Erinnerung (Kulturwissenschaft. Forschung und Wissenschaft, Bd. 1). Münster 2005, S. 39.

7   Zu Spezifik und Problematik der sprachlichen Reproduktion von Räumen im Sinne eines grammatischen Systems siehe: Fauconnier, Gilles: Mappings in Thought and Language. Nachdr., Cambridge 1997.

8   Vgl.: Röttger-Rössler, Birgitt: Emotion und Kultur: Einige Grundbegriffe, in: ZfE 127, H. 2 (2002), S. 152.

9   Vgl.: Damir-Geilsdorf/Hendrich: Orientierungsleistungen räumlicher Strukturen, S. 45.

denen die Verfasser die Mentalität der Bevölkerung zu fassen suchten. In den vorliegenden Quellen wird in diesem Zusammenhang immer wieder auf den Charakter des Spaniers verwiesen, als ob sich, ähnlich dem Charakter eines Menschen, ebenso der Charakter eines ganzen Volkes fassen lasse.[10]

Was damals als Charakter eines Volkes bezeichnet wurde, entspricht laut François Walter dem gegenwärtigen Begriff Stereotyp,[11] der, wie bereits in der Einleitung erwähnt, eine zur Orientierung dienende Reduktion komplexer Informationen darstellt. Stereotypen sind demnach kontextgebunden, werden in der Regel in einem bestimmten geografischen Raum verwendet, beeinflussen die Wahrnehmung und können Modifizierungen unterliegen.[12] Wie Franz K. Stanzel bemerkt, gab es den „nach nationalen und ethnischen Merkmalen bestimmten kollektiven Charaktertypus [...] schon vor der Ausbildung der modernen Nationalstaaten. Solche Typen existierten als Bilder in der Vorstellung der Menschen und fanden daher auch einen Niederschlag in der Literatur."[13] Im Gegensatz zu den bisher hauptsächlich in der Forschung verfolgten intersubjektiven (Erschließung des wahren Kerns von Stereotypen) und subjektiven Zugriffen (Dekonstruktion von stereotypen Fremdbildern) steht in dieser Arbeit der von Walter thematisierte Aktualisierungskontext im Vordergrund.[14] Über diesen Weg sollen von den Kriegsteilnehmern genutzte Ordnungskategorien in Bezug auf die Bevölkerung sichtbar gemacht werden. Dazu müssen zunächst die in den Quellen enthaltenen Beschreibungen von Beobachtungen und Erlebnissen mit der spanischen Bevölkerung und ihrem Alltag genauer betrachtet werden, um im Folgenden der Frage nachzugehen, ob im Krieg erlebte Kulturkontakte zur Aktualisierung individueller Stereotypenvorstellungen führten, die in die vermittelten Fremdbilder einflossen. Welche Art der Wissensstrukturierung findet sich in den Quellen? Welche Ordnungssysteme werden sichtbar und wie wirken sie sich aus?

---

10   Zur Gleichsetzung des Charakters des Einzelnen mit dem eines Volkes vgl.: Stanzel, Franz K.: Europäer. Ein imagologischer Essay. 2. aktual. Aufl., Heidelberg 1998, S. 14-18.

11   Vgl.: Walter, François: Les figures paysagères de la nation. Territoire et paysage en Europe (16e-20e siècle). (Civilisations et sociétés, Bd. 118). Paris 2004, S. 35.

12   Vgl. dazu die genaueren Ausführungen in der Einleitung.

13   Stanzel, Franz K.: Zur literarischen Imagologie. Eine Einführung, in: Stanzel (Hg.): Europäischer Völkerspiegel. Imagologisch-ethnographische Studien zu den Völkertafeln des frühen 18. Jahrhunderts. Heidelberg 1999, S. 9.

14   Vgl.: Walter: Figures paysagères de la nation, S. 36-37.

5.1   Umwelt und Charakter

Neben den in Kapitel 2 geschilderten Reisebeschreibungen dienten im deutschsprachigen Raum des 17. und 18. Jahrhunderts auch sogenannte Völkertafeln der Fremdbildkonstruktion.[15] Anhand eines Prototyps wurde dort der vermeintliche Charakter eines ganzen Volkes dargestellt und ihm bestimmte Eigenschaften zugeschrieben, dem Spanier z. B. Hochmut, aber auch Weisheit.[16] Diese Art der Zuordnung von Charaktereigenschaften und Mentalitäten ist nach Waldemar Zacharasiewicz und Walter schon seit der Antike an die Klimatheorie gebunden.[17] „Das Wort ‚Klima' kommt vom griechischen ‚klinein' und heißt soviel wie ‚Neigung' [...] hatte zunächst nichts mit Witterung zu tun, sondern [...] diente zur Einteilung in geographische Zonen."[18] Wie Cornelia Zwierlein ausführt, war der Klimabegriff in der Antike und im Mittelalter ein Raumbegriff,[19] der in dieser Arbeit mit dem kulturgeographisch

---

15   Vgl.: Stanzel: Zur literarischen Imagologie, S. 9-39. Eybl verweist z. B. darauf, dass Völkertafeln u. a. als Dekorationselemente in Gasthäusern zu finden waren. Vgl.: Eybl, Franz M.: Typus, Temperament, Tabelle. Zur anthropologischen und medientheoretischen Systematik der Völkerstereotypen, in: Czarnecka u. a. (Hg.): Frühneuzeitliche Stereotype. Zur Produktivität und Restriktivität sozialer Vorstellungsmuster. V. Jahrestagung der Internationalen Andreas Gryphius Gesellschaft Wrocław 8. bis 11. Oktober 2008 (Jahrbuch für Internationale Germanistik, Bd. 99). Bern 2010, S. 41.

16   Vgl.: Hinterhäuser, Hans: Tugenden und Laster des Spaniers im Wandel der Jahrhunderte, in: Stanzel (Hg.): Europäischer Völkerspiegel. Imagologisch-ethnographische Studien zu den Völkertafeln des frühen 18. Jahrhunderts. Heidelberg 1999, S. 157-168. Stanzel bemerkt in Bezug auf eine heute in Wien befindliche Völkertafel, dass es bei dieser Darstellung vor allem um den Vergleich der Völker ginge und erst in zweiter Linie um deren Charakterisierung. Meiner Ansicht nach bedingt jedoch beides einander. Vgl.: Stanzel, Franz K.: Das Nationalitätenschema in der Literatur und seine Entstehung zu Beginn der Neuzeit, in: Blaicher (Hg.): Erstarrtes Denken. Studien zu Klischee, Stereotyp und Vorurteil in englischsprachiger Literatur. Tübingen 1987, S. 94.

17   Vgl.: Zacharasiewicz, Waldemar: Die Klimatheorie in der englischen Literatur und Literaturkritik. Von der Mitte des 16. bis zum frühen 18. Jahrhundert. (Wiener Beiträge zur Englischen Philologie, Bd. 77). Wien u. a. 1977, S. 24-33; Zacharasiewicz, Waldemar: Klimatheorie und Nationalcharakter auf der „Völkertafel", in: Stanzel (Hg.): Europäischer Völkerspiegel. Imagologisch-ethnographische Studien zu den Völkertafeln des frühen 18. Jahrhunderts. Heidelberg 1999, S. 119-137; Walter: Figures paysagères de la nation, S. 35-78.

18   Zwierlein, Cornelia: Natur/ Kultur-Grenzen und die Frühe Neuzeit. Transcodierung von Natur, Klimatheorie und biokulturelle Grenzen, in: Roll u. a. (Hg.): Grenzen und Grenzüberschreitungen. Bilanz und Perspektiven der Frühneuzeitforschung (Früneuzeit-Impulse, Bd. 1). Köln u. a. 2010, S. 36.

19   Vgl.: ebd., S. 38.

definierten Begriff Landschaft gefasst wird,[20] ohne jedoch die entsprechenden klimatischen Bedingungen auszusparen. Klima im Sinne von geographischem Raum stand in der damaligen Weltsicht in engem Bezug zu menschlichen Temperamenten und damit zur Humoralpathologie.

> Greifbar ist diese [Klimatheorie, K.B.] [...] schon in einem Traktat der hippo-
> kratischen Schule, der Schrift Über Luft, Gewässer und Orte. Es handelt sich in
> erster Linie um eine [...] Abhandlung, die [u. a., K.B.] den Einfluss von Umwelt-
> faktoren auf die körperliche Verfassung des Menschen untersucht. In einem
> zweiten Schritt postuliert der Autor jedoch einen ebensolchen Einfluss auf die
> charakterliche Bildung der Bewohner Asiens und Europas [...][21]

Dieser Theorie zufolge stehen die Beschaffenheit der Landschaft und der Charakter ihrer Bewohner in kausalem Zusammenhang, der über die Jahrhunderte immer weiter ausdifferenziert wurde.[22] Daraus wird eine dynamische Beziehung zwischen als typisch angesehenen Charaktereigenschaften von Menschen und dem Raum, in dem sie leben,[23] abgeleitet und auf eine Typenlehre hingedeutet.[24] Diese aus Anthropologie und Topografie geformte Lesart (von Zwierlein als „biokulturelle Grundlagenwissenschaft"[25] bezeichnet) öffnet den Blick auf eine spezifische, systematisierende Weltsicht und ihre Sinnhorizonte.[26] Insbesondere im 18. Jahrhundert bediente man sich erneut dieses Ordnungssystems, wobei es verschiedentlich erweitert wurde, z. B. um den Gedanken der Regierung, die an den Charakter eines Volkes gebunden sei.[27] Der Volkscharakter sei so prägend, dass er auch durch

---

20   Zur gewählten kulturgeographischen Definition von Landschaft siehe Kapitel 4.
21   Hartmann, Andreas: Im Osten nichts Neues. Europa und seine Barbaren seit dem V. Jahr-
       hundert v. Chr., in: Michler/Schreiber (Hg.): Blicke auf Europa. Kontinuität und Wandel
       (Eichstätter Kontaktstudium zum Geschichtsunterricht, Bd. 3). 1. Aufl. , Neuried 2003,
       S. o. A. Zu Hippokrates' Schrift in diesem Zusammenhang siehe: Backhaus, Wilhelm: Der
       Hellenen–Barbaren–Gegensatz und die Hippokratische Schrift Περὶ ἀέρων ὑδάτων τόπων,
       in: Historia 25, H. 2 (1976), S. 170-185.
22   Siehe z. B.: Disselkamp, Martin: Nationalcharaktere als Kriterien historischer Wahrheit.
       Zu Bodins Methodus ad facilem historiarum cognitionem, in: Czarnecka u. a. (Hg.): Früh-
       neuzeitliche Stereotype zur Produktivität und Restriktivität sozialer Vorstellungsmuster.
       V. Jahrestagung der Internationalen Andreas-Gryphius-Gesellschaft Wrocław 8.-11.
       Oktober 2008 (Jahrbuch für Internationale Germanistik, Bd. 99). Bern 2010, S. 45-65.
23   Vgl. z. B.: Stanzel: Europäer, S. 28.
24   Vgl.: Schmölders, Claudia: Das Vorurteil im Leibe. Eine Einführung in die Physiognomik.
       Berlin 1995, S. 21.
25   Zwierlein: Natur/ Kultur-Grenzen, S. 20.
26   Vgl.: Walter: Figures paysagères de la nation, S. 35-36.
27   Vgl.: Stanzel: Europäer, S. 30-32; Walter: Figures paysagères de la nation, S. 63.

Migration kaum Veränderung erfahre.[28] Folgt man diesem Gedanken des
auch individuell unveränderlichen Charakters, der sich selbst in der Fremde
nur partiell anpasse, ohne sein ihm innewohnendes Wesen zu verlieren,
so legitimierte das z. B. Reisende als objektive Auskunftspersonen über in
der Fremde herrschende Verhältnisse,[29] ein Umstand, der auch auf Kriegsteilnehmer zutraf – in diesem Falle auf die Deutschsprachigen, die ihre
Beobachtungen zu Beginn des 19. Jahrhunderts in den Diskurs um Spanien
und seine Bevölkerung einbrachten. Auch wenn z. B. Eybl feststellt, dass mit
dem Zusammenspiel von Klimatheorie und Staatswissenschaft um 1800 den
„humoralpathologisch fundierten Typologisierungen der Nationen [...]" wie
allen anderen mikro-makrosoziologischen Entsprechungsmodellen der Boden
endgültig entzogen"[30] worden war, so verweist Schultz auch für das 19. und
20. Jahrhundert auf ein Fortbestehen klimageografischen Gedankenguts.[31] Bei
der Untersuchung der ausgewählten Zeugnisse wird daher der Frage nachgegangen, ob bzw. mit welchen Konsequenzen von den Kriegsteilnehmern ein
Zusammenhang zwischen landschaftlichen und klimatischen Gegebenheiten
und der spanischen Bevölkerung hergestellt wird bzw. ob Entsprechungs-
modelle ersichtlich sind. Gleichzeitig ist darauf zu achten, inwiefern die in
den Berichten vermittelten Eindrücke eigene Interpretationen und Spezifizierungen des angenommenen spanischen Charakterbildes enthalten bzw.
ob ein Aktualisierungskontext erkennbar ist.

---

28 Vgl.: Kant, Immanuel: Immanuel Kant's Anthropologie in pragmatischer Hinsicht, hg. und
    erläutert von J. H. Kirchmann. (Philosophische Bibliothek oder Sammlung der Haupt-
    werke der Philosophie alter und neuer Zeit, Bd. 14). Reprint von 1797, Berlin 1869, S. 241.

29 Vgl.: Walter: Figures paysagères de la nation, S. 63.

30 Eybl: Typus, Temperament, Tabelle, S. 42.

31 Vgl.: Schultz, Hans-Dietrich: Raumkonstrukte der klassischen deutschsprachigen
    Geographie des 19./20. Jahrhunderts im Kontext ihrer Zeit. Ein Überlick, in: GG 28,
    II. 3 (2002), S. 346. Stanzel verweist in diesem Zusammenhang auf die Folgen eines
    damit einhergehenden Wertesystems: „Die Teilung der Völker in Auserwählte und
    Verfluchte ist das Ergebnis einer der hartnäckigsten Denkblockaden im nationalen
    Bewußtseinsbildungsvorgang der europäischen Völker. Die Perseveranz dieses Denk-
    schemas findet eine Erklärung in der (historisch und geographisch) weiten Verbreitung
    der Klimazonentheorie, derzufolge die in der gemäßigten Mittelzone lebenden Völker
    den Völkern der extremen Zonen an Geist und Gesittung überlegen seien." Stanzel:
    Nationalitätenschema, S. 86. Im Hinblick auf diskriminierende Ideologien des 20. Jahr-
    hunderts wird u. a. die Klimatheorie als einer ihrer Vorläufer genannt. Dazu siehe z. B.:
    Geulen, Christian: Geschichte des Rassismus. (Beck'sche Reihe, Bd. 2424). München 2007;
    Isaac, Benjamin: The Invention of Racism in Classical Antiquity. Princeton, NJ u. a. 2004.

5.1.1   *Land und Leute*

„Ein Blick auf die Charte wird uns sagen, wie die physische Organisation des Spaniers sein dürfte. Ein schöner männlicher Wuchs, ein feuriges Auge, scharf gezeichnete Züge, und ein schönes Verhältnis der Glieder sind im Allgemeinen fast das Erbtheil jedes Spaniers. "[32]

In von Brandts thematisch gegliedertem Bericht ist das zweite Kapitel dem „Charakter, Sitten und Lebensart der Spanier"[33] gewidmet.[34] Wie aus dem Zitat ersichtlich, stellt er klare Bezüge zwischen dem geografisch-klimatischen Raum und der Körperlichkeit seiner Bewohner her. Ihm genügt dabei der Blick auf die Landkarte, von der sich die physischen Merkmale der Spanier ablesen ließen. Der Griff zur Karte wird für den Leser zum Link zwischen zwei räumlich weit auseinander liegenden Regionen, zeitlicher Differenz und verschiedenen Sinnhorizonten, die sich anhand einer Karte messen ließen. Von Brandt stützt sich bei seinen Beschreibungen auf die naturwissenschaftliche Kartografie, die ihm als Grundlage und Bezugspunkt, aber auch als Absicherung und Legitimation seiner Argumentation dient. Der Hinweis auf das „feurige Auge"[35] zeigt allerdings Spuren von Deutungs-mustern, die über die Körperlichkeit hinaus gehen und bis in den Bereich der Humoralpathologie reichen: In der Temperamentenlehre ist Feuer das Symbol des Südens und steht für eine cholerische Natur seiner Bewohner – eine Eigenschaft, die auch als typisch spanische postuliert wurde. Folgt man dieser Spur, so offenbart sich, dass von Brandts kartografischer Bezug auf sehr viel älteren klimatischen Zuschreibungen basiert. Danach wurden z. B. Menschen, die in hoch gelegenen, gut bewässerten Gebirgen lebten, auch als groß und stark beschrieben,[36] was sich bei von Brandt im schönen männ-lichen Wuchs wiederfindet.[37] Kahlen, wasserarmen und rauen Landstrichen, wie es sie auch in Spanien gibt, wurden hagere, gut gegliederte Menschen zugeordnet – Menschen, denen von Brandt „das schöne Verhältnis der Glieder"[38] zuschreibt.[39] Althergebrachte klimatheoretische Aspekte bilden demnach von Brandts Verbindung zwischen der geographischen Karte und der

---

32   Brandt: Ueber Spanien, S. 23.

33   Ebd., S. 22.

34   Vgl.: ebd., S. 22-40.

35   Ebd., S. 23.

36   Zum allgemeinen Zusammenhang zwischen Landschaftstyp, Klima und Charakter vgl.
      z. B.: Backhaus: Hellenen-Barbaren-Gegensatz, in: Historia 25, H. 2 (1976), S. 170-185.

37   Vgl.: Brandt: Ueber Spanien, S. 23.

38   Ebd.

39   Zum allgemeinen Zusammenhang zwischen Landschaftstyp, Klima und Charakter vgl.
      z. B.: Backhaus: Hellenen-Barbaren-Gegensatz, in: Historia 25, H. 2 (1976), S. 170-185.

allgemeinen Beschreibung *des* Spaniers und damit ein Entsprechungssystem. Diese Betonung der Körperlichkeit verweist jedoch auf einen weiteren Diskurs des 18. und 19. Jahrhunderts: den der Physiognomik. Der zufolge könne man nicht nur von Körper und Gestik, sondern auch und besonders von Gesicht und Mimik eines Menschen auf seine Charakterzüge schließen.[40] Dabei werden die charakteristischen körperlichen Merkmale einer Landkarte ähnlich gelesen, deren Lesbarkeit oder korrekte Deutung allerdings oft zweifelhaft war. Eine diesbezüglich zwar umstrittene,[41] aber sehr populäre Schrift war das zwischen 1775-1778 veröffentlichte vierbändige Werk *Physiognomische Fragmente, zur Beförderung der Menschenkenntniß und Menschenliebe*[42] des schweizerischen Pfarrers Johann Caspar Lavater (1741-1801), in dem er ein eigenes Deutungssystem entwickelte.[43] Es wurde in mehrere Sprachen übersetzt und außer im deutschsprachigen Raum u. a. in Großbritannien und Frankreich rezipiert.[44] Auch Lavater bezog sich auf Schriften aus der Antike, die allerdings kein komplexes, ausdifferenziertes System darstellten.[45]

---

40   Vgl.: Schmölders: Vorurteil im Leibe, S. 7-8, 11.

41   Vgl.: ebd., S. 29; Stemmler, Joan K.: The Physiognomical Portraits of Johann Caspar Lavater, in: The Art Bulletin 75, H. 1 (1993), S. 157-158; Weigelt, Horst: Johann Kaspar Lavater. Leben, Werk und Wirkung. (Kleine Vandenhoeck-Reihe, Bd. 1556). Göttingen 1991, S. 100-101.

42   Vgl.: Lavater, Johann Caspar: Physiognomische Fragmente zur Beförderung der Menschenkenntniß und Menschenliebe. Bd. 1-4. Nachdr. der Ausg. Leipzig und Winterthur, 1775-1778, Hildesheim 2002.

43   Lavater unterschied „zwischen Physionomik im eigentlichen Sinn und einer Pathognomik des mimischen Ausdrucks." Weigelt: Johann Kaspar Lavater, S. 96. Da hier nicht die verschiedenen Merkmale seiner Theorie im Vordergrund stehen, werden Mimik und Gestik in den Begriff der Physiognomatik einbezogen. Zu Leben und Werk des Schweizers Lavater sowie den starken theologischen Einflüssen in der von ihm propagierten Physiognomik siehe: ebd; Stadler, Ulrich: Der gedoppelte Blick und die Ambivalenz des Bildes in Lavaters Physiognomischen Fragmenten zur Beförderung der Menschenkenntniß und Menschenliebe, in: Schmölders (Hg.): Der exzentrische Blick. Gespräch über Physiognomik. Berlin 1996, S. 77-92; Greminger, Ueli: Johann Caspar Lavater. Berühmt, berüchtigt – neu entdeckt. Zürich 2012.

44   Zu den verschiedenen Editionen, Übersetzungen, Zeichnungen und Abweichungen siehe: Stemmler: The Physiognomical Portraits of Johann Caspar Lavater, in: The Art Bulletin 75, H. 1 (1993), S. 152-153, 158-167; Weigelt: Johann Kaspar Lavater, S. 99-100; Shortland, Micheal: The Power of a Thousand Eyes: Johann Caspar Lavater's Science of Physiognomical Perception, in: Criticism 28, H. 4 (1986), S. 383-385; Graham, John: Lavater's Physiognomy in England, in: Journal of the History of Ideas 22, H. 4 (1961), S. 561-572.

45   Vgl.: Shortland: Power of a Thousand Eyes, in: Criticism 28, H. 4 (1986), S. 381-383. Neben den in der bereits erwähnten Schrift „Über Luft, Gewässer und Orte" enthaltenen Spuren der Physiognomik finden sich solche besonders in den zoografischen Schriften Aristoteles' und in der pseudoaristotelischen Schrift „Physiognomonica" aus dem 2. Jahrhundert. „Sie befasst sich nach Art einer Laien-Einführung mit mehreren Aspekten physiognomischer

Physiognomische Gedanken beeinflussten unterschiedliche Bereiche in Wissenschaft und Kunst – teilweise bis in die Gegenwart.[46] So wurden z. B. – künstlerisch oder sprachlich – Landschaften symbolisch mit Gesichtern verrätselt oder, wie bei von Brandt, Landschaft, Physis und Charakter zu lesbaren Karten verschlungen. Vor dem Hintergrund eines solchen Diskurses ließen sich althergebrachte Deutungsmuster in von Brandts Sinnhorizont nahezu problemlos mit anderen Zuordnungskonzepten und neueren naturwissenschaftlichen oder politischen Entwicklungen kombinieren, was er offensichtlich auch beim zeitgenössischen Lesepublikum seines Berichts voraussetzte.

Nicht nur in von Brandts Publikation aus dem Jahr 1823 wird ein Zusammenhang zwischen geographischem Raum und den Charaktereigenschaften ganzer Völker hergestellt,[47] auch in anderen untersuchten Quellen findet sich der Bezug zwischen Landschaft, Temperament und sogenannten nationalen Eigenschaften bzw. physiognomischen, „kulturell gestanzten Charakterbildern"[48]. Die sich aus solchen Entsprechungen ergebenden kollektiven Charaktertypologien schwingen in Veröffentlichungen aus der ersten Hälfte des 19. Jahrhunderts immer noch mit.

Bezüglich der von ihm ausgemachten Grundeigenschaften des typologischen spanischen Charakters schöpft von Brandt im Weiteren aus einem ganzen Pool von Zuschreibungen: „Dabei zieren und durchglühen ihn die Tugenden und Leidenschaften aller Völker, die im Laufe von Jahrtausenden um das schöne Land gekämpft haben. Des Afrikaners Gluth, des Römers Stolz, und des Westgothen Ernst und Tiefe, die im wunderbaren Gemisch dessen Charakter bilden."[49]

Von Brandt präsentiert *den* Spanier als Ergebnis verschiedener kriegerischer Auseinandersetzungen und Eroberungen, die auf der Iberischen Halbinsel stattgefunden haben und in deren Folge ein Gemisch aus typologischen

---

Wahrnehmung: der Mimik, dem Charakteristischen einer Person, der Erscheinung unterschiedlicher Völker und dem Tierähnlichen des Menschen." Schmölders: Vorurteil im Leibe, S. 21. Zum Überblick über die Entwicklung der Physiognomik siehe auch ebd., S. 20-41.

46   Vgl.: Schmölders: Vorurteil im Leibe, S. 30-41; Gilman, Sander L.: Zur Physiognomie des Geisteskranken in Geschichte und Praxis, 1800-1900, in: Sudhoffs Archiv 62, H. 3 (1978), S. 212-215, 223-224. Dabei ist zu berücksichtigen, dass „die Rolle der charakterologischen Körperdeutungen im rassistischen – und sexistischen – Räsonnement zwischen 1800 und 1945 [...] wohl kaum zu überschätzen" ist. Schmölders: Vorurteil im Leibe, S. 12.

47   Vgl. z. B.: [Schümberg]: Erinnerungen, S. 96-97; [Schümberg]: Spanierinnen, in: Abend-Zeitung, 15.1.1821, S. o.A; Holzenthal: Briefe, in: Journal für die neuesten Land- und Seereisen 24, H. 10 (1816), S. 102, 117.

48   Schmölders: Vorurteil im Leibe, S. 11.

49   Brandt: Ueber Spanien, S. 23.

Eigenschaften verschiedener Völker hervorgegangen sei. Der so entstandene Typus *des* Spaniers offenbart sich dementsprechend als Ergebnis und Brücke zwischen Europa, Afrika und dem damals wieder häufig rezipierten und sehr geschätzten Orient der Antike. Da der Prototyp des Spaniers Fremdes (Afrika) und Eigenes (Europa) in sich vereint, ist er für von Brandt – und damit das von ihm angesprochene Lesepublikum – erschließbar. Als Legitimation seiner Darstellung verweist er auf eine Publikation des französischen Geistlichen Dominique Dufour de Pradt (1759-1837),[50] der eine ähnliche Schilderung des spanischen Charakters vornahm.[51] Von Brandt bündelt in seiner Schrift verschiedenste Argumentationen, womit er nicht zuletzt seine Kenntnisse auf unterschiedlichen Wissensgebieten unter Beweis stellt. Dennoch nutzt er dieses Wissen nur als eine Art Ausgangspunkt, das durch seine persönlichen Erlebnisse durchaus erweiterbar ist. Dafür spricht der im oben genannten Zitat verwendete Konjunktiv, wonach eine geografische Karte über die Physiognomik des Spaniers nur Auskunft geben „dürfte"[52] und die Zuschreibung der physischen Erscheinung entspräche eben nur „fast"[53] jedem Spanier. Der von von Brandt gewählte Einstieg im Konjunktiv eröffnet ihm somit ein eigenes Darstellungsfeld, Raum für Aktualisierung, Spezifizierungen oder auch Erweiterungen des von ihm vor Ort beobachteten spanischen Charakters. Die persönliche Anwesenheit ist dafür unwiderlegbare Legitimation. Das Zugestehen möglicher Abweichungen (z. B. in der Physis *des* Spaniers) ist dabei keinesfalls als Schwäche des von ihm bemühten Ordnungssystems zu verstehen, sondern erlaubt Ausnahmen, die seine verallgemeinernde Darstellung dennoch nicht in Frage stellen. Vorsorglich bemerkt von Brandt, dass es schwierig sei, den „Charakter eines Volkes richtig darzustellen [...] Entlehnen wir Züge von einzelnen Individuen, so werden wir gewöhnlich nur eine sehr allgemeine Schilderung geben, und eben darum viele Ausnahmen gestatten müssen."[54]

Im Bewusstsein der vereinfachenden Wirkung stereotyper Darstellungsmuster bedient sich von Brandt auch bei der Beschreibung der spanischen

---

50   Vgl.: ebd., S. 23-24 (Fußnote **); Pradt, Dominique G. F. de R. de: Mémoires historiques sur la révolution d'Espagne. Paris 1816, S. 168-169.

51   Dominique Dufour de Pradt hatte 1808 im Gefolge Napoleons in Bayonne dazu beigetragen, dass die spanischen Bourbonen ihre Thronrechte abtraten und Joseph Bonaparte König von Spanien wurde. Vgl.: o.V.: Pradt (Dominque-Georges-Frédéric Dufour de), in: Robert u. a. (Hg.): Dictionnaire des parlementaires français. Comprenant tous les membres des assemblées françaises et tous les ministres français depuis le 1. mai 1789 jusqu'au 1. mai 1889. Bd. 5. Paris 1891, S. 138.

52   Brandt: Ueber Spanien, S. 23.

53   Ebd.

54   Ebd., S. 22-23.

Gesellschaft solcher Verallgemeinerungen. Seine persönlichen Erfahrungen vor Ort finden sie zum Teil bestätigt, zum Teil zeichnet er aber ein differenzierteres Bild von der spanischen Bevölkerung.[55] Dabei stehen für ihn eher die Unterschiede in den sozialen Hierarchien der spanischen Gesellschaft im Vordergrund. Die zeigen sich ihm u. a. in der Kleidung, anhand derer nicht nur regionale Eigenheiten erkennbar werden.[56] In diesem Zusammenhang verweist von Brandt im zweiten Kapitel seines Berichts auf das der Publikation vorangestellte Titelkupfer.[57] Dort sind ein Aragonier und ein Valencianer abgebildet – Repräsentanten zweier Regionen, in denen von Brandt u. a. zum Einsatz kam (siehe Karte).[58] Die Kleidung des dargestellten Valencianers beschreibt von Brandt als typisch für die niederen Schichten, wie sie sich nicht nur in Valencia, sondern fast ebenso bei den Katalanen fände.[59] Der abgebildete Aragonier hingegen entspreche seiner Kleidung nach eher den Spaniern in den restlichen Provinzen.[60] Die beiden aufrecht stehenden, kräftigen Männer werden so zu kulturellen und sozialen Prototypen. Sie verkörpern nach von Brandt im Grunde Spanien, das, wie durch die zwei ersichtlich, aus Gegensätzen besteht. So weist die locker fallende Kleidung des Valencianers gewisse Bezüge zur Antike auf. Außer einem Gewehr trägt er auch einen Dolch und erscheint kriegerischer und wilder als der Aragonier, der den Rest des Landes repräsentiert. Er ist ebenfalls bewaffnet, wirkt aber weniger angriffslustig. Auch weist seine Kleidung auf französische Einflüsse hin. Dennoch fällt der erste Blick des Lesers auf zwei starke, unnachgiebig erscheinende Menschen.[61] Setzt man diese beiden durchaus gegensätzlichen Figuren jedoch mit dem Text in Bezug, dann schien sich insbesondere der gewaltentgrenzte Widerstand in Spanien vor allem aus einer wilden, unkontrollierbaren Minderheit aus den niederen Schichten zu rekrutieren, wie sie der als wilder Südländer dargestellte Valencianer verkörpert. Bei der Mehrheit der Bevölkerung, so suggerieren es Text und Titelkupfer, hätten sich dagegen schon die Einflüsse Frankreichs bemerkbar gemacht, auch wenn die Einwohner noch auf ihren Eigenheiten beharrten.

Die Bedeutung des Bildes für den Leser ist augenscheinlich. Wenn Abbildungen auch nicht das Original, das heißt, den Menschen in seinem Wesen einfangen konnten, so besaßen sie doch besonders in der von Lavater

---

55   Vgl.: ebd., S. 27-40.
56   Vgl.: ebd., S. 35.
57   Vgl.: ebd., S. 35, (Titelkupfer).
58   Vgl.: ebd., (Titelkupfer).
59   Vgl.: ebd., S. 35.
60   Vgl.: ebd.
61   Vgl.: ebd., (Titelkupfer).

vertretenen Physiognomik einen hohen Stellenwert. Zeichnungen, Stiche oder auch Schattenrisse offenbaren sich dem Lesenden vor allem über Intuition und Empfindungen.[62] Das von von Brandt verwendete Titelkupfer diente daher nicht nur als Kaufanreiz oder als Einstieg in die Thematik (siehe Kapitel 3.2.1), sondern in gewisser Weise auch als Möglichkeit der visuellen Überprüfung und emotionalen Interpretation der Charaktere der Bewohner Spaniens. In seinem Bericht greift von Brandt das Titelkupfer auf, weist auf einzelne darüber hinaus gehende Unterschiede der spanischen Provinzen hin und bemerkt, dass jede dennoch etwas „Eigenthümliches"[63] besäße, womit er anhand der Kleidung auf eine Binnendifferenzierung des Landes und seiner Bevölkerung aufmerksam macht. Der Frage der Binnendifferenzierung wird im Folgenden auch in anderen Quellen nachgespürt, wobei die Art und Weise der Ordnung regionaler Unterschiede und Mentalitätszuschreibungen sowie deren Kausalbeziehungen im Vordergrund stehen.

5.1.2 *Vielfalt Spanien*

Während von Brandt in seinem Bericht eher beiläufig auf eine Diversität unter den Bewohnern der Iberischen Halbinsel eingeht, widmet Schümberg dieser Frage mehr Aufmerksamkeit. Auch er ist sich bewusst, dass Verallgemeinerungen notwendig sind und man nicht jedem Einzelnen gerecht werden könne:

> ein Bild von einer Nation zu entwerfen, das jedem Individuo derselben gliche, ist reine Unmöglichkeit. So wahr es ist, daß die Spanier nur eine Nation ausmachen, eben so wahr ist es, daß, wenn man z. B. den Basken von dem Gallizier unterscheidet, und Katalonier, Navarresen, Asturier, Andalusier, Castilianer u. s. w. prüfend neben einander stellt, man in dieser einen großen Nation eben so viele kleine, dieser untergeordnete Nationen zu erblicken glaubt.[64]

Schümberg, der über vier Jahre auf französischer Seite in Spanien zum Einsatz kam, durchquerte große Teile des Landes (siehe dazu auch die im Anhang beigefügte Karte). Im Vergleich zu anderen untersuchten Quellen bündelt seine thematisch (und nicht chronologisch) gegliederte Publikation die Informationen über die regionale Differenz Spaniens. Insbesondere in zwei Kapiteln versucht er, die Besonderheiten verschiedener Teile des Landes zu erfassen und miteinander in Bezug zu setzen bzw. zu vergleichen. Besondere

---

62 Vgl.: Stadler: Der gedoppelte Blick, S. 79.
63 Brandt: Ueber Spanien, S. 35.
64 [Schümberg]: Erinnerungen, S. 94-95.

Aufmerksamkeit widmet er dabei dem Baskenland,[65] dessen Bevölkerung ihn offensichtlich (ähnlich wie von Brandt) besonders beeindruckt hat.[66] Mit der bereits in Kapitel 4.1.2 angesprochenen sprachlichen Differenz beginnt er diesen Teil seines Berichts. Die anderen Regionen folgen scheinbar beiläufig. Betrachtet man deren Beschreibung jedoch genauer, so wird das im Zitat geschilderte Ordnungssystem von den Nationen in der Nation deutlich. Schümberg beschreibt neben den Eigenheiten und Mentalitäten der Basken auch die der Bewohner von Navarra, Aragonien, Katalonien, Kastilien, Valencia, León, Asturien, der Estremadura und Galiziens.[67] Auf die Andalusier, die hier nur kurz Erwähnung finden, geht er in einem späteren Kapitel gesondert ein.[68] Wichtig für die Beurteilung sind für ihn Eigenschaften wie Fleiß, Vitalität, Geduld, Respekt, Treue und Offenheit, die er im Alltag (z. B. während der Einquartierung bei spanischen Familien und während seines Dienstes) beobachten und vergleichen konnte. Besonders das Verhalten gegenüber Fremden ist für ihn von zentraler Bedeutung, wobei seine Schlussfolgerungen von seinem Verständnis der Aufklärung geprägt sind. Den Grund für die ihm (im Vergleich zu anderen Spaniern) etwas moderner erscheinenden Navarresen führt Schümberg auf deren Kontakte zum nahe liegenden Frankreich zurück.[69] Die Bewohner der Estremadura hingegen ähnelten den angrenzenden Portugiesen und wären dementsprechend unwissend und bigott.[70] Portugal ist für Schümberg rückständiger als Spanien, womit er selbst auf der Iberischen Halbinsel noch einmal ein Gefälle aufmacht, Spanien eine Negativfolie gegenüberstellt und es damit in hellerem Licht erscheinen lässt. Die negative Sichtweise auf Portugal dürfte sich nicht zuletzt aus seiner militärischen Situation erklären: Im Gegensatz zu dem auf britischer Seite kämpfenden Hering waren die Bewohner des kleineren iberischen Landes für Schümberg Gegner, von denen er kein positives Gegenübertreten erwarten konnte.[71] Portugiesen, die seit dem Erdbeben von Lissabon (1755) im deutschsprachigen Raum u. a. als abergläubisch und religiösen Ritualen frönend galten, ohne die eigentliche christliche Lehre zu leben,[72] eignen sich in Schümbergs Ordnungssystem als

---

65   Vgl.: ebd., S. 88–94.
66   Vgl.: ebd., S. 89–94; Brandt: Ueber Spanien, S. 19, 23.
67   Vgl.: [Schümberg]: Erinnerungen, S. 88–100.
68   Vgl.: ebd., S. 100, 221–226.
69   Vgl.: ebd., S. 95.
70   Vgl.: ebd., S. 100.
71   Zu Herings Vergleich zw. Portugiesen und Spaniern siehe z. B.: [Hering]: Erinnerungen.
72   Zu den verschiedenen Deutungen des Erdbebens in Lissabon siehe z. B.: Löffler, Ulrich: Lissabons Fall – Europas Schrecken. Die Deutung des Erdbebens von Lissabon im deutschsprachigen Protestantismus des 18. Jahrhunderts. (Arbeiten zur Kirchengeschichte, Bd. 70). Berlin u. a. 1999.

negativer Vergleich zu Spanien, in dem die französischen Armeen immerhin nicht auf vollständigen Widerstand stießen. Über die Verstärkung bekannter Stereotype weist Schümberg Spanien und seiner Bevölkerung nicht nur geografisch, sondern auch kulturell eine Mittlerposition zwischen Frankreich und Portugal zu.

Dass räumliche Nähe zum fortschrittlichen Anderen für eine aus seiner Sicht positive Veränderung des Charakters offenbar nicht immer ausreicht, zeigt sich z. B. in Schümbergs Schilderung der Aragonier und Katalonier. Obwohl Aragonien und Katalonien, ebenso wie Navarra, an Frankreich grenzen, seien der Hass auf und die Gewaltbereitschaft im Kampf gegen die Franzosen der einigende und bestimmende Faktor im Verhalten der dortigen Bevölkerung.[73] Modernität ergibt sich für Schümberg somit nicht aus dem Kontakt zum Anderen an sich, sondern vor allem aus dem Austausch mit Regionen, die in seinem Verständnis aufgeklärter wären als Spanien. So führt er auch die Aufgeschlossenheit der Andalusier und Valencianer vor allem auf den dort regen Handel mit anderen Ländern zurück – ein Umstand, den Holzenthal speziell für Barcelona konstatiert.[74] Der dauerhafte Kontakt zu fortgeschrittenen Fremden hätte zu größerer Offenheit geführt. Aus Holzenthals und Schümbergs Sicht könnten Spanier demnach nur durch äußeren Anstoß und/oder äußeren Einfluss in ihrer Entwicklung voranschreiten, nicht allein aus eigener Kraft. Zu einem solchen positiven Einflussfaktor zählt Schümberg selbst die militärische Präsenz Frankreichs in Spanien, was an seiner Einschätzung des französischen Marschalls Louis Gabriel Suchet (1770-1826) in Valencia deutlich wird: Dessen positives Einwirken auf die Valencianer hätte „ihre Aufklärung um ein halbes Jahrhundert vorwärts gerückt"[75]. Ganz im Sinne eines Verständnisses der notwendigen und möglichen Aufklärung von oben bindet Schümberg den unter Kriegsbedingungen erfolgten kulturellen Austausch an eine Persönlichkeit und deren spezifisches Handeln. Die militärische Präsenz allein ist demnach kein Garant für einen positiven Entwicklungsschub in einem anderen, als rückständig empfundenen Land, dennoch bietet Krieg aus Schümbergs Sicht offensichtlich diese Option. Das positive Einwirken äußerer Kräfte auf die inneren Verhältnisse eines Landes und die Ausgestaltung der jeweiligen Beziehungen zur ansässigen Bevölkerung hängen von einzelnen Personen ab. Damit bleiben mögliche Veränderungen territorial begrenzt, was die einzelnen Regionen – wie in diesem Falle in Spanien – in unterschiedliche Phasen der Entwicklung

---

73   Vgl.: [Schümberg]: Erinnerungen, S. 95-96, 227.
74   Vgl.: Holzenthal: Briefe, in: Journal für die neuesten Land- und Seereisen 24, H. 9 (1816), S. 66.
75   [Schümberg]: Erinnerungen, S. 99.

versetzt. Krieg birgt für Schümberg eine Art Entwicklungspotenzial, wenn auch nur bei entsprechender subjektiver Ausgestaltung. Der von Schümberg konstatierte und positiv konnotierte verändernde Einfluss fremder Armeen im Zusammenhang mit einem gewaltsamen Krieg wie dem in Spanien erscheint allerdings nahezu makaber.

Bei aller Bedeutung einer Fortschritt vermittelnden Persönlichkeit für die Veränderung der inneren Verhältnisse eines Landes wird im Bericht deutlich, dass die Tugenden und die Kooperationsbereitschaft der ansässigen Bevölkerung in diesem Prozess für Schümberg eine ausschlaggebende Rolle spielen. Nicht zuletzt deshalb widmet er der Beschreibung dieser – aus seiner Sicht mehr oder weniger ausgeprägten – Tugenden besondere Aufmerksamkeit. So bezeichnet er die Basken im Norden Spaniens als „arbeitsam"[76], während er den Kastilianern in Zentralspanien eine diesbezügliche Scheu bescheinigt.[77]

> Arbeitsscheu, langsam, träge [...] Bei diesem Phlegma, worauf die erschlaffende Hitze einen nicht geringen Einfluß haben mag, ist er indolent, und schwer zu beleidigen; wenn er sich aber einmal für beleidigt hält, so entflammt sein Zorn fürchterlich und die Rachsucht bleibt nicht aus [...] Ernst, aber liebenswürdig, zurückhaltend, aber dabei klug und besonnen, reißt ihn sein schwülstiger Nationalstolz, sein rasches feuriges Temperament leicht zum Zorn, und mit diesem zur Rache hin.[78]

Auch Schümberg versucht, bestimmte Eigenheiten mit Hilfe des Klimas und seiner Auswirkungen zu erklären: Die in seinen Augen wenig ausgeprägte Arbeitsmoral begründet er pragmatisch mit den Grenzen körperlicher Leistungsfähigkeit bei hohen Temperaturen. Phlegma wird zu einem Selbstschutz vor allgegenwärtiger Hitze. Auf den Charakter der Kastilianier äußere sich der Einfluss des Klimas jedoch anders, was sich in feurigen Temperamentsausbrüchen zeige.[79] Gleichzeitig beschreibt Schümberg die Kastilianer als klug und besonnen. Diese ambivalente Einschätzung basiert offenbar einerseits auf seinen persönlichen Erfahrungen mit den klimatischen Auswirkungen auf den Körper und andererseits auf seinen Beobachtungen und Erlebnissen mit der Bevölkerung vor Ort, die er einzuordnen sucht. Sie entspricht in Teilen früheren Zuschreibungen wie z. B. in den Völkertafeln, wo das tierische Attribut des Elefanten, der für Klugheit und Weisheit steht, *dem* Spanier zugeordnet

---

76   Ebd., S. 91.
77   Vgl.: ebd., S. 96.
78   Ebd., S. 96-97.
79   Vgl.: ebd., S. 97.

wurde.[80] Auch die humoralpathologische Interpretation des Geisteszustandes der Spanier durch den spanischen Arzt Juan Huarte[81] (ca. 1529-1588) geht in diese Richtung. Dieser hob hervor, dass das Gehirn der Menschen durch die Hitze trocken und daher im Bereich des logischen Denkens besonders leistungsfähig sei. Hitze wirke sich also positiv auf den Geisteszustand aus – eine Interpretation, die weite Verbreitung fand.[82]

Betrachtet man Schümbergs Ausführungen über den Zusammenhang zwischen Hitze und flammendem Zorn, gepaart mit feurigem Temperament, so fällt auf, dass er diese Eigenschaften, die nach alten Zuschreibungsmustern den Bewohnern ganz Spaniens nachgesagt wurden, vornehmlich den Kastilianern zuordnet. Und auch diese Beobachtung wird noch einmal spezifiziert: Während er den Kastilianern auch Klugheit und Besonnenheit bescheinigt, macht er bei den Bewohnern der südlich gelegenen, zu Neukastilien zählenden Mancha nahezu ausschließlich negative Eigenschaften fest. Die Mancha wird nicht nur geografisch zu einer „Unterabtheilung"[83] Kastiliens, sondern auch in Schümbergs Aufsplittung spanischer Mentalitäten. Er bezieht sich dabei auf seine eigenen, im Krieg gewonnenen Erfahrungen, die er im vierten Kapitel seines Berichts anreißt, später in einem eigenen, der Mancha gewidmeten Kapitel noch einmal aufgreift und zu dem damals im deutschsprachigen Raum populären (und auch Schümberg offensichtlich bekannten) Roman *Don Quijote* in Bezug setzt:

---

80   Vgl.: Hinterhäuser: Tugenden und Laster, S. 159-160.

81   Der im 16. Jahrhundert lebende Arzt Juan Huarte de San Juan verfasste das 1575 erschienene *Examen de Ingenios para las Sciencias*, das u. a. 1752 von Lessing ins Deutsche übersetzt wurde. Darin setzt er sich mit der Frage auseinander, wie man die Begabung des Einzelnen erkennen könne, um so sein optimales Einsatzfeld zu bestimmen. Ein wesentliches Indiz war für ihn dabei der Zustand des Gehirns. „Nebst Empfehlungen für die Praxis entwickelte Huarte ein eigenes Intelligenzmodell, basierend auf medizinischen Erkenntnissen, Fallbeispielen und der Sichtung der klassischen Literatur, die er ausgiebig in rund 700 Textstellen in spanischen Übersetzungen zitiert." Giger, Matthias: Huartes Prüfung der Köpfe zu den Wissenschaften, in: SwissGifted 1, 1 (2008), S. 26. Zu Huarte und der von Lessing übersetzten Veröffentlichung seines Textes siehe: Franzbach, Martin: Lessings Huarte-Übersetzung (1752). Die Rezeption und Wirkungsgeschichte des „Examen de ingenios para las ciencias" (1575) in Deutschland. (Hamburger romanistische Studien. B, Ibero-amerikanische Reihe, Bd. 29). Hamburg 1965; Huarte de San Juan, Juan: Prüfung der Köpfe zu den Wissenschaften. Juan Huarte. Übers. von G. E. Lessing. Mit einer kritischen Einleitung und Bibliographie von Martin Franzbach. Nachdr. der Ausg. Zerbst 1752, München 1968.

82   Siehe dazu: Walter: Figures paysagères de la nation, S. 35-78.

83   [Schümberg]: Erinnerungen, S. 97.

> Wenn mehrere Reisebeschreiber die Bewohner der Provinz La Mancha [...] als
> ein frohes, lustiges, der Musik und dem Tanze leidenschaftlich ergebenes, dabei
> gutes und sanftes Völkchen schildern, so mögen wohl Erinnerungen an Scenen,
> welche in des beliebten Ritters Don Quixottes Leben spielen, bei Mitwirkung
> einer lebhaften Phantasie diesem günstigen Urtheile die Farben aufgetragen
> haben.[84]

Schümberg stellt seine persönlichen Eindrücke von der Mancha und ihren
Bewohnern gegen eine im deutschsprachigen Raum von der Literatur beeinflusste, romantisierende Sicht auf die Region. Den Verfassern von Reiseberichten
wirft er vor, in der Regel nur „die Örter, die er auf der Reise von Madrid nach
Cadix nothwendig berühren mußte"[85], aufgesucht zu haben und somit über die
eigentliche Mancha nicht wirklich auskunftsfähig zu sein.[86] Selbst Statistikern
und Topografen – allen, die sich nicht, wie er, länger in dieser Region (und
zwar nicht nur an den üblichen Reisestationen) aufgehalten haben, spricht er
sein Misstrauen aus.[87] Nur eine längere und intensive Anwesenheit vor Ort –
und nicht ein Roman – könne realistische Einsichten in die Verhältnisse der
Region vermitteln.[88] Sie führt in diesem Falle zur Entzauberung eines verklärt
literarischen Fremdbildes, das somit zum Fantasieobjekt stilisiert wird.

Auch von Brandt nimmt in seiner Publikation Bezug auf *Don Quijote*, nutzt
ihn jedoch, um dem Leser eine emotionale Brücke zu den Bewohnern der
Iberischen Halbinsel zu bauen und das zuvor von ihm beschriebene positive
Potenzial der Spanier zu relativieren.[89] Für ihn hat der Charakter der Spanier
generell „etwas Donquixottisches"[90], was sich jedoch schlecht in Worte fassen
ließe.[91] Von Brandt spielt dabei auf eine gewisse Ruhmsucht an (eine Eigenschaft, die Schümberg den Bewohnern von Galizien zuschreibt und sie in
dieser Hinsicht mit aus der Auvergne stammenden Franzosen gleichsetzt)[92].
Interessanterweise nutzt von Brandt die von Miguel de Cervantes geschaffene
literarische Gestalt des Don Quijote, um etwas beschreibbar zu machen, wofür
ihm selbst offensichtlich die Worte fehlten – oder er hielt die literarische
Beschreibung dieser von ihm empfundenen spezifischen Ausprägung von
Ruhmsucht für am ehesten geeignet, um eine Atmosphäre widerzugeben,

---

84   Ebd., S. 213.
85   Ebd., S. 210.
86   Vgl.: ebd., S. 209-210.
87   Vgl.: ebd., S. 97-98.
88   Vgl. z. B.: ebd., S. 210.
89   Vgl.: Brandt: Ueber Spanien, S. 25-26.
90   Ebd., S. 25.
91   Vgl.: ebd., S. 26.
92   Vgl.: ebd., S. 26-27; [Schümberg]: Erinnerungen, S. 100.

die man eigentlich nur vor Ort fühlen könne.[93] Um diese wirklich erfassen zu können, sei die persönliche Anwesenheit auf der Iberischen Halbinsel allerdings notwendige, ja unabdingbare Voraussetzung. Da dies bei seinen Lesern in der Regel nicht der Fall war, nutzt von Brandt den im deutschsprachigen Raum bekannten Roman, um Erlebtes und selbst Wahrgenommenes in den Sinnhorizont seines Publikums zu transferieren. Obwohl nicht ausgeschlossen werden kann, dass von Brandts eigene Wahrnehmung von der Lektüre des Romans beeinflusst wurde, macht sein Bericht deutlich, dass die Schilderung seiner Sicht auf Spanien nicht auf der literarischen Vorlage aufbaut, jedoch auch nicht auf Bezugnahmen verzichtet, wenn sie sich anbieten.[94]

Doch zurück zu Schümberg und seiner detaillierteren Darstellung spanischer Mentalitäten. In seiner Unterteilung der Kastilianer und der damit einhergehenden Negativierung der Bewohner der Mancha wird ein Gefälle von Zuschreibungen deutlich, mit denen er dichotomisch arbeitet. Im Sinne der Temperamentenlehre steigert sich dabei das cholerische Verhalten der Bewohner Kastiliens, je weiter südlich sie leben. Nach Schümberg geht das mit einer wachsenden Abneigung gegen Anderes (nicht Spanisches) einher,[95] was er an der Ablehnung der französischen Armeen in dieser Region festmacht. Unterstützt bzw. maßgeblich verstärkt wird diese Haltung nach Schümbergs Erfahrungen durch den Einfluss dortiger Geistlicher – ein Zusammenhang, dem sich in den Kapiteln 5 und 6 ausführlicher gewidmet wird.[96] Die im Verhältnis zu anderen Gegenden Spaniens äußerst umfangreiche Beschreibung der Mancha und seiner Bewohner weist bereits auf den Sonderstatus hin, den diese Region für Schümberg einnimmt.[97] Die Lektüre dieser Abschnitte seines Berichts macht deutlich, dass die Erlebnisse in der Mancha für Schümberg offensichtlich traumatischen Charakter hatten. Dem stellt er in einem ebenfalls gesonderten (dem der Mancha anschließenden) Kapitel die Beschreibung der Andalusier gegenüber.[98] Nun könnte man eine weitere Negativierung im Sinne der noch südlicheren Lage Andalusiens erwarten – doch genau das Gegenteil geschieht: Mit Bezug auf die geografische Lage der Region greift

---

93   Vgl.: Brandt: Ueber Spanien, S. 26.

94   Vgl.: ebd. Für den Hinweis von Frau Prof. Dr. Wodianka bezüglich hier sichtbar werdender romantischer Einflüsse möchte ich mich an dieser Stelle bedanken. Dem Zusammenhang zwischen militärischer Erinnerungs- und romantischer Literatur wird von Neil Ramsey nachgegangen. Siehe dazu: Ramsey, Neil: The Military Memoir and Romantic Literary Culture, 1780-1835. (The Nineteenth Century Series General Editors' Preface). Farnheim, Surrey u. a. 2011.

95   Vgl.: [Schümberg]: Erinnerungen, S. 213-214.

96   Vgl.: ebd., S. 214.

97   Vgl.: ebd., S. 97-98, 209-221.

98   Vgl.: ebd., S. 221-226.

Schümberg erneut auf das Argument des Handels als Moment aktiven Austauschs und Kontakts zurück, die zu einer Mentalitätsverschiebung geführt und den Andalusier sanfter gemacht hätten.[99] In der zusammenfassenden Beschreibung der Provinzen wird Andalusien nur erwähnt und sofort auf das gesonderte Kapitel zur Region und seinen Bewohnern verwiesen, denn ähnlich wie der Mancha weist Schümberg auch Andalusien einen Sonderstatus zu, nur diesmal unter anderen, positiven Vorzeichen. Neben Flora und Fauna sowie dem seiner Meinung nach weichen und daher friedfertigeren Charakter der Bewohner[100] macht er dort eine besondere Entdeckung: In der Sierra Morena stößt er bei La Carolina (siehe Karte) zunächst auf eine gerichtete Landschaft, die ihn an das Rheingebiet erinnert,[101] und bald darauf auf Ortsansässige, die in einer zwar „schon ziemlich entartete[n, K.B.]"[102] aber dennoch „Anklänge der teutschen Sprache"[103] enthaltenden Art kommunizieren. Das Vorfinden einer – wenn auch von Verfall bedrohten – deutschsprachigen Kolonie[104]

---

99   Vgl.: ebd., S. 225-226.

100   Vgl.: ebd., S. 225.

101   Vgl.: ebd., S. 222-223.

102   Ebd., S. 223.

103   Ebd.

104   La Carolina war als Teil eines spanischen Besiedlungsprojektes aus der zweiten Hälfte des 18. Jahrhunderts eine der wichtigsten deutschsprachigen Kolonien in der Sierra Morena. Ab 1767 war dafür in Bayern und anderen deutschsprachigen Räumen geworben worden. Über 10 000 Personen wurden so in Andalusien angesiedelt. Schümbergs Bemerkung über beginnende Verfallserscheinungen von La Carolina und den bereits eingesetzten Verfall einer anderen Kolonie sind wahrscheinlich Folgen der ab 1778 beginnenden Repressionen gegen die Kolonisten. Auslöser dafür waren sowohl wirtschaftliche als auch damit einhergehende religiöse Anfeindungen. Zur Geschichte der deutschsprachigen Kolonien in der Sierra Morena siehe: Schmid, Alois: Spanien. Johann Kaspar von Thürriegel (1722-1795) und seine Kolonie in der Sierra Morena, in: Schmid/Weigand (Hg.): Bayern mitten in Europa. Vom Frühmittelalter bis ins 20. Jahrhundert. München 2005, S. 228-241; Salas Ausens, J. A.: Los colonos de Sierra Morena a finales del siglo XVIII, in: Avilés Fernández/Sena Medina (Hg.): Nuevas poblaciones en la España moderna. Córdoba 1991, S. 193-200; Vazques Lesmes, Rafael: Panoramica de un proceso artesanal e industrial en las nuevas poblaciones, in: Avilés Fernández/Sena Medina (Hg.): Nuevas poblaciones en la España moderna. Córdoba 1991, S. 161-186; Gil Romero, Maria del Carmen/Luque Muriel, Francisco de Borja: La participación de los ilustrados en la política repobladora de Carlos III. La real sociedad económica matritense de amigos del país y los proyectos de nuevas poblaciones presentados por Juan Gaspar de Thürriegel, in: Avilés Fernández/Sena Medina (Hg.): Nuevas poblaciones en la España moderna. Córdoba 1991, S. 221-231; Weiß, Joseph: Die deutsche Kolonie an der Sierra Morena und ihr Gründer Johann Kaspar von Thürriegel, ein bayerischer Abenteurer des 18. Jahrhunderts. Ein Beitrag zur Geschichte unseres Volkstums im Auslande. (Vereinsschrift/ Görres-Gesellschaft zur Pflege der Wissenschaft im Katholischen Deutschland, Bd. 1). Köln 1907; Heigel, Karl T. von: Thürriegl, Josef

im Süden Spaniens war für Schümberg ein emotional berührendes Erlebnis.[105] Neben der gerichteten landschaftlichen Nähe zum deutschsprachigen Raum ist es besonders die Sprache, die das bewirkt. Gleichzeitig wird ihre nur noch rudimentär vorhandene Form zu einem Symbol für die Anpassung des Einzelnen an eine andere Umwelt. Schümbergs Sicht folgend, unterliegt der Mensch anhaltenden äußeren Einflüssen und ist nicht vollständig unveränderlich, auch wenn er bestimmte Wesenszüge – hier durch die auf heimatliche Art gerichtete Landschaft symbolisiert – beibehält. Schümbergs „freudiges Erstaunen"[106] über Vertrautes in der Fremde verstärkt den besonderen Eindruck, den das südspanische Andalusien beim Verfasser hinterließ, was sich in Art und Umfang der Beschreibung widerspiegelt. Die Andersartigkeit der Region wird für ihn dadurch jedoch nicht aufgehoben, sondern in einem Netz von Zuschreibungen verortet, in dem die Kolonien nur ein Aspekt sind. Ein weiterer ist die mediterrane Lage der Region und ihre geografische Nähe zu Afrika, was für Schümberg sowohl in Bezug auf die Vegetation als auch auf die dort vorherrschende Gemächlichkeit der Bevölkerung eine Rolle spielt – eine Eigenschaft, die er mit Afrika und so mit einem damals gängigen Orientkonzept verbindet.[107] Heusinger, der u. a. in Südostspanien zum Einsatz kam, sieht besonders in Physis und Kleidung der Bevölkerung in den Provinzen Valencia, Murcia und Granada noch das „Gepräge maurischer Abkunft"[108]. Ähnlich wie von Brandt im vorherigen Kapitel schreibt er den dort lebenden Menschen typologische Eigenschaften wie feuriges Temperament, Ernsthaftigkeit und Verschlossenheit zu, die er historisch bindet und als Erbe von Arabern und Westgoten verortet.[109] So erwecken Heusingers Ausführungen den Eindruck von Südspanien als einer Brücke zwischen Abendland und Orient.

In Holzenthals Beschreibung der noch südlicher liegenden Insel Mallorca zeigen sich Mentalitätszuschreibungen, die an die geografische Lage des Eilands und das dort vorherrschende Klima gekoppelt sind. Die Einwohner Mallorcas gäben sich gern dem Vergnügen hin, was mit Musik und Tanz als Synonym dafür begründet wird.[110] Für den in Gefangenschaft lebenden

Kaspar, in: Wissenschaften (Hg.): ADB. Bd. 38 (1894), Online-Version, S. 230-233, http://www.deutsche-biographie.de/pnd100993648.html?anchor=adb (acc. 25.10.2012).

105 Schümberg beschreibt seine Eindrücke am Beispiel von La Carolina, erwähnt in seinem Bericht aber auch die Kolonien La Carlota und La Luisiana. Vgl.: [Schümberg]: Erinnerungen, S. 223, 212.

106 Ebd., S. 223.

107 Vgl.: ebd., S. 225.

108 Heusinger: Ansichten, Beobachtung und Erfahrungen, S. 76.

109 Vgl.: ebd.

110 Vgl.: Holzenthal: Briefe, in: Journal für die neuesten Land- und Seereisen 24, H. 10 (1816), S. 117.

Holzenthal bildete das bunte Treiben einen krassen Gegensatz zu seiner eigenen Situation, sobald er die Zitadelle von Palma verließ. Ein von ihm beobachteter Verfall der Sitten und eine auch für ihn spürbare Verteuerung der Lebensmittel hat nach Holzenthals Auffassung in der Zuwanderung aus Katalonien und Andalusien seine Ursache.[111] Die Zuwanderer vom spanischen Festland würden sich bereits optisch von den Mallorquinern unterscheiden, die auf Reinlichkeit und gute Kleidung Wert legten[112] – ein Grund, warum sich Holzenthal ihnen trotz seiner Gefangenschaft näher fühlte.

Von Holzing, der sich während seiner Gefangenschaft sowohl auf Mallorca als auch auf Ibiza aufhielt, konstatiert ein Gefälle zuungunsten Mallorcas, was er auf dessen Nähe zu Afrika zurückführt. Das käme sowohl sprachlich durch den Einfluss des Arabischen auf das dort gesprochene Spanisch als auch in der Architektur der Häuser zum Ausdruck,[113] die im maurischen Stil errichtet worden seien – eine Schlussfolgerung, deren Ursprung sich nur vermuten lässt: Möglicherweise hatte von Holzing Kenntnisse über den maurischen Baustil, oder aber er interpretierte die Andersartigkeit der Gebäude im Vergleich zu sonst in Spanien erlebter Architektur als maurisch. Dem gegenüber stehen für ihn die Bewohner von Ibiza. Sie sprächen eine Mischung aus dem Mallorquinischen und Katalan, was für von Holzing eine engere Verbindung zum spanischen Festland signalisiert.[114] Beeinflusst wurde diese Sicht auf Ibiza sicher dadurch, dass von Holzing nach dem Sieg über die napoleonischen Truppen in der Völkerschlacht bei Leipzig zwar weiterhin Gefangener war, nun aber in Ibiza-Stadt wohnen und sich frei bewegen durfte und das Leben der Bevölkerung somit aus anderer Perspektive betrachten konnte.[115] Besonders der durch seine Freundschaft zum englischen Konsul ermöglichte Zugang zu höhergestellten Familien der Insel gestattete ihm trotz Gefangenschaft und Geldmangel einen gehobenen sozialen Umgang.[116]

Der von den Kriegsteilnehmern vermittelte Blick auf Spanien wurde nicht nur von ihrem Vorwissen über das Land, sondern auch von ihren spezifischen Einsatzrouten und -orten beeinflusst, wie ihre Schilderungen belegen.[117] Die

---

111   Vgl.: ebd.
112   Vgl.: ebd., S. 118. Auch von Brandt bemängelt die fehlende Reinlichkeit der Bewohner auf
       dem spanischen Festland, wobei er den Kriegszustand im Land nicht berücksichtigt. Vgl.:
       Brandt: Ueber Spanien, S. 34.
113   Vgl.: Holzing: Meine Gefangennehmung (1824), S. 32, 34.
114   Vgl.: ebd., S. 43.
115   Vgl.: ebd., S. 62-63.
116   Vgl.: ebd., S. 63.
117   Nachvollziehbar werden diese Routen für die Analyse besonders durch die erstellten und
       im Anhang beigefügten Karten.

sich daraus ergebenden unterschiedlichen Blickwinkel und damit verbundene mentale Einordnung der verschiedenen Einsatzorte auf der Iberischen Halbinsel offenbaren die Vielfalt der einzelnen Regionen, die ein starres Spanienbild durchaus aufbrechen. Spanien wird als Ganzes mit vielen verschiedenen regionalen Eigenheiten präsentiert, die erst durch Augenzeugen, wie in diesem Falle durch die Kriegsteilnehmer, offengelegt werden könnten.

Die in den Quellen oft schon auf den ersten Seiten angegebenen Einsatzorte in Spanien dienen den Verfassern u. a. als absichernde Verortung ihrer Berichte unter den damals publizierten Selbstzeugnissen deutschsprachiger Teilnehmer am spanischen Unabhängigkeitskrieg.[118] Der konkrete Bezug verweist auf eine räumliche und zeitliche Gebundenheit, die unterschiedliche Beschreibungen, konträre Behauptungen, Schlussfolgerungen und Verallgemeinerungen als Folge der spezifischen subjektiven Erlebnisse der Kriegsteilnehmer erlauben, ohne dass ihren Berichten dadurch die Glaubwürdigkeit entzogen wird. Durch den Einsatz im Krieg und die retrospektive Verarbeitung der Erlebnisse in dem sich daran anschließenden Diskurs in den Herkunftsländern wird eine erstaunliche regionale Vielfalt des Einsatzlandes Spanien offeriert. Uneinheitliche, zum Teil einander widersprechende Sichtweisen sind dabei nicht nur Ausdruck sehr individueller Erfahrungen, sie legen auch die persönliche mentale Ordnung der Verfasser bezüglich der Diversität Spaniens offen, in der sich sowohl damals allgemein bekannte, aber auch selbst erfahrene Zuschreibungen wiederfinden. Ältere Zuschreibungssysteme wie die Klimatheorie spielen ebenso in die Interpretation des Erlebten und Wahrgenommenen hinein, wie von der Aufklärung beeinflusste Sichtweisen und persönliche Erfahrungen, die trotz des Kriegszustands nicht ausschließlich negativierend ausfallen. Die verschiedenen Deutungssysteme erweisen sich als äußerst variabel, der jeweiligen Situation angepasst und fungieren auch als Entsprechungssysteme – ihre Anwendung und Ausgestaltung ist jedoch individuell verschieden und hängt nicht zuletzt vom Adressatenkreis der Berichte ab. Diese individuelle Kombination von Zuschreibungssystemen ergibt eine Kette von Kausalbeziehungen, die der Integration des Erlebten in den Sinnhorizont des jeweiligen Verfassers und seiner Leser dient. Der Leser erhält auf diese Weise einen regional strukturierten Blick auf Eigenheiten der spanischen Bevölkerung. Im Zusammenhang mit bereits erwähnten geografischen und klimatischen Faktoren offenbart sich die Konstruktion individueller regionaler Landkarten der einzelnen Kriegsteilnehmer, in die

---

118 Bei von Holzing oder Heusinger finden sich diese Angaben z. B. schon auf der Titelseite. Vgl.: Holzing: Meine Gefangennehmung (1824), (Titelseite); Heusinger: Ansichten, Beobachtung und Erfahrungen, (Titelseite).

sich auch die eingangs beschriebenen Landschaftsschilderungen einpassen.
Je nach Vorwissen, Genauigkeit bei der Lektüre und Imaginationsfähigkeit
kann der Leser daraus eine Art Versatzbaukasten räumlicher Dimension entwickeln, in den sich die unterschiedlichen in den Berichten enthaltenden
Informationen einfügen bzw. integrieren lassen. Auf diese Weise entsteht auch
für ihn im wahrsten Sinne des Wortes eine im Geiste nachvollziehbare Karte
des Landes, obwohl keiner der untersuchten Berichte eine Landkarte enthält.

5.2   Spanierinnen

Die untersuchten Berichte der Kriegsteilnehmer beschränken sich nicht auf die
Beschreibung regionaler Unterschiede, sie widmen auch der sozialen und Alltagskultur der spanischen Bevölkerung im Kriegsgebiet Aufmerksamkeit. Die
dabei verwendeten Ordnungssysteme werden dem Leser über kategorisierte
Wahrnehmungen präsentiert. Sie betreffen sowohl Physis, Kleidung, Arbeitsmoral und andere menschliche Eigenschaften, aber auch den regionalen und
überregionalen Vergleich. Während die allgemeine Beschreibung der Spanier
männlich konnotiert ist, wird in mehreren der herangezogenen Quellen den
Frauen auf der Iberischen Halbinsel spezielle Aufmerksamkeit gewidmet.
Die vergleichsweise umfangreichen Beschreibungen der Spanierinnen stehen
daher im Zentrum dieses Unterkapitels. Besonders ausführlich ist in diesem
Zusammenhang ein 1821 erschienener Aufsatz Schümbergs (also zwei Jahre
vor der Publikation seines eigenständigen Berichts), der sich der Thematik
der Spanierin widmete. In einem zweiteiligen Zeitungsartikel mit dem Titel
Die Spanierinnen[119] gibt Schümberg an, über die Vorzüge, aber auch über
die Mängel der Frauen auf der Iberischen Halbinsel berichten zu wollen. Er
spricht dabei gezielt die Leserinnen des Blattes an, die keinen Grund hätten,
die schönen Spanierinnen als unüberwindliche Konkurrenz zu begreifen.[120]
Das würde sein Aufsatz zeigen.[121] Bereits im Titel des Beitrags wird deutlich,
dass Schümberg weder das Bild *der* Spanierin noch das zunächst im Text
angeführte „Miniaturgemälde"[122] einer Spanierin zeichnet, sondern von Unterschieden die Rede ist. Welcher Art diese Differenzen in seinem Aufsatz und
Bericht sind und ob sich solche Unterscheidungen auch in anderen Berichten

---

119 Vgl.: [Schümberg]: Spanierinnen, in: Abend-Zeitung, 15.1.1821, o. S.; [Schümberg,
      Heinrich A.]: Spanierinnen (Beschluß), in: Abend-Zeitung, 16.1.1821, o. S.
120 Vgl.: [Schümberg]: Spanierinnen, in: Abend-Zeitung, 15.1.1821, o. S.
121 Vgl.: ebd.
122 Vgl.: ebd.

finden, wird im Folgenden nachgegangen. Auch ist zu prüfen, ob sich über die Beschreibung des anderen Geschlechts weitere in den Zeugnissen enthaltende Wahrnehmungskategorien ausmachen lassen.

5.2.1 *Soziale Hierarchien und Prostitution*

Spanierinnen, die ein repräsentatives Bild der Frauen auf der Iberischen Halbinsel geben würden, fänden sich – nach Schümbergs Meinung – nur in „höhern Volksclassen"[123]. Selbst die jungen Frauen der niederen Schichten (wozu er z. B. Bäuerinnen zählt)[124], alterten hingegen schnell, hätten eingefallene Wangen, einen erschreckend gelblichen Teint und schlechte, verschmutzte Kleidung.[125] Obwohl sich Schümberg bewusst ist, jenen Frauen nur im Kriegszustand begegnet zu sein und sich in Friedenzeiten möglicherweise ein positiveres Bild zeichnen ließe, bleibt er bei aller Kontextualisierung im Grunde bei dieser Auffassung. Auch der Verfasser der *Briefe aus Spanien* differenziert die spanischen Frauen nach sozialen Kriterien, wobei er Angehörige der unteren Schicht sogar als allgemein hässlich beschreibt.[126] In einem späteren Vergleich regionaler Unterschiede verweist er darauf, dass in der Mancha selbst die Vornehmen nicht schön wären.[127] Aber auch dort hält er am grundsätzlichen Zusammenhang zwischen sozialem Stand und äußerer Schönheit fest. Schümbergs Einschätzung ist weniger generalisierend. Trotz seiner verallgemeinernden Beschreibung von Spanierinnen der niederen Schichten macht er Ausnahmen. So passen z. B. Frauen aus Andalusien und der Region um Valencia – Landstriche, die er in seinem regional unterteilten Spanienbild ebenfalls positiver beschreibt – nicht in dieses Raster.[128] Auch Baskinnen, über die er allerdings erst in seiner 1823 erschienenen eigenständigen Publikation berichtet,[129] nimmt er davon aus. Er bezeichnet sie als „Landmädchen"[130], oder „liebliche Dirnen"[131], die das pure Leben verkörperten und hebt ihre Schönheit und Moral hervor. Im Gegensatz zu anderen Frauen bewegten sich die Baskinnen ungezwungen auf den Heerstraßen, um Waren feilzubieten.[132]

---

123 Ebd.

124 Vgl.: ebd.

125 Vgl.: ebd. Schümberg vermerkt die bunt zusammengewürfelte Kleidung der niederen Schichten, hingegen andere (wie z. B. Geißler) auf die braune Kleidung dieser Bevölkerungsschicht verweisen. Vgl.: Geißler: Denkwürdigkeiten (1830), S. 101.

126 Vgl.: o.V.: Briefe aus Spanien, in: Fackeln 1, H. 1 (1811), S. 19.

127 Vgl.: ebd., S. 49.

128 Vgl.: [Schümberg]: Spanierinnen, in: Abend-Zeitung, 15.1.1821, o. S.

129 Vgl.: [Schümberg]: Erinnerungen, S. 93-94.

130 Ebd., S. 93.

131 Ebd.

132 Vgl.: ebd.

Die Kriegsteilnehmer dürften zwar mit ihnen scherzen, ihnen aber nie zu nahe treten, da sich die Frauen zu wehren wüssten.[133] Die Baskin, die auf der einen Seite offenbar keine Berührungsängste mit Fremden hat, soweit es den Handel betrifft, wird in sexueller Hinsicht für Fremde zur unberührbaren Schönen, obwohl sie alle Attribute einer Verführerin besitzt. Schümbergs sozialhierarchisches Ordnungssystem wird an bestimmten Stellen durch geografische und moralische Spezifika durchbrochen. Selbst Baskinnen aus unteren Schichten stehen plötzlich außerhalb dieses Systems. Aufgrund ihrer äußeren Attribute und ihrer Verhaltensregeln – hier die sexuelle Unerreichbarkeit – nimmt er sie als Frauen wahr. Andere, weniger attraktiv aussehende Spanierinnen aus den unteren Schichten – selbst wenn sie sich z. B. wegen ihrer schlechten wirtschaftlichen Lage prostituierten – betrachtet er offensichtlich nicht als seinem Frauenbild genügende Frauen.[134]

In den Quellen wird ersichtlich, dass seitens der Kriegsteilnehmer auch zwischen den sich prostituierenden Frauen unterschieden wurde. Als ein Bewertungskriterium für die Moral einer Prostituierten galt, ob sie sich nur den eigenen Landsleuten oder auch Fremden, in diesem Falle den ins Land gekommenen Kriegsteilnehmern, hingab. Da die Ehre eines Mannes an das Verhalten seiner Frau und seiner Töchter gebunden war, kam deren Agieren für die moralische Bewertung des Mannes, aber auch der ganzen Gesellschaft große Bedeutung zu.[135] Dementsprechend schwer wiegen im Verständnis der Kriegsteilnehmer Abweichungen von gängigen Moralvorstellungen wie der kommerzielle Verkehr mit Personen außerhalb der eigenen Gemeinschaft, da er sich deren Kontrolle entzieht. Die Verfasser der Berichte sehen sich in diesem Zusammenhang durchaus selbst als der fremde, außerhalb der spanischen sozialen Ordnung stehende Part. Und obwohl die meisten von ihnen die als anrüchig betrachtete Fremd-Prostitution in Anspruch nahmen, fühlten sie sich gleichzeitig berufen, über die moralischen Qualitäten der entsprechenden Frauen (und darüber hinaus der Bevölkerung vor Ort) zu richten. Eine der Ursachen für dieses oft sehr generalisierende Negativurteil über spanische Prostituierte ist offenbar in der Tatsache zu suchen, dass den Truppen, wie z. B. von Schümberg geschildert, bereits kurz nach dem Übertritt über die Pyrenäen und auch später eine Art „weiblicher Tross"[136] folgte.[137]

---

133   Vgl.: ebd.
134   Vgl.: [Schümberg]: Spanierinnen, in: Abend-Zeitung, 15.1.1821, o. S.
135   Zum Zusammenhang zwischen der Ehre des Mannes und der sexuellen Integrität der Ehefrauen gegenüber Kriegsteilnehmern in den Napoleonischen Kriegen vgl.: Murken: Von „Todesängsten" zu „guter Manneszucht", S. 326.
136   [Schümberg]: Erinnerungen, S. 94.
137   Vgl.: ebd.

Der sehr zeitige erste und später permanent mögliche Kontakt mit spanischen Frauen fand demzufolge mit einer bereits in der Heimat der Kriegsteilnehmer ausgegrenzten sozialen Gruppe statt.

In den Quellen finden sich unterschiedliche Beschreibungen von Prostituierten.[138] Schümberg sah Spanierinnen der niederen Schichten beinahe grundsätzlich als Prostituierte an, die in seinem Sinnhorizont am Rande der Gesellschaft lebten.[139] Sowohl Geißler als auch Holzenthal verweisen diesbezüglich in ihren Berichten auf die ungeheuer reiche Auswahl an Prostituierten in Spanien.[140] Geißler, der in der Region um Girona zum Einsatz kam (siehe Karte), macht für diese Entwicklung hauptsächlich den andauernden Krieg verantwortlich.[141]

> Unter den Einwohnern aber, besonders vom Mittelstande und den ärmeren Klassen herrschte dagegen große Noth, nicht selten auch in den höheren Ständen [...] Es war daher nichts ungewöhnliches, selbst Frauenzimmer vom Stande um ein Stück Brod bitten und ihre Reize für das tägliche Essen feil bieten zu sehen, da die Mädchen der niederen Klassen ihre Gunstbezeugungen den Soldaten häufig für Brod verkauften.[142]

Die Beeinträchtigung der Wirtschaft und die daraus resultierenden Folgen für die Gesellschaft zeigen sich für Geißler nicht nur in der bereits angesprochenen Prostitution der unteren Schichten, sondern auch in der damit einhergehenden Auflösung sozialer Grenzen. Die „Noth"[143] war offensichtlich so groß, dass sich auch Frauen aus höheren Gesellschaftsschichten zu prostituieren begannen. Obwohl das eine Aufweichung sozialer Schranken bedeutete, etablierten sich diese, Geißlers Blickwinkel zufolge, jedoch im Raum der käuflichen Liebe erneut. Der Preis für die Dienste einer Frau richtete sich folglich nach ihrer Schönheit, ihrer Kleidung, aber auch nach ihren Umgangsformen und ihrer Bildung. Da diese aus der Sicht der Verfasser in der Regel an den gesellschaftlichen Stand einer Frau gebunden war, spielte auch ihr sozialer Status eine Rolle.

Der Verfasser der *Briefe aus Spanien* bemerkt, dass auch Frauen, deren Schönheit bezaubernd sei, diese in Spanien schneller verlören als irgendwo

---

138 Vgl. z. B.: Holzenthal: Briefe, in: Journal für die neuesten Land- und Seereisen 24, H. 9 (1816), S. 67; Geißler: Denkwürdigkeiten (1830), S. 99.
139 Vgl.: [Schümberg]: Spanierinnen, in: Abend-Zeitung, 15.1.1821, o. S.
140 Vgl.: Geißler: Denkwürdigkeiten (1830), S. 99; Holzenthal: Briefe, in: Journal für die neuesten Land- und Seereisen 24, H. 9 (1816), S. 66-67.
141 Vgl.: Geißler: Denkwürdigkeiten (1830), S. 99.
142 Ebd.
143 Ebd.

sonst.[144] Im Gegensatz zu Schümberg stellt er das nicht nur bei Frauen aus unteren Schichten fest. Frauen auf der Iberischen Halbinsel alterten auffällig schnell, womit es für nicht Einheimische schwierig sei, ihr genaues Alter zu bestimmen.[145] Möglicherweise dienten diese Bemerkungen jedoch lediglich als Legitimation für die Inanspruchnahme der Dienste besonders junger Mädchen, da sie älter aussähen. Andererseits hatten sicher auch kriegsbedingte Mangelerscheinungen und Strapazen Auswirkungen auf das Erscheinungsbild der Frauen. Für den Leser wird die Vergänglichkeit des Seins symbolisch an den von den Kriegsteilnehmern beschriebenen Spanierinnen sichtbar. Auch wenn davon ausgegangen werden kann, dass die gesellschaftliche Zuordnung nicht der einzig ausschlaggebende Faktor für den Marktwert einer Frau war und sich auch außerhalb der höheren Schichten gut aussehende Frauen fanden, so ist dieses Einteilungskriterium in Bezug auf die Kriegsteilnehmer interessant. Das große Angebot von sich prostituierenden Frauen führte, wie Holzenthal bemerkt, zu einem Preisverfall. Seiner Schilderung nach konnte sich in Spanien im Grunde nicht nur jeder Kriegsteilnehmer, der mit den Armeen ins Land gekommen war, den Luxus des Beischlafs leisten, auch wenn es sein Sold normalerweise nicht erlaubt hätte.[146] In Barcelona beobachtete er, dass selbst die in der Prostitution herrschenden Hierarchien und preislichen Grenzen zu verschwimmen begannen.[147] Kriegsteilnehmer, die sich zuvor nicht einmal den Besuch bei einer Prostituierten überhaupt hätten leisten können, hatten in Spanien die Möglichkeit, Frauen weitaus höheren Standes für deren Dienste zu bezahlen, was für die Männer untereinander einen Gewinn an Sozialprestige bedeutete.

Im Gegensatz zu Geißler macht Holzenthal nicht vorrangig den Krieg für die zunehmende „Sittenverderbnis"[148] verantwortlich. Er bemerkt zwar ebenfalls den wirtschaftlichen Verfall, ist jedoch davon überzeugt, dass sich Frauen von Stande lieber prostituierten als zu arbeiten, was er auch als „weibliche Eitelkeit"[149] bezeichnet.[150] Prostitution ist für ihn lediglich ein Nachgeben der Frauen generell innewohnenden Lust. Auf diese Weise macht Holzenthal die

---

144   Vgl.: o.V.: Briefe aus Spanien, in: Fackeln 1, H. 1 (1811), S. 80.
145   Vgl.: ebd.
146   Vgl.: Holzenthal: Briefe, in: Journal für die neuesten Land- und Seereisen 24, H. 9 (1816), S. 66-67.
147   Vgl.: ebd., S. 67.
148   Ebd., S. 66.
149   Ebd.
150   Auch Schümberg bemerkt, dass Arbeit für spanische Frauen von Stande keine Denkgröße sei, ohne jedoch mit diesem Argument die Prostitution zu begründen, sondern um einen Hang zu Müßiggang aufzuzeigen. Vgl.: [Schümberg]: Spanierinnen (Beschluß), in: Abend-Zeitung, 16.1.1821, o. S. Der Verfasser der *Briefe aus Spanien* verweist darauf, dass

Frauen für ihre Lage verantwortlich, was ihn und damit die Kriegsteilnehmer generell jeglicher Verantwortung enthebt. In dieses Denkmuster passt auch der an anderer Stelle gemachte stereotype Verweis Holzenthals auf die frühe Geschlechtsreife und die Wollust der Spanierinnen.[151] In gewisser Weise wird hier das Eva-Paradigma bedient, nach dem die Frau grundsätzlich als Verführerin agiert und der Mann, also auch Kriegsteilnehmer wie Holzenthal, keinerlei Verantwortung für den jeweiligen Zustand trägt. Die als Begründung bemühte „weibliche Eitelkeit"[152] macht deutlich, dass Holzenthal dies für eine regional übergreifende, generelle Eigenschaft von Frauen – und damit auch im deutschsprachigen Raum – hält, die er nur am Beispiel Spaniens näher ausführt.

Der Krieg, der damit einhergehende wirtschaftliche Verfall und die dadurch entstandene Not machten auch Spanierinnen gehobenen Standes zu käuflichen Objekten, deren symbolischer Wert in Hinsicht auf Mann und Familie sank. Die Objektisierung der Frau geht hier über das von Bordieu beschriebene Gebiet des symbolischen Tauschs hinaus.[153] Der Mann bleibt Akteur, also Subjekt, und die Frau Objekt, also Instrument, doch verliert sie ihren symbolischen gesellschaftlichen Tauschwert und wird so ihrer gesellschaftlichen Position enthoben. Da unter den gegebenen Umständen aus der Sicht der Kriegsteilnehmer offenbar keine gesellschaftlichen Konventionen galten, war es nicht nur nicht notwendig, diesen Frauen Respekt entgegenzubringen, sondern es unterstrich die Verlagerung des asymmtrischen Verhältnisses. Die Respektlosigkeit gegenüber einer Frau zeigte, das sie nun nicht mehr dem Ehemann oder Vater gehörte, sondern von Gnade und Willkür des Kriegsteilnehmers abhängig war.[154] Über den Umgang mit der Frau wurden so der Mann, die Familie und im Falle einer allgegenwärtigen Praxis die spanische Gesellschaft durch die Kriegsteilnehmer gedemütigt. Hinzu kommt, dass im Falle einer längerfristigen Bindung eine Form des Abhängigkeitsverhältnisses entstehen konnte (z. B. der Kriegsteilnehmer als Lebensmittellieferant), dass im Grunde eine Art Versklavung der Familie über die Frau durch die Bindung an

---

die „Hauptbeschäftigung der spanischen Frauenzimmer der mittlern und untern Klasse [...] das Spinnen" sei. o.V.: Briefe aus Spanien, in: Fackeln 1, H. 1 (1811), S. 49.

151   Vgl.: Holzenthal: Briefe, in: Journal für die neuesten Land- und Seereisen 24, H. 10 (1816), S. 102.

152   Holzenthal: Briefe, in: Journal für die neuesten Land- und Seereisen 24, H. 9 (1816), S. 66.

153   Vgl.: Bourdieu, Pierre: Die männliche Herrschaft. (Suhrkamp-Taschenbuch Wissenschaft, Bd. 2031). 2. Aufl., Frankfurt am Main 2013, S. 78-90.

154   Zur Objektisierung der Frau und der Demütigung des Mannes über sie siehe: Foucault, Michel: Sexualität und Wahrheit. Bd. 2: Der Gebrauch der Lüste. Frankfurt am Main 1986, S. 183-193.

den Kriegsteilnehmer stattfand. Aufgrund ihres sozialen Standes wäre für die Mehrheit der Kriegsteilnehmer die gehobene Frau nie ein Objekt des Tausches gewesen – eher der Phantasie. Unter den Bedingungen des Krieges jedoch verbindet sich gesellschaftlicher Abstieg mit dem Verlust an Objektwert, was die Frauen in mehrfacher Hinsicht diskreditierte. Ihre Dienste für den Preis einer Mahlzeit in Anspruch zu nehmen, könnten die Kriegsteilnehmer sogar als gutes Werk empfunden haben, halfen sie den Frauen doch, nicht zu verhungern. Die kriegsbedingt entstandene Objektisierung von Frauen höherer sozialer Schichten wird in der retrospektiven Wahrnehmung der Kriegsteilnehmer bis zu einem gewissen Grad zurückgenommen, ihre besondere Bedeutung für die Verfasser jedoch hervorgehoben: Sie werden gesondert benannt, eingeordnet und auf ihren eigentlichen Status verwiesen, mit dem sich die Freier letztendlich schmücken und zu profilieren suchen, wodurch diese Frauen im Grunde besondere Demütigung erfuhren.

Durch diesen intensiven und sozial übergreifenden Kontakt mit dem anderen Geschlecht fühlen sich die Kriegsteilnehmer zu umfassender Auskunft über die Frauen legitimiert. Bei Holzenthal geht das bis zum Vergleich der körperlichen Beschaffenheit von Spanierinnen und dem „nordischen Frauenzimmer"[155], wobei er der Spanierin den Vorzug gibt.[156]

Liest man diese Passagen in den Quellen, so erscheinen spanische Frauen als stereotyp willige Südländerinnen und der Kriegsschauplatz Spanien als ein Ort körperlicher Ausschweifungen für jedermann. Die Beschreibungen sind jedoch punktueller Natur und der Kontakt mit den sich prostituierenden Spanierinnen beschränkt sich in der Regel auf spezifische Situationen oder bestimmte Orte wie das bereits genannte Barcelona. In den *Briefen aus Spanien* wird dieser Raum noch genauer eingegrenzt. In seinen Beschreibungen von Madrid erwähnt der Verfasser eine Straße, in der die Prostitution fest institutionalisiert sei.[157] Damit verweist er auf die damals in Spanien geübte Praxis, die Prostitution an einem ausgewählten Ort der jeweiligen Stadt offiziell zu erlauben und sie so unter Kontrolle zu halten. Die institutionalisierte Prostitution stellte für die Städte zudem eine wichtige Einnahmequelle dar.[158] Über solche Beschreibungen werden den Prostituierten in den Berichten nicht

---

155   Holzenthal: Briefe, in: Journal für die neuesten Land- und Seereisen 24, H. 10 (1816), S. 102.
156   Vgl.: ebd.
157   Vgl.: o.V.: Briefe aus Spanien, in: Fackeln 1, H. 1 (1811), S. 19.
158   Dazu und allgemein zur Entwicklung der Prostitution auf der Iberischen Halbinsel siehe: Molina Molina, Àngel L.: Mujeres públicas, mujeres secretas: (la prostitución y su mundo, siglos XII-XVII). (Colección Historia y Patrimonio, Bd. 2). Murcia 1998; Stella, Alessandro: Amours et désamours à Cadix aux XVIIe et XVIIIe siècles. (Le temps du genre). Toulouse 2008.

nur gesellschaftlich, sondern auch territorial gesonderte Räume zugewiesen, die die Kriegsteilnehmer in die von ihnen erfasste spanische Landschaft integrieren. Die Einteilung der zu Objekten deklarierten Frauen und die ihnen zugewiesenen sozialen und territorialen Räume werden jedoch unter den Bedingungen des Krieges fluide. Die aufgezeigten verschwimmenden Grenzräume finden sich den Quellen zufolge allerdings nicht in allen Regionen Spaniens gleichermaßen. Sie stehen im Gegensatz zu allgemein intakten sozialen Strukturen, wie sie z. B. für Schümberg in Andalusien oder dem Baskenland selbst während des Krieges gegeben sind.[159] So wird auch bei ihm in Bezug auf die spanischen Frauen eine regionale Unterteilung sichtbar. Heusinger, der auf britischer Seite u. a. in der Region Murcia zum Einsatz kam (siehe Karte), bemerkt insbesondere für diesen Landesteil die auffällige Zurückhaltung der Frauen gegenüber Fremden, wobei er offenbar keine Unterschiede in Bezug auf deren Zugehörigkeit zu unteren oder oberen Schichten feststellen konnte: „Die Frauenzimmer sind an und für sich zurückhaltend gegen das andere Geschlecht, gegen Fremde daher noch mehr. Nirgends aber habe ich dieses Entfernthalten mehr als gerade in diesen Theilen des Landes gefunden."[160]

Heusingers Blickwinkel offenbart äußerst keusche und zurückhaltende Spanierinnen für einen bestimmten Raum. Der Verfasser der *Briefe aus Spanien*, der 1810 auf der Iberischen Halbinsel zum Einsatz kam, verweist hingegen darauf, wie wenig sich die spanischen Frauen generell mit Kriegsteilnehmern einließen,[161] was sogar auf Prostituierte zuträfe.[162] Wie u. a. von diesem Verfasser bemerkt, war es für die Kriegsteilnehmer eine schwierige Aufgabe, sich Zugang zu Familien und deren Frauen zu verschaffen.[163] Das zeigt, wie groß das Interesse an den Spanierinnen war und wie wenig Selbstbeschränkung griff. Indem er „unregelmäßige Triebe"[164] den „Franzosen"[165] zuordnet, auf deren Seite er zwar kämpfte, sich aber nicht mit ihnen identifizierte, differenziert er nicht die spanischen Frauen, sondern das Verhalten der Angehörigen der napoleonischen Truppen nach national-regionaler Zugehörigkeit. Die Ursache für diese recht unterschiedlichen Aussagen der Verfasser liegt in der zeitlichen und/oder räumlichen Differenz ihres jeweiligen Einsatzes begründet. Je nach Kriegsverlauf und/oder Aufenthaltsort veränderten sich die vorgefundenen

---

159 Vgl.: [Schümberg]: Erinnerungen, S. 91-94, 221-226.
160 Heusinger: Ansichten, Beobachtung und Erfahrungen, S. 77.
161 Vgl.: o.V.: Briefe aus Spanien, in: Fackeln 1, H. 1 (1811), S. 19.
162 Vgl.: ebd., S. 12.
163 Vgl.: ebd., S. 19.
164 Ebd., S. 12.
165 Ebd.

Bedingungen und damit auch die Wahrnehmung der Kriegsteilnehmer bezüglich der Objektisierung von Frauen.

Im Verständnis der Kriegsteilnehmer waren es insbesondere die Angehörigen der höheren Schichten, an deren Verhalten man die Moral eines Landes messen konnte. Auch die Tugend unterlag somit einer sozial und wirtschaftlich gebundenen Hierarchisierung. Geißlers Verweis auf die Flucht der angesehensten und wohlhabendsten Familien Spaniens,[166] (er kam ebenfalls 1810 dort zum Einsatz, jedoch in einer anderen Region als der Verfasser der *Briefe aus Spanien*)[167] suggeriert zunächst, dass mit Ihnen auch die Moral das Land verlassen hätte. Die anschließend von ihm erwähnte Spanierin, mit der er in Kontakt stand, und die ihr zugeschriebene Tugend offenbaren jedoch, dass Moral nicht auf die (geflüchteten) reichen Familien beschränkt war. In welcher Beziehung genau Geißler zu der von ihm erwähnten Witwe stand, bleibt offen.[168] Auch Holzenthals Einschätzung der sich prostituierenden Spanierinnen relativiert sich, da er seine Beschreibungen auf den von ihm durchschrittenen Raum um Barcelona bezieht.[169] Betrachtet man seinen Bericht jedoch insgesamt, so finden sich immer wieder mehr oder weniger detaillierte Ausführungen über Frauen und Prostituierte, die ihm auf seinem Weg begegneten (z. B. auch in Wien oder Schottland),[170] was darauf schließen lässt, dass Frauen von großer Bedeutung für ihn waren. Ausgehend von der durchgängig von ihm vertretenen These, dass Frauen grundsätzlich von Wollust getrieben würden, vergleicht er zwischen Französinnen und Frauen in seiner Heimat (die er als Deutschland bezeichnet). Letztere würden sich Fremden weitaus schneller in die Arme werfen als Französinnen, wobei er sich auch hier wieder auf die höheren Schichten bezieht.[171] In seiner diesbezüglichen länderübergreifenden Hierarchisierung bleibt ein Vergleich mit Spanierinnen aus, lediglich bezüglich ihres Ganges hebt er deren Grazie gegenüber Schottinnen hervor.[172] Die Bewunderung der graziösen Bewegungen der Frauen auf der Iberischen Halbinsel findet sich auch in anderen Quellen. Schümberg zum Beispiel vergleicht sie mit denen von (mit Joseph Bonaparte

---

166   Vgl.: Geißler: Denkwürdigkeiten (1830), S. 99-100.
167   Vgl. dazu die erstellten Karten zum Verfasser der *Briefe aus Spanien* und Geißler.
168   Vgl.: Geißler: Denkwürdigkeiten (1830), S. 100.
169   Vgl.: Holzenthal: Briefe, in: Journal für die neuesten Land- und Seereisen 24, H. 9 (1816), S. 66-67.
170   Vgl. z. B.: ebd., S. 293; ebd., S. 250.
171   Vgl.: Holzenthal: Briefe, in: Journal für die neuesten Land- und Seereisen 24, H. 9 (1816), S. 53.
172   Vgl.: Holzenthal: Briefe, in: Journal für die neuesten Land- und Seereisen 24, H. 11 (1816), S. 250.

ins Land gekommenen) Französinnen, die ihre Kleidung zwar der landes-
typischen angepasst hätten, sie aber im Gegensatz zu den Spanierinnen nicht
repräsentativ zu tragen wüssten.[173]

Neben der regionalen Differenzierung wird in den Berichten der Kriegsteilnehmer insbesondere in Bezug auf das weibliche Geschlecht eine sozialhierarchische Zuordnung deutlich.[174] Wenn die Verfasser von *Frauen* schreiben,
so sind in der Regel solche aus höheren Kreisen gemeint. Die unteren sozialen
Schichten sowie Randgruppen gelten als nicht repräsentativ und bleiben ausgenommen.[175] Dieses nach Stand getrennte Verständnis von Frauen brachten
die Kriegsteilnehmer bereits aus ihrer Heimat mit und übertrugen es auf
Spanien, nicht ohne auf Differenzen hinzuweisen. Es ist davon auszugehen,
dass dieser Blickwinkel mit den Selbstverortungssystemen des anvisierten
Lesepublikums korrelierte und von ihm allgemein akzeptiert war. Das über-
durchschnittlich große Interesse der Kriegsteilnehmer an spanischen Frauen
äußert sich in zum Teil sehr detaillierten Beschreibungen ihres Äußeren, ihrer
Gewohnheiten und Fähigkeiten. Diesem Aspekt in den Berichten soll im
Folgenden nachgegangen werden.

5.2.2   *Reinheit, Mode, Häuslichkeit*

Besondere Aufmerksamkeit widmen die Verfasser der Körperlichkeit der
Spanierinnen und deren damit zusammenhängendem Verhalten, wozu
z. B. Aspekte der weiblichen Toilette zählen. Neben Warnungen vor dem oft
schlechten gesundheitlichen Zustand Prostituierter, die auch als Krankheits-
überträger galten,[176] oder vor ganzen Regionen, die gesundheitlich bedenk-
lich wären,[177] fällt die Erwähnung von „Ungeziefer"[178] an Spanierinnen auf.
Die teilweise auf Balkonen durchgeführte und dort beobachtete Prozedur des
Entlausens wird mehrfach als ein von allen sozialen Schichten praktiziertes
Phänomen beschrieben, das in Holzenthals Schilderung wie ein gemeinschafts-
stiftender Akt des weiblichen Geschlechts untereinander wirkt.[179] Besonders

---

173 Vgl.: [Schümberg]: Spanierinnen (Beschluß), in: Abend-Zeitung, 16.1.1821, o. S.

174 Soziale Hierarchien werden auch bei der Beschreibung spanischer Männer sichtbar. Vgl.
     z. B.: Geißler: Denkwürdigkeiten (1830), S. 101. Dem wird in den Quellen jedoch weniger
     Aufmerksamkeit gewidmet als bei den Frauen, weshalb hier nur darauf verwiesen sei.

175 Eine Ausnahme bildet Holzenthal, der auch eine Frau aus mittlerer Schicht kurz erwähnt.
     Vgl.: Holzenthal: Briefe, in: Journal für die neuesten Land- und Seereisen 24, H. 10 (1816),
     S. 101.

176 Vgl. z. B.: [Schümberg]: Erinnerungen, S. 207.

177 Vgl. z. B.: ebd., S. 11-12.

178 [Hering]: Erinnerungen, S. 293.

179 Vgl.: Holzenthal: Briefe, in: Journal für die neuesten Land- und Seereisen 24, H. 10 (1816),
     S. 99.

die offene Zurschaustellung dieser Prozedur rief Abneigung hervor und
förderte das Misstrauen gegenüber spanischen Frauen.[180] Das Frauenbild der
Kriegsteilnehmer war offensichtlich nicht nur mit bestimmten Keuschheits-,
sondern auch mit Reinlichkeitsvorstellungen verbunden. Obwohl die Kriegsteilnehmer selbst oft mit verschiedenen Krankheiten, mangelnder Hygiene
und, wie Geißler bemerkt, z. B. auch mit Flöhen zu kämpfen hatten,[181] sollten
Frauen offenbar in jeder Hinsicht rein sein. Diesbezügliche Makel führt
besonders von Brandt in seinem Bericht an, demzufolge bei den Spanierinnen
oft nichts als deren weißer Strumpf rein sei,[182] also nur das, was man sehen
konnte. Dieser Gedanke dürfte durchaus für die gesamte Situation der Kriegsteilnehmer in Spanien stehen, nach der das offen Sichtbare nicht immer den
eigentlichen Verhältnissen entsprach – ein Umstand, der auch in Hinsicht auf
die Einbindung der Bevölkerung und speziell der Frauen in die Kriegführung
der Guerilla eine Rolle spielt und dem in Kapitel 6 nachgegangen wird. Von
Brandt bezieht sich bei seinen Reinheitsbeschreibungen auf historische Darstellungen aus der Antike, die bereits die Tradition der Unreinheit in Spanien
belegen würden. Er vergleicht die unsaubere Kleidung mit der von Juden,
die für ihn auch in dieser Hinsicht als Negativbeispiel fungieren.[183] Das von
Hering benannte „Ungeziefer"[184] bezeichnet von Brandt als „Thierchen"[185], die
sich in Spanien sehr heimisch fühlen würden, was auch Geißler feststellt.[186]
Auch Schümberg vermerkt die fehlende Reinheit, bezieht dies jedoch auf die
unteren Schichten.[187] Der Verfasser der *Briefe aus Spanien* hingegen kritisiert
am Beispiel von Madrid und den Madridern deren Verunglimpfung bezüglich vermeintlicher Unsauberkeit. Seine Negativfolie ist dabei Polen, mit dem
die Spanier in dieser Hinsicht nichts gemein hätten.[188] Prostituierte bleiben
jedoch auch bei ihm von dieser positiven Sicht auf die spanische Reinlichkeit ausgenommen.[189] Anhand der Reinheitsvorstellungen werden, wie Peter

180   Vgl. z. B.: ebd.; Brandt: Ueber Spanien, S. 34; [Hering]: Erinnerungen, S. 293.
181   Vgl.: Geißler: Denkwürdigkeiten (1830), S. 78.
182   Vgl.: Brandt: Ueber Spanien, S. 34.
183   Vgl.: ebd.
184   [Hering]: Erinnerungen, S. 293.
185   Brandt: Ueber Spanien, S. 34.
186   Vgl.: Geißler: Denkwürdigkeiten (1830), S. 78.
187   Vgl.: [Schümberg]: Spanierinnen, in: Abend-Zeitung, 15.1.1821, o. S.
188   Vgl.: o.V.: Briefe aus Spanien, in: Fackeln 1, H. 1 (1811), S. 82.
189   Vgl.: ebd., S. 19. Die in den Berichten abwertend beschriebene Toilette spanischer Frauen
      könnte allerdings auch symbolisch zu verstehen sein. In der Regel werden Prostituierte
      als schmutzig beschrieben, was sich nicht nur auf die hygienische, sondern auch auf
      die moralische Reinheit beziehen dürfte. Christlichen Wertvorstellungen zufolge wird
      außerehelicher Verkehr als etwas Unreines betrachtet, aus moralischen, aber auch aus

Burschel und Christoph Marx es in dem von ihnen herausgegebenen Sammelband ausführen, u. a. Abgrenzungsstrategien, Legitimationsmuster, aber auch
Ordnungsbedürfnisse und dadurch Ordnungsvorstellungen und Ordnungssysteme deutlich.[190] Die postulierte Reinheit dient den Kriegsteilnehmern
folgerichtig als ein weiteres soziales Ordnungsschema der spanischen Gesellschaft, die auch aus dieser Perspektive in verschiedene Ebenen und Räume
gegliedert präsentiert wird.

Ein weiteres Indiz für Reinheit stellte die Kleidung dar. Weiße Unterkleider,
die speziell Schümberg bezüglich der Spanierinnen betont,[191] galten im
deutschsprachigen Raum als rein, bunte Unterröcke hingegen als frivol.[192] Um
den Widerspruch zwischen weißen (reinen) Unterkleidern und der in seinen
Augen auf Unreinheit hindeutenden Toilette auch bei Frauen aus höheren
(und damit reineren) Schichten für sich zu lösen, verweist Schümberg auf diesbezügliche Überreste des hier offenbar als Negativpart dienenden Orients,[193]
wodurch das Beschriebene als eigentlich nicht-spanisch in den Sinnhorizont
integriert werden konnte und nicht zu einer allgemeinen Abwertung des
Landes führte. Ein Grund dafür dürfte das in mehreren Berichten ausführlich
beschriebene attraktive Äußere vieler spanischer Frauen sein, dem sich die
Verfasser nicht entziehen konnten und wollten. So erwähnt z. B. Schümberg
ihre vorrangig mittlere Größe, ihre schlanke Taille, gleichmäßige Lippen
und ihre Augen: „Schwarz, oder schwarzbraun, wie diese langen, schönen

---

gesundheitlichen Gründen, da er die Gefahr der Übertragung von Geschlechtskrank-
heiten birgt. Die dem vorbeugende, als moralisch und gesundheitsfördernd akzeptierte
Askese wird von den Verfassern nur bei Frauen zum Maßstab für deren Reinheit erhoben.
Bei Frauen aus höheren Schichten ging man offensichtlich davon aus, dass ihr außer-
ehelicher Umgang minimal bzw. auch im fortschreitenden Krieg durch einen höheren
Preis begrenzt war, was wie die Vorstellung von reinerem und damit legitimerem sexuellem
Kontakt erscheint. Zu geschlechterspezifischen Reinheitsvorstellungen im Christen-
tum siehe: Conrad, Anne: Heiligkeit und Gender. Geschlechterspezifische Reinheitsvor-
stellungen im Christentum, in: Burschel/Marx (Hg.): Reinheit (Veröffentlichungen des
Instituts für Historische Anthropologie e. V., Bd. 12). Köln u. a. 2011, S. 143-156.

190   Die verschiedenen Bedeutungsebenen von Reinheit unter kulturanthropologischer
        Perspektive fassen Burschel und Marx zusammen. Vgl.: Burschel, Peter/Marx, Christoph:
        Einleitung, in: Burschel/Marx (Hg.): Reinheit (Veröffentlichungen des Instituts für
        Historische Anthropologie e. V., Bd. 12). Köln u. a. 2011, S. 7-14.

191   Vgl.: [Schümberg]: Spanierinnen (Beschluß), in: Abend-Zeitung, 16.1.1821, o. S.

192   Vgl.: Thiel, Erika: Geschichte des Kostüms. Die europäische Mode von den Anfängen bis
        zur Gegenwart. neugestalt., überarb. und erw. Aufl., Berlin 1980, S. 322.

193   Schümberg verweist in diesem Zusammenhang auf die ihm suspekt erscheinende Ver-
        wendung von Duftwässern in Spanien. Vgl.: [Schümberg]: Spanierinnen (Beschluß), in:
        Abend-Zeitung, 16.1.1821, o. S. Zu einem kurzen Überblick über die Hygiene in Spanien um
        die Zeit des Unabhängigkeitskrieges siehe: Puerta Escribano, Ruth de la: La segunda piel.
        Historia del traje en España (del siglo XVI al XIX). Valencia 2007, S. 85-89.

Haargeflechte, sind ihre Augen; das Feuer des Himmelstrichs strahlt aus dem lebhaften, durchdringenden Blicke wieder, der sich unter dem dunkler Wimper hochgewölbter Augenbrauen bricht."[194]

Auch in der Wahrnehmung der spanischen Frauen finden sich wieder Spuren klimatheoretischer und physiognomatischer Interpretationen, die zur körperlichen und mentalen Beschreibung herangezogen werden. Trotz aller ständischen und hygienischen Einschränkungen präsentiert Schümberg die Spanierinnen dabei nicht nur als äußerst attraktiv, sondern verweist außerdem auf ihr Temperament.[195] Der Verfasser der *Briefe aus Spanien* bezeichnet sie diesbezüglich als feurige spanische Weiber,[196] was sich, wie Holzenthal bemerkt, auch in ihren Tänzen äußere.[197] Holzenthal, dessen Bericht im Vergleich zu anderen einen hohen Grad der Sexualisierung aufweist, stellt gar einen Zusammenhang zwischen Klima, Tanz und der Geschlechtsreife der Frauen her. Letztere würde nicht nur von den hohen Temperaturen, sondern auch von den das Blut in Wallung bringenden Tänzen Fandango und Bolero beeinflusst.[198] Beide Tänze werden dem Leser an dieser Stelle als sinnbildlicher Ausdruck für gelebte Sexualität in Spanien präsentiert. Diese Sichtweise offenbart allerdings auch Holzenthals eigene, durch die Tänze hervorgerufenen Gefühle sowie die emotionale Beeinflussung der Kriegsteilnehmer durch ihnen anfangs fremde kulturelle Faktoren abseits des Kampfgeschehens. Der unterschiedlichen Interpretation des Tanzens in den Berichten wird im nächsten Unterkapitel nachgegangen. Hier steht zunächst die besondere Wahrnehmung der weiblichen Körperlichkeit beim Tanzen im Vordergrund.

Fandango und Bolero zeichnen sich, wie u. a. Hering schreibt, durch eine intensive Fußarbeit aus,[199] die durch die Kleidung der Frauen besonders zum Vorschein kommt.[200] Die etwas kürzeren Röcke als die in der Heimat gewohnten ließen gemeinhin schon Füße und Knöchel der Frauen und beim Tanzen sogar Ansätze ihrer Beine sehen, ein Umstand, der die Kriegsteilnehmer offenbar sehr beeindruckte. So verweist Heusinger auf die schönen Füße der Spanierinnen, die unter der Kleidung hervorblickten.[201] Auch Schümberg

---

194   [Schümberg]: Spanierinnen, in: Abend-Zeitung, 15.1.1821, o. S.
195   Vgl.: [Schümberg]: Spanierinnen (Beschluß), in: Abend-Zeitung, 16.1.1821, o. S.
196   Vgl.: o.V.: Briefe aus Spanien, in: Fackeln 1, H. 1 (1811), S. 12.
197   Vgl.: Holzenthal: Briefe, in: Journal für die neuesten Land- und Seereisen 24, H. 10 (1816), S. 102-103.
198   Vgl.: ebd.
199   Vgl.: [Hering]: Erinnerungen, S. 287.
200   Zu den regionalen Unterschieden bei traditionellen Kleidungsstilen und Schrittfolgen beim Tanz siehe: Amstrong, Lucile: Dances of Spain. South, Centre and North-West. Bd. 1 (Handbooks of European National Dances, Bd. 12). 2. Aufl., London 1958.
201   Vgl.: Heusinger: Ansichten, Beobachtung und Erfahrungen, S. 77.

widmet den aufgrund der Kleidung ein Stück weit sichtbaren Füßen und Beinen der spanischen Frauen in seinem Aufsatz besondere Aufmerksamkeit, denn in seiner Heimat waren längere Röcke üblich und, wie Gesa Kessemeier bemerkt, die Negierung der Beine ein weibliches Charakteristikum.[202] Die Beschreibung dieses Körperteils bei Frauen in Spanien führte dabei nicht zu einer Entfeminisierung, sondern im Gegenteil zum legitimen Erspähen sonst verborgener weiblicher Attribute, was zumindest in der Fremde einen Blick in die Welt des anderen Geschlechts erlaubte. Doch auch dieser Blick wäre einige Zeit zuvor noch nicht möglich gewesen, denn Schümberg verweist sehr wohl darauf, dass die Röcke in Spanien früher ebenfalls länger gewesen seien.[203] Die fast schon verniedlichende Beschreibung der kleinen Füße der Spanierinnen, die dem Schönheitsideal vom schwachen Geschlecht entsprachen, verbindet Schümberg mit den Künsten der spanischen Schuhmacher, denen in seinen Augen so zu ungeahnter Geltung verholfen werde.[204]

> [...] ein kleiner, netter Fuß ist und bleibt der Spanierinnen angeborenes Erbtheil, und mögen sich die Pariser Schuster auf ihre, in den Modezeitungen aller Länder ausposaunte, chaussure noch so viel zu Gute thun, so sind doch die Madrider Artisten, wenn sich gleich fast durchgängig nur nette Füßchen in ihren Leisten strecken, und sie folglich der Mühe überhoben sind, durch den Zwang der Kunst der Natur ab- und den sogenannten Hühneraugen nachzuhelfen, gewiß noch über sie erhaben.[205]

Nach Schümbergs Ansicht ist es einzig die Unkenntnis über die Schuhmacherkunst in Spanien, die in anderen Ländern und damit auch im deutschsprachigen Raum dazu führt, dass den französischen Schuhkreationen in den Modezeitschriften so viel Aufmerksamkeit zuteilwird.[206] Auf diese Weise präsentiert sich Schümberg als Modekenner, obwohl er explizit betont, eben das nicht zu sein.[207] Von Brandt bemerkt zur Schuhmacherkunst in Spanien für das weibliche Geschlecht: „Das Fußwerk einer Spanierin übertrifft nichts

---

202 Auch wenn ich mit der These, dass die Mode erst im 19. Jahrhundert eine Hauptfunktion der binären Geschlechterdifferenz innehabe, nicht übereinstimme, so sind Kessemeiers Ausführungen über die weiblichen Charakteristika der Damenmode im 19. Jahrhundert interessant. Vgl.: Kessemeier, Gesa: „Die Königin von England hat keine Beine". Geschlechterspezifische Körper- und Modeideale im 19. und 20. Jahrhundert, in: Wischermann/Haas (Hg.): Körper mit Geschichte. Der menschliche Körper als Ort der Selbst- und Weltdeutung (Studien zur Geschichte des Alltags, Bd. 17). Stuttgart 2000, S. 177-181.

203 Vgl.: [Schümberg]: Spanierinnen, in: Abend-Zeitung, 15.1.1821, o. S.

204 Vgl.: [Schümberg]: Spanierinnen (Beschluß), in: Abend-Zeitung, 16.1.1821, o. S.

205 [Schümberg]: Spanierinnen, in: Abend-Zeitung, 15.1.1821, o. S.

206 Vgl.: ebd.

207 Vgl.: [Schümberg]: Spanierinnen (Beschluß), in: Abend-Zeitung, 16.1.1821, o. S.

an Zartheit und Zierlichkeit."[208] Rekurrieren von Brandt oder Schümberg auf den Fuß der Spanierin, so sind auch hier wieder Frauen der unteren Schichten ausgenommen. Auffällig ist jedoch, dass sich – aus der Perspektive der Kriegsteilnehmer – offensichtlich sehr viele Frauen diese die Aufmerksamkeit der Verfasser erregenden Schuhe leisten konnten, was nicht nur am getragenen Schuhwerk, sondern auch an den zahlreichen geschäftstüchtigen Schuhmachereien in Spanien gemessen wurde.[209]

Während die Berichte bezüglich der Körperlichkeit eine soziale Zweiteilung unter den Spanierinnen vermitteln, wird ihnen in modischer Hinsicht nicht nur mit Blick auf das Schuhwerk große Vielfalt bescheinigt. Gerade die Bekleidung aber war nicht zuletzt von wirtschaftlichen Gegebenheiten abhängig. Sowohl Schümberg als auch Hering und von Brandt beschreiben neben körperlichen Attributen die Kleidung der spanischen Frauen ausführlicher. Der Verfasser der *Briefe aus Spanien* weist in diesem Zusammenhang auf die allgemein hohen Preise für Kleidung auf der Iberischen Halbinsel hin.[210] Auch hier sieht er als Ursache dafür den Krieg. Entweder hätten die geschäftstüchtigen Spanier wegen der zahlungskräftigen Fremden die Preise stark erhöht oder aber es seien schon so viele „Tuchfabriken"[211] zerstört worden, dass der dadurch notwendige und schwierige Import von Stoffen die Preise steigen ließe. Angesichts dessen sei es auffällig, wie gut Spanier ihre Kleidung zu erhalten wüssten.[212] Schümberg bemerkt in seinem Aufsatz, wie kostspielig die Mode der Damen in Spanien sei und dass sie für deren Ehemänner sogar ruinöse Ausmaße annehmen könne.[213]

Immer wieder wird auf die hauptsächlich dunkle Kleidung hingewiesen, die die Frauen der gehobenen Stände auf der Iberischen Halbinsel trügen und die auch als deren „Nationaltracht"[214] bezeichnet wird.[215] Schümberg geht darüber

---

208 Brandt: Ueber Spanien, S. 36.

209 Vgl.: [Schümberg]: Spanierinnen (Beschluß), in: Abend-Zeitung, 16.1.1821, o. S.

210 Vgl.: [Schümberg]: Spanierinnen, in: Abend-Zeitung, 15.1.1821, o. S.; Brandt: Ueber Spanien, S. 36; o.V.: Briefe aus Spanien, in: Fackeln 1, H. 1 (1811), S. 79.

211 o.V.: Briefe aus Spanien, in: Fackeln 1, H. 1 (1811), S. 79.

212 Vgl.: ebd. Für Schümberg hingegen ist auch die Pflege der Wäsche selbst ein Kriterium. Dass Spanierinnen von Stande ihre Wäsche außer Haus waschen ließen, stellt für ihn einen sorglosen Umgang mit diesem Gut dar. Die persönliche Kontrolle des Reinigungsprozesses ist für ihn ein entscheidendes Gütekriterium, dem die spanische Hausfrau von Stand in seinen Augen nicht gerecht wird. Vgl.: [Schümberg]: Spanierinnen (Beschluß), in: Abend-Zeitung, 16.1.1821, o. S.

213 Vgl.: [Schümberg]: Spanierinnen (Beschluß), in: Abend-Zeitung, 16.1.1821, o. S.

214 Holzenthal: Briefe, in: Journal für die neuesten Land- und Seereisen 24, H. 10 (1816), S. 101.

215 Vgl.: [Schümberg]: Spanierinnen (Beschluß), in: Abend-Zeitung, 16.1.1821, o. S.; o.V.: Briefe aus Spanien, in: Fackeln 1, H. 1 (1811), S. 79-80; Holzenthal: Briefe, in: Journal für die

hinaus auf Details wie Stickereien oder Unterkleider ein, womit sich sein
Artikel u. a. an modisch interessierte Frauen richtet. Das in der Regel schwarze
Oberkleid könne die unterschiedlichsten Variationen aufweisen: „bald ist der
seidene Stoff einfach, bald gemodelt, bald gestreift, bald beblümt, theils mit
Kanten oder Franzen, theils mit Stickerei oder Schmelzwerk geziert."[216] Die
Vielfalt der weiblichen Oberkleider steht dabei symbolisch für die Verschieden-
artigkeit der Frauen und lässt Schümbergs Faszination nicht nur bezüglich der
Gestaltung ihrer Kleider deutlich werden.

Besonders die von den Spanierinnen getragenen Mantillas erregten die
Aufmerksamkeit der Kriegsteilnehmer. Diese Tücher, die Kopf und Rücken,
mitunter aber auch das Gesicht bedeckten, konnten ebenfalls reich verziert
sein. Interessanterweise beschreibt Schümberg sie als weiße Mussellintücher,
während Holzenthal darauf verweist, dass nur „Bauerfrauen und Mädchen"[217]
weiße Schleier trügen.[218] Hier werden erneut die regional und zeitlich
relevanten Aspekte der Berichte deutlich, was die Berücksichtigung von
Einsatzort und -zeit der Verfasser für die Einordnung ihrer scheinbar wider-
sprüchlichen Aussagen für das Lesepublikum wichtig macht. Je nach Region
und Anlass konnten Mantillas weiß, dunkelblau oder schwarz sein und unterschiedliche Funktionen haben.[219] Für das deutschsprachige, vom französischen
Modeempfinden beeinflusste Lesepublikum jedoch galten Spanierinnen, die
Musselinstoffe trugen, in jedem Fall als modisch aktuell.[220]

Schümbergs verallgemeinernde Darstellung der Mantilla wird erst in seiner
späteren Publikation ins regional begrenzende Licht gerückt, indem er seine
Eindrücke mit seinen Einsatzorten verbindet. Interessanterweise verweist er
in dieser späteren Publikation nicht explizit auf seinen früheren Aufsatz, in

---

neuesten Land- und Seereisen 24, H. 10 (1816), S. 101; Heusinger: Ansichten, Beobachtung
und Erfahrungen, S. 77.

216 [Schümberg]: Spanierinnen (Beschluß), in: Abend-Zeitung, 16.1.1821, o. S.

217 Holzenthal: Briefe, in: Journal für die neuesten Land- und Seereisen 24, H. 10 (1816), S. 101.

218 Vgl.: [Schümberg]: Spanierinnen (Beschluß), in: Abend-Zeitung, 16.1.1821, o. S.; Holzenthal:
Briefe, in: Journal für die neuesten Land- und Seereisen 24, H. 10 (1816), S. 101.

219 Für einen Überblick über die verschiedenen Formen und Bedeutungen der Mantilla in
der Geschichte siehe: Puerta Escribano: Segunda piel, S. 198-203.

220 Nach der Französischen Revolution kamen Musselinstoffe in Mode und waren sehr
begehrt. Die dafür notwendige Baumwolle bezog man vor allem aus den Kolonien.
Vgl.: Takeda, Sharon Sadako: Einführung, in: Takeda/Spilker (Hg.): Fashioning Fashion.
Europäische Moden 1700-1915. München u. a. 2012, S. 12. Während der Kontinentalsperre wurde die französische Seidenindustrie unter Napoleon gefördert, der Bezug
von Baumwoll- und Musselinstoffen war hingegen schwierig. Siehe dazu u. a.: Thiel:
Geschichte des Kostüms, S. 293-296.

dem der Krieg kaum eine Rolle spielt.[221] Mit der Bezeichnung der Mantilla
als Musselintuch[222] assoziiert Schümberg eine Nähe zum arabischen Raum.
In der spanischen Gesellschaft symbolisierte sie das Ende der Kindheit.[223]
Folgerichtig werden in den Quellen nur Frauen, die eine Mantilla tragen, als
Frauen wahrgenommen, was sie für die Kriegsteilnehmer umso interessanter
macht. In seinem Aufsatz geht Schümberg genauer auf das auch als Schleier
bezeichnete Tuch ein. Dabei versucht er, nicht nur dessen äußere Variationen,
sondern auch seinen Gebrauch zumindest ansatzweise zu erfassen. Er
bezeichnet die Verwendung der Mantilla als eine eigene Sprache, die er mit
der ihm bekannten Form der Fächersprache der Frauen im deutschsprachigen
Raum vergleicht.[224] So wird die fremde Sprache der Mantilla zu etwas Erfahr-
und Erlernbarem, wie auch die spanischen Frauen und das fremde Land
für Schümberg durch den Krieg zu etwas Erfahr- und Erlernbarem werden.
Dennoch behält die Mantilla in mehrfacher Hinsicht etwas Mystisches, das
den Frauen ungeheure Attraktivität verleiht. Selbst beim Kirchgang ziehen sie
auf diese Weise die Aufmerksamkeit von Kriegsteilnehmern wie Hering auf
sich.[225] Trotz der auf ihn irritierend wirkenden dunklen Kleidung kann sich
auch Heusinger der Faszination verhüllter spanischer Frauen nicht entziehen:

> Absichtlich scheint eine recht düster verhüllende Kleidung gewählt, das
> Ebenmaß der schönen Frauen aufzuheben, und vermögte nicht eine lebendige
> Phantasie, beim Erblicken des schönsten Fußes, einer hohen Gestalt, und eines
> Auges, dessen Blitze selbst das Gewebe eines Schleiers nicht ganz verdunkeln
> kann, die ideale Gestalt schnell zusammenzusetzen, man würde das sehr vor-
> eilige Urtheil – Häßlich – über die wahrhaft Schönen aussprechen.[226]

Für die Kriegsteilnehmer aus dem deutschsprachigen Raum werden mit dieser
Art der Bekleidung bekannte Regeln gewissermaßen in ihr Gegenteil verkehrt:
Der Kopf wird verschleiert und bleibt geheimnisvoll, hingegen Füße und

---

221   Vgl.: [Schümberg]: Spanierinnen, in: Abend-Zeitung, 15.1.1821, o. S.; [Schümberg]:
      Spanierinnen (Beschluß), in: Abend-Zeitung, 16.1.1821, o. S.
222   „Musselin meint feines leichtes Woll- oder Baumwollgewebe, entlehnt (18. Jh.) aus
      französisch *mousseline*, das wohl (trotz etwas früherer Bezeugung) auf italienisch
      mussolina (älter *mussolino*) zurückgeht. Zugrunde liegt der Name der Stadt *Mosul* am
      Tigris [...] Herstellungsort feiner leichter Gewebe." o.V.: Musselin, in: Pfeifer (Hg.): Etymo-
      logisches Wörterbuch des Deutschen. Bd. 2. Berlin 1989, S. 1142.
223   Vgl.: Puerta Escribano: Segunda piel, S. 201.
224   Vgl.: [Schümberg]: Spanierinnen (Beschluß), in: Abend-Zeitung, 16.1.1821, o. S. Auch
      Holzenthal bemerkt das Spiel mit der Mantilla. Vgl.: Holzenthal: Briefe, in: Journal für die
      neuesten Land- und Seereisen 24, H. 10 (1816), S. 102.
225   Vgl.: [Hering]: Erinnerungen, S. 288.
226   Heusinger: Ansichten, Beobachtung und Erfahrungen, S. 77.

Wadenansätze ungewohnte Einblicke gewähren. Körperliche Reizfaktoren wandeln sich und der Fuß wird zum Rückschluss auf die Person selbst. Von Brandt, nach dessen Beschreibung die Kleidung der Frauen, ähnlich wie die der Männer, zweckmäßig an die klimatischen Gegebenheiten der Iberischen Halbinsel angepasst sei und sie daher eher wie Mannsweiber aussähen, bricht dieses harte Urteil in den darauf folgenden Zeilen auf, indem er die Diversität des Aussehens ihrer Korsagen und, wie bereits erwähnt, das kunstvolle weibliche Schuhwerk rühmt.[227] Es gilt, die Sprache der Kleidung zu verstehen, um, wie Heusinger schreibt, die Schönheit ihrer Trägerinnen nicht zu verkennen.[228] Diese Sprache beinhaltet auch im weiterführenden Sinne auf der einen Seite bestimmte Vereinheitlichungen, die Dinge benennbar machen helfen, auf der anderen Seite wird über die vielfältigen Einsatz- und Kombinationsmöglichkeiten der Kleidung die Diversität einer fremden Welt sicht- und optisch fassbar. Auch die regionale Verschiedenheit und das im vorigen Kapitel angeführte Bild von den Nationen in der Nation spiegelt sich in der Kleidung wider. Auf diese regionalen Unterschiede (z. B. beim Bezug auf die Baskin)[229] geht Schümberg erst in seiner späteren Publikation näher ein. In seinem 1821 veröffentlichten Zeitungsartikel zeichnet er anhand von modischen und hygienischen Aspekten ein spezifisch hierarchisches Bild der Spanierinnen. Damit wendet er sich an die gebildete Leserin, der über die präsentierte spanische Mode nicht nur eine klare Vorstellung vom Äußeren, sondern auch vom sozialen Gefüge des weiblichen Teils der spanischen Gesellschaft vermittelt wird. Der Verweis auf den sozialen Status der jeweiligen Frauen verschafft dem angesprochenen Lesepublikum die nötige Anschlussfähigkeit und macht den Bericht eines Kriegsteilnehmers auch für den sonst eher weniger angesprochenen (weiblichen) Leserkreis interessant.

Um eben diesen Leserkreis angesichts der offensichtlich hervorstechenden weiblichen Attribute der Spanierinnen nicht zu verprellen bzw., wie er es bezeichnet, nicht eifersüchtig zu machen,[230] setzt Schümberg andere Werte dagegen. So sei die Madriderin zwar schöner als die Pariserin und die Andalusierin beiden voraus, doch die Frau auf der Iberischen Halbinsel sei keine „deutsche Hausfrau"[231] und die Erledigung der „häuslichen Geschäfte"[232] in Spanien entsprach offenbar nicht Schümbergs Vorstellungen von Häuslichkeit. Insbesondere Frauen von Stande seien eher von einem gewissen Phlegma

227   Vgl.: Brandt: Ueber Spanien, S. 36.
228   Vgl.: Heusinger: Ansichten, Beobachtung und Erfahrungen, S. 77.
229   Vgl.: [Schümberg]: Erinnerungen, S. 93-94.
230   Vgl.: [Schümberg]: Spanierinnen, in: Abend-Zeitung, 15.1.1821, o. S.
231   [Schümberg]: Spanierinnen (Beschluß), in: Abend-Zeitung, 16.1.1821, o. S.
232   Ebd.

geprägt, was sich bereits in ihrem (vom Verfasser geschilderten) gemächlichen Tagesablauf zeige.[233] Den konnten die teilweise in privaten Haushalten einquartierten Kriegsteilnehmer genau beobachten und mit bekannten Abläufen vergleichen. Neben klimabedingten Zuschreibungen wird z. B. auch die in Spanien übliche häusliche Arbeitsteilung – an den eigenen Maßstäben messend – bewertet. Der Verfasser der *Briefe aus Spanien* fasst seine diesbezüglichen Beobachtungen anhand von zwei Wirten (einmal in Infantes und einmal in Madrid) zusammen.[234] Er beschreibt die ihn seltsam anmutende Aufgabenverteilung am Beispiel des Einkaufs. Den erledige nicht etwa die Frau am Morgen vor der Hitze, sondern der Mann, der anschließend auch noch das Frühstück bereite, da die Frau länger schlafe.[235] Der als „Körbchen"[236] bezeichnete Gegenstand, den der Mann zum Einkauf nutze, unterstreicht das in seinen Augen Entmännlichende dieser Praxis. Auch wenn sich die Frau im Verlauf des Tages dann um die Kinder sorge und auch nähen und stricken könne, so fehle es ihr an Kochkünsten. Nachmittägliche Einkäufe besorge erneut der Mann. Nicht einmal die Magd würde geschickt, schon gar nicht in der Zeit der Siesta, da es um diese Zeit generell zu heiß für das schwache Geschlecht sei.[237] Selbst in gehobenen Familien traf er auf dieses ihm fremde Verhalten, was ihn zu folgender Schlussfolgerung veranlasst: „Niemand mag es wohl bequemer haben als die spanischen Frauen. Der Mann hat nicht nur alle schwere Arbeit zu besorgen, sondern auch noch einen großen Theil derjenigen, welche nach unserer Meinung dem zweiten Geschlechte zukommen."[238]

Der damals so gefürchtete Spanier wird im Bericht des Verfassers der *Briefe aus Spanien* zum fürsorglichen, häusliche Pflichten verrichtenden Ehemann. Dennoch wird das Verhalten der spanischen Frau nicht als Faulheit angesehen, handele sie doch nicht aus eigenem Antrieb: So habe sich z. B. der darauf angesprochene Wirt gegen eine andere Aufgabenverteilung – wie die Übertragung der Einkäufe an die Magd – sogar verwahrt.[239] Die spanische Frau, die über Kenntnisse in Musik, Tanz, Poesie etc. verfüge,[240] konnte demnach nicht für die aus Sicht des Verfassers häuslichen Unzulänglichkeiten verantwortlich

---

233   Vgl.: ebd.
234   Vgl.: o.V.: Briefe aus Spanien, in: Fackeln 1, H. 1 (1811), S. 81-82.
235   Vgl.: ebd.
236   Ebd., S. 81.
237   Vgl.: ebd.
238   Ebd.
239   Vgl.: ebd.
240   Vgl. z. B.: Heusinger: Ansichten, Beobachtung und Erfahrungen, S. 77.

gemacht werden, denn als das „zweite Geschlecht"[241] galt sie als dem Mann untergeordnet und hatte seinen Weisungen zu folgen.

Ohne nach den Ursachen für diese dem Verfasser als Übertretung von Gendergrenzen erscheinende Praxis zu fragen oder zu suchen, erscheint Spanien zwar mit deutlicher Irritation, aber dennoch als eine Art von männlicher Dominanz geprägter Hort der Annehmlichkeiten für verheiratete Frauen und ihre Mägde. So erstaunt es nicht, dass auch Schümberg die häusliche Tüchtigkeit der Frauen im deutschsprachigen Raum als etwas entscheidend Positives gegenüber den Spanierinnen hervorhebt, was nicht zuletzt seine in der Fremde gewonnene Wertschätzung für die häuslichen Qualitäten der Frauen in seiner Herkunftsregion widerspiegelt. Holzenthal wiederum differenziert in dieser Hinsicht regional, indem er die Frauen der Katalanen als die häuslichsten in Spanien bezeichnet.[242] Auch bei Geißler wird in Bezug auf die Häuslichkeit sowohl eine sozialhierarchische als auch eine regionale Zuordnung deutlich. Demnach seien die Frauen aus niederen Kreisen bei Girona in ganz Spanien als gute Wirtinnen bekannt.[243] Die meist stigmatisierten Frauen der unteren Schichten treten in diesem Punkt zwar regional begrenzt, aber dort zumindest aus Geißlers Perspektive positiv hervor. Mit der Beschreibung der Eigenheiten spanischer Frauen sowie der Unterschiede zum deutschsprachigen Raum zeichnen die Berichte der Kriegsteilnehmer ein vielschichtiges Bild von Spanierinnen. Über die Thematisierung der spanischen Frau werden zugleich Aspekte der Alltagskultur der spanischen Bevölkerung offenbar, die über die Themen Krieg und Bedürfnisbefriedigung hinaus reichen. Die Beobachtungen des spanischen Alltags eröffnen eine nach Geschlechtern getrennte Perspektive, die gleichzeitig sozialhierachische Kategorisierungen sichtbar macht.

5.3   Genuss und Verdruss

In Berichten von Kriegsteilnehmern auf Aspekte von Genuss zu stoßen, erscheint zunächst fragwürdig, denn Genuss ist ein Begriff, mit dem man gewöhnlich angenehme Empfindungen leiblicher und/oder sinnlicher Art assoziiert. Genüsse werden aber sehr unterschiedlich wahrgenommen, denn sie sind an das Empfinden von Einzelnen gebunden. Gerade Verdruss

---

241   o.V.: Briefe aus Spanien, in: Fackeln 1, H. 1 (1811), S. 81.

242   Vgl.: Holzenthal: Briefe, in: Journal für die neuesten Land- und Seereisen 24, H. 10 (1816), S. 100.

243   Vgl.: Geißler: Denkwürdigkeiten (1830), S. 101-102.

erzeugende Entbehrungen können sonst selbstverständlichen Dingen einen anderen Status verleihen und sie zum Genuss werden lassen, der durch emotionale Gebundenheit auch in der Erinnerung lange präsent bleibt und tiefe Spuren hinterlässt. Hinzu kommt, dass Menschen in Kriegssituationen nach alltäglichen Dingen suchen, die sie der meist gewaltbeladenen Situation ein Stück weit entreißt. Welche Bilder sich dem Leser durch solche in den Quellen beschriebenen verdruss- oder genussvollen Alltäglichkeiten eröffnen, wird im Folgenden offengelegt.

5.3.1   *Fandango und Bolero*

Ein verbreitetes Vergnügen der spanischen Bevölkerung, dem die Verfasser der ausgewählten Quellen trotz des Kriegszustandes offensichtlich mehrfach begegneten, war der Tanz, genauer gesagt, die z. B. von Holzenthal auch als „Nationaltänze"[244] bezeichneten Bolero und Fandango. Ähnlich wie den Bewohnern verschiedener Länder bestimmte mentale Eigenschaften zugeschrieben wurden, betrachtete man auch ihre Tänze als entsprechend charakteristische Ausdrucksformen. So erhielten z. B. musikalische Variationen des bereits erwähnten Taranteltanzes im 18. und 19. Jahrhundert symbolisch-politische Bedeutung für den italienischen Raum (so für das 1815 geschaffene Königreich beider Sizilien).[245] Im 18. Jahrhundert übernimmt der Fandango diese symbolische Funktion für Spanien.[246] Die bei diesem Tanz „von der moralisch-ästhetischen Norm der Zeit abweichenden Bewegungsmuster [waren, K.B.] schwer einzuordnen und daher nur mit stereotypen und vagen Formulierungen zu umschreiben"[247]. Bereits um 1800 erhält der Bolero im Ausland die Funktion als repräsentativer spanischer Nationaltanz, auch wenn der Fandango durch reisende Tänzer noch im 19. Jahrhundert außerhalb der Iberischen Halbinsel weiterhin als typisch spanischer Tanz Verbreitung fand.[248] Da der Bolero jedoch als weniger anzüglich galt, stieß er im Ausland und damit auch im deutschsprachigen Raum auf höhere Akzeptanz.[249] Durch den spanischen Unabhängigkeitskrieg erfuhr der Bolero eine ungeahnte

244   Holzenthal: Briefe, in: Journal für die neuesten Land- und Seereisen 24, H. 10 (1816), S. 102.

245   Vgl.: Cofini, Marcello: Tarantella, in: Blume (Hg.): MGG. Bd. 9, Sachteil. 2. neubearb. Aufl., Kassel 1998, S. 410.

246   Vgl.: Woitas, Monika Fandango, in: Blume (Hg.): MGG. Bd. 3, Sachteil. 2. neubearb. Aufl., Kassel 1995, S. 308; Kahl, Willi/Katz, Israel J.: Bolero, in: Grove Music Online (2001), https://www.oxfordmusiconline.com/grovemusic/view/10.1093/gmo/9781561592630.001.0001/omo-9781561592630-e-0000003444 (acc. 15.11.2013).

247   Woitas: Fandango, in: Blume (Hg.): MGG. Bd. 3, Sachteil, S. 308.

248   Vgl.: ebd., S. 313-314.

249   Vgl.: Salmen, Walter: Tanz im 19. Jahrhundert, in: Bachmann (Hg.): Musikgeschichte in Bildern. Bd. 4. Leipzig 1989, S. 84.

Transformation und Verbreitung. Zunächst in eine Krise gestürzt, da es an den Theatern nicht genügend Tänzerinnen für die Aufführung des Bolero gab, wurden dem Tanz im Weiteren neue, spektakuläre Elemente hinzugefügt.[250] Wie Javier Suárez-Pajares bemerkt, wurde die allgemeine Vorstellung vom Bolero im Ausland insbesondere durch die von einer französischen Tänzerin in Spanien geschaffene Version des Tanzes geprägt, die nur noch wenig mit dem Original zu tun hatte.[251] Genau auf dieses den spanischen Tänzen nicht gerecht werdende Bild außerhalb der Pyrenäischen Halbinsel verweist von Brandt.[252] Die ihm bekannten Beschreibungen sowie die Aufführungen an Pariser Theatern würden der auf der Iberischen Halbinsel praktizierten Art zu tanzen nicht entsprechen.[253] Die Anwesenheit in Spanien ermöglichte ihm Vergleich und Korrektur des außerhalb Spaniens vermittelten Bildes – eine Art kultureller Fortbildung im Krieg. Doch auch von Brandt fühlt sich, ähnlich wie Geißler,[254] nicht in der Lage, eine dem Erlebten gerecht werdende Beschreibung zu geben. Die findet sich bei Hering, der den Fandango mit allgemeinen Formulierungen zu fassen sucht, „den gewöhnlich nur ein Paar tanzte; indem sie mit den Füßen besondere Schritte und mit den Armen und dem Körper figürliche Bewegungen machten, mit den Händen aber die Castagnetten (eine Art Klapper) nach dem Tacte schlugen"[255]. Von Brandt beeindruckt eher die emotionale Bindung der Menschen an den Fandango.[256] Im Gegensatz zu Holzenthal sind diese Tänze für ihn nicht in erster Linie Ausdruck sexueller Verführung, sondern ungemeiner Grazie und Anmut, die Menschen durchaus bewegen können, wie auch Schümberg feststellt.[257] Beginnt von Brandt seine Beschreibung der Tänze mit dem Verweis auf die Zusammenkünfte der Jugend aus höheren Schichten, bemerkt er zum Schluss, dass die „National-Tänze"[258] sozial übergreifend von allen getanzt würden.[259] Schümberg verweist auf die generelle Herzlichkeit bei gesellschaftlichen Zusammenkünften

---

250 Vgl.: Suárez-Pajares, Javier: Bolero, in: Blume (Hg.): MGG. Bd. 2, Sachteil. 2. neubearb. Aufl., Kassel 1995, S. 2.

251 Vgl.: ebd.

252 Vgl.: Brandt: Ueber Spanien, S. 37-39.

253 Vgl.: ebd., S. 37.

254 Vgl.: Geißler: Denkwürdigkeiten (1830), S. 122-123.

255 [Hering]: Erinnerungen, S. 287.

256 Dazu erzählt von Brandt eine (einer anderen Publikation entnommene) Anekdote über die Zulässigkeit der Tänze auf der Iberischen Halbinsel nach. Vgl.: Brandt: Ueber Spanien, S. 37-38.

257 Vgl.: ebd., S. 8; [Schümberg]: Spanierinnen (Beschluß), in: Abend-Zeitung, 16.1.1821, o. S.

258 Brandt: Ueber Spanien, S. 38.

259 Vgl.: ebd.

oder gegenseitigen Besuchen.[260] Von Brandt berichtet des Weiteren, dass es
in unterschiedlichen Regionen nicht nur verschiedene Ausführungen von
Fandango und Bolero, sondern auch andere Tänze gebe.[261] Für die Basken
seien es besonders ihre „zorricos"[262], womit ein spezieller Kettentanz (soka
dantza) gemeint ist. In einer Fußnote verweist er auf die im 19. Jahrhundert
in der Literatur gängige Bezeichnung dieses Tanzes als „carridanza"[263], die
jedoch falsch sei.[264] Durch sein vor Ort erlangtes Wissen fühlt sich von Brandt
als legitimes Korrektiv für, wie er sagt, falsche Aussagen von Schriftstellern.[265]
Er vermerkt auch, dass in den unterschiedlichen Regionen verschiedene
Instrumente genutzt würden, die er zu beschreiben versucht. So erklärt er in
einer Fußnote z.B. eine „Zambomba"[266]: „Ein, mit Pergament überzogener
Topf. Die Haut wird mit dem Finger gestrichen, fast wie das Tambourin"[267].
Von Brandt fühlte sich durch seine persönliche, wenn auch kriegsbedingte
Anwesenheit berufen, über fehlende oder falsche Informationen im deutsch-
sprachigen Raum aufzuklären und Wissen über ein fremdes Land zu ver-
mitteln, was bis zu dessen musikalischer Kultur reichte.

Geißler nutzte während seines Einsatzes ebenfalls die Möglichkeit, sich
persönlich ein Bild von den als anrüchig geltenden spanischen Tänzen zu
machen. Seiner Neugier nachgebend, suchte er entsprechende Zusammenkünfte offensichtlich gezielt auf.[268] Dabei stellte auch er fest, dass der Fandango
„nicht immer auf eine und dieselbe Art getanzt wird"[269], es wohl eine Vielzahl von Interpretationsmöglichkeiten gab. In Bezug auf die moralische
Bewertung des Tanzes macht er erneut eine soziale Hierarchisierung auf, denn
nur die oberen Schichten wüssten ihn mit Anstand zu tanzen, nicht jedoch

---

260   Vgl.: [Schümberg]: Spanierinnen (Beschluß), in: Abend-Zeitung, 16.1.1821, o. S.
261   Vgl.: Brandt: Ueber Spanien, S. 38-39.
262   Ebd., S. 38.
263   Ebd., S. 38 (Fußnote *).
264   Vgl.: ebd.
265   Vgl.: ebd.
266   Ebd., S. 39. Die Zambomba gehört zur Gruppe der Reibtrommeln: „The membrane on direct
      friction drums is rubbed either by the hand, which may be wet or rosined, by a leather
      'pelectrum' or by a stick which passes back and forth through a hole in the membrane. The
      membrane on indirect drums is made to vibrate by friction on a cord or stick in contact
      with the drumhead." Blades, James u. a.: Drum, in: Grove Music Online (2001), https://
      www.oxfordmusiconline.com/grovemusic/view/10.1093/gmo/9781561592630.001.0001/
      omo-9781561592630-e-0000051410 (acc. 15.11.2013). Von Brandts Beschreibung deutet auf
      die Verwendung einer stablosen Reibtrommel hin.
267   Brandt: Ueber Spanien, S. 39 (Fußnote ***).
268   Vgl.: Geißler: Denkwürdigkeiten (1830), S. 122-123.
269   Vgl.: ebd., S. 123.

die „niederen Klassen"[270], bei denen er eher ins „grobschmutzige fällt"[271].
Auf diese Weise passt er das Erlebte dem erwarteten sozialhierarchischen
Verständnis des Lesepublikums an, ohne die gesellschaftliche Tragfähigkeit
dieses Tanzes vollends in Frage zu stellen. Obwohl zur Zeit von Geißlers Einsatz (ab 1810) als auch bei der Publikation seines Berichts (1830) im deutschsprachigen Raum der Bolero als spanischer Nationaltanz galt, bezeichnet der
Verfasser den Fandango als eigentlich repräsentativen Tanz des Landes.[272] Mit
der Schilderung des Verhaltens eines Franzosen, der die gängigen Normen
beim Tanzen nicht beachtet habe und daher mit Spaniern in Streit geraten
sei,[273] bedient Geißler nicht nur das in den Quellen oft negativ besetzte Bild
von französischen Kriegsteilnehmern. Er zeigt dem Leser auch, dass es sich
bei dem von ihm als spanischen „Nationaltanz"[274] bezeichneten Fandango um
ein sehr wohl reglementiertes Aufeinandertreffen der Geschlechter handele,
bei dem es Regeln des Anstandes gäbe, die man besser nicht überschreiten
solle.[275] Der im deutschsprachigen Raum als anrüchig geltende Fandango
steht für ihn als Synonym für Spanien, wo es, wie in seiner Schilderung ersichtlich, zwar ihm zunächst fremde und an den sozialen Stand gebundene, aber
nicht minder beachtenswerte Umgangsregeln gibt. Das macht den Fandango
in seinem Bericht durchaus gesellschaftsfähig. Der auf Seiten der britischen
Verbündeten Spaniens kämpfende Hering, aber auch Geißler und von Brandt
konnten an solchen von Tanz begleiteten Zusammenkünften und Festen teilnehmen, zu denen z. B. auch Hochzeiten oder die Weihnachtstage gehörten.[276]
    Heusinger begegnete dem Fandango an einem Sonntag in Vilanova i la
Geltrú (siehe Karte).[277] Auf einem freien Platz der Küstenstadt tanzten junge
Spanier und Spanierinnen ausgelassen, wobei ihnen die Älteren des Ortes von
einem nahe gelegenen Kaffeehaus aus zusahen.[278] Heusingers Anwesenheit –
also die eines Fremden – führte nur zu einer kurzen Unterbrechung der Szene,
die sich schnell fortsetzte, da er offensichtlich keine Bedrohung für die
Tanzenden darstellte. Heusinger beschreibt dieses bunte Treiben, das er
auch als Vergnügen bezeichnet,[279] als eines der schönsten, das er in Spanien

---

270 Ebd.
271 Ebd.
272 Vgl.: ebd., S. 122.
273 Vgl.: ebd., S. 123-124.
274 Ebd., S. 122.
275 Vgl.: ebd., S. 123-124.
276 Vgl.: [Hering]: Erinnerungen, S. 286-288; Geißler: Denkwürdigkeiten (1830), S. 122-123;
     Brandt: Ueber Spanien, S. 36-39.
277 Vgl.: Heusinger: Ansichten, Beobachtung und Erfahrungen, S. 132.
278 Vgl.: ebd.
279 Vgl.: ebd.

gesehen hätte.[280] Auch wenn ihm auf dem öffentlichen Platz die fehlende „Sonderung der Geschlechter"[281] auffiel, hatte der Fandango in seiner Darstellung nichts Anrüchiges, da er unter den Augen der Gemeinschaft – also den älteren Spaniern im Kaffeehaus – getanzt wurde. Aus seinem Bericht wird deutlich, dass der Alltag der spanischen Bevölkerung vergnügliche Zusammenkünfte auch zu Zeiten des Krieges nicht ausschloss. Diesen Umstand bemerkte Volgmann in Bilbao (siehe Karte).[282] Obwohl die Stadt vom Krieg hart getroffen worden sei, könne das dem frohen Gemüt der Bevölkerung nichts anhaben.[283] Das zeigte sich ihm an der sich allabendlich versammelnden Jugend, die den Fandango bis in die Nacht hinein tanzte. Der Tanz wird für Volgmann zu einer Art Barometer, an dem sich der Gefühlszustand der Bevölkerung im Krieg ablesen ließ. Von Brandt beschreibt den Tanz als Klassen übergreifendes Vergnügen. Heusinger, Volgmann und von Brandt zeichnen über den Tanz ein Bild vom friedlichen Miteinander der Spanier, das selbst Fremde nicht ausschloss. Im gleichen Atemzug stellt von Brandt jedoch Tanzfeste mit Stierkämpfen auf eine Stufe,[284] die ein ebenso charakteristisches Vergnügen der Bewohner des Landes darstellten. Auf diese Weise schmälert er den durch den Tanz entstandenen positiven Eindruck vom Charakter der Einheimischen sofort wieder – ein für von Brandt typisches Vorgehen, das im nächsten Unterkapitel genauer beleuchtet wird.

Holzenthal berichtet über Bolero und Fandango in Theatervorstellungen. Selbst in den romantischeren Aufführungen würden die „beiden Nationaltänze"[285] nicht fehlen. Seine Beschreibungen offenbaren sein Interesse am institutionalisierten Kulturleben Spaniens, das im Krieg allerdings großen Einschränkungen unterworfen war. Er erwähnt in diesem Zusammenhang das Theater in Barcelona, das bei Einheimischen sehr beliebt wäre.[286] Dort würden u. a. auch Vorstellungen mit Bezug zum aktuellen politischen Tagesgeschehen gezeigt,[287] welche, wie die Tänze, den „Nationalgeist"[288] stärkten. Theater und Tänze hatten aus der Perspektive der Verfasser nicht nur eine unterhaltende, sondern während des Krieges auch eine gesellschaftspolitische Funktion, die

---

280   Vgl.: ebd.
281   Ebd.
282   Vgl.: Volgmann: Wanderungen, in: Minerva 95, H. 3 (1815), S. 20.
283   Vgl.: ebd.
284   Vgl.: Brandt: Ueber Spanien, S. 38-39.
285   Holzenthal: Briefe, in: Journal für die neuesten Land- und Seereisen 24, H. 10 (1816), S. 103.
286   Vgl.: ebd.
287   Der Verfasser der *Briefe aus Spanien* verweist auf den kabarettistischen Umgang mit französischen Sitten und Gebräuchen in einem Theater in Toledo. Vgl.: o.V.: Briefe aus Spanien, in: Fackeln 1, H. 1 (1811), S. 67-68.
288   Holzenthal: Briefe, in: Journal für die neuesten Land- und Seereisen 24, H. 10 (1816), S. 103.

der Stärkung des Selbstbewusstseins und der Selbstverortung der Bewohner der Iberischen Halbinsel diente. Die öffentlichen Aufführungen von Bolero und Fandango in Theatern verweisen auf die allgemeine Akzeptanz der Tänze als kulturelles Gut, das fest in der spanischen Gesellschaft verwurzelt war. Im Gegensatz zu den von den Kriegsteilnehmern im Alltag beobachteten Tanzvergnügen erhalten Bolero und Fandango durch den Raum des Theaters eine weitere Bedeutungsebene, die sie kulturell aufwertet. Diese Perspektive wird von den Verfassern über ihre Berichte in den deutschsprachigen Raum transferiert, die damit als kulturell-emotionales Korrektiv im Sinnhorizont der Leser fungieren können.

5.3.2 Wohnkultur und Lebensart

Nachdem die spanischen Frauen von den Kriegsteilnehmern neben regionalen Unterschieden vor allem nach sozialen Kriterien beurteilt wurden (Kapitel 5.2), erstaunt folgende Aussage von Brandts über Etikette und Standesverhalten in Spanien:

> Geld- und Kasten-Stolz kennt der Spanier nicht, und in dem Lande, das bei uns als die Heimath aller Bizarrerien dieser Art gilt, hat man davon nicht einmal eine Ahnung. Noch herrschen fast in den meisten Provinzen unter allen Ständen ein und dieselben Sitten, und man geht eigentlich nicht zu weit, wenn man sagt, daß man aller Spanier Lebensart kennt, indem man mit der Einiger bekannt ist [...] Von der einfachen Lebensart eines Spaniers kann sich nur der einen richtigen Begriff machen, der Gelegenheit hatte, ihn in der Nähe zu beobachten.[289]

Erneut rekurriert von Brandt auf in seiner Heimat vorherrschende Bilder *des* Spaniers, die nichts mit dem im Lande Erlebten zu tun hätten. In seiner Wahrnehmung fand er eher das Gegenteil vom Erwarteten vor. Nicht zuletzt aufgrund seiner sozialhierarchischen, durch den eigenen Aufstieg geprägten Selbstverortung[290] betraf das insbesondere die für ihn nicht erkennbare symbolische Abgrenzung im Verhalten der Stände untereinander, den kaum wahrnehmbaren Unterschied zwischen Stadt- und Landbewohnern sowie zwischen denen unterschiedlicher Provinzen, was in der Feststellung gipfelt, dass man nur einige Wenige zu kennen brauche, um die Lebensart aller Spanier zu erfassen. Aus seiner Perspektive herrschte in Spanien offenbar ein undefinierbares Gemenge der Stände und er sah keine sichtbaren Grenzen, die eine kulturelle Ausdifferenzierung erlaubten.[291] In dem Bemühen, die

---

289 Brandt: Ueber Spanien, S. 29.
290 Siehe dazu Kapitel 3.2.1.
291 Vgl. auch: Brandt: Ueber Spanien, S. 27.

einfache und scheinbar immer gleiche spanische „Lebensart"[292] zu beschreiben, kommt er den Unterschieden spanischer Lebensweise jedoch ungewollt näher.

Von Brandt beginnt seine Schilderungen mit der Beschreibung von Wohnhäusern, die er und andere Kriegsteilnehmer u. a. durch private Einquartierung auch von innen kennengelernt hatten. Die aus seiner Sicht durchschnittlichen Häuser zeichneten sich durch geringe Höhe (meist nur zwei Stockwerke) und eine wärmeabweisende Bauart aus. Hohe, längliche und mit viereckigen Ziegeln ausgelegte Stuben sowie hölzerne Fensterläden, in deren Mitte in Öl getränktes Papier befestigt sei, das nur spärliches Licht in die Häuser lasse, sorgten in diesen für die heiße Jahreszeit gebauten Häusern für stetige Kühle in ihrem Inneren. Um bei den daher zum Teil großen Temperaturunterschieden zwischen innen und außen oder auch bei niedrigeren Außentemperaturen in den von ihm auch als Eiskeller[293] bezeichneten Stuben nicht permanent zu frieren, rät von Brandt, sich der Sitte des Spaniers anzupassen. Dieser trüge beständig einen Mantel bei sich, den er u. a. in den kalten Stuben nutze.[294] Die einfache Bauart der Wohnhäuser spiegelt für von Brandt auch architektonisch die für ihn simple Lebensart der Bevölkerung wider, von der er sich als Ausländer (wie er sich selbst bezeichnet) vor Ort ein Bild machen konnte.[295] Bezüglich der Fenster beschreibt er jedoch Unterschiede, denn gegenüber den glaslosen in den einfachen Häusern hätten reiche Spanier immerhin „eine Art schlechter Fenster, die indeß ziemlich altmodisch sind."[296] Dabei handele es sich in der Mehrzahl eigentlich um Fenstertüren, die zum Betreten der davor befindlichen Balkone dienten. Derer gäbe es viele und sie würden besonders morgens und abends genutzt.[297] Fenstertüren stellen sich so als ein verbindendes Element zwischen dem Inneren und Äußeren spanischer Lebensart dar, wobei Balkone gleichsam zur Repräsentation dieses Lebens werden. Durch sie erhält der Fremde einen gewissen Einblick in spanische Kulturformen und Praktiken, wie z. B. das bereits erwähnte dort durchgeführte Entlausen.[298]

---

292 Ebd., S. 29.

293 Vgl.: ebd., S. 30.

294 Schümberg rät in Bezug auf die südlichen Teile Spaniens, sich grundsätzlich die Handhabung des Mantels beim Spanier abzusehen, um negativen Auswirkungen der klimatischen Gegebenheiten vorzubeugen. Vgl.: [Schümberg]: Erinnerungen, S. 206. Von Brandt verweist auch an anderer Stelle auf die Nützlichkeit des Mantels. Vgl. z. B.: Brandt: Ueber Spanien, S. 78.

295 Vgl.: Brandt: Ueber Spanien, S. 29-30.

296 Ebd., S. 30.

297 Vgl.: ebd.

298 Vgl. z. B.: Holzenthal: Briefe, in: Journal für die neuesten Land- und Seereisen 24, H. 10 (1816), S. 99.

Die Fenstertüren bilden in von Brandts Zeugnis sowohl Trennlinie als auch
Bindeglied zwischen verborgenem und sichtbarem Leben, ihre einfache bzw.
altmodische Beschaffenheit eine Art Rahmen für das andere – spanische –
Wohnen. Die Beschreibung spanischer Fenster öffnet dem Leser den Blick auf
die Bauart der Wohnhäuser auf der Iberischen Halbinsel, sie dienen in von
Brandts Bericht ebenfalls dem Erfassen sozialer Unterschiede, die anhand der
Architektur sichtbar werden.

Im Folgenden nimmt von Brandt auch in Bezug auf die Möblierung eine
grobe soziale Zuordnung vor, wobei er sich wie bei einer Pyramide von unten
nach oben arbeitet. Die Häuser armer Spanier wären sehr spärlich eingerichtet,
sie verfügten in der Regel nur über einen Tisch und eine Bank aus Holz, wenig
Küchengerät und eine Matratze.[299] Allerdings sah er in dieser spartanischen
Einrichtung auch Vorteile, denn im Krieg gewährleiste sie Mobilität: Wenn
die Häuser plötzlich verlassen werden müssten, könne das Wenige problemlos auf einem Esel verstaut und transportiert werden.[300] Die so in kurzer Zeit
völlig leer stehenden Häuser boten den einrückenden Truppen dann nicht
mehr als ein Dach über dem Kopf. Häuser und Einrichtung der bemittelten
Spanier unterschieden sich nach von Brandt kaum von denen der Armen:
Die Stube sei gleich die Küche, Tisch und Stühle aus Holz und meist nicht
in gutem Zustand, dazu Heiligenbilder, Ziegenhäute, etwas mehr Hausgerät,
aber auch das von teilweise schlechter Qualität; Vorratstöpfe für Wein, Öl und
Wasser und im positivsten Falle noch Teller und Gläser.[301] Reiche Spanier
hingegen wohnten bequemer. Die Bürger unter ihnen hätten immerhin ein
Sofa (wenn für seine Begriffe auch hart), Rohrstühle, Teppiche aus Stroh u. ä.,
einen Spiegel, eine sogenannte Glutpfanne mit Feuerschaufel und ein kühles
Schlafzimmer.[302] Der hohe Adel würde darüber hinaus nur noch über eine
Uhr, Spiegel (die sehr groß sein konnten), aus Mahagoni hergestellte Schränke
und Kommoden „mit einer starken Vergoldung"[303] (die von Brandt plump
erschienen), Gemälde sowie religiöse und spanische schöne Literatur verfügen.[304] Die so repräsentierten schönen Künste gäben Auskunft über den
Geschmack des jeweiligen Granden[305]. Er selbst konnte jedoch weder der

---

299 Vgl.: Brandt: Ueber Spanien, S. 30.
300 Vgl.: ebd., S. 30-31.
301 Vgl.: ebd., S. 31.
302 Vgl.: ebd.
303 Ebd.
304 Vgl.: ebd.
305 Die Verfasser der herangezogenen Quellen verwenden den Begriff Granden zur
      Bezeichnung von Adligen. Granden (span. Grandes) ist ein spanischer Adelstitel. Seit dem
      13. Jahrhundert bezeichnete man damit (abgesehen von den Angehörigen der königlichen

spanischen Malerei noch religiöser Literatur etwas abgewinnen, da sich ihm der Zugang dazu offenbar verschloss. Hinter der ablehnenden Haltung von Brandts gegenüber religiösen Gemälden könnte sich auch ein protestantischer Diskurs verbergen, demzufolge Katholizismus als „eine Religion des Auges"[306] angesehen wurde, Protestantismus hingegen als eine „Religion des Ohres"[307]. Der Vorwurf war, dass im katholischen Glauben zu sehr das Bild und nicht das Wort dominiere.[308] Auch wenn sich diese protestantische Selbstsicht schon in Bezug auf protestantische Andachtsbilder nicht halten lässt,[309] diente sie doch als Mittel der Abgrenzung und zur Abwertung des katholischen Glaubens und der katholischen Heiligenverehrung – ein Einfluss, der sich möglicherweise auch im Bericht des protestantischen von Brandt zeigt.[310] Dass die Beurteilung der spanischen Gemälde auch anders ausfallen konnte, zeigt sich z. B. in Herings Bericht und dem des Verfassers der *Briefe aus Spanien*. Hering, der vor allem religiöse Bilder zunächst in portugiesischen Häusern gesehen hatte, bemerkt, dass sie in Spanien weit besser gearbeitet wären.[311] Nach Auffassung des Verfassers der *Briefe aus Spanien* fände man in privaten wie öffentlichen Gebäuden Spaniens viele vortreffliche Gemälde.[312]

Doch auch die Häuser selbst wiesen Unterschiede auf: Die der Adligen erkenne man laut Hering schon von weitem, denn sie hätten Wappen in bunten Farben über ihren Türen.[313] Schümberg bezeichnet das Haus eines Granden als einem kleinen Palast ähnlich.[314] Für von Brandt hingegen waren es offenbar vor allem die Dunkelheit, die Kühle und die nicht seinen Vorstellungen entsprechende Reinlichkeit, die ihm alle spanischen Häuser gleichermaßen unangenehm machten. Verfügten sie über eine etwas zurückgezogene, ruhige

Familie) den höchsten Adel. Seit Karl V. gab es unter den Granden weitere Abstufungen. Unter Joseph Bonaparte wurde der Titel für kurze Zeit abgeschafft, aber im Rahmen der Restauration wieder eingeführt. Vgl.: o.V.: Granden in: Meyers Konversations-Lexikon. Ein Nachschlagewerk des allgemeinen Wissens. Bd. 7. 5. gänzl. neubearb. Aufl., Leipzig u. a. 1895, S. 861.

306   Graf, Friedrich W.: Der Protestantismus. Geschichte und Gegenwart. (Schriftenreihe bpb, Bd. 623). Lizenzausg., Bonn 2007, S. 102.

307   Ebd.

308   Vgl.: ebd., S. 102-103.

309   Vgl.: Scharfe, Martin: Evangelische Andachtsbilder. Studien zu Intention und Funktion des Bildes in der Frömmigkeitsgeschichte vornehmlich des schwäbischen Raumes. (Veröffentlichenungen des staatlichen Amtes für Denkmalpflege Stuttgart, Reihe C: Volkskunde, Bd. 5). Stuttgart 1968, S. 146-196.

310   Zu von Brandts konfessioneller Zugehörigkeit siehe: Best/Weege: Brandt, S. 105.

311   Vgl.: [Hering]: Erinnerungen, S. 296.

312   Vgl.: o.V.: Briefe aus Spanien, in: Fackeln 1, H. 1 (1811), S. 32.

313   Vgl.: [Hering]: Erinnerungen, S. 286.

314   Vgl.: [Schümberg]: Erinnerungen, S. 217.

Schlafmöglichkeit und eine saubere Matratze, so sei dies wohl das Einzige, dem der „Nicht-Spanier"[315] etwas Angenehmes abgewinnen könne. Für ihn nicht allzu wesentliche Unterschiede in Einrichtung und Ausstattung bindet er in seinem Bericht an die soziale Zugehörigkeit der Hausbesitzer und beurteilte sie aus einem durch den Krieg geprägten Blickwinkel. Ein separates, sauberes Bett bot zumindest für die Nacht ungestörten Raum und damit den einzig erstrebenswerten Luxus für jemanden, der während seines Einsatzes ständig an eine Gruppe gebunden war. Da von Brandt seine Aussage jedoch auf alle Nicht-Spanier bezieht – und somit auf alle Ausländer, die sich einmal in Spanien aufhalten würden – entspricht die spanische Lebensart und besonders die der oberen Schichten offenbar generell nicht seinen Vorstellungen von standesgemäßem Luxus. Das zeigt sich auch, indem er von ihm als wohlhabende Bürger bezeichnete Bewohner und Granden gleichermaßen als reiche Spanier bezeichnet und Granden mit „wohlhabenden Professionisten in Deutschland"[316] gleichsetzt. Damit erhöht er den ihm bekannten Standard im deutschsprachigen Raum bzw. setzt den der spanischen Adligen herab. Die Fremde als das Andere dient dem Emporheben des Eigenen und lässt sich dadurch in den eigenen Sinnhorizont einbinden. Die Absicht der Entmythisierung spanischer Etikette geht mit einer differenzierten Betrachtung hierarchisch gelebter Unterschiede einher – Unterschiede, die von Brandt über Architektur und Inneneinrichtung erfasst, die aber seinen Vorstellungen nicht entsprechen. Das trifft auch auf seine Feststellung zu, dass es in allen Provinzen eine sehr hohe Zahl von Adligen gäbe und eine Zentralisierung fehle.[317] Die von von Brandt beschriebenen Unterschiede führen nicht dazu, seine anfangs postulierte stereotype Simplifizierung spanischer Lebensart zu revidieren. Sein Verweis auf die zahlreichen und sich kaum von anderen Ständen unterscheidenden spanischen Adligen bieten dem Leser jedoch einen indirekten Erklärungsansatz für die später beschriebene Guerillabewegung: Je näher sich die Stände untereinander stehen, umso besser lassen sich ein gemeinsames Ziel und die gegenseitige Unterstützung der Bevölkerung organisieren, was wiederum den breit gefächerten spanischen Widerstand gegen die napoleonische Obrigkeit erklären konnte. Ohne es explizit zu erwähnen, suggeriert von Brandt, dass einer solchen Entwicklung im deutschsprachigen Raum aufgrund der gelebten Differenz zwischen den verschiedenen sozialen Gruppen vorgebaut war.

---

315 Brandt: Ueber Spanien, S. 32.

316 Ebd., S. 31. Der Begriff Professionist kommt von Profession und wurde im 19. Jahrhundert im Sinne der Ausübung einer beruflichen bzw. gewerblichen Tätigkeit verwendet. Vgl.: o.V.: Profession, in: Pfeifer (Hg.): Etymologisches Wörterbuch des Deutschen. Bd. 2. Berlin 1989, S. 1323.

317 Vgl.: Brandt: Ueber Spanien, S. 27.

Von Brandts Beschreibung der spanischen Wohnverhältnisse lässt die Darstellung von hochherrschaftlichen Gebäuden vermissen. Die Spitze der sozialen Pyramide war ihm offensichtlich nicht zugänglich und bleibt damit in seinem Bericht unerwähnt, was darauf hinweist, dass auch sein Zugang zu höheren Schichten beschränkt war. Mit dem komplizierten spanischen Hofzeremoniell, auf das sich seine obige Aussage wahrscheinlich bezieht, ist er offenbar nicht in Berührung gekommen.

Auffällig ist von Brandts bemühtes Negativieren der in Spanien vorgefundenen Umstände. Andere Kriegsteilnehmer erwähnen die Qualität der Wohnungen vor allem in Bezug auf ihre Unterbringung und charakterisieren sie in der Regel kurz als gut oder schlecht, einfach oder leer – bewerten die Häuser also nach ihrem unmittelbaren, sich aus dem Kriegsgeschehen ergebenden praktischen Nutzen.[318] Ansonsten finden sich bereits in Kapitel 4 erwähnte Schilderungen von Städten oder die Erwähnung alter Schlösser, die die Kriegsteilnehmer allerdings nur aus der Ferne erblickten. Dementsprechend steht der äußere Anblick im Mittelpunkt, der oft als maurisch bezeichnet wird.[319] Ohne näher auf diese Zuordnung einzugehen, steht sie als Referenzpunkt für eine prunkvolle Vergangenheit und wird einer romantischen Perspektive des Vergänglichen zugeordnet. Bei von Holzing dient das Attribut maurisch zur Beschreibung der Häuser auf Mallorca.[320] Schümbergs Darstellung des Lustschlosses bei San Ildefonso[321] kommt ohne Bezug auf einen spezifischen Baustil aus. Solche Details gehörten seiner Meinung nach wohl eher in eine Reisebeschreibung, die er ausdrücklich nicht zu schreiben gedachte.[322] Auch andere Kriegsteilnehmer rekurrieren lediglich auf die äußere Pracht von ihnen erwähnter Schlossanlagen. Die Aussagen bleiben dabei sehr allgemein und reichen nicht bis in das Innenleben der Paläste.

Im Mittelpunkt der Beobachtungen steht der für die meisten Kriegsteilnehmer relevante Alltag der Spanier, zu dem vor allem auch deren Ernährungsgewohnheiten gehören. Mit dem Hinweis, dass sich die einfache Lebensweise der einheimischen Bevölkerung nicht nur in deren Einrichtung zeige, widmet sich auch von Brandt auf mehreren Seiten den in ihren Tagesablauf integrierten Essgewohnheiten der Spanier.[323] Er beginnt wieder mit den einfachen (aber nicht armen) Bewohnern des Landes:

---

318 Vgl. z. B.: [Hering]: Erinnerungen, S. 227, 283, 285.

319 Vgl. z. B.: o.V.: Briefe aus Spanien, in: Fackeln 1, H. 1 (1811), S. 86; [Schümberg]: Erinnerungen, S. 63.

320 Vgl.: Holzing: Meine Gefangennehmung (1824), S. 34.

321 Vgl.: [Schümberg]: Erinnerungen, S. 72-73.

322 Vgl.: ebd., S. 72.

323 Vgl.: Brandt: Ueber Spanien, S. 32-34.

Etwas Brod, leichtes Gemüse, Oel und Wein [...] sind die gewöhnliche Nahrung des gemeinen Mannes. Kommt hierzu etwas Speck und ein Paar in Oel gesottene Eier, so hat er wie ein Fürst gelebt. Im Fall der Noth vertreten ein auf Asche gebackener Kuchen aus Mais, eine Zwiebel, oder wilder Lattich, ein Salat von wilden Cichorien, ein Paar Feigen, eine Pommeranze, oder auch eine Handvoll getrockneter Oliven deren Stelle, und man wird eben nicht wahrnehmen, daß ihn dies sehr geniere, oder in seinen Obliegenheiten träger mache. Zu dieser Frugalität gesellt sich noch eine große Mäßigkeit im Genusse geistiger Getränke.[324]

Für von Brandt is(s)t der einfache Spanier bescheiden und anspruchslos, was sich an der in seinen Augen kargen und vor allem fleischlosen Nahrung zeige. Dass Spanier das nicht als Mangel empfanden und diese Art der Ernährung auch nicht zur Einschränkung ihrer physischen Leistungsfähigkeit führte, schien ihn zu befremden. Die vorgefundenen Essgewohnheiten ließen sich offensichtlich nicht mit von Brandts Vorstellungen von Kraft gebender und mengenmäßig ausreichender Ernährung in Einklang bringen. Aus seiner Darstellung wird für den aufmerksamen Leser aber auch ersichtlich, dass Gemüse und Salate offenbar zum täglichen Nahrungsangebot der Spanier gehörten und fast immer und überall im Land erhältlich waren – im deutschsprachigen Raum keineswegs selbstverständlich. Die Iberische Halbinsel stellt sich demnach als ein reicher Garten dar, dem die genügsamen Bewohner beinahe kontrastartig gegenüberstehen. Auch Hering verweist darauf, dass sich Spanier grundsätzlich mehr an „Pflanzennahrung"[325] hielten. In der regelmäßigen Ernährung aus pflanzlichen Produkten, wie er sie auf der Iberischen Halbinsel beobachtete, sieht Hering eine effektive, an das heiße Klima angepasste Lebensweise.[326] Im Gegensatz zu von Brandt und (in diesem Falle) Hering, die ihre persönlichen Eindrücke auf ganz Spanien beziehen, begrenzt Holzenthal seine Beschreibung der Essgewohnheiten auf Katalonien,[327] wo er u. a. zum Einsatz kam (siehe Karte). Allerdings schreibt er verallgemeinernd für ganz Katalonien und vernachlässigt z. B. die Unterschiede zwischen dessen Land- und Küstenregion. Bezüglich der „gemeinen Leute"[328] erwähnt er nur, dass diese zum Frühstück einen Anis trinken und etwas Brot essen würden.[329] Sein eigentliches Augenmerk legt er auf die bemittelten Schichten, die er als mittlere

---

324 Ebd., S. 32.
325 [Hering]: Erinnerungen, S. 287.
326 Vgl.: ebd.
327 Vgl.: Holzenthal: Briefe, in: Journal für die neuesten Land- und Seereisen 24, H. 10 (1816), S. 99-100.
328 Ebd., S. 100.
329 Vgl.: ebd.

Klassen bezeichnet.[330] Ihr tägliches Essen bestehe aus Reis, der mit scharfem rotem Pfeffer bestreut sei, dazu Bohnen, Erbsen und im positivsten Falle etwas Stockfisch.[331] Letzterer verweist auf die mit dem Meer verbundene Ernährung, mit der Holzenthal während seines Weges entlang der Küste in Berührung kam.[332] Der Verfasser der *Briefe aus Spanien* lernte Stockfisch auf seinem Rückweg durch das Baskenland kennen. Er beschreibt ihn für die Region zwischen Salinas und Mondragón als Leckerbissen für die dortige Bevölkerung, die sich ansonsten vor allem von geröstetem Mais und Gemüse ernähre.[333] In Tolosa verzehre man hingegen auch Kastanien und Obst.[334] Mais sei aber auch dort die übliche „Brotfrucht"[335] oder werde zu „Kuchen von Mais"[336] verarbeitet, was dem Leser die zentrale Bedeutung des Maises für die ansässige Bevölkerung erklärt. Die bei Manzanares (Nähe Madrid) vorgefundenen Gemüsesorten führt der Verfasser einzeln auf und fügt ihre spanische Bezeichnung in Klammern hinzu. Dabei verweist er verallgemeinernd auf die Vorliebe der Spanier für Gurken, deren Geschmack er aber nicht genau bestimmen könne.[337] Bei Kürbissen hebt er hervor, dass sie bereits zerschnitten verkauft und in die Fleischsuppen gegeben würden.[338] Die in den Berichten erwähnten Einkaufs- und Ernährungsmöglichkeiten in Spanien sind auch im Zusammenhang damit zu sehen, dass sich die Kriegsteilnehmer – trotz einer gewissen Grundversorgung – das Nötige oft von ihrem Sold kaufen mussten.[339] Unter Beachtung der bereits in Kapitel 4 erwähnten steigenden Lebensmittelpreise war es demnach wichtig zu wissen, was man wo und möglichst günstig kaufen und wie man es zubereiten bzw. essen konnte.

Bei erneuter Betonung der einfachen spanischen Lebensart, die auch vor den Vornehmeren nicht Halt mache, schildert von Brandt deren prototypischen Tagesablauf einschließlich der Speisen, die man gewöhnlich zu sich nehme. Um die Allgemeingültigkeit dieser Ausführungen zu belegen, zitiert er in der Fußnote ein seine Beobachtungen bestätigendes spanisches

---

330 Vgl.: ebd., S. 99.

331 Vgl.: ebd.

332 Vgl. z. B.: Holzenthal: Briefe, in: Journal für die neuesten Land- und Seereisen 24, H. 9 (1816), S. 95.

333 Vgl.: o.V.: Briefe aus Spanien, in: Fackeln 1, H. 1 (1811), S. 105.

334 Vgl.: ebd., S. 106-107.

335 Ebd., S. 104.

336 Ebd., S. 106.

337 Vgl.: ebd., S. 53. Möglicherweise handelte es sich bei den von ihm als eher geschmacklos empfundenen Gurken um Zucchini ähnliche Kürbisfrüchte, die ihm unbekannt waren.

338 Vgl.: ebd., S. 54.

339 Vgl. z. B.: Knauth: Tagebuch des Majors Knauth, o. J., LATh-StA Gotha, Geheimes Archiv WW VII r Nr. 62, Fol. 28 RS; [Hering]: Erinnerungen, S. 265.

Sprichwort, das er anschließend übersetzt.[340] Von Brandt, der ab 1817 an verschiedenen militärischen Ausbildungsstätten tätig war und seinen Bericht mit Blick auf einen möglichen bevorstehenden Krieg in Spanien verfasste, vernachlässigt auch in dieser Hinsicht die regionale Gebundenheit seiner Wahrnehmungen.[341] Obwohl er einige Seiten zuvor noch auf die Grenzen der Verallgemeinerungen bezüglich eines Volkes verweist,[342] bezieht er seine Aussagen über Tagesablauf und Ernährung auf ganz Spanien und präsentiert sich somit als diesbezüglicher Experte für das gesamte Land:

Bevor mit den Geschäften des Tages begonnen werde, nehme man das Frühstück, was für gewöhnlich aus einer Tasse Schokolade und einem Glas Wasser bestehe. Falls nichts Wichtiges anliege, bleibe man danach bei der wärmenden Glutpfanne. Das könne auch in Gesellschaft von anderen geschehen, wobei man gemeinsam rauche und auffällig wenig spreche.[343] Auch ein Spaziergang in der noch nicht erhitzten Morgenluft sei beliebt. Das „Mittagbrod"[344] bilden gewöhnlich Puchero[345], der als eine Art Eintopf aus verschiedenem Fleisch und Gemüse beschrieben wird, und guisado, nach von Brandt ein Ragout aus Fleisch und Tomaten. Die Verwendung der spanischen Begriffe ordnet die Eintöpfe als spezifisch spanisch ein und grenzt sie durch sprachliche Verfremdung von Bekanntem ab. Auch Holzenthal nimmt Bezug auf die Vornehmen Spaniens und die bei ihnen gängigen Eintöpfe, die er mit französischen Ragouts (Fricots) vergleicht und im Gegensatz zu von Brandt außerordentlich lobt: Spanische Eintöpfe seien „Fricots, in deren Bereitung sie nicht zu übertreffen sind."[346] Auch verschiedenes geröstetes Fleisch gehöre zum Speiseplan des vornehmen Teils der Bevölkerung Kataloniens. Von Brandt erwähnt neben dem Eintopf auch Rebhühner, die zu den Mittagsmahlzeiten verzehrt würden. Die Art der Beschreibung und die verwendeten Adjektive lassen jedoch deutlich werden, dass ihm alle diese Speisen nicht zusagten: Sie waren zu ölig, zu scharf gewürzt und bereiteten ihm offenbar Magenprobleme.[347] Des Weiteren erwähnt von

---

340   „Unas aceytunas, una salada y rabanillos son comida de los cavaleros, (Einige Oliven, ein Salat und Rettige, sind Speisen für einen Edelmann) ist sprichwörtlich in Spanien." Brandt: Ueber Spanien, S. 32, (Fußnote **).
341   Zu von Brandts Werdegang siehe Kapitel 3.2.1.
342   Vgl.: Brandt: Ueber Spanien, S. 23.
343   Vgl.: ebd., S. 32-33.
344   Ebd., S. 33.
345   Puchero, eigentlich ein spezifischer Eintopf der andalusischen Bauern, wird in von Brandts Zeugnis in einer der Fußnoten wörtlich als „der Topf" übersetzt. Ebd., S. 33 (Fußnote *).
346   Holzenthal: Briefe, in: Journal für die neuesten Land- und Seereisen 24, H. 10 (1816), S. 100.
347   Vgl.: Brandt: Ueber Spanien, S. 33, 91.

Brandt neben Melonen und anderen Früchten auch „Zuckerwerk"[348], wobei er die spanischen Süßigkeiten weder lobt noch kritisiert. Schümberg beschreibt eine bei den Basken beliebte Süßigkeit näher und ist bemüht, ihre Zusammensetzung anzugeben.[349]

Nach dem Mittag folge die Siesta,[350] ein fester Bestandteil des spanischen Tagesablaufes, den auch der Verfasser der *Briefe aus Spanien* kommentiert: Die in dieser Zeit völlig leeren Straßen, die befremdliche Stille und die lähmende Hitze veranlassen auch den Fremden zu ruhen, sofern nicht eine notwendige Tätigkeit ihn daran hindere.[351] Bei nachlassender Hitze nehme der Spanier von Brandt zufolge abermals Schokolade und Wasser zu sich.[352] Vor dem Abendessen nutze man die kühle Abendluft zu einem weiteren Spaziergang. Danach würden Eier oder ein Salat gegessen, in südlicheren Provinzen auch Gazpacho, das von ihm als eine Art Wassersuppe beschrieben wird.[353] An dieser Stelle weist von Brandts Beschreibung auf regionale Eigenheiten der spanischen Küche hin. Neben der im Krieg schwierigen Versorgungslage, die auch die Kochgewohnheiten der Bevölkerung beeinträchtigte, war es möglicherweise von Brandts Unkenntnis oder Desinteresse, was ihn nicht zwischen den Gerichten differenzieren ließ, die ohnehin nicht seinen Geschmack trafen. Trotz aller Verallgemeinerungen wird dem Leser doch ein Einblick in Tagesablauf und Ernährungsweise der spanischen Bevölkerung vermittelt, der gleichzeitig eine Homogenisierung der spanischen Esskultur darstellt. Die Schilderung alltäglicher Lebensumstände, die von Brandt dem Leser zu vermitteln versucht, macht bestimmte Ordnungsprinzipien deutlich. Sein im Bericht beschriebenes ständiges Bemühen, sich auch im Einsatz als Offizier von den Gemeinen abzugrenzen, war mit erheblichem Kostenaufwand

---

348 Ebd., S. 33.

349 „azucarillos (Eiweiß und Zucker mit Rosenwasser zu Schaum geschlagen, dann in kleine länglich runde Formen gegossen und bei gelinder Wärme getrocknet, woraus ein süßes, poröses, milchweißes Blättergebackenes wird)" [Schümberg]: Erinnerungen, S. 93. Die Hervorhebung des Rosenwassers in dem süßen Gebäck ist im Zusammenhang mit der Veränderung der Geruchsatmosphäre im 18. Jahrhundert zu sehen. Man war damals zunehmend bemüht, schwere Gerüche zu umgehen oder zu vermeiden und durch zarte Duftnoten zu ersetzen. Rosenwasser erfreute sich dabei besonderer Beliebtheit, man spülte sich damit sogar den Mund. Die Qualität, der Reiz und das Begehren nach Süßigkeiten wird durch die Verwendung des Rosenwassers weiter gesteigert und zu einem Luxusgut, das Kriegsteilnehmern in der Fremde zugänglich war. Zum Rosenwasser siehe: Corbin: Pesthauch und Blütenduft, S. 101-108.

350 Vgl.: Brandt: Ueber Spanien, S. 33-34.

351 Vgl.: o.V.: Briefe aus Spanien, in: Fackeln 1, H. 1 (1811), S. 69.

352 Vgl.: Brandt: Ueber Spanien, S. 34.

353 Vgl.: ebd.

verbunden und ließ ihn Schulden machen.[354] Diesem persönlichen Aufwand um die Wahrung der Zugehörigkeit zu einer gehobenen Gruppe entsprachen die in Spanien vorgefundenen Lebensumstände nicht, so wie das
ganze Land seinen aus der Heimat mitgebrachten Vorstellungen offensichtlich nicht entsprach. Der Aufenthalt auf der Iberischen Halbinsel veränderte
und aktualisierte seine und die Sicht anderer Kriegsteilnehmer auf Spanien.
Um aufgrund des eigenen Habitusdenkens dennoch nicht in eine Sinnkrise
des eigenen Ordnungssystems zu verfallen, beschreibt von Brandt das Erlebte
mit verallgemeinernd-negativierender Wertung. Emotionale Gebundenheit
und soziales Prestigedenken der Verfasser bestimmen deren Blickwinkel und
machen eine ständige Kontextualisierung erforderlich. Von Brandts anfänglich
zitierte Textpassage wird so zum Ausdruck seines persönlichen Verdrusses über
ein seinem Standesempfinden nicht entsprechendes Umfeld. Doch gerade in
seinen Bemühungen um Negativierung dringt er in interessante Alltagswelten
der spanischen Bevölkerung vor.

5.3.3   *Schokolade und Wein*

Die Versorgung mit Lebensmitteln ist für Kriegsteilnehmer von zentraler
Bedeutung, aber meist eher mit Verdruss als mit Genuss verbunden. Aufgrund
der kriegsbedingten Unterbrechung von Verbindungswegen und der Ver-
nichtung ganzer Ernten gestaltete sich die Versorgungslage auch im spanischen
Unabhängigkeitskrieg oft schwierig.[355] Das Verstecken von Nahrungsmitteln
durch die Bevölkerung als Mittel im Kampf gegen die ins Land gekommenen
Truppen erschwerte die Lage zusätzlich.[356] Neben diesen Schwierigkeiten
waren die Kriegsteilnehmer aber auch gezwungen, mit der Küche und den ortsüblichen Nahrungsmitteln eines ihnen fremden Landes zurechtzukommen.
Dabei wurden die vorhandenen oder sich notwendigerweise angeeigneten
Kochkenntnisse oft auf eine harte Probe gestellt, wenn sich die Truppen selbst
versorgen mussten. Von Brandt widmet in seinen Aufzeichnungen daher dem

---

354   Vgl.: ebd., S. 80-81.

355   Vgl. z. B.: Geißler: Denkwürdigkeiten (1830), S. 93; [Hering]: Erinnerungen, S. 236.
      Volgmann verweist in seinem Bericht am Beispiel Portugals auf Wellingtons Taktik (wie
      bereits in Kapitel 4 angesprochen), Ernten und Lebensmittel zu vernichten, um das Vor-
      dringen des Feindes zu erschweren. Vgl. z. B.: Volgmann: Wanderungen, in: Minerva 95,
      H. 3 (1815), S. 227-228.

356   Vgl. z. B.: [Schümberg]: Erinnerungen, S. 62, 221. Hering, der mit den britischen Truppen
      ins Land gekommen war, vermerkt hingegen die in Spanien übliche unterirdische
      Lagerung von Getreide in eigens dazu geschaffenen Magazinen. Als Grund führt er
      zunächst Klima und mögliche Schädlingsvorsorge an, bleibt aber letztlich unschlüssig.
      Einen Zusammenhang zwischen dieser Art der Lagerung und der Kriegsführung sieht er
      nicht. Vgl. [Hering]: Erinnerungen, S. 288.

notwendigen Kochgeschirr einige Aufmerksamkeit, das, seine Ausführungen befolgend, eine (auch personell) effektive Zubereitung von Mahlzeiten gewährleiste und zugleich das Gemeinschaftsgefühl stärke.[357] Lebensmittel und die Art ihrer Zubereitung hatten für die Kriegsteilnehmer einen hohen Stellenwert. Beides konnte zu einer ganz eigenen Entdeckungsreise werden und unerwarteten kulinarischen Genuss, aber auch Verdruss bedeuten. Mehrfach erwähnt wird in diesem Zusammenhang die sogenannte „Wasser-Chocolade"[358]. Der Kakao und mit ihm seine Verarbeitung zu einem Getränk war über die spanischen Kolonien in das iberische Land gekommen.[359] Den Verzehr ungesüßter, in Wasser aufgelöster Schokolade hatten Spanier in Mexiko kennengelernt und übernommen.[360] Im Gegensatz zu anderen europäischen Ländern wurde es in Spanien, wie Roman Sandgruber bemerkt, zu einem „wirklichen Volksgetränk"[361], was auch die Zeugnisse belegen.[362] Außerhalb Spaniens war Schokolade lange Zeit ein Statussymbol des Adels geblieben und hatte dort auch erst gesüßt und mit weiteren Zusätzen versehen (wie z. B. Vanille oder Milch) dem damaligen Geschmacksempfinden gerecht werden können.[363] Auch wegen des aufwendigen Herstellungsprozesses und den damit verbundenen hohen Importpreisen blieb Schokolade lange Zeit dem Adel vorbehalten. Erst durch die technischen Möglichkeiten Ende des 18. und besonders Anfang des 19. Jahrhunderts konnte Schokolade industriell produziert werden, wobei im „frühen 19. Jahrhundert [...] die Basis für die

---

357 Von Brandt dient dabei die Ausrüstung der französischen Truppen als Vorbild. Vgl.: Brandt: Ueber Spanien, S. 81-82.

358 [Hering]: Erinnerungen, S. 231.

359 Vgl.: Furrer, Daniel: Zechen und Bechern. Eine Kulturgeschichte des Trinkens und Betrinkens. (Geschichte erzählt, Bd. 4). Darmstadt 2006, S. 63-65.

360 Vgl.: Orellana, Margarita de: Del agua preciosa al chocolate, in: Orellana u. a. (Hg.): Chocolate II: mística y mestizaje (Artes de México, Bd. 105). México, D.F. 2011, S. 6.

361 Sandgruber, Roman: Schokolade. Von der Götterspeise zum Massenprodukt, in: BEZG 63, H. 1/1 (2001), S. 38. Furrer hingegen bestreitet, dass Schokolade in Spanien vor der Erfindung des Kakaopulvers im Jahr 1828 ein Volksgetränk gewesen sei. Dies steht sowohl der Meinung Sandgrubers als auch den Aussagen in den ausgewählten Quellen entgegen. Letztere belegen den schichtenübergreifenden Verzehr der Schokolade, weswegen ich mich hier auf die Quellen und Sandgruber stütze. Zu Furrers Position siehe: Furrer: Zechen und Bechern, S. 70.

362 Vgl. z. B.: Holzenthal: Briefe, in: Journal für die neuesten Land- und Seereisen 24, H. 10 (1816), S. 100; Brandt: Ueber Spanien, S. 32.

363 Vgl.: Sandgruber: Schokolade, in: BEZG 63, H. 1/1 (2001), S. 39-40; Coe, Sophie/Coe, Michael D.: Estampas del chocolate en Europa, in: Orellana u. a. (Hg.): Chocolate II: mística y mestizaje (Artes de México, Bd. 105). México, D.F. 2011, S. 53-61; Furrer: Zechen und Bechern, S. 68-70.

grossen internationalen Schokoladenfabriken gelegt"[364] wurde. Bis zur Herstellung der ersten Schokoladentafeln im Jahr 1849 durch eine britische Firma wurde Schokolade vornehmlich flüssig genossen.[365] Im Folgenden bezieht sich der Begriff Schokolade auf das entsprechende Getränk.

Zur Zeit des spanischen Unabhängigkeitskrieges war Schokolade auch im deutschsprachigen Raum bekannt, aber als Luxusgut nur Wenigen zugänglich. Während ihres Einsatzes auf der Iberischen Halbinsel kamen deutschsprachige Kriegsteilnehmer in den Genuss dieses Luxusartikels, der dort in Wasser gelöst gereicht wurde, wie es z. B. Holzenthal vermerkt.[366] Er führt weiter aus, dass dieses Getränk Bestandteil des Frühstücks der bemittelten Schichten sei und zu geröstetem Brot getrunken werde.[367] Den Abschluss der Mahlzeit bilde ein Glas frischen Wassers.[368] Auch von Brandt vermerkt, dass jeder, der es sich leisten könne, morgens seine Schokolade und ein Glas Wasser zu sich nehme.[369] Der Verfasser der *Briefe von Spanien* macht Angaben über die Zubereitung der Schokolade:

> Diese letztere ist ein Lieblingsgetränk der Spanier, und wird dort zur Stelle sehr viel und gut bereitet, man versüßt sie nie, sie wird von den Bürgern und selbst von den geringsten gewiß jeden Morgen getrunken; man kocht sie sehr stark, von ¼ Pfund höchstens 3 Tassen. Eine Spanierin hält es für eine Schande, wenn sie keine gute Chokolade kochen kann.[370]

Die Berichte der Kriegsteilnehmer belegen den weit verbreiteten, schichtenübergreifenden Konsum von Schokolade in Spanien. Für den Leser wird das iberische Land dadurch zum Schokoladenschlemmerland und das von den Kriegsteilnehmern positiv geschilderte Getränk als erstrebenswert dargestellt. Die Angaben des Verfassers der *Briefe aus Spanien* befähigen den Leser sogar, dieses Getränk selbst zuzubereiten und so den Geschmack von spanischer Schokolade nachzuempfinden – sofern er sie sich leisten konnte. Die Option eines sinnlichen Erlebnisses, das sich über die Zubereitung eines spanischen Getränks mit dem Berichtenden teilen lässt, öffnet die Möglichkeit einer besonderen emotionalen Bindung zwischen Leser und Verfasser und darüber hinaus auch zu Spanien. So wenig einige Kriegsteilnehmer von den

---

364 Sandgruber: Schokolade, in: BEZG 63, H. 1/1 (2001), S. 42.
365 Vgl.: ebd.
366 Vgl.: Holzenthal: Briefe, in: Journal für die neuesten Land- und Seereisen 24, H. 10 (1816), S. 100, (Fußnote *).
367 Vgl.: ebd., S. 100.
368 Vgl.: ebd.
369 Vgl.: Brandt: Ueber Spanien, S. 32.
370 o.V.: Briefe aus Spanien, in: Fackeln 1, H. 1 (1811), S. 79.

Kochkünsten der Spanierinnen begeistert waren (siehe Kapitel 5.2.2), umso mehr rücken deren Fähigkeiten hinsichtlich der Zubereitung von Schokolade in den Vordergrund. Auf diese Weise wird dem Leser zugleich eine dem deutschsprachigen Raum entsprechende Gendertrennung vermittelt. Die Frau ist für die Zubereitung der Schokolade zuständig, an sie wendet sich auch der die Mengenangaben betreffende Hinweis. Konsumiert wird das fertige Getränk aber auch vom Mann. Folgerichtig gilt ungesüßte Schokolade nicht als unmännlich. Zwar verweist die Zubereitung der Schokolade durch die spanische Frau, für die die Zubereitung der Schokolade zu den selbstverständlichen Fertigkeiten gehören sollte,[371] und der Genuss des Getränks durch den Mann auf die der Schokolade zugeschriebene aphrodisierende Wirkung,[372] doch ein solcher Zusammenhang findet in den ausgewählten Quellen keine direkte Erwähnung. Im Vordergrund steht für die Kriegsteilnehmer vor allem die Bedeutung der Schokolade als Stärkungsmittel. Im deutschsprachigen Raum eher in Apotheken erhältlich, wurde sie in Spanien von ihnen besonders wegen ihres hohen Nährwerts geschätzt.[373] Insbesondere Hering erwähnt die Schokolade als Nahrungsmittel der Kriegsteilnehmer immer wieder, die diese spanische Gepflogenheit offenbar schnell zu schätzen wussten:[374] Zu dünne oder keine Schokolade vor einem Ausmarsch wird von Hering beklagt,[375] das Ausbleiben des Stärkungsmittels sogar für Anzeichen von Fieber bei den Kriegsteilnehmern verantwortlich gemacht.[376] Entsprechend beliebt war das Getränk nicht nur als Frühstück, sondern als Nahrungsmittel schlechthin.[377] Andererseits machte der ungewohnt häufige Verzehr der Schokolade – sie war mitunter das Einzige, was an Verpflegung zur Verfügung stand – andere Lebensmittel sehr erstrebenswert.[378] Dennoch blieb den Verfassern dieses auf

---

371   Vgl.: ebd.

372   Kakao wurde und wird teilweise heute noch sowohl in Lateinamerika als auch in Europa eine aphrodisierende Wirkung zugeschrieben. Vgl.: Rätsch, Christian: Pflanzen der Venus. Aphrodisiaka und Liebestränke. Hamburg 1995, S. 78; Furrer: Zechen und Bechern, S. 67-68.

373   Vgl.: Menninger, Annerose: Die Verbreitung von Schokolade, Kaffee, Tee und Tabak in Europa (16.-19. Jahrhundert). Ein Vergleich, in: Berner Zeitschrift 63, H. 1/1 (2001), S. 30. Zur historischen Verwendung der Schokolade als Heilmittel siehe auch: Corcuera de Mancera, Sonia: ¿Inocente placer al paladar o grave cuestión moral?, in: Orellana u. a. (Hg.): Chocolate II: mística y mestizaje (Artes de México, Bd. 105). México, D.F. 2011, S. 9-13.

374   Vgl. z. B.: [Hering]: Erinnerungen, S. 246-247, 264.

375   Vgl. z. B.: ebd., S. 231, 237.

376   Vgl.: ebd., S. 237.

377   Vgl. z. B.: ebd., S. 241, 246-247.

378   Hering bemerkt diesen Umstand für eine Zeit, in der von den mit den Truppen ziehenden Marketendern nur noch Schokolade beschafft werden konnte, was ihn das später in Portugal erlangte Butterbrot umso höher bewerten ließ. Vgl.: ebd., S. 268, 279.

der Iberischen Halbinsel nahezu uneingeschränkt zugängliche Getränk als Genussfaktor in Erinnerung, was sich besonders in Heusingers Bericht nach seiner Rückkehr in den deutschsprachigen Raum zeigt: „Auch die zum Frühstück in hölzerner Schale aufgetischte Buchweizengrütze mahnte nur zu sehr an die Chokolade, (das Lieblingsgetränk der Spanier, und wird, da es dort sehr billig ist, in den geringsten Volksklassen getrunken,) [...] [welche, K.B.] wir in den letzten Jahren zu trinken gewohnt gewesen waren [...]"[379].

Der nach der Rückkehr in die Heimat nicht mehr mögliche Zugang zu diesem Genuss- und Stärkungsmittel spielte sicher eine nicht unwesentliche Rolle bei der positiven retrospektiven Bewertung der Schokolade, was der aufkommenden Schokoladenindustrie im deutschsprachigen Raum wie eine Werbemaßname entgegengekommen sein musste. Die beschriebene Praxis bediente nicht nur die mit dem erstarkenden Bürgertum aufkommende Geschlechtertrennung, nach der süße Schokolade, Pralinen u. ä. laut Roman Rossfeld im Genderdiskurs des 19. Jahrhunderts an Frauen und Kinder gebunden war. Die uneingeschränkte Wertschätzung der ungesüßten Schokolade durch Kriegsteilnehmer begünstigte die Einbindung des Mannes als Konsumenten der später eingeführten dunklen, besonders herben Schokolade.[380] Die auch später wieder aufgelegten Berichte mit ihren Beschreibungen über die spanische Art der Schokoladenkonsumtion verhalfen dem iberischen Land auch nachträglich zu einem schokoladig-exotischen, aber dennoch männlichen Bild.[381] Zum anderen hatten die Verfasser der Berichte mit der Schokolade ein effektives Nahrungsmittel kennengelernt, das später vom Militär in vielen Ländern als Bestandteil der Truppenversorgung und als Notration aufgegriffen wurde.[382]

Ein weiteres wichtiges und erstrebenswertes Getränk für die Kriegsteilnehmer war der Wein. Im 18. Jahrhundert wurde in weiten Teilen Spaniens Weinanbau betrieben, für die Kriegsteilnehmer bereits optisch anhand der zahlreichen Weinberge deutlich, die viele der von ihnen durchschrittenen Landschaften prägten und entsprechende Erwartungen schürten.[383] Wein wurde nicht nur innerhalb Spaniens getrunken, sondern auch exportiert, z. B.

---

379 Vgl.: Heusinger: Ansichten, Beobachtung und Erfahrungen, S. 252.

380 Vgl.: Rossfeld, Roman: Vom Frauengetränk zur militärischen Notration. Der Konsum von Schokolade aus geschlechtergeschichtlicher Perspektive, in: BEZG 63, H. 1/1 (2001), S. 57-59.

381 Zu den Wiederauflagen der ausgewählten Quellen siehe Kapitel 3.

382 Vgl.: Rossfeld: Vom Frauengetränk zur militärischen Notration, in: BEZG 63, H. 1/1 (2001), S. 61.

383 Vgl. z. B.: Brandt: Ueber Spanien, S. 89.

nach Großbritannien.[384] Er war neben anderen Produkten ein wesentlicher Wirtschaftsfaktor, der durch Kontinentalsperre und Krieg starke Einbußen erlitt.[385] Im deutschsprachigen Raum wurden alkoholische Getränke wie Bier, Wein und Branntwein sowohl in protestantischen als auch in katholischen Gebieten häufig konsumiert, wobei es regionale Unterschiede gab.[386] In Spanien waren es Geißler zufolge die vergleichsweise niedrigen Preise, die den Kriegsteilnehmern den Wein, ähnlich wie die Schokolade, in größerem Maße zugänglich machte.[387] Der Verfasser der *Briefe aus Spanien* unterscheidet in seinem Bericht zwischen zwei Weinsorten: „Der meiste Wein ist roth, oder besser zu sagen schwarz (Vino tinto); der weiße (Vino blanco) ist schlecht, hat eine trübe Farbe, und wird nicht viel erbaut.“[388] Der gute oder weniger gute Geschmack von Wein wird hier an seine Farbe gebunden, die zum entscheidenden Qualitätsmerkmal avanciert. Indem die spanische Bezeichnung für den aufgeführten Wein genannt wird, geht die Beschreibung über die ledigliche Geschmacksvermittlung hinaus: Es handelte sich eben nicht nur um einfachen Rot- oder Weißwein, der von den Kriegsteilnehmern konsumiert wurde, sondern um deren spanische Varianten, die durch das Beifügen der spanischen Übersetzung ein Stück weit verfremdet wurden. Gleichzeitig ermöglichte diese Verfremdung dem Leser die Erweiterung des eigenen, nicht nur landeskundlichen, sondern auch sprachlichen Wissenshorizonts. Zu welchem Zweck der – dem Verfasser der *Briefe aus Spanien* schlechter schmeckende – weiße Wein in Spanien angebaut bzw. wann oder von wem er getrunken wurde, erklärt er nicht. Es erschien ihm möglicherweise nicht wichtig, da der meiste in Spanien erhältliche Wein ohnehin der ihm Genuss bereitende Dunkle war. Von Brandt und der Verfasser der *Briefe aus Spanien* beschreiben seine Allgegenwärtigkeit und begründen damit die niedrigen Preise des Getränks.[389] Demnach war er, ähnlich wie die Schokolade, de facto für jedermann zugänglich und erschwinglich, was Spanien als Weingenussland erscheinen lässt.

---

384 Zur Entwicklung des Weinhandels in Spanien im 18. und 19. Jahrhundert am Beispiel von Jerez und Málaga siehe: Gámez Amián, Aurora: El vino de Jerez y la vitivinicultura malagueña en los siglos XVIII y XIX, in: Borrego Plá u. a. (Hg.): El vino de Jerez y otras bebidas espirituosas en la historia de España y América. Jerez 2004, S. 79-93.

385 Zu einem kurzen Überblick über die Entwicklung Spaniens als Weinanbaugebiet siehe: JLPM: Vid, in: Artola (Hg.): Diccionario temático. Enciclopedia de Historia de España. Bd. 5. 1. reimpr., Madrid 1995, S. 1211-1212.

386 Vgl.: Heggen, Alfred: Alkohol und bürgerliche Gesellschaft im 19. Jahrhundert. Eine Studie zur deutschen Sozialgeschichte. (Einzelveröffentlichungen der Historischen Kommission zu Berlin, Bd. 64). Berlin 1988, S. 19.

387 Vgl.: Geißler: Denkwürdigkeiten (1830), S. 95.

388 o.V.: Briefe aus Spanien, in: Fackeln 1, H. 1 (1811), S. 48.

389 Vgl.: Brandt: Ueber Spanien, S. 89; o.V.: Briefe aus Spanien, in: Fackeln 1, H. 1 (1811), S. 48.

Um sich selbst und dem Leser die offenbar schier unfassbaren Dimensionen des dortigen Weinanbaus zu erklären, vergleicht der Verfasser der *Briefe aus Spanien* die Anbaubedingungen auf der Iberischen Halbinsel mit denen im deutschsprachigen Raum und in Frankreich. So wüchse der Wein in Spanien durch die günstigen klimatischen Verhältnisse fast von allein und müsste nicht durch „saure Arbeit dem Boden erpreßt"[390] werden. Die reichen Weinernten werden somit auf äußere Umstände zurückgeführt, durch die man vergleichsweise wenig Kraft und Zeit für ein gutes Ergebnis investieren müsse. Diese Aussage bedient unterschwellig das Bild vom bequemen Spanier, dem die Trauben, die anderswo hart erarbeitet werden müssten, mehr oder weniger von allein in den Mund wüchsen. Der daraus resultierende selbstverständliche Überfluss sei nach Ansicht des Verfassers der *Briefe aus Spanien* auch ein Grund für die anschließende ineffektive Verarbeitung der Früchte, bei der weitergehende Möglichkeiten außer Acht gelassen würden.[391] Er bezieht sich dabei auf die Herstellung von „Aquardiente"[392] (*aguardiente*, die spanische Bezeichnung für Branntwein), für die das geeignete Ausgangsmaterial, dessen man sich z. B. in Frankreich bediene, in weit größerem Maße vorhanden sei, als es genutzt würde, obwohl es zu einer besseren Qualität gebrannten Weins führen würde.[393] Dieser Blickwinkel mag dadurch geprägt sein, dass zur Zeit des Einsatzes des Verfassers der *Briefe aus Spanien* (1810) in den napoleonischen Truppen neben Wein auch Branntwein zur Tagesration gehörte.[394] Angesichts der immer wieder unterbrochenen Verbindungswege wäre es für die Kriegsteilnehmer einfacher gewesen, wenn sie vor Ort nicht nur auf spanischen Wein, sondern auch auf spanischen Branntwein in ausreichendem Maße hätten zurückgreifen können. Im Bericht des Verfassers der *Briefe aus Spanien* heißt es weiter, dass gebildete Spanier dieses Problem der ineffektiven Ressourcennutzung bereits erkannt hätten, womit er eine absehbare Veränderung suggeriert.[395] Auch hier wird gebildet sein wieder auf gereist sein zurückgeführt, was erneut auf den Zusammenhang zwischen Reisen und Bildung verweist – ähnlich wie der Verfasser sich durch seinen Aufenthalt in Spanien in der Lage sieht, über die dortige Weinproduktion Auskunft geben zu können. Dass in Spanien auch Branntwein konsumiert wurde, beschreibt (wie im vorherigen Kapitel bereits erwähnt) z. B. Holzenthal. Er beobachtete,

---

390 o.V.: Briefe aus Spanien, in: Fackeln 1, H. 1 (1811), S. 47.

391 Vgl.: ebd., S. 48.

392 Ebd.

393 Vgl.: ebd.

394 „Dem Alkohol kam [...] in der Armee die Funktion der Belohnung, der Aufputschdroge und des medizinischen Allheilmittels zu." Furrer: Zechen und Bechern, S. 119.

395 Vgl.: o.V.: Briefe aus Spanien, in: Fackeln 1, H. 1 (1811), S. 48.

dass ärmere Spanier die Frühstücksschokolade mitunter durch Anisschnaps ersetzten und bindet den Konsum von höherprozentigem Alkohol an eine niedere Stellung in der sozialen Hierarchie.[396] Absinth (eine Form des Anis- schnapses) wurde im Laufe des 19. Jahrhunderts nicht zuletzt durch seinen günstigen Preis in Europa zu einem der populärsten alkoholischen Getränke,[397] das z. B. auch von Künstlern wie Van Gogh (1853-1890) gern konsumiert wurde.[398] Spanier der niederen Schichten entsprachen damit sogar dem auf- kommenden Trend der Zeit.

Hering beschreibt in seinem Bericht die Prozedur des Weinpressens genauer.[399] Fast jedes Haus verfüge über ein mit Backsteinen ausgemauertes Behältnis (was erneut auf den weit verbreiteten Anbau hinweist), in das die Trauben im Grunde unsortiert hineingeschüttet und dann von den Familien- mitgliedern mit den Füßen zertreten würden.[400] Hering empfindet diesen in Valverde de Leganés (siehe Karte) beobachteten Prozess als so unappetit- lich,[401] dass er seine diesbezügliche Abneigung hervorhebt und dem Leser so einen negativ bewertenden Einblick in die Verarbeitung spanischen Weins gibt. Ob dieser Eindruck auf hygienische Umstände oder der Unkenntnis über die damals auch im deutschsprachigen Raum übliche Art der Weinver- arbeitung zurückzuführen ist (Hering stammt aus norddeutschem Gebiet), bleibt offen. Der gewonnene Saft werde anschließend in birnenförmige Krüge gefüllt.[402] Die großen steinernen, zur Haltbarmachung mit Öl übergossenen Gefäße, die vom Verfasser der *Briefe aus Spanien* auch als Töpfe bezeichnet werden,[403] beschreibt auch von Brandt.[404] Er erwähnt sie im Zusammenhang mit taktischen Überlegungen bezüglich der Kriegsführung einer fremden Macht in Spanien. Die großen und schweren Krüge würden von der flüchtenden Bevölkerung in der Regel zurückgelassen, da sie kaum zu transportieren seien. Kriegsteilnehmer erhielten auf diese Weise Zugriff auf das begehrte Getränk, was zu ihrer Versorgung beitrage.[405] Die Einheimischen könnten lediglich einige Häute voll Wein mitnehmen, womit er auf die in den Quellen verschiedentlich

---

396 Vgl.: Holzenthal: Briefe, in: Journal für die neuesten Land- und Seereisen 24, H. 10 (1816),
      S. 100.
397 Vgl.: Furrer: Zechen und Bechern, S. 137.
398 Vgl.: ebd.
399 Vgl.: [Hering]: Erinnerungen, S. 287.
400 Vgl.: ebd.
401 Vgl.: ebd.
402 Vgl.: ebd.
403 Vgl.: o.V.: Briefe aus Spanien, in: Fackeln 1, H. 1 (1811), S. 49.
404 Vgl.: Brandt: Ueber Spanien, S. 89.
405 Vgl.: ebd., S. 89-90.

erwähnten spanischen Trinkschläuche, sogenannte *odres*,[406] verweist. Diese stellten für Hering erneut eine verdrießliche Erfahrung dar, da sie den Geschmack des Weins beeinträchtigten. Zur Erklärung beschreibt er anhand einer Beobachtung während seines Aufenthalts in Guarda (Portugal, siehe Karte) die Herstellung dieser Trinkschläuche und vermerkt, dass sie in Spanien auf dieselbe Weise angefertigt würden.[407] Auch der Verfasser der *Briefe aus Spanien* erläutert die Herstellung der *odres*.[408] Er gibt an, dass dafür die „rauche Seite"[409] [sic!] von Tierfellen mit Pech überzogen werde. Hering beschreibt wesentlich drastischer, dass die Haare von Tierfellen mit Pech versiegelt und dann die Innenseite eines solchen Trinkschlauchs bilden würden. Dadurch erhalte der Wein einen unangenehmen Beigeschmack und werde bei (in Spanien nicht seltener) großer Hitze durch das sich verflüssigende Pech schier ungenießbar.[410] Im Gegensatz zu Hering, auf den sowohl die Weinherstellung als auch die Transportschläuche, die die Form vom Bein eines Tieres oder von Tieren selbst haben konnten,[411] eine abstoßende Wirkung hatten, bemerkt der Verfasser der *Briefe aus Spanien* nur, das der Wein in den Trinkschläuchen einen sehr pikanten Geschmack bekäme, der Fremden anfangs widerlich sein könne, der Wein sich aber in den *odres* sehr gut halte.[412] Betrachtet man beide Aussagen, so fällt auf, dass es im Grunde nicht der Wein selbst ist, der Hering abstößt, sondern das Wissen um dessen Herstellung und Aufbewahrung. Nach Meinung des Verfassers der *Briefe aus Spanien* ist man gut beraten, sich an die spanischen Verhältnisse zu gewöhnen – und zwar sowohl an den Geschmack, der anfangs ungewohnt sein könne, aber offensichtlich keine weiteren Risiken barg (zumindest werden sie nicht thematisiert, der Wein bleibt in dieser Hinsicht positiv konnotiert) – wie auch an den Verzicht. Immer wieder wird in den Quellen auf die Mäßigkeit der Spanier beim Trinken verwiesen, was offenbar nicht auf den Geschmack, sondern auf die Auswirkungen übermäßigen Konsums alkoholischer Getränke zurückzuführen war. Trunkenheit stieße

---

406   Heute gibt es in Spanien eher botas genannte Trinkbeutel, die sich, wenn auch großen-
       teils als Touristenattraktion, bis in die Gegenwart erhalten haben. Das Abfüllen von
       Wein in Tierhäuten zu Transportzwecken wurde im deutschsprachigen Raum ebenfalls
       praktiziert, nahm aber zu Beginn der Frühen Neuzeit allmählich ab. Die Bota-Herstellung
       wird in folgendem Onlinevideo anschaulich dargestellt: Castañeda, Miguel: Cómo se
       fabrica una bota de vino, (León Alguien tiene que hacerlo). 2012, https://www.youtube.
       com/watch?time_continue=16&v=CEadyVJYCJI&feature=emb_logo (acc. 31.3.2013).
407   Vgl.: [Hering]: Erinnerungen, S. 308.
408   Vgl.: o.V.: Briefe aus Spanien, in: Fackeln 1, H. 1 (1811), S. 48-49.
409   Ebd., S. 48.
410   Vgl.: [Hering]: Erinnerungen, S. 308.
411   Vgl.: ebd; o.V.: Briefe aus Spanien, in: Fackeln 1, H. 1 (1811), S. 49.
412   Vgl.: o.V.: Briefe aus Spanien, in: Fackeln 1, H. 1 (1811), S. 48.

sogar auf gesellschaftliche Ablehnung.[413] Von Brandt bezieht sich bezüglich solcher Auswirkungen auf die Aussage von nicht näher bezeichneten
„Doktoren"[414], denen zufolge übermäßiger Weingenuss die Ursache für
das vorrübergehende Erblinden einiger Militärangehöriger gewesen sei.[415]
Schümberg erwähnt in diesem Zusammenhang, dass insbesondere jüngere
Kriegsteilnehmer nach dem Genuss des feurigen spanischen Weins von
Nervenanfällen heimgesucht wurden.[416] Negativ bewertet wird auch hier
nicht der spanische Wein an sich, sondern dessen unangemessener Konsum
durch die ins Land gekommenen Kriegsteilnehmer, die nicht um das richtige
Maß wüssten. So bemerkt von Brandt, dass er sich im Verlauf seines mehrere
Jahre währenden Einsatzes auf der Halbinsel an kaum einen betrunkenen
Spanier entsinne könne, „während die Franzosen, Polen und Deutschen
sich bei jeder Gelegenheit berauschten."[417] Lediglich bei kirchlichen Festen,
so beobachtete es Schümberg, würden die Spanier mit ihrer Zurückhaltung
beim Weingenuss brechen.[418] Holzenthal führt das von ihm bei Katalanen
beobachtete mäßige Trinkverhalten auch auf eine spezielle Form des Trink-
gefäßes zurück:[419] eine *porrón* genannte Karaffe mit enger Tülle, die nicht
berührt, sondern aus der die Flüssigkeit aus einiger Entfernung in den Mund
gegossen würde.[420] Holzenthal bezeichnet das Gefäß anfangs nicht als *porrón*,
sondern als „Regalade"[421] und verwendet damit einen französischer Begriff,
der auf das *boire à la régalade* (umgangssprachlich für *boire au galet*, eine Art
Sturztrinken aus der Flasche, ohne sie mit den Lippen zu berühren)[422] verweist. Von Brandt, der das Trinken aus der Karaffe nur kurz erwähnt, identifiziert es als orientalische Sitte, die er, wie in einer Fußnote vermerkt, dem
Libanon zuordnet.[423] Das führt zu einer – offensichtlich auch vom Verfasser
empfundenen – Entfremdung und Exotisierung spanischen Trinkverhaltens,
das dadurch einen negativierenden Aspekt erhält. Holzenthal hingegen sieht

---

413   Vgl. z. B.: Holzenthal: Briefe, in: Journal für die neuesten Land- und Seereisen 24, H. 10
      (1816), S. 99.
414   Brandt: Ueber Spanien, S. 102.
415   Vgl.: ebd.
416   Vgl.: [Schümberg]: Erinnerungen, S. 203.
417   Brandt: Ueber Spanien, S. 32.
418   Vgl.: [Schümberg]: Erinnerungen, S. 172-173.
419   Vgl.: Holzenthal: Briefe, in: Journal für die neuesten Land- und Seereisen 24, H. 10 (1816),
      S. 99.
420   Vgl.: ebd.
421   Ebd.
422   Vgl.: J., D.: Sabler, l'action de, in: Diderot/d'Alembert (Hg.): Encyclopédie, ou Dictionnaire
      raisonné des sciences, des arts et des métiers. Bd. 14. Neufchastel 1765, S. 466.
423   Vgl.: Brandt: Ueber Spanien, S. 32 (Fußnote *).

gerade in dieser Praxis einen Erklärungsansatz für das von ihm beobachtete gemäßigte Trinkverhalten der Bevölkerung. Die durch die schmale Tülle des *porróns* entstehende Entschleunigung beim Trinken sei es schließlich, die Spanier vor den negativen Auswirkungen übermäßigen Alkoholkonsums bewahre.[424] Für ihn verbindet sich mit dem *porrón* allerdings nicht nur die Selbstdisziplin der katalonischen Bevölkerung beim Trinken. Er sieht darin ein kulturelles Gut, das eine spezielle, an soziale Konventionen gebundene Trinkart beförderte und das die geübte Mäßigkeit im Alkoholgenuss unterstützte. Für ihn hat der *porrón* einen kulturellen und sozial regulierenden Wert.

Dem Wein kommt in den Berichten der Kriegsteilnehmer ein hoher Stellenwert zu. Wenn seine Lagerung auch teilweise befremdlich erschien, so war es besonders der ungewohnt kontrollierte Umgang der Bevölkerung mit diesem Getränk, der die Verfasser am spanischen Alltagsleben beeindruckte. Dieser kontrollierte Genuss, der öffentliche Alkoholexzesse ganz offensichtlich verhinderte, war im deutschsprachigen Raum nicht alltäglich und lässt Spanier als tugendsam in Erscheinung treten.[425] Neben Anbau, Herstellung und Lagerung von sowie den Transportbehältnissen für Wein in Spanien wird auch die empfehlenswerte Anpassung der Kriegsteilnehmer an spanische Verhaltensweisen thematisiert. Das galt nicht nur für Maßhalten beim Trinken, sondern auch in Bezug auf das Essen:

> Ein Nordländer, ein Biertrinker und Kartoffelesser verhält sich zu dem Spanier, wie die Schaale zu dem Kern, wie ein Schwamm zu einer festen Masse. Der Spanier lebt von Weißbrot, Nudeln, Oliven, Wein mit Wasser, Melonen, Gurken und Zwiebeln, Bouillon und Gebratenem [...] Die Krankheiten rühren [u. a., K.B.] von [...] übermäßigem Essen der Früchte her [...] Die von Kartoffeln aufgedunsenen Magen unserer Nordländer werden mit Feigen, Zitronen, Melonen und Gurken überfüllt. Der Spanier schlägt ein Kreuz vor diesen Vielfressern. – Ich, der ich nie mich überfüllte, befand mich immer wohl.[426]

Nicht nur der Verfasser der *Briefe aus Spanien* beschreibt den gemäßigten Konsum als Mittel des Wohlbefindens in Spanien. Kriegsteilnehmer aus dem deutschsprachigen Raum, die sich selbst, wie im Zitat ersichtlich und so auch in den Völkertafeln vermerkt, als Kartoffelesser und Biertrinker empfanden und bezeichneten, ließen sich, wie z. B. Militärwundarzt Geißler schreibt, nur zu gern von den in Spanien fast überall preiswert zu erlangenden

---

424 Vgl.: Holzenthal: Briefe, in: Journal für die neuesten Land- und Seereisen 24, H. 10 (1816), S. 99.

425 Zu den Alkoholauswüchsen im 19. Jahrhundert im deutschsprachigen Raum siehe: Heggen: Alkohol.

426 o.V.: Briefe aus Spanien, in: Fackeln 1, H. 1 (1811), S. 31, 33.

Südfrüchten verführen, was negative gesundheitliche Konsequenzen nach sich zog.[427] Von Brandt verweist in diesem Zusammenhang auf die vergleichsweise großen Portionen der „Deutschen und Polen"[428], die er bezüglich ihres ungezügelten Appetits auf eine Stufe stellt. Auf der einen Seite stehen dabei die für die Fremden ungewohnten Nahrungsmittel, auf der anderen Seite das Wissen darüber. Da selbst die Einheimischen bestimmte Früchte nur in beschränktem Umfang genössen, ging es nicht allein um eine Gewöhnung an die für „Ausländer"[429] (als die sich die Kriegsteilnehmer gerade bezüglich des Essverhaltens selbst verorteten und präsentierten) fremden Melonen, Feigen, Apfelsinen oder Trauben.[430] Das Wissen um deren Verträglichkeit und Bekömmlichkeit durch korrekten Konsum wurde zentral, wenn man sich in der Fremde gesund erhalten, kampffähig bleiben und nicht auf Genuss verzichten wollte. Holzenthal äußert in diesem Zusammenhang sein Erstaunen über die Genügsamkeit der Katalanen, die mit weitaus weniger auskämen als „Norddeutsche"[431]. Dabei lässt er jedoch erneut die Kriegssituation unberücksichtigt. Der auf britischer Seite kämpfende Heusinger beschreibt die Versorgung der verbündeten spanischen Truppen und damit auch Grenzen der Genügsamkeit. Bei strenger Überwachung durch einen Unteroffizier erhielten die Spanier einmal am Tag Stockfisch, einen Löffel Reis und etwas Brot. Wer zu viel Reis nahm, würde mit Schlägen bestraft.[432] In Vorbereitung eines Angriffs auf Molins de Rei (siehe Karte), wo sie selbstständig agieren sollten, erhielten die spanischen Verbündeten zur Motivation „englische Portionen und Rumm"[433] sowie Nahrung für zwei weitere Tage. Heusinger verweist dabei auf den Unterschied zwischen britischen und spanischen Portionen. Reichhaltigere Nahrung bedeutete für ihn mehr Ausdauer und mehr Kampfkraft.[434] Auch der sonst offenbar nicht zur Versorgung der Spanier gehörende Alkohol sollte die Angriffslust der Männer anfachen.[435] Allerdings hielt man es von britischer Seite erst im Vorfeld einer Schlacht für nötig, die spanischen Truppen durch angemessene Versorgung zu stärken und dadurch an sich zu binden. Im Normalfall kämen diese, wenn auch nicht gut, aber doch mit den

427 Vgl.: Geißler: Denkwürdigkeiten (1830), S. 94.
428 Brandt: Ueber Spanien, S. 33.
429 Geißler: Denkwürdigkeiten (1830), S. 94.
430 Vgl.: ebd.
431 Holzenthal: Briefe, in: Journal für die neuesten Land- und Seereisen 24, H. 10 (1816), S. 100.
432 Vgl.: Heusinger: Ansichten, Beobachtung und Erfahrungen, S. 174.
433 Ebd.
434 Vgl.: ebd., S. 176.
435 Vgl.: ebd., S. 173-174.

kargen Rationen aus, die man den britischen Truppen nicht zumutete. Heusinger verweist dabei auf die schmale Grenze zwischen Genügsamkeit und Unterversorgung, zugleich aber auch auf einen unermüdlichen spanischen Kriegertypus, auf den später noch einzugehen sein wird. Dennoch dürften solche Versorgungsunterschiede das Verhältnis zwischen den Verbündeten nicht unbedingt befördert haben.

Die ungeheure Genügsamkeit armer Bevölkerungsteile erstaunte und verwunderte den Verfasser der *Briefe aus Spanien* auf seinem Rückweg über die Pyrenäen nach Frankreich.[436] Die Bewohner dort hätten wenig, äßen wenig, begnügten sich aber auch damit und wären trotzdem zu harter Arbeit fähig, die ihnen die Umgebung abverlange. Trotzdem fänden sich dort viele gesunde Menschen, die ein mitunter hohes Alter erreichten. Das zeige, dass von Jugend an gewohnte unwirtliche Bedingungen und harte Arbeit der Gesundheit nicht abträglich seien, so sehr das einen Fremden auch verwundern mochte.[437] Für den wäre es demnach kaum möglich, sich an solch extrem karge Verhältnisse anzupassen, ohne diese deswegen ad absurdum zu führen. Genügsamkeit, Gesundheit und Arbeitsfähigkeit schließen sich nicht aus, sondern können einander sogar bedingen. Selbst ein Städter bei Manzanares ändere seine Nahrungsgewohnheiten und lebe sehr karg, wenn er seine nahe gelegenen Felder bewirtschafte.[438] Für die nichtspanischen Kriegsteilnehmer wird in den Zeugnissen daher immer wieder der gemäßigte Konsum als Mittel zur Gesunderhaltung hervorgehoben, wobei man sich am Verhalten der Bevölkerung orientieren solle, auch wenn es nur bis zu einem gewissen Grad von Fremden adaptiert werden könne. Ähnlich wie bei den Frauen werden auch die (im vorherigen Kapitel thematisierten) Ernährungsgewohnheiten der mittleren und höheren Schichten als Maßstab betrachtet und als typisch spanisch stilisiert. Demgegenüber erscheint das bei den deutschsprachigen Kriegsteilnehmern vorherrschende Ernährungsverhalten zwar nicht grundsätzlich negativ, aber für den Aufenthalt in Spanien eher ungesund. Fehlendes Wissen um fremde Früchte und Lebensmittel bergen nicht nur für Kriegsteilnehmer, sondern generell für Ausländer Gefahren für die Gesundheit, denen man aber mit Mäßigkeit entgegenwirken könne. Das wiederum bedeutet eine veränderte Sicht auf Genuss und eine dem angepasste Lebensweise. Gerade in einem Land, in dem es nach den Schilderungen der Verfasser viel Verlockendes im Überfluss gab,

---

436 Vgl.: o.V.: Briefe aus Spanien, in: Fackeln 1, H. 1 (1811), S. 105-106.
437 Vgl.: ebd., S. 106.
438 Vgl.: ebd., S. 45-46.

wird eine asketische Haltung zur Genuss fördernden Tugend, während sich Unbotmäßigkeit bestraft sieht. Gefahr besteht nicht an sich, sondern wächst aus Unwissen. Für die in Spanien fremden Kriegsteilnehmer war es überlebenswichtig, sich mit den dortigen Ess- und Trinkgewohnheiten vertraut zu machen, deren Nichtbeachtung Unwohlsein, Erkrankungen und damit Kampfunfähigkeit nach sich ziehen konnte. Langfristig bedeutete dies auch, die Möglichkeiten der bereits erwähnten Landesküche auszuloten und anzuwenden. So empfiehlt z. B. Holzenthal, wie die Spanier Obst nicht ohne Brot zu essen und Melonen mit etwas Pfeffer zuzubereiten.[439] Während seiner Gefangenschaft auf Mallorca ernährte er sich bspw. zum Frühstück von Datteln, Feigen und Brot.[440] Auch Tomaten wären eine hervorragende Speise, wenn man sie mit spanischem Pfeffer zu einem Salat verarbeite.[441] Als „Lieblingsspeisen"[442] der Mallorcaner gibt er Schweinefleisch und dicke Bohnen an. Deren bitterer Geschmack ließe sich umgehen, indem man ihre Haut abzöge und sie dann trocknen lasse.[443] Der auf der Insel erhältlichen Wurst aus Tomate, wenig Fleisch und viel rotem Pfeffer konnte Holzenthal wenig abgewinnen,[444] ganz im Gegenteil zu der der Katalanen auf dem Festland.[445] Diese kam seinem an Westfalen und Niedersachsen orientiertem Geschmacksempfinden offensichtlich sehr nahe und wird von ihm äußerst positiv bewertet.[446] Auch von der Qualität und Vielfalt des Fleisches in Katalonien war er angetan.[447] Für von Brandt hingegen, der sich generell nicht als Freund der spanischen Küche präsentiert, wurde Fleisch lediglich durch die im Lande reichlich vorhandenen Kräuter genießbar.[448] Holzenthal wiederum vermisste Butter, aus der sich die Katalanen zu seinem Leidwesen

---

439 Vgl.: Holzenthal: Briefe, in: Journal für die neuesten Land- und Seereisen 24, H. 9 (1816), S. 94.

440 Vgl.: Holzenthal: Briefe, in: Journal für die neuesten Land- und Seereisen 24, H. 10 (1816), S. 119.

441 Vgl.: Holzenthal: Briefe, in: Journal für die neuesten Land- und Seereisen 24, H. 9 (1816), S. 93.

442 Holzenthal: Briefe, in: Journal für die neuesten Land- und Seereisen 24, H. 10 (1816), S. 119.

443 Vgl.: ebd.

444 Vgl.: ebd.

445 Vgl.: Holzenthal: Briefe, in: Journal für die neuesten Land- und Seereisen 24, H. 9 (1816), S. 94-95.

446 Vgl.: ebd., S. 95.

447 Vgl.: ebd.

448 Vgl.: Brandt: Ueber Spanien, S. 90.

nicht viel machten.[449] Öl hingegen war allgegenwärtig und wurde z. B. zum Braten und Sieden genutzt. Die darin zubereiteten Speisen seien so gut, dass der Verfasser der *Briefe aus Spanien* sie sogar für jeden Feinschmecker als tauglich beschreibt.[450] Die Angaben über die Genussfähigkeit spanischer Speisen und Getränke sind in den Quellen also durchaus unterschiedlich. Dennoch war die Anpassung an Landesküche und Ernährungsgewohnheiten zum Überleben unumgänglich, was auch gesundheitlich begründet wird und somit der Legitimation dieser Anpassung dient.

In ihren Beschreibungen vermitteln die Kriegsteilnehmer diverse Eindrücke und teilweise auch Hinweise, die den spezifischen Geschmack der Iberischen Halbinsel bis in den deutschsprachigen Raum trugen. Genuss und Verdruss werden so nicht nur für die Leser greifbar und unter Umständen sogar zu einer sinnlichen Erfahrung, sie wirkten sich auch auf die retrospektive Verarbeitung von Wahrnehmung aus, die in den herangezogenen Zeugnissen präsentiert wird. Die Berichte schrieben sich in aktuelle gesellschaftliche Diskurse ein, wie den um Schokolade oder den Konsum von Alkohol,[451] wobei Spanien zu einem erstrebenswerten Vorbild avanciert. Die bezüglich der Ernährung skizzierte Anpassung der Kriegsteilnehmer an die örtlichen Gegebenheiten kann durchaus auch als Indiz für das sinnvolle Adaptieren weiterer, sonst als typisch spanisch angesehener Verhaltensmuster betrachtet werden. So bemerkt Hering, dass die anfangs als schier unerträglich empfundene Langsamkeit der Spanier und Portugiesen von den nichtspanischen Kriegsteilnehmern im Verlauf ihres Einsatzes auf der Iberischen Halbinsel selbst angenommen wurde.[452] Die entschleunigte Fremde gewann bei längerem Aufenthalt – raum- und klimabedingt – Sinn und Berechtigung, das Alltagsverhalten der Einheimischen positive, nachahmenswerte Züge.

---

449 Vgl.: Holzenthal: Briefe, in: Journal für die neuesten Land- und Seereisen 24, H. 9 (1816), S. 95.

450 Vgl.: o.V.: Briefe aus Spanien, in: Fackeln 1, H. 1 (1811), S. 38.

451 Zum damaligen Diskurs um Schokolade und Alkohol im deutschsprachigen Raum siehe: Sandgruber: Schokolade, in: BEZG 63, H. 1/1 (2001), S. 40-42; Rossfeld: Vom Frauengetränk zur militärischen Notration, in: BEZG 63, H. 1/1 (2001), S. 55-64; Furrer: Zechen und Bechern, S. 68-70, 73-78, 123-128.

452 Vgl.: [Hering]: Erinnerungen, S. 271.

5.4   Kirchen, Riten, Bildung

Der Einsatz in Spanien brachte deutschsprachige Kriegsteilnehmer protestantischen[453] und katholischen Glaubens nicht nur in ihnen bis dahin unbekannte klimatische und kulinarische Räume, sondern führte sie auch in ein spezifisch katholisches Milieu spanischer Prägung, das durch Alteritätserfahrungen von Christen, Juden und Muslimen gekennzeichnet war.[454] Unter den iberischen Christen hatte sich durch diese Kulturkontakte noch vor der tridentinischen Konfessionalisierung ein „deutliches Bewußtsein katholischer Identität"[455] entwickelt. Dabei übernahm die Religion eine sinn-stiftende Leitfunktion für die Menschen,[456] was Isabella I. (1451-1504) und Ferdinand II. (1452-1516) für ihre Herrschaft zu nutzen wussten.[457] Auch wenn die Durchsetzung und Bewahrung der religiösen Einheit des Landes

---

453   Obwohl der Begriff Protestantismus im deutschsprachigen Raum seit ungefähr 1700 Ver-
       wendung findet, stellt und stellte er keine Bezeichnung für eine einheitliche religiöse
       Strömung dar. So wurden z. B. in Preußen (1817), der Pfalz (1818) und in Baden (1821)
       die lutherische und die reformierten Kirchen zu einer sogenannten Kirche der Union
       vereinigt, in die alle protestantischen Gemeinden integriert waren. Aufgrund einer
       Politisierung protestantischer Strömungen untersagte Friedrich Wilhelm III. von Preußen
       (1770-1840) die Verwendung des Protestantismusbegriffs und man sprach offiziell von
       der evangelischen Kirche bzw. von evangelischen Christen. Die Verfasser der hier heran-
       gezogenen Berichte nutzen jedoch die Begriffe Protestanten und Protestantismus und
       grenzen sich auf diese Weise vom katholischen Glauben und dessen Glaubenspraxis ab.
       Daher wird in dieser Arbeit der Begriff Protestantismus nach der Definition von Graf ver-
       wendet: „Unter ‚Protestantismus' sind all jene Strömungen des neuzeitlichen Christen-
       tums zu erfassen, die sich in ausdrücklicher Differenz zum römischen Katholizismus und
       zu den orthodoxen Christentümern als eigene, dritte Überlieferungsgestalt des Christ-
       lichen verstehen." Graf: Protestantismus, S. 18. Zu den verschiedenen protestantischen
       Strömungen im 19. Jahrhundert siehe auch: Graf, Wilhelm F.: Die Spaltung des Protestantis-
       mus. Zum Verhältnis von evangelischer Kirche, Staat und ‚Gesellschaft' im frühen 19. Jahr-
       hundert, in: Schieder (Hg.): Religion und Gesellschaft im 19. Jahrhundert (Industrielle
       Welt. Schriftenreihe des Arbeitskreises für Moderne Sozialgeschichte, Bd. 54). Stuttgart
       1993, S. 157-190.
454   Zu den spezifischen Alteritätserfahrungen von Christen, Juden und Muslimen auf
       der Iberischen Halbinsel siehe folgenden Sammelband: Tischler, Matthias M./Fidora,
       Alexandra (Hg.): Christlicher Norden – Muslimischer Süden. Ansprüche und Wirklich-
       keit von Christen, Juden und Muslimen auf der Iberischen Halbinsel im Hoch- und
       Spätmittelalter (Erudiri sapientia. Studien zum Mittelalter und zu seiner Rezeptions-
       geschichte, Bd. 7). Münster 2007.
455   Windler: Religiöse Minderheiten, S. 109.
456   Vgl.: ebd., S. 108.
457   Ältere Auffassungen, nach denen Isabella und Ferdinand die religiöse Einheit Spaniens
       als Fundament für die staatliche Einheit des Landes ansahen, sind heute umstritten.
       Siehe dazu: ebd., S. 108-119.

sowie der Besitzungen der Krone kennzeichnend für die Politik spanischer Könige war, so z. B. die Abschottungspolitik Philipp II. (1527-1598) oder die Vertreibung der Morisken[458] 1609 unter Philipp III. (1578-1621), so führten finanzielle und wirtschaftliche Aspekte immer wieder zu Sonderregelungen und Ausnahmen.[459] Nicht zuletzt aus wirtschaftlichen Gründen befand sich der religiöse Raum Spaniens Ende des 18. und zu Beginn des 19. Jahrhunderts in einem Veränderungsprozess.

Die Finanznot der Krone, hohe Kriegskosten und die später an Napoleon zu entrichtenden Subsidienzahlungen (siehe Kapitel 2) hatten die spanischen Staatsfinanzen schon vor dem ersten Koalitionskrieg (1792-1797) stark belastet.[460] Zur Tilgung der sich anhäufenden Schulden galt es in den von inneren Unruhen begleiteten Jahren 1797-1798, neue Geldquellen zu erschließen, die man bei der Kirche fand. So veranlasste die Krone 1798 nicht nur die Veräußerung großer Teile des spanischen Kirchenbesitzes, sie trat auch mit dem Papst in Kontakt, um weiteren kirchlichen Grund- und Liegenschaftsbesitz verkaufen zu können,[461] was ab 1804 in größerem Umfang geschah.[462] Die Desamortisierung[463] des Kirchenbesitzes entzog jedoch besonders dem niederen Klerus, dessen finanzieller Benachteiligung Karl III. (1716-1788) noch entgegenzuwirken versucht hatte, die Existenzgrundlage.[464] Die Desamortisierungspolitik Karl IV. (1748-1819) brachte die Loyalität des niederen

---

458 Auf der Iberischen Halbinsel wurden getaufte Muslime als Morisken bezeichnet. Zur Geschichte der Vertreibung der Morisken aus Spanien siehe den Sammelband: Moliner Prada, Antonio (Hg.): La expulsión de los moriscos (Historia). Barcelona 2009.

459 Vgl.: Windler: Religiöse Minderheiten, S. 118-119.

460 Vgl.: Schmidt: Absolutismus und Aufklärung, S. 242-246.

461 Vgl.: Pietschmann: Von der Gründung der spanischen Monarchie, S. 233. Weiterführend dazu siehe: Schmidt, Peer: Die Privatisierung des Besitzes der toten Hand in Spanien. Die Säkularisation unter König Karl IV. in Andalusien (1798-1808). (VSWG, Beiheft 90). Stuttgart 1990.

462 Vgl.: Pietschmann: Von der Gründung der spanischen Monarchie, S. 233.

463 „Im Gegensatz zum deutschen, sich vor allem auf den Kirchenbesitz beziehenden Begriff ‚Säkularisation' schließt der aus dem Spanischen übernommene Begriff ‚Desamortisation' nicht nur die Auflösung kirchlicher Vermögen (Desarmortización eclesiástica), sondern auch die Veräußerung der Gemeindegüter (Desarmortización civil) mit ein. Die im 19. Jahrhundert ebenfalls erfolgte Auflösung der amortisierten Vermögen von Laien, insbesondere der Adelsgüter, und deren Umwandlung in frei veräußerliches Privateigentum, bezeichnet die spanische Historiographie mit dem Begriff ‚Desvinculación'." Schmidt: Privatisierung, S. 12.

464 Vgl.: Pietschmann: Von der Gründung der spanischen Monarchie, S. 201; Martínez Esteban, Andrés: Ilustrados, regalistas y reformistas, in: Magaz Fernández (Hg.): La iglesia en los orígenes de la España contemporanea (1808) (Presencia y diálogo, Bd. 24). Madrid 2009, S. 55-62.

Klerus gegenüber der Krone ins Wanken.[465] Die Maßnahmen richteten sich allerdings nicht gegen die Kirche an sich, sondern waren der latenten Finanzkrise geschuldet und dementsprechend als „rein fiskalpolitische Maßnahme konzipiert worden"[466]. Die Desamortisierung von Kirchenbesitz gehörte seit langem auch zu den Forderungen spanischer Reformer, wobei die spanische Aufklärung (*Ilustración*), wie Antón M. Pazos bemerkt, nicht grundsätzlich religions- oder kirchenfeindlich war.[467] Trotz Desamortisierung war, wie Schmidt im Falle des Königreichs Sevilla zeigt, unter Karl IV. keine „nennenswerte Opposition"[468] seitens der Kirche feststellbar, die sich aber dennoch von Säkularisation bedroht sah.[469] Weitere, bereits vor 1808 existierende Problemfelder waren z. B. der Widerstand von Bauern gegen Abgaben an kirchliche Grundherren oder der sich ausweitende Antiklerikalismus im valencianischen Raum.[470] Antiklerikale Tendenzen waren, wie Manuel Revuelta González bemerkt, in der spanischen Gesellschaft tradiert und traten immer wieder auf, ohne jedoch die grundsätzliche Funktion des Klerus in Frage zu stellen.[471] Sie richteten sich hauptsächlich gegen den gesellschaftlichen Einfluss des Klerus, der sich für Kritiker z. B. in der von ihnen empfundenen Vormachtstellung der Kirche in der spanischen Gesellschaft äußerte.[472]

Für Napoleon hatte Religion vor allem eine sozial und moralisch stabilisierende Funktion. Als Teil des Geisteslebens und der kulturellen und intellektuellen Institutionen sollte jedoch auch dieser Raum seiner Kontrolle unterliegen.[473] Auch in Spanien betrachtete er Geistliche als dem Staat untergeordnete Bürger, die im Sinne von Staatsdienern vom Staat bezahlt und damit an ihn gebunden werden sollten. Auf diese Weise würde der Staat den

---

465 Vgl.: Pietschmann: Von der Gründung der spanischen Monarchie, S. 234.

466 Schmidt: Privatisierung, S. 200.

467 Vgl.: Pazos, Antón M.: Inquisition und Afrancesados in Spanien und Portugal gegen Ende des 18. Jahrhunderts, in: Plongeron (Hg.): Die Geschichte des Christentums, Bd. 10: Aufklärung, Revolution, Restauration. (1750-1830). Freiburg im Breisgau 2000, S. 31.

468 Schmidt: Privatisierung, S. 201.

469 Vgl.: Schmidt, Peer: Der Guerrillero. Die Entstehung des Partisanen in der Sattelzeit der Moderne. Eine atlantische Perspektive 1776-1848 in: GG 29, H. 2 (2003), S. 172.

470 Vgl.: ebd., S. 176. Für einen Überblick über die nach dem spanischen Unabhängigkeitskrieg wieder hervortretenden antiklerikalen Strömungen in Spanien siehe: Revuelta González, Manuel: El anticlericalismo en la España del siglo XIX, in: Razón y Fe 233 (1996), S. 395-409.

471 Vgl.: Revuelta González, Manuel: El anticlericalismo español en el siglo XX, in: Aubert (Hg.): Religión y sociedad en España (siglos XIX y XX) (Collection de la Casa de Velázquez, Bd. 77). Madrid 2002, S. 155.

472 Vgl.: ebd., S. 56.

473 Vgl.: Chappey/Bourguet: Beherrschung des Raumes, S. 86.

Klerus und über ihn die Religionsauslegung und –praxis kontrollieren.[474] Eine solche Praxis hätte den Klerus aber nicht nur kontrollierbar, sondern auch abhängig gemacht. Darüber hinaus hätte sie Napoleons als von Gott gegeben inszenierte Herrschaft zu religiöser Legitimität verholfen.[475] In Spanien waren Joseph Bonaparte und die ihn unterstützenden Afrancesados bemüht, Geistliche als Verbündete für entsprechende Reformen zu gewinnen. Das erwies sich allerdings als äußerst schwierig, da die von Napoleon intendierten Maßnahmen eine massive Reduzierung der hohen Anzahl spanischer Geistlicher, die Abschaffung des Zehnten, die weitere Desamortisierung von Kirchenbesitz und eben die Finanzierung des Klerus durch den Staat vorsahen.[476] Um diese Ziele nach und nach durchzusetzen, versuchte Joseph Bonaparte, tradierte Konflikte zwischen Weltgeistlichen und Ordensgeistlichen zu nutzen. So erhielten z. B. Weltgeistliche finanzielle Zuwendungen, während die Klöster bis auf ein Drittel der damals bestehenden reduziert werden sollten und am 18. August 1809 die Auflösung der Orden angeordnet wurde.[477] Damit einhergehende Reintegrationsbestrebungen der ehemaligen Mönche und Nonnen schlugen jedoch fehl. Die Mehrzahl von ihnen sah sich ihrer Exisitenzgrundlage unrechtmäßig beraubt, woran auch in Aussicht gestellte Pensionen nichts änderten. Die Maßnahmen des neuen Herrschers und er selbst stießen zumeist auf Ablehnung.[478] Der spanische Unabhängigkeitskrieg überdeckte die innerspanischen Konflikte teilweise. Der Kampf gegen den gemeinsamen äußeren Feind wirkte als einigendes Moment, ohne die bestehenden Differenzen aufzuheben, die nach 1814 wieder offen zu Tage traten.[479] Einige Konfliktfelder – wie z. B. Stellung und Einfluss der Inquisition oder klerikale Reformen – blieben jedoch auch während des Krieges präsent, sodass für diese Zeit eher von einer

---

474   Vgl.: Magaz Fernández, José M.: La reforma eclesiástica de los afrancesados, in: Magaz Fernández (Hg.): La iglesia en los orígenes de la España contemporanea (1808) (Presencia y diálogo, Bd. 24). Madrid 2009, S. 98, 101.

475   Vgl.: ebd., S. 87-88, 91, 95.

476   Vgl.: ebd., S. 88.

477   Vgl.: ebd., S. 90, 93, 96-101.

478   Vgl.: Fraser, Ronald: Napoleon's Cursed War. Spanish Popular Resistance in the Peninsular War, 1808-1814. London u. a. 2008, S. 322-323; Magaz Fernández: Reforma eclesiástica, S. 94, 98.

479   Vgl.: Schmidt: Guerrillero, in: GG 29, H. 2 (2003), S. 176. Für einen Überblick über die nach dem spanischen Unabhängigkeitskrieg wieder hervortretenden antiklerikalen Strömungen in Spanien siehe: Revuelta González: Anticlericalismo, in: Razón y Fe 233, (1996), S. 395-409.

Ausdifferenzierung verschiedener antiklerikaler Interessenfelder gesprochen werden kann.[480]

Unabhängig von allen innerspanischen Konfliktfeldern trafen deutschsprachige Kriegsteilnehmer auf eine Gesellschaft, in der eine Wahl des religiösen Bezugssystems nicht möglich, sondern dieses traditionell festgelegt und im alltäglichen Leben verankert war. Der Kontakt mit der spanischen Bevölkerung und deren Alltag, der viele religiöse Strukturierungen aufwies, schloss somit auch die Ebene des gelebten Glaubens ein. Wie sich deutschsprachige Kriegsteilnehmer in diesem sich verändernden und zugleich traditionellen religiösen Raum Spaniens orientierten, ob bzw. wie sich ihnen dieser Raum erschloss und wie sie die Glaubenspraxis in Spanien in ihren Zeugnissen präsentieren, wird im Folgenden beleuchtet.

5.4.1   *Ritus und gelebter Glaube*

In den Berichten der Kriegsteilnehmer wird immer wieder die Vielzahl der Kirchen und Klöster in Spanien erwähnt.[481] Sie waren mitunter so zahlreich, dass z. B. Holzenthal allein in Tarragona den Eindruck hatte, als ob alle Orden der katholischen Kirche dort vertreten wären.[482] Die Verfasser kamen auf unterschiedliche Weise mit Kirchen und Klöstern in Berührung: Zum einen wurden viele für die Unterbringung von Truppen, Gefangenen oder als Hospital genutzt,[483] zum anderen suchten Kriegsteilnehmer die als Gotteshäuser erhaltenen aber auch auf, um sie sich anzusehen und/ oder zu beten.[484] Auch wenn sich die Konfession nicht bei jedem Verfasser mit Sicherheit ermitteln lässt, so finden sich in den Berichten einzelne Hinweise auf die jeweilige Glaubenszugehörigkeit, die die Perspektive auf das Einsatzland beeinflusste. Jedoch nicht sie soll hier im Mittelpunkt stehen, sondern die in den Quellen geschilderten Eindrücke und Beobachtungen bezüglich religiöser Mentalität und Praktiken der Bevölkerung, was die unterschiedlichen Blickwinkel der Kriegsteilnehmer einschließt.

Kirchenbeschreibungen bzw. Bemerkungen über Kirchen und Klöster werden in den ausgewählten Quellen immer wieder thematisiert. Das gilt

---

480   Zu den verschiedenen Formen antiklerikaler Tendenzen in Spanien seit dem spanischen Unabhängigkeitskrieg siehe: Vgl.: Revuelta González: Anticlericalismo, S. 156-178.

481   Vgl. z. B.: Klauß: Ich, 1815/1863, Gemeindearchiv Haßloch, Bestand 1 A 1 Nr. 45, Fol. 35.

482   Vgl.: Holzenthal: Briefe, in: Journal für die neuesten Land- und Seereisen 24, H. 9 (1816), S. 88.

483   Vgl. z. B.: Volgmann: Wanderungen, in: Minerva 95, H. 3 (1815), S. 27; Holzenthal: Briefe, in: Journal für die neuesten Land- und Seereisen 24, H. 9 (1816), S. 85; [Schümberg]: Erinnerungen, S. 129; [Hering]: Erinnerungen, S. 229; Magaz Fernández: Reforma eclesiástica, S. 88.

484   Vgl. z. B.: Holzenthal: Briefe, in: Journal für die neuesten Land- und Seereisen 24, H. 10 (1816), S. 114-116; [Hering]: Erinnerungen, S. 283.

sowohl für Spanien als auch für andere von den Verfassern durchquerte Länder. Holzenthals Zeugnis z. B. enthält neben Informationen über spanische Gotteshäuser auch solche über Kirchen in Holland und im deutschsprachigen Raum, ohne diese miteinander zu vergleichen.[485] Dabei waren Architektur und Innenraumgestaltung offensichtlich von besonderem Interesse. Die Berichte erwecken den Eindruck, als versuchten die Verfasser, über diesen Weg Einblick in den praktizierten Glauben der jeweiligen Gegend zu erhalten und sich so den jeweiligen religiösen Raum zu erschließen. Das wird besonders in Bezug auf Spanien deutlich. Obwohl die Beschreibungen der Kirchen unterschiedlich umfangreich ausfallen, stehen sie in den Berichten der Kriegsteilnehmer als symbolische Repräsentanten für das vor Ort herrschende und bestimmende Weltbild. Dabei sind die Verfasser von der zum Teil prunkvollen Ausgestaltung vieler Kirchen beeindruckt,[486] schätzen aber klar erkennbare Strukturen, die sie offenbar mit einem unverfälschten, reinen Glauben gleichsetzen. Regionalen Eigenheiten wie vielfach in den Kirchen angebrachten „Kreuzchen, Bändchen, Püppchen [...] Possen, Reliquien, Heiligenopfer, Gnadenbilder"[487] etc. stehen sie ihren Berichten zufolge eher ablehnend gegenüber – ein Zugang zu dieser Art der Gottesverehrung wird nicht ersichtlich.[488] Für den Verfasser der *Briefe aus Spanien* verbirgt diese Art von Kirchengestaltung die eigentliche Lehre, die wohl vorhanden, aber eben verdeckt sei. Solche Interpretationen vorgefundener Äußerlichkeiten deuten sowohl auf ein indirektes Infragestellen der klerikalen Weisungs- und Orientierungskompetenz der katholischen Kirche vor Ort als auch auf protestantische Abgrenzungsmuster hin, die von rationalistischem Gedankengut beeinflusst waren. Aber- und Wunderglaube sowie als pagan angesehene assimilierte Einflüsse werden z. B. für den Verfasser der *Briefe aus Spanien* zu einer Verschleierung der eigentlichen christlichen Lehre.

Einige Verfasser zeigten sich besonders von den in Kirchen befindlichen prächtigen Grabstätten beeindruckt.[489] Seit dem 13. Jahrhundert stand z. B. spanischen Königen und ihren Familien ein Kirchengrab zu,[490] sodass einzelne

---

485   Vgl.: Holzenthal: Briefe, in: Journal für die neuesten Land- und Seereisen 24, H. 12 (1816), S. 291, 296, 298-299.

486   Vgl. z. B.: Holzenthal: Briefe, in: Journal für die neuesten Land- und Seereisen 24, H. 10 (1816), S. 116.

487   o.V.: Briefe aus Spanien, in: Fackeln 1, H. 1 (1811), S. 76-77.

488   Hier kommen auch die unterschiedlichen Sichtweisen auf Liturgie zwischen, aber auch innerhalb der Konfessionen zum Ausdruck.

489   Vgl. z. B.: o.V.: Briefe aus Spanien, in: Fackeln 1, H. 1 (1811), S. 76; Holzenthal: Briefe, in: Journal für die neuesten Land- und Seereisen 24, H. 10 (1816), S. 115; Klauß: Ich, 1815/1863, Gemeindearchiv Haßloch, Bestand 1 A 1 Nr. 45, Fol. 3-4.

490   Vgl.: Arbol Navarro, Miguel del: Spanisches Funeralbrauchtum unter der Berücksichtigung islamischer Einflüsse. Zur Volkskunde und vergleichenden Religionswissenschaft.

Kapellen in großen Kirchen oder gar ganze Kirchen als königliche Grabstätten fungierten. Wie Judith Ostermann bemerkt, beinhaltet ihre Gestaltung
u. a. eine ikonographische Widerspiegelung des Regierungsprogramms des
jeweiligen Herrschers.[491] Laut Miguel del Arbol Navarro dienten diese Denk-
mäler auch dem individualistisch-eschatologischen Gedanken an das Fort-
leben des Betreffenden im Diesseits.[492] In den Quellen werden sie teilweise
ausführlich beschrieben, mitunter auch die auf den Grabmälern ersichtlichen
Fakten über die jeweilige Person und ihre Herrschaft vermerkt.[493] Offensichtlich ist, dass die Grabstätten als Ausdruck von Herrschaft und Herr-
schaftsgedenken begriffen wurden. Die beschriebenen Beispiele spanischer
Begräbniskultur fügten sich in den damaligen Memorialdiskurs in Bezug auf
Grabstättengestaltung ein.[494]

Über die Erwähnung der zahlreichen in Spanien angetroffenen Kirchen
und die Beschreibung ihres Innenlebens wird von den Kriegsteilnehmern
in gewisser Weise eine Art religiös-landschaftliches Tableau des Landes
geschaffen. Es zeichnet sich durch eine Vielzahl von Kirchen und Klöstern, den
ungewohnt häufigen Gang der Einheimischen zur Messe und selbst in Kriegszeiten zahlreiche Prozessionen und Wallfahrten aus.[495] „Der Spanier [...] hat
nichts angelegentlicheres zu thun, als alle Morgen die vielen kleinen, und um
10 Uhr die große Messe zu besuchen, allen Prozessionen beizuwohnen [...]"[496]
Für die Kriegsteilnehmer deutete das auf eine tief verwurzelte Glaubenspraxis
hin. Eine solche Sichtweise findet sich auch bei Kirchenstatistikern im deutschsprachigen Raum des 19. Jahrhunderts, wonach die Teilnahme an kirchlichen
Ritualen die Bindung des Einzelnen an die Gemeinde für alle sichtbar machte

(Europäische Hochschulschriften, Reihe 19: Ethnologie/Kulturanthropologie, Abt. A -
Volkskunde, Bd. 6). Bern u. a. 1974, S. 28-32.

491   An dieser Stelle möchte ich Judith Ostermann für ihren sehr inspirierenden Vortrag zum
7. Workshop der historischen Spanienforschung in Kochel und ihren Hinweis zur ikono-
graphischen Bedeutung spanischer Grablegung am Beispiel von Ferdinand von Aragon
und Isabella der Katholischen danken.

492   Vgl.: Arbol Navarro: Spanisches Funeralbrauchtum, S. 33.

493   Vgl. z. B.: Holzenthal: Briefe, in: Journal für die neuesten Land- und Seereisen 24, H. 10
(1816), S. 115.

494   Zu Formen des Memorialdiskurses in Bezug auf Grabstätten um 1800 siehe: Winter,
Sascha: Zwischen Kirche und Friedhof. Der Landschaftsgarten als Bestattungs- und
Erinnerungsort um 1800, in: Denk/Ziesemer (Hg.): Der bürgerliche Tod. Städtische
Bestattungskultur von der Aufklärung bis zum frühen 20. Jahrhundert. Internationale
Fachtagung des Deutschen Nationalkomitees von ICOMOS in Zusammenarbeit mit dem
Bayerischen Nationalmuseum München, 11.-13. November 2005 (ICOMOS: Hefte des
Deutschen Nationalkomittees, Bd. 44). Regensburg 2007, S. 132-143.

495   Vgl. z. B.: [Schümberg]: Erinnerungen, S. 64.

496   o.V.: Briefe aus Spanien, in: Fackeln 1, H. 1 (1811), S. 20.

und als wichtigster Indikator für einen praktizierenden Christen galt.[497] „Christlichkeit wurde primär über ‚Kirchlichkeit' [...] oder über ‚kirchlichen Sinn' definiert"[498] und die Teilnahme an konfessionell gebundenen Riten machte die eigene Religiösität im gesellschaftlichen Rahmen sichtbar. Gerade in gemischt konfessionellen Gebieten wie im deutschsprachigen Raum, aber auch im Zuge der Veränderungen des religiösen Feldes nach der Französischen Revolution war die Sichtbarkeit der Religion in und durch die Bevölkerung wichtig für die Kommunikation der Bewahrung des anvertrauten Glaubensgutes.[499] Diese Deutung der Präsentation des Glaubens durch Gemeinde und Rituale übertrugen die Verfasser auf Spanien. Existenz und Nutzung der Gotteshäuser an sich waren für die Verfasser somit ebenfalls weithin sichtbare symbolische Manifestation eines allgegenwärtigen katholischen Glaubens und dessen zentraler Stellung im spanischen Raum. Darüber hinaus verkörperten sie einen Zusammenhang zwischen Glauben, glanzvoller Vergangenheit spanischer Könige und dem Umgang der Spanier mit ihrer Vergangenheit. Die Suche nach sichtbarer Präsentation des Glaubens als Indikator für gelebten Glauben wird in den Zeugnissen auch in der genaueren Beschreibung spanischer ritueller Glaubenspraxis deutlich und dient gleichzeitig als Kommunikationsbasis zwischen Verfasser und Leser für die Vermittlung des Erlebten.

Die Berichte der Kriegsteilnehmer erstrecken sich auch auf beobachtete Rituale, die ihnen teilweise suspekt erschienen, wie z. B. die spanische Art der Heiligenverehrung.[500] So sprechen Schümberg und Geißler im Zusammenhang mit der Verehrung Marias von „Abgötterei"[501]. Von Brandt vermerkt, dass Spanier eher an ausgeschmückten Hagiografien als an der Heiligen Schrift selbst interessiert seien.[502] Aberglaube und katholische Glaubenspraxis seien in Spanien so sehr miteinander verwoben, dass im Grunde eine neue Art von Religion, ein spezifisch spanisches Christentum, entstanden sei.[503] Juan Francisco Blanco fasst diese bis in die Gegenwart reichende Art spanischer Volksfrömmigkeit am Beispiel von Beerdigungspraxen unter dem Begriff eines

497   Zur Bedeutung der Riten für Kirchenstatistiker im 19. Jahrhundert siehe: Graf, Friedrich W.: Die Wiederkehr der Götter. Religion in der modernen Kultur. (Schriftenreihe bpb, Bd. 465). Lizenzausg., Bonn 2004, S. 81-86.

498   Ebd., S. 81.

499   Dies war auch in der bürgerlichen Gesellschaft der Fall, wo Religion als „Integrationsband" diente und u. a. durch die Teilnahme am Gottesdienst zum Ausdruck kam. Ebd., S. 75.

500   Vgl.: [Schümberg]: Erinnerungen, S. 64-65; Geißler: Denkwürdigkeiten (1830), S. 121-122.

501   [Schümberg]: Erinnerungen, S. 64; Geißler: Denkwürdigkeiten (1830), S. 122.

502   Vgl.: Brandt: Ueber Spanien, S. 132.

503   Vgl.: ebd., S. 132-133.

komplexen kulturellen Cocktails,[504] in dem christliche Praxis nicht der einzige Bestandteil sei.[505] Das fiel offensichtlich auch den Kriegsteilnehmern während ihres Aufenthaltes in Spanien auf. Von Brandt entdeckt darin sowohl gute als auch „Böse"[506] Elemente, die nur schwer voneinander zu trennen wären. Seine protestantische Argumentation spielt indirekt auf eine notwendige religiöse Aufklärung an, die es seiner Meinung nach jedoch schwer haben dürfte, sich in der enthusiastischen spanischen Glaubensgemeinschaft durchzusetzen.[507] Holzenthal sucht in seinem Zeugnis nach einer Erklärung für die besondere Art spanisch-katholischer Frömmigkeit, deren soziale Rückbindung an die Institution Kirche besonders auffällig für ihn war. Die ungewohnte Glaubenspraxis und ihre Zurschaustellung sind für ihn Ausdruck der Unkenntnis der christlichen Lehre: „von den eigentlichen Obliegenheiten, die Christus Lehre vorschreibt, kennt er [der Spanier, K.B.], außer Almosen geben, wenig oder gar nichts."[508] Auch wenn prinzipiell berücksichtigt werden muss, dass sich in Frömmigkeit stets die „religiöse Systembildung mit der Reproduktion nichtreligiöser Handlungs- und Sinnzusammenhänge"[509] überschneiden, so wird dieser Zusammenhang meist weder von den Ausübenden noch von den Kritikern rezipiert. Die Schilderungen des Verfassers der *Briefe aus Spanien* zeichnen ein Bild, nach dem sich die Bevölkerung in bloßer Routine übt und ihr praktizierter Glaube zum Ritualismus verflacht, da sie im Grunde gar nichts über die Lehre weiß.[510] Die Äußerungen beider Verfasser weisen darauf

---

504   Auch wenn José Luis Sánchez Lora darauf hinweist, dass mit Volksfrömmigkeit viele sehr unterschiedliche, gesellschaftlich und zeitlich begrenzte Riten und Bräuche gefasst werden, so finden sich aus mentalitätsgeschichtlicher Sicht durchaus auch lang anhaltende Formen, auf die Blancos Begriff der Volksfrömmigkeit rekurriert. Vgl.: Blanco, Juan Francisco: La muerte dormida. Cultura funeraria en la España tradicional. (Colección "Acceso al saber": Serie: Etnología, Bd. 1). Valladolid 2005, S. 22; Sánchez Lora, José L.: Religiosidad popular: un concepto equívoco, in: Serrano Martín (Hg.): Muerte, Religiosidad y Cultura Popular. Siglos XIII-XVIII (Publicación ... de la Institución Fernando el Católico, organismo autónomo de la Excm. Diputación de Zaragoza, Bd. 1640). Zaragoza 1994, S. 66.

505   Vgl.: Blanco: Muerte dormida, S. 22.

506   Brandt: Ueber Spanien, S. 133.

507   Vgl.: ebd.

508   Holzenthal: Briefe, in: Journal für die neuesten Land- und Seereisen 24, H. 10 (1816), S. 98.

509   Schlögl, Rudolf: Alter Glaube und moderne Welt. Europäisches Christentum im Umbruch. 1750-1850. (S. Fischer Geschichte). Frankfurt am Main 2013, S. 271.

510   Die starke Ausdifferenzierung einer Religion bringt u. a. höhere Stabilität, aber auch Einbußen in der Spontaneität. Als ein Indikator für eine solche Entwicklung werden in der Religionssoziologie Rituale betrachtet: „Je stärker eine Religion organisiert ist, um so mehr Rituale entwickelt sie, denen sich die Anhänger schematisch fügen müssen. Damit aber entsteht die Gefahr, dass das Ritual zur bloßen Routine, zum leeren Ritualismus

hin, dass sie ihr Frömmigkeitsverständnis nicht allein über die Beziehung zur Institution Kirche definierten, sondern ihre entscheidende Definitionsebene im Sinne protestantischen Gedankenguts das Wort Gottes war. Die innerweltliche Realisierung des Einzelnen bedeutete für sie offenbar eine exklusive Bindung an „das unverfügbare, auch kirchlich nicht domestizierbare Wort Gottes"[511], was sie in Spanien durch die starke Bindung der Bevölkerung an die institutionelle Autorität der katholischen Kirche verdeckt sahen. Hier zeigt sich ein zu damaliger Zeit hoch aktueller Diskurs, der nicht nur von protestantischer Seite geführt wurde:

> Antithesen von protestantischem Individualismus einerseits und katholischem Gemeinschaftsdenken [...] andererseits avancierten in der katholischen Kontroverstheologie und sich formierenden Konfessionskunde des 19. Jahrhunderts zu einem zentralen Muster der Erfassung des protestantisch-katholischen Konfessionsgegensatzes.[512]

Dieser widerspiegelt sich in den Berichten der Kriegsteilnehmer, die dem Leser ein landschaftlich-religiöses Tableau Spaniens nicht nur geografisch (Zahl der Kirchen in bestimmen Regionen), sondern auch emotional-weltanschaulich präsentieren. Neben einem spezifisch religiösen, protestantisch unterlegten Bezugsystem verweist z. B. Holzenthal auch auf einen Bildungsdiskurs, dem in Kapitel 5.4.4 nachgegangen wird.

So sehr der Blickwinkel der Verfasser auf Rituale als Glaubensindikator fokussiert ist, verändert sich der ihnen zugemessene Stellenwert durch den Einsatz auf der Iberischen Halbinsel. Ritualisierte, weithin sichtbare katholische Frömmigkeit äußert sich für Holzenthal in Spanien anders, als ihm das bis dahin bekannt war. Für von Brandt war sie zudem mit fremden Elementen durchzogen, die abseits seines Verständnisses christlicher Glaubenspraxis standen und so nicht nur Ablehnung in ihm hervorriefen. Sie führten offensichtlich zu einem Kommunikationsdefizit,[513] da ihm die entsprechenden Interpretationszugänge fehlten. Obwohl sichtbare Rituale als Glaubensindikator angesehen wurden, war die spezifisch spanische sichtbare Frömmigkeit für

---

verflacht." Knoblauch, Hubert: Religionssoziologie. (Sammlung Göschen, 2094). Berlin u. a. 1999, S. 150.

511   Graf: Protestantismus, S. 72.

512   Ebd., S. 78.

513   Rudolf Schlögl sieht Religion bereits zum Zeitpunkt ihrer Sinnbildung als ein gesellschaftliches Phänomen an, wodurch sie zu einer Sonderform der Kommunikation werde und damit zur Institution ausdifferenziert werden könne. In Rahmen dieser Arbeit wird die Vermittlung religiöser Sinnhorizonte als eine Form von Kommunikation betrachtet, die viele Lebensbereiche beeinflusst. Dazu siehe: Schlögl: Alter Glaube.

von Brandt und Holzenthal nicht mit ihrem eigenen religiösen Bezugsystem in Übereinstimmung zu bringen. Mit der in ihren Berichten zu Tage tretenden kulturellen Fremdheit, die sich in präsentiertem Nichtverstehen äußert, wird die spanische Frömmigkeit zugleich abgewertet. Indirekt treten damit auch Deutungsmuster der Kriegsteilnehmer hervor, die auf protetstantisch-katholischen Gegensätzen beruhen. Dass auch die Art und Weise des von den Kriegsteilnehmern erlebten Widerstands der spanischen Bevölkerung Zweifel an deren Verinnerlichung des katholischen Glaubens aufkommen ließ, wird in Kapitel 6 erläutert.

Spanien verkörperte für viele Verfasser nicht nur einen religiösen Raum, der im Gegensatz zu dem von der Reformation geprägten und dem nach französischem Vorbild mit dem Reichsdeputationshauptschluss (1803) eingeleiteten Prozess der Trennung von Staat und Kirche im deutschsprachigen Raum stand.[514] Es präsentierte sich ihnen auch nicht nur als ein anderer Raum im Sinne von katholisch, sondern als ein selbst innerkatholisch gesonderter Raum, der sich u. a. von den damaligen katholischen Bemühungen im deutschsprachigen Raum um eine als zeitgemäß empfundene Heiligenverehrung unterschied.[515] Die spanische Glaubenspraxis, die der vieler Kriegsteilnehmer nicht entsprach, ließ sich – wenn überhaupt – schon allein wegen der ihnen fehlenden klaren Trennung zwischen Christlichem und Paganem nur als das negative Andere, ihnen fremd Bleibende in ihren Sinnhorizont integrieren. Der nicht integrierbare Teil erscheint in den Berichten als ein spezifischer, in der Zeit zurückgebliebener Katholizismus und damit als eine Sonderform, die sich weder in einen französisch-aufklärerisch dominierten noch romantisch verklärten Spaniendiskurs eingliedern lässt. Spanisch-katholischer Glaubenspraxis wird so innerhalb der Konfession ein gesonderter Raum zugewiesen und eine Art innerkatholische Alterität konstruiert. Erstaunlicherweise finden sich in den ausgewählten Selbstzeugnissen keine direkten Vergleiche zwischen deutscher, französischer und spanischer katholischer Glaubenspraxis. Auch die konfessionellen Auseinandersetzungen im deutschsprachigen Raum werden nicht berührt. Offensichtlich ließen sich Berichte, die die spanisch-katholische

---

514   Vgl.: Knoblauch: Religionssoziologie, S. 150. Zum Wandel religiöser Mentalitäten im deutschsprachigen Raum zu Beginn bis Mitte des 19. Jahrhunderts siehe: ebd., S. 20, 155.

515   Heilige sollten vor allem als Vorbilder dienen. Zum Wandel katholischer Religiosität im deutschsprachigen Raum siehe: Schlögl, Rudolf: Katholische Kirche, Religiosität und gesellschaftlicher Wandel. Rheinisch-westfälische Städte 1750-1830, in: Schieder (Hg.): Religion und Gesellschaft im 19. Jahrhundert (Industrielle Welt. Schriftenreihe des Arbeitskreises für Moderne Sozialgeschichte, Bd. 54). Stuttgart 1993, S. 86-112; van Dülmen, Richard: Kultur und Alltag in der Frühen Neuzeit. Bd. 3: Religion, Magie, Aufklärung, 16.-18. Jahrhundert. München 1994, S. 146-147.

Glaubenspraxis als eine zeitlich versetzte Sonderform beschrieben, in deutschsprachigen katholischen Räumen besser vermarkten, da sie diesen damit indirekt eine Weiterentwicklung bescheinigten. Trotz teilweise sehr deutlicher Positionierungen bezüglich spanischer Glaubenspraxis wandten sich die Berichte nicht an ein spezifisches konfessionelles Publikum, was den Veröffentlichungen einen breiteren Markt öffnete. Die Beschreibungen vermittelten dem Leser eine religiöse Symbolwelt, die er mit seinen jeweils eigenen Vorstellungen und Erfahrungen vergleichen konnte.

5.4.2   *Die letzte Ruhestätte*

Neben der Heiligenverehrung finden in den Berichten auch Feste zu religiösen Feiertagen Erwähnung.[516] Besonders aber Trauerzüge und Beerdigungen erregten offensichtlich die Aufmerksamkeit der Verfasser und werden teilweise ausführlich geschildert. Holzenthal z. B. erlebt sie während seiner Gefangenschaft auf Menorca. Von seiner Unterbringung aus kann er den (öffentlichen) Paradeplatz einsehen, was ihm trotz seiner Gefangenschaft einen Blick auf das Leben der spanischen Inselbevölkerung gestattete. Die von ihm beobachteten täglichen Abläufe hielt er in einer prototypischen Zusammenfassung fest. Dazu gehören „Mönche, die in vollem Ornat mit dem Venerabile, oder singend eine Leiche daher schleppend, vorüber ziehen [sic!]. Diese liegt nach hiesiger Sitte im offenen Sarg."[517] Für Holzenthal gab es offenbar keinen Unterschied, ob die Mönche mit Gegenständen religiöser Verehrung oder Verstorbenen über den Platz zogen: beides war für ihn in gleichem Maße feierlich und beeindruckend. Die Prozessionen der Mönche ordneten sich in eine Vielzahl von Aktivitäten und Geräuschen auf dem Platz ein und bildeten einen Teil des menorquinischen Alltags. Erwähnenswert schien darüber hinaus der offene Sarg. Der für jedermann sichtbare Leichnam wird mit den auf Menorca herrschenden Sitten erklärt,[518] was den im deutschsprachigen Raum unüblichen Anblick legitimierte und als eine zwar fremde, aber dennoch christliche Praxis angesehen wurde.

Auch der Verfasser der *Briefe aus Spanien* verweist in seinem Bericht auf den "blos mit einem Hemde bekleidete(n) Leichnam"[519], der auf eine mit einem leichten Geländer umgebene „Todtenbahre"[520] gelegt werde. Er erlebte ein solches Begräbnis zum ersten Mal in der Stadt Villarubia de los Ojos (siehe

---

516   Vgl. z. B.: Holzenthal: Briefe, in: Journal für die neuesten Land- und Seereisen 24, H. 10 (1816), S. 117-118; [Hering]: Erinnerungen, S. 313-314.

517   Holzenthal: Briefe, in: Journal für die neuesten Land- und Seereisen 24, H. 10 (1816), S. 126.

518   Vgl.: ebd.

519   o.V.: Briefe aus Spanien, in: Fackeln 1, H. 1 (1811), S. 56.

520   Ebd.

Karte), also auf dem spanischen Festland.[521] Die von ihm beobachteten
Prozessionen und Zeremonien bezeichnet er dabei als spanisch. Das lässt seine
Schilderung als prototypisch für das gesamte Land erscheinen, obwohl die von
ihm beschriebenen Ereignisse in der Mancha stattfanden. In seinem Bericht ist
der Verfasser bemüht, die aufwendigen Prozessionen sowie eine Vielzahl von
beobachteten Zeremonien zusammenzufassen und so einen Überblick über
den Ablauf eines spanischen Begräbnisses zu geben. Gleich zu Beginn verweist
er auf den hohen Kostenfaktor eines solchen Ereignisses, für den er vornehmlich die Geistlichen vor Ort, indirekt aber auch die katholische Glaubenspraxis an sich verantwortlich macht.[522] Einzig der „Sarg wird hier erspart;
man giebt die Todten der Mutter=Erde nackt, wie sie dieselbe bei ihrer Geburt
gab, wieder."[523] Aus der Perspektive des Verfassers der *Briefe aus Spanien* wird
die Bestattung ohne Sarg auf diese Weise ethisch vertretbar, obwohl er seiner
Herkunft nach anderes gewohnt war: Im deutschsprachigen Raum jener Zeit
galt es als ein Zeichen von Armut, ohne Sarg, in Kisten, Kleidung, Säcken oder
Tüchern begraben zu werden.[524] Die Bestattung in einem Sarg war erstrebenswert, aber bei weitem nicht für jeden erschwinglich.[525] Aus der Sicht des Verfassers der *Briefe aus Spanien* bot die Tuchbestattung in Spanien somit ein
gewisses Einsparpotenzial, das jedoch durch die aufwendigen und kostenintensiven Prozessionen und Messen aufgehoben wurde. Anstelle des Sarges,
der nach Philipp Weiß ein Kreuzungspunkt „zwischen individueller Existenz
und Gesellschaftsleben, ein Austauschort der ästhetischen und symbolischen
Gestaltung des Individuums und der Gemeinschaft ist"[526], treten in Spanien
andere, weithin sichtbare Rituale. Die Art der Beschreibung des Verfassers
erweckt den Eindruck, als müsse am Sarg gespart werden, um diese Rituale

---

521   Vgl.: ebd., S. 56-57.

522   Vgl.: ebd.

523   Ebd., S. 56.

524   Vgl.: Smolny, Conny: Komm, sanfter Tod, des Schlafes Bruder. Eine Kulturgeschichte des
       Todes. (Kleine Kulturgeschichten). Berlin 2010, S. 37; Diefenbach, Joachim/Sörries, Reiner:
       Pestsarg und Ausschüttruhe. Kurzer Abriß der Entwicklung des Holzsarges, in: Sepulkral-
       kultur (Hg.): Vom Totenbaum zum Designersarg. Zur Kulturgeschichte des Sarges von
       der Antike bis zur Gegenwart. 2. unveränd. Aufl., Kassel 1994, S. 37. Zur Entwicklung
       der Verwendung von Särgen siehe: Weiß, Philipp: Eine kleine Geschichte des Sarges,
       in: Sepulkralkultur (Hg.): Vom Totenbaum zum Designersarg. Zur Kulturgeschichte des
       Sarges von der Antike bis zur Gegenwart. 2. unveränd. Aufl., Kassel 1994, S. 10-21.

525   Vgl.: Smolny: Komm, sanfter Tod, S. 29, 37. Im Laufe des 19. Jahrhunderts veränderten
       sich die Produktionsbedingungen für Särge. Neue technische Fertigungen erlaubten die
       Herstellung preiswerterer, schlichterer Särge, wodurch sie erschwinglicher, aber dennoch
       nicht für jeden bezahlbar wurden. Vgl.: Weiß: Geschichte des Sarges, S. 20.

526   Weiß: Geschichte des Sarges, S. 10.

bezahlen zu können. Gleichzeitig wird deutlich, dass die teure spanische
Form der Bestattung das Fehlen des prestigeträchtigen Sarges offensichtlich
kompensiert. Im protestantischen deutschsprachigen Raum hingegen waren
allzu prächtige Beerdigungen von kirchlicher Seite eher unerwünscht.[527]

In Spanien fand der Verfasser der *Briefe aus Spanien* Begräbnisse als großes
öffentliches Ereignis vor, an dem die Gemeinschaft auch durch die Sichtbarkeit des Toten und dessen Körperlichkeit auf andere Weise teilnahm,[528]
als er es gewohnt war. Sie stellten eine Art Gegenpol zu dem im deutschsprachigen Raum immer stärker hervortretenden privaten Charakter der
Beerdigung dar.[529] In den Handlungen der Hinterbliebenen und der Geistlichen sieht der Verfasser vor allem die Sorge der Gemeinschaft um einen der
Ihren und dessen zukünftiges Geschick.[530] Aus katholischer Perspektive kann
die Gemeinde für den Toten z. B. durch Gebete auch nach dessen Tod noch
etwas tun (wodurch eine Kontinuität zwischen dem Verstorbenen und der
Gemeinschaft deutlich wird) – aus protestantischer Sicht ist es jedoch nach
dem Tod nicht mehr möglich, auf dessen Schicksal einzuwirken.[531] Die deutliche Abneigung des Verfassers der *Briefe aus Spanien* gegenüber von ihm auch
als „Pfaffen"[532] bezeichneten spanischen Geistlichen und ihren schröpfenden
Methoden geben dem Beschriebenen einen Handlungsrahmen, in dem eine
protestantische, aber auch eine zunehmend säkularisierte Haltung zum
Begräbnis im deutschsprachigen Raum zum Ausdruck kommt. Gleichzeitig

---

527 Vgl.: van Dülmen, Richard: Kultur und Alltag in der Frühen Neuzeit. Bd. 1: Das Haus und
seine Menschen, 16.-18. Jahrhundert. München 1990, S. 225.

528 Vgl.: o.V.: Briefe aus Spanien, in: Fackeln 1, H. 1 (1811), S. 56-57.

529 Zur Entwicklung der Privatisierung des Todes siehe: Kirch, Katja: „Ich habe meinen
Sterbekittel und Haube mir schon zur Hand gelegt". Anmerkungen zur Geschichte der
Sterbevorsorge, in: Daxelmüller (Hg.): Tod und Gesellschaft – Tod im Wandel. Begleitband
zur Austellung im Diözesanmuseum Obermünster Regensburg, 8. November 1996 bis 22.
Dezember 1996 (Kataloge und Schriften/ Kunstsammlungen des Bistums Regensburg.
Diözesanmuseum Regensburg, Bd. 18). Regensburg 1996, S. 89-92.

530 Vgl.: o.V.: Briefe aus Spanien, in: Fackeln 1, H. 1 (1811), S. 57.

531 Zur theologisch veränderten Sicht auf Tod und Trauer siehe: Ratzmann, Wolfgang:
Reformatorische Theologie und evangelische Bestattungskultur angesichts von Tod und
Trauer, in: Fikentscher (Hg.): Begräbniskulturen in Europa (mdv aktuell, Bd. 5). Halle
(Saale) 2009, S. 105-111; Graf: Protestantismus, S. 84. Van Dülmen bemerkt jedoch, dass es
auch in protestantischen Kreisen sehr lange dauerte, bis in der einfachen Bevölkerung die
Vorstellung von der Gemeinschaft zwischen Lebenden und Toten aufgegeben wurde. Vgl.:
van Dülmen: Kultur und Alltag in der Frühen Neuzeit. Bd. 1, S. 222.

532 o.V.: Briefe aus Spanien, in: Fackeln 1, H. 1 (1811), S. 56.

verweisen seine Ausführungen auf wirtschaftliche Interessen der Kirche, für die Beerdigungen eine wichtige Einnahmequelle darstellten.[533]

Auch Hering vermerkt, dass Verstorbene nicht im Sarg, sondern in einem „offenen Kasten"[534] zur Kirche getragen und ohne jegliche „leinene oder andere Hülle in der Kirche begraben"[535] würden – also im wahrsten Sinne des Wortes nackt wie bei der Geburt. Die Kleidung gehe an die Totengräber,[536] womit auch er auf den monetären Aspekt verweist. Anders als in der Schilderung des Verfassers der *Briefe aus Spanien* wird der Tote in Herings Bericht nicht auf dem Kirchhof[537], sondern in der Kirche selbst beigesetzt.[538] Dieser Begräbnisort galt nicht nur als besonderer Schutz für die Seele des Toten, er diente auch dem Ansehen des Verstorbenen. Doch nicht jeder Spanier durfte sich in einer Kirche beisetzen lassen bzw. konnte sich eine Grabstätte im religiösen Zentrum der Gemeinde leisten.[539] Der Kirchhof war demzufolge in der Regel der einfachen Bevölkerung vorbehalten,[540] wobei hier die Nähe des Grabes zur Kirche von Bedeutung war. Diese Art der sozialen Hierarchisierung war auch im deutschsprachigen Raum nicht unbekannt. Für den Leser wird sie allein durch den Ort des Grabes und die vorangegangenen rituellen Handlungen sichtbar. An der allen gemeinsamen sarglosen Bestattung änderte das jedoch nichts. Hering konnte dieser Praxis, die er auch in Portugal kennengelernt hatte, gleich mehrere Vorteile abgewinnen. An der im Zeugnis hervorgehobenen Bemerkung „ohne Sarg"[541] findet sich folgende Fußnote: „Eine lobenswerthe Einrichtung, die nicht nur vor der Gefahr, lebendig begraben zu werden, sichert; sondern auch die Kosten bedeutend verringert, welche in jenen Ländern um so größer seyn würden, da es an Nutzholz fehlt."[542]

---

533   Zu den finanziellen Interessen der spanischen Kirche siehe: Lorenzo Pinar, Francisco J.: El comercio de la muerte en la Edad Moderna. El caso de Zamora, in: Serrano Martín (Hg.): Muerte, Religiosidad y Cultura Popular. Siglos XIII-XVIII (Pblicación … de la Institución Fernando el Católico, organismo autónomo de la Excm. Diputación de Zaragoza, Bd. 1640). Zaragoza 1994, S. 433-448.

534   [Hering]: Erinnerungen, S. 292.

535   Ebd.

536   Vgl.: ebd.

537   Den Begriff Kirchhof verwenden die Verfasser für die an die Kirchen angeschlossenen Friedhöfe. Kirchhöfe wurden bereits im römischen Kulturkreis u. a. als Begräbnisplätze genutzt. Zu dieser Entwicklung siehe: Ariès, Philippe: Geschichte des Todes. (Hanser Anthropologie). München u. a. 1980, S. 43-120.

538   Vgl.: o.V.: Briefe aus Spanien, in: Fackeln 1, H. 1 (1811), S. 57; [Hering]: Erinnerungen, S. 292.

539   Zum Thema Gräber in Spanien – in der Kirche, auf dem Kirchhof oder anderswo – siehe: Arbol Navarro: Spanisches Funeralbrauchtum, S. 21-47.

540   Vgl.: ebd., S. 33.

541   [Hering]: Erinnerungen, S. 292.

542   Ebd., S. 292 (Fußnote *).

Es fällt auf, dass Hering die spanischen Begräbnissitten weniger aus religiöser Perspektive beurteilt, sondern nach rein praktischen Erwägungen. Als Arzt hat er dabei z. B. auch die Problematik des Scheintods im Blick. Die Angst, lebendig begraben zu werden, grenzte im Veröffentlichungszeitraum der Berichte an eine Hysterie, die nicht nur im deutschsprachigen Raum allgegenwärtig war.[543] Mit den verschiedensten Vorgehensweisen wurde versucht, den Tod eines Menschen eindeutig festzustellen und einen Scheintod auszuschließen.[544] Eine der Konsequenzen dieses Diskurses war ein 1792 in Weimar errichtetes Leichenhaus, das erste auf dem Gebiet der heutigen Bundesrepublik Deutschland. Dorthin wurden die Körper Verstorbener verbracht und in der Regel drei Tage lang beobachtet, um eventuelle Lebenszeichen wahrnehmen zu können.[545] Die Beschreibungen einiger Kriegsteilnehmer lassen den Eindruck entstehen, dass diese Aufgabe in Spanien von den an Prozession, Messe und Begräbnis Beteiligten übernommen wurde – ein Eindruck, der nachvollziehbar ist, wachten die Anwesenden bis zur Beisetzung doch in gewissem Sinne über den Tod des Toten. Das entspricht dem klassischen Verständnis vom Tod in gegenreformatorischen europäischen Gebieten, wo er bis ca. Ende des 18. Jahrhunderts als ein öffentliches, soziales Ereignis angesehen wurde.[546] In Spanien schien die zentrale Präsenz des Körpers für den Tod des Betroffenen zu bürgen und so einem möglichen Scheintod vorzubeugen. Unter Karl III. (1716-1788) war es zwar verboten, Leichname während der Seelenmesse in der Kirche aufzubahren, aber wie Arbol Navarro bemerkt, wurde sich dem in weiten Teilen des Landes widersetzt.[547] Versteht man, wie Ariès, den Scheintod als erste allgemein akzeptierte und gebilligte Form von Todesangst,[548] so

---

543 Vgl.: Christiansen, Franziska: Scheintod und Scheintodängste, in: Daxelmüller (Hg.): Tod und Gesellschaft – Tod im Wandel. Begleitband zur Austellung im Diözesanmuseum Obermünster Regensburg, 8. November 1996 bis 22. Dezember 1996 (Kataloge und Schriften/ Kunstsammlungen des Bistums Regensburg. Diözesanmuseum Regensburg, Bd. 18). Regensburg 1996, S. 77; Arbol Navarro: Spanisches Funeralbrauchtum, S. 35-36. Siehe dazu auch: Ariès: Geschichte des Todes, S. 504-517.

544 Vgl.: Smolny: Komm, sanfter Tod, S. 17-19; Christiansen: Scheintod und Scheintodängste, S. 78-79.

545 Vgl.: Christiansen: Scheintod und Scheintodängste, S. 77; Bauer, Franz J.: Von Tod und Bestattung in alter und neuer Zeit, in: HZ 254, H. 1 (1992), S. 17-18.

546 Vgl.: Pascua Sánchez, María J. de la: La solidaridad como elemento del „bien morir". La preparación de la muerte en el siglo XVIII (El caso de Cádiz), in: Serrano Martín (Hg.): Muerte, Religiosidad y Cultura Popular. Siglos XIII-XVIII (Publicación ... de la Institución Fernando el Católico, organismo autónomo de la Excm. Diputación de Zaragoza, Bd. 1640). Zaragoza 1994, S. 344.

547 Vgl.: Arbol Navarro: Spanisches Funeralbrauchtum, S. 102 (Fußnote 52).

548 Vgl.: Ariès, Philippe: Studien zur Geschichte des Todes im Abendland. (dtv Wissenschaft, Bd. 4369). 2. Aufl., München 1982, S. 107.

setzt Hering die deutliche Präsenz des Todes dagegen und greift damit –
bewusst oder unbewusst – auf alte Begräbnisriten zurück. Die spanische Art
der Bestattung, die er ansonsten nicht weiter bewertet, birgt somit Potenzial
für den damals auch im deutschsprachigen Raum geführten Diskurs um ein
für breite Bevölkerungsschichten ungelöstes Problem. Mit der Veröffentlichung seines Berichts macht er dieses Potenzial publik. Dass die Angst vor
dem Scheintod auch in Spanien ein Problem darstellte,[549] das sich demnach
mit den beschriebenen Ritualen nicht lösen ließ, war Hering offenbar nicht
bekannt.

Kausale Zuordnung und Akzeptanz ritueller Modifikationen zeigt Hering
auch bei der Einordnung der sich einer spanischen Bestattung anschließenden
Rituale. Diese beschreibt er am Beispiel eines Begräbnisses an der Grenze
zwischen Spanien und Portugal und vergleicht sie mit „Deutscher Sitte"[550].
Ähnlich wie im deutschsprachigen Raum würden auch in Spanien im Anschluss
an die Bestattung „Gastmähler"[551] gereicht – aber erst, nachdem die Hinterbliebenen wie von Sinnen weinend und schreiend ihren Gefühlen Ausdruck
verliehen hätten, ginge man zum Essen und Trinken über.[552] Statt Kuchen
und Branntwein gebe es die „feinsten Zuckerbackwerke nebst Wein"[553]. Dabei
wandele sich die Atmosphäre unter den Trauernden zu einem Beisammen-
sein wie bei einer Hochzeit.[554] Hering bezeichnet diese offensive Form der
Totenklage als erbaulich.[555] Sie erscheint ihm offensichtlich als eine positive
Form der Trauerbewältigung, die es Betroffenen (wie z. B. seiner Wirtin)
ermöglichte, kurz darauf wieder ruhig der täglichen Arbeit nachzugehen.[556]
Von einem Totentanz, wie ihn Uli Wunderlich in seinem Aufsatz *Tanz um den
Toten im Sarg* von der Antike bis zur Mitte des 20. Jahrhunderts für Spanien
beschreibt, ist in keinem der untersuchten Berichte die Rede.[557] Die über-
deutliche und dennoch zeitlich und räumlich reglementierte offen ausgelebte

---

549   Vgl.: Arbol Navarro: Spanisches Funeralbrauchtum, S. 36.
550   [Hering]: Erinnerungen, S. 315.
551   Ebd.
552   Vgl.: ebd.
553   Ebd. Was zum Leichenschmaus gereicht wurde (und wird), ist je nach Region in Spanien
       unterschiedlich. Süße Speisen und Wein oder Branntwein sind durchaus üblich. Siehe
       dazu: Blanco: Muerte dormida, S. 49-50, 57-60.
554   Vgl.: [Hering]: Erinnerungen, S. 315.
555   Vgl.: ebd.
556   Vgl.: ebd.
557   Vgl.: Wunderlich, Uli: Der Tanz um den Toten im Sarg – Zeugnisse für einen Begräbnis-
       ritus in Spanien, in: Börngässer u. a. (Hg.): Grabkunst und Sepulkralkultur in Spanien und
       Portugal (Ars Iberica et Americana, Bd. 11). Frankfurt am Main u. a. 2006, S. 475-494.

Trauer knüpft an ältere Trauerbewältigungsformen an:[558] Das laute Wehklagen
war ein paganer Brauch[559] und als solcher von den christlichen Konfessionen
über Jahrhunderte als eine Art Konkurrenzritus angesehen worden, den man
durch Totengebet bzw. Totengesang zu reglementieren suchte.[560] Dennoch
blieb die Totenklage in Europa weit verbreitet. Nach Hannes Stubbe halte sie
sich – nach sozialer Schicht und Region unterschiedlich – teilweise bis in die
jüngste Zeit.[561]

Die Hering bewegende und von ihm beschriebene Emotionalität tangiert die
stark betonte Gefühlswelt des 19. Jahrhunderts, wo Schmerz und Trauer leiden-
schaftlich ausgelebt wurden.[562] Die in Spanien erlebte Trauer zeichnet sich für
ihn durch ein spezielles Gemeinschaftsgefühl aus, das von der Gemeinde als
kollektivem Lebensverbund getragen wurde und den Hinterbliebenen Halt
gab.[563] Das der Trauerbewältigung dienende gemeinsame Mahl markiert dabei
den Wandel. Genuss bereitende süße Backwaren weisen sinnbildlich den Weg
ins Positive. Im Sinne von Brot und Wein erinnern sie an die Eucharistie, an
Tod und Auferstehung. Wein half zugleich, die Atmosphäre zu lockern und die
Trauer zu bewältigen. Diese Hering offensichtlich seltsam anmutende Art des
Becherns bzw. Gelages war in der Frühen Neuzeit auch im deutschsprachigen
Raum weit verbreitet, von kirchlicher Seite jedoch nicht erwünscht.[564] Herings
Perspektive zeigt bereits die Auswirkungen der sozialen Disziplinierung bzw.
Versittlichung protestantisch initiierter Frömmigkeit im 19. Jahrhundert.[565]

558 Zu Totenklage und Leichenschmaus als Trauerbewältigungsformen der Frühen Neuzeit
     siehe: van Dülmen: Kultur und Alltag in der Frühen Neuzeit. Bd. 1, S. 223-227.
559 Wie Navarro bemerkt, wird die Totenklage in Spanien oft auf „orientalischen Einfluss"
     zurückgeführt. Sowohl im Islam als auch im Christentum seien die Gläubigen jedoch auf-
     gefordert, den Tod als gottgewollt hinzunehmen. „Das spanische Christentum übernahm
     aus gallischem und römischem Ritual kirchliche Totengebete und Totengesänge, die als
     Ersatz für griechisch-römische Totenklagen gedacht waren." Arbol Navarro: Spanisches
     Funeralbrauchtum, S. 70, siehe dazu auch: S. 66-70.
560 Vgl.: ebd., S. 66-67, 73, 77.
561 Vgl.: Stubbe, Hannes: Formen der Trauer. Eine kulturanthropologische Untersuchung.
     Berlin 1985, S. 112.
562 Vgl.: Ariès: Studien zur Geschichte des Todes, S. 45, 49.
563 Bis zum Ende des 18. Jahrhunderts war eine Beerdigung auch im deutschsprachigen
     Raum keine Privatangelegenheit, sondern ein Ritual, das z. B. die gesamte Dorfgemein-
     schaft erfassen konnte. Vgl.: van Dülmen: Kultur und Alltag in der Frühen Neuzeit. Bd. 1,
     S. 215-228. Dennoch scheint der in Spanien erfahrene Zusammenhalt eine besondere
     Dimension für den Verfasser gehabt zu haben. Zur Gemeinschaft von Lebenden und
     Toten in Spanien in der Moderne im Sinne des „bien morir" siehe: Pascua Sánchez: „bien
     morir", S. 343-364.
564 Vgl.: van Dülmen: Kultur und Alltag in der Frühen Neuzeit. Bd. 1, S. 225.
565 Dazu siehe: Graf: Protestantismus, S. 87.

Der Verfasser der *Briefe aus Spanien*, der (wie bereits erwähnt) den kostenintensiven spanischen Trauerritualen ablehnend gegenüberstand, sieht wiederum in der Form des Begrabens in Spanien positive Aspekte. So empfindet er das wiederholte „Feststampfen der Erde"[566] im Grab über dem Toten der „schädlichen Ausdünstungen wegen"[567] als zweckmäßig. Damit greift er in einen zum damaligen Zeitpunkt im deutschsprachigen Raum geführten Diskurs über die gesundheitlichen Aspekte von Gräbern ein. Fehlende Regelungen z. B. über die Tiefe eines Grabes hatten dazu geführt, dass „bis zur Mitte des 19. Jahrhunderts immer wieder [...] halbverweste Leichenteile zu Tage kamen – ein gesundheitspolitisches Problem"[568]. Auch die Gefahr, die von den Ausdünstungen der Gräber ausging, spielte eine Rolle.[569] Die bereits mit der Reformation einsetzende Bewegung der Verlagerung der Friedhöfe aus den Städten wurde daher immer wieder auch als gesundheitliche Maßnahme begründet.[570] Die Einrichtung weltlich verwalteter Friedhöfe veränderte auch die kultische Einheit zwischen Begräbnisort und Kirche, was u. a. eine Medikalisierung des Sterbens begünstigte.[571] Für den Verfasser der *Briefe aus Spanien* steht die Gefahr der Ausdünstungen aus Gräbern außer Frage. In Spanien aber sieht er eine Methode, mit der man der Problematik beikommen könnte. Die ablehnende Haltung des Verfassers gegenüber der spanisch-katholischen Form der Beerdigung wird durch praktische Erwägungen aufgebrochen. Die beschriebene Methode zeigt zugleich einen Weg auf, nach dem Friedhöfe möglicherweise nicht verlegt werden müssten. Die zentrale Stellung des Kirchhofs und die damit einhergehende kultische Bindung von Begräbnisort und Kirche wären durch die aus dem Kriegseinsatz vermittelte Praxis des Begrabens mit dem gesundheitlichen Diskurs vereinbar – eine Lösung, die

---

566　Vgl.: o.V.: Briefe aus Spanien, in: Fackeln 1, H. 1 (1811), S. 57.

567　Ebd.

568　Feiber, Albert A.: Friedhöfe im 19. und 20. Jahrhundert, in: Daxelmüller (Hg.): Tod und Gesellschaft – Tod im Wandel. Begleitband zur Austellung im Diözesanmuseum Obermünster Regensburg, 8. November 1996 bis 22. Dezember 1996 (Kataloge und Schriften/ Kunstsammlungen des Bistums Regensburg. Diözesanmuseum Regensburg, Bd. 18). Regensburg 1996, S. 98.

569　Vgl.: Bauer: Tod und Bestattung, in: HZ 254, H. 1 (1992), S. 12.

570　Vgl.: ebd., S. 7-9, 12-13; Feiber: Friedhöfe, S. 97-98; Sörries, Reiner: Der weite Weg zum Friedhof – Entwicklung der Friedhofskultur seit 1800, in: Denk/Ziesemer (Hg.): Der bürgerliche Tod. Städtische Bestattungskultur von der Aufklärung bis zum frühen 20. Jahrhundert. Internationale Fachtagung des Deutschen Nationalkomitees von ICOMOS in Zusammenarbeit mit dem Bayerischen Nationalmuseum München, 11.-13. November 2005 (ICOMOS: Hefte des Deutschen Nationalkomitees, Bd. 44). Regensburg 2007, S. 8.

571　Vgl.: Feiber: Friedhöfe, S. 97-98. Zur Thematik der Medikalisierung siehe auch: Ariès: Geschichte des Todes, S. 720-770.

er dem Leser über die Publikation des Berichts offerierte. Dies war durchaus bedeutsam, da sich der Wunsch nach einer Beisetzung in der Kirche oder auf dem Kirchhof trotz aller Bemühungen auch in protestantischen Kreisen nicht vollständig abschaffen ließ.[572] Dem Verfasser war offensichtlich nicht bekannt, dass man ab dem 19. Jahrhundert auch in Spanien bemüht war, die Friedhöfe nach außerhalb der Städte zu verlegen.[573]

Eine der in den Berichten beschriebenen Beerdigungen weicht vom Prinzip der sarglosen Bestattung ab: die des Don Pedro Caro y Sureda, dritter Marquis von La Romana (1761-1811).[574] Der spanische General war bei den Vorbereitungen zur Befreiung von Badajoz ums Leben gekommen. Sein Leichnam wurde auf einem Schiff nach Mallorca überführt, wo Holzenthal die Trauerfeierlichkeiten beobachten konnte. Stand und Verehrung des Marquis entsprechend waren die von weit größerem Umfang als die bis dahin von Holzenthal erwähnten Prozessionen. Er schreibt dabei nicht von einem offenen, sondern lediglich von einem Sarg, was darauf schließen lässt, dass er geschlossen war – auch wenn anzunehmen ist, dass der gefangene Holzenthal die Geschehnisse nur aus der Ferne verfolgen konnte. Für den Leser wird jedoch ersichtlich, dass die sarglose Bestattung in Spanien zwar üblich war, es aber auch hier sozialhierarchische Unterschiede gab, die u. a. in der Verwendung eines geschlossenen Sarges zum Ausdruck kamen.[575] Für die ausgewerteten Berichte lässt sich – ähnlich wie bei der Innenausstattung der Häuser – der Schluss ziehen, dass sich der Kontakt der Verfasser auf die mittleren und unteren Schichten der spanischen Bevölkerung beschränkte. Die oberen Schichten der spanischen Gesellschaft hingegen blieben ihnen unzugänglich.

---

572 Vgl.: Bauer: Tod und Bestattung, in: HZ 254, H. 1 (1992), S. 10-11. „Da die Reformatoren davon überzeugt waren, daß ein Christ für einen Toten nichts mehr tun könne, der Tote nicht mehr zur Gemeinde zählte, propagierten sie die Verlagerung der Friedhöfe an den Stadtrand, ja die Anlage von Friedhören außerhalb der Stadtmauern." van Dülmen: Kultur und Alltag in der Frühen Neuzeit. Bd. 1, S. 222.

573 Vgl.: Blanco: Muerte dormida, S. 60.

574 Vgl.: Holzenthal: Briefe, in: Journal für die neuesten Land- und Seereisen 24, H. 10 (1816), S. 120.

575 Arbol Navarro zu Folge ist eine Ursache für die Sargbestattung in Spanien in den Abgrenzungsbemühungen zwischen Christen und Muslimen zu suchen. Beide Religionen hatten aus der jüdisch-semitischen Tradition heraus die Bestattung der Leichname in Tüchern übernommen. Im Gegensatz zu Muslimen, die ihre Toten in der Regel in leichten Gewändern bestatteten, wurden christliche Leichname reichlich bekleidet ohne Sarg oder in prächtigen Särgen begraben. Von christlicher Seite versuchte man, durch den Sarg den Kontakt des Verstorbenen mit der Erde zu vermeiden, um so die Leiche bzw. die Asche des Verstorbenen für die Auferstehung aufzubewahren. In den unteren Schichten der Bevölkerung verwischten jedoch diese Grenzen der Bestattungsformen. Vgl.: Arbol Navarro: Spanisches Funeralbrauchtum, S. 60-66.

Über all das bisher Gesagte hinaus hatte die Beobachtung von Begräbnissen in Spanien für die Kriegsteilnehmer auch eine praktische, sehr persönliche Komponente: Angesichts der hohen Verluste im Krieg auf der Iberischen Halbinsel konnten die Verfasser jeden Tag selbst von den dort gepflegten rituellen Praktiken betroffen sein. Das Wissen um den Umgang mit Verstorbenen in diesem spezifisch katholischen Milieu war demzufolge von besonderem Interesse. Von Holzing wurde sich dessen schmerzhaft bewusst, als während seiner Gefangenschaft ein in einem Krankenhaus neben ihm liegender deutschsprachiger Offizier verstarb: „da seine Religion die Protestantische war, welche er auch hier nicht verläugnete, so wurde seine Beerdigung auf einem geweihten Kirchhofe nicht gestattet."[576] Die Bestattung in ungeweihter Erde klassifizierte einen Verstorbenen aus religiöser Perspektive als unrein, stellte ihn in Spanien schlechter als einen Konvertierten[577] und setzte ihn mit Selbstmördern, Kriminellen, Exkommunizierten, den sozial am Rande der Gesellschaft Stehenden und Muslimen gleich, die ihre Toten in sogenannten Ackergräbern[578] begruben. Selbst verurteilte Straftäter konnten, wie Philippe Ariès bemerkt, durchaus in geweihter Erde beigesetzt werden, denn sie hätten bereits für ihre Vergehen bezahlt.[579] Der verstorbene deutschsprachige Offizier hingegen wurde durch die Beisetzung in ungeweihter Erde sowohl sozial als auch religiös entwürdigt, obwohl er als aufrechter Christ aufgetreten und gestorben war, der sich äußerem Druck nicht beugte. Seine Haltung als Protestant wird in von Holzings Bericht retrospektiv aufgewertet. Da der protestantisch-christliche Glauben im katholischen Milieu Spaniens auf Ablehnung stieß und z. B. Protestanten vom religiösen Bestattungsraum ausschloss, versuchten nichtkatholische Kriegsteilnehmer auf ihre Weise, die Gefahr einer würdelosen Beerdigung zu umgehen. So erwähnt Hering bei einem der von ihm beschriebenen Begräbnisse, dass auch einige Husaren aus den Reihen der britischen Truppen beerdigt werden sollten.[580] Obwohl es sich um Verbündete handelte und man die spanische – sarglose – Form des Begräbnisses akzeptierte, gab man sie für Katholiken aus, damit ihnen ein würdiges

---

576   Holzing: Meine Gefangennehmung (1824), S. 17.

577   In Spanien sollten auf Anordnung Philipp II. (1591) vom Islam zum katholischen Christentum Konvertierte in Kirchengräbern beigesetzt werden, um die religiöse Einheit Spaniens voranzutreiben. Zu dieser Problematik siehe: Arbol Navarro: Spanisches Funeralbrauchtum, S. 22-23.

578   Zu Ackergräbern siehe: ebd., S. 38-41.

579   Vgl.: Ariès: Geschichte des Todes, S. 61.

580   Vgl.: [Hering]: Erinnerungen, S. 292.

Begräbnis nach spanischer Art nicht verwehrt wurde. Nur so ließ sich offensichtlich verhindern, dass sie am Wegesrand verscharrt wurden.[581]

Der Tod war im Krieg zwar allgegenwärtig, für die Kriegsteilnehmer
jedoch, besonders wenn es Angehörige der eigenen Truppen traf, keineswegs
unemotional. Trotz oft notwendiger Bestattung in Massengräbern zeigen
die Beschreibungen das Bemühen um eine würdige Grabstätte – auch und
besonders in der Fremde. Krieg bedeutete nicht nur die Konfrontation mit
einem gewaltsamen Tod, sondern auch die Auseinandersetzung um eine
würdige letzte Ruhestätte und damit einen Kulturkontakt auf ganz spezieller
Ebene. Doch nicht nur die spanische Beerdigungspraxis offenbarte den Kriegsteilnehmern die harten Grenzen religiöser Akzeptanz in Spanien.

5.4.3   *Differenz und Akzeptanz*

Die Ablehnung Andersgläubiger war nicht nur in Spanien ein verbreitetes
Phänomen. Doch dort wurden Kriegsteilnehmer auf ganz spezielle Weise
mit diesem Problem konfrontiert. So beschreibt z. B. Klauß in einer Kirche
in Segovia (siehe Karte) eine Tafel mit seinen Angaben zufolge mehr als
400 Namen von verbrannten Ketzern,[582] die man zum „andenken für ihr
Nachkomen [sic!]"[583] festgehalten habe. Auch wenn es sich um Opfer von Ver-
brennungen aus „alten Zeiten"[584] handelte, die zum Zeitpunkt des Einsatzes
von Klauß auf der Iberischen Halbinsel keine gängige Praxis mehr waren,
so eröffnete ihm diese Tafel eine Vorstellung vom Umgang mit Anders- oder
Ungläubigen in Spanien. Die hohe Zahl der als Ketzer ums Leben Gebrachten
verweist auf die unerbittlichen religiösen Auseinandersetzungen, die auf der
Iberischen Halbinsel geführt wurden. Die Beibehaltung der Namenstafeln in
der Kirche als Ausdruck einer über Generationen bestehenden Stigmatisierung
stellt für Klauß ein grausames Denkmal dar. Einen Bezug zu Tafeln mit Namen
von Konvertierten in Kirchen im deutschsprachigen Raum, die ebenfalls
stigmatisierenden Charakter hatten, stellt er nicht her.

Eine andere Form religiöser Abgrenzung lernten die Kriegsteilnehmer
anhand auch während des Krieges in Spanien zelebrierter Feierlichkeiten
anlässlich der Vertreibung der Mauren kennen.[585] Während sich diese –
ebenso wie die Namenstafeln – auf die Vergangenheit bezogen, wurden insbesondere protestantische deutschsprachige Kriegsteilnehmer aufgrund ihrer

---

581 Vgl.: ebd.
582 Vgl.: Klauß: Ich, 1815/1863, Gemeindearchiv Haßloch, Bestand 1 A 1 Nr. 45, Fol. 2.
583 Ebd.
584 Ebd.
585 Vgl.: Holzenthal: Briefe, in: Journal für die neuesten Land- und Seereisen 24, H. 9 (1816),
     S. 71-72.

religiösen Ausrichtung mit sehr gegenwärtigen Problemen konfrontiert, denn wie Schümberg bemerkt: „Gegen Teutsche waren sie mißtrauisch; selbst der unwissendste Geistliche kannte die Wiege der Reformation, und die weit ausgebreiteten Zweige des Protestantismus in diesem Lande."[586] Unabhängig davon, auf welcher Seite man kämpfte: Nur wer sich zur katholischen Religion bekenne, so Schümbergs Erkenntnis, „findet schon durch dieses Glaubensbekenntniß selbst bei der spanischen Geistlichkeit Schutz und Eingang; wenigstens tritt ihm Intoleranz oder die Macht des Vorurtheils nicht feindselig in den Weg."[587] Aus Herings Perspektive forderten diese Umstände konfessionelle Zugeständnisse seitens der Kriegsteilnehmer.[588] Sie ermöglichten es, sich zumindest äußerlich für die Zeit des Einsatzes in den religiösen Raum auf der Iberischen Halbinsel zu integrieren. Dieser Erkenntnis entsprechend gibt z. B. Schümberg an,[589] auf Nachfrage Einheimischer immer wieder Protestanten als Katholiken ausgegeben zu haben, auch wenn sie es in Wirklichkeit nicht gewesen seien.[590] Des Weiteren berichtet er von einem protestantischen Obristen, der sein zu ca. zwei Dritteln aus Protestanten bestehendes Regiment zur katholischen Messe schickte, um das Misstrauen der Bevölkerung vor Ort nicht zu wecken und Übergriffe zu vermeiden.[591] Dieses Vorgehen verweist auf das von den Kriegsteilnehmern beschriebene, für sie stets spürbare Gewaltpotential religiöser Differenz in Spanien. Geißler erwähnt den regelmäßigen Kirchgang eines Marschalls der französischen Truppen und seiner Offiziere in Girona,[592] auch wenn letztere die Zeit vor allem genutzt hätten, um dort Kontakte mit Spanierinnen zu knüpfen.[593] Die notwendige Präsentation allgemein akzeptierter religiöser Zugehörigkeit ließ sich demnach durchaus mit angenehmen Aspekten verbinden. Aus der Teilnahme an sichtbaren Ritualen sollte die einheimische Bevölkerung aber vor allem eine entsprechende konfessionelle Bindung der Kriegsteilnehmer ableiten. Dieses Vorgehen verweist zugleich darauf, dass der Gang zur Messe und die Teilnahme

---

586 [Schümberg]: Erinnerungen, S. 200.

587 Ebd.

588 Vgl.: [Hering]: Erinnerungen, S. 292.

589 Vgl.: [Schümberg]: Erinnerungen, S. 159-160.

590 Vgl.: ebd., S. 200-201.

591 Vgl.: ebd., S. 201.

592 Vgl.: Geißler: Denkwürdigkeiten (1830), S. 119.

593 Vgl.: ebd. Die Möglichkeit, im Rahmen des Kirchgangs Bekanntschaft mit spanischen Frauen zu machen, lässt darauf schließen, dass Frauen die Kirche öfter ohne männliche Begleitung aufsuchten. Ähnlich wie im deutschsprachigen Raum verweist dies auch in Spanien auf eine aktive Partizipation der Frauen am religiösen Leben der Gemeinschaft zu Beginn des 19. Jahrhunderts. Zur Rolle der Frau in der katholischen Kirche siehe: Schlögl: Alter Glaube, S. 319-337.

an religiösen Ritualen von Fremden auch von spanischer Seite als ein Indikator für die Glaubenszugehörigkeit angesehen wurde. Vorgesetzte, die das berücksichtigten, erwiesen sich dementsprechend als sehr wichtig für den Schutz der eigenen Truppen. Der gemeinsame Kirchgang konnte die Grundlage für ein entspannteres Verhältnis zur Bevölkerung schaffen. Auch wenn eine mögliche retrospektive Aufwertung der Rolle der Vorgesetzten (zu denen die Mehrheit der Verfasser der hier ausgewählten Quellen gehörte) nicht ausgeschlossen werden kann, bleibt festzuhalten, dass es Offizieren (ihrem jeweiligen Rang entsprechend) möglich war, eine zentrale Rolle im speziellen konfessionellen Spannungsverhältnis zwischen Militär und einheimischer Bevölkerung einzunehmen und dieses über religiöse Sensibilität entscheidend zu beeinflussen.

Darüber hinaus konnte es Schümberg zufolge aber auch für jeden Einzelnen wichtig sein, sich der spanischen Umgebung als Anhänger der katholischen Lehre zu präsentieren. Zu diesem Zweck gibt er in seinem Bericht an verschiedener Stelle Hinweise, wie man sich der spanischen Bevölkerung gegenüber als glaubwürdiger Katholik darstellen könne:[594] Ihrer Religion und ihren Bräuchen sei unbegrenzte Achtung entgegenzubringen, egal welche Auswüchse von Bigotterie und Aberglauben sie annähmen, und Bettlern vor der Kirche sollte man Almosen spenden.[595] „Man besuche die Kirchen, entblöße, in einer ehrerbietigen Stellung verharrend, bei vorübergehenden Processionen sein Haupt, und man wird augenblicklich im ganzen Flecken für einen Christiano, (einen guten katholischen Christen) [gehalten, K.B.]"[596] Den gesprächigen Wirten solle man nicht wortkarg erscheinen, sondern selber viel erzählen, z. B. über katholische Kirchen und Klöster im deutschsprachigen Raum, nur eben nichts Wichtiges oder militärisch Relevantes.[597] Der Frage nach dem Taufnamen solle man nicht ausweichen, wenngleich sie als eine Methode zur Überprüfung der konfessionellen Zugehörigkeit anzusehen sei.[598] Ratsam sei es, einen in Spanien gebräuchlichen Vornamen und sicherheitshalber auch einen im Kalender stehenden Schutzpatron anzugeben.[599] Als besonders Vertrauen erweckend gibt er den Namen Fernando an, bei dem die Bevölkerung sofort an Ferdinand VII. als ihren wahren König denke.[600] Verwünsche man dann noch seinen Einsatz, den man nicht freiwillig, sondern aufgrund der Konskription habe antreten müssen, so könne man das Zutrauen

---

594   Vgl.: [Schümberg]: Erinnerungen, S. 160-165, 201-202.
595   Vgl.: ebd., S. 160-161.
596   Ebd., S. 160.
597   Vgl.: ebd., S. 163.
598   Vgl.: ebd.
599   Vgl.: ebd.
600   Vgl.: ebd., S. 164.

der Spanier gewinnen.[601] In diesem Zusammenhang erwähnt er folgende
Begebenheit:

> Einer meiner Bekannten, der, wenn gleich durch sein Temperament zum
> Priester verwahrlost, mit erkünstelter Treuherzigkeit seinem Wirthe erzählte, er
> sey anfänglich für den geistlichen Stand bestimmt gewesen, und habe nur, durch
> die Gewalt der Conscription gezwungen, Soldat werden müssen, erwarb sich das
> unbegrenzte Zutrauen der ganzen Familie, und hatte, als ihm der alte Spanier
> in der Folge mit eigner Aufopferung das Leben rettete gar keine Ursache seine
> schelmische Nothlüge zu bereuen.[602]

Schümberg schreibt offen von einer Notlüge, die durch den Einsatz in dem spezifischen katholischen Raum Spaniens legitimierbar scheint. Diese Geschichte
aus zweiter Hand macht seine Perspektive deutlich: Der religiöse Brücken-
schlag zur Bevölkerung hatte überlebenswichtige Bedeutung. Die geschilderte
Begebenheit soll wohl auch belegen, dass diesbezügliche Unwahrheiten in
den eigenen Reihen akzeptiert und von anderen Kriegsteilnehmern gedeckt
wurden. So wirkt die Beschreibung des Verhaltens Dritter wie die Vorbereitung
auf Schümbergs eigene Geschichte, denn auch er griff auf eine „kleine Lüge"[603]
zurück: Er erklärte z. B. einem Pfarrer, bei dem er einquartiert war und der sich
über seine Lateinkenntnisse wunderte, dass ein ehemaliger Jesuit sein Lehrer
gewesen sei.[604] In der Folge betont Schümberg das gute Auskommen mit dem
Geistlichen, der ihn später sogar vor den Plänen des Gegners warnte und so
zu seinem Retter wurde.[605] Schümberg selbst schätzt sein Latein als äußerst
schlecht ein. Für den spanischen Pfarrer jedoch schien es auszureichen, um
katholische Bildung glaubhaft werden zu lassen. Dem Leser wird so der Rückschluss auf die geringe Bildung seitens des Pfarres suggeriert.

Doch auch für katholische Kriegsteilnehmer war es nicht immer ein-
fach, von der Bevölkerung akzeptiert zu werden, denn bei nichtspanischer
Herkunft gab es durchaus Vorbehalte.[606] So habe man z. B. Katholiken aus
Frankreich zwar als solche betrachtet, ihnen aber den wahren katholischen
Glauben abgesprochen, da er durch die Französische Revolution verfälscht
wäre.[607] Dem Verfasser der *Briefe aus Spanien* zufolge hasse man die Franzosen

---

601   Vgl.: ebd., S. 164-165.
602   Ebd.
603   Ebd., S. 201.
604   Vgl.: ebd.
605   Vgl.: ebd., S. 201-202.
606   Vgl.: ebd., S. 200.
607   Vgl.: ebd.

geradezu, weil sie Ketzer seien.[608] Hier wird die Rezeption der französischen
Zivilkonstitution (1790) sichtbar, nach der die Kirche in Frankreich radikal
umstrukturiert wurde, sich in das konstitutionelle Staatswesen einfügen
und Priester als Staatsbeamte ihren Eid auf die Nation leisten sollten.[609]
Vom Papst wurde die Zivilkonstitution abgelehnt.[610] In Spanien hatten
solche Forderungen Schümberg zu Folge auch in konfessionellen Fragen zur
Ablehnung französischer Kriegsteilnehmer geführt und sie im Grunde zu
Häretikern werden lassen. Polen gegenüber sei man laut Schümberg weitaus gewogener gewesen, da man bei ihnen von einem noch unverfälschten
Glauben ausging:[611]

> Nur die Polen hatten unter dem Zurufe Polaccos – buenos hombres –
> buenos cigos – buneos Christianos catholicos (Polacken – brave Leute – gute
> Jungen – gutkatholische Christen) von herzuströmenden Landleuten eine
> ungeheure Quantität aguardiente (Brandwein) bekommen, rotteten sich aber
> durch diesen und die Aufhetzungen der in ihren Reihen umherschleichenden
> Spanier aufgereizt, zusammen und schrien mit Ungestüm nach Brod.[612]

Diese Zuneigung gegenüber polnischen Katholiken durch die Spanier schien
vielen deutschsprachigen Kriegsteilnehmern ungerechtfertigt, was sich in
entsprechenden Bemerkungen über das Verhalten von Polen gegenüber
der spanischen Bevölkerung äußert. So beschreibt z. B. Schümberg, dass ein
polnischer Infanterist einem Mönch einen kostbaren Ring abnehmen wollte.
Als er diesen nicht abstreifen konnte, schnitt er dem Mann zuerst den Finger ab,
steckte ihn mit Ring ein und tötete dann den Mönch.[613] Aus anderen Berichten
geht ebenfalls hervor, dass sich auch polnische Kriegsteilnehmer gewalttätig
verhielten,[614] also die bevorzugte Behandlung der Spanier im Grunde nicht wert
waren. Der konfessionell gebundene Blickwinkel der spanischen Bevölkerung
führte sie, wie u. a. in Schümbergs Bericht ersichtlich, zu Vorurteilen und
falschen Schlüssen, für die sie dann teuer bezahlten. Obwohl konfessionell-
geografisch bzw. -regional ausgerichtete Zuordnungsprozesse weitreichende

---

608 Vgl.: o.V.: Briefe aus Spanien, in: Fackeln 1, H. 1 (1811), S. 30.

609 Vgl.: Schlögl: Alter Glaube, S. 110-125; Hartmann, Peter C.: Geschichte Frankreichs.
       (Beck'sche Reihe, Bd. 2124). Orig.-Ausg., 2. Aufl., München 2001, S. 41-43.

610 Napoleon war bemüht, die Differenzen mit dem Papst beizulegen. Doch sein Verhält-
       nis zum Heiligen Stuhl blieb voller Spannungen. Dazu siehe: O'Dwyer, Margaret M.: The
       Papacy in the Age of Napoleon and the Restoration. Pius VII. 1800-1823. Lanham u. a. 1985.

611 Vgl.: [Schümberg]: Erinnerungen, S. 200.

612 Ebd., S. 45.

613 Vgl.: ebd., S. 87-88.

614 Vgl. z. B.: o.V.: Briefe aus Spanien, in: Fackeln 1, H. 1 (1811), S. 42.

Bedeutung gewinnen konnten, wird in den Zeugnissen deutlich, dass die konfessionelle Selbst- und Fremdverortung nicht zwangsläufig mit dem ihr beigemessenen Verhalten einher ging, also auch kein Garant für Nächstenliebe war, sondern immer vom individuellen Verhalten des Einzelnen abhing.

Die positive Sicht- und Verhaltensweise der Spanier gegenüber Polen konnte sich aus der Perspektive anderer Kriegsteilnehmer unter Umständen als ein Sicherheitsrisiko für die Truppen darstellen, barg die konfessionelle Nähe zur spanischen Bevölkerung doch die Gefahr einer Zusammenarbeit. Für deutschsprachige Angehörige polnischer Truppen (wie z. B. von Brandt) war dieses Wohlwollen gegenüber polnischen Katholiken wahrscheinlich Segen und Fluch zugleich. Einerseits dürfte es ihnen den Zugang zur spanischen Bevölkerung erleichtert haben, was aber zu Problemen mit Deutschsprachigen anderer Truppenteile bzw. generell mit anderen Truppenteilen führen konnte. Andererseits war auch eine Ausgrenzung (als Nicht-Polen) in ihren eigenen Reihen nicht auszuschließen, was eine Zusammenarbeit innerhalb der Truppen erschwert haben würde. Solche Differenzerfahrungen könnten – neben dem Niedergang der napoleonischen Herrschaft und der Restauration im deutschsprachigen Raum – ein Grund sein, warum von Brandt bemüht war, sich in seinem Zeugnis von seiner vom damaligen Herzogtum Warschau entsandten Legion und damit von polnischen Kriegsteilnehmern abzugrenzen.

Positive Aspekte konnte hingegen Heusinger der konfessionellen Verschiedenheit innerhalb der Truppen abgewinnen:[615] Sein Braunschweigisches Husarenregiment traf bei dessen Einquartierung in Mutxamel (siehe Karte) auf ein verbündetes sizilianisches Regiment und wurde von diesem bei den Einheimischen eingeführt.[616] Sizilianische Katholiken hatten offenbar problemloseren Zugang zu Spaniern. Sie öffneten dem Husarenregiment gewissermaßen die Türen, womit die Konfession der Braunschweiger von Seiten der Bevölkerung wohl nicht in Frage gestellt wurde. Die Akzeptanz sizilianischer Truppen könnte neben ihrem katholischen Glauben auf die lange Zugehörigkeit Siziliens zu Spanien zurückzuführen sein, das seit 1735 wieder von spanischen Bourbonen regiert wurde.[617] In dieser Zeit unterstand es auch der spanischen Inquisition.[618] Sizilianer waren daher im Vergleich zu anderen

---

615 Vgl.: Heusinger: Ansichten, Beobachtung und Erfahrungen, S. 40.

616 Vgl.: ebd.

617 Vgl.: Gernert, Angelica/Groblewski, Michael: Ein Überblick: Die italienischen Staaten zwischen 1559-1814, in: Altgeld/Lill (Hg.): Kleine italienische Geschichte (Schriftenreihe bpb, Bd. 530). Lizenzausg., Bonn 2005, S. 176; Finley, Moses I. u. a.: Geschichte Siziliens und der Sizilianer. (Beck'sche Reihe, Bd. 1256). 3. Aufl., München 2006, S. 195-244.

618 Durch die Bindung Siziliens an das Königreich Aragon wurde die spanische Inquisition Ende des 15. Jahrhunderts auch im Königreich Sizilien eingeführt. Trotz Herrscherwechsel

Katholiken für Spanier unverdächtiger und konnten sich in den religiösen Raum der Iberischen Halbinsel schneller einfinden. Aber auch der derzeitige gemeinsame Widerstand gegen Napoleon kann eine Rolle gespielt haben.[619] Heusingers Beschreibung verweist indirekt auf ein anderes Problem: Dem Verfasser der *Briefe aus Spanien* zufolge sähen Spanier die Briten im Grunde ebenfalls als Ketzer an,[620] was Heusingers Erleichterung über die Anwesenheit der Sizilianer erklären würde. Der Verfasser der *Briefe aus Spanien* empfand es als klug, dass die Briten ihre Truppen beisammen hielten und den Spaniern den kleinen Krieg überließen.[621] Auch wenn es sich hier um die Sicht eines auf bonapartistischer Seite Kämpfenden und damit Außenstehenden handelt, so ist sie doch ein Hinweis darauf, dass tradierte konfessionelle Abgrenzungen auch unter damalig Verbündeten nur schwer zu überbrücken waren.

Das beschriebene Verhalten der spanischen Bevölkerung zeigt, dass nicht nur von deutschsprachigen Kriegsteilnehmern eine Binnendifferenzierung innerhalb des Katholizismus vorgenommen wurde. Katholisch war demnach nicht gleich katholisch, wie die unterschiedliche Behandlung der verschiedenen Teilnehmer an diesem Krieg sichtbar macht. Für deutschsprachige Katholiken wurden derartige Unterschiede wie bei Polen und Franzosen in den ausgewählten Quellen nicht vermerkt. Dem entspricht auch das offenbar erfolgreiche Bemühen protestantischer Deutschsprachiger, sich als Katholiken auszugeben, denn nur, wenn das gelang, konnte man, wie oben bereits bemerkt, Zutrauen und (gegebenenfalls selbst als Feind) Hilfe erwarten. Neben dem in Kapitel 4.2.3 beschriebenen Mitgefühl gegenüber Verletzten und Kranken nahm auch der katholische Glaube eine Brückenfunktion ein, der Angehörige verfeindeter Parteien zumindest zeitweise als Menschen und nicht als Gegner in Erscheinung treten lassen konnte. Es reichte nicht aus, Christ zu sein, sondern aus Schümbergs Perspektive war es im Interesse der eigenen Sicherheit unabdingbar, als katholisch wahrgenommen zu werden – und zwar in der

---

und gewisser Einschränkungen ihrer Befugnisse wurde der spanischen Inquisition 1715 per päpstlicher Bulle in Religionsfragen weiterhin freie Hand gewährt, im Rahmen aufklärerischer Reformbestrebungen 1782 jedoch abgeschafft. Das Königreich wurde aber auch weiterhin von spanischen Bourbonen in Sekundogenitur (Nebenlinie) regiert. Vgl.: Finley u. a.: Geschichte Siziliens, S. 137, 148-152, 192, 222-223; Carpanetto, Dino/Ricuperati, Giuseppe: Italy in the Age of Reason. 1685-1789. (Longman History of Italy, Bd. 5). 1. Aufl., New York u. a. 1987, S. 236-248; Bethencourt, Francisco: L'Inquisition à l'époque moderne. Espagne, Portugal, Italie. XVe-XIXe siècle. (Les nouvelles études historiques). Paris 1995, S. 416-419; Gernert/Groblewski: Ein Überblick, S. 176.

619   Zum Verhältnis zwischen Sizilien und Großbritannien zur Zeit Napoleons siehe: Finley
       u. a.: Geschichte Siziliens, S. 233-244.

620   Vgl.: o.V.: Briefe aus Spanien, in: Fackeln 1, H. 1 (1811), S. 30.

621   Vgl.: ebd.

spezifischen, in Spanien akzeptierten Form katholischen Glaubens. In seinem Bericht ist er bemüht zu belegen, dass die praktische Anwendung seiner Ratschläge funktionierte und er bei weitem nicht der Einzige gewesen sei, der sich solcher überlebensnotwendigen Notlügen bediente. Die beschriebenen Umstände und die Anwendung dieser Praxis durch eine Vielzahl von Kriegsteilnehmern soll den Leser von der Notwendigkeit eines solchen Vorgehens überzeugen und es legitimieren. Zieht man die oben erwähnte Einschätzung in Betracht, dass es sich bei der spanischen Glaubenspraxis um bloße Routine handele, so konnte deren Nachahmung das eigentliche Glaubensbekenntnis der protestantischen Kriegsteilnehmer aus ihrer Sicht nicht gefährden. So erscheint Schümbergs ausführliche Begründung für seine Notlügen als Beteuerung seines eigentlichen Glaubens und als bitte er den Leser – also die Gemeinschaft – um Absolution. Seine Ausführungen suggerieren aber auch, dass es offensichtlich nicht viel bedurfte, um Spaniern, ja sogar Geistlichen, vorzutäuschen, katholischen Glaubens zu sein. Damit spielt er, wie auch andere Verfasser, auf den niedrigen Stand der Bildung in Spanien an.

5.4.4   *Glaube und Bildung*

Die Frage der Bildung war für deutschsprachige Kriegsteilnehmer offenbar von besonderer Bedeutung. Für den Verfasser der *Briefe aus Spanien* waren vor allem die Priester im Sinne eines Volkslehrers für die Vermittlung von Bildung zuständig.[622] Doch trotz der im Verhältnis zur Bevölkerung hohen Zahl an Priestern vermisse man gerade die Bildung in Spanien.[623] Dieser Aussage liegt ein spezifisches Bildungsverständnis zugrunde. Die wichtige, von ihm als „bedeutende Bildung"[624] bezeichnete ist für den Verfasser an die Aufklärung gebunden. Nur dieses über Frankreich propagierte aufklärerische Wissen, über das er demnach zu verfügen meinte, ist es aus seiner Perspektive wert, als Bildung bezeichnet zu werden – die er aber in der spanischen Bevölkerung offensichtlich nicht vorfand. Auch in anderen Berichten wird oft von diesem spezifischen Wissensbegriff ausgegangen, wenn von Bildung die Rede ist. Diese Sichtweise ist allerdings auch im Zusammenhang mit der Entwicklung im deutschsprachigen Raum zu sehen. Dort nahmen die Kirchen u. a. eine wichtige Rolle im Erziehungswesen ein. Besonders in protestantisch geprägten ländlichen Gebieten war der Pfarrer durch seine eigene universitäre Bildung zu einer Art Erzieher der Bevölkerung geworden, der in der Regel zugleich auch das kulturelle Zentrum der dörflichen Gemeinschaft bildete. Er

---

622   Vgl.: ebd., S. 58.
623   Vgl.: ebd.
624   Ebd.

nahm dabei Ende des 18. und zu Beginn des 19. Jahrhunderts ein wichtige Vermittlungsfunktion rationalistisch-aufklärerischen Gedankenguts ein, die sich u. a. gegen Aber- und Wunderglauben richtete.[625]

Heusinger sieht in der in Spanien vorgefundenen Musik, Poesie und Romanzen ein gewisses Potenzial, allerdings vermisst er die Entwicklung der Künste und Wissenschaften.[626] Besonders die unteren Bevölkerungsschichten würden von Ignoranz gegenüber Andersgläubigen und religiösem Aberglaube beherrscht.[627] Für Geißler ist es der finstere orthodoxe Katholizismus, der die Bevölkerung in Katalonien geistige Freiheit als ein erstrebenswertes Ziel nicht sehen ließe.[628] Geistige Freiheit gäbe es nur in Bezug auf Technik und Mechanik, nicht aber auf philosophischer Ebene.[629] Lediglich das Streben nach persönlicher und politischer Freiheit (im Sinne eines nicht von außen aufoktroyierten Herrschers) gesteht er den Spaniern zu. Die Grenze zwischen philosophisch-geistiger auf der einen und persönlicher bzw. politischer Freiheit auf der anderen Seite stellt für ihn der in Katalonien wahrgenommene Katholizismus dar, nicht die Konfession an sich. Im Gegensatz zu anderen Zeugnissen zeigt sich bei Geißler auch in Fragen des spanischen Katholizismus eine innerspanische Differenzierung, welche den religiösen Raum des Landes heterogen erweitert. Das Alltagsleben der Spanier schien durch verschiedene Brüche geprägt zu sein, die in den Berichten von Kriegsteilnehmern im Sinne aufklärerischer Deutungsmuster als fort- bzw. rückschrittlich voneinander abgegrenzt werden. So kann der spanische Widerstand (obwohl oft von Geistlichen mitgetragen) im politischen Sinne zum Vorbild avancieren, nicht aber die allgemeine Bildung im Land.

Für den Verfasser der *Briefe aus Spanien* liegt, wie bereits erwähnt, die Erklärung für den auch seiner Meinung nach schlechten Bildungsstand in Spanien bei den Priestern, die das Volk lehren müssten. Die Tragweite dieses vom Verfasser der *Briefe aus Spanien* empfundenen Bildungsdefizits spanischer Priester war für ihn umso größer, da die Kirche in der katholischen Weltdeutung die zentrale Institution des Gemeinwesens ist und katholische Priester als ihre Vertreter als Heilsvermittler zwischen dem sündigen Menschen und Gott

---

625 Vgl.: Wehler, Hans-Ulrich: Deutsche Gesellschaftsgeschichte. Bd. 1: Vom Feudalismus des Alten Reiches bis zur defensiven Modernisierung der Reformära 1700-1815. Studienausgabe, München 2008, S. 271-275.

626 Vgl.: Heusinger: Ansichten, Beobachtung und Erfahrungen, S. 76-77.

627 Vgl.: ebd., S. 77.

628 Vgl.: Geißler: Denkwürdigkeiten (1830), S. 189-190.

629 Vgl.: ebd., S. 190.

fungieren.[630] Genau so sieht der Verfasser der *Briefe aus Spanien* ihre Funktion auch in seinem Einsatzland. Zudem verfügten sie über ein umfassendes Machtinstrument, denn sie schlössen den Himmel auf und zu.[631] Aus diesem Grund folge ihnen die Bevölkerung auf geradezu hörige Weise. Über das Sakrament der Beichte verschafften sich spanische Priester laut Holzenthal insbesondere bei den spanischen Frauen großen Einfluss.[632] Das ginge so weit, „daß ein Spanier, wenn er die Schuhe des Paters vor dem Zimmer seiner Frau stehen sehe, sofort wieder umkehre."[633] Diese von Holzenthal angedeutete priesterliche Praxis greift auch der Verfasser der *Briefe aus Spanien* auf. Priester meldeten regelrecht Ansprüche auf Beköstigung, Wein und selbst auf die Frauen der Familien an. Ein Mann dürfe nicht nur nichts gegen den Umgang des Priesters mit seiner Frau einwenden, Familien niederer Schichten hätten sich dadurch sogar geehrt zu fühlen.[634] In beiden Berichten wird auf den Missbrauch konfessionell gebundener Abhängigkeit durch katholische Geistliche hingedeutet, was deren immensen Einfluss auf die Bevölkerung untermauern soll und zugleich auf deren Unwissen über die Heilige Schrift verweist. Ansonsten blieben die Anweisungen der spanischen Priester in der Regel auf „zwecklose, zeitraubende Religions=Gebräuche beschränkt"[635]. Die Schuld am allgemeinen Unwissen liege also nicht bei der Bevölkerung, sondern müsse bei den spanischen Geistlichen zu suchen sein.[636] Zwar gäbe es auch gelehrte Geistliche, aber die wären eher selten. Kluge Männer fänden sich vor allem unter den Adligen, die im Staatsdienst stünden,[637] womit auf die Afrancesados (siehe Kapitel 2) angespielt wird. Diese Sichtweise veranlasste den Verfasser der *Briefe aus Spanien* offenbar, sich mit der Situation der Priester in Spanien zu beschäftigen, die er dem Leser im Folgenden zu erklären sucht. Zunächst unterscheidet er nach sozialer Herkunft: Es gäbe Priester aus reichem Hause, die ein bequemes und ruhiges Leben führen wollten und Priester aus armen Familien, die hofften, ihre Lage durch dieses Amt zu verbessern.[638] Dass sie

---

630   Vgl.: Altena, Bert/Lente, Dick van: Gesellschaftsgeschichte der Neuzeit 1750-1989. Göttingen 2009, S. 37-38; Graf: Protestantismus, S. 79-80.

631   Vgl.: o.V.: Briefe aus Spanien, in: Fackeln 1, H. 1 (1811), S. 58.

632   Vgl.: Holzenthal: Briefe, in: Journal für die neuesten Land- und Seereisen 24, H. 10 (1816), S. 98.

633   Ebd., S. 98-99.

634   Vgl.: o.V.: Briefe aus Spanien, in: Fackeln 1, H. 1 (1811), S. 60. Bereits 1781 verurteilte der spanische König Karl III. (1716-1788) den besonders im niederen Klerus um sich greifenden unsittlichen Lebenswandel. Vgl.: Martínez Esteban: Ilustrados, S. 61.

635   o.V.: Briefe aus Spanien, in: Fackeln 1, H. 1 (1811), S. 58.

636   Vgl.: ebd.

637   Vgl.: ebd., S. 59-60.

638   Vgl.: ebd., S. 59.

nicht in der Lage waren, oben erläutertes bedeutendes Wissen zu vermitteln, liege aus seiner Perspektive vor allem an ihrer schlechten Ausbildung. Die beschränke sich auf Kenntnisse über religiöse Riten, (das von ihm als elendig bezeichnete) Latein und einige Bibelauszüge.[639] Das würde bedeuten, dass das fehlende Wissen um die eigentlichen Glaubensinhalte die Priester gar nicht zum Vorleben und Lehren befähigte und der Fehler also nicht bei der Gruppe an sich, sondern im System zu suchen sei. Die hier vom Verfasser der *Briefe aus Spanien* sichtbar werdende Einforderung eines mit der Lehre konformen Lebenswandels der Priester ist eine damals nicht nur im protestantischen deutschsprachigen Raum geführte Diskussion, nach der Priester durch ihr gesamtes Wesen ein Abbild der christlichen Lehre und Vorbild für die Gemeinschaft sein sollten.[640] Das Wissen um Riten und Latein (gegen das der Verfasser der *Briefe aus Spanien* offensichtlich eine persönliche Abneigung hegte) reichte für ihn nicht aus und wird von ihm nicht als Bildung anerkannt, was in der protestantischen Ablehnung der Verwendung des Lateinischen im Gottesdienst seine Ursache haben könnte.

Für Schümberg, ähnlich wie für Holzenthal,[641] waren es hingegen gerade Lateinkenntnisse, die ihnen zu Beginn ihres Einsatzes auch ohne umfassende Spanischkenntnisse die Verständigung mit Geistlichen ermöglichte.[642] Auch wenn diese Sprache auf spanischer Seite vor allem durch das Studium religiöser Literatur und nicht, wie offenbar von Schümberg, aus den Schriften antiker Klassiker erworben worden sei, bildete sie die Basis für eine Kommunikation. Der Aussprache nach würden die Spanier im Vergleich mit den Franzosen sogar ein viel reineres Latein sprechen, ähnlich wie „wir Teutsche auf unsern Hochschulen"[643]. Obwohl Schümberg hier ebenfalls aufklärerisch argumentiert, wird Latein für ihn nicht nur zu einer vorübergehenden Verständigungsmöglichkeit. Sprachliche Bildung avanciert zu einer Art geistiger Brücke, obwohl sie aus Schümbergs Sicht auf spanischer Seite aus religiöser Unterweisung und auf deutschsprachiger Seite eher aus der Bewunderung der Antike erwuchs. Die Aufwertung der Aussprache der Spanier war gleichzeitig eine Abgrenzung von Frankreich. Diese positive Sicht auf die sprachliche Qualifikation in Spanien wird jedoch quantitativ eingeschränkt: Neben jenen, die das Latein gut beherrschten, hätte er auch manch anderen getroffen,

---

639 Vgl.: ebd.
640 Vgl.: Schlögl: Alter Glaube, S. 276-277; Julia, Dominique: Der Priester, in: Vovelle (Hg.): Der Mensch der Aufklärung. Lizenzausg., Essen 2004, S. 306-307.
641 Vgl.: Holzenthal: Briefe, in: Journal für die neuesten Land- und Seereisen 24, H. 9 (1816), S. 55.
642 Vgl.: [Schümberg]: Erinnerungen, S. 179-180.
643 Ebd., S. 179.

dessen Latein schlechter als sein „verschwitztes"[644] gewesen wäre. Trotzdem war es dem Bericht zufolge unter den spanischen Geistlichen so weit verbreitet, dass es Schümberg als universelle, lebendige und länderübergreifende Sprache dienen konnte, was in gewissem Sinne einem bürgerlichen Bildungsideal entsprach. Auch wenn Schümberg seine eigenen Lateinkenntnisse als schlecht oder verschwitzt umschreibt, sah er sich doch in der Lage, das Wissen um diese Sprache im Einsatzgebiet einschätzen zu können. Damit rekurriert er indirekt auf sein geistiges Kapital[645], das er vor seinem Eintritt ins Militär erworben hatte.[646] Diese Kenntnisse werden nun zum Maßstab für die Beurteilung des Einsatzlandes. Im Bericht tritt so nicht nur der beobachtende Militär, sondern auch eine sozialhierarchisch und gesellschaftlich geprägte Person in Erscheinung. Allerdings vermisst auch Schümberg Kenntnisse der Aufklärung in Spanien,[647] die im deutschsprachigen Raum besonders aus Frankreich vermittelt wurden (siehe Kapitel 2) und die für Schümberg in unmittelbarem Zusammenhang mit religiöser Toleranz und der Entwicklung der Wissenschaften stehen.[648]

Fasst man die verschiedenen Argumentationen zusammen, so entsteht trotz dort angetroffener Lateinkenntnisse ein überwiegend negatives Bild für den Bereich der Bildung in Spanien, das mit der Kritik an den dortigen Priestern einhergeht. Auf die Spezifik des Wissens- und Bildungsbegriffs wurde bereits verwiesen. Was in den Quellen teilweise ausführlich dargestellt wird, ist demnach vor dem Hintergrund der Entwicklung des Bildungswesens im deutschsprachigen Raum zu sehen. Der reformatorische Protest Luthers hatte sich auch im Bereich der Bildung ausgewirkt. Wie Graf bemerkt, führte „die Entdeckung einer christlichen Eigenwürde des Weltlichen auch zur Anerkennung einer aus der Vormundschaft kirchlicher Autoritäten entlassenen, darin tendenziell freien Wissenschaft und zu einer neuen Hochschätzung der Bildung des Menschen."[649] Obwohl Universitäten in deutschsprachigen protestantischen Räumen ebenfalls konfessionell eingebunden waren, galt kirchliche Obrigkeit nicht mehr als die entscheidende, normative Institution

---

644   Ebd.
645   Unter geistigem Kapital wird hier nach Bourdieu eine Verschränkung von kulturellem, sozialem und symbolischem Kapital verstanden, was auch wirtschaftliche Faktoren umfasst. Dazu siehe: Bourdieu, Pierre: Die feinen Unterschiede. Kritik der gesellschaftlichen Urteilskraft. (Suhrkamp-Taschenbuch Wissenschaft). Sonderausg., Frankfurt am Main 2003.
646   Zu Schümbergs Weg siehe Unterkapitel 3.2.2.
647   Vgl.: [Schümberg]: Erinnerungen, S. 178.
648   Vgl.: ebd.
649   Graf: Protestantismus, S. 97-98.

zur Beurteilung von Wissen, was ab „Mitte des 17. Jahrhunderts die Offenheit für ein streng sachbezogenes, stärker empirisch orientiertes Verständnis der Wissenschaften"[650] beförderte.[651] In diesem Zusammenhang kam es zu Selbst- und Fremdbildentwürfen, die Protestanten eine besondere Bildungsnähe zuschrieben. Auch wenn sich die Alphabetisierungsraten sowie der Einfluss der Schulbildung im Elementarbereich bei genauer Betrachtung relativieren,[652] wurde dieses Rollenverständnis gepflegt und propagiert. Es mündete in einen Habitus protestantischer Bildungskultur, der vom Fortschrittsdenken geprägt war, dem gegenüber Katholiken aus protestantischer Sicht die Vergangenheit verkörperten.[653] Ab ca. Mitte des 18. Jahrhunderts wurde der in protestantischen deutschsprachigen Terrtorien zu verzeichnende Bildungsvorsprung zu einem auch von katholischen Kreisen anerkannten Topos,[654] obwohl auch dort eingeleitete Reformen z. B. gerade das untere Schulwesen verbesserten.[655] Solche Diskurse einer freieren protestantischen Bildung gegenüber einer katholischen „Geistesknechtschaft"[656] fanden sich nicht nur in akademischen Kreisen.[657] Das kulturelle Überlegenheitsgefühl des protestantischen Bildungsbürgers war mit kulturhegemonialen Ansprüchen verbunden und fand u. a. Eingang in Wochenschriften, Romane und Reiseliteratur, wo es breite Teile der lesefähigen Bevölkerung erreichte.[658] Führt man sich diese Entwicklung vor Augen, so reihen sich die Berichte vieler Kriegsteilnehmer in dieses Denkmuster ein: Immer wieder wird kritisiert, dass katholische Geistliche in Spanien über zu wenig Wissen verfügten, das sie der Bevölkerung zukommen lassen konnten. Deren Bevormundung von einer Institution, die zu sehr mit paganen Riten und Traditionen verbunden war, und das Rollenverständnis der Priester, das deren sozialer Verantwortung aus der Sicht der Verfasser nicht gerecht wurde, werden als Ursache und Grundsatzkritik an spanischer Glaubenspraxis zum Ausdruck gebracht. Der Fehler wurde dabei indirekt dem System und einer falschen Auslegung der christlichen Lehre zugeordnet. Ohne es direkt zu erwähnen, wird die Reformation in mehreren Berichten zum Motor für Bildung und Wissen im deutschsprachigen Raum stilisiert – ein Impuls, der in Spanien

---

650 Ebd., S. 100.
651 Vgl.: ebd., S. 99-100.
652 Vgl.: Wehler: Deutsche Gesellschaftsgeschichte. Bd. 1, S. 284-288.
653 Vgl.: Graf: Protestantismus, S. 98-99.
654 Zum Entwicklungsvorsprung protestantischer Bildungsinstitutionen und des später daraus entstehenden protestantischen Bildungstopos siehe: ebd., S. 97-105.
655 Vgl.: Wehler: Deutsche Gesellschaftsgeschichte. Bd. 1, S. 280.
656 Graf: Protestantismus, S. 101.
657 Vgl.: ebd., S. 101-102.
658 Vgl.: ebd., S. 101-102, 104.

gefehlt und die Religion dadurch zu viel Einfluss auf die Bildung hätte. Spanien fungiert so als negatives Beispiel, obwohl dort im Zuge der Gegenreformation die größte Bildungsoffensive eingeleitet worden war, die das Land je erlebt hatte und woran besonders religiöse Orden beteiligt waren.[659] Der dennoch bestehenden Bildungsproblematik insbesondere im niederen Klerus war man sich in Spanien im 18. Jahrhundert durchaus bewusst. Karl III. versuchte dem u. a. durch die Einrichtung weiterer Priesterseminare beizukommen.[660] Auf Grund der lokal gebundenen Finanzierung der Seminare fiel die Ausbildung der Priester allerdings regional sehr unterschiedlich aus.[661] Zudem verfügten selbst einige gewichtige Bischofssitze zu Beginn des 19. Jahrhunderts nicht über ein eigenes Priesterseminar nach tridentinischem Modell.[662] In den Berichten der Verfasser diente Spanien auch im Bereich der Bildung als Austragungsfolie eines in heimatlichen Gefilden aktuellen Diskurses.

In den Zeugnissen der Kriegsteilnehmer wird deutlich, dass die Erklärung für Unbekanntes und/ oder Anderes, besonders dann, wenn sie dem ablehnend gegenüber standen, über religiöse Zuordnung erfolgt. Spanien erscheint in diesem Zusammenhang nicht, wie bei Landschaft, Kleidung, Tanz oder Essgewohnheiten, vorrangig regional gegliedert, sondern besonders in Glaubens- und Bildungsfragen eher als spanisch-katholisches Ganzes. Unterschieden wird allerdings zwischen meist negativ erlebtem Klerus und Bevölkerung. Den Spaniern an sich wird weder die Lernfähigkeit abgesprochen noch ein prinzipielles Verschulden an der Situation angelastet, was sie wie willfährige Opfer spanisch-katholischer Geistlicher erscheinen lässt.

5.4.5   *Wi(e)der die Inquisition*

Wie bereits in Kapitel 5.1 dargelegt, war das Bild Spaniens im deutschsprachigen Raum u. a. von in Völkertafeln verbreiteten stereotypen Vorstellungen beeinflusst. Aber auch das Agieren der spanischen Inquisition[663] besonders gegen-

---

659   Vgl.: Munné, Ventura: La alfabetización de las clases populares en el Mataró del siglo XVIII, in: Serrano Martín (Hg.): Muerte, Religiosidad y Cultura Popular. Siglos XIII-XVIII (Publicación ... de la Institución Fernando el Católico, organismo autónomo de la Excm. Diputación de Zaragoza, Bd. 1640). Zaragoza 1994, S. 99.

660   Vgl.: Martínez Esteban: Ilustrados, S. 62; Martín Hernández, Francisco/Martín Hernández, José: Los seminarios españoles en la época de la Ilustración. Ensayo de una pedagogía eclesiástica en el siglo XVIII. (Monografías de historia eclesiástica, Bd. 8). Madrid 1973, S. 142.

661   Vgl.: Martín Hernández/Martín Hernández: Los seminarios españoles, S. 119-184.

662   Vgl.: Julia: Der Priester, S. 291-292.

663   Der geläufige Begriff der „leyenda negra" wird hier nicht genutzt, da es sich um einen Terminus handelt, der erst 1913 von Julián Juderías y Loyot (Mitarbeiter des spanischen Außenministeriums) geschaffenen wurde, um die historische Verunglimpfung Spaniens

über Protestanten prägte den Blickwinkel auf das iberische Land, auch wenn der Informationsfluss durch die Abschottungspolitik Philipp II. eingeschränkt war. Nicht zuletzt spielten auch die konfessionellen Auseinandersetzungen im deutschsprachigen Raum eine Rolle bei der Einschätzung Spaniens und seiner Bewohner.

Im Gegensatz zu protestantischen Gebieten wurde, wie bereits in Kapitel 2 erwähnt, die Inquisition im deutschsprachigen Raum von katholischer Seite oft verteidigt und z. B. noch 1779 ihre Einführung für den gesamten deutschsprachigen Raum gefordert.[664] Für viele Protestanten stellte die Inquisition daher auch im ausgehenden 18. Jahrhundert eine nicht auszuschließende Bedrohung dar. Besonders Spanien, wo diese Institution bis ins 19. Jahrhundert hinein Bestandteil des religiös-gesellschaftlichen Lebens war, wurde im deutschsprachigen Raum oft mit der Inquisition gleichgesetzt und galt als abschreckendes Beispiel, obwohl kaum gesichertes Wissen vorlag.[665] Dazu trugen auch die französische Aufklärung und die Literatur des 18. Jahrhunderts bei, in der das Negativbild der spanischen Inquisition nicht nur bedient, sondern weiter ausgebaut wurde.[666] Eine solche negativ konnotierte Perspektive auf das iberische Land, insbesondere auf die spanische Inquisition und deren enge Bindung an die Krone, dürfte auch den Kriegsteilnehmern nicht unbekannt gewesen sein. Wie Henry Kamen jedoch anmerkt, hatte die Inquisition unter Karl IV. „none of the terrible aspects it presented in earlier times"[667] und stand damit in einem gewissen Gegensatz zu dem in weiten Teilen des deutschsprachigen Raums vorherrschenden stereotypen Bild von dieser spanisch-katholischen Institution. Innerspanische Veränderungen wie die von Kamen angesprochenen wurden kaum rezipiert.

Dem Gesuch der spanischen Könige Isabella I. und Ferdinand II. auf Einrichtung einer spanischen, von der römischen getrennten Inquisition war 1478 vom Papst entsprochen worden,[668] verbunden mit der Verpflichtung, die muslimische Herrschaft in Granada zu beenden.[669] Die Inquisition in Spanien

zu belegen. Zu einem Überblick über die Geschichte des Begriffs und seiner Erweiterungen im 20. Jahrhundert siehe: Edelmayer: „Leyendra negra", in: EGO, 3.12.2010, S. 1-29.

664   Vgl.: Briesemeister/Wentzlaff-Eggebert: Einleitung, S. 10.

665   Vgl.: Wentzlaff-Eggebert: Spanische Inquisition, S. 105.

666   Vgl.: Becker-Cantarino: „Schwarze Legende", in: ZfdPh 94, H. 2 (1975), S. 183-203; Wentzlaff-Eggebert: Spanische Inquisition, S. 105-106.

667   Kamen: Spanish Inquisition, S. 267.

668   Vgl.: Bethencourt, Francisco: The Inquisition. A Global History, 1478-1834. (Past and Present Publications). Cambridge u. a. 2009, S. 35.

669   Vgl.: Windler: Religiöse Minderheiten, S. 111.

unterstand damit den spanischen Monarchen,[670] was das bis dahin dem Papst vorbehaltene Recht zur Ernennung und Abberufung von Inquisitoren ein-schloss.[671] Die ersten von Isabella I. und Ferdinand II. ernannten Inquisitoren gehörten dem Orden der Dominikaner an,[672] der seit Beginn der römischen Inquisition Inquisitoren stellte. Mit dieser Wahl wurde u. a. die Position der Ordensgeistlichen in Spanien gestärkt. Im Laufe der Zeit entwickelte sich die spanische Inquisition, wie schon in Kapitel 2 bemerkt, mehr und mehr zu einem politischen Kontrollinstrument der Krone, welches besonders in Fragen der Zensur Hand in Hand mit dem Antiguo Régimen (Ancien Régime) arbeitete.[673] Um ihr Weiterbestehen trotz der veränderten Machtverhältnisse nach der Inthronisierung Joseph Bonapartes als König von Spanien (06. Mai 1808) zu sichern, entsandte die spanische Inquisition 1808 Vertreter zur Aus-arbeitung der Verfassung nach Bayonne.[674] Die in der ersten Fassung von Napoleon vorgesehene Abschaffung der Inquisition konnte u. a. durch deren Intervenieren verhindert werden.[675] Auch wenn die Zusage der Pressefrei-heit den Machtbereich der Inquisition angriff, kam ihr die neue Verfassung in der Frage der religiösen Einheit entgegen.[676] In der verabschiedeten Version wurde der Stellenwert der Religion bereits im ersten Paragrafen deutlich: Demnach war die römisch-katholische Religion Staats- und einzige Religion in Spanien und seinen Besitzungen – eine Besonderheit im Vergleich zu anderen napoleonisch beeinflussten Verfassungen.[677]

Als eine an den Herrscher gebundene Institution versicherte die spanische Inquisition Joseph Bonaparte die Treue und war anfangs um ein Auskommen

---

670   Vgl.: Rawlings, Helen: Church, Religion and Society in Early Modern Spain. (European Studies Series). New York u. a. 2002, S. 7.

671   Vgl.: Bethencourt: Inquisition, S. 35.

672   Vgl.: ebd., S. 37.

673   Vgl.: Dufour, Gérard: Las relaciones Iglesia-Estado del Concordato de 1753 a la Revolución de 1868, in: Aubert (Hg.): Religión y sociedad en España (siglos XIX y XX) (Collection de la Casa de Velázquez, Bd. 77). Madrid 2002, S. 13; Pietschmann: Von der Gründung der spanischen Monarchie, S. 229; Kamen: Spanish Inquisition, S. 268.

674   Vgl.: Bethencourt: Inquisition, S. 420.

675   Vgl.: Álvarez de las Asturias: Constituciones de Bayona y de Cádiz, S. 121. Einen Über-blick über die verschiedenen Versionen der Verfassung von Bayonne gibt: Pérez Saenz de Urturi, Juan-Eusebio: La libertad religiosa en el Estatuto Constitucional de Bayona (1808), in: Anales de historia contemporánea 4 (1985), S. 55-77.

676   Vgl.: Kamen: Spanish Inquisition, S. 275.

677   Vgl.: Álvarez de las Asturias: Constituciones de Bayona y de Cádiz, S. 121; Martínez, Fernando: La Constitución de Bayona y la experiencia constitucional Josefina, in: Historia y Política 19 (2008), S. 157.

mit dem neuen König bemüht.[678] Dass dessen Interessen nicht mit denen
des gesamten Klerus überein gingen, zeigte sich jedoch bald. Die ursprünglich von Napoleon in Spanien angestrebten Reformen sahen die Reduzierung
der hohen Anzahl der Geistlichen, die Abschaffung des Zehnten, die Desamortisierung von Kirchenbesitz und die Finanzierung des Klerus durch den
Staat vor.[679] Auch wenn, wie José María Magaz Fernández schreibt, nicht alle
Bestrebungen sofort in Angriff genommen und umgesetzt werden konnten,
beeinflussten sie doch das Handeln des neuen spanischen Königs.[680] Am 04.
Dezember 1808 wurde die Inquisition in Spanien durch ein napoleonisches
Dekret abgeschafft. Sämtlichen Besitz beschlagnahmte die Krone, um, wie es
hieß, Staatsschulden zu begleichen.[681] Auch wenn, wie Kamen bemerkt, die
spanische Inquisition nun nach Gesetzeslage nicht mehr existierte, wurde
dem praktischen Agieren der Angehörigen dieser Institution nicht konsequent
Einhalt geboten und so operierten Inquisitoren weiter, wo immer es ihnen die
Umstände erlaubten.[682] Diese eher „'wordy' abolution"[683], wie Bethencourt es
auch bezeichnet, erklärt, warum laut Pazos die Abschaffung der Inquisition
von der Bevölkerung zunächst kaum wahrgenommen wurde.[684] Gegenwärtig
fehlen immer noch genaue Erkenntnisse darüber, wie die lokalen Behörden
in den einzelnen Städten genau verfuhren, auch wenn bekannt ist, dass viele
Dokumente der Inquisition vernichtet, Gefangene befreit und anschließend
die Gebäude weltlicher Nutzung zugeführt wurden.[685]

In den Zeugnissen mehrerer deutschsprachiger Teilnehmer am spanischen
Unabhängigkeitskrieg äußerte sich die Frömmigkeit der spanischen Bevölkerung als ein aus ihrer Sicht spezifischer spanischer Katholizismus, der für sie,
wie bereits ausgeführt, vor allem in symbolischen Manifestationen (z. B. den

---

678 Vgl.: Bethencourt: Inquisition, S. 240. Kamen gibt an, dass die Inquisition den neuen
      Herrscher anfangs ernsthaft unterstützte und verweist dazu u. a. auf Briefe vom 06. Mai
      1808, in denen der Aufstand vom 2. Mai 1808 verurteilt wurde. Da der Aufstand die
      bestehende Ordnung bedrohte, ist das Agieren der Inquisition jedoch eher als ein
      Bemühen um das Bewahren bestehender Machtverhältnisse zu verstehen, zumal Joseph
      Bonaparte erst am 06. Mai 1808 von Napoleon als spanischer König inthronisiert wurde.
      Kamens diesbezügliche Interpretation ist daher zu hinterfragen. Vgl.: Kamen: Spanish
      Inquisition, S. 275-276.
679 Vgl.: Magaz Fernández: Reforma eclesiástica, S. 88.
680 Vgl.: ebd; Cárcel Ortí, Vicente: Historia de la Iglesia en la España contemporánea. Siglos
      XIX y XX. (Ayer y hoy de la historia). Madrid 2002, S. 29.
681 Vgl.: Bethencourt: L'Inquisition, S. 420.
682 Vgl.: Kamen: Spanish Inquisition, S. 276.
683 Bethencourt: Inquisition, S. 420.
684 Vgl.: Pazos: Inquisition und Afrancesados, S. 34.
685 Vgl.: Bethencourt: Inquisition, S. 420; Bethencourt: L'Inquisition, S. 420.

zahlreichen Kirchen) und allgegenwärtig zu beobachtenden gemeinschaft-
lichen rituellen Praktiken seinen Ausdruck fand. Die Inquisitions-Thematik
spielt erstaunlicherweise kaum eine Rolle. In einem der für diese Arbeit ausgewählten Zeugnisse wird sich diesem Thema jedoch ausführlich gewidmet.
Schümberg hatte bereits drei Jahre vor dem Erscheinen seiner eigenständigen
Publikation *Erinnerungen an Spanien* einen Artikel zu seinen Erlebnissen bei
der Einnahme der Inquisitionsgebäude in Toledo verfasst und in Fortsetzung
im *Morgenblatt für gebildete Stände* veröffentlicht.[686] Mit der Auswahl dieser
Thematik entsprach Schümberg offenbar einem im deutschsprachigen Raum
bestehenden Interesse an den Praktiken der spanischen Inquisition bzw. den
ihr zugeschriebenen Praktiken.[687] So lässt sich der Artikel, der nur an einigen
Stellen in Ausführlichkeit und Diktion mit seiner auch im Bericht enthaltenen
Beschreibung der Ereignisse differiert, durchaus als Werbemaßnahme für die
spätere Publikation verstehen.[688]

Im Dezember 1808 gelangte Schümberg bei der Verfolgung des Gegners mit
napoleonischen Truppen nach Toledo.[689] Noch während der Kämpfe um die
Vorstadt hätten einst dort eingewanderte, von ihm als „Teutsche"[690] bezeichnete
ortsansässige Handwerker eine Vorhut zu den Inquisitionsgebäuden geführt.[691]
Wie innerhalb der napoleonischen Truppen (Kapitel 4.2.3) konnten Herkunft
und Sprache auch zwischen Militärangehörigen und ansässiger Bevölkerung

---

686   Vgl.: [Schümberg]: Beytrag zur Geschichte der spanischen Ex-Inquisition, in: Morgenblatt
      für gebildete Stände 14.2, H. 177 (1820), S. 709-710; [Schümberg]: Beytrag zur Geschichte
      der spanischen Ex-Inquisition. (Beschluß), in: Morgenblatt für gebildete Stände 14.2,
      H. 178 (1820), S. 714-715. Siehe dazu auch Kapitel 3.2.2.

687   Vgl. dazu: Becker-Cantarino: „Schwarze Legende", in: ZfdPh 94, H. 2 (1975), S. 183-203;
      Wentzlaff-Eggebert: Spanische Inquisition, S. 103-122.

688   So ist z. B. die Beschreibung der Verfolgung des Gegners in der eigenständigen Publikation
      etwas gekürzt. Dass dieser Artikel zur Eigenwerbung genutzt wurde, wird z. B. in einer
      Fußnote deutlich, wo auf das Erscheinen von Schümbergs eigenständiger Publikation hin-
      gewiesen wird. Vgl.: [Schümberg]: Beytrag zur Geschichte der spanischen Ex-Inquisition,
      in: Morgenblatt für gebildete Stände 14.2, H. 177 (1820), S. 709-710; [Schümberg]: Beytrag
      zur Geschichte der spanischen Ex-Inquisition. (Beschluß), in: Morgenblatt für gebildete
      Stände 14.2, H. 178 (1820), S. 714-715; [Schümberg]: Erinnerungen, S. 146-154.

689   Die zeitliche Einordnung ergibt sich aus der im Artikel erwähnten Schlacht von
      Somosierra am 30. November 1808, der angegebenen Route von Madrid über Illasecas
      nach Toledo und spanischen Quellen, nach denen französische Truppen am 13. Dezember
      1808 in die Stadt eindrangen. Vgl.: [Schümberg]: Beytrag zur Geschichte der spanischen
      Ex-Inquisition, in: Morgenblatt für gebildete Stände 14.2, H. 177 (1820), S. 709; Vizuete
      Mendoza, Carlos J.: Los antiguos colegios. Universidad de Toledo y Almagro (siglos XVI-
      XIX). (Ediciones Institiocionales, Bd. 84). Cuenca 2010, S. 18.

690   [Schümberg]: Erinnerungen, S. 147.

691   Vgl.: ebd. Zur geografischen Lage der Inquisitionsgebäude in Toledo siehe: Porres Martin-
      Cleto, Julio: Las casas de la Inquisición en Toledo, in: Toletum 20 (1986), S. 117-135.

zu einer Art Bindeglied werden und über Grenzgänger – wie in diesem Fall die
Handwerker – den Zugang zu Informationen in einem fremden Land ermöglichen. Der Grund für das Agieren der Handwerker könnte die eigene und
von den Eindringenden erwartete Abneigung gegen die spanische Inquisition
gewesen sein, unter deren wachsamem Auge auch „angesiedelte Teutsche"[692]
standen. Es sagt jedoch nicht zwingend etwas über deren konfessionelle
Zugehörigkeit aus. Für spanische Besiedlungsprojekte (wie das bereits
erwähnte in der Sierra Morena oder in Andalusien) sollten ursprünglich nur
Deutschsprachige katholischen Glaubens akquiriert werden.[693] Aufgrund der
Schwierigkeiten bei der Werbung gelangten auf diesem Wege jedoch auch
Protestanten nach Spanien, die sich für Katholiken ausgaben.[694]

Wie weit sich Schümbergs Verständnis von „Teutsche[n]"[695] zog, wird
nicht im Bericht, sondern nur im Artikel ersichtlich. Demzufolge stammte
ein Teil besagter Handwerker aus Böhmen,[696] was darauf schließen lässt, dass
sich Schümberg offenbar an den Grenzen des 1806 untergangen Heiligen
Römischen Reiches Deutscher Nation orientierte.[697] Nach dem Wiener
Kongress (1815) war der deutsche Bund an dessen Stelle getreten, bestehend
aus territorial und administrativ neu zusammengesetzten Staaten, die ihre
Position gegen deutsch-nationale Bewegungen zu festigen suchten. Auch
wenn in Schümbergs Bericht das Ideal eines gerechten Monarchen ersichtlich
ist, treten nicht zuletzt mit der Bezeichnung „Teutsche"[698] doch immer wieder
deutsch-nationale Sichtweisen hervor. Die im Bericht erfolgte Auslassung des
Hinweises auf die Böhmen unter den eingewanderten deutschsprachigen
Handwerkern in Toledo war möglicherweise eine Anpassung an die Gegebenheiten in der Zeit der Restauration oder aber auch ein Tribut an die Zensur.

Die von den Handwerkern geleitete Vorhut, die sich zu den Gebäuden
der Inquisition gewaltsam Zutritt verschafft habe, musste sich kurz darauf

---

692   [Schümberg]: Erinnerungen, S. 147.

693   Vgl.: Gil Romero/Luque Muriel: La participación de los ilustrados en la política repobladora
de Carlos III, S. 223-224. Zu weiterführender Literatur und einer kurzen Erklärung des
Besiedlungsprojekts siehe Kapitel 5.1.2 Fußnote 104.

694   Vgl.: Weiß: Kolonie, S. 34-71, 91.

695   [Schümberg]: Erinnerungen, S. 147.

696   [Schümberg]: Beytrag zur Geschichte der spanischen Ex-Inquisition, in: Morgenblatt für
gebildete Stände 14.2, H. 177 (1820), S. 709.

697   Zur Problematik der Definition des Begriffs „Deutschland" im 19. Jahrhundert im
Zusammenhang mit dem untergegangenen Heiligen Römischen Reich Deutscher Nation
siehe: Wehler: Deutsche Gesellschaftsgeschichte. Bd. 1, S. 44-48.

698   [Schümberg]: Erinnerungen, S. 147.

zurückziehen, da der „Pöbel"[699] bzw. ein „wüthender Anfall des Volkes"[700] sie angegriffen hätte. Die unterschiedliche Diktion in Artikel („Pöbel"[701]) und Bericht („wüthender Anfall des Volkes"[702]) soll an dieser Stelle genauer betrachtet werden: In der Darstellung von 1820 treten für den Leser die damals auch als Pöbel bezeichneten niederen und damit aus Schümbergs Perspektive die auch weniger gebildeten Volksschichten als Akteure hervor: Sie seien es gewesen, die die Inquisitionsgebäude und damit in seinen Augen auch die Institution an sich verteidigten. Mit dem ebenfalls im Artikel verwendeten Begriff „wüthender Volkshaufe"[703] wird ein bestimmter, in seiner Anzahl begrenzter Teil der Bevölkerung bezeichnet.[704] Die im Bericht verwendete Diktion „wüthender Anfall des Volkes"[705] erweckt allerdings den Eindruck einer weitaus größeren, Schichten übergreifenden Menschenmasse, die Rückhalt in der Bevölkerung besaß. Selbst wenn im Weiteren auch im Bericht der Begriff „Volkshaufe"[706] Verwendung findet, wirkt die Bedrohung für den Leser in der eigenständigen Publikation weitaus größer als im Artikel. Obwohl im Bericht weder direkt noch indirekt eine soziale Zuordnung besagten Volkshaufens vorgenommen wird, lässt Schümbergs Hinweis, dass der Widerstand, der sich der Vorhut beim Eindringen in die Inquisitionsgebäude entgegenstellte, von „einige[n] fanatische[n] Mönche[n]"[707] angeführt worden sei, Rückschlüsse zu: Das bereits in Kapitel 5.4.3 thematisierte Bildungsideal und Schümbergs sowohl in seinem Artikel als auch in seiner Publikation sichtbar werdende

---

699   [Schümberg]: Beytrag zur Geschichte der spanischen Ex-Inquisition, in: Morgenblatt für
      gebildete Stände 14.2, H. 177 (1820), S. 709.

700   [Schümberg]: Erinnerungen, S. 147.

701   [Schümberg]: Beytrag zur Geschichte der spanischen Ex-Inquisition, in: Morgenblatt für
      gebildete Stände 14.2, H. 177 (1820), S. 709.

702   [Schümberg]: Erinnerungen, S. 147.

703   [Schümberg]: Beytrag zur Geschichte der spanischen Ex-Inquisition, in: Morgenblatt für
      gebildete Stände 14.2, H. 177 (1820), S. 709.

704   Der Begriff „Volcks (Haufen)" ist in Zedlers Lexikon verzeichnet und verweist seiner-
      seits auf „Vielheit" und „Turba", wobei auf eine Anzahl von mindestens 10-15 beteiligten
      Personen verwiesen wird, die sich auch in Auflehnung befinden können. Vgl.: o.V.:
      Volcks, in: Zedler (Hg.): Grosses vollständiges Universal-Lexikon aller Wissenschaften
      und Künste, welche bishero durch menschlichen Verstand und Witz erfunden und ver-
      bessert worden. Bd. 50. Leipzig u. a. 1746, Sp. 407; o.V.: Vielheit, in: Zedler (Hg.): Grosses
      vollständiges Universal-Lexikon aller Wissenschaften und Künste, welche bishero durch
      menschlichen Verstand und Witz erfunden und verbessert worden. Bd. 48. Leipzig u. a.
      1746, Sp. 1106; o.V.: Turba, in: Zedler (Hg.): Grosses vollständiges Universal-Lexikon aller
      Wissenschaften und Künste, welche bishero durch menschlichen Verstand und Witz
      erfunden und verbessert worden. Bd. 45. Leipzig u. a. 1745, Sp. 1839-1841.

705   [Schümberg]: Erinnerungen, S. 147.

706   Ebd., S. 148.

707   Ebd.

Haltung gegenüber Mönchen in Spanien unterstreicht, dass der Widerstand offenbar von eben jenen Bevölkerungsschichten ausging, die den Mönchen aufgrund mangelnder Bildung hörig waren und willig folgten. Der auch von ihm thematisierte niedrige Bildungsstand (Kapitel 5.4.4) macht für Schümberg weite Bevölkerungsteile für die Agitation von Mönchen besonders empfänglich. Unwissen wird so für ihn zur Voraussetzung für die, wie der auf britischer Seite dienende Heusinger es auch bezeichnet, „Herrschaft der Mönche"[708]. Mönche seien jedoch, wie Schümberg an anderer Stelle seines Berichts angibt, die Einzigen, welche die Inquisition in Spanien noch befürworten würden.[709] Nicht außer Acht gelassen werden dürfe in diesem Zusammenhang, wie Ludolf Pelizaeus anführt, dass die Inquisition ein wichtiger Arbeitgeber war.[710] Ihre Auflösung zog wirtschaftliche Konsequenzen nach sich, die über den Klerus hinaus gingen. Sie betrafen auch das Auskommen anderer Bevölkerungsteile, was einen dementsprechenden Einfluss von Inquisitionsangehörigen erklären würde.[711] Dieser Umstand findet in den Berichten jedoch keine Erwähnung.

Betrachtet man Schümbergs Bericht im Ganzen, so wird deutlich, dass er Bildung an die finanziellen Möglichkeiten und damit die soziale Zugehörigkeit des Einzelnen bindet. Die ebenfalls in seinem Bericht erwähnte und bereits thematisierte schlechte Ausbildung der spanischen Pfarrer sorgte demnach dafür, dass großen Teilen der Bevölkerung der Zugang zu Bildung verwehrt blieb. Die als „Pöbel"[712] bezeichneten Unwissenden aus den niederen Schichten stellten aus Schümbergs Perspektive demnach die letzte Bastion der Mönche dar. Bildung und Wissenserwerb verbinden sich für ihn nicht nur mit einer persönlichkeitsspezifischen Entwicklung des Selbst, sondern haben auch eine gesellschaftlich-religiöse Dimension. Daraus ergibt sich, dass Bildung und der ihr zu Grunde liegende Vernunftbegriff dem ordensgeistlichen Agieren Grenzen setzen und darüber hinaus zur Selbstüberprüfung ihrer Religionspraxis führen sollte. Während Rudolf Schlögl in seiner Untersuchung rheinisch-westfälischer Städte zwischen 1750 und 1830 „an einem kirchlich zentrierten Begriff von Religiosität"[713] festhält, da der Gegenstand zerfließen

---

708   Heusinger: Ansichten, Beobachtung und Erfahrungen, S. 38.
709   Vgl.: [Schümberg]: Erinnerungen, S. 199-200.
710   Vgl.: Pelizaeus, Ludolf: Die anti-napoleonische Mobilisierung in Spanien und Sizilien und deren Auswirkung auf Lateinamerika 1806-1830, in: Bergien/Pröve (Hg.): Spießer, Patrioten, Revolutionäre. Militärische Mobilisierung und gesellschaftliche Ordnung in der Neuzeit. Göttingen 2010, S. 274.
711   Vgl.: ebd., S. 274-275.
712   [Schümberg]: Beytrag zur Geschichte der spanischen Ex-Inquisition, in: Morgenblatt für gebildete Stände 14.2, H. 177 (1820), S. 709.
713   Schlögl: Katholische Kirche, S. 89 (Fußnote 11).

würde, „wenn unter Religiosität auch die Bildungsreligion des Bürgers noch subsumiert würde"[714], weisen die Berichte der Kriegsteilnehmer auf ein anderes Verständnis hin: Gerade die Bildungsfrage spielt in mehreren der ausgewählten Zeugnisse eine zentrale Rolle (siehe auch Kapitel 5.4.4). Schümbergs Blickwinkel auf Ordensgeistliche und die Inquisition lässt diesen Sachverhalt noch einmal besonders deutlich werden. Seine Beschreibung macht eine aufklärerische, protestantische Argumentation sichtbar, die Religion und Religionspraxis eine klare Rolle und Funktion zuweist. Schümbergs Religionsverständnis ist dabei von weitaus privaterer Natur, als er es in Spanien vorfand. Aus seiner Perspektive ergibt sich, dass Ordensgeistliche in das gesellschaftliche System eingebunden und nicht dessen Kontrolleure sein sollten. Diese Ansicht widerspiegelt zugleich gesellschaftliche Transformationsprozesse zu Beginn der Moderne. Schümberg betrachtet Religion offensichtlich als ein Element der sozialen Stabilität, das jedoch der Kontrolle des Staates bzw. des Monarchen zu unterstellen war. Im reformierten deutschsprachigen Raum waren im administrativen Bereich die Landesherren zugleich die Landesbischöfe und die Landeskirchen einschließlich der Ausbildung ihres Personals somit eng an den Staat gebunden. Zusammenfassend erweist sich Schümbergs Sinnhorizont als ein Geflecht aus verschiedenen Einflüssen, die nicht nur im Alten Reich, in Aufklärung, Reformation und revolutionären Umwälzungen, sondern auch in seiner militärischen Bewunderung Napoleons und den Auswirkungen der Restauration zu suchen sind.

Im deutschsprachigen Raum hatte Ende des 18. Jahrhunderts eine verbesserte Ausbildung des katholischen Pfarrklerus eingesetzt.[715] Die Suche nach Anzeichen für solche Veränderungen in Spanien könnte die Perspektive einiger Kriegsteilnehmer auf das Land mitbestimmt haben. Sie trafen jedoch eher auf einen Klerus, der Veränderungen widerstrebend gegenüber stand, besonders unter Ordensgeistlichen. Das erklärt sich nicht zuletzt aus schweren finanziellen Einbußen, mit denen die Orden als Folge der napoleonischen Politik zu kämpfen hatten. Hinzu kommt die schwierige wirtschaftliche Lage, in der sich Spanien befand. Die kriegsbedingten Auseinandersetzungen hatten nicht nur den Handel mit den Kolonien unterbrochen, sondern auch zu zahlreichen Verwüstungen geführt. Viele Spanier waren finanziell ruiniert und die Zahl der Armen vergrößerte sich, was den Zulauf zu den Gegnern Bonapartes erhöhte.[716] Der Fokus in Schümbergs Bericht liegt auf seinen Beobachtungen und Erfahrungen mit der spanischen Bevölkerung. Da er seine Erinnerungen

---

714　Ebd.
715　Vgl.: ebd., S. 97-98.
716　Vgl.: Pelizaeus: Mobilisierung, S. 270.

während der Restauration veröffentlichte, ist er bemüht, Spanien als ein einheitlich um die Rückkehr des entthronisierten Monarchen kämpfendes Land zu fassen, auch wenn das nicht durchgängig gelingt.

In Schümbergs Artikel liegt der Schwerpunkt auf der Darstellung der Brutalität der spanischen Inquisition, einer schwächer werdenden, aber dennoch nicht schwachen Gruppe von Geistlichen. Der Titel des Artikels *Beytrag zur Geschichte der spanischen Ex-Inquisition*[717] verweist darauf, dass Schümberg zum Zeitpunkt dieser Veröffentlichung (1820) offensichtlich nicht bekannt war, dass die Inquisition nach der Rückkehr Ferdinand VII. am 22. Juli 1814 wieder eingesetzt worden war und alle ihre Befugnisse zurück erhalten hatte.[718] Das ist auch einer Bemerkung des Verfassers über den Grund seines Beitrags zu entnehmen: Er gehe davon aus, dass nicht viele Leser Beobachtungen wie er haben machen können „in einer Zeit, wo dieß sonst so furchtbare Gericht in sein voriges Nichts zurücksinkt"[719], um gleich im Weiteren zu erklären, dass „dem von Vaterlandsliebe heißerglühten Spanier unter dem Scepter seines geliebten Königs eine neue Morgensonne aufgeht"[720]. Gemeint ist damit Ferdinand VII., der die Inquisition nach seiner Rückkehr nach Spanien allerdings nicht nur wieder einführte, sondern sich ihrer auch bediente, um politischer Gegner wie den Afrancesados habhaft zu werden. Aufgrund der Annahme, dass die Inquisition in Spanien nicht mehr existiere, liegt der Fokus des Artikels in der Beschreibung der Grausamkeit dieser Institution, über die Schümberg als einer der Wenigen noch berichten könne.

In der drei Jahre später veröffentlichten eigenständigen Publikation wurde das Kapitel über die Ereignisse in Toledo nicht mit *Ex-Inquisition*, sondern mit „Beitrag zur Geschichte der Inquisition, ihrer Kerker, und Marterinstrumente"[721] betitelt. Auch hier verweist Schümberg auf seine Augenzeugenschaft – und gleich zu Beginn auch auf seinen früheren Artikel, jedoch ohne dessen Titel zu nennen.[722] Die Kapitelüberschrift im Bericht kündigt einen Einblick in die Geschichte und Praktiken der Inquisition an – allerdings nicht explizit im Sinne einer nicht mehr existierenden Institution, auch wenn das Kapitel mit dem Verweis auf die zum Zeitpunkt des damaligen Krieges dann weltliche Nutzung des Inquisitionsgebäudes endet. Die Unterschiede zwischen

---

717 Vgl.: [Schümberg]: Beytrag zur Geschichte der spanischen Ex-Inquisition, in: Morgenblatt für gebildete Stände 14.2, H. 177 (1820), S. 709.

718 Vgl.: Bethencourt: Inquisition, S. 421.

719 [Schümberg]: Beytrag zur Geschichte der spanischen Ex-Inquisition. (Beschluß), in: Morgenblatt für gebildete Stände 14.2, H. 178 (1820), S. 715.

720 Ebd.

721 [Schümberg]: Erinnerungen, S. 146.

722 Vgl.: ebd.

Artikel und Bericht machen den schwierigen, mitunter eingeschränkten Informationsfluss deutlich, der nicht nur Schümberg, sondern offensichtlich auch Redakteure und Herausgeber des Morgenblattes betraf – ein Umstand, dem in Bezug auf das Wissen um die spanischen Verhältnisse im deutschsprachigen Raum der damaligen Zeit durchaus symbolische Bedeutung beigemessen werden kann: So hatte z. B. die 1812 verabschiedete Verfassung von Cádiz im deutschsprachigen Raum große Aufmerksamkeit erregt.[723] Eine nach langen und heftigen Debatten in den Cortes im Februar 1813 abgegebene Erklärung besagte,[724] dass die Inquisition nicht in Übereinstimmung mit der Verfassung zu bringen sei und die Rechtsprechung wieder zurück an die Bischöfe zu gehen habe.[725] In weiteren Dekreten gleichen Datums sollten alle Besitzungen der Inquisition an den Staat übergehen und die Institution aus der kollektiven Erinnerung gestrichen werden.[726] Es handelte sich nicht um eine direkte Abschaffung der Inquisition, kam ihr aber faktisch gleich. Wie sich jedoch schnell zeigte, wurden die von den Cortes beschlossenen Reformen nicht von allen Teilen der Bevölkerung getragen: So brachte z. B. die Stadt Córdoba eine Petition zur Wiederherstellung der Inquisition ein,[727] die sich in Folge der napoleonischen Maßnahmen und den von den Cortes ausgetragenen Debatten in breiten Teilen der Bevölkerung sogar wachsender Popularität erfreute.[728] Dieser Umstand war im deutschsprachigen Raum offensichtlich weniger bekannt als der Beschluss der Cortes.

Für Schümberg und andere Kriegsteilnehmer stellte der während des Krieges von vielen Spaniern herbeigesehnte und spätere spanische König Ferdinand VII. offenbar einen aufgeklärten Monarchen dar, bei dem man davon ausging, dass er die Abschaffung der Inquisition billigte. Dem gegenüber stand die mehrheitlich angetroffene Abneigung gegen Napoleon und seinen Bruder Joseph, die, laut Schümbergs Bericht, oft in religiösen Deutungsmustern zum Ausdruck gebracht wurde. Demnach sah man in Napoleon nicht nur einen „kriegslustigen Eroberer, einen Despoten, einen Tyrannen"[729], er wurde von der

---

723 Siehe dazu: Wohlfeil: Spanien und die deutsche Erhebung.

724 Kamen verweist darauf, dass besonders durch die Abschottungspraxis der spanischen Inquisition zur Außenwelt ein Mysterium um die Institution geschaffen wurde. Das trug u. a. dazu bei, dass man auch in Spanien selbst das verzerrte Bild der Inquisition rezipierte. Ein besonders beredtes Beispiel sind die Debatten um die spanische Inquisition in den Cortes. Vgl.: Kamen: Spanish Inquisition, S. 167.

725 Vgl.: Robles: Reforma eclesiástica, S. 159-175.

726 Vgl.: ebd., S. 178.

727 Vgl.: Kamen: Spanish Inquisition, S. 279. Zum Widerstand der Inquisition selbst siehe: Robles: Reforma eclesiástica, S. 181-184.

728 Vgl.: Pazos: Inquisition und Afrancesados, S. 34.

729 [Schümberg]: Erinnerungen, S. 165.

spanischen Bevölkerung auch als „ein zweiter Nebucadnezar"[730] bezeichnet. Seine negative Darstellung als hinterlistiger, bösartiger, selbstsüchtiger fremder Herrscher, dem man nun ausgeliefert war, wurde in religiöse Deutungsmuster eingebettet, die der Bevölkerung eine klare Feindbildkonstruktion erlaubten. Die von Schümberg geschilderte Ablehnung macht deutlich, dass Joseph von spanischer Seite als Instrument Napoleons verstanden wurde. Zur Kritik an Napoleons Person bediente man sich einer der bekanntesten Negativfiguren der Herrschaftskritik, Nebukadnezar II., der nach biblischer Überlieferung der Prototyp eines hochmütigen und brutalen Tyrannen war.[731] Auch Napoleon und sein Handeln wurden als hochmütig angesehen, womit er sich versündigt hätte. Im Gegensatz zum Buch Jeremia, wo „die Devise darauf [abzielt, K.B.], den politischen Widerstand aufzugeben und sich in das von Gott gefügte Schicksal der Fremdherrschaft zu fügen"[732], dürfte Napoleons Exkommunikation (1809) nicht nur die ihm entgegengebrachte Ablehnung weiter verstärkt, sondern zur Legitimation des Widerstands gegen ihn beigetragen haben. Schümberg vermerkt jedoch auch, dass Napoleon, wäre er weniger Eroberer und religiös gebundener gewesen (bzw. den Spaniern religiöser erschienen) und hätte ihnen nicht ihren König genommen, auch für Spanier ein großer Regent hätte sein können, aber eben nicht in Spanien.[733] Die Ablehnung Napoleons übertrug sich auch auf den von ihm inthronisierten Joseph Bonaparte, selbst wenn man den in der Bevölkerung mitunter einen „guten Menschen"[734] nannte. Ferdinand hingegen blieb „ihr angebeteter Gott"[735], so empfand Schümberg die dem Hoffnungsträger entgegengebrachte Verehrung. Die Darstellung zeigt, dass Schümbergs Informationen über Spanien nicht über die Zeit seines Einsatzes hinaus gingen und dass es ihm hauptsächlich um die Beschreibung

---

730 Ebd.

731 Nebukadnezar II. (604-562 v. Chr.) trieb die neubabylonische Expansion voran: „Die zweite Eroberung Jerusalems 587, für die es keine direkten außerbiblischen Zeugnisse gibt, endete mit einer Brandschatzung der Stadt und der Deportation von Judäern nach Babylonien [...]" Die Bibel und die Geschichtsschreibung der klassischen griechischen Antike waren bis zur Entdeckung der babylonischen Bauten im 19. Jahrhundert die einzigen Quellen über Babylon. Dementsprechendes Gewicht hatte die biblische Darstellung für Schümberg und seine Zeitgenossen. Jursa, Michael: Die Babylonier. Geschichte, Gesellschaft, Kultur. (Beck'sche Reihe, Bd. 2349). Orig.-Ausg., München 2004, S. 36. Vgl.: Kratz, Reinhard G.: Babylonbilder der Bibel, in: Marzahn/Schauerte (Hg.): Babylon. Mythos & Wahrheit Bd. 2. München 2008, S. 553.

732 Kratz: Babylonbilder der Bibel, S. 565.

733 Vgl.: [Schümberg]: Erinnerungen, S. 165.

734 Ebd.

735 Ebd.

seiner Erlebnisse und die Einschätzung des iberischen Landes in der Zeit seiner Anwesenheit ging.

Betrachtet man das der Inquisition gewidmete Kapitel im Kontext mit dem gesamten Bericht, so wird eine Diskrepanz ersichtlich. Schümberg thematisiert an anderer Stelle den auch von Heusinger aufgegriffenen Fall Lorenzo Calvo de Rozas[736] (1773-1850),[737] der nach der Rückkehr Ferdinands VII. wegen „liberaler Grundsätze"[738] angeklagt worden und nach Schümberg 1820 in den „Kerkern der Inquisition"[739] gestorben sei. Abgesehen davon, dass diese Aussage nicht den Tatsachen entspricht,[740] stellt sich die Frage, ob sich Schümberg dabei lediglich auf die (aus seiner Sicht ehemaligen) Gebäude der Inquisition bezieht oder er beim Verfassen seines Berichtes doch Kenntnis davon erlangt hatte, dass die Inquisition unter Ferdinand VII. wieder eingeführt worden war. In jedem Falle wird sein Bemühen deutlich, ein positives Bild von Ferdinand VII. aufrecht zu erhalten.

Zurück zu Schümbergs Toledo-Schilderung. Nachdem sich die Vorhut von den Inquisitionsgebäuden habe zurückziehen müssen, konnte Schümberg erst nach der Einnahme anderer Teile der Stadt dorthin zurückkehren.[741]

---

736   Juan Lorenzo Calvo de Rozas war ein erfolgreicher spanischer Kaufmann. 1808 schloss er sich dem Widerstand gegen Joseph Bonaparte an und agierte dabei sowohl politisch (z. B. als Vertreter Aragons in der Junta Central) als auch militärisch. Er setzte sich für die Pressefreiheit ein, verurteilte reaktionäre Tendenzen und organisierte u. a. den Widerstand in Saragossa. Beim Ausbruch der sevillianischen Revolution am 24. Januar 1810 und drohender Anarchie sprach er sich jedoch für die Einsetzung einer Regentschaft aus. In der Folge wurde er 1810 verhaftet, im selben Jahr jedoch wieder freigelassen. Nach der Rückkehr Ferdinand VII. wurde Juan Lorenzo Calvo de Rozas an verschiedene Orte in Spanien verbannt (1814 Coria, 1815 Plasencia, dann Talavera de la Reina), 1818 erneut verhaftet und 1820 unter den sich vorrübergehend verändernden politischen Bedingungen zu Gunsten der Liberalen freigesprochen. Er blieb weiterhin politisch aktiv und bekleidete verschiedene Posten, u. a. den des Finanzministers (1823). Zwischen 1834-1837 wurde er wegen verschiedener Konspirationsvorwürfe (u. a. gegen Isabella II.) mehrfach festgenommen, jedoch immer wieder freigelassen. Vgl.: o.V.: Calvo de Rozas, Juan Lorenzo, in: Gil Novales (Hg.): Diccionario biográfico del Trienio Liberal. Madrid 1991, S. 116-117.
737   Vgl.: Heusinger: Ansichten, Beobachtung und Erfahrungen, S. 38-39.
738   [Schümberg]: Erinnerungen, S. 85.
739   Ebd., S. 86.
740   Zu Lorenzo Calvo de Rozas' Lebensweg siehe Kapitel 5.4.5 Fußnote 736.
741   Vgl.: [Schümberg]: Beytrag zur Geschichte der spanischen Ex-Inquisition. (Beschluß), in: Morgenblatt für gebildete Stände 14.2, H. 178 (1820), S. 709; [Schümberg]: Erinnerungen, S. 147-148. Schümberg erwähnt in der Folge immer wieder die Anwesenheit von General Antoine Charles Louis de Lasalle (1775-1809), die jedoch – im Gegensatz zu der Generals Claude Victor-Perrins, Herzog von Belluno (1764-1841) – nicht gesichert ist. Vgl.: Vizuete Mendoza: Antiguos colegios, S. 18; Jiménez de Gregorio, Fernando: El ayuntamiento de Toldo en la guerra por la independencia y su entorno, de 1809 a1814.

Dort musste er feststellen, dass die Verwundeten, die sich nicht mit der Vorhut hatten zurückziehen können,[742] ebenso „geopfert"[743] worden waren,
wie die aus den Kerkern Befreiten. Hier findet sich erneut ein Unterschied
zwischen Artikel und Bericht. Im Artikel wird der Tod der zurückgelassenen
Verwundeten erwähnt, in der selbstständigen Publikation nicht.[744] Im Artikel
werden die Grausamkeit gegen Fremde und die gegen die eigene Bevölkerung
gleichgesetzt, was indirekt auf fehlende christliche Nächstenliebe vor allem
gegenüber den Verwundeten verweist. Dem Leser wird auf diese Weise verdeutlicht, dass man von einem Gegner, der mit den Seinen so umging, nichts
zu erwarten hatte. Die Auslassung im Bericht sollte möglicherweise das
wenig rühmliche Zurücklassen der eigenen Leute und ihren grausamen Tod
nicht erneut thematisieren. Im Bericht benennt Schümberg ausschließlich
die zuvor aus den Inquisitionsgebäuden befreiten Gefangenen, die er nach
seiner Rückkehr „von Bajonnetstichen durchbohrt oder mit zerschmettertem
Gehirn"[745] vorfand. Obwohl er das als „kaltblütig"[746] bezeichnete Handeln des
„Volkshaufe"[747] verabscheut, ist Schümberg bemüht, das Vorgehen zu erklären:
„Die Vorstellung allein, die von dem heiligen Glaubensgericht zu verdienter
Bestrafung Aufbewahrten seyen durch die ketzerischen Hände ihrer frechen
Befreier entweiht, war genügend gewesen, ihnen unbarmherzig den Todes-
stoß zu geben, oder die an ihre Köpfe angesetzten Flintenmündungen zu
entladen."[748]
Schümberg erkennt, dass dem Agieren der Mönche und den von ihnen
mobilisierten Bevölkerungsteilen eine andere Handlungslogik zu Grunde
lag, als dem der in die Stadt eindringenden Truppen. Demzufolge ging es um
nichts Geringeres als das Seelenheil der Gefangenen, das aus der Sicht der
Mönche und ihrer Anhänger durch das Eingreifen der französischen Truppen
gefährdet war. Die der Vorhut Angehörenden seien dementsprechend als
Ketzer und Irrgläubige angesehen worden, woraus sich auch das im Artikel
erwähnte erbarmungslose Vorgehen gegen die Zurückgelassenen erklärt.[749]

(Publicaciones del Instituto Provincial de Investigaciones y Estudios Toledanos. Serie 1: Monografías, Bd. 21). Toledo 1984.

742 Vgl.: [Schümberg]: Beytrag zur Geschichte der spanischen Ex-Inquisition, in: Morgenblatt für gebildete Stände 14.2, H. 177 (1820), S. 709.

743 Ebd.

744 Vgl.: ebd; [Schümberg]: Erinnerungen, S. 148.

745 [Schümberg]: Erinnerungen, S. 148.

746 Ebd.

747 Ebd.

748 Ebd.

749 Vgl.: [Schümberg]: Beytrag zur Geschichte der spanischen Ex-Inquisition, in: Morgenblatt für gebildete Stände 14.2, H. 177 (1820), S. 709.

In diesem Falle wurde auch kein Unterschied bezüglich der Herkunft der eindringenden Truppenteile gemacht, unter denen sich auch Angehörige der polnischen Legion befanden.[750] Alle wurden allgemein als französische Widersacher identifiziert und entsprechend behandelt. Im Gegensatz zum Alltagskontakt abseits der Kampfhandlungen half Angehörigen der polnischen Legion ihre katholische Konfession im Kampf wenig. Sie hielt sie andererseits auch nicht davon ab, gegen Geistliche und die Inquisition vorzugehen. Hier prallten nicht nur Angreifer und Verteidiger der Stadt Toledo aufeinander, sondern auch Unterschiede in Verständnis und Auslegung der christlichen Lehre, religiös bedingte Weltsichten, die sich im Spannungsfeld von Staatsverständnis bewegten und sich im dementsprechenden Handeln der beteiligten Parteien zeigten. Schümberg tritt in dieser Situation für den Leser als Mittler auf, der zwar von seiner Position überzeugt ist, rückblickend aber auch die Beweggründe der Spanier aufzeigt, um deren Handeln nachvollziehbar zu machen. Aus der Perspektive eines Kriegsteilnehmers werden hier die in religiösen Fragen unterschiedlichen Sinnhorizonte im spanischen und deutschsprachigen Raum deutlich. Das zeigt sich im Bericht z. B. in der beschriebenen Reaktion von über mehrere Jahre „Eingekerkerten,"[751] die nach ihrer Befreiung Gott für das nochmalige Erblicken des Tageslichts gedankt und dann um ihren Tod gebeten hätten.[752] Die Darstellung lässt jedoch offen, ob dieser Wunsch aus dem christlichen Motiv zur Rettung des Seelenheils geäußert wurde oder aufgrund des körperlichen Zustands der Betroffenen nach den erlittenen Martern.

Schümbergs Erklärung dient nicht nur dazu, den Handlungsrahmen der Spanier nachzuvollziehen, sondern auch durch die geschilderte Grausamkeit die darauf beschriebene Reaktion der eindringenden Truppen verständlich zu machen. Diese hätten bei einem solchen Anblick die Tore und Türen zum und im Gebäude gewaltsam geöffnet, „und die dicken Mauern hallten von den Schüssen wieder, welche die eisernen Thürschlössser zersprengten"[753]. Die Eindringenden wären auch noch innerhalb der Inquisitionsgebäude auf teils bewaffneten Widerstand gestoßen.[754] Erst unter Androhung von Gewalt wären sie von den Wärtern in die unterirdischen Gänge geführt worden, wo man die

---

750   Vgl.: ebd; [Schümberg]: Erinnerungen, S. 147.
751   [Schümberg]: Erinnerungen, S. 148.
752   Vgl.: [Schümberg]: Beytrag zur Geschichte der spanischen Ex-Inquisition, in: Morgenblatt für gebildete Stände 14.2, H. 177 (1820), S. 710; [Schümberg]: Erinnerungen, S. 148-149.
753   [Schümberg]: Erinnerungen, S. 149.
754   Vgl.: [Schümberg]: Beytrag zur Geschichte der spanischen Ex-Inquisition, in: Morgenblatt für gebildete Stände 14.2, H. 177 (1820), S. 710; [Schümberg]: Erinnerungen, S. 149.

Gefangenen in „Kellern"[755] vorfand, die Schümberg mit Gräbern vergleicht.[756]
Die „Kerker"[757]seien so klein gewesen, dass sich die Physiognomie der darin
Eingepferchten verändert habe und sie verkrüppelt seien.[758] Im Artikel wird
ersichtlich, dass die auch im Bericht angeführte ärztliche Versorgung der
Befreiten von den Regimentsärzten vorgenommen wurde.[759] In Schümbergs
Beschreibung sind die befreiten Gefangenen keine verurteilenswerten Sünder,
sondern Opfer einer für ihn überkommenen Institution, die der Hilfe und
des Mitgefühls bedurften. Die napoleonischen Truppen treten als ihre Retter
in Erscheinung, die sie nicht nur befreiten, sondern auch den Möglichkeiten
entsprechend ärztlich versorgten. Mitleid nimmt hier auch von Seiten der in
Spanien eingesetzten Truppen eine Brückenfunktion ein.[760]

Der Umgang mit den Gefangenen seitens der ins Land gekommenen
Truppen steht in Artikel und Bericht in deutlichem, positivem Gegensatz
zu den Praktiken der Inquisition. Ihren Foltermethoden und –instrumenten
widmet sich Schümberg in beiden Schriften und entwirft damit über die
Beschreibung der Gefangenen hinaus einen infernalisch anmutenden Raum,
der jenseits der im Krieg erlebten Grausamkeiten steht. Für den Leser wird
dadurch deutlich, dass man die Gefangenen nicht nur durch das Wegsperren in
grabartige Kerker quälte.[761] Unter den verschiedenen „Marterapparate[n]"[762]
hätte besonders einer zum Ausrenken der Glieder selbst „unter den harten
Kriegern einen unwillkührlichen Schauder"[763] hervorgerufen.[764] Schümbergs
besondere Aufmerksamkeit weckte eine „hölzerne Bildsäule der Mutter

---

755 [Schümberg]: Erinnerungen, S. 149.
756 Vgl.: [Schümberg]: Beytrag zur Geschichte der spanischen Ex-Inquisition, in: Morgenblatt
   für gebildete Stände 14.2, H. 177 (1820), S. 710; [Schümberg]: Erinnerungen, S. 149.
757 [Schümberg]: Erinnerungen, S. 149.
758 Im Artikel spricht Schümberg in diesem Zusammenhang sogar von „Käfigen".
   [Schümberg]: Beytrag zur Geschichte der spanischen Ex-Inquisition, in: Morgenblatt für
   gebildete Stände 14.2, H. 177 (1820), S. 710.
759 Vgl.: ebd.
760 Zum Mitleid als einer Art Brückenfunktion siehe Kapitel 4.2.3.
761 Vgl.: [Schümberg]: Beytrag zur Geschichte der spanischen Ex-Inquisition, in: Morgenblatt
   für gebildete Stände 14.2, H. 177 (1820), S. 710; [Schümberg]: Beytrag zur Geschichte der
   spanischen Ex-Inquisition. (Beschluß), in: Morgenblatt für gebildete Stände 14.2, H. 178
   (1820), S. 714-715; [Schümberg]: Erinnerungen, S. 150-154.
762 [Schümberg]: Erinnerungen, S. 150.
763 Ebd.
764 Im Artikel erwähnt Schümberg noch eine weitere Foltermaschine. Die Verwendung
   dieser und der oben genannten Apparate stellte sich ihm offensichtlich als noch grau-
   samer dar als das, was er auf Schlachtfeldern erblickt hätte. Vgl.: [Schümberg]: Beytrag
   zur Geschichte der spanischen Ex-Inquisition, in: Morgenblatt für gebildete Stände 14.2,
   H. 177 (1820), S. 710.

Gottes"[765], die in ein seidenes Gewand gehüllt war und deren Arme sich wie bei einer Umarmung bewegen ließen. Auf den ersten Blick erweckte sie für Schümberg den Eindruck einer übergroßen Marien-Statue mit vergoldetem Heiligenschein in einer altarartigen Nische.[766] Um den Zweck des Instruments zu erfahren, wurde Schümberg zufolge ein *familiaris*[767] der Inquisition befragt, der zuvor als Dolmetscher für verhaftete Ausländer fungierte.[768] Damit bezieht sich Schümberg auf eine direkte Informationsquelle, derzufolge man u. a. wegen „Ketzerei"[769] Verhaftete in die Arme der „Gottesmutter"[770] legte, um sie bekennen zu lassen. Bei genauerer Untersuchung stellte sich heraus, dass die Vorderseite der Figur unter dem Gewand voller Nägel und Spitzen war, die in eine davor stehende Person während der mechanisch auslösbaren Umarmung hinein gedrückt wurden.[771] An einem statt dessen benutzten Tornister konnte man sehen, dass sich die Spitzen je nach Stärke der Umarmung unterschiedlich tief in die so gefolterte Person bohrten.[772] Nach Aussage des familiaris wäre dieses Instrument allerdings seit mehr als zwanzig Jahren nicht mehr angewendet worden.[773] Dennoch scheint gerade diese „Martermaschine"[774],

---

765 [Schümberg]: Erinnerungen, S. 150.

766 Vgl.: [Schümberg]: Beytrag zur Geschichte der spanischen Ex-Inquisition. (Beschluß), in: Morgenblatt für gebildete Stände 14.2, H. 178 (1820), S. 714; [Schümberg]: Erinnerungen, S. 150.

767 Familiaris: „Essentially he was a lay servant of the Holy Office, ready at all times to perform duties in the service of the tribunal. In return he was allowed to bear arms to protect the inquisitors, and enjoyed a number of privileges in common with the other officials. To become a familiar was a high honour [...]" Kamen: Spanish Inquisition, S. 145. Zur Funktion der familiaris und ihrer zentralen Rolle bei den Tribunalen in Spanien siehe auch: Bethencourt: L'Inquisition, S. 56-69.

768 Im Artikel erfährt man, dass der Dolmetscher „Französisch, Italienisch, Deutsch und Holländisch ziemlich fertig sprach." [Schümberg]: Beytrag zur Geschichte der spanischen Ex-Inquisition. (Beschluß), in: Morgenblatt für gebildete Stände 14.2, H. 178 (1820), S. 714. Im Bericht wird nicht mehr erwähnt, dass sich der Dolmetscher auf Französisch äußerte. Das könnte mit Schümbergs eigener schwierigen Situation in der Restauration begründet sein. Sein Bericht macht das Bemühen deutlich, seinen direkten französischen Dienst möglichst nicht zu thematisieren. Vgl.: [Schümberg]: Erinnerungen.

769 [Schümberg]: Erinnerungen, S. 152.

770 Ebd.

771 Vgl.: [Schümberg]: Beytrag zur Geschichte der spanischen Ex-Inquisition. (Beschluß), in: Morgenblatt für gebildete Stände 14.2, H. 178 (1820), S. 714; [Schümberg]: Erinnerungen, S. 150-151.

772 Vgl.: [Schümberg]: Erinnerungen, S. 151.

773 Im Artikel werden die Beteuerungen des Dolmetschers etwas ausführlicher dargestellt als im Bericht. Vgl.: [Schümberg]: Beytrag zur Geschichte der spanischen Ex-Inquisition. (Beschluß), in: Morgenblatt für gebildete Stände 14.2, H. 178 (1820), S. 714.

774 [Schümberg]: Erinnerungen, S. 153.

die Ähnlichkeiten mit der im deutschsprachigen Raum bekannten eisernen Jungfrau[775] aufweist, für Schümberg symbolisch für die Grausamkeit der Inquisition zu stehen, der er unter anderen Rahmenbedingungen selbst zum Opfer hätte fallen können. Dass er den Beteuerungen eines familiaris wenig Glauben schenkte, ist angesichts der von ihm beschriebenen gemarterten Gefangenen und des ohnehin negativ geprägten Inquisitionsbildes im deutschsprachigen Raum nachvollziehbar.

An dieser Stelle der Beschreibung offenbaren sich erneut die aufeinanderprallenden Sinnhorizonte spanisch-katholischer und reformatorischer Prägung. So liegt die von Schümberg indirekt thematisierte Frage des Seelenheils nicht nur der Handlungslogik der aufgebrachten Menge zu Grunde. Auch hinter der Anwendung der beschriebenen „Gottesmutter"[776] steht ein altes Leib-Seele-Verhältnis. Leib und Seele bilden demzufolge eine Einheit, in der der spirituelle Zustand des Selbst äußerlich sichtbar in Form des Körpers hervortritt und sich durch die von ihm gesendeten Anzeichen manifestiert. „For the inquisitors, [the body, K.B.] [...] represented all that was base in humankind and receptacle for its weakness: it was the instrument employed by the devil to lead the soul astray, but also, by reason of this same weakness, the ideal pretext for the investigation and the production of proof [...]"[777] Der Körper war in dieser Vorstellung als der Ort gedacht, wo der Kampf um Gut und Böse ausgefochten wurde.[778] Im Sinne altkirchlicher Vorstellungen, die besonders in der Zeit der Reformation wieder hervortraten, wurden Häresie,

---

775   Die eiserne Jungfrau war ein Folterinstrument in Form einer innen hohlen weiblichen Gestalt, aus Holz oder Metall. Der aufklappbare Hohlraum war mit stehenden Dornen oder Nägeln versehen, die beim Zuklappen in den Körper eines darin stehenden Menschen eindrangen, ohne ihn sofort zu töten, sondern zum qualvollen Verbluten führten. Ob die eiserne Jungfrau im deutschsprachigen Raum bereits vor dem 19. Jahrhundert als Folterinstrument existierte, ist jedoch umstritten. Dazu siehe: Zagolla, Robert: Im Namen der Wahrheit. Folter in Deutschland vom Mittelalter bis heute. Berlin 2006, S. 118-119. Der Vergleich beider Instrumente ergibt sich nicht nur aus der Beschreibung der Gottesmutter, sondern auch aus deren Bezeichnung als „madre dolorosa" (lateinisch „mater dolorosa", schmerzensreiche Mutter), was auf eine Darstellung der Schmerzen Marias im Rahmen der Marienverehrung verweist. In einer Publikation über Folterpraktiken aus dem Jahr 1906 wird eine solche „Mater Dolorosa" als spanische Form der eisernen Jungfrau angeführt, die man unter Joseph Bonaparte in den Inquisitionsgebäuden in Madrid gefunden habe. Vgl.: Verdène, Georges: La torture, les supplices et les peines corporelles et affictives dans la justice allemande. Paris 1906, S. 224-225; [Schümberg]: Beytrag zur Geschichte der spanischen Ex-Inquisition. (Beschluß), in: Morgenblatt für gebildete Stände 14.2, H. 178 (1820), S. 715; [Schümberg]: Erinnerungen, S. 153.

776   [Schümberg]: Erinnerungen, S. 152.

777   Bethencourt: Inquisition, S. 285.

778   Vgl.: ebd., S. 286.

aber auch Gottesferne als Krankheit der Seele eines sündigen Menschen, Folter
als Medizin und der Inquisitor gewissermaßen als Arzt begriffen.[779] Wie für
die aufgebrachten Mönche, so existierte der Körper auch für die Inquisitoren
„ohnehin nur als Funktion des Seelenheils, wobei außerdem feststand, daß der
Mensch nicht Herr seiner Glieder sei, sondern diese Herrschaft dem obersten
Gesetzgeber auf Erden, d. h. dem Papst zukomme."[780] Die Anwendung eines
Instruments wie die von Schümberg beschriebene Gottesmutter war ein
Mittel, um an Informationen oder ein Geständnis zu gelangen. Aus Sicht der
Inquisitoren wurde Folter nicht als Bestrafung, sondern zur Wahrheitsfindung
und damit zur Rettung der Seele eingesetzt.[781]

Nach Kamen hatte sich das Vorgehen der spanischen Institution allerdings
verändert.[782] Demzufolge bediente man sich der Folter ab Mitte des 18. Jahrhunderts kaum noch,[783] was sich mit der Bemerkung des Dolmetschers in
Schümbergs Bericht decken würde. Seine persönlichen Eindrücke über den
Zustand der Gefangenen in den Inquisitionsgebäuden von Toledo sprechen
jedoch eine eigene Sprache. Das von Schümberg vermittelte Bild von der
Inquisition als einer mittelalterlich denkenden und operierenden Institution,
der man massiv entgegentreten müsse, sowie seiner Abscheu gegenüber Folter
und Foltermethoden offenbaren seine Position im zeitgenössischen Diskurs um die Inquisition. Schümbergs Darstellung der Inquisition setzt sie in
direkten Gegensatz zu den eindringenden napoleonischen Truppen, deren
sofortiges Agieren sie – und damit Schümberg selbst – als weiterentwickelt

---

779 Vgl.: Scharff, Thomas: Seelenrettung und Machtinszenierung. Sinnkonstruktionen der
     Folter im krichlichen Inquisitionsverfahren des Mittelalters, in: Burschel u. a. (Hg.): Das
     Quälen des Körpers. Eine historische Anthropologie der Folter. Köln 2000, S. 163-169.
780 Schmidt, Peer: Tortur als Routine. Zur Theorie und Praxis der römischen Inquisition in
     der frühen Neuzeit, in: Burschel u. a. (Hg.): Das Quälen des Körpers. Eine historische
     Anthropologie der Folter. Köln 2000, S. 215. Schmidt bezieht sich dabei auf die römische
     Inquisition. Die Argumentation trifft aber auch auf die spanische Inquisition zu.
781 Zum Verständnis der Anwendung von Folter in Spanien siehe: Kamen, Henry: The
     Spanish Inquisition. An Historical Revision. London 1997, S. 189.
782 Die von Schümberg beschriebenen Zustände stimmen nicht mit den neueren Erkennt-
     nissen der historischen Forschung überein. Laut Kamen starben mehr Menschen an
     Krankheit als durch Folter. Bethencourt hingegen verweist darauf, dass die der Forschung
     zur Verfügung stehenden Zahlen mit Vorsicht zu behandeln wären. Sie könnten nur einen
     Ausschnitt abbilden, da z. B. aus der ersten Phase der Inquisition in Spanien nur wenige
     Dokumente erhalten geblieben sind. Der soziale Einfluss der Inquisition sei dagegen
     weitaus umfassender und tiefgreifender gewesen, als bisher rezipiert. Vgl.: Bethencourt:
     Inquisition, S. 444-445; Kamen: The Spanish Inquisition. An Historical Revision, S. 187,
     189; Kamen: Spanish Inquisition, S. 169-171.
783 Vgl.: Kamen: Spanish Inquisition, S. 173.

darstellt.[784] Ihr im Bericht beschriebenes Auftreten spiegelt die Invasoren als Repräsentanten der Moderne, wo der „Klerus nicht mehr Teil einer geschlossenen Gesellschaft [ist, K.B.], in der die Regeln der klerikalen Gemeinschaftlichkeit [ihn, K.B.] vor der säkularisierten Welt schützten."[785] Dabei tritt ein Verständnis hervor, nach dem der Körper dem bürgerlichen Subjekt gehört,[786] als welches sich Schümberg begriff. Obwohl von einem Militärangehörigen verfasst, zeigt sich hier eine Individualisierung, in der der Körper als persönliches Eigentum angesehen wurde.[787] Schümbergs Perspektive widerspiegelt indirekt die Verdrängung des Ein-Körper-Seins durch das Einen-Körper-Haben.[788] Das ermöglicht einen Blickwinkel von außerhalb auf den Körper, das Objekt des Diskurses wird zum Subjekt und bleibt dennoch als Objekt beschreibbar. Krankheit war in diesem Zusammenhang nicht mehr „eine Strafe Gottes für Sünde und Gesundheit ein Geschenk Gottes, [sondern, K.B.] wurden durch den Gedanken ersetzt, dass der Einzelne selbst verantwortlich war."[789] Gesundheit und Krankheit werden dabei im Laufe des 19. Jahrhunderts zu einer Art Bipolarität von Normalem und Pathologischem, was auch Zustände der Seele, also der Psyche, einschließt.[790] In diesem Verständnis ist der Mensch bis zu einem gewissen Grad Herr über seinen Körper – eine Sichtweise, nach der sich Häresie oder Gottesferne nur schwerlich als eine Art Seelenkrankheit erklären oder der Inquisitor als Arzt akzeptieren ließ.

---

784 Schümbergs Äußerungen sind möglicherweise auch im Zusammenhang mit den Ende des 18. Jahrhunderts im deutschsprachigen Raum einsetzenden Einschränkungen der Folter und dem Diskurs um ihre generelle Abschaffung zu sehen. Dazu siehe: Zagolla: Im Namen der Wahrheit, S. 95-102.

785 Giorgio, Michaela de: Die Gläubige, in: Frevert/Haupt (Hg.): Der Mensch des 19. Jahrhunderts. Lizenzausg., Essen 2004, S. 122.

786 Zum aufkommenden Verständnis des bürgerlichen Körpers in der Zeit der Befreiungskriege im deutschsprachigen Raum siehe: Schilling, René: Der Körper des „Helden". Deutschland 1813-1945, in: Conze (Hg.): Körper macht Geschichte – Geschichte macht Körper. Körpergeschichte als Sozialgeschichte. Bielefeld 1999, S. 125-128.

787 Auch wenn ein Militärangehöriger nur bedingt über seinen Körper verfügen konnte, wurde gerade durch die Konskription ein neues Bewusstsein individueller Körperlichkeit gestärkt. Dazu siehe: Noiriel, Gérard: Der Staatsbürger, in: Frevert/Haupt (Hg.): Der Mensch des 19. Jahrhunderts. Lizenzausg., Essen 2004, S. 220-222.

788 Zum Spannungsfeld zwischen dem „Sein" und dem „Haben" eines Körpers sowie der sich daraus ergebenden veränderten Perspektive auf den Körper siehe: Tanner, Jakob: Wie machen Menschen Erfahrungen? Zur Historizität und Semiotik des Körpers, in: Conze (Hg.): Körper macht Geschichte – Geschichte macht Körper. Körpergeschichte als Sozialgeschichte. Bielefeld 1999, S. 16-34.

789 Outram, Dorinda: Aufbruch in die Moderne. Die Epoche der Aufklärung. Stuttgart 2006, S. 273.

790 Vgl.: Foucault: Geburt der Klinik, S. 52-53.

Die in Artikel und Bericht sichtbar werdende Entrüstung Schümbergs über die Art der körperlichen Peinigung durch die „Gottesmutter"[791] bezieht sich nicht nur auf den von ihm empfundenen, „für Vernunft und Religion entehrend(en)"[792] Missbrauch Marias als Mittlerin zwischen Gott und Menschheit. Die Ablehnung der stilisierten mittelalterlichen Sinndeutung, der aufklärerisch inspirierte Gedanke der Trennung von Vernunft und Religion rekurriert im Prinzip auf ein romantisches Phänomen. Auch wenn, wie Osterhammel bemerkt, keine andere ‚Großerzählung' als die Geschichte der Säkularisierung in Sicht sei, ließe sich die Behauptung nicht halten, dass die Menschen im 19. Jahrhundert auf einmal aufgehört hätten zu glauben und das Jahrhundert sich von der Religion abgewendet habe.[793] Allerdings wurden Art und Ausdruck der Glaubenspraxis transformiert, gleichzeitig erfuhr z. B. der Wunderglaube neuen Aufschwung.[794] Die Frömmigkeitspraxen wurden dabei im 19. Jahrhundert besonders von Frauen getragen.[795] Das betraf vor allem die vielfältigen Formen des Marienkults, wobei Züge des romantischen Frauenbilds in die der Mutter Gottes entgegengebrachte Verehrung aufgenommen wurden.[796] Im theologischen Diskurs versuchte man, sich durch diese emotionale Betonung von einem als vernunftgeleitet angesehenen Protestantismus abzugrenzen.[797] Nicht nur in Frankreich wurde „das christliche Mittelalter' zum Gegenstand einer ekklesiologischen Faszination und zum Anlaß für eine grundlegende Diskussion über die Zukunft der katholischen Gesellschaft"[798]. Betrachtet man Schümbergs Schilderungen vor diesem Hintergrund, dann erscheint seine Stilisierung der Inquisition als Vertreter mittelalterlichen Gedankenguts wie eine Absage an die katholisch-romantischen Diskurse, bargen sie in seinen Augen doch wie ein böses Omen die Gefahr, „Barbaren"[799] (wie er die Inquisitionsangehörigen auch

---

791	[Schümberg]: Erinnerungen, S. 152.

792	Ebd., S. 150.

793	Vgl.: Osterhammel, Jürgen: Die Verwandlung der Welt. Eine Geschichte des 19. Jahrhunderts. (Schriftenreihe bpb, Bd. 1044). Lizenzausg., Bonn 2010, S. 1240.

794	Vgl. z. B.: Schlögl: Alter Glaube, S. 271-306; Frevert, Ute/Haupt, Heinz-Gerhard: Einführung. Der Mensch des 19. Jahrhunderts, in: Frevert/Haupt (Hg.): Der Mensch des 19. Jahrhunderts. Lizenzausg., Essen 2004, S. 13.

795	Vgl.: Schlögl: Alter Glaube, S. 309-322.

796	Vgl.: Giorgio: Die Gläubige, S. 140.

797	Vgl.: ebd. Das Pendant dazu bilden im protestantischen Bereich die pietistischen Erweckungsbewegungen, die besonders nach dem Sieg über Napoleon Zulauf erfuhren.

798	Boutry, Philippe: Der Priester, in: Furet (Hg.): Der Mensch der Romantik. Lizenzausg., Essen 2004, S. 205.

799	[Schümberg]: Erinnerungen, S. 153.

bezeichnet) an die Macht kommen zu lassen. Es ist nicht auszuschließen, dass Spanien in diesem Zusammenhang von Schümberg gezielt als Folie für einen heimischen Diskurs genutzt wurde. Dabei wird der romantisch-katholische Diskurs (für dessen mögliche fatale Auswüchse symbolisch die Inquisition und mit ihr die Ordensgeistlichen stehen) gegen einen eher vernunftgeleiteten Glauben gestellt.[800] Die Inquisition ist in Schümbergs Bericht ein Negativpol, den er jedoch von der spanischen Bevölkerung und ihrer Einstellung zu dieser Institution trennt. Im Gegensatz zum Verfasser der *Briefe aus Spanien*, demzufolge die Inquisition für jeden Spanier ein notwendiges Staatsorgan sei und man sich nicht über deren Aufhebung gefreut habe,[801] ist aus Schümbergs Perspektive auch in Spanien ein Veränderungsprozess ersichtlich, selbst wenn man den vormaligen Zustand an gewissen Orten noch wie in einem lebendigen Museum bestaunen könne. Vernunft und Religion schlossen sich für Schümberg offenbar nicht aus.

Schümbergs Darstellung ist aber auch im Rahmen der zeitlichen Ereignisse zu sehen. Das napoleonische Dekret über die Abschaffung der Inquisition war erst am 04. Dezember 1808 erlassen worden. Zehn Tage später wurde angeordnet, dass ihre Gebäude und Besitzungen zu durchsuchen seien.[802] Aus Schümbergs Artikel ergibt sich, wie bereits erwähnt, dass er sich Anfang Dezember 1808 in Toledo befand.[803] Es ist fraglich, ob Schümberg und die mit ihm einrückenden Truppen oder die Bewohner der Stadt zu diesem Zeitpunkt bereits Kenntnis von der offiziellen Abschaffung der spanischen Inquisition hatten. Das würde die Gewaltexzesse um die Inquisitionsgebäude erklären, aber auch auf ein grundsätzlich ablehnendes Verhalten der Truppen gegenüber der Institution hinweisen. Es ist anzunehmen, dass sich Schümbergs Meinung über die die Inquisition ablehnenden Spanier aus den Erlebnissen während seines gesamten vierjährigen Einsatzes ergeben hat. Hätte er, ähnlich wie der Verfasser der *Briefe aus Spanien*, das Land bereits Ende 1808 wieder verlassen, wäre seine Einschätzung – besonders unter dem Eindruck der Ereignisse in Toledo – möglicherweise anders ausgefallen. So aber greifen zu unterschiedlichen Zeiten erlangte Informationen ineinander und verweben sich

---

800 Vgl.: ebd., S. 199-200.

801 Vgl.: o.V.: Briefe aus Spanien, in: Fackeln 1, H. 1 (1811), S. 21.

802 Zweck der Durchsuchungen war es, sich anhand vorhandenener Schriftstücke einen Überblick über den Besitz der Inquisitionseinrichtungen zu verschaffen. Während dieser Zeit sollten die Inquisitoren eingesperrt werden, um die Untersuchung nicht zu behindern. Vgl.: Magaz Fernández: Reforma eclesiástica, S. 94.

803 Nach Vizuete Mendoza drangen napoleonische Truppen am 13. Dezember 1808 kurzzeitig in Toledo ein. Vgl.: ebd; Vizuete Mendoza: Antiguos colegios, S. 18.

zu Legitimationsmustern für angewendete und erfahrene Gewalt, die sich in diesem Krieg zu entgrenzter Grausamkeit auswuchs. Diesem Phänomen wird in Kapitel 6 nachgegangen.

5.5   Resümee

Mentale Landkarten sind Abbilder von Umgebung und Erlebnissen, die durch eine Vielzahl von Faktoren beeinflusst werden. Sie sind nicht notwendigerweise sichtbar, bedürfen jedoch eines übergeordneten Ziels, das ihre Erstellung und Strukturierung maßgeblich beeinflusst. In der Mehrzahl der ausgewählten Berichte wird das Bemühen der Verfasser ersichtlich, das Wesen *des* Spaniers, *der* Spanierinnen bzw. *der* Spanier zu erfassen und zu präsentieren. In diesem Vorhaben liegt zugleich die Crux der Zeugnisse, denn Erwartung und Erlebtes stimmten nur bedingt überein. In den Berichten wird deutlich, dass die Verfasser vor ihrem Einsatz eine relativ klare Vorstellung von einem katholisch geprägten, ruhmsüchtigen Spanier hatten, wie er in Romanen beschrieben wurde und wie er für sie das Sinnbild einer homogenen Bevölkerung darstellte. So eindeutig, wie sich das Land auf der Iberischen Halbinsel geografisch abgrenzen ließ, so eindeutig war die Erwartung der Verfasser auch an *den* Spanier. Doch genau das erwies sich als problematisch, denn sie fanden keine diesen Vorstellungen entsprechende homogene Bevölkerung vor. Dieser Eindruck vertiefte sich, je mehr sie mit den Bewohnern des Landes in Berührung kamen. Kriegsverlauf, Dauer und Lokalität des Einsatzes, besonders aber die Einquartierungs- und Versorgungsproblematik brachten die Kriegsteilnehmer, wenn auch in unterschiedlichem Umfang, immer wieder mit der Bevölkerung vor Ort in Kontakt, was zu einer Aktualisierung vorhandener stereotyper Vorstellungen führte. Dabei offenbarte sich ihnen, dass es nicht *ein* Spanien zu erfassen galt, sondern ganz verschiedene Regionen, die einen Staat bildeten. Die Schwierigkeit bestand daher eher im Auffinden von Homogenität angesichts vorgefundener Differenz. Der zurückgelegte Weg als Verbindung der durchschrittenen Orte wurde zu einem roten Faden, an dem sich die Ereignisse und Erfahrungen im Wechsel von Verlaufs- und Zustandsbeschreibung unter Einbeziehung temporaler Kriterien im Prozess des Memorierens knüpfen ließen. Aus diesem umfangreichen, aus Interaktion hervorgegangenen Informationsnetz treten unter der Maßgabe, dem ebenfalls von stereotypen Vorstellungen beeinflussten deutschsprachigen Lesepublikum Einblick in die Facetten der Mentalität der spanischen Bevölkerung geben zu wollen, Ordnungskategorien im Sinne sogenannter äquivalenter Objekte hervor, die

zu Äquivalenzkategorien[804] gefasst wurden. Sie bündeln die an Routen festgemachten Informationen unter verschiedenen Gesichtspunkten und stellen
eine selektive Auswahl von subjektivem, zusammengefasstem Wissen dar, mit
dem die Kommunikation bezüglich der spanischen Bevölkerung ermöglicht
wird. Äquivalenzkategorien gestatten Vergleiche und Verallgemeinerungen
z. B. von Ähnlichkeiten und Differenzen zwischen dem deutschsprachigen
Raum und Spanien. Sie erlauben es darüber hinaus, weitere Besonderheiten (sogenannte Identitätskategorien)[805], in die Verallgemeinerungen
einzubinden. Durch das abwechselnde Heranziehen von Allgemeinem und
Besonderem entsteht ein Bezugssystem von einem Spanien, das aus verschiedenen Regionen mit speziellen geografischen, sozialen, wirtschaftlichen
und anderen Besonderheiten besteht. Zur Erstellung dieses differenzierten
Tableaus greifen die Verfasser nicht nur auf geografische und soziale, sondern
insbesondere auch auf sinnliche und religiöse Anker zur Strukturierung zurück,
die sie in standartisierte und internalisierte Muster räumlicher Ordnungen
einbetten. Obwohl die regionale Binnendifferenzierung Spaniens mit all ihren
Spezifika für die Verfasser unerwartet und damit neu war, fiel es ihnen offensichtlich nicht schwer, sich zu orientieren. Ähnlich wie im deutschsprachigen
Raum (vor 1806 noch mehr als danach) verschiedene Staaten das Heilige
Römische Reich Deutscher Nation oder später den Deutschen Bund bildeten,
ließen sich für die Verfasser auch die verschiedenen Regionen Spaniens als
ein aus vielen kleinen Reichen bestehendes Gesamtreich erfassen, das durch
eine allgemein anerkannte zentrale Autorität, den König, geeint wurde. Dieses
an regionle Differenz gebunde Erfassen spanischer Mentalitäten wurde
zur Grundlage eines Ordnungssystems, in das sich weitere Äquivalenz- und
Indentitätskategorien einpassen ließen. Das in den Quellen dargelegte Wissen
wurde räumlich strukturiert. Da es sich jedoch zu großen Teilen um einen
von menschlicher Hand gerichteten Raum handelt, werden Strukturierung
und damit verbundene Abgrenzung zugleich über soziale Kategorisierungen
vermittelt. Der eigene soziale Status und die ihm beigemessene Bedeutung
beeinflusste den Blickwinkel der Verfasser. Er zeigt sich in der Präsentation

---

804   Bei der Bildung von Äquivalenzkategorien wird die „Aufmerksamkeit […] auf eine
      begrenzte Zahl gemeinsamer Charakteristika konzentriert, die aus wiederholten
      Erfahrungen mit unterschiedlichen Beispielen eines Orts- oder Objekttyps abstrahiert
      und generalisiert worden sind." Downs, Roger M./Stea, David: Kognitive Karten. Die Welt
      in unseren Köpfen. (Uni-Taschenbücher, Bd. 1126). New York 1982, S. 150.

805   Für Downs und Stea vereinen sich „charakteristische Merkmale direkter und indirekter
      Erfahrung" von Orten in Identitätskategorien, durch die das Besondere zum Ausdruck
      gebracht werden kann. Ebd.

verschiedener sozialer Gruppen im Genderbereich, aber auch im alltäglichen Leben. Äquivalenzkategorien (wie z. B. der Zusammenhang zwischen Innen-einrichtung der Häuser und Vermögen der Besitzer) strukturieren die Darstellung der spanischen Gesellschaft und werden zugleich durch regionale Besonderheiten durchbrochen bzw. spezifiziert. Da Orte und Ereignisse auch durch sinnliche Eindrücke wie z. B. Geruch oder Geschmack memoriert werden, erlaubt das Einbeziehen emotional gebundener Eindrücke weitere Binnendifferenzierungen. Sie können jedoch – je nach Umfang und Art der Erfahrung – auch eine Synthesefunktion haben, zum Beispiel, wenn Spanien als Land der Schokolade in Erscheinung tritt. In der Mehrheit der ausgewählten Quellen wird die Syntheseleistung in Bezug auf die spanische Bevölkerung jedoch von religiösen Vorurteilen und erlebter spanischer Frömmigkeits-praxis getragen. Die entsprechenden Verfasser grenzen den in Spanien vor-gefundenen Katholizismus von den ihnen aus dem deutschprachigen Raum bekannten Glaubenspraktiken ab. Spanisch-katholische Frömmigkeit wird, wenn thematisiert, zu einer Art zeitlich versetztem Anderen, das mit den bekannten Formen nur wenig überein geht. Dadurch wird dem im deutsch-sprachigen Raum gelebten katholischen Glauben eine Weiterentwicklung bescheinigt, die dem spanischen Pendant fehle. Die temporal begründete Differenz erlaubt sowohl die in den Quellen sichtbare Abgrenzung als auch eine vom Protestantismus inspirierte Entwicklungslegititmation gegenüber der in Spanien vorgefundenen religiösen Praxis. Die bemängelte religiöse Ent-wicklung wird insbesondere am protestantischen Bildungsideal festgemacht und für die Verfasser zum Erklärungsmuster für negativ empfundene Aspekte der Mentalität der spanischen Bevölkerung – und zwar Regionen übergreifend.

Wie Birgit Aschmann in ihrem Vortrag auf der Tagung „1813" feststellte, thematisieren deutschsprachige Teilnehmer am spanischen Unabhängig-keitskrieg persönliche religiöse Deutungsmuster in ihren Berichten allerdings kaum. Sie verwies bezüglich der von ihr untersuchten Zeugnisse ausdrücklich auf die Absenz der Religion als Deutungsmuster und sprach sogar von der Auflösung dieses traditionellen Musters. Auch in den für diese Arbeit aus-gewählten Quellen fällt das Fehlen religiöser Selbstbezüge auf. Eine Erklärung für diese Leerstelle ist möglicherweise die Verlagerung der gesellschaftlich sichtbaren Formen der Frömmigkeit im 19. Jahrhundert. So vollzog sich, wie Schlögl bemerkt, „abhängig von der Dynamik sozialer Modernisierungs-prozesse"[806] eine Feminisierung der Religion, während sich nach Frevert und Haupt „Männer zunehmend von den kirchlichen Formen der Frömmigkeit

---

806   Schlögl: Alter Glaube, S. 319.

distanzierten"[807]. Wie Planert jedoch für Kriegsteilnehmer aus dem süddeutschen Raum zeigt, werden religiöse Riten in dieser Zeit zu einer Form
der Bewältigung von Kriegserlebnissen.[808] Die Auseinandersetzung mit den
erlittenen Traumata vollzog sich in einem eigenen, christlich geprägten, aber
nicht öffentlichen Raum der Betroffenen untereinander (z. B. bei Totenge-
denken, in Veteranen- und Soldatenbruderschaften, sogenannten Bruder-
bünden).[809] In die Spanien-Publikationen fanden solche, mit dem damaligen
Männerbild nicht vereinbaren Erschütterungen kaum Eingang. Dort
präsentierte man sich vor allem als Augenzeuge einer fremden Kultur und vermittelte über den beobachteten Alltag der spanischen Bevölkerung auch Einblick in deren Frömmigkeitspraxis.

Obwohl der Prozess der Informtationsstrukturierung in den Publikationen
also durchaus von gesellschaftlicher Themennormierung beeinflusst war, wird
in den Berichten ein Bild bzw. ein Modell des Einsatzgebiets konstruiert, das
sich dem Leser als subjektive Perspektive auf die Mentalität einer wenig homogenen spanischen Bevölkerung präsentiert und damit zur Konstruktion neuer,
regional gebundener stereotyper Bilder beiträgt. Legt man die verschiedenen
Ordnungskategorien frei, so zeigt sich, dass die Berichte der Verfasser sprachlich gefasste Formen eines kognitiven Kartierungsprozesses sind, der den Leser
für die strukturelle Erfassung Spaniens aktiviert und die Inkooperation neuer
Informationen in bestehende Sinnhorizonte erlaubt. Auf diesem Wege wird
dem Leser über ein geistiges Abbild das Gefühl vermittelt, sich in einem ihm
fremden Raum kompetent bewegen zu können, auch wenn er nicht vor Ort
war. Das Aufspüren kognitiven Kartierens im Sinne eines Handlungsprozesses
offenbart darüber hinaus, wie sich die Verfasser mit ihrem Einsatz und den
dabei gemachten Erfahrungen in Bezug auf die spanische Bevölkerung in ihren
Berichten auseinandersetzten.[810] Über das Zusammenführen der flexiblen
und vielseitigen Kategorien erwecken sie retrospektiv ein Gefühl geordneter
Kontrolle über ihre Eindrücke von der spanischen Bevölkerung, der bei aller
Differenzierung auch gewisse homogene Züge zugeschrieben wurden.

---

807   Frevert/Haupt: Einführung, S. 13.
808   Vgl.: Planert: Mythos vom Befreiungskrieg, S. 623-630.
809   Vgl.: ebd.
810   Zum Verständnis des kognitiven Kartierens als Handlungsprozess, also als Tätigkeit,
      siehe: Downs/Stea: Kognitive Karten, S. 23.

KAPITEL 6

Entgrenzung

Bis in die Gegenwart hinein ist mit Blick auf den Beginn des 19. Jahrhunderts und den um diese Zeit einsetzenden Nationenbildungsprozess von „einer blutigen Vision des neuen revolutionären Volkskrieges"[1] die Rede. Als prädestiniertes Beispiel wird der spanische Unabhängigkeitskrieg von 1808 bis 1814 angeführt, der von einer beispiellosen Gewaltentgrenzung gekennzeichnet war. Noch heute sind die Werke Francisco Goyas (1746-1828) Zeugnis und Sinnbild für die Schrecken dieses Krieges. Sie vermitteln einen visuellen Eindruck aus der Sicht der Betroffenen und gestatten nachfolgenden Generationen einen Blick auf das Geschehen vor über 200 Jahren. Publikationen über den spanischen Unabhängigkeitskrieg sind daher oft mit Abbildungen aus Goyas Werk *Desastres de la Guerra* unterlegt.[2] Diese wurden jedoch erst 1863 zum ersten Mal veröffentlicht und waren dem zeitgenössischen Publikum somit bis zu diesem Zeitpunkt nicht zugänglich.[3] Im Gegensatz dazu konnten z. B. die zeitnah publizierten Erlebnisberichte von Kriegsteilnehmern der Öffentlichkeit eine Vorstellung vom Kriegsgeschehen und den damit einhergehenden Gewaltausbrüchen vermitteln. Eng damit verbunden ist der – durch die Entwicklung im 20. Jahrhundert inzwischen mythisch verklärte – Begriff des

---

1 Langewiesche, Dieter: Eskalierte die Kriegsgewalt im Laufe der Geschichte?, in: Baberowski (Hg.): Moderne Zeiten? Krieg, Revolution und Gewalt im 20. Jahrhundert (bpb, Bd. 585). Lizenzausg., Bonn 2006, S. 27.

2 Vgl. z. B.: Rink, Martin: Die „Erfindung" des Guerillakrieges. Der „Dos de Mayo" 1808 – Auftakt zum Spanischen Unabhängigkeitskrieg, in: Militärgeschichte. Zeitschrift für historische Bildung 1 (2008), S. 4-9; Martínez Laínez: Como lobos hambrientos; Martínez Ruiz: Guerra de la Independencia; Cuenca Toribio: Guerra de la Independencia.
   Rink: „Erfindung" des Guerillakrieges, in: Militärgeschichte. Zeitschrift für historische Bildung 1, (2008).

3 Goyas *Desastres de la Guerra* waren von ihm nicht zur Veröffentlichung bestimmt und wurden erst nach dem Tod seines Sohnes durch die Kunstakademie San Fernando in Madrid publiziert. Dazu siehe: Goya y Lucientes, Francisco de: Los desastres de la guerra. Coleccion de ochenta láminas inventadas y grabadas al agua fuerte. Madrid 1863; Goya y Lucientes, Francisco José de: Desastres de la guerra. Vorwort von Konrad Farner. (Diogenes-Taschenbücher, Bd. 33, 2). Reprint der Ausgabe von 1863, Zürich 1972, o. S. ; Balsalobre García, Juana María: Una mirada a Goya: los desastres de la guerra, in: Espacio, tiempo y forma. Serie V, historia contemporánea 15 (2002), S. 13-23; Smith, Alan E.: La recepción de la primera edición de "Los desastres de la Guerra" de Goya (marzo, 1863) en el Madrid del joven Galdós, in: Bull. Span. Stud. 86, H. 4 (2009), S. 459-474; Bartolomé Gómez (Hg.): Desastres de la guerra.

© BRILL SCHÖNINGH, 2023 | DOI:10.30965/9783657792856_007

Guerilleros.[4] Er steht besonders im spanischen Verständnis für den erfolg-reichen paramilitärischen Widerstand gegen napoleonische Interessen in Spanien.[5] Der von einem asymmetrischen Kräfteverhältnis gekennzeichnete und von geografischen Gegebenheiten begünstigte irreguläre Widerstand wird sowohl in den untersuchten Quellen als auch in der Forschung immer wieder als eine Ursache für die Entgrenzung der Gewalt in diesem Krieg angeführt.[6] „Im napoleonischen Europa hat insbesondere der Widerstand des spanischen Volkes gegen die französische Okkupation breite Aufmerksamkeit erfahren [...]"[7]. Nicht der Krieg an sich, sondern die von Zeitgenossen beklagte unkontrollierte Gewaltdynamik dieses Krieges ließ Spanien – besonders vor dem Russlandfeldzug Napoleons – als Schreckensort erscheinen, wo tradierte Grundsätze der Kriegführung nicht galten.

Die hohen Verluste der napoleonischen Truppen auf der Iberischen Halb-insel führten dazu, dass der Nachschub in der Regel unvorbereitet am Ein-satzort eintraf und sich ohne Kenntnis der regional geübten Handlungslogik möglichst schnell den vor Ort herrschenden Regeln anpassen musste. Dem folgend, wird der Kriegsschauplatz Spanien hier als ein Ermöglichungsraum verstanden, in dem Gewaltausübung im Sinne Baberowskis als Handlungs-option unterschiedlichster Gruppen im Rahmen vielschichtiger Auseinander-setzungen betrachtet wird.[8] Die Gestaltung der Handlungsoptionen wird von den jeweiligen Rahmenbedingungen und den Absichten der beteiligten Akteure geprägt, die in ihren kulturellen Handlungskontext einzubetten sind. Dabei ist zunächst nach den verschiedenen Akteuren zu fragen, die von den Kriegsteilnehmern thematisiert werden, und wie sie deren und ihr eigenes Agieren in den Berichten darstellen. Irreguläre Kriegführung bedeutet die Ein-beziehung der Bevölkerung in den Widerstand. Wird dieser Umstand in den Berichten rezipiert? Werden Feindbilder in diesem Zusammenhang kreiert? Inwiefern wird auf den Begriff Volkskrieg rekurriert?

---

4 Vgl.: Rink: „Erfindung" des Guerillakrieges, in: Militärgeschichte. Zeitschrift für historische Bildung 1, (2008), S. 4.

5 Siehe z. B.: Flores del Manzano, Fernando: La guerrilla patriótica en Extremadura (1808-1812). (Colección Estudio, Bd. 35). Mérida 2009; Martínez Laínez: Como lobos hambrientos; Álvarez (Hg.): Guerillas; Aymes: Guerra de la Independencia.

6 Vgl. z. B.: [Schümberg]: Erinnerungen, S. 171, 230; Brandt: Ueber Spanien, S. 76.

7 Schmidt: Guerrillero, in: GG 29, H. 2 (2003), S. 172.

8 Vgl.: Baberowski, Jörg: Gewalt verstehen, in: ZF Online-Ausg. 5, H. 1, 2008, http://www. zeithistorische-forschungen.de/16126041-Baberowski-1-2008 (acc. 16.11.2013). Abschnitt 8-9.

6.1   Gegner und Feinde

Für Angehörige der unter Napoleon kämpfenden Truppen wurde Spanien im Verlauf des Unabhängigkeitskrieges zu einem gefürchteten Einsatzort. Das zeigte sich u. a. in den hohen Desertionsraten unter den Konskribierten, sobald das iberische Land als Einsatzregion bekannt wurde.[9] Umso erstaunlicher sind die in den untersuchten Zeugnissen deutschsprachiger Kriegsteilnehmer enthaltenen vielschichtigen und mitunter umfassenden Beschreibungen des Landes und seiner Bevölkerung (Kapitel 4 und 5). Sie stehen in eigenartigem Kontrast zum Zweck des Einsatzes, der die auf napoleonischer Seite kämpfenden Verfasser auf die Iberische Halbinsel geführt hat: ein Krieg, in dem ihnen Spanier als Feinde gegenüberstanden. Feindbilder aber zeichnen sich durch besonders starke und emotional aufgeladene Stereotypisierungen aus, die die Abwertung von Personen oder Gruppen zum Ziel haben.[10] Sie manifestieren ein Nicht-Verstehen-Wollen, das zugleich die Beziehung bzw. die Relation zum Selbst kennzeichnet und eine subjektiv legitim abwertende Exklusion des Anderen ermöglicht. Feindbilder strukturieren die Wahrnehmung der Umwelt und des eigenen Handelns.[11] Dazu müssen sie sich, wie z. B. Michael Jeismann bemerkt, auf der persönlichen und emotionalen Ebene mit dem eigenen Sinnhorizont bzw. den eigenen Erfahrungen überschneiden oder zumindest verbinden lassen, damit sich das Selbst in seinem Alltag darauf beziehen kann.[12] Die bisher gewonnenen Erkenntnisse über die teilweise akribische und keinesfalls immer abwertende Beschreibung der spanischen Bevölkerung und ihrer Eigenheiten im Sinne eines Korrektivs bzw. einer Erweiterung des damals vorherrschenden Spanienbilds im deutschsprachigen Raum legen es daher nahe, nicht gezielt nach Feindbildern, sondern zunächst nach der Verhandlung bzw. Thematisierung eines Gegners hin zu möglichen Feindbildkonstruktionen zu fragen. Im Folgenden stehen daher die in den Quellen beschriebenen Akteure und die Methoden ihres Widerstands sowie die damit einhergehende Selbstverortung der Verfasser im Fokus. Besonderer

---

9   Vgl.: Knauth: Tagebuch des Majors Knauth, o. J., LATh-StA Gotha, Geheimes Archiv WW VII r Nr. 62, Fol. 23 VS. Dazu siehe auch: Kapitel 2.2.3.

10 Vgl.: Reichardt, Sven: Feindbild und Fremdheit – Bemerkungen zu ihrer Wirkung, Bedeutung und Handlungsmacht, in: Ziemann (Hg.): Perspektiven der Historischen Friedensforschung (Frieden und Krieg. Beitrgäge zur historischen Friedensforschung, Bd. 1). 1. Aufl., Essen 2002, S. 250-251.

11 Vgl.: ebd., S. 270.

12 Siehe dazu: Jeismann, Michael: Das Vaterland der Feinde. Studien zum nationalen Feindbegriff und Selbstverständnis in Deutschland und Frankreich 1792-1918. (Sprache und Geschichte, Bd. 19). Stuttgart 1992.

Wert wird dabei auf das Verhalten der Bevölkerung gelegt, die, wie bereits dargelegt, in asymmetrischen Kriegen entscheidenden Einfluss auf den Kriegsverlauf nehmen und daher zu einem umkämpften Gut werden kann.

6.1.1 *Antipathie – Empathie*

Der Übertritt über die Pyrenäen symbolisierte für viele auf französischer Seite kämpfende Kriegsteilnehmer, wie bereits in Kapitel 4 dargelegt, das Überschreiten einer Grenze zwischen Sicherheit und Unsicherheit sowie möglichem Tod. Gerüchte über die brutale Kriegführung, schlechte Versorgung und Krankheiten erreichten auch deutschsprachige Konskribierte schon in der Heimat und konnten für den Einzelnen noch vor Erreichen des Einsatzortes (z. B. durch den Kontakt mit aus Spanien Zurückkehrenden) an Wahrheitsgehalt gewinnen.[13] Zudem sprach die körperliche Versehrtheit ehemaliger Kriegsteilnehmer eine eigene Sprache.[14] So bemerkt z. B. Geißler, dass man in seiner Heimatregion Eisenach nichts Genaues über die Lage in Spanien wusste. Auf seinem Weg zu den Pyrenäen aber kam er 1810 mit Kriegsteilnehmern in Kontakt, die ihm von den Zuständen auf der Iberischen Halbinsel berichteten.[15] Dabei erfuhr er mehr, als ihm lieb war. Und obwohl er sich zunächst weigerte, dem Gehörten Glauben zu schenken, lösten diese nicht näher thematisierten Darstellungen bei ihm Beklemmungen aus, die ihm den Weg nach Spanien erschwerten. Rückblickend konstatiert er allerdings, dass sie „weit [...] hinter der Wahrheit zurückgeblieben"[16] wären. Das von Rückkehrern verbreitete Bild von der Gewalt auf der Iberischen Halbinsel übertraf offenbar auch Geißlers Vorstellungskraft, es war jedoch nicht homogen. Ähnlich wie andere Erlebnisse konnte es – je nach Einsatzraum, -zeit und subjektivem Empfinden – differieren. So verweist z. B. auch der Verfasser der *Briefe aus Spanien* auf Gerüchte, die ihm vor seinem Einsatz zu Ohren gekommen wären.[17] Im Gegensatz zu Geißler bemerkt er jedoch rückblickend, dass es „übertriebene Erzählungen"[18] gewesen seien, die „Spanien und den dortigen Krieg als das Extrem alles Schrecklichen"[19] schilderten. Die unterschiedliche Einschätzung bestätigt die Bedeutung von Raum, Zeit und Umständen des Aufenthaltes auf der Iberischen Halbinsel sowie dem Zeitpunkt der Publikation, die bei beiden Verfassern erheblich differieren. So

---

13   Vgl.: o.V.: Briefe aus Spanien, in: Fackeln 1, H. 1 (1811), S. 6.
14   Vgl.: ebd.
15   Vgl.: Geißler: Denkwürdigkeiten (1830), S. 6.
16   Ebd.
17   Vgl.: o.V.: Briefe aus Spanien, in: Fackeln 1, H. 1 (1811), S. 6.
18   Ebd.
19   Ebd.

könnte es sein, dass sich der Verfasser der *Briefe aus Spanien* zu Zeiten bzw. an Orten im Einsatz befand, an denen die Auseinandersetzungen nicht mit der von ihm gefürchteten Brutalität geführt wurden. Möglicherweise aber musste er – selbst als anonymer Verfasser – in einer während des Krieges erfolgten Veröffentlichung aus Zensurgründen auf eine genauere Beschreibung des spanischen Widerstandes verzichten. Geißler hingegen war allein schon wegen seiner Funktion als Militärwundarzt in viel umfangreicherem Maße mit den Folgen der brutalen Kriegführung konfrontiert. Auch erschien sein Bericht erst in der Zeit der Restauration. Die Darstellung der katastrophalen Folgen einer Volkserhebung bediente das von der damaligen Obrigkeit propagierte Bild, nach dem die Mobilisierung der Bevölkerung gegen das Staatsoberhaupt als unkontrollierbare Entgrenzung bestehender Ordnung dargestellt wurde.

Für viele Kriegsteilnehmer bewahrheiteten sich Gerüchte und Hörensagen insbesondere in der fortgeschrittenen Kriegsphase bereits auf dem Weg über die Pyrenäen. Die allgegenwärtige Gefahr wurde ihnen als erstes durch die starke Bewachung der Transporte bewusst. Viele bekamen sie aber auch in Form von An- und Übergriffen der Einheimischen direkt zu spüren. Die als eine Art kleiner Krieg[20] besonders in den Bergen geführten Attacken dienten dem Zweck, den Nachschub aus Frankreich zu unterbrechen.[21] In einigen Berichten werden Gebirgsbewohner daher als besonders gefährlich beschrieben.[22] Die Unsicherheit auf Straßen und Wegen setzte sich aber auch im Inland fort und zermürbte die Truppen.[23] In den Zeugnissen wird auf verschiedene Sicherungsmaßnahmen verwiesen. Dennoch konnte ein sicherer Weg bzw. eine sichere Ankunft am Zielort oft nicht gewährleistet werden.[24] Die Einheimischen, von einigen Verfassern teilweise als „Eingeborene“[25] bezeichnet, waren auf Grund ihrer Ortkenntnis im Vorteil. Die Verwendung des Wortes Eingeborene führt zu einer zusätzlichen Verfremdung des Landes, da die Einwohner auf eine Stufe mit den Bewohnern der Neuen Welt, aber auch Afrikas gestellt werden, für welche der Terminus damals gebräuchlich war. Spanien und seinen Bewohnern wird so eine Form von Wildheit und Unkontrollierbarkeit

---

20   Zum kleinen Krieg und der Taktik der Guerilla siehe Kapitel 2.

21   Vgl. z. B.: Brandt: Ueber Spanien, S. 22.

22   Vgl. z. B.: ebd., S. 62.

23   Vgl. z. B.: Volgmann: Wanderungen, in: Minerva 95, H. 3 (1815), S. 14-15, 18-19, 22, 27; [Schümberg]: Erinnerungen, S. 52, 125-126; Geißler: Denkwürdigkeiten (1830), S. 66.

24   Vgl. z. B.: [Schümberg]: Erinnerungen, S. 24-26; Brandt: Ueber Spanien, S. 110-111; Volgmann: Wanderungen, in: Minerva 95, H. 3 (1815), S. 14-15.

25   Geißler: Denkwürdigkeiten (1830), S. 125-126; [Schümberg]: Erinnerungen, S. 171. Schümberg verwendet diesen Begriff z. B. auch, um die generelle Abhängigkeit der Kriegsteilnehmer von der Bevölkerung zu verdeutlichen. Vgl.: ebd., S. 159-160.

zugeschrieben, die sie von den Verhaltensnormen des restlichen Westeuropas exkludiert und ihre Fähigkeit zur Selbstregierung indirekt in Frage stellt. Zugleich wird Spanien einmal mehr zu einer terra incognita, die vom aufgeklärten Europa erst erkundet werden muss.

Napoleonische Truppen mussten sich außerhalb der gängigen Routen oft auf ortskundige Führer verlassen, von denen sie allerdings nicht selten in die Irre geführt wurden.[26] Einheimische brachten ihre Ablehnung gegenüber den als Besatzer empfundenen Fremden auf unterschiedlichste Weise zum Ausdruck: z. B. in Form von Spottliedern,[27] welche „die Gassenjungen absangen, wenn die Truppen einrückten, indem sie sie singend vom Thore bis auf den Platz geleiteten"[28]. Je öfter die leicht zu memorierenden Lieder gesungen und rezipiert wurden, desto mehr wurde durch Sprache und Rhythmus eine Verdichtung negativer Zuschreibungen und zugleich eine Abgrenzung zum spanischen Selbst erzeugt. Den Kriegsteilnehmern gab man auf diese Weise zu verstehen, dass sie nicht willkommen waren. Schümberg, der über spanische Sprachkenntnisse verfügte und daher den Inhalt der Lieder verstand, empfand diese Art der Verhöhnung als herabwürdigend, möglicherweise deshalb, weil die Praxis der Spottlieder in monotheistischen Religionen zur Verunglimpfung Ungläubiger genutzt wurde, als welche man französische Kriegsteilnehmer in Spanien ja betrachtete (siehe Kapitel 5). Schümberg deutet die Spottlieder als Ausdruck für den grundsätzlichen Hass gegen Franzosen und Fremde, die in Spanien gegen den Willen der Mehrheit der Spanier agierten und somit als Feinde angesehen wurden.[29] Es gibt aber auch eine weitere Bedeutungsebene, auf die noch zurückzukommen sein wird.

Schümberg berichtet noch von einer anderen Form, Hohn und Ablehnung zum Ausdruck zu bringen: So gaben die die Truppentransporte begleitenden Spanier ihren Zugtieren – Pferden, Eseln und Ochsen – häufig französische militärische Titel als Namen, benannten sie nach französischen Mitreisenden, Militärs oder sogar *Napoleon*.[30] Wenn sie dann hemmungslos unter Gebrauch dieser Namen schimpften – was nur verstand, wer, wie Schümberg, der spanischen Sprache mächtig war – wurde auf Nachfrage erklärt, dass natürlich die Tiere gemeint wären.[31] Für Schümberg offenbarte diese Praxis einmal

---

26 Vgl.: Knauth: Tagebuch des Majors Knauth, o. J., LATh-StA Gotha, Geheimes Archiv WW VII r Nr. 62, Fol. 35 VS, 39 RS-42 VS; [Schümberg]: Erinnerungen, S. 167, 220-221. Volgmann schildert diesen Umstand auch in Bezug auf Portugal. Vgl.: Volgmann: Wanderungen, in: Minerva 95, H. 3 (1815), S. 39-40.

27 Vgl.: [Schümberg]: Erinnerungen, S. 176-178.

28 Ebd., S. 176.

29 Vgl.: ebd., S. 175-176.

30 Vgl.: ebd.

31 Vgl.: ebd.

mehr ein klares Feindbild der Spanier. Ihre ablehnende Haltung gegenüber den napoleonischen Truppen wurde jedoch nicht nur in Worten oder Liedern deutlich. Durch den Krieg zerstörte oder von den Einheimischen unter Mitnahme sämtlicher Lebensmittel verlassene Dörfer und Städte machten den ins Land Gekommenen die Suche nach Unterkunft und Verpflegung schwer. Absichtlich zurückgelassene bzw. gezielt platzierte verstümmelte Leichen von Uniformierten der napoleonischen Armeen waren deutliche Zeichen, welches Schicksal den fremden Kriegsteilnehmern zugedacht war.[32]

Die allgegenwärtige Gefahr sowohl in bewohnten als auch in halb oder vollkommen verlassenen Siedlungen bekamen die auf französischer Seite Kämpfenden immer wieder zu spüren. In der bereits erwähnten Unkenntnis ortsüblichen Handelns wurde das vielen jedoch erst klar, wenn es zu spät war. So erging es z. B. von Holzing. In der durch die Guerilla vom Nachschub abgeschnittenen Gebirgsregion um Mora ordnete sein General „Streifzüge"[33] an, um die „Alcaldes der umliegenden Ortschaften zu zwingen, das Nöthigste herbeizuschaffen"[34]. Dass die Bewohner die Lebensmittel nicht freiwillig lieferten, führte von Holzing zunächst auf Repressionen seitens der Guerilleros zurück.[35] Um die Versorgung dennoch sicherzustellen, sollte Druck auf die Bürgermeister (spanisch: alcaldes) ausgeübt werden. Das Zusammentreffen mit der einheimischen Bevölkerung barg also von vornherein Gewaltpotenzial, wobei die Bewohner ein Spielball der Kriegsparteien zu sein schienen. Von Holzing wurde mit 96 Mann zu einem dieser „Streifzüge"[36] abkommandiert, was bereits darauf hindeutet, dass man sich der Gefahr eines solchen Unterfangens bewusst war und möglichen Widerstand in dem aufzusuchenden Gebirgsort einkalkulierte. Die Einwohner von Lillo allerdings wären dem anrückenden Trupp entgegengekommen, um ihre friedlichen Absichten zu bezeugen und die nahenden Militärs milde zu stimmen. Von Holzing fand sich unerwartet gut aufgenommen und habe den Ort daher nur nach außen hin sichern lassen – ein Fehler mit fatalen Konsequenzen: Ein Schuss habe am Abend das Signal zum Kampf gegeben.[37] Von Holzing und seine Männer hätten sich plötzlich von einer Übermacht an bewaffneten Bewohnern und

---

32   Vgl. z. B.: Volgmann: Wanderungen, in: Minerva 95, H. 3 (1815), S. 37-38; Holzenthal: Briefe, in: Journal für die neuesten Land- und Seereisen 24, H. 9 (1816), S. 54-55; Knauth: Tagebuch des Majors Knauth, o. J., LATh-StA Gotha, Geheimes Archiv WW VII r Nr. 62, Fol. 35 VS. Geißler: Denkwürdigkeiten (1830), S. 139.

33   Holzing: Meine Gefangennehmung (1824), S. 3.

34   Ebd.

35   Vgl.: ebd.

36   Ebd.

37   Vgl.: ebd., S. 4-5.

Guerilleros umgeben gesehen und wären bis zum Morgen einem Kugelhagel ausgesetzt gewesen.[38] „Wie konnte sich uns die Idee aufbringen, daß eben diese Menschen, noch in das Gewand des friedlichen Bürgers gehüllt, nach zwei Stunden, die Waffen in der Hand, vom Gefühle des tödtlichesten Hasses durchglüht, den Tod auf uns schleudern würden!"[39]

Für von Holzing begann an jenem Morgen seine Gefangenschaft, die bis zum Ende des Krieges andauerte.[40] Ob die Übermacht der Guerilleros tatsächlich so groß war, wie von von Holzing beschrieben,[41] oder ob nicht eher das Überraschungsmoment einer sich in Sicherheit wiegenden Truppe für die Niederlage verantwortlich war, lässt sich nicht rekonstruieren. Auf jeden Fall erwiesen sich die Dorfbewohner nicht als Opfer, sondern als Teil der Guerilla bzw. unterstützten sie. Von Holzings klare Vorstellungen vom Begriff des obrigkeitstreuen Bürgers gingen nicht mit dem überein, was er in Spanien antraf: ihrer Region verpflichtete Bewohner, die Eindringlinge ablehnten und sich in allen Schichten der Bevölkerung fanden.

Auch der Verfasser der *Briefe aus Spanien* und Schümberg berichten von ähnlichen Vorfällen wie von Holzing und damit von einem Zusammenwirken sowohl von Dorf- als auch von Stadtbewohnern mit dem Widerstand.[42] Wenn z. B. die Guerilleros von napoleonischen Truppen erfolgreich vertrieben waren, einige Tage Ruhe herrschte und die Bewohner versicherten, dass keine Gefahr mehr drohe, konnte man diesen Aussagen nicht trauen, denn es gehörte zu ihrer Taktik: Wurden die Truppen unachtsam, hätten die Guerilla wieder angegriffen.[43] Selbst Alte und Kinder wären in den Kampf einbezogen worden: Von den Bewohnern absichtlich zurückgelassen, da sie den eintreffenden Truppen als unverfänglich erscheinen würden,[44] hätten sie Informationen gesammelt – z. B. über die Anzahl der Männer, ihre Ausrüstung und die Verteilung der Truppen im Ort – um sie anschließend an den Widerstand weiterzuleiten.[45] In diesem Zusammenhang bekommen die vorn erwähnten Spottlieder eine noch ganz andere als die von Schümberg beschriebene Bedeutung: Sie wurden nicht nur oft und lautstark gesungen, sondern unterschieden sich

---

38   Vgl.: ebd., S. 5.
39   Ebd., S. 4.
40   Vgl.: ebd., S. 5-62.
41   Vgl.: ebd., S. 5.
42   Vgl.: o.V.: Briefe aus Spanien, in: Fackeln 1, H. 1 (1811), S. 12; [Schümberg]: Erinnerungen, S. 170.
43   Vgl.: [Schümberg]: Erinnerungen, S. 125.
44   Vgl.: ebd., S. 169.
45   Vgl.: ebd.

auch je nach Waffengattung der einziehenden Truppen,[46] ein ebenso einfacher wie effektiver Weg, um wertvolle Informationen an alle zu vermitteln,
die sich in Hörweite – und möglicherweise im Widerstand – befanden. Hatten
Kriegsteilnehmer diese Erfahrung mit Kindern und Alten erst einmal gemacht,
traten sie auch diesen Bevölkerungsgruppen gegenüber mit Vorsicht und
Ablehnung auf oder behandelten sie wie Gegner.[47] Das Erschreckende für die
Verfasser war, dass man kaum ausmachen konnte, wer sich in eine Rolle hüllte
und wer nicht. Holzenthal machte diese Erfahrung in Katalonien:

> Du siehst den Catalanier ruhig auf dem Felde pflügen und Dir freundschaftlich
> sein: guten Tag Herr, bieten, aber im nächsten Augenblick ergreift er sein ver-
> borgenes Gewehr und schießt Dich über den Haufen [...] ruhige Landleute, von
> denen man kaum ahnen sollte, daß sie einige Stunden vorher gemordet haben.[48]

Nicht nur die ungewohnte Umgebung, Klima und Krankheiten des fremden
Landes konnten also eine Gefahr darstellen, mit der man auf französischer
Seite anfangs nicht unbedingt rechnete, sondern auch jeder einzelne Spanier.
Dem äußeren Schein war nicht zu trauen. Der Krieg in Spanien musste
nicht nur gegen einen militärisch organisierten Gegner geführt werden. Die
napoleonischen Truppen befanden sich darüber hinaus in einem Krieg mit der
Bevölkerung.[49] Dieser Gegner – unsichtbar und unberechenbar – stellte eine
permanente unterschwellige Gefahr dar, die auf Dauer zermürbend wirkte.
Von Holzing hielt diese Erkenntnis in einem Gedicht fest.[50]

Offiziere, die (im Gegensatz zu den Gemeinen) privat einquartiert wurden,
liefen besondere Gefahr, den Guerilleros oder ihren Sympathisanten in die
Hände zu fallen oder zumindest mit ihnen in Berührung zu kommen. Geißler
z. B. schreibt, dass sich während seiner Einquartierung bei einer Bäuerin in La
Jonquera nachts Personen im Haus befanden, die er ihrer Kleidung nach dem
Widerstand zuordnete.[51] Da aber alles friedlich und er unbehelligt geblieben

---

46   Vgl.: ebd., S. 176-178.
47   Vgl.: ebd., S. 169-170.
48   Holzenthal: Briefe, in: Journal für die neuesten Land- und Seereisen 24, H. 10 (1816),
     S. 104-105.
49   Vgl.: Geißler: Denkwürdigkeiten (1830), S. 93.
50   „Verlange nicht die Menschen zu beschreiben!
     [...]
     Und haben sie auch Treue dir geschworen,
     Sie nahen frommer Miene sich, und bohren
     Den Dolch dir lachend in das Herz." Holzing: Meine Gefangennehmung (1824), S. 96.
51   Geißler verwendet an dieser Stelle den Begriff „Brigands", was eigentlich Räuber bedeutet.
     Geißler: Denkwürdigkeiten (1830), S. 65. Im Abgleich mit seinem gesamten Zeugnis wird

wäre, habe er sich zu keinem Handeln veranlasst gesehen.[52] Auch in Wirts-
häusern wäre – Schümberg zufolge – größte Wachsamkeit vonnöten gewesen.
Die Aufforderung, dass der Wirt von dem angebotenen Wein zuerst trinken
möge, könne lebensrettend sein, denn er wäre mitunter vergiftet.[53] Ähnlich ver-
hielt es sich mit manchmal in menschenleeren Ortschaften zurückgelassenen
Lebensmitteln und Getränken, die vergiftet sein konnten.[54] Selbst bei dort vorgefundenen Medikamenten hätte man Vorsicht walten lassen müssen.[55] Möglich ist allerdings auch, dass es sich bei der beschriebenen fatalen Wirkung
solch vorgefundener Medikamente um die Folgen von Unkenntnis bezüglich
Dosierung und Wirkung der Heilmittel handelte.

Obwohl Schümberg bemerkt, dass die Sorge um Vergiftungen in Spanien allgemein übertrieben gewesen wäre,[56] zeugen seine Ausführungen von einer allgegenwärtigen Angst, die sich nicht zuletzt auch auf das Trinkwasser bezog.[57]
So berichtet er z. B. von einem Vorfall in Pamplona, wo Pferde, nachdem sie
an einem kleinen Brunnen getränkt worden waren, binnen einer Viertel-
stunde tot gewesen seien.[58] Ein Veterinär, der die toten Tiere untersuchte
und eines davon sezierte,[59] hätte Schümberg zufolge Anzeichen einer Ver-
giftung gefunden.[60] Um sicher zu gehen, ließ man einen Hund aus besagtem
Brunnen trinken. Als dieser ebenfalls kurz darauf starb,[61] war die Beweislage
für die mit der Untersuchung beauftragten Offiziere und den Veterinär eindeutig. Im Zusammenhang mit der Angst vor ungenießbarem Trinkwasser ist
der Bericht des Verfassers der *Briefe aus Spanien* aufschlussreich. Obwohl er
während seines Einsatzes nichts von vergifteten Brunnen gehört habe, gibt er
einen möglichen Erklärungsansatz für die offensichtlich verbreitete Furcht
vor vergiftetem Wasser.[62] So verweist er z. B. auf die entlang der Königsstraßen
gelegenen Brunnen, deren Wasser von vielen Kriegsteilnehmern unbedacht,

---

jedoch deutlich, dass er auch diese dem Widerstand zurechnete. Zu den begrifflichen
Feinheiten in den Quellen bezüglich des Widerstands siehe Kapitel 3.

52   Vgl.: ebd., S. 65-66.
53   Vgl.: [Schümberg]: Erinnerungen, S. 168-169.
54   Vgl.: ebd., S. 168, 170.
55   Vgl.: ebd., S. 170-171.
56   Vgl.: o.V.: Briefe aus Spanien, in: Fackeln 1, H. 1 (1811), S. 12; [Schümberg]: Erinnerungen,
      S. 168.
57   Vgl.: [Schümberg]: Erinnerungen, S. 168.
58   Vgl.: ebd., S. 79.
59   Vgl.: ebd.
60   Vgl.: ebd.
61   Vgl.: ebd.
62   Vgl.: o.V.: Briefe aus Spanien, in: Fackeln 1, H. 1 (1811), S. 12-13.

zu schnell und zu viel getrunken worden sei.[63] Auch hätte er von Quellen gehört, deren Wasser Fieber verursacht hätte.[64] Für diese Feststellungen gibt es verschiedene Erklärungsmöglichkeiten: Zum einen ist der Genuss unabgekochten Wassers in südlichen Ländern für Mitteleuropäer häufig mit Magen-Darm-Problemen und/ oder Fieber verbunden. Zum anderen wurden Brunnen und Quellen während des Krieges nicht immer ausreichend gepflegt und damit verunreinigt, was zu ähnlichen Problemen führt. Aber auch die absichtliche Verunreinigung von Brunnen (eine bereits seit der Antike angewandte Praxis, um einen Gegner zu schwächen)[65] war, wie Schümbergs Beispiel zeigt, nicht auszuschließen. Die Kriegsteilnehmer allerdings greifen hauptsächlich auf den besonders im Mittelalter zur Verfolgung von Minderheiten benutzten Vorwurf der Brunnenvergiftung zurück.[66] Die so suggerierte Übertragung stereotyp zugeschriebener Handlungsmuster gestattet es, die gegen die spanische Bevölkerung geübte Gewalt zu legitimieren, ohne deren katholische Selbstidentifikation in Frage zu stellen.

Die häufig unterbrochenen Versorgungslinien der napoleonischen Truppen führten, wie bereits erwähnt, zu teilweise massiven Engpässen. Die vordringenden Einheiten mussten sich weitaus mehr als geplant vor Ort versorgen, was zwangsläufig Auseinandersetzungen mit der Bevölkerung des vom Krieg verwüsteten Landes mit sich brachte. Der von von Brandt vermerkte Überfluss an Lebensmitteln in Spanien bedürfe daher einer funktionierenden Verwaltung, da die Versorgung großer Verbände sonst nicht zu gewährleisten sei.[67] Schlechte Verwaltung hätte selbst in Provinzen, in denen man den fremden Truppen nicht ablehnend gegenüber stand, zu einem „Raubsystem"[68] und als Folge auch dort zum Widerstand der Bevölkerung geführt, was im spanischen

---

63   Vgl.: ebd., S. 12.
64   Vgl.: ebd., S. 12-13.
65   Vgl.: Tölle-Kastenbein, Renate: Antike Wasserkultur. (Beck's archäologische Reihe). München 1990, S. 185.
66   Der Vorwurf der Brunnenvergiftung wurde im Mittelalter besonders gegen Juden erhoben und als Anlass für ihre Verfolgung, Tötung oder Vertreibung genutzt. Erste Judenpogrome, mit denen die Durchsetzung einer Vielzahl unterschiedlichster Interessen verbrämt wurde, setzten bereits vor dem Ausbruch der Pest ein. Dazu siehe: Ginzburg, Carlo: Hexensabbat. Entzifferung einer nächtlichen Geschichte. Berlin 1990; Bergdolt, Klaus: Der Schwarze Tod in Europa. Die Große Pest und das Ende des Mittelalters. München 1994, S. 119-145; Beuys, Barbara: Heimat und Hölle. Jüdisches Leben in Europa durch zwei Jahrtausende. Religion, Geschichte, Kultur. 1. Aufl., Reinbek bei Hamburg 1996, S. 423-436; Pfahl-Traughber, Armin: Antisemitismus in der deutschen Geschichte. (Beiträge zur Politik und Zeitgeschichte). Berlin 2002, S. 31-34.
67   Vgl.: Brandt: Ueber Spanien, S. 86, 89.
68   Ebd., S. 88.

Unabhängigkeitskrieg nicht selten der Fall gewesen sei.[69] Die Ursache sieht von Brandt in der allgemeinen Bestechlichkeit. Sie betreffe zwar auch dem Zuverdienst nicht abgeneigte Verwalter in der Administration der napoleonischen Truppen, vor allem aber die Spanier, die von Natur aus bestechlich seien.[70] In von Brandts Bericht erweckt die den Spaniern zugeschriebene Bestechlichkeit den Eindruck von etwas Ansteckendem, Übertragbarem, wie eine Krankheit oder ein Fluch, der sich auf Diejenigen überträgt, die mit Spaniern Kontakt haben. Für von Brand tragen Spanier demnach auch in erster Linie die Schuld an der schlechten Verwaltung und werden aus seinem Blickwinkel zu Verführern für schlechte Eigenschaften. Das sei bei zukünftigen Einsätzen auf der Iberischen Halbinsel zu berücksichtigen und umsichtsvoll zu händeln, und zwar durch Verwalter, die grundsätzlich nicht bestechlich seien,[71] also weder Spanier noch solche Personen, die schon einmal wegen Bestechlichkeit aufgefallen waren. Die den Spaniern unterstellte Bestechlichkeit und Bestechungsabsicht bezieht von Brandt dabei nicht nur auf den verwaltungstechnischen Bereich.

Angesichts des von von Brandt konstatierten grundsätzlichen Überflusses an Nahrungsmitteln in Spanien würde eine reibungslose Requisition (die er als völlig legitim ansah) die Versorgung der Truppen sichern können. Das betraf u. a. auch den allseits begehrten spanischen Wein.[72] Oft aber mussten die Männer erst nach den von den Bewohnern versteckten Gefäßen suchen,[73] was keine regelmäßige oder gesicherte Versorgung darstellte.[74] Die grundsätzliche Requisition der Vorräte (die eher an Plünderungen erinnerte)[75] griff sowohl die Vorratswirtschaft als auch das durch Handel erzielte Einkommen der Bevölkerung an, was langfristig den Widerstand forcierte. Um das zu vermeiden, sollten Spanier, die keinen Widerstand leisteten und die benötigten Nahrungsmittel freiwillig abgaben, nach von Brandts Meinung für ihre Lieferungen entlohnt werden.[76] Bei hartnäckigem Widerstand hingegen sah er den einzigen Weg darin, „Distrikte zu besetzten, und diese methodisch auszuplündern."[77] Von Brandts Einschätzungen der vorgefundenen Umstände sind oft großzügig verallgemeinerte Einzelerlebnisse, die sich teilweise widersprechen. Das wird

69   Vgl.: ebd., S. 104.
70   Vgl.: ebd., S. 88.
71   Vgl.: ebd.
72   Vgl.: ebd., S. 89-90.
73   Vgl.: ebd.
74   Vgl. z. B.: Geißler: Denkwürdigkeiten (1830), S. 139; [Hering]: Erinnerungen, S. 322.
75   Vgl. z. B.: o.V.: Briefe aus Spanien, in: Fackeln 1, H. 1 (1811), S. 77.
76   Vgl.: Brandt: Ueber Spanien, S. 87-88.
77   Ebd., S. 87.

jedoch nur bei genauer Lektüre auffällig, da sich Aussagen über die Versorgung der Armee und die Guerilla in vielen kleinen Einschüben oder beschriebenen Ausnahmen in mehreren Kapiteln finden. Trotz klarer Strukturierung des Berichts gestalten sich seine Darstellungen in dieser Hinsicht wenig überschaubar. Trotzdem präsentiert er sich als einzig wahrer Kenner der Materie. Widersprüche tun sich auch auf, wenn man von Brandts Aussagen mit denen anderer Verfasser vergleicht. So schreibt er z. B., dass die Versorgung u. a. in einem Teil von Katalonien kaum ein Problem gewesen und die Abgaben regelmäßig entrichtet worden seien, wodurch im Heer Disziplin herrschte.[78] Gerade dieser Raum war jedoch sehr unsicher und von starken Nachschubschwierigkeiten betroffen. Das zeigen z. B. die Zeugnisse von Geißler und Knauth, aber auch Holzenthal, die in der gleichen Region wie von Brandt im Einsatz waren und ständig mit Versorgungsproblemen und Angriffen zu kämpfen hatten.[79] Neben starken Verallgemeinerungen neigt von Brandt in diesem Zusammenhang außerdem dazu, sich auf andere Autoren zu stützen, deren Aussagen er aber nicht nur als Beleg, sondern wie eigenes Erleben händelt.[80]

Auch andere Kriegsteilnehmer sehen im Requisitionssystem einen Grund für den im Verlauf des Krieges wachsenden Widerstand der Bevölkerung.[81] Im Gegensatz zu von Brandt suchen sie die Schuld aber nicht bei den Spaniern, sondern bei den französischen Beamten, denen die Magazine zur Versorgung der Truppen unterstanden:

> Diese Vampirs sogen das letzte Mark der Provinzen und der in ihren Wohnungen gebliebenen friedlichen Einwohner an sich, und richteten in den ihrer Raubsucht unterworfenen Distrikten dieselben Verheerungen, als die oft minder beutegieren Soldaten an. Durch ihre Bedrückungen verstärkten sie selbst die Feinde [...][82]

Volgmanns Vergleich der französischen Beamten mit Vampiren weist auf die seit Beginn des 18. Jahrhunderts auch im deutschsprachigen Raum umgehenden

---

78   Vgl.: ebd., S. 69.
79   Vgl. z. B.: Geißler: Denkwürdigkeiten (1830), S. 92-93, 96, 98; Knauth: Tagebuch des Majors Knauth, o. J., LATh-StA Gotha, Geheimes Archiv WW VII r Nr. 62, Fol. 28 RS, 29 RS-30 VS, 31 RS-32 VS; Holzenthal: Briefe, in: Journal für die neuesten Land- und Seereisen 24, H. 9 (1816), S. 68-69.
80   Vgl. z. B. Brandt: Ueber Spanien, S. 69 (Fußnote *), 89 (Fußnote *). Auf S. 69 bezieht sich von Brandt erneut auf de Pradt, wählt dessen Zitat aber so, dass es in seine Argumentation passt, de Pradts Kontext jedoch außen vorgelassen wird. Vgl.: Pradt: Mémoires historiques S. 233-234.
81   Vgl.: [Schümberg]: Erinnerungen, S. 162, 229.
82   Volgmann: Wanderungen, in: Minerva 95, H. 3 (1815), S. 13.

Gerüchte und Mutmaßungen über Vampire hin.[83] Ihnen wurde u. a. das geheimnisvolle Aussaugen bzw. Entziehen von Lebenskraft anderer, ihnen oftmals nahe stehender Personen zugeschrieben.[84] Seit Mitte des 18. Jahrhunderts galt der Glaube an Vampire z. B. in Habsburg und Preußen von staatlicher Seite als unaufgeklärt und abergläubisch und wurde mit einer dem Osten Europas zugeschriebenen Rückständigkeit verbunden.[85] Volgmanns Erwähnung des Vampirs bezieht sich jedoch eher auf die metaphorische Figur und deren soziale und politische Dimension, die bereits seit 1740 genutzt wurde, um „die ausbeuterischen Methoden politischer Machthaber und absolutistischer Staats- und Landesfürsten bildhaft kennzeichnen zu können."[86] Der Vampir steht für die Gier nach dem Aussaugen Unterlegener bis aufs Blut – Merkmal

---

83 Der Glaube an Nachzehrer (Tote, die anderen aus dem Grab heraus die Lebenskraft nehmen) und das Grab verlassende Wiedergänger (die sich nachts auf die Jagd begeben) ist u. a. in den Ländern Südosteuropas beheimatet. Ähnliche Vorstellungen lassen sich aber auch in anderen Kulturkreisen finden. Dabei waren es in paganen Glaubensvorstellungen meist zufällige und/ oder unverschuldete Gründe, die Menschen zu Vampiren werden ließen. In ihrem Bemühen, den paganen Glauben an Vampire zurückzudrängen und ihn sich gleichzeitig zu Nutze zu machen, wurde er von der katholischen Kirche modifiziert und instrumentalisiert. Als sicher vor der Verwandlung in einen Vampir galt nur, wer der katholischen Lehre und ihren Riten folgte. Der Vampir wurde zu einem Verbündeten des Teufels und konnte nur von einem Priester zerstört werden. Erste Verweise auf Wiederkehrer gibt es im deutschsprachigen Raum bereits im 14. Jahrhundert. Eine umfassende öffentliche Diskussion setzte erst im 18. Jahrhundert ein. Vgl.: Pütz, Susanne: Vampire und ihre Opfer. Der Blutsauger als literarische Figur. Bielefeld 1992, S. 14-19; Schwerdt, Wolfgang: Vampire, Wiedergänger und Untote. Auf der Spur der lebenden Toten. (Kleine Kulturgeschichten). Berlin 2011, S. 23-98.

84 Vgl.: Schwerdt: Vampire, S. 23-24; Steinbauer, Eric W.: Vampyrologie für Bibliothekare. Eine kulturwissenschaftliche Lektüre des Vampirs. (Bibliotope, Bd. 1). Hagen, Westf. 2011, S. 15. Susanne Pütz trifft in diesem Zusammenhang eine analytische Unterscheidung. Da Nachzehrer kein Blut rauben, stellen sie für Pütz eine Vorstufe der Vampire dar. Zeitgenössische Darstellungen trennten jedoch nicht immer klar, sondern verbanden verschiedene Eigenschaften miteinander, wodurch z. B. auch die sozio-politische Dimension des Vampirs entstand. Vgl.: Pütz: Vampire, S. 15-16.

85 Unter Maria Theresia (1717-1780) versuchte man, mit naturwissenschaftlichen Erkenntnissen gegen den Glauben an Vampire vorzugehen. Auch die Zensur wurde als Instrument genutzt, um „irreführende Ansichten zu unterdrücken und aufgeklärtes Wissen zu verbreiten". Unterholzner, Bernhard: Vampire im Habsburgerreich, Schlagzeilen in Preußen, in: Augustynowicz/Reber (Hg.): Vampirismus und magia posthuma im Diskurs der Habsburgmonarchie (Austria: Forschung und Wissenschaft/ Geschichte, Bd. 6). Wien 2011, S. 95. Friedrich II. von Preußen (1712-1786) nutzte Maria Theresias Bemühungen gegen den Glauben an Vampire, um das Haus Habsburg und die zu ihm gehörenden Gebiete als unaufgeklärt und rückständig zu diskreditieren. Dazu nutzte er gezielt die Presse, was u. a. im preußischen Raum zu einer breiten Berichterstattung über das Thema Vampire führte. Vgl.: ebd., S. 89-103; Schwerdt: Vampire, S. 19-22.

86 Pütz: Vampire, S. 61; Vgl.: Schwerdt: Vampire, S. 107-110.

eines Systems, gegen das sich die Französische Revolution einst stellte, ihm aber als Kaiserreich selbst verfällt. Es bedient sich der gleichen Mittel wie das alte System und hat damit die Werte der Revolution verraten. Die französischen Beamten werden gleichsam zum Sinnbild für die französische Politik: Alles fließt ins Zentrum. Den Interessen des Zentrums und seiner Bürger wird alles untergeordnet. Andere Länder haben das wie Kolonien hinzunehmen, wobei ihnen durch die Gier Frankreichs die Lebenskraft genommen wird. Diese unmoralische Interessenpolitik der Gier manifestiert sich für Holzenthal z. B. auch im Abtransport von Wertgegenständen, Gold und Silber aus spanischen Kirchen nach Frankreich.[87]

Aus der Perspektive einiger Kriegsteilnehmer gab es aber durchaus Spiel- und Gestaltungsraum im Umgang mit der Bevölkerung anderer Staaten. Die Situation vor Ort hing oft von den jeweiligen Kommandierenden ab, an deren Verhalten sich die Untergebenen orientierten. Die negativen Auswüchse, die daraus erwachsen konnten, erlebte Volgmann in Portugal,[88] in das napoleonische Truppen von Spanien aus eindrangen und wo die Gier vieler Kriegsteilnehmer nach Gold und verborgenen Schätzen mitunter ungeahnte Ausmaße annahm.[89]

> Keine Hütte, kein Strauch in den Feldern und Gärten blieb nun ununtersucht, selbst Häuser wurden abgedeckt, weil man einige mit doppelten Mauern gefunden, die die zurückgelassenen Schätze in sich bargen [...] Gereizt von der Menge des glänzenden Metalls, so wie einst die Spanier und Portugiesen beim Anblick desselben in der neuen Welt, hausete der Französische Soldat eben so grausam im 19. Jahrhundert, als jene im 16. gegen die unglücklichen Indianer verfuhren.[90]

Volgmann, der den napoleonischen Truppen angehörte, schreibt das beute-gierige Verhalten immer wieder allein den französischen Kriegsteilnehmern zu. Interessant ist dabei sein Vergleich mit der Eroberung Amerikas, in dem Volgmanns grundsätzliche Einschätzung des Verhaltens des französischen Teils der napoleonischen Truppen auf der Iberischen Halbinsel zum Ausdruck kommt. Volgmann setzt das Gebaren der Franzosen mit dem der Spanier und Portugiesen nach der Entdeckung des amerikanischen Kontinents gleich. Franzosen werden so zu den Konquistadoren des 19. Jahrhunderts,

---

87   Vgl. z. B.: Holzenthal: Briefe, in: Journal für die neuesten Land- und Seereisen 24, H. 9 (1816), S. 58; Vgl.: Brandt: Ueber Spanien, S. 154.

88   Vgl. z. B.: Volgmann: Wanderungen, in: Minerva 95, H. 3 (1815), S. 28 (Fußnote *).

89   Vgl.: ebd., S. 42. Auch Hering, der auf britischer Seite diente, verweist auf die Suche nach Schätzen durch napoleonische Truppen in Portugal. Vgl.: [Hering]: Erinnerungen, S. 356.

90   Volgmann: Wanderungen, in: Minerva 95, H. 3 (1815), S. 234-235.

die den Früheren an Brutalität und Gier in nichts nachstanden. Spanier und Portugiesen hingegen geraten aus Volgmanns Perspektive in die Situation der Indigenen, sind Gewalt und Versklavung ausgesetzt. Der Vergleich weist nicht zuletzt auf die brutale Art der Kriegführung von napoleonischer Seite hin, denn im Umgang mit Indigenen galten zu Beginn der Eroberung Amerikas keine christlich tradierten Regeln.[91] Unter Joseph Bonaparte werden die ehemaligen Eroberer zu Eroberten. Aus Volgmanns Perspektive fallen die Gierigen, die sich einst an den Überseekolonien bereichert haben, nun der Gier anderer zum Opfer. Im Umkehrschluss wird damit suggeriert, dass nur der auf ein ruhiges, unbehelligtes Leben hoffen kann, der sich nicht durch überzogenes Streben nach Macht und Reichtum dem Neid der Nachbarn aussetzt. Dieser Logik folgend, lief auch Frankreich Gefahr, langfristig das Opfer seiner Gier zu werden. Krieg wird in diesem Zusammenhang aber zunächst als Ermöglichungsraum für Selbstbereicherung dargestellt, in dem Kriegsteilnehmer ihre materielle und/ oder finanzielle Situation durch Gewaltanwendung gegenüber der Bevölkerung und ihrem Eigentum aufbessern konnten.

Für die Bewohner Spaniens glich die Ankunft napoleonischer Truppen oft dem Einfallen gewaltbereiter Horden, die mehr an Räuberbanden als an militärisch organisierte Einheiten erinnerten. Das betraf nicht nur die Suche nach vermuteten Schätzen. So schreibt z. B. der Verfasser der *Briefe aus Spanien* von spanischen Hirten, die ihre Tiere vor nahenden Truppen so schnell wie möglich in Sicherheit gebracht hätten, da diese wie ein „Magnet"[92] auf die Ankömmlinge wirkten. Diese Aussage weist auf die offenbar übliche Praxis der Nahrungsbeschaffung hin. Sie wurde durch unregelmäßige bzw. ausbleibende Soldzahlungen, die den Erwerb von Nahrung auf legalem Wege erschwerten, noch gefördert.[93] In prekären Versorgungssituationen war die Disziplin im Militär nur schwer aufrechtzuerhalten, was Übergriffen Vorschub leistete.[94] Die von Volgmann beschriebene Beutegier der Soldaten wurde durch die Umstände des Krieges verstärkt. Je nach Situation und Vorgesetztem konnte der Befehl zur Beschaffung von Lebensmitteln in einen Beutezug münden.[95] Plünderung und Beutemachen beschränkten sich allerdings nicht auf die französischen Kriegsteilnehmer, auch wenn z. B. Volgmann und Klauß in diesem Zusammenhang explizit auf Franzosen verweisen und damit eine

---

91 Vgl.: Pelizaeus: Mobilisierung, S. 261.

92 o.V.: Briefe aus Spanien, in: Fackeln 1, H. 1 (1811), S. 55.

93 Vgl. z. B.: [Schümberg]: Erinnerungen, S. 43.

94 Vgl. z. B.: Knauth: Tagebuch des Majors Knauth, o. J., LATh-StA Gotha, Geheimes Archiv WW VII r Nr. 62, Fol. 29 RS-30 VS.

95 Vgl. z. B.: ebd., Fol. 33 RS.

regionale Zuschreibung wählen.[96] Was in den Berichten kaum thematisiert wird, ist die Tatsache, dass Wertgegenstände und Gold mitunter auch von auf britischer Seite kämpfenden Kriegsteilnehmern außer Landes gebracht wurden.[97]

Plünderungen dienten von französischer Seite auch als Mittel der Kriegführung. So wurden Städte, die Widerstand leisteten, zum Plündern freigegeben.[98] Orte, die das nicht taten, blieben verschont.[99] Plünderung war gezielte Strafmaßnahme und Warnung zugleich. Aus Volgmanns Perspektive ist es das Auszehren der spanischen Bevölkerung, weswegen selbst die einfachen, zuvörderst friedlichen Bewohner ab einem bestimmten Leidenspunkt ihre einzige Möglichkeit der Gegenwehr im Anschluss an den Widerstand sahen.[100] Es ist interessant, dass einige Kriegsteilnehmer, obwohl sie selbst unter den daraus resultierenden Umständen litten, retrospektiv mit Verständnis auf das Verhalten der Bevölkerung reagierten und die Ursache für das Verhalten der einfachen Bewohner nicht, wie von Brandt, deren Charakter bzw. Mentalität zuschreiben,[101] sondern auch dem Gebaren insbesondere des französischen Teils der napoleonischen Truppen, obwohl sie Letzteren selbst angehörten. Die napoleonische Führung hingegen versuchte, dem offen und in beinahe allen Lebenslagen zu Tage tretenden spanischen Widerstand mit harten Maßnahmen entgegenzutreten. So wurden z. B. gefasste Anhänger auf öffentlichen Plätzen hingerichtet und ihre Leichname gleich denen von Verbrechern zur Warnung u. a. vor den Stadttoren zur Schau gestellt.[102]

6.1.2   Die Rolle der Geistlichen im Widerstand

Die Mobilisierung der spanischen Bevölkerung gegen Joseph und damit auch gegen Napoleon Bonaparte erfolgte nicht nur über die verschiedenen (in Kapitel 2 beschriebenen) Junten, sondern wurde von unterschiedlichen Interessengruppen getragen. Deren Aktivitäten verliefen oft unabhängig voneinander und kreuzten sich teilweise. Eine sowohl in den Quellen als

---

96   Vgl. z. B. auch: ebd.

97   Vgl. z. B.: Holzenthal: Briefe, in: Journal für die neuesten Land- und Seereisen 24, H. 9 (1816), S. 90.

98   Vgl. z. B.: Klauß: Ich, 1815/1863, Gemeindearchiv Haßloch, Bestand 1 A 1 Nr. 45, Fol. 18.

99   Vgl. z. B.: ebd., Fol. 21.

100 Vgl.: Volgmann: Wanderungen, in: Minerva 95, H. 3 (1815), S. 13-14.

101 Vgl.: Brandt: Ueber Spanien, S. 39.

102 Vgl. z. B.: Geißler: Denkwürdigkeiten (1830), S. 96-97, 115; o.V.: Briefe aus Spanien, in: Fackeln 1, H. 1 (1811), S. 8-9. Der Verfasser der Briefe aus Spanien verweist auf die öffentliche Hinrichtung von „Insurgenten" auf einer weithin sichtbaren Brücke. Vgl.: ebd., S. 96. Schümberg verweist auf einen vor einer Hauptwache am Galgen hängenden Priester. Vgl.: [Schümberg]: Erinnerungen, S. 69.

auch in der Forschungsliteratur immer wieder hervorgehobene Gruppe
sind die spanischen Geistlichen, die in breitem Umfang am Widerstand
teilnahmen und in erheblichem Maße zur Mobilisierung der Bevölkerung
beitrugen.[103] Denn „zum allgemeinen Aufstand kam es [...] erst, als in Katalonien eine religiöse Dimension hinzutrat"[104] – wie Pelizaeus bemerkt. Dieses
Verhalten der Geistlichen hat mehrere Ursachen. Zum einen entzogen die
napoleonischen Maßnahmen, wie bereits erwähnt, besonders dem niederen
Klerus die Existenzgrundlage.[105] Darüber hinaus wurde über die Reformen
versucht, den generellen Macht- und Einflussbereich der katholischen Kirche
in Spanien einzuschränken. Die Beschneidung ihres Einflusses und besonders
die finanziellen Einbußen der katholischen Kirche und damit auch der Orden
in Spanien werden auch in den untersuchten Zeugnissen thematisiert:

> Die Mönche, deren Wuth über die Einziehung ihrer Gefälle, Aufhebung des
> Zehnten und ihrer Klöster, keine Grenzen kannte, wußten diese sehr geschickt
> mit einem heiligen Eifer zu bemänteln, mit dem sie in allen Provinzen das Volk,
> besonders die Landleute, aufreizten indem sie diese im Voraus von allen Eiden
> entbanden, die sie etwas über kurz oder lang den Franzosen würden schwören
> müssen.[106]

Geißler sieht den Grund für den Widerstand vieler Geistlicher gegen die Herrschaft Joseph I. darin, dass sich der Klerus seiner angestammten Rechte, vor
allem aber seiner materiellen Güter beraubt sah.[107] Das hier erwähnte Handeln
der Mönche wird daher von ihm in erster Linie auf eine finanzielle und weniger
auf eine religiöse Motivation zurückgeführt, was ihr jedoch nichts an Wirkung
nahm. Ungefähr ein Viertel des Ackerlandes in Spanien war Kirchenbesitz und
große Teile der spanischen Bevölkerung standen im Dienst der Kirche bzw.
waren in der einen oder anderen Weise von ihr als Institution wirtschaftlich
abhängig.[108] Heusinger, der auf britischer Seite diente, sah besonders in der

---

103 Vgl. z. B.: Pascual, Pedro: Frailes guerrilleros en la Guerra de la Independencia, in: Armillas
     Vicente (Hg.): La Guerra de la Independencia. Estudios, Bd. 2. Zaragoza 2001; Cárcel Ortí:
     Iglesia en la España contemporánea, S. 29; Botti, Alfonso (Hg.): Clero e guerre spagnole in
     età contemporanea (1808-1939) (Collana dell'Iinstituto di studi storici Gaetano Salvemini
     di Torino. Serie die ispanistica). Soveria Mannelli 2011.
104 Pelizaeus: Radikalisierung des Krieges, S. 218.
105 Dazu siehe Kapitel 5.
106 Geißler: Denkwürdigkeiten (1830), S. 116.
107 Vgl.: ebd. Schümberg beschreibt die finanziellen Interessen der Geistlichen ebenfalls ein-
     drucksvoll. Vgl.: [Schümberg]: Erinnerungen, S. 182.
108 Vgl.: Polk, William R.: Aufstand. Widerstand gegen Fremdherrschaft. Vom Amerikanischen
     Unabhängigkeitskrieg bis zum Irak. (Schriftenreihe bpb, Bd. 1019). Lizenzausg., Bonn
     2009, S. 48-49.

Aufhebung der Klöster das Hauptmotiv für das Engagement der Mönche im Widerstand.[109] Auch er bemerkt den großen Anteil von „Kuttenmännern"[110], die ganze Regimenter von Freiwilligen anführten. Für Volgmann ging das Interesse der Besitzstands- und Einflusssicherung des Klerus auf der Iberischen Halbinsel sogar so weit, dass sich die Geistlichen z. B. in Portugal lieber mit „Ketzter[n, K.B.]"[111], womit die Briten gemeint waren, gegen katholische Franzosen verbündeten, als die Beschneidung ihrer Interessen hinzunehmen.[112] Die Frage der konfessionellen Zugehörigkeit ist aus seiner Perspektive für die Geistlichen damit zweitrangig, womit ihr Handeln für ihn jegliche Legitimation verliert. Geißler erwähnt, dass die Geistlichen die spanische Bevölkerung von allen Eiden gegenüber den fremden Truppen – und damit auch gegenüber dem inthronisierten Herrscher Joseph Bonaparte – entbunden hätten (siehe obiges Zitat). Erst diese Entpflichtung ermöglichte das im vorigen Kapitel geschilderte Doppelverhalten der Bevölkerung im Widerstand und führte zu einer Atmosphäre ständigen Misstrauens. So konnten die eindringenden Truppen oberflächlich den Eindruck gewinnen, eine bestimmte Region unter ihre Kontrolle gebracht zu haben, wenn die Behörden und Geistlichen kooperierten – jedoch: „die Insurgenten waren besiegt, aber nicht die Insurrection"[113].

Um die Bevölkerung vorfristig oder nachträglich von Eiden entbinden zu können, war die Legitimation des Handelns der Geistlichen entscheidend. Die Niederschlagung des Aufstands am 2. Mai 1808 bot einen entsprechenden Anlass: Der bereits erwähnte Einsatz einer mameluckisch[114] gekleideten

---

109 Vgl.: Heusinger: Ansichten, Beobachtung und Erfahrungen, S. 36.
110 Ebd.
111 Volgmann: Wanderungen, in: Minerva 95, H. 3 (1815), S. 236.
112 Vgl.: ebd.
113 Geißler: Denkwürdigkeiten (1830), S. 117 (Fußnote *).
114 Die Mamelucken herrschten nach dem Ende des Kalifats der Ayyûbiden (1250) in Ägypten, Syrien und auf der arabischen Halbinsel. Es handelte sich um ehemalige Militärsklaven, was sich bereits in ihrem Namen „mamluk" widerspiegelt. Sie stoppten die Invasion der Mongolen in Südpalästina und drängten 1260 die Kreuzfahrer aus Nordsyrien zurück. Bis ins 16. Jahrhundert war der Mameluckenstaat der blühendste und mächtigste Staat im Vorderen Orient, bis er von den Osmanen unterworfen wurde. Als lokale Herrschereliten behielten sie jedoch ihre Macht in Ägypten. Napoleon traf während seines Ägyptenfeldzugs (1798-1801) auf mameluckische Einheiten, die in der *Schlacht bei den Pyramiden* (1788) besiegt wurden. Im Rahmen der damaligen Orientfaszination und als Zeichen seines Sieges ließ Napoleon eine Kavallerieeinheit in Anlehnung an die Mamelucken orientalisch (einschließlich Turban) einkleiden. Die Einheit zählte jedoch mehr Franzosen als Ausländer. Vgl.: Endreß, Gerhard: Der Islam. Eine Einführung in seine Geschichte. (C. H. Beck Studium). 3. überarb. Aufl., München 1997, S. 131-132; Pelizaeus: Radikalisierung des Krieges, S. 210.

französischen Kavallerieeinheit weckte alte, religiös unterlegte Feindbilder
in der spanischen Bevölkerung, die sich als einigende und legitimierende
Kraft im Kampf gegen Napoleon nutzen ließen.[115] Der Einsatz dieser Einheit
förderte nicht nur bereits vorhandene anti-französische Tendenzen, sondern
die Gleichsetzung der französischen Truppen mit Nicht-Christen,[116] denn
insbesondere Franzosen wurde die Zugehörigkeit zum rechten Glauben
abgesprochen.[117] In einem Hirtenbrief vom 7. Juni 1808 warnte Papst Pius VII.
die Spanier zudem vor der Gefahr, der die Religion durch Napoleon ausgesetzt
sei und rief zum gerechten Kampf gegen ihn auf.[118] Aus spanischer Perspektive
glichen die napoleonischen Truppen Ungläubigen, denen man im Kampf um
den Glauben gegenüber treten müsse. Daraus erklärt sich die Art der Kriegführung von Seiten der Guerilla. Eine derartige Pseudospezifikation bewirkte,
dass in der Auseinandersetzung mit den von Napoleon entsandten Truppen
nicht die am christlichen Weltbild tradierten Regeln der Kriegführung galten,
sondern die, die gegen muslimische Gegner und Indigene in Lateinamerika
angewendet worden waren.[119] Diese Pseudospezifikation wurde zudem mit
einem unzivilisierten Vorgehen der eindringen Truppen untermauert, was
nicht nur das spanische Selbstverständnis aufwertete, sondern eine weitere
Begründung für einen Krieg außerhalb der christlichen Regeln darstellte.[120]
Dazu gehörte z. B. das Abschneiden von Nase und Ohren, aber auch die Versklavung von Gefangenen oder deren Tötung, wenn man sie nicht mitnehmen
oder als Sklaven gebrauchen konnte.[121] Für den Verfasser der *Briefe aus Spanien*
offenbarte sich diese Sichtweise und das daraus resultierende Verhalten
besonders im Agieren von Mönchen. Sie hätten während militärischer Auseinandersetzungen Kreuze vor den spanischen Truppen hergetragen und die
Verstümmelungen sowie das grausame Töten von Gefangenen gepredigt.[122]
„In einer, ich weiß nicht mehr welcher, Kirche, legte man den ersten dort zu

---

115 Vgl.: Pelizaeus: Mobilisierung, S. 262-263.

116 Vgl.: Pelizaeus: Radikalisierung des Krieges, S. 205-221.

117 Dazu siehe auch Kapitel 5.4.3.

118 Vgl.: Fraser: Napoleon's Cursed War, S. 318.

119 Vgl.: Pelizaeus: Mobilisierung, S. 260-264. Zum üblichen Vorgehen gegen Indigene in
     Amerika siehe: Bröchler, Anja: ‚Was uns das Recht unseres Glaubens erlaubt zu tun'.
     Kriegsgreuel in den Eroberungen Amerikas, in: Neitzel/Hohrath (Hg.): Kriegsgreuel. Die
     Entgrenzung der Gewalt in kriegerischen Konflikten vom Mittelalter bis ins 20. Jahr-
     hundert (Krieg in der Geschichte, Bd. 40). Paderborn 2007, S. 137-154.

120 Vgl.: Pelizaeus: Radikalisierung des Krieges, S. 219.

121 Vgl.: ebd., S. 206-207.

122 Vgl.: o.V.: Briefe aus Spanien, in: Fackeln 1, H. 1 (1811), S. 20.

Tode gemarterten Franzosen auf den Hauptaltar, und las eine Dankmesse; die Kirche war zum Erdrücken voll, und dieser Tag war dem Volke ein Fest."[123]

Auch wenn die näheren Umstände dieser Messe nicht rekonstruierbar sind, so vermittelt die Beschreibung doch einen Eindruck von der Art der Einflussnahme durch die spanischen Geistlichen. Für den Verfasser der *Briefe aus Spanien* waren sie es, die die Bevölkerung zum grausamen Widerstand ermunterten und das eigentliche Rückgrat eines ausufernden „Revolutionskrieg[es – K.B.]"[124] darstellten. Trotz der von ihm selbst als eindeutig religiös hinterlegt empfundenen Handlungsweise des Widerstands vergleicht er die Gewaltspirale nicht mit früheren Glaubenskriegen, sondern wählt als Bezugspunkt die Revolution, die für ihn mit dem unakzeptablen Zusammenbruch bestehender Ordnungsvorstellungen einhergeht. Mit diesem Bezug spricht der Verfasser der *Briefe aus Spanien* dem Widerstand die Rechtmäßigkeit ab und trennt das Handeln der Geistlichen vom Glauben. Es sind demnach fehlgeleitete Mönche, die auch andere ins Verderben ziehen. Der (wie bereits ausgeführt) von mehreren Verfassern bemängelte Bildungsstand spanischer Geistlicher kommt hier erneut zum Tragen. Führt man den Gedanken fort, so entsteht aus Unwissen und Verblendung Gewalt, deren Ende nicht absehbar ist.

Von Brandt verweist auf die Praxis der Verstümmelungen, die für ihn mit dem Ehrverlust des Kriegers einhergeht.[125] Spanier und insbesondere Militärs, die so handelten, hätten sämtliche frühere ritterliche Vorbildfunktion eingebüßt und stehen für ihn auf einer Stufe mit Türken, denen er ehrenhaftes Verhalten nach ihm bekannten und für ihn geltenden Rechts- und Wertvorstellungen abspricht.[126] „Durch ‚türkenhafte' Gewalt stellte sich der Soldat abseits der christlichen Werteordnung. Dazu musste gar nicht erläutert werden, was denn das ‚Türkische' sein sollte: Das Schlagwort allein evozierte eine Welt, die als Gegenentwurf zu der eigenen verstanden wurde und die für maßlose Grausamkeit stand."[127] Obwohl die Verstümmelung von Gefangenen stereo-

---

123   Ebd.

124   Ebd.

125   Vgl.: Brandt: Ueber Spanien, S. 43-44, 46. Von Brandt verweist auch hier wieder auf andere Artikel und Zeugnisse, die ihm als Beleg für die Grausamkeit der Spanier dienen. Vgl.: ebd., S. 44 (Fußnote *).

126   Vgl.: ebd., S. 43, 46.

127   Kaiser vermerkt dieses Deutungsmuster im Zusammenhang mit dem Dreißigjährigen Krieg. Es ist jedoch auch den hier untersuchten Quellen implizit. Kaiser, Michael: ‚Ärger als der Türck'. Kriegsgreuel und ihre Funktionalisierung in der Zeit des Dreißigjährigen Kriegs, in: Neitzel/Hohrath (Hg.): Kriegsgreuel. Die Entgrenzung der Gewalt in kriegerischen Konflikten vom Mittelalter bis ins 20. Jahrhundert (Krieg in der Geschichte, Bd. 40). Paderborn 2007, S. 161.

typ meist Türken und damit dem arabischen Raum zugeschrieben wurde,[128] verweist von Brandt darauf, dass die Spanier dieses Verhalten aus Italien, also einem christlichen Raum, mitgebracht hätten.[129] Allerdings wäre diese Praxis dort bei weitem nicht mehr so zum Tragen gekommen wie in früheren Zeiten.[130] Woher er diese Erkenntnis nimmt, wird im Bericht nicht ersichtlich. Eine Parallele zu den spanischen Kriegspraktiken gegenüber Ungläubigen zieht von Brandt nicht. Mit der Bezugnahme auf Türken bezüglich der nicht mit seinem Ehrbegriff zu vereinbarenden Art des grausam geführten irregulären Krieges exkludiert auch er Spanien von Europa, rückt es in die Nähe des islamischen Raums und lässt die Anhänger des Widerstands indirekt als nicht der christlichen Glaubens- und Wertegemeinschaft zugehörig erscheinen. Obwohl die Gleichsetzung mit Türken historisch auch anderweitig angewendet wurde,[131] ist das Ausgrenzungsmoment hier umso größer, da von Brandt Spanier in diesem Zusammenhang als Kontrast zu den übrigen Europäern beschreibt: als deren Schattenseite, die (dem Gedanken folgend) zu lange von der islamischen Welt beeinflusst worden war.[132] Die Gleichsetzung von Spaniern und Türken wurde im deutschsprachigen Raum bereits früher bemüht, z. B. als Spanier im Böhmischen Krieg (1618-1623) Ferdinand II. (1578-1637) Waffenhilfe leisteten.[133] Von protestantischer Seite wurden die der spanischen Inquisition zugeschriebenen Gräuelpraktiken mit Gewaltanwendung im islamischen Raum zusammengeführt und so eine potenzierte Verfremdung und Abgrenzung erzeugt. Von Brandt, aber auch andere

---

128 Islamischen kriegsrechtlichen Regeln zufolge sind Folterung und Verstümmelung strikt untersagt. Auf der arabischen Halbinsel finden sich jedoch Spuren dieser Praxis in paganen Praktiken: „Getötete Gegner rituell zu verstümmeln […] war noch Bestandteil der alten Kultur der jāhiliyya, des Zustands der vormonotheistischen ‚Unwissenheit' bzw. ‚Barbarei'." Derartige traditionelle Praktiken hatten demnach überlebt. Scheffler, Thomas: Kränkung und Gewalt. Ehre und Blasphemie als Sicherheitsprobleme der Weltgesellschaft, in: Palaver u. a. (Hg.): Westliche Moderne, Christentum und Islam. Gewalt als Anfrage an monotheistische Religionen (Edition Weltordnung, Religion, Gewalt, Bd. 2). 1. Aufl., Innsbruck 2008, S. 42; Vgl.: Noth, Albrecht: Der a priori legitime Krieg im Islam: Hauptaspekte des islamischen Rechts zum Thema „Krieg und Frieden", in: Stietencron/ Rüpke (Hg.): Töten im Krieg (Veröffentlichungen des Instituts für Historische Anthropologie e. V., Bd. 6). München u. a. 1995, S. 283. Zu den Formen der Gewaltanwendung unter islamischer Herrschaft auf der Iberischen Halbinsel siehe z. B. folgenden Sammelband: Fierro, Maribel (Hg.): De muerte Violenta. Política, religión y violencia en Al-Andalus (Estudios onomástico-biográficos de Al-Andalus, Bd. 14). Madrid 2004.

129 Vgl.: Brandt: Ueber Spanien, S. 46 (Fußnote *).

130 Vgl.: ebd.

131 Vgl.: Kaiser: ‚Ärger als der Türck', S. 163-165.

132 Vgl.: Brandt: Ueber Spanien, S. 46.

133 Vgl.: Kaiser: ‚Ärger als der Türck', S. 163.

Kriegsteilnehmer, greifen somit auf eine weitaus ältere Zuschreibungs-
kombination zurück, um ihren Alteritätserfahrungen unter Kriegsbedingungen
Ausdruck zu verleihen. „Das Epitheton ‚Türkisch' unterstrich noch einmal
unmissverständlich die Illegitimität der gegnerischen Kriegführung [...]"[134].

Auf spanischer Seite wiederum wurde der Kampf gegen Napoleon in den
Predigten mit dem Kampf gegen die Muslime unter Isabella I. (1451-1504)
und Ferdinand II. (1452-1516) gleichgesetzt.[135] „Als Ziel des Kampfes wurde in
den Predigten die ‚Ausrottung der Truppen des Tyrannen und die Befreiung
unseres Königs ...' [sic!] genannt."[136] Geißler hebt den großen Anteil der
Geistlichen an der Mobilisierung der spanischen Bevölkerung hervor,[137] die
einem allgemeinen „Kreuzzug"[138] gegen Frankreich glich, sodass „Spanien
eine zweite Vendée wurde"[139]. Damit spielt er auf eine zunächst friedliche, ab
1793 aber bewaffnete royalistisch-katholische Aufstandsbewegung in und um
das französische Departement Vendée an, die sich für Gott und König gegen
die Republik wandte. Die bewaffnete Auseinandersetzung zog sich in verschiedenen Kriegen (1795-1796, 1798-1800) über einen langen Zeitraum hin.
Vendée ist in diesem Zusammenhang als Gegenrevolution des alten Systems
gegen das neue zu verstehen. Geißler versucht, dem heimischen Leser mit
diesen Vergleichen eine Vorstellung von Umfang, Ausdauer und Trägern des
Widerstands in Spanien zu vermitteln. Der Bezug auf die Kreuzzüge könnte
Geißler aber auch in Spanien begegnet sein: Während des Krieges riefen
spanische Priester immer wieder zum allgemeinen Kreuzzug gegen Frankreich
und die von ihm entsandten Truppen auf. Infolgedessen entstanden ganze aus
Klerikern zusammengesetzte paramilitärische Einheiten.[140] Geistliche waren
also nicht nur an der Mobilisierung, sondern ganz aktiv und damit in Vorbildfunktion am Widerstand beteiligt.[141] So erwähnen die Verfasser zum Beispiel,
dass Geistliche bei der Verteidigung belagerter Städte eine führende Rolle
gespielt hätten.[142]

Das Verhalten der Bevölkerung hing in erheblichem Maße vom Verhalten
der Geistlichen in ihrer Mitte ab – ein Umstand, den man auf französischer

---

134   Ebd.
135   Vgl.: Pelizaeus: Radikalisierung des Krieges, S. 219.
136   Ebd.
137   Vgl.: Geißler: Denkwürdigkeiten (1830), S. 3-4.
138   Ebd., S. 4.
139   Ebd.
140   Vgl.: Scotti-Douglas, Vittorio: Regulating the Irregulars. Spanish Legislation on la guerilla
       during the Peninsular War, in: Esdaile (Hg.): Popular Resistance in the French Wars
       Patriots, Partisans and Land Pirates. Basingstoke u. a. 2005, S. 145.
141   Vgl. z. B.: Geißler: Denkwürdigkeiten (1830), S. 133.
142   Vgl. z. B.: ebd., S. 105; [Schümberg]: Erinnerungen, S. 87.

Seite zu nutzen suchte, wie Schümberg an einem Beispiel beschreibt. Der
in französischen Diensten stehende Schümberg befand sich in Burgos, als
außerhalb der Stadt eine große Zahl von Guerilleros gesichtet wurde.[143] Die
Bevölkerung machte aus ihrer Sympathie mit den vor den Toren von Burgos
stehenden Spaniern offensichtlich keinen Hehl.[144] Der kommandierende
General versuchte daraufhin, sich den Einfluss der Geistlichen auf die
Bevölkerung zu Nutze zu machen.[145] Er ließ den Bischof holen und beauftragte
eine Patrouille, der auch Schümberg angehörte, „die unartigen Einladungs-
karten bei den übrigen herumzutragen und sie in Güte oder mit Gewalt auf
die Municipalität zu geleiten, oder resp. geleiten zu lassen."[146] Die Reaktion
der auf diese despektierliche Weise einbestellten Geistlichen reichte von
Resignation bis hin zu tätigem Widerstand, sodass einige mit Gewalt hätten
ins Rathaus gebracht werden müssen.[147] Schümberg selbst sei mit Bann-
flüchen überhäuft und verwünscht worden. Nach mehreren Stunden wären
schließlich 60-70 Personen im Saal des Rathauses versammelt gewesen,[148] vor
dem außer Bewaffneten, zu denen u. a. Schümberg gehörte, auch eine Kanone
nebst Kanonier mit brennender Lunte postiert worden seien. Die Geistlichen
wären dann gezwungen worden, einen „Hirtenbrief"[149] zu unterzeichnen, in
dem sie die Bürger der Stadt zur Ruhe ermahnten und erklärten, dass sie sich
freiwillig als Geiseln gestellt hätten, um auf diese Weise für die Bewohner zu
bürgen.[150] Nachdem dieser Brief bekannt gemacht worden war, hätte sich die
städtische Bevölkerung von Burgos ruhig verhalten und den nach Mitternacht
erfolgten Angriff der Guerilleros nicht unterstützt.[151] Die Attacke, zu deren
Abwehr Schümberg von seinem Wachposten im Rathaus abgezogen worden
sei, wäre erfolglos geblieben und schnell vorüber gegangen.[152] Der Kampfeinsatz schien ihm in dieser Situation lieber gewesen zu sein als das Bewachen
der Geistlichen. Das in Burgos praktizierte Vorgehen ihnen gegenüber war
Schümberg offenbar nicht angenehm, da ihn die Verwünschungen und Bann-
flüche nicht gänzlich unberührt ließen. Er akzeptierte es jedoch im Interesse
des Überlebens. Weniger die respektlose Behandlung der Geistlichen besorgte

---

143 Vgl.: [Schümberg]: Erinnerungen, S. 54, 56.
144 Vgl.: ebd., S. 55.
145 Vgl.: ebd., S. 56.
146 Ebd.
147 Vgl.: ebd., S. 56-57.
148 Vgl.: ebd., S. 57.
149 Ebd.
150 Vgl.: ebd., S. 57-58.
151 Vgl.: ebd., S. 58.
152 Vgl.: ebd., S. 58-59.

ihn demnach, sondern die möglicherweise daraus resultierenden Folgen für
sein Seelenheil.

Ein anderes von Schümberg beschriebenes Beispiel wiederum zeigt, dass
der Umgang mit spanischen Geistlichen für Angehörige der napoleonischen
Truppen ein mitunter tödliches Risiko darstellen konnte: In einem Dorf hätte
sich Schümbergs General der Unterstützung des Alcalden und des Cura
(spanischer Begriff für Pfarrer) versichern wollen.[153] Sein Adjutant jedoch,
ein polnischer Lancier, hätte sich selbst beim Cura des Ortes zu einer Tasse
Schokolade eingeladen und wäre daraufhin spurlos verschwunden. Erst nach
Anwendung von Gewalt gegenüber dem Geistlichen hätte man den Offizier
tot und verstümmelt in dessen zugeschüttetem Brunnen gefunden.[154] Der der
Mittäterschaft verdächtigte Küster war geflohen. Was sich zwischen Lancier
und Cura abgespielt hat oder haben könnte, wird nicht thematisiert. Die
Selbsteinladung zur Schokolade zeugt jedoch von einem wenig respektvollen
Umgang mit dem Geistlichen. Nach Schümbergs Ansicht war das Verhalten
des Adjutanten in erster Linie leichtsinnig. Der Geistliche, der im Verhör
angegeben hätte, mit seiner Tat die Gräueltaten der napoleonischen Truppen
und die Märtyrer von Saragossa rächen zu wollen, hätte daraufhin mitsamt der
Dorfbevölkerung vor dem frischen Grab des Adjutanten, das mitten auf dem
Dorfplatz ausgehoben wurde, niederknien müssen, bevor man ihn erschoss.[155]
Anschließend wären sein und das Haus des Küsters geplündert und in Brand
gesteckt worden.[156] Das Grab des Offiziers auf dem zentralen Platz des Ortes
war Botschaft, Schmähung und Machtrepräsentation in einem, was den Hass
der Bevölkerung auf die fremden Truppen nur befördert haben dürfte. Die von
Schümberg beschriebene Begebenheit macht deutlich, wie sich die Gewaltspirale immer weiter aufbaute. Sie belegt zugleich, wie heikel der Umgang mit
den spanischen Geistlichen war. Nach Holzenthal waren sie in der Lage, ganze
Landstriche zu mobilisieren.[157] Dazu würden sie z. B. den Ablass als Anreiz
nutzen, um die Bevölkerung zu aktivieren: „Beim Ausbruch der Insurrektion
wurde z. B. für jeden Franzosen, den man töten würde, ein hoher Ablass

---

153   Vgl.: ebd., S. 188-189.
154   Vgl.: ebd., S. 189-192.
155   Vgl.: ebd., S. 191-193.
156   Vgl.: ebd., S. 193.
157   Holzenthal vermerkt allerdings auch, dass die Übergriffe napoleonischer Truppen die
       Mobilisierung der Bevölkerung durch die Geistlichen erst möglich machte. Er schränkt
       die Aussage jedoch ein, indem er von *anfänglichen* Grausamkeiten spricht, die die
       Gewaltspirale aber offensichtlich erst in Gang setzten. Vgl.: Holzenthal: Briefe, in: Journal
       für die neuesten Land- und Seereisen 24, H. 10 (1816), S. 104.

versprochen."[158] Die Quelle dieser Information gibt Holzenthal nicht an, dennoch dürfte sie den spanischen Geistlichen insbesondere bei der Leserschaft aus protestantischen Räumen jegliche Legitimation entzogen haben.

Zum Verständnis der in den Berichten immer wieder angesprochenen breiten Mobilisierung der Bevölkerung gegen den von Napoleon eingesetzten König durch die spanischen Geistlichen ist deren enge Verbindung zu den lokalen Grundherren oder Ortsnotablen, den sogenannten *Caciquen*, zu berücksichtigen. Im agrarisch geprägten Spanien verfügten die lokalen Grundherren und Ortsnotabeln über große Ländereien und Landarbeiter, die an sie gebunden waren.[159] „Die Landbevölkerung hing [...] ökonomisch stark von dem konservativ eingestellten Adel und ideologisch vornehmlich von dem Lokalklerus ab, der eben die Aufklärung ablehnte"[160]. Die Entscheidung, ob, wann und wo Landarbeiter Widerstand leisteten, wurde oft von den jeweiligen Landbesitzern getroffen. Ihren Anweisungen hatten die Landarbeiter, freiwillig oder unfreiwillig, Folge zu leisten – ein Umstand, der sich den Verfassern der vorliegenden Zeugnisse so nicht erschloss. Die eng mit der spanischen Oberschicht verwobene Kirche propagierte deren Interessen in entsprechenden Predigten und unterstützte sie mit allen anderen ihnen zur Verfügung stehenden Mitteln.[161] Hinter den Geistlichen konnten somit weitere Interessengruppen stehen, die den Widerstand initiierten, steuerten, unterstützten oder forcierten. Da diese für die Kriegsteilnehmer unsichtbar blieben, fokussierte sich die Abneigung auf die Geistlichen als Quelle allen Übels. Sie hätten vor nichts zurückgeschreckt, um ihre Ziele zu erreichen. Dabei verstießen sie nicht nur gegen das Gebot der christlichen Nächstenliebe, sondern hätten sich auch Mittel bedient, die mit dem geistlichen Stand unvereinbar waren, wie Schümberg beschreibt: In der Nähe von Madrid, wo Prostituierte in dortigen Weinschenken den Kontakt zu Kriegsteilnehmern suchten,[162] hätte sich kurz darauf „eine so allgemeine Seuche"[163] ausgebreitet, dass die Ergänzungsmannschaften fast vollkommen außer Gefecht gesetzt worden wären. Unter Gewaltanwendung hätten die Prostituierten gestanden, dass sie alle unter verschiedenen Krankheiten litten und von Mönchen genötigt und bezahlt worden seien, sich mit Angehörigen der napoleonischen Truppen einzulassen.[164] Die Frau als Verführerin trägt die Strafe für das sündige Verhalten

---

158 Ebd., S. 98.
159 Vgl.: Pelizaeus: Radikalisierung des Krieges, S. 220.
160 Pelizaeus: Mobilisierung, S. 264.
161 Vgl.: Pelizaeus: Radikalisierung des Krieges, S. 220.
162 Vgl.: [Schümberg]: Erinnerungen, S. 208-209.
163 Ebd., S. 209.
164 Vgl.: ebd.

in sich und dazu bei, den Gegner in doppelter Hinsicht zu schwächen. Dass die Prostituierten jedoch von Mönchen zu diesem Verhalten aufgefordert worden sein sollen, stellt die Glaubwürdigkeit der spanischen Ordensgeistlichen in den Augen der Leser in Frage und lässt sie als besonders verabscheuungswürdig erscheinen. An anderer Stelle findet sich bei Schümberg eine Beschreibung, die die oft beobachtete Grausamkeit spanischer Geistlicher in gewisser Weise nachvollziehbar erscheinen lässt. Es ist die Geschichte eines Stadtpfarrers aus Pampiegla, der zu Beginn der Auseinandersetzungen auf der Iberischen Halbinsel keinerlei antinapoleonische Aktivitäten entfaltet hätte.

> Einst mit starker Einquartierung belegt, hatte er ein Paar junge Infanterieoffiziere bei sich im Quartiere, welche durch Wein und Liebe berauscht ein Paar schöne Nichten, welcher er bei sich hatte – dergleichen Wirthschafterinnen habe ich unter den Titel verarmter Anverwandten, Basen, Nichten und Cousinen in sehr vielen Pfarrhäusern gefunden – mit ungezügelten Galanterien hart zusetzten. Er hatte sie zwar stets als ein zweiter Argus gehütet, und die Offiziere mit Schimpfworten und Schmähungen überhäuft, welche sich aber im halben Rausche wenig daran kehrten. Gegen Mitternacht hatten die Wüstlinge die beiden Mädchen zur Beihülfe bei'm Punschmachen in die Küche gerufen, und als sie der ihnen nachschleichende Cura in zu vertraulichen Stellungen überraschte, ermordete er mit einem Küchenmesser den Kapitain, streckte den Lieutenant tödtlich verwundet zu Boden, und entfloh.[165]

Schümberg suggeriert, dass die beiden als Nichten des Cura auftretenden Frauen nicht nur als dessen Wirtschafterinnen fungierten. Doch ganz gleich, ob es sich um Verwandte, Angestellte oder Geliebte des Hausherrn handelte – das Verhalten der Offiziere war für den Cura nicht hinnehmbar. Selbst Schümberg bezeichnet die Offiziere als „Wüstlinge"[166], da sie es gegenüber den Frauen und dem Cura an Respekt fehlen ließen, den Schümberg offensichtlich mit dem sozialen Stand eines Offiziers verband. Die Reaktion des Pfarrers charakterisiert ihn stereotyp als heißblütigen Spanier, der sich in der Folge zunächst auf der Flucht befunden habe und dann dem aktiven Widerstand beigetreten sei – nicht als Anhänger, sondern als Anführer. Er habe eine „Bande"[167] befehligt, die besonders grausam vorgegangen wäre. Der Pfarrer selbst hätte sich am schlimmsten an gefangenen Offizieren vergangen. Schümberg stützt sich dabei auf einen anderen Augenzeugen, der der Bande des Pfarrers in letzter Sekunde entrissen worden sei.[168] Gesehenes und Gehörtes

---

165 Ebd., S. 114.
166 Ebd.
167 Ebd., S. 115.
168 Vgl.: ebd., S. 115-116.

verbinden sich hier zu einem Zirkelschluss, da Schümberg das Verhalten des
Cura auf das unbotmäßige Verhalten der Offiziere gegenüber den Frauen in
dessen Hause zurückführt.[169] Für den Leser ergibt sich im Rahmen stereotyper
Mentalitätszuschreibungen eine innere Logik. Sie macht die Entfesselung der
Gewaltspirale auf lokaler Ebene deutlich, zumal der beschriebene Vorfall im
Bericht exemplarisch für eine Vielzahl vergleichbarer Ereignisse steht und die
Kettenreaktion am Kriegsschauplatz erahnen lässt. Nicht gebilligt, aber doch
nachvollziehbar wird so die Motivation für die Entgrenzung der Kriegshandlungen, was nach Schümbergs Auffassung jedoch typisch spanisch bleibt. Dass
solche persönlichen Erfahrungen vielfach zum Anschluss an den Widerstand
führten, darauf verweist auch Hering am Beispiel von zwei Brüdern, deren
Eltern und Schwester von napoleonischen Truppen getötet worden seien.[170]

Schümberg greift diese Problematik in einem späteren Kapitel noch einmal auf, wo er sich ganz allgemein zu den Geistlichen in Spanien äußert.[171]
Er unterscheidet dabei erneut zwischen Welt- und Ordensgeistlichen. Beide
wären aktiver und allgegenwärtiger Bestandteil des Widerstands, Ordensgeistliche aber viel fanatischer und intoleranter gewesen, was er auf ihren
abgeschiedenen Lebensstil zurückführt.[172] Von ihnen wäre ein sehr viel
größeres Gefahrenpotential ausgegangen als von Weltgeistlichen. Ordensgeistliche wären es auch gewesen, die Weltgeistliche für den Widerstand
rekrutierten, die ihrerseits als Multiplikatoren und darüber hinaus wie eine
„Hülfsarmee"[173] funktioniert hätten. Der kirchlichen Hierarchie entsprechend
seien es jedoch vor allem die Bischöfe gewesen, die das Vorgehen der Geistlichen lenkten und kontrollierten.[174] Dabei kommt er zu folgender grundsätzlichen Aussage:

> Hatte aber einmal, sey es aus innerm Drange oder durch Gelegenheit gereizt
> und verführt, oder in Folge eines höhern Befehls der Geistliche sein Pfarrhaus
> oder der Mönch die Ringmauern seines Klosters verlassen und war auf dem
> Schauplatze der Welt aufgetreten, dann schien der Geist des Friedens und der
> Duldsamkeit aus ihren Herzen gewichen zu seyn. Sie wurden blutdürstig und
> grausam, Rache war ihre Losung.[175]

---

169 Vgl.: ebd., S. 115.
170 Vgl.: [Hering]: Erinnerungen, S. 405-406.
171 Vgl.: [Schümberg]: Erinnerungen, S. 178-202.
172 Vgl.: ebd., S. 181.
173 Ebd.
174 Vgl.: ebd., S. 181-182.
175 Ebd., S. 182-183.

Geistliche erscheinen in den Berichten als ein Hauptgefahrenpotenzial, dass unkontrollierbar war und jeder Zeit losbrechen konnte. Die Beschreibungen zeichnen ein Negativbild, das (liest man die entsprechenden Textstellen) in Anbetracht der erlebten Gewaltausschreitungen als Negativfolie schlechthin erscheint.

Die negativen Bilder von Geistlichen dienten aber auch als Legitimation für den ebenfalls wenig christlichen Umgang der napoleonischen Truppen mit ihnen. Der Verfasser der *Briefe aus Spanien* beschreibt am Beispiel von Exekutionen in Burgos, dass mit Geistlichen dabei ebenso verfahren wurde wie mit anderen Widerständlern, ihrem Stand also nicht nur der entsprechende Respekt verweigert, sondern sie auf eine Stufe mit Räubern und Banditen gestellt wurden.[176] Exekution bedeutete damals nicht in jedem Fall einen schnellen Tod, sondern konnte mit einem langen Martyrium verbunden sein, wie der Verfasser der *Briefe aus Spanien* schreibt.[177] Der Begriff stand, wie Schümberg erklärt, nicht nur für „Hängen und Erschießen"[178], sondern z. B. auch für eine besondere Form des Erdrosselns, auf die im nächsten Kapitel eingegangen wird.

Geißler berichtet, dass vor den Toren Gironas ein hoch betagter Landprediger exekutiert worden sei, weil er in seinem Haus Waffen versteckt hätte.[179] Auf einen an seine Brust gehefteten Zettel schrieb man jedoch, er hätte Franzosen ermordet.[180] Das Anbringen von Zetteln oder Tafeln am Hals von weithin sichtbar platzierten Exekutierten mit dem Grund ihres Verbrechens war gängige Praxis und sollte als Abschreckung dienen.[181] Auf den Wahrheitsgehalt kam es, wie in dem von Geißler geschilderten Fall, dabei nicht an. Das bereits erwähnte Entbinden der spanischen Bevölkerung von sämtlichen geschworenen Eiden durch die spanischen Geistlichen lässt auch die Nichteinhaltung getroffener Zusicherungen durch die napoleonischen Truppen in den Berichten legitim erscheinen. So wäre z. B. in Girona im Falle der Kapitulation „der Geistlichkeit gänzliche Verzeihung und Vergessenheit des Vergangenen zugesichert"[182] worden, obwohl sie maßgeblich an der Organisation des Widerstands in der Stadt beteiligt gewesen sei.[183] Nach der Kapitulation wären jedoch „sechshundert Klostergeistliche nach

---

176   Vgl.: o.V.: Briefe aus Spanien, in: Fackeln 1, H. 1 (1811), S. 96.
177   Vgl.: ebd.
178   [Schümberg]: Erinnerungen, S. 136.
179   Vgl.: Geißler: Denkwürdigkeiten (1830), S. 115.
180   Vgl.: ebd.
181   Vgl.: [Schümberg]: Erinnerungen, S. 136-137.
182   Geißler: Denkwürdigkeiten (1830), S. 109.
183   Vgl.: ebd., S. 105.

Frankreich abgeführt, und gegen die weltliche Geistlichkeit eine Untersuchung eingeleitet"[184] worden. Die Reaktion der Klostergeistlichen schildert Geißler in anderem Zusammenhang einige Seiten später: Sie hätten den Bannfluch gegen die „Franzosen"[185] geschleudert und die Bevölkerung aufgefordert, „keinem Franzosen das Leben zu schenken"[186]. Sowohl auf napoleonischer als auch auf britisch-spanischer Seite wurden Zusicherungen oft nicht eingehalten. Das musste z. B. auch Holzenthal bei seiner Gefangennahme erfahren.[187] Im Verlaufe des Krieges war die Glaubwürdigkeit auf beiden Seiten untergraben. Sowohl Zusicherungen als auch ihr späterer Bruch wurden als Mittel genutzt, um den Gegner zu schwächen und die eigene Position zu stärken.

Angesichts der tiefen Abneigung der Kriegsteilnehmer gegenüber dem geistlichen Stand in Spanien ist es umso erstaunlicher, in den Berichten Kapitel mit Titeln wie „Der Pfarrer (Cura) von St. Salomon, Gegenstück zum Pfarrer von Pampiegla."[188] zu finden. Die Bezeichnung *Gegenstück* ist dabei von zentraler Bedeutung, denn Schümberg stellt all den negativen Beschreibungen in seinem Zeugnis den Pfarrer von St. Salomon gegenüber: „Dieser wackre, in jeder Hinsicht achtungswerthe Geistliche wirft in den grellen Schatten der vorhergehenden Schilderung sonniges Licht."[189] Dieser Pfarrer avanciert in Schümbergs Zeugnis zum Ehrenretter des geistlichen Standes in Spanien. Interessant sind die dabei zu Grunde gelegten Kriterien, die diese Person in seinen Augen trotz Krieg zu einem positiven Gegenüber werden ließen. Zunächst betont er mehrfach, dass sich der Geistliche den „Franzosen"[190] gegenüber nicht sklavisch unterwürfig verhalten und bei den „Siegern"[191], (für die Schümberg zu diesem Zeitpunkt die als Franzosen bezeichneten Truppen hielt) nicht angebiedert hätte.[192] Er wäre kein „serviler Afrancesado"[193] gewesen und hätte auch nicht weggesehen, wenn sich französische Offiziere an der Bevölkerung vergreifen oder zu viel requirieren wollten.[194] Der Pfarrer engagierte sich allerdings nicht nur als

---

184   Ebd., S. 111.
185   Ebd., S. 189.
186   Ebd.
187   Vgl.: Holzenthal: Briefe, in: Journal für die neuesten Land- und Seereisen 24, H. 9 (1816), S. 82. Zu einem Fall, in dem britische Zusicherungen nicht eingehalten wurden, siehe: Holzenthal: Briefe, in: Journal für die neuesten Land- und Seereisen 24, H. 10 (1816), S. 122-123.
188   [Schümberg]: Erinnerungen, S. 116.
189   Ebd.
190   Ebd.
191   Ebd.
192   Vgl.: ebd., S. 116-119.
193   Ebd., S. 118.
194   Vgl.: ebd.

Schutzschild seiner Landsleute vor den napoleonischen Truppen, sondern in gleichem Maße auch vor „Insurgentenbanden"[195]. Dieser von Schümberg verwendete Begriff zeigt, dass er den Widerständlern eher kriminelle Absichten unterstellte, hätten sie doch „den eigenen Landsmann oft schonungsloser als die siegreichen Fremdlinge"[196] behandelt. Dies ist zugleich seine Erklärung dafür, dass sich der Pfarrer von St. Salomon nicht mit den spanischen Aufständischen solidarisierte. Das von ihm immer wieder thematisierte, zur Gewalttätigkeit neigende Temperament der Spanier lässt Schümberg sogar die „Fremdlinge"[197], zu welchen er sich selber zählt, als milde in Erscheinung treten. Er definiert sich dabei als Teil der ins Land gekommenen Fremden und nimmt so eine klare Alteritätszuschreibung vor. Als Handlungsmotiv des Pfarrers führt Schümberg dessen „Vaterlandsliebe"[198] an. Sie hätte ihn bewogen, für Ruhe und Ordnung zu sorgen und das mit dem Krieg einhergehende Chaos so gut wie möglich abzuwenden. Mit diesem Verweis verortet er den Pfarrer entsprechend seiner eigenen Grundhaltung im aufkommenden Nationendiskurs als einen pflichtbewussten und obrigkeitstreuen, aber nicht blinden Bürger. Das Handeln des Pfarrers entspricht Schümbergs Staatsverständnis, in dem Patriotismus nicht mit Widerstand gegen die Obrigkeit vereinbar ist – ein Thema, das im deutschsprachigen Raum im Rahmen der Debatten um den sogenannten Volkskrieg von großer Bedeutung war (dazu siehe Kapitel 6.2.2). Schümberg zufolge wäre es dem Pfarrer gelungen, in mehr als zwanzig Orten der Region für Ruhe und Ordnung zu sorgen.[199] Er verband damit ein nicht von ständigen Übergriffen geprägtes Mit- und Nebeneinander, von dem die Bevölkerung, vor allem aber die Angehörigen der napoleonischen Truppen profitierten, die andernorts fortwährend Angriffe von widerständigen Spaniern befürchten mussten. Dazu hätte der Pfarrer eng mit den örtlichen Alcaden und Dorfrichtern zusammengearbeitet,[200] was die bereits erwähnte Einbindung der Geistlichen und deren Einfluss im sozialen Netz vor Ort bestätigt. Des Weiteren hätte er eine „Bauernmiliz"[201] aufgestellt, die er selbst anführte und mit deren

---

195   Ebd., S. 117.
196   Ebd.
197   Ebd.
198   Ebd.
199   Vgl.: ebd.
200   Vgl.: ebd.
201   Ebd. Der Milizgedanke im Sinne der Einheit von Bürger und Soldat, der im Bedarfsfall zur Verteidigung herangezogen werden kann, geht auf die Antike zurück. In Spanien entwickelte sich das Milizsystem im Mittelalter vor allem als lokales Verteidigungssystem der wachsenden Städte zur Durchsetzung politisch-wirtschaftlicher Interessen gegenüber dem Adel. Mit Beginn der Moderne lassen sich die Milizen in zwei Gruppen einteilen: zum einen die sogenannten lokalen, auf mittelalterlichen Strukturen aufbauenden, die es

Hilfe er für die von Schümberg so geschätzte Ordnung sorgte – womit er auf eine in Spanien weit verbreitete Tradition zurückgriff. Sowohl der Pfarrer von St. Salomon als auch der Cura von Pampiegla führten also in ihrer Eigenschaft als geistliche Würdenträger eine Gruppe von Bewaffneten an. Beide nutzten ihre seelsorgerische Reputation, die militärischen Möglichkeiten einer ihnen unterstehenden bewaffneten Gruppe und ihre Verankerung im sozialen Netz, jedoch unter umgekehrten Vorzeichen: der eine zur Bekämpfung der aufoktroyierten Ordnung, der andere zu ihrer Stabilisierung. Schümbergs persönliche Sympathie für den Pfarrer von St. Salomon lässt ihn darüber hinwegsehen, dass der sich ähnlicher Methoden bediente wie sein Konterpart. Denkbar wäre, dass jener Pfarrer zu einem früheren Zeitpunkt einem militärischen Orden angehörte, die in der Geschichte eng mit dem spanischen Milizsystem verbunden waren. Das würde die klare Organisationsstruktur und die militärische Handlungsfähigkeit des Geistlichen erklären und auf eine ganz andere Ebene heben. Doch davon erwähnt bzw. weiß Schümberg offenbar nichts. Ebenso wenig erschloss sich ihm, dass der Pfarrer wahrscheinlich eine Art Handel mit den vor Ort stationierten Truppen eingegangen war. Seine Beschreibungen legen diese Annahme jedoch nahe. So verweist er darauf, dass der Geistliche immer wieder vor geplanten Übergriffen von Widerständlern gewarnt und die Truppen davor bewahrt hätte, in eine Falle zu geraten.[202] Dieses Vorgehen würde erklären, warum es dem Geistlichen von St. Salomon möglich war, gegenüber den fremden Truppen zu intervenieren und von ihnen als Ansprechpartner ernstgenommen zu werden. Die Gegenleistung für seine Informationen dürfte die Durchsetzung und Einhaltung bestimmter Regeln im Umgang des Militärs mit der Bevölkerung gewesen sein. Der Pfarrer als vermittelnde Instanz wurde zum Grenzgänger, was später den Vorwurf der Konspiration mit dem Gegner nach sich zog und für ihn den Gang ins Exil bedeutete.[203] Schümberg erwähnt in seinem Bericht auch andere Geistliche, die sich durch Kooperation mit den vor Ort stationierten Truppen ausgezeichnet oder im Sinne der „Christenpflicht"[204] z. B. die Versorgung kranker

---

vor allem in urbanen Regionen gab. Hier dominierte die Funktion der Selbstverteidigung. Sie wurden allerdings auch zur Aufrechterhaltung der inneren Ordnung herangezogen. Die zweite große Gruppe bildeten die sogenannten territorialen bzw. Provinz-Milizen, die in größeren Gebieten operierten und als Reserve für die Landesverteidigung im Kriegsfall fungierten. Zu Entwicklung und Aufgabengebieten der Milizen in Spanien siehe: Contreras Gay, José: Las milicias en el Antiguo Régimen. Modelos, características generales y significado histórico, in: CN 20 (1992), S. 75-103.

202   Vgl.: [Schümberg]: Erinnerungen, S. 117-118.

203   Vgl.: ebd., S. 119.

204   Ebd., S. 199.

oder verletzter Kriegsteilnehmer übernommen hätten.[205] Sie handelten für
ihn im Rahmen ihrer Aufgaben unabhängig von ihrem Gegenüber und entsprachen so seinem Verständnis von Nächstenliebe.

Auch der Verfasser der *Briefe aus Spanien* verweist auf aus seiner Sicht
positiv eingestellte Geistliche in Spanien. Einem davon verdanke er tiefere Einblicke ins spanische Alltagsleben.[206]

In Volgmanns Zeugnis wird die Bedeutung einer persönlichen Ebene in
der Beziehung zu spanischen Geistlichen sichtbar. Vor seinem Abmarsch
nach Portugal war er u. a. in La Alameda de Gardón bei einem Pfarrer einquartiert, „einem von den seltenen Männern seines Standes, die nicht der allgemeinen Gährung hingerissen, blind das Verdammungsurtheil über jeden der
anders dachte und handeltete, aussprachen, der aber deshalb nicht aufhörte,
Spanier zu seyn [...]"[207]. Derartige Aussagen machen dem Leser deutlich, dass
die Ablehnung gegen alles Fremde nicht selbstverständliches Merkmal aller
spanischen Geistlichen war. Auch hier gab es verschiedene Gruppen, deren
Agieren sich sehr unterschiedlich gestalten konnte, auch wenn die ablehnende
Haltung laut Volgmann dominiert hätte. Liest man dessen Schilderung jedoch
genau,[208] so ergibt sich, dass besagter Pfarrer offenbar lediglich darum bemüht
war, die ohnehin schwierige Situation vor Ort nicht eskalieren zu lassen. Dass
er der napoleonischen Seite positiv gegenüber stand, lässt sich nicht heraus
lesen, worauf auch Volgmanns Bemerkung hindeutet, dass der Pfarrer „deshalb
nicht aufhörte, Spanier zu seyn"[209]. Volgmann gibt an, alles in seinen Kräften
Stehende getan zu haben, um die Last der Einquartierung und der Requirierung
für die Bevölkerung in Grenzen zu halten.[210] Dennoch hätte man vor dem
Abmarsch der Truppen alles Vieh aus der Umgegend zusammengetrieben
und als Proviant mitgenommen – und trotzdem hätte sich der Geistliche zum
Abschied erstaunlich gütig bei Volgmann für dessen „Sorgfalt"[211] bedankt.
Ob diese Bemerkung ehrlich oder sarkastisch gemeint war, ob sprachliche
Barrieren oder situationsbedingtes Missverstehen zu Volgmanns positivem
Eindruck führten, kann nicht nachvollzogen werden. Ausschlaggebend für
seine Einschätzung war das praktische Verhalten der Bewohner und des Geist-
lichen gegenüber den Kriegsteilnehmern, das nicht von Gewalt geprägt war.
Trotz oder möglicherweise gerade wegen der zahlreichen Negativerlebnisse

---

205   Vgl.: ebd., S. 198-199.
206   Vgl.: o.V.: Briefe aus Spanien, in: Fackeln 1, H. 1 (1811), S. 17, 24.
207   Volgmann: Wanderungen, in: Minerva 95, H. 3 (1815), S. 223.
208   Vgl.: ebd., S. 223-224.
209   Ebd., S. 223.
210   Vgl.: ebd., S. 224.
211   Ebd.

honorierten die Kriegsteilnehmer ein für sie positiv abweichendes Verhalten und waren bereit, zwischen den Geistlichen zu differenzieren. Damit brechen sie das stereotype Muster auf. Insbesondere die persönliche Ebene positiver Erfahrungen wirkte in der retrospektiven Darstellung der Erlebnisse auf der Iberischen Halbinsel nach und fungierte nicht nur als internes Korrektiv für die Verfasser, sondern macht die Ambivalenz und Widersprüchlichkeit dieses Krieges und der Bewohner Spaniens für den Leser sichtbar.

6.1.3 Insurgenten und Guerilleros

Zur Zeit des spanischen Unabhängigkeitskriegs beflügelte ein Wort die Fantasie der Menschen: der Guerillero. Ein bis dahin außerhalb Spaniens unbekannter Begriff verbreitete sich durch die Ereignisse auf der Iberischen Halbinsel wie ein Lauffeuer in Europa und wurde zum Inbegriff alles monströs Schrecklichen, was ein Mensch dem anderen antun konnte.[212] Bis heute hat sich dieses Bild des erbarmungslos grausamen Kämpfers erhalten, was sich u. a. auch in den Titeln einer Vielzahl von wissenschaftlichen Abhandlungen zur Thematik des Guerilleros im spanischen Unabhängigkeitskrieg widerspiegelt.[213] So trägt z. B.

---

212 Pelizaeus verweist darauf, dass sich der Begriff *Guerilla* im spanischen Sprachgebrauch des Mittelalters auf Privatkriege bezog. Im 18. Jahrhundert änderte sich das Verständnis. Er bedeutete nun auch kleinere Scharmützel zwischen rivalisierenden Parteien und besaß damit Ähnlichkeit mit dem Terminus des kleinen Krieges. Zum Symbol für den irregulären und regelverletzenden Krieg wäre das Wort laut Pelizaeus erst mit der Aufnahme in das 1809 erschienene Oxford Dictionary geworden. Auf dieser Grundlage habe sich die Wortbedeutung von *Guerilla* in Europa verbreitet. Inwiefern das auf den deutschsprachigen Raum zutrifft, ist gegenwärtig noch nicht geklärt. Eine mögliche Übernahme der Begrifflichkeit über die Verbindung Hannovers zu Großbritannien ist jedoch denkbar. Vgl.: Pelizaeus: Mobilisierung, S. 259-260.

213 Siehe z. B.: Alexander, Don W.: French Military Problems in Counterinsurgent Warfare in Northeastern Spain 1808-1813, in: Military Affais 40, H. 3 (1976), S. 117-222; Rink, Martin: Vom „Partheygänger" zum Partisanen. Die Konzeption des kleinen Krieges in Preußen 1740-1813. (Europäische Hochschulschriften, Reihe 3: Geschichte und ihre Hilfswissenschaften, Bd. 851). Frankfurt am Main u. a. 1999; Aymes, Jean-René: La guerrilla española (1808-1814). En la literatura testimonial francesa, in: Armillas Vicente (Hg.): La Guerra de la independencia. Estudios, Bd. 1. Zaragoza 2001, S. 15-33; Esdaile, Charles J.: Popular Resistance to the Napoleonic Empire, in: Dwyer (Hg.): Napoleon and Europe (A Pearson Education Book). Harlow u. a. 2001, S. 136-152; Esdaile, Charles J.: The Breakdown of Authority in Spain, 1812-1824. Soldiers, Civilians and Guerillas, in: Armillas Vicente (Hg.): La Guerra de la Independencia. Estudios, Bd. 1 (Publicación de al Institución „Fernando el Católico"). Zaragoza 2001; Pascual: Frailes guerrilleros, S. 775-798; Roura i Aulinas, Luís: „Guerra pequeña", y formas de movilización armada en la Guerra de al Independencia. ¿tradición o innovación?, in: Armillas Vicente (Hg.): La Guerra de la Independencia. Estudios, Bd. 1. Zaragoza 2001, S. 275-300; Schmidt: Guerrillero, in: GG 29, H. 2 (2003), S. 161-190; Chartrand, René: Spanish Guerrillas in the Peninsular War 1808-14. (Elite Ser, Bd. 108).

die 2007 veröffentlichte Publikation von Fernando Martínez Laínez den Titel *Como lobos hambrientos. Los Guerrilleros en la Guerra de la Independencia*, was übersetzt *Wie hungrige Wölfe. Die Guerilleros im spanischen Unabhängigkeitskrieg* bedeutet.[214] Allein dieser Titel weist den Guerilleros in diesem Krieg ein aggressives, gemeingefährliches Verhalten zu. Das Bild auf dem Einband – eine Zeichnung aus Goyas *Desastres de la Guerra* – zeigt hingegen, wie bewaffnete Soldaten der napoleonischen Armee gegen Einheimische vorgehen, die sich kaum verteidigen können. So wird bereits auf dem Buchcover die Ambivalenz des Verhaltens der unterschiedlichen Parteien in diesem Krieg deutlich. Die bildliche Darstellung erweckt den Eindruck, dass sich eher die fremden Armeen wie hungrige Wölfe verhielten, was die im Titeltext zum Ausdruck gebrachte Grausamkeit der Guerilla erst hervorgerufen haben könnte. Dieser Titel hätte auch einer Publikation aus der Zeit des spanischen Unabhängigkeitskriegs vorstehen können, denn er spiegelt das damals vermittelte Bild dieses Krieges wider, für dessen Grausamkeit der Guerillero zu Beginn des 19. Jahrhunderts Symbol wurde.

In den Zeugnissen der Kriegsteilnehmer fällt auf, dass sich die Verfasser verschiedener Begrifflichkeiten für die Widerständler bedienen. Sie verwenden anfangs den Begriff *Insurgent*, worin (wie bereits in Kapitel 2 dargelegt), der unrechtmäßige Widerstand gegen eine legitime Herrschaft Joseph Bonapartes zum Ausdruck kommt. Darüber hinaus finden sich Bezeichnungen wie *Brigands* (aus dem französischen übernommen für *Räuber* und *Gesetzlose*) sowie die direkte Titulierung als *Räuber* und *Guerilla*. Die unterschiedliche Verwendung der Begriffe deutet sowohl auf das sprachliche Umfeld des jeweiligen Verfassers als auch auf die von ihm getroffene Einschätzung des Gegners hin. Darüber hinaus lässt sich daran aber auch eine zeitliche Entwicklung ablesen: Je eher Kriegsteilnehmer auf der Iberischen Halbinsel zum Einsatz kamen und je früher sie anschließend ihre Berichte niederschrieben oder publizierten, desto mehr findet sich die Verwendung *Insurgent* oder *Brigand*.[215] Je später der Einsatz erfolgte und je später die entsprechenden Berichte publiziert wurden, desto mehr findet man darin den Terminus *Guerilla*. Besonders die nach 1820 veröffentlichten Berichte weisen eine häufigere Verwendung des Begriffs

---

London 2004; Esdaile, Charles J.: Fighting Napoleon. Guerrillas, Bandits and Adventurers in Spain 1808-1814. New Haven, Conn. u. a. 2004; Scotti-Douglas: Irregulars, S. 137-160; Álvarez (Hg.): Guerillas.

214   Vgl.: Martínez Laínez: Como lobos hambrientos.

215   Vgl. z. B.: o.V.: Briefe aus Spanien, in: Fackeln 1, H. 1 (1811), S. 3-108; Holzenthal: Briefe, in: Journal für die neuesten Land- und Seereisen 24, H. 9 (1816), S. 69, 75; Knauth: Tagebuch des Majors Knauth, o. J., LATh-StA Gotha, Geheimes Archiv WW VII r Nr. 62.

Guerilla auf,²¹⁶ Ausdruck dafür, dass sich die Verfasser in ihrer Funktion als Augenzeugen in den Diskurs um den sagenumwobenen Kämpfertypus einfügten, der gerade in der Zeit der Restauration, im Rahmen der Diskussionen um den Volkskrieg und im Nationenbildungsprozess das Interesse verschiedener Bevölkerungsgruppen im deutschsprachigen Raum geweckt hatte. Der besseren Übersicht halber wird daher im Weiteren der Begriff *Guerilla* verwendet, sofern aus den Berichten eindeutig hervorgeht, dass sich die Verfasser auf diese beziehen. Anderweitige Bezeichnungen werden vermerkt, sofern es für die Analyse erforderlich ist.

Die Taktik der Guerilla bestand vor allem darin, in für sie günstigem Gelände (also besonders in den Bergregionen) den Nachschub der napoleonischen Truppen zu unterbrechen und sie auf alle erdenkliche Weise zu zermürben. Über einen längeren Zeitraum praktiziert, hatte das fatale Auswirkungen auf die Kriegsteilnehmer.²¹⁷ Schümberg widmet der Taktik der Guerilla aus diesem Grund ein eigenes Kapitel.²¹⁸ Obwohl ihre Einheiten in begrenzten Räumen operierten, waren sie doch so zahlreich, dass die Kriegsteilnehmer das Gefühl hatten, beinahe überall auf sie zu treffen und ihrer Grausamkeit ausgeliefert zu sein.

> Wehe dem Unglücklichen, der in ihre Hände fiel; nicht zufrieden, ihm nur ein Leben rauben zu können, sättigten sie ihre Rache durch die grausamsten Qualen, in deren Erfindung sie wetteiferten [...]²¹⁹

> Ihre Grausamkeit kennt keine Grenzen, und nur mit Schaudern denke ich an den Anblick der durch die Insurgenten gemordeten Unglücklichen. Männer mit abgeschnittenen Zeugungsgliedern und aufgeschlitzen Bäuchen, durchschnittenen Kniekehlen, halb gebraten, oder zwischen zwei Bretter gebunden und durchgesägt. Kinder mit zerschnittenem Kopfe und Gesichte und Weiber mit abgeschnittenen Brüsten waren nicht ungewöhnliche Anblicke.²²⁰

Angesichts solcher Erlebnisse, die sich durch Mund-zu-Mund-Propaganda schnell verbreiteten, war die Furcht vor den Guerilla groß.²²¹ Aussagen wie diese dürften im deutschsprachigen Raum als Beleg für das verbreitete Bild vom grausamen Kämpfer gegolten haben. Schümberg, Holzenthal und Knauth

---

216 Vgl. z. B.: Brandt: Ueber Spanien; [Schümberg]: Erinnerungen.
217 Vgl. z. B.: Holzenthal: Briefe, in: Journal für die neuesten Land- und Seereisen 24, H. 10 (1816), S. 106; Brandt: Ueber Spanien, S. 150; [Schümberg]: Erinnerungen, S. 24-26, 50-52, 125-126; Geißler: Denkwürdigkeiten (1830), S. 137-139.
218 Vgl.: [Schümberg]: Erinnerungen, S. 120-127.
219 Volgmann: Wanderungen, in: Minerva 95, H. 3 (1815), S. 14.
220 Holzenthal: Briefe, in: Journal für die neuesten Land- und Seereisen 24, H. 9 (1816), S. 96.
221 Vgl.: o.V.: Briefe aus Spanien, in: Fackeln 1, H. 1 (1811), S. 9, 29.

berichten außerdem davon, dass sich Guerilleros an zurückgelassenen Kranken und Verletzten besonders hart vergangen und selbst Gräber geschändet sowie Tote ausgegraben und auf die Straßen gelegt hätten.[222] Außer der demoralisierenden Wirkung auf die durchziehenden Truppen verlangsamte diese Praxis auch deren Vorwärtskommen, wenn z. B. erneut Gräber ausgehoben wurden. Pelizaeus sieht im Vorgehen der Guerilla in Katalonien und der Estremadura, wo die Übergriffe besonders brutal waren, eine Dreiheit der Gewalt: „Überfall, Tötung und Verstümmelung"[223].

Von Brandt, der den Guerilla mehrere Kapitel widmet und auf zwei Guerilleros noch einmal gesondert eingeht,[224] nähert sich der Thematik mit besonderer Akribie. Er ist um ein umfassendes Bild von diesen Kämpfern bemüht, auch wenn er letztlich zu dem Schluss kommt, dass eine vollständige Darstellung ihrer Taten und ihres Agierens nicht möglich sei.[225] Ausgangspunkt sind für ihn erneut der Einfluss des Klimas und der geografischen Verhältnisse auf die Eigenschaften und die Lebensweise der Spanier. Hinzu kämen die Armut der Gebirgsbewohner und eine traditionell schwache Regierung, die nicht in der Lage sei durchzugreifen. Deswegen wären z. B. die Wege unsicher, das Reisen mit Waffen weit verbreitet sowie Schmuggel und Jagd begünstigt.[226] Der Spanier sei an das Mitführen von Waffen gewöhnt und Räuberbanden hätte es ohnehin schon immer im ganzen Land gegeben. Sie seien gewissermaßen der Grundstein für die Entstehung der Guerilla. Besonders die von von Brandt immer wieder angesprochene Wildheit der armen Bergbewohner ließe sich auch von Institutionen wie einer Junta nicht zähmen.[227] Der Ursprung der Guerilla sind für von Brandt von Rache und Beutesucht getriebene Räuberbanden, deren von ihm als *Chefs* titulierten Anführern es nur um ihre persönlichen Interessen gegangen sei. Die von ihm auch als *Banden* oder *Haufen* bezeichneten Guerilla hätten sich schnell in eine „monströse Copie des Soldatenhandwerks"[228] gewandelt. Dass sich viele Guerilleros wie Räuber verhielten und damit einen Teil der Gewaltspirale dieses Krieges bildeten, findet sich auch in anderen Berichten und deckt sich mit neueren Forschungsergebnissen.[229] Von Brandts

---

222   Vgl.: [Schümberg]: Erinnerungen, S. 50, 173-174, 214-215; Holzenthal: Briefe, in: Journal für die neuesten Land- und Seereisen 24, H. 9 (1816), S. 75-76; Knauth: Tagebuch des Majors Knauth, o. J., LATh-StA Gotha, Geheimes Archiv WW VII r Nr. 62, Fol. 35 VS, 43 RS-44 VS.

223   Pelizaeus: Radikalisierung des Krieges, S. 212.

224   Vgl.: Brandt: Ueber Spanien, S. 57-75, 137-158.

225   Vgl.: ebd., S. 57-75.

226   Vgl.: ebd., S. 58-60.

227   Vgl.: ebd., S. 61.

228   Ebd., S. 65.

229   Vgl. z. B.: [Schümberg]: Erinnerungen, S. 27; La Parra López (Hg.): Actores de la Guerra; Martínez Laínez: Como lobos hambrientos; Esdaile: Fighting Napoleon.

Ausführungen über bereits früher in Spanien verbreitete Räuberbanden ent-
behren nicht jeglicher Grundlage. Die von ihm konstruierte Kausalkette zu
Entstehung, Motivation und Agieren der Guerilla zeugt jedoch von einer ver-
einfachten, wichtige Zusammenhänge ignorierenden Darstellung.

Auf das in Spanien bis in die ländliche Gesellschaft reichende Klientelsystem
wurde bereits hingewiesen. Familienverbände kontrollierten die Ämterver-
gabe ganzer Regionen und schlossen damit andere Interessengruppen vom
Zugang zu den vorhandenen Ressourcen aus.[230] Das zog die Suche nach
anderen Einkommensmöglichkeiten nach sich, die sich besonders in Küsten-
regionen z. B. im Schmuggel fanden. Von staatlicher Seite konnten dem und
den in diesem Zusammenhang zunehmenden Überfällen auf den Straßen mit
dem Niedergang der habsburgischen Macht weder Einhalt noch wirtschaftliche Alternativen geboten werden, die andere Einkommensmöglichkeiten
geschaffen hätten.[231] Mit dem daraus resultierenden Phänomen der allgegenwärtigen Räuberbanden werden auch von Brandt und andere Kriegsteilnehmer
konfrontiert.[232] Allerdings muss der Begriff *Bande* hier genauer hinterfragt
werden. Sowohl Räuber als auch Schmuggler waren in Spanien in sogenannten
bandos organisiert, was einem Familien- und Clansystem entspricht.[233] Die
von den einflussreichen Familienverbänden Ausgeschlossenen schufen also
ihrerseits ein Klientelsystem, das auf absoluter Loyalität beruhte und mit
dessen Hilfe man in der Lage war, Einfluss auf die Bevölkerung und lokale
Autoritäten zu nehmen. Unter Joseph Bonaparte versuchte man konsequenter
als zuvor, gegen die *bandos* vorzugehen, was deren entschiedenen Widerstand
zur Folge hatte.[234] Die unter Bonapartes Herrschaft in Spanien eingeführte
Wehrpflicht führte dazu, dass viele Männer (gerade aus Gegenden, die zuvor
Privilegien genossen hatten) vor, während oder nach ihrer Ausbildung zu den
bandos flüchteten, um dem Dienst zu entgehen.[235] Dadurch erhielten die
Clans Zugang zu militärisch-taktischem Wissen, das sie für ihre Operationen
nutzten. Die auch in den Zeugnissen geschilderten Verheerungen des Krieges
veranlassten zudem zahlreiche Spanier, sich den *bandos* anzuschließen,
um überleben zu können. Die Guerilla, die ihren Ursprung also oft in den
bandos hatten, behielten deren Organisationsstruktur bei, hatten in der
neuen, ihren Bewegungsspielraum einschränkenden staatlichen Autorität ein

---

230 Vgl.: Pelizaeus: Mobilisierung, S. 269.
231 Vgl.: ebd.
232 Vgl. z. B.: o.V.: Briefe aus Spanien, in: Fackeln 1, H. 1 (1811), S. 25-29; Brandt: Ueber
     Spanien, S. 58-59, 62-65; [Schümberg]: Erinnerungen, S. 27, 107.
233 Vgl.: Pelizaeus: Radikalisierung des Krieges, S. 215-18; Pelizaeus: Mobilisierung, S. 270.
234 Vgl.: Pelizaeus: Mobilisierung, S. 270.
235 Vgl.: ebd.

klares Feindbild und einen kriegsbedingt hohen Zulauf an Freiwilligen. Insbesondere in der französischen Propaganda wurde immer wieder betont, dass es sich bei den Guerilla um Räuber und Schmuggler handele,[236] also um einen Personenkreis, der außerhalb oder am Rande der Gesellschaft stand. Einige Verfasser, besonders von Brandt, bedienen dieses Bild und entsprechen damit der französischen Deutung. Andere unterscheiden zwischen verschiedenen Gruppen der Guerilla. So fasst z. B. Geißler die besonders grausam Agierenden unter den Begriff *Brigands*.[237]

Neben den durchaus existierenden Guerilleros, deren Verhalten eher an das von Räubern erinnerte, gab es jedoch auch andere Gruppen, die sich erst durch den Krieg bildeten und zum Zweck der Selbstverteidigung zu den gefürchteten Kämpfern wurden:

> Die Anfangs rohen Haufen der fanatischen Bauern hatten, durch der Gefangenschaft entsprungene Soldaten der zerstreuten Linientruppen verstärkt, mehr militärischen Geist erhalten; die stete Notwendigkeit, sich gegen die Ueberfälle des rastlosen Feindes zu sichern, ihn durch List zu besiegen, wo die Stärke es nicht vermochte, hatten sie mit den Gefahren vertrauter gemacht, und ihnen in der Führung des kleinen Kriegs, wozu ihnen der bekannte Boden die trefflichste Gelegenheit darbot, eine Uebung verschafft, die ihnen manchen beträchtlichen Vortheil erringen half.[238]

Teile des spanischen Militärs, die Widerstand geleistet hatten und in Kämpfen zersprengt worden waren, schlossen sich den Guerilla an, wodurch sich deren militärische Schlagkraft erhöhte. Auch aus der Gefangenschaft entkommene spanische Soldaten suchten, wie Volgmann bemerkt, den Weg zum Widerstand, den er als „Insurgentenkrieg"[239] bezeichnet. Die ehemaligen Militärangehörigen konnten nicht nur wichtiges Wissen für das Führen des kleinen Krieges vermitteln, sondern auch die Organisationsstruktur und das Agieren dieser Gruppen verändern. Aus den „Haufen"[240], wie sie Volgmann, aber auch andere Kriegsteilnehmer, bezeichnen, konnten auf diese Weise gut organisierte paramilitärische Einheiten werden, deren gezieltes Vorgehen für die napoleonischen Truppen besonders gefährlich war. Unter den Anführern der Guerilla, die sich vor allem aus den unteren Bevölkerungsschichten rekrutierten, fanden sich ehemalige Offiziere wie z. B. Juan Díaz

---

236   Vgl.: Schmidt: Guerrillero, in: GG 29, H. 2 (2003), S. 174.
237   Vgl.: Geißler: Denkwürdigkeiten (1830), S. 72.
238   Volgmann: Wanderungen, in: Minerva 95, H. 3 (1815), S. 32-33.
239   Ebd., S. 32.
240   Ebd. Zur Bedeutung des Terminus' *Haufen* im Sinne vom hier von Volgmann gebrauchten Begriff *Volkshaufen* siehe Kapitel 5.4.

Porlier (1788-1815, genannt *El Marquesito*) oder der aus besseren Verhältnissen stammende Juan Martín Díaz (1775-1825, genannt *El Empecinado*), aber
auch Geistliche wie z. B. Jerónimo Merino Cob (1769-1844, genannt *El Cura
Merino*).[241] Juan Martín Díaz z. B. stützte sich bei Aufbau und Organisation
seiner Guerilla auf ihm vertraute familiäre und freundschaftliche Klientel-
systeme.[242] Die Sozialisation der einzelnen Anführer bestimmte nicht nur
deren persönliches Verhalten, sondern auch das Vorgehen der von ihnen
angeführten Guerilla-Einheiten.

Verfasser wie Schümberg und von Brandt, aber auch der auf britischer
Seite dienende Heusinger verwenden in Bezug auf Guerilla-Anführer auch
die Bezeichnung „Häuptlinge"[243] und bedienen sich damit der bereits damals
gängigen Bezeichnung für Oberhäupter von Stämmen amerikanischer Ureinwohner.[244] Seit dem 18. Jahrhundert gab es im deutschsprachigen Raum sowohl
in der Wissenschaft als auch in der breiten Öffentlichkeit großes Interesse an
den sogenannten Indianern in Nordamerika, was von entsprechenden Bild-
und Textdarstellungen genährt wurde. Sowohl wissenschaftliche als auch für
die allgemeine Öffentlichkeit bestimmte diesbezügliche Abbildungen ähnelten
sich zu diesem Zeitpunkt, wie Albert Ottenbacher feststellt.[245] Das Bild des
Indianers ist „von Beginn an [...] Konstruktion des Fremden, der während
der sogenannten Eroberung des Westens Teil der imaginären Kartografie
wurde"[246]. Im gleichen Maße, wie die indigene Bevölkerung Nordamerikas
abnahm, wuchsen das mediale Interesse und die Zahl der Publikationen zu
diesem Thema.[247] Der Begriff *Häuptling* wurde dabei mit den Anführern der
Ureinwohner Nordamerikas assoziiert, deren Fremdheit einigen Verfassern

---

241 Vgl.: Schmidt: Guerrillero, in: GG 29, H. 2 (2003), S. 174-175. Geißler, Schümberg und von
    Brandt erwähnen verschiedene Guerilla-Anführer, die sowohl aus dem Militär als auch
    aus dem Klerus stammten. Schümberg geht u. a. auf Empecinado und Marquesito etwas
    genauer ein. Vgl.: [Schümberg]: Erinnerungen, S. 101-119; Brandt: Ueber Spanien, S. 107;
    Geißler: Denkwürdigkeiten (1830), S. 126-127 (Fußnote **), 133-134. Zu Merino, der
    besonders während der Diktatur Francos instrumentalisiert wurde, siehe: Aranda Aznar:
    Merino.
242 Zu Juan Martín Díaz siehe: de Lera, Angel María: Der ewige Rebell. Juan Martín Díaz, el
    empecinado, in: Merian. Die Lust am Reisen 18, H. 1 (1965), S. 68-70.
243 Brandt: Ueber Spanien, S. 158. Vgl.: [Schümberg]: Erinnerungen, S. 40-41, 54, 103.
244 Vgl. z. B.: Brandt: Ueber Spanien, S. 158; Heusinger: Ansichten, Beobachtung und
    Erfahrungen, S. 128.
245 Vgl.: Ottenbacher, Albert: Das öffentliche Bild des Indianers. Eine kleine Genealogie eines
    auch heute noch virulenten medialen Images, in: Englhart u. a. (Hg.): Die Öffentlichkeit
    des Fremden. Inszenierungen kultureller Alterität im langen 19. Jahrhundert (Kultur-
    geschichtliche Perspektiven, Bd. 7). Berlin 2010, S. 197.
246 Ebd., S. 193.
247 Vgl.: ebd.

der hier untersuchten Berichte auch auf die für sie so andersartigen Guerilla-
Anführer und ihre Anhänger zuzutreffen schien. Diese Verbindung macht
ersichtlich, dass der Guerillero – ähnlich wie die als Indianer Bezeichneten –
das Potenzial zur Konstruktion des Fremden barg, das in der Literatur ausgebaut werden und die Fantasie des Einzelnen beflügeln konnte. Übertragen
werden nicht nur das mit Fremdheit gleichgesetzte Andere, sondern auch die
den amerikanischen Ureinwohnern zugeschriebenen Attribute, demzufolge
sie wild, unaufgeklärt, ungläubig, unrein und insgesamt unwissend seien. Die
Verfasser greifen so abermals auf damals aktuelle stereotype Vorstellungen
zurück, um dem Leser ihre Eindrücke von den Guerilla und dem fremden
Land zu verdeutlichen, in dem sie ihren Dienst geleistet hatten. Der Begriff
Häuptlinge impliziert zugleich eine Vielzahl von Anführern, die – ähnlich wie
bei den verschiedenen Stämmen Nordamerikas – auch miteinander im Krieg
liegen konnten. Die Guerilla stellten somit keine Einheit dar, sondern waren
untereinander zerstritten und kämpften – dem Gedanken folgend – nicht für
das Vaterland, sondern in erster Linie für ihre eigenen Interessen. Das schließt
die Vereinnahmung kleinerer Gruppen durch größere ebenso ein wie die
Zusammenarbeit verschiedener Einheiten, die sich dann die Beute teilten.[248]
Auch die uneingeschränkte Macht, die ein Anführer über seine Anhänger
hatte, ist dem Wort *Häuptling* immanent. Im Falle größerer Guerilla-Gruppen
verwendet z. B. Schümberg außerdem die Bezeichnung „Unterhäuptlinge"[249],
womit er der von ihm gewählten sprachlichen Ordnungsstruktur folgt.
Während Betitelungen wie Guerillahäuptling bei ihm an die Nähe zwischen
Indianern und Guerilla erinnern,[250] stellt von Brandt einen direkten Bezug
zu den Indigenen in Amerika her. Ihm zufolge „nahm der Guerilla-Krieg in
Navarra jenen blutigen Charakter an, der die sonst hochherzigen Gebirgs-
Bewohner zu Irokesen herabwürdigte."[251] Irokesen standen im Ruf äußerster
Brutalität im Kampf gegen ihre Feinde, worauf von Brandt offensichtlich
rekurriert, aber auch für ausgeprägte Freiheitsliebe. Nicht umsonst galten ihre
Grundsätze und Konföderationsmodelle[252] als Inspiration für die Verfassung

---

248   Vgl. z. B.: Brandt: Ueber Spanien, S. 148; [Schümberg]: Erinnerungen, S. 41-42, 54-55.
249   [Schümberg]: Erinnerungen, S. 106.
250   Vgl.: ebd., S. 113.
251   Brandt: Ueber Spanien, S. 148.
252   Über den Zusammenschluss zu Konföderationen versuchten verschiedene Stämme, ihre
      Unabhängigkeit zu wahren. Nach außen hin traten sie gemeinsam auf, um ihrer Stimme
      gegenüber den Kolonisten mehr Gewicht zu verleihen. Dazu siehe: Wagner, Thomas:
      Irokesen und Demokratie. Ein Beitrag zu Soziologie interkultureller Kommunikation.
      (Kulturelle Identität und politische Selbstbestimmung in der Weltgesellschaft, Bd. 10).
      Münster 2004.

der Vereinigten Staaten und beeinflussten Herder in seinen zwischen 1793 und 1797 veröffentlichten *Briefen zu Beförderung der Humanität*.[253] Die Kombination aus Grausamkeit und Streben nach Freiheit, die sich im deutschsprachigen Raum mit dem Begriff des Irokesen verband, schien von Brandt offensichtlich die treffendste Charakteristik für die Methoden der Guerilla in den Auseinandersetzungen von Navarra zu sein. Dass er die spanischen Gebirgsbewohner in diesem Zusammenhang als „sonst hochherzig"[254] darstellt, widerspricht den anderweitig in seinem Zeugnis getroffenen Einschätzungen. Da bergen sie grundsätzlich ein besonderes Gefahrenpotenzial. Im Kapitel über die beiden Guerilla-Anführer Martín Javier Mina y Larrea (1789-1817) und Francisco Espoz y Mina (1781-1836) aber wird Letzterer von von Brandt für die brutale Kriegsführung in der Region Navarra verantwortlich gemacht. Die Art des Vorgehens der Guerilla – und damit in diesem Fall auch der Bergbewohner – hing aus seiner Perspektive vom jeweiligen Anführer ab. Abweichend von seinem sonst stilisierten Spanier-Bild, nach dem dessen Wildheit dem Klima und der Region entspränge, kommt diese Eigenheit hier erst durch falsche Führung zum Tragen. Der Spanier an sich schien demnach gar nicht so gewaltbereit zu sein. Die unter dem Guerilla-Anführer Francisco Espoz y Mina geübte Brutalität hätte sich auch gegen spanische Gutsbesitzer gerichtet. Das macht Mina, der selbst aus bäuerlichen Verhältnissen stammte, in von Brandts Darstellung zu einem Anführer, dem es um Rache bzw. um das Aufbegehren gegen seine sozial benachteiligte Stellung ging, der also gegen das gesellschaftliche System opponierte. Sein Vorgehen beschreibt von Brandt im Weiteren sogar als „Terrorismus"[255]. Minas Angriffe auf bestehende Strukturen waren für ihn so umfassend, dass er darin die Aufrechterhaltung des Gesellschaftssystems gefährdet sah. Die Verwendung dieses Begriffs in seiner Darstellung unterstreicht seine Aussage, dass Minas brutales Vorgehen – auch gegenüber französischen Kriegsgefangenen – eine Versöhnung unmöglich machen würde.[256] Das Agieren der napoleonischen Truppen – und damit auch sein eigenes – erscheinen so nur als Reaktion auf verübte Grausamkeit. Die Schuld liegt für ihn auf spanischer Seite, wenn hier auch nach Akteursgruppen differenziert. Dementsprechend betiteln von Brandt und auch andere Verfasser die Guerilla klar als Feind.[257]

---

253 Siehe dazu: Stuart, Alan/Kasprycki, Sylvia S. (Hg.): Auf den Spuren der Irokesen. Berlin 2013; Herder, Johann Gottfried von: Briefe zu Beförderung der Humanität. Bd. 1-10. Riga 1793-1797.
254 Brandt: Ueber Spanien, S. 148.
255 Ebd.
256 Vgl.: ebd., S. 147.
257 Vgl.: z. B.: ebd., S. 71; Volgmann: Wanderungen, in: Minerva 95, H. 3 (1815), S. 15.

Anders verhält es sich bei Heusinger und Hering. In britischen Diensten stehend, betrachteten sie die „Franzosen"[258] als Feind, was auf französischer Seite kämpfende Kriegsteilnehmer aus anderen Ländern einschloss.[259] Ihre Einschätzung des spanischen Widerstands und spanischer Einheiten bestätigt die bereits beschriebenen Probleme der Zusammenarbeit zwischen britischen Truppen und Guerilla und ist – z. B. in Heusingers Bericht – keineswegs durchweg positiv, obwohl sie Verbündete im Kampf gegen die napoleonischen Truppen waren.[260] Umso interessanter ist seine auf persönlichen Begegnungen beruhende differenzierte Darstellung, die ein vielschichtigeres Bild zeichnet. So berichtet er ausführlich über José Manso y Sola (1785-1863)[261], mit dem er im Rahmen seines Dienstes in Kontakt gekommen wäre. Er wird von Heusinger als ein besonders mutig, listig und schnell operierender Guerillero beschrieben, voller Patriotismus, aber dennoch ernst und freundlich.[262] Besonders seine Gefangenen hätte er gut behandelt,[263] was in den Berichten als Kriterium für ehrenvolles und mildtätiges Verhalten gilt. Bezeichnet Heusinger ihn als „Häuptling"[264], so im Sinne eines großen, unerschrockenen Kriegers, der in unwirtlichem Terrain zu agieren in der Lage war.

Angesichts der Tatsache, dass die auf napoleonischer Seite kämpfenden Kriegsteilnehmer überall auf Widerstand treffen und von ihm umgeben sein konnten, so erstaunt es doch, dass der Begriff *Feind* überwiegend für die Guerilla und für Gegner in militärischen Auseinandersetzungen genutzt wird. Schümberg und von Brand fassen den Begriff in den Regionen weiter, wo der Widerstand und die Aktivitäten der Guerilla für sie besonders unbarmherzig waren.[265] Allerdings ist dieses Feindbild nicht einheitlich. Es weist Brüche auf und konnte sich sogar, wie bei Schümberg, auf die Landschaft übertragen: Allein die Beschaffenheit des Landes stellte für ihn einen

---

258 Heusinger: Ansichten, Beobachtung und Erfahrungen, S. 7.

259 Vgl. z. B.: ebd., S. 5-7, 81; [Hering]: Erinnerungen, S. 234-235.

260 Vgl. z. B.: Heusinger: Ansichten, Beobachtung und Erfahrungen, S. 81; [Hering]: Erinnerungen, S. 235, 238.

261 Das von Heusinger in der Fußnote angegebene Geburtsdatum José Manso y Solas entspricht nicht den Tatsachen. José Manso y Sola wurde 1785 geboren, hatte vor dem Krieg in einer Mühle in Barcelona gearbeitet und sich 1808 in der Nähe von Borreda einer Miliz angeschlossen. Nachdem diese bei Rosas besiegt wurde, konnte er verwundet entkommen und operierte als unabhängiger Guerillero. Später wurde er Brigade-General. Vgl.: Heusinger: Ansichten, Beobachtung und Erfahrungen, S. 130 (Fußnote *); Chartrand: Spanish Guerrillas, S. 23.

262 Vgl.: Heusinger: Ansichten, Beobachtung und Erfahrungen, S. 128-131.

263 Vgl.: ebd.

264 Ebd., S. 128.

265 Vgl. z. B.: [Schümberg]: Erinnerungen, S. 76-81; Brandt: Ueber Spanien, S. 10.

natürlich gegebenen Feind dar.[266] In Bezug auf die Guerilla werden die Brüche in Schümbergs Feindbild in der Darstellung des Francisco Espoz y Mina deutlich. In den Kämpfen bei Estella hätte er Heldenmut bewiesen, der den Franzosen Ehrfurcht und hohe Opferzahlen zu dessen Bekämpfung abverlangt hätte.[267] Schümberg widmet sich diesem Guerillero ausführlich und ist (ähnlich wie von Brandt,[268] jedoch mit anderen Konnotationen) bemüht, dessen Werdegang in die Beschreibung einzubeziehen.[269] Er stütze sich dabei nicht nur auf Aussagen seiner Anhänger, die er hart habe verhören müssen, um Informationen zu erhalten (in dieser beiläufigen Bemerkung wird hier das harte Vorgehen gegen die Guerilla deutlich, an dem die Verfasser oft aktiv beteiligt waren, was sie in der Regel ausblenden oder nicht weiter thematisieren). In seiner Einschätzung beruft sich Schümberg auch auf eine persönliche Begegnung mit Mina, als der nach der Rückkehr Ferdinands vorübergehend in Frankreich im Exil lebte.[270] Wie die Kommunikation verlaufen ist, erschließt sich nicht vollständig: Schümberg verweist in diesem Zusammenhang auf Minas geringe Französischkenntnisse, auch des Spanischen sei er nur unzureichend mächtig gewesen und hätte sich vor allem in seinem regionalen Dialekt verständigt.[271] Schümberg charakterisiert ihn als verwegenen, räuberischen, zerstörerischen, falschen und habsüchtigen Menschen, der sich auch an Landsleuten vergangen, aber Gefangene menschenfreundlich behandelt habe.[272] Schümberg führt im Weiteren unterschiedliche Guerilla-Führer auf und charakterisiert sie kurz. Dabei vermerkt er für ihn sowohl positive als auch negative Eigenschaften dieser Anführer.[273] Mehreren bescheinigt er Mut im Kampf gegen die Herr-

---

266 Vgl.: [Schümberg]: Erinnerungen, S. 229.

267 Vgl.: ebd., S. 81.

268 Vgl.: Brandt: Ueber Spanien, S. 146-158.

269 Vgl.: [Schümberg]: Erinnerungen, S. 101-109.

270 Vgl.: ebd.

271 Vgl.: ebd., S. 102.

272 Vgl.: ebd., S. 104-107. Eine gute Behandlung von Gefangenen war keinesfalls selbstverständlich, was sich z. B. im Zeugnis von von Holzing zeigt, der während seiner Gefangenschaft bei den Spaniern Misshandlungen ausgesetzt war und auch bei anderen beobachtete. Das von Holzenthal erwähnte Eingreifen der Briten als Schutzmacht für gefangene Angehörige der napoleonischen Truppen verweist auf das allgegenwärtige Gewaltpotenzial und die Aggression in der spanischen Bevölkerung. Der Verfasser der *Briefe aus Spanien* verweist darauf, dass die Behandlung der Gefangenen auf napoleonischer Seite – je nach ihrer Herkunft – sehr unterschiedlich sein konnte. So wären englische und portugiesische Gefangene recht mild, spanische hingegen sehr hart behandelt worden. Vgl.: Holzing: Meine Gefangennehmung (1824), S. 60; Holzenthal: Briefe, in: Journal für die neuesten Land- und Seereisen 24, H. 9 (1816), S. 85; o.V.: Briefe aus Spanien, in: Fackeln 1, H. 1 (1811), S. 93.

273 Vgl.: [Schümberg]: Erinnerungen, S. 109-112.

schaft Bonapartes und dass sie zu Recht von den Spaniern verehrt würden.[274] Besonders interessant ist die Bewertung des jungen Mina, also Martín Javier Mina y Larrea (genannt *El Estudiante*), den Schümberg als „heldenmüthigen Verteidiger Zaragossas"[275] bezeichnet. Der habe seine Kämpfer diszipliniert und auf ihr Benehmen geachtet.[276] Selbst von Brandt beschreibt den jungen Mina als mutig und definiert an seinem Beispiel die Eigenschaften eines für ihn positiven Guerilleros.[277] „Er vereinte alle Tugenden eines Guerilla-Cheffs in einem hohen Grade in sich. Unermüdlich, brav, uneigennützig, verschwiegen, schlau, und dabei voll ritterlicher Gesinnungen [...]"[278]. Es gab also auch für von Brandt Guerilleros, denen er aufgrund ihres Verhaltens und Erfolgs trotz Gegnerschaft nicht vollkommen ablehnend gegenüber stand. Der positive Guerillero wird bei ihm zum Prototyp eines Kämpfers, der eine Vorbildfunktion hatte und sich an im 19. Jahrhundert imaginiertem Rittertum orientierte.

Bei genauer Lektüre findet sich in von Brandts Zeugnis auch eine Einschränkung in der sonst eindeutigen Schuldzuweisung für die ausufernde Gewalt. Neben dem Gewaltpotenzial, das durch die bereits erwähnte falsche Kontrolle der Ressourcen entstanden wäre, sei es auch das Vorgehen namentlich der Franzosen gegen den anfänglichen Widerstand gewesen, das den Guerilla weiteren Zulauf verschafft hätte. So wären von französischer Seite u. a. mehrere Kolonnen zur Verfolgung der ersten Aufständischen entsandt worden, um ihrer habhaft zu werden.[279] Diese Kolonnen hätten jedoch oft die Lebensgrundlage der Bevölkerung zerstört, sich an Frauen und Kindern vergangen und heilige Stätten geschändet.[280] Dadurch habe man die Bevölkerung förmlich in die Arme der Widerständler getrieben.[281] Ein klares Feindbild sei entstanden und das Ansehen des neuen Herrschers stark beschädigt worden. Das Vorgehen der Kriegspartei, der von Brandt angehörte, war also selbst aus seiner Perspektive mitverantwortlich für die starke Gegenwehr, was ihn allerdings nicht von seiner prinzipiellen Schuldzuweisung an die spanische Seite abrücken lässt. Als Erklärung für das Verhalten der französischen Seite zieht er erneut stereotype Zuschreibungen heran, die sich bereits in den Völkertafeln finden lassen. Fehlverhalten wird ausschließlich den Franzosen angelastet. Auf napoleonischer Seite kämpfende Kriegsteilnehmer aus anderen

---

274   Vgl.: ebd., S. 84-85.
275   Ebd., S. 85.
276   Vgl.: ebd., S. 109.
277   Vgl.: Brandt: Ueber Spanien, S. 148.
278   Ebd., S. 146.
279   Vgl.: ebd., S. 107-108.
280   Vgl.: ebd., S. 108.
281   Vgl.: ebd.

Ländern und deren Verhalten – inklusive sein eigenes – werden ausgeblendet.
Dass besagte Franzosen die Ruhe in Spanien nicht aufrechterhalten konnten,
hätte an „der ihnen angebornen Sorglosigkeit"[282] gelegen. Dieses ihnen von
von Brandt zugeschriebene Defizit per Geburt scheint unabänderlich, was an
die Problematik der Erbsünde erinnert. Schümberg hingegen konstatiert eine
gewisse Leichtfertigkeit der Franzosen, die er vor allem auf deren Umgang mit
Sexualität und die damit einhergehende Anfälligkeit für Geschlechtskrank-
heiten zurückführt.[283] Von Brandts Perspektive folgend, wäre der eigentliche
Grund für die Niederlage Napoleons in Spanien – und im Nachgang betrachtet,
in ganz Europa – nicht vornehmlich in der Vorgehensweise, sondern in den aus
Frankreich stammenden Menschen zu suchen, denn allen Franzosen würde
ja dieses Fehlverhalten innewohnen. Darunter hätten alle anderen, die mit
ihnen kämpften – einschließlich von Brandt – gelitten. Das den Franzosen
zugeschriebene Verhalten wertet die spanische Seite in gewisser Weise auf.
Einige Seiten später erwähnt von Brandt, dass es die Spanier selbst in den
„wildesten Gegenden selten bis zur Extremität kommen lassen"[284]. Liest man
sein Zeugnis also genauer und fügt die vereinzelt eingestreuten Komponenten
zusammen, wird bei aller Ablehnung des spanischen Widerstands eigentlich
Frankreich zum Verursacher der Gewaltspirale auf der Iberischen Halbinsel.
Die Schuldzuweisungen von Brandts sind breit gefächert, verfolgen aber das
gleiche Ziel: sich selbst schuldfrei darzustellen. Darüber hinaus entwickelt er
in der Retrospektive Strategien, wie man der Spanier künftig doch noch Herr
werden könne. Dazu gibt er sechs Kriterien vor, nach denen entsprechende
Informationen über jede Region gesammelt und ausgewertet werden sollten –
damit man wisse, auf wen man treffe und wie man sein Vorgehen am besten
plane.[285] Sie zielen auf sozialstrukturellen und taktischen Informationsgewinn, auf Grund dessen sich die Zusammenarbeit der Bevölkerung mit den
Guerilla ablesen und deren Anführer identifizieren und dingfest machen lassen
würden. Das Beachten seiner Kriterien sollte den Befehlshabern militärischer
Einheiten bei zukünftigen Einsätzen vor Ort ein strukturiertes Vorgehen
ermöglichen, das von Brandt während seines Spanieneinsatzes offenbar nicht
vorgefunden hatte.

Die Guerilla ihrerseits waren während der Auseinandersetzungen bemüht,
möglichst viele Überläufer zu gewinnen – und wie u. a. Volgmann bemerkt,

---

282 Ebd., S. 109.
283 Vgl.: [Schümberg]: Erinnerungen, S. 10.
284 Brandt: Ueber Spanien, S. 119.
285 Vgl.: ebd., S. 122.

habe es auf napoleonischer Seite tatsächlich viele davon gegeben.[286] Die Gründe waren vielfältig: von der Abneigung gegen den Waffendienst im fremden Land bis zur Hoffnung auf bessere Versorgung. Volgmann führt auch „Beutesucht"[287] an, die einige bei den Räuberischen unter den Guerilleros offenbar besser ausleben zu können glaubten. Möglicherweise war das aber auch nur ein von Volgmann vorgeschobener Grund, der das Verhalten der Deserteure auf niedere Beweggründe reduzieren sollte. Heusinger erwähnt einen Spanier, der in französischen Diensten unter Marschall Louis Gabriel Suchet (1770-1826)[288] mehrfach bei Beförderungen übergangen worden wäre und daher die Seiten gewechselt hätte.[289] Geißler vermerkt hohe Desertions-raten bei Hostalric und führt dabei besonders ein deutschsprachiges Kontin-gent an.[290] Als Ursache sieht er Flugschriften, die diese Kriegsteilnehmer zur Desertion ermutigt hätten.[291] Während sich bei Geißler keine näheren Angaben zum Inhalt der Flugschriften finden, hilft hier das Zeugnis von Schümberg weiter. Er verweist auf Propagandamaterial des Guerilleros Francisco Espoz y Mina, in dem Kriegsteilnehmer zur Desertion animiert werden sollten:

> Mir selbst fiel einst [...] eine dergleichen in die Hände, welche naiv genug die Phrase mugercittas tenemos en abondancia (der holden Weibchen haben wir in Menge) enthielt. Gute Löhnung, doppelte Rationen von Wein, Brod und Fleisch, und Antheil an der Beute, waren die Lockpreise der Proklamationen, welche seine geheimen Agenten, um unsre Soldaten zur Desertion zu verleiten, geschickt vertheilten.[292]

Die häufig schwierige Versorgungssituation der napoleonischen Truppen wurde gezielt genutzt, um ihre Reihen durch Desertion zahlenmäßig zu schwächen. Oft aber bedurfte es gar keiner derartigen Agitation und es war allein der Hunger, der zu höheren Desertionsraten führte. So vermerkt Hering

---

286 Vgl.: Volgmann: Wanderungen, in: Minerva 95, H. 3 (1815), S. 33; siehe dazu auch: Schmidt: Guerrillero, in: GG 29, H. 2 (2003), S. 161-190.

287 Vgl.: Volgmann: Wanderungen, in: Minerva 95, H. 3 (1815), S. 33.

288 Louis Gabriel Suchet, 1792 als Freiwilliger in die Lyoner Nationalgarde eingetreten, wurde 1797 zum Brigadegeneral und 1798 zum Divisionsgeneral befördert. Er kam u. a. in Italien, Österreich und Preußen zum Einsatz, bevor er Ende 1808 nach Spanien versetzt wurde. Nach der erfolgreichen Belagerung Saragossas wurde er in den Grafenstand erhoben. 1811 erwarb er den Marschallstab und schloss 1814 nach seiner Rückkehr nach Frankreich einen Waffenstillstand mit Wellington. Zu Suchet siehe: Hulot, Frédéric: Le maréchal Suchet. Paris 2009.

289 Vgl.: Heusinger: Ansichten, Beobachtung und Erfahrungen, S. 178.

290 Vgl.: Geißler: Denkwürdigkeiten (1830), S. 167.

291 Vgl.: ebd.

292 [Schümberg]: Erinnerungen, S. 106-107.

z. B., dass viele Angehörige der napoleonischen Truppen in Portugal auf die britische Seite wechselten, weil sie auf eine bessere Versorgung hofften.[293]

Ein weiterer Grund für das Interesse der Guerilla an Deserteuren bestand in deren allgemeinen und spezifischen militärischen Kenntnissen. Von Brandt verweist auf ein Gerücht, nach dem sich zwei isenburgische Offiziere den Guerilla um Mina angeschlossen und großen Anteil an deren Erfolgen gehabt haben sollen.[294] Auch Schümberg schreibt, dass unter den zahlreichen desertierten Kriegsteilnehmern verschiedener Herkunft, die sich Mina angeschlossen hätten, auch Isenburger gewesen sein sollen.[295] Für Volgmann sind Überläufer „die gefährlichsten Feinde, ihrer früher von ihnen vertheidigten Partei"[296]. Außer ihrem militärtaktischen Wissen war den Guerilla auch ihre Sprachkompetenz von Nutzen. In den *bandos* vollzog sich in der Zeit des spanischen Unabhängigkeitskriegs ein zum Teil massiver Wandel, der sie oft zu gut organisierten Einheiten mit militärischen Kenntnissen werden ließ. Dennoch blieb es bei ihrer von Klientelverbindungen bestimmten Struktur, infolgedessen ihr Operationsraum meist auf eine bestimmte Region begrenzt blieb. Das bestätigt sich z. B. bei Martínez Laínez, der sich in seiner Publikation mit den regional verschiedenen Guerillaverbänden und ihren Methoden beschäftigt.[297] Flores del Manzano wiederum gibt einen Einblick in die Strukturen und das unterschiedliche Agieren der Guerilleros am Beispiel der Estremadura.[298]

Die Operationsräume der Guerilla fanden aber nicht nur im Einflussbereich des jeweiligen Klientelsystems ihre Grenzen. Sie endeten auch in den von adligen Clans bzw. von Ortsnotablen kontrollierten Regionen, die, wie bereits bemerkt, eigene Verbände im Kampf gegen die napoleonischen Truppen schufen. Das seit dem Mittelalter sowohl in ländlichen Regionen als auch von den Städten ausgehende Milizsystem sowie militärische Orden agierten ebenfalls in ihren heimischen Territorien. Auf Milizen verweist z. B. Geißler in seinem Zeugnis.[299] Obwohl Gebirgsbewohner auch in seinen Augen besonders kriegsliebend wären, hätten die in den Pyrenäen wohnenden Hirten, Jäger und Köhler eine eigene Miliz gebildet, die Reisende und selbst napoleonische Militärangehörige gegen Bezahlung sicher über die Pyrenäen geleiteten. Andere Einheimische hingegen hätten ihre Ortskenntnis genutzt,

---

293 Vgl.: [Hering]: Erinnerungen, S. 370.
294 Vgl.: Brandt: Ueber Spanien, S. 143.
295 Vgl.: [Schümberg]: Erinnerungen, S. 105.
296 Volgmann: Wanderungen, in: Minerva 95, H. 3 (1815), S. 33.
297 Vgl.: Martínez Laínez: Como lobos hambrientos.
298 Vgl.: Flores del Manzano: Guerrilla patriótica.
299 Vgl.: Geißler: Denkwürdigkeiten (1830), S. 125-126.

um in Frankreich „einzufallen"[300]: „Sie gaben wahrscheinlich Veranlassung zur
Entstehung der zahllosen, leicht bewaffneten, aber indisciplinierten Haufen,
die unter der Bennenung Guerilla's so bekannt wurden, und in diesem Kriege
den Spaniern und Engländern, gewöhnlich als Tirailleurs dienten, nicht selten
aber auch eigene Corps bildeten [...]"[301]

Die zahlreichen selbständig und unabhängig voneinander operierenden
Guerillagruppen machten es nicht nur der Junta Central, sondern auch den
regionalen Junten unmöglich, den Widerstand zentral zu lenken.[302] Die
einzige von allen anerkannte Autorität waren die katholische Kirche und
ihre – allerdings ebenfalls lokal agierenden – Geistlichen. Der Klerus wurde
daher, wie Pelizaeus ausführt, zur wichtigsten Trägergruppe der regional
operierenden Guerilla.[303]

Der Versuch Wellingtons, Guerillagruppen in seine Operationen einzubeziehen, gestaltete sich demzufolge ebenfalls oft schwierig. Wellington
beklagte immer wieder die mangelnde Koordination auf spanischer Seite.[304]
Allerdings wären, wie Geißler schreibt, die mit den Briten zusammen-
arbeitenden oder gemeinsam operierenden Guerilla oft nur als Hilfskräfte
betrachtet worden, um die eigene Schlagkraft zahlenmäßig aufzubessern, da
es ihnen sowohl an militärisch-taktischen Kenntnissen als auch an der nötigen
Disziplin gemangelt hätte. Der Anteil der Guerilla am Sieg über Napoleon auf
der Iberischen Halbinsel wird von den Verfassern daher mit unterschiedlicher
Gewichtung verhandelt. Von Brandt schätzt sowohl die Leistung der Guerilla
als auch die der spanischen Armeen, wenn überhaupt, als nur gering ein. Geißler dagegen würdigt den Einsatz der Guerilla im regulären Kampfgeschehen
und anerkennt ihre Erfolge.[305]

Von Brandt sah in der auf britischer Seite geübten Praxis der Einbindung der Guerilla in die eigenen Streitkräfte eine Gefahr. Den Anführern
solcher Gruppen militärische Ränge zu verleihen oder sie gar mit offiziellen
(Montierungen genannten) Uniformen auszustatten, stelle sie mit Militärangehörigen auf eine Stufe.[306] Dadurch würden sie und ihr soziales Ansehen bei
der Bevölkerung aufgewertet und diesen Gruppen insgesamt mehr Gewicht

---

300   Ebd., S. 126.
301   Ebd.
302   Auf die Schwäche der Junta weist auch von Brandt hin: vgl.: Brandt: Ueber Spanien, S. 61,
      63. Dazu siehe weiter: Pelizaeus: Mobilisierung, S. 264-268.
303   Vgl.: Pelizaeus: Mobilisierung, S. 264-265.
304   Vgl.: Schmidt: Guerrillero, in: GG 29, H. 2 (2003), S. 174.
305   Vgl.: Brandt: Ueber Spanien, S. 47, 58; Geißler: Denkwürdigkeiten (1830), S. 126.
306   Vgl.: Brandt: Ueber Spanien, S. 66.

verliehen.[307] Bei Angehörigen der napoleonischen Armeen mit ihren Versorgungsproblemen und Soldausständen, die durchaus elf Monate oder mehr betragen konnten,[308] waren die Uniformen oft so verschlissen, dass man zu anderweitigen Mitteln greifen musste, um sich im Kampfgeschehen als zur gleichen Gruppe zugehörig identifizieren zu können. So bemerkt z. B. Klauß, dass die Truppen bei Murviedo die Anweisung erhalten hätten, sich als Erkennungszeichen ein weißes Tuch um den linken Arm zu binden.[309] Der Anblick spanischer Guerilla in teilweise neuen Waffenröcken dürfte sich unter diesen Umständen nicht unbedingt positiv auf das Selbstwertgefühl der napoleonischen Kriegsteilnehmer ausgewirkt und wie ein Symbol für den Kriegsverlauf gewirkt haben. Für die britische Praxis, Guerilla-Anführer in Offiziersposten zu heben, findet von Brandt erneut eine seiner grundsätzlichen Einschätzung entsprechende Erklärung: Man hätte sich damit die Schwäche der Spanier für soziale Anerkennung zu Nutze gemacht, um ihrer besser Herr zu werden.[310] Für von Brandt war es zwar prinzipiell ein Fehler, dem aus seiner Sicht unrechtmäßigen spanischen Widerstand gegen die Obrigkeit den Weg zu einer Legalisierung zu ebnen. Da es sich jedoch nur um eine Reaktion auf den von ihm festgemachten Charakter der Spanier als einer unverrückbaren Tatsache der spanischen Mentalität gehandelt habe, sind im Grunde erneut die Spanier dafür verantwortlich. Von Brandt betrachtet dieses britische Vorgehen als eine Art von Bestechung und die wiederum als Mittel zur Durchsetzung britischer Interessen – ein Mittel, das er zwar prinzipiell nicht gutheißt, aber in der gegebenen Situation rückblickend akzeptiert.

Das Thema Bestechung wird in den Berichten immer wieder aufgegriffen. Die Verfasser beschäftigt die in Spanien von ihnen beobachtete Bestechlichkeit nicht nur im Zusammenhang mit dem Requisitionssystem, sondern auch bezüglich der für die Kriegführung so wichtigen Informationsgewinnung. Schümberg schildert eine zu diesem Zwecke geschaffene geheime Polizei, um der Zusammenarbeit der Bevölkerung mit den Guerilla etwas entgegensetzen zu können.[311] Die Zuträger dieser Polizei wären wiederum Spanier gewesen.[312] Für Geld hätten sie mündliche oder auch schriftliche Informationen geliefert, die den napoleonischen Truppen mitunter von Nutzen sein konnten, sie aber auch zur Ausfechtung innerspanischer Unstimmigkeiten zu instrumentalisieren versuchten. Unter den Zuträgern hätte sich sogar

---

307   Vgl.: ebd.
308   Vgl.: [Schümberg]: Erinnerungen, S. 37.
309   Vgl.: Klauß: Ich, 1815/1863, Gemeindearchiv Haßloch, Bestand 1 A 1 Nr. 45, Fol. 33.
310   Vgl.: Brandt: Ueber Spanien, S. 67.
311   Vgl.: [Schümberg]: Erinnerungen, S. 131-132.
312   Vgl.: ebd., S. 132.

ein Pater befunden, dem man zwar am wenigsten vertraut, aber am meisten
gezahlt hätte, um sich seine Mitarbeit zu erkaufen.[313] Der Verfasser der *Briefe
aus Spanien* hebt besonders Mönche als Informanten hervor, unter denen es
trotz allen Patriotismus' einige gegeben hätte, die dem Geld verfallen wären
und somit ihr Amt entehrten.[314] Die finanziellen Aufwendungen gegenüber
den auch Spionen genannten Zuträgern richteten sich also nicht nur nach der
Nützlichkeit ihrer Informationen. Bei zu niedrig angesetztem Obolus für den
Informanten musste man damit rechnen, dass die Gegenseite mehr zahlte.
Informationen waren eine Ware, die nicht aus Überzeugung, sondern als Gut
an den Meistbietenden verkauft wurden. Schümberg vermutet im Zusammen-
hang mit dem Diebstahl wichtiger Dokumente, dass einer der angeworbenen
Spione sich von der Gegenseite habe kaufen lassen, was einen Offizier das
Leben gekostet hätte.[315] Allerdings habe sich dieser Offizier – entgegen seiner
Order und mitsamt den Papieren – nachts in die Gesellschaft einer vornehmen
Dame begeben, die kurz darauf mit den Dokumenten verschwunden sei. Diese
Begebenheit bestätigt erneut die von Schümberg vertretene These von der
Leichtfertigkeit französischer Offiziere gegenüber dem weiblichen Geschlecht.
    Doch auch Schümberg selbst war in die Zusammenarbeit mit Informanten
involviert. Um dem Leser seine Situation nahe zu bringen, bemüht er den Ver-
gleich mit Schillers Räuber Moor.[316] Er selbst sieht sich dabei als Moor, der
die eigentlichen Räuber – in seinem Falle also die Spione – befehligt. Die Darstellung verdeutlicht nicht nur sein Selbstverständnis in dieser unfreiwilligen
Rolle, sondern auch seine Ablehnung gegenüber den Informanten. Sowohl
Briten und Spanier als auch die napoleonische Seite nutzten Spione, um an
Informationen zu gelangen.[317] Neben dem immer wieder erwähnten Patriotismus der Spanier und ihrem Drang nach Unabhängigkeit von anderen Ländern
und deren Herrschern erweist sich ein Teil von ihnen in diesem Zusammenhang als käuflich und unaufrichtig. Bestechlichkeit barg daher zwar immer
eine Chance auf Informationsgewinn, aber auch einen Unsicherheitsfaktor.
Erkaufte Informationen konnten stimmen und der jeweiligen Seite helfen
oder sogar Leben retten,[318] sie konnten aber auch täuschen, verunsichern
oder in einen Hinterhalt führen. Informanten konnten überall sein und waren
für die Kriegsteilnehmer unsichtbare Gegner. Allerdings hatte nicht nur die

---

313   Vgl.: ebd.
314   Vgl.: o.V.: Briefe aus Spanien, in: Fackeln 1, H. 1 (1811), S. 20.
315   Vgl.: [Schümberg]: Erinnerungen, S. 134-135.
316   Vgl.: ebd., S. 132-134.
317   Für die britische Seite siehe dazu: McGrigor, Mary: Wellington's Spies. Barnsley 2005.
318   Vgl.: Klauß: Ich, 1815/1863, Gemeindearchiv Haßloch, Bestand 1 A 1 Nr. 45, Fol. 32.

napoleonische, sondern auch die britische Seite mit diesen unsichtbaren Gegnern zu kämpfen.[319]

Die Bezeichnung *Spion* ist in den Berichten ein weit gefasster Begriff. Schümberg verwendet ihn z. B. im Zusammenhang mit Insurgenten.[320] Es wären Spione und geheime Agenten gewesen, die die Situation der Kriegsteilnehmer auf dem Rückweg nach Frankreich ausgenutzt hätten. Angehörige der napoleonischen Armeen mussten bei Grenzübertritt sämtliche von ihnen mitgeführte Munition abgeben. In Kenntnis ihrer schlechten Versorgungssituation hätten Spione sie oft animieren können, ihre Patronen gegen Lebensmittel einzutauschen.[321] Wurden sie anschließend überfallen, konnten sie sich nicht mehr verteidigen. Sinnigerweise wäre es oft ihre eigene Munition gewesen, die die aufständischen Spanier gegen die Kriegsteilnehmer genutzt hätten.[322] Mit dem Begriff Spion wurden in diesem Zusammenhang z. B. auch die Marketender bezeichnet, die den Tausch der Munition gegen Lebensmittel anboten. Den Guerillagruppen wiederum dienten Spione als wichtige Informationsquelle für die Vorbereitung und Durchführung gezielter Überfälle auf Truppen- und Versorgungstransporte.[323]

Die wiederholt thematisierte Bestechlichkeit der Spanier versuchten die Kriegsteilnehmer auch für sich selbst zu nutzen. Von Holzing berichtet, dass einigen gefangenen Offizieren gegen entsprechende Bezahlung die Flucht von Mallorca nach Valencia gelungen wäre.[324] Holzenthal, der mit anderen Gefangenen zu Ostern unter militärischer Bewachung Freigang nach Palma de Mallorca erhalten hatte, hätte sich durch Bestechung der Wachen dort unbeobachtet bewegen können.[325] Schümberg räumt ein, dass Bestechlichkeit auch in der damaligen Zeit kein rein spanisches Problem darstellte, denn „fast in jedem Lande giebt es Schurken, welche man mit Golde erkaufen kann"[326]. Der Unterschied bestand darin, dass die Kriegsteilnehmer in ihren Herkunftsregionen um die Regeln wussten und sich dort relativ sicher in diesem Geflecht bewegen konnten. Anderseits konstatiert Schümberg für Spanier dennoch, „daß ihm seine Ehre, seine Treue für Geld feil ist, ist wohl ein seltener Fall"[327].

---

319 Vgl. z. B.: o.V.: Briefe aus Spanien, in: Fackeln 1, H. 1 (1811), S. 36; [Hering]: Erinnerungen, S. 358.
320 Vgl.: [Schümberg]: Erinnerungen, S. 42-43.
321 Vgl.: ebd.
322 Vgl.: ebd., S. 34.
323 Vgl.: ebd., S. 38-39.
324 Vgl.: Holzing: Meine Gefangennehmung (1824), S. 39.
325 Vgl.: Holzenthal: Briefe, in: Journal für die neuesten Land- und Seereisen 24, H. 10 (1816), S. 113.
326 [Schümberg]: Erinnerungen, S. 132.
327 Vgl.: ebd., S. 230.

Für die napoleonische Seite arbeitende Informanten blieben für ihn daher mit Vorsicht zu behandelnde Personen, da immer die Gefahr der Desinformation bestand. Dass es in Spanien Grenzen der Bestechung gab, offenbarte auch von Brandt. Einer seiner Bemerkungen ist zu entnehmen, dass man das Entstehen der Guerilla von napoleonischer Seite offenbar auch mit Geld zu unterbinden versucht habe.[328] Erst, wenn das nicht funktioniert hätte, wäre man mit Waffen und Männern gegen sie vorgegangen.[329] Angesichts des breiten und ausdauernden Widerstands hatten sich viele Spanier im Kampf gegen die Herrschaft Bonapartes offenbar nicht bestechen lassen, weshalb sich Bestechlichkeit hier nicht, wie im Zusammenhang mit dem Requisitionssystem, als eine in Spanien vorherrschende und ansteckende Krankheit darstellen ließ.

Eine weitere Gruppe, die für und mit den Guerilla arbeitete und sogar selbst solche Gruppen anführten, waren Frauen.[330] Die Verfasser vermerken mehrfach die aktive Beteiligung von Frauen am Widerstand und an militärischen Auseinandersetzungen.[331] Sie halfen bei der Verteidigung von Städten und kämpften selbst mit der Waffe in der Hand.[332] Nach Volgmann wären sie jedoch nicht in das Gesamtgeschehen eingebunden gewesen,[333] sondern hätten je nach Situation unabhängig und nach eigenem Gutdünken agiert – für Volgmann ein Zeichen ihres militärisch-taktischen Unvermögens aufgrund ihres Geschlechts. Frauen werden so zu Fehlgeleiteten, die sich durch den Krieg von ihrer natürlichen Rolle zu ihrem Nachteil entfernt hätten. Für Volgmann machte das offenbar all ihre negativen Eigenschaften sichtbar, die durch den Krieg noch befördert wurden. Nicht umsonst hätten sich gerade Frauen gegenüber den Gefangenen besonders brutal verhalten.[334] Auch Geißler verweist darauf, dass Frauen und Mädchen in ihrer Grausamkeit sogar die härtesten Krieger übertroffen hätten.[335] Auf – möglicherweise kriegsbedingte – Ursachen für dieses Verhalten wird nicht eingegangen. Dennoch kam Volgmann offensichtlich nicht umhin, auf eine Anführerin zu verweisen, die den napoleonischen Truppen in der Gegend um Toro und Zamora durch „Klugheit und List"[336] nicht nur beträchtlichen Schaden zufügt hätte, sondern ihren Verfolgern auch ständig habe entkommen können.

---

328   Vgl.: Brandt: Ueber Spanien, S. 113.
329   Vgl.: ebd.
330   Vgl.: Volgmann: Wanderungen, in: Minerva 95, H. 3 (1815), S. 34.
331   Vgl. z. B.: [Schümberg]: Erinnerungen, S. 227.
332   Vgl. z. B.: Geißler: Denkwürdigkeiten (1830), S. 105-106.
333   Vgl.: Volgmann: Wanderungen, in: Minerva 95, H. 3 (1815), S. 33.
334   Vgl.: ebd.
335   Vgl.: Geißler: Denkwürdigkeiten (1830), S. 4.
336   Volgmann: Wanderungen, in: Minerva 95, H. 3 (1815), S. 34.

Ihre Erfolge werden jedoch sofort relativiert, indem er sie hauptsächlich auf die finanzielle und waffentechnische Unterstützung durch die Briten und unzureichend ausgebildete napoleonische Rekruten in dieser Region zurückführt.[337] Konnten einige Kriegsteilnehmer zumindest eine gewisse Akzeptanz für den männlich dominierten spanischen Widerstand entwickeln, so waren sie in Bezug auf Frauen offensichtlich nicht in der Lage, aus dem traditionellen Rollenverständnis auszubrechen. Frauen blieben, wenn überhaupt erwähnt, ein fehlgeleitetes Randphänomen.[338]

Trotz einiger Bemühungen zeigt die Verhandlung der Guerilla in den Berichten, dass sie für die Kriegsteilnehmer nur schwer fassbar waren. Einige Verfasser widmen sich dieser Thematik besonders ausführlich. Dabei bezeichnen sie die Guerilla u. a. als „Schulmeister"[339], die sie gelehrt hätten und auch jeden anderen lehren würden, was es heißt, sich gegen Spanien zu stellen. Das „Schulgeld"[340] für diese Lektion sei hoch gewesen. Spanien wird aus dieser Perspektive zu einer Art Kriegsschule. Wer sie durchlitten und überlebt hatte, verfügte über Erfahrungen als Rüstzeug, die nirgendwo gelehrt wurden. Die Kriegsteilnehmer verstehen sich dadurch als militärische Wissensträger der besonderen Art, was sie aus ihrer Perspektive als einige der Wenigen in die Lage versetzte, selbst zu lehren. Dabei geht es insbesondere um die sagenumwobenen Guerilla, die die Verfasser in genauer Beschreibung als soziale Gruppierung zu erfassen versuchen. Dem Bemühen um eine möglichst umfassende Analyse ist immer auch die retrospektive Verarbeitung des Erlebten immanent, was die Ambivalenz der unter Kriegsbedingungen gewonnenen Erfahrungen zu Tage treten lässt. Die Art des Umgangs mit dem Thema Guerilla wirft die Frage auf, ob der Guerillero, ähnlich wie die Figur des Indianers, als „Bild des angeeigneten Fremden"[341] nicht ebenfalls Teil des abendländischen Vorstellungspantheons geworden ist.

Die Verhandlung des Gegners ist in den Zeugnissen trotz der Kriegserfahrung keineswegs durchweg negativ. Der Begriff Feind ist in den Quellen zwar immer wieder präsent, bleibt jedoch von napoleonischer Seite in seiner emotional aufgeladenen Stereotypisierung situationsbezogen. Selbst die gefürchteten Guerilleros erfahren mitunter Anerkennung für ihre Operationen oder ihr Verhalten. Ein aktives Nicht-verstehen-wollen, das eine grundsätzliche

---

337   Vgl.: ebd.
338   Zur Rolle der Frauen im spanischen Unabhängigkeitskrieg und im Zusammenhang mit dem Nationenbildungsmythos siehe: Rueda: Heroísmo femenino, in: Vanderbilt e-Journal of Luso-Hispanic Studies 5, 9.4.2009.
339   [Schümberg]: Erinnerungen, S. 172.
340   Ebd.
341   Ottenbacher: Bild des Indianers, S. 214.

Abwertung zur Folge hätte, zur Exklusion des Gegenübers führt und es damit als das ausschließlich negative Andere konstruiert, ist in den Zeugnissen selbst in Bezug auf die Feindbildkonstruktion nicht erkennbar. Von Brandt unterscheidet zwischen einem romantischen Heldentypus des Guerilleros mit einer Vorbildfunktion und den in seinem Bericht vornehmlich thematisierten unkontrollierbaren Guerilleros. Auch das verschiedentlich für den Leser nachvollziehbar dargestellte Agieren der spanischen Bevölkerung gegenüber den eindringenden Truppen zeigt, dass die Zeugnisse kein vereinfachendes Schwarzweißbild von diesem Krieg zeichnen. Die auf der Iberischen Halbinsel erlebten und in den Berichten sichtbar werdenden Widersprüche haben offensichtlich auch retrospektiv zu einer Differenzierung geführt. Das in den Herkunftsregionen der Verfasser kolportierte Bild des schrecklichen Spaniers erwies sich als einseitig und ließ sich nicht mit dem persönlich Erlebten in Übereinstimmung bringen. Um Überschneidungen und Widersprüchlichkeiten in den eigenen Sinnhorizont integrieren zu können, greifen die Kriegsteilnehmer zwar auch auf Vereinfachungen und stereotype Zuschreibungen zurück, brechen sie aber im Zuge der Verarbeitung ihrer Erlebnisse gleichzeitig auf. Das trifft auch auf die Einschätzung des spanischen Militärs zu. Von Kriegsteilnehmern auf britischer wie napoleonischer Seite finden sich sowohl positive als auch negative Bemerkungen über die Teile der spanischen Armee, die unter Wellington kämpften.[342] So vermerkt z. B. Holzenthal, dass die spanischen Einheiten zwar schlecht ausgebildet gewesen wären und zu viele Rekruten in ihren Reihen gehabt, aber dennoch Heldenmut besessen hätten, obwohl ihre Versorgung unzureichend gewesen sei.[343] Andererseits verweist er auf Kadetten, die er während seiner Gefangenschaft kennengelernt, die ihm Einblick in ihre Ausbildung gewährt und deren Fertigkeiten ihn sehr erstaunt hätten.[344] In den Berichten dominieren jedoch die Darstellungen der Guerilla. Der Kontakt mit ihnen war für die Kriegsteilnehmer offenbar allgegenwärtig und von vielen Brüchen geprägt. Diese Brüche sind es wohl auch, die ihren Berichten trotz wechselnder politischer Verhältnisse Glaubwürdigkeit verliehen. Erst die vor Ort durchlebten Widersprüche erlaubten es, tiefer

---

342 Vgl. z. B.: Brandt: Ueber Spanien, S. 40-57; Heusinger: Ansichten, Beobachtung und Erfahrungen, S. 151-152, 157-158, 173-181.

343 Dass die spanischen Truppen so schlecht versorgt wurden, schockierte offenbar auch Heusinger, der einen solchen Vorgang ausführlicher schildert. Er zeigt die unterschiedliche Gewichtung der einzelnen Truppen, die unter oder mit Wellington kämpften. Vgl.: Holzenthal: Briefe, in: Journal für die neuesten Land- und Seereisen 24, H. 10 (1816), S. 107-108; Heusinger: Ansichten, Beobachtung und Erfahrungen, S. 174.

344 Vgl.: Holzenthal: Briefe, in: Journal für die neuesten Land- und Seereisen 24, H. 10 (1816), S. 127.

in die Materie einzudringen und nicht nur das Feindbild, sondern auch die spanische Bevölkerung und ihre Lebensweise differenziert darzustellen. Die Vielschichtigkeit durchzieht sämtliche Lebensbereiche, auch wenn sie oft nur in dem Kampfgeschehen untergeordneten Randbemerkungen ersichtlich ist. Die von den Kriegsteilnehmern auf britischer Seite genutzte Bezeichnung Franzosen für alle Angehörigen der napoleonischen Truppen, gleich welcher Nationalität, bot Möglichkeit, die in der Restauration unerwünschte Erinnerung an die Beteiligung Deutschsprachiger am Kampf Napoleons um Spanien zu umgehen und Schuldzuweisungen zu vermeiden. Auch in den Berichten der auf napoleonischer Seite Kämpfenden findet sich immer wieder eine negative Stilisierung speziell der Franzosen, was das in der Restauration propagierte Anti-Frankreichbild bediente. Franzosen werden so von beiden Parteien zur Negativfolie für die Ausschreitungen in diesem Krieg, was die Verfasser und mit ihnen die deutschsprachigen Teilnehmer ganz allgemein, obwohl aktiv am Kampfgeschehen beteiligt, wie Beobachter erscheinen lässt. Diesen Auslassungen in den Berichten und der Stilisierung des spanischen Unabhängigkeitskriegs im deutschsprachigen Raum ist im Weiteren nachzugehen.

6.2   Ambivalenzen

Gegenwärtig wird die zwischen 1808 und 1814 auf der Iberischen Halbinsel verübte Gewalt unter unterschiedlichen Prämissen betrachtet. In spanisch- und englischsprachigen Publikationen werden besonders die begangenen Grausamkeiten und die Aufopferung der spanischen Bevölkerung für die Nation hervorgehoben.[345] Andererseits gibt es theoretische Überlegungen, denen zufolge es im 19. Jahrhundert in Europa sehr viel stärker als zuvor gelungen wäre, den „Kampf zwischen den Armeen zu domestizieren"[346]. Außerhalb Europas habe es jedoch noch Formen der Auseinandersetzung gegeben, wo

---

345   Siehe z. B.: Flores del Manzano: Guerrilla patriótica ; La Parra López (Hg.): Actores de la Guerra; Diego: Infierno de Napoleón; Vidal Manzanares, César: España contra el invasor francés. 1808. (Atalaya, Bd. 303). Barcelona 2008; Aymes: Guerra de la Independencia; Esdaile: Fighting Napoleon; Chartrand: Spanish Guerrillas; Moliner Prada, Antonio: Pueblo y ejército en la Guerra de la Independencia, in: Armillas Vicente (Hg.): La Guerra de la Independencia. Estudios, Bd. 2. Zaragoza 2001, S. 917-953; Esdaile: Popular Resistance to the Napoleonic, S. 136-152; Rodríguez González, Agustín Ramón: Las guerrillas de la Guerra de la Independencia: de partidas a divisiones, 1808-1814, in: Militaria. Revista de cultura militar 7 (1995), S. 345-357.

346   Langewiesche: Kriegsgewalt, S. 27.

die Trennung zwischen Militär und Bevölkerung aufgehoben gewesen wäre.[347]
Berücksichtigt man die hier untersuchten Zeugnisse der Kriegsteilnehmer
und die Ergebnisse der spanischen Forschung, so wird deutlich, dass diese
Grenze im spanischen Unabhängigkeitskrieg fließend war. Auch der Terminus
Volkskrieg spielt in diesem Zusammenhang eine Rolle. Seiner Bedeutung
im deutschsprachigen Raum, ob bzw. wie er in den Berichten der Verfasser
rezipiert wird sowie der Einordnung Deutschsprachiger in den Gewaltraum
dieses Krieges soll im Folgenden nachgegangen werden.

6.2.1   *Der blinde Fleck*

„Mit Schaudern blickte das übrige Europa damals auf die Gräuel, welche
von den Soldaten der großen Nation hier begangen wurden. Ausgelöst in der
wildesten Unordnung, hörten sie von Mordlust berauscht, nicht mehr auf die
Stimme und die Befehle der Officiere [...]“[348]

Der in britischen Diensten stehende Heusinger schrieb diese Zeilen über
das Agieren der „Franzosen“[349] bei Tarragona. Es ist eine der wenigen Text-
passagen, in der die Gewaltentgrenzung dieses Krieges, wenn auch in Bezug
auf die Gegenseite, erwähnt wird. Dass er nicht näher darauf eingeht,
begründet Heusinger dem Leser damit, dass die Gräueltaten in der Schlacht
um Tarragona schon oft beschrieben und daher allgemein bekannt wären.[350]
Tatsächlich existieren solche publizierten Berichte anderer Kriegsteilnehmer,
doch auch dort bleiben die Kriegsgräuel in der Regel ausgespart.[351] Das trifft insbesondere auf ehemalige Angehörige der napoleonischen Truppen zu. Grund-
voraussetzung für die Berichte war jedoch die Teilnahme an einem Krieg, in
dem von allen beteiligten Parteien Gewalt ausgeübt wurde. In den Zeugnissen
jedoch erscheint das Thema Gewalt, besonders die selbst ausgeübte, wie ein
blinder Fleck, der nur in vereinzelt eingestreuten Bemerkungen erwähnt wird.
Ein Beispiel dafür sind die bereits von Schümberg erwähnten Exekutionen, die
außer Hängen und Erschießen auch andere Formen haben konnten. Der Verfasser der *Briefe aus Spanien* beschreibt einen solchen Vorgang anhand einer
Art „Erdrosselungsmaschine“[352], die eine neue Erfindung gewesen sei.[353] Um

---

347   Vgl. z. B.: Bozal (Hg.): Miradas; Artola: Guerra de la Independencia; Armillas Vicente, José
      Antonio (Hg.): La Guerra de la Independencia. Estudios. Bd. 1-2. Zaragoza 2001; Rodríguez
      González: Las guerrillas, in: Militaria. Revista de cultura militar 7, (1995), S. 345-357.
348   Heusinger: Ansichten, Beobachtung und Erfahrungen, S. 82-83.
349   Ebd., S. 82.
350   Vgl.: ebd.
351   Siehe z. B.: Rigel: Kampf um Tarragona.
352   o.V.: Briefe aus Spanien, in: Fackeln 1, H. 1 (1811), S. 91.
353   Vgl.: ebd.

sie dem Leser verständlich zu machen, ist im Anhang seines Berichts (ähnlich wie beim Bewässerungssystem)[354] eine Zeichnung angefügt.[355]

> Es ist nicht uninteressant, diese Maschine näher kennen zu lernen.
> In den drei Pfählen a a, und a (im Grundrisse Nor. I) sind Bänke b befestigt; nachdem sich nun der Verurtheilte auf diese, mit dem Rücken an den Pfahl gelehnt, gesetzt hat, legt man ihm einen eisernen, an der einen Seite des Pfahls befestigten, Ring c f i um den Hals, schließt ihn auf der andern Seite zu, und dreht nun an der mit dem Ringe in Verbindung stehenden Schraube h so lange, bis der Hals ganz platt gegen den Pfahl gequetscht ist. So läßt man den Unglück-lichen bis zu Sonnenuntergang mit einer Tafel, worauf sein Verbrechen genannt ist, sitzen; dann wird er abgenommen und verscharrt.[356]

Der Verfasser der *Briefe aus Spanien* entdeckte diese Gerätschaft auf einer Promenade der Stadt Valladolid. Maschine und Exekutionen gehörten zum Stadtbild, als Warnung, sich keines Verbrechens schuldig zu machen oder sich gegen die Herrschaft Joseph Bonapartes aufzulehnen. Die Maschine wird nicht mit Frankreich in Verbindung gebracht, sondern mit Spanien und dem dortigen neueren Umgang mit Rechtsbruch zugeschrieben. Bei der theoretischen Erläuterung verfährt der Verfasser der *Briefe aus Spanien* ebenso präzise und unpersönlich wie bei der Erläuterung landwirtschaftlicher Ver-fahren oder Gerätschaften, die er für den Leser nachvollziehbar und auf den deutschsprachigen Raum übertragbar darzustellen versucht. Dass es sich bei dieser Apparatur um eine offenbar neue Erfindung handelte, scheint als Rechtfertigung für die ausführliche Beschreibung zu genügen. Sie wird damit in den Bereich der kulturellen Wissensvermittlung eingereiht, um die der Verfasser der *Briefe aus Spanien* in seinem Bericht bemüht ist. Diese Ebene erlaubt eine auf Fakten basierende Beschreibung des Geräts und ordnet es zugleich in den Ende des 18. Jahrhunderts geführten Diskurs um physische Bestrafung ein:[357] In der zweiten Hälfte des 18. Jahrhunderts vermehrte sich der Protest gegen die Marter als eine Form der Körperbeschädigung, in der „die physische Konfrontation zwischen dem Souverän und dem Verurteilten [...] ebenso ein Ende finden [müsse, K.B.] wie der Nahkampf, den sich ver-mittels des Gemarterten und des Scharfrichters die Rache des Fürsten und die

---

354 Dazu siehe Kapitel 4.
355 Vgl.: o.V.: Briefe aus Spanien, in: Fackeln 1, H. 1 (1811), S. 91, 323 (Fig. 3).
356 Ebd., S. 91.
357 Zu den Diskussionen über die physische Bestrafung im 18. Jahrhundert siehe: Foucault, Michel: Überwachen und Strafen. Die Geburt des Gefängnisses. (Suhrkamp-Taschenbuch, Bd. 2271). 14. Aufl., Frankfurt am Main 2013.

verhaltende Wut des Volkes liefern.“[358] Die beschriebene Maschine übernimmt in diesem Fall einen wesentlichen Teil der Bestrafungsarbeit und fungiert als eine unter Joseph Bonaparte erzielte Fortschrittsleistung. Der Verfasser der *Briefe aus Spanien*, der einer solchen Exekution selbst beigewohnt habe, schildert im Weiteren, dass der Hals des Betroffenen am Ende „kaum zwei Finger stark geblieben“[359] wäre. Die ihm gegenüber getroffene Versicherung, dass diese Todesart keine Marter (demnach auch keine Folter im Sinne eines Relikts aus früheren Zeiten) darstelle, scheint für ihn allerdings fragwürdig geblieben zu sein.[360] Die Darstellung lässt offen, ob die Apparatur als Vorbild im Bereich des eigenen Strafsystems dienen könne oder man sich eher davon abgrenzen und sie als eine weitere Form spezifischer Grausamkeit auf der Iberischen Halbinsel ansehen müsse. Schümbergs Beschreibung, der die gleiche, von ihm als „Strangulirmaschine“[361] bezeichnete Apparatur in Madrid kennenlernte, setzt andere Akzente:

> Zwei breite eiserne Bänder [...] wurden ihm, einer Halsbinde gleich, um den Hals gelegt. Durch die an ihren Enden befindlichen Ringe wurde ein Stab durchgesteckt, dessen beide Extremitäten von dem Henker ergriffen und so der Stab rasch von oben nach unten gedreht wurde. In dem Augenblicke war das Genick gebrochen und der Delinquent erstickt. Mit weit heranglotzenden Augen, schwarzblauem Gesichte, offenem Munde und ausgestreckter Zunge blieb, militairisch bewacht, der Verbrecher bis zum Sonnenuntergange an diesen Phälen stehen. Ein scheußlicher Anblick![362]

Im Unterschied zur Beschreibung des Verfassers der *Briefe aus Spanie*n beschreiben Schümbergs Eindrücke die Auswirkungen dieser Exekutionsmethode auf den menschlichen Körper deutlicher. Er verweist auf den auf diese Weise schnell herbeigeführten Tod, was durchaus als Neuerung im Sinne eines Gnadenerweises gegenüber dem zum Tode Verurteilten gesehen werden konnte: Ursprünglich war die Marter traditioneller Bestandteil von Strafe, wurde – je nach Vergehen – unterschiedlich bemessen und ließ den Tod als Erlösung erscheinen.[363] Hier hingegen steht der Entzug des Lebensrechts als Strafe im Vordergrund. Indem man die Tötungsmethode ändert, wird dem Tod ein anderer Stellenwert eingeräumt. Die Strangulier-Maschine tritt dabei symbolisch an die Stelle der Guillotine. Der Französischen Revolution

---

358   Ebd., S. 93.
359   o.V.: Briefe aus Spanien, in: Fackeln 1, H. 1 (1811), S. 92.
360   Vgl.: ebd.
361   [Schümberg]: Erinnerungen, S. 136.
362   Ebd., S. 137.
363   Vgl.: Foucault: Überwachen und Strafen, S. 46-47.

erwachsen, sollte die einen schnellen Tod ermöglichen. Die Erdrosselungsmaschine ist das Äquivalent für den spanischen Raum, bei dem der tote Körper
allerdings wieder als Mittel zur Abschreckung dient. Während Gehängte und
Erschossene in den Berichten meist als weithin sichtbar vor den Stadttoren
platziert beschrieben werden, befanden sich die Maschinen – und damit auch
die bis zum Sonnenuntergang am Ort der Exekution verbleibenden Körper
der Toten – sowohl in Valladolid als auch in Madrid inmitten der Stadt. Sie
dienten damit nicht maßgeblich als Abschreckung nach außen, sondern nach
innen. Schümberg verweist darauf, dass die Anwendung der Maschine eine
Reaktion auf Übergriffe auf die napoleonischen Truppen in Madrid gewesen
wäre.[364] Der Gegner befand sich also in der Stadt, demzufolge die Maschine
zur Abschreckung der Bevölkerung auch genau dort eingesetzt wurde. Nicht
nur der Tote an sich, sondern sein von Schümberg beschriebenes, selbst
von ihm als Kriegsteilnehmer als scheußlich empfundenes Aussehen war
Teil dieser Abschreckung. Als Zurschaustellung maximaler Intervention des
Souveräns sollte künftigem Widerstand der Madrilenen entgegengewirkt
werden. Weder Schümberg noch der Verfasser der *Briefe aus Spanien* äußern
in Bezug auf die Exekutierten Betroffenheit. Es handelte sich nicht nur um
Unbekannte, sondern in der Regel um solche, die sich eines Vergehens gegen
die napoleonischen Truppen schuldig gemacht hatten, denen die Verfasser
angehörten. Schümberg störte lediglich der für ihn unästhetische Anblick
der Toten, der sich offenbar nicht mit seinem Empfinden im sich damals verändernden Strafrechtsdiskurs vereinbaren ließ.[365]

Dass Gewalt nicht nur im Zusammenhang mit dem Gegner ausgeübt und
erlebt, sondern auch in den eigenen Reihen praktiziert wurde, darauf deuten
Äußerungen wie die von Geißler hin: Demnach wäre von Vorgesetzten mitunter hart durchgegriffen worden, um die „strengste Manneszucht"[366] wieder
herzustellen und den Bewohnern ihr (von Kriegsteilnehmern geraubtes) Hab
und Gut zurückzugeben.[367] Knauth verweist aufgrund der Not der Kriegsteilnehmer ebenfalls auf Disziplinprobleme, die trotz harter Strafen aufgetreten wären.[368] Aber auch auf britischer Seite hätte die Disziplin oft nur mit
harten Maßnahmen aufrechterhalten werden können, wie eine Schilderung

---

364   Vgl.: [Schümberg]: Erinnerungen, S. 136.
365   Zum sich verändernden Strafrechtsdiskurs der Zeit siehe: Foucault: Überwachen und
      Strafen.
366   Geißler: Denkwürdigkeiten (1830), S. 185.
367   Vgl.: ebd., S. 185-186.
368   Vgl.: Knauth: Tagebuch des Majors Knauth, o. J., LATh-StA Gotha, Geheimes Archiv WW
      VII r Nr. 62, Fol. 29 RS-30 VS.

von Hering zeigt.[369] Hinweise auf Gewalt von Kriegsteilnehmern gegenüber
der Bevölkerung finden sich am ehesten im Genderbereich. Der Umgang mit
Frauen und Prostitution wurde bereits erörtert. Im Zusammenhang mit Nonnen
erfuhr er eine noch ganz andere Dimension. Dafür stehen Bemerkungen von
Hering und Volgmann über entsprechende Erlebnisse in Portugal. Volgmann
erwähnt ein (nicht näher benanntes) Dorf in Portugal, in dem sich ein Kloster
befunden hätte, das von den Nonnen vor Ankunft der französischen Truppen
nicht verlassen worden wäre.[370] Der französische General hätte daraufhin
eine starke Schutzwache abkommandiert, um die Frauen bis zum Abmarsch
seiner Truppen vor Übergriffen zu bewahren. Die Priorin des Klosters hätte
ihre Dankbarkeit mit Wein und Kolonialwaren zum Ausdruck gebracht,[371]
da Gewalt gegen Nonnen von napoleonischer Seite offenbar keine Seltenheit war. Gerade solche Übergriffe provozierten jedoch neue Gewalt. Knauth
verweist darauf, dass manche Vorgesetzte daher bemüht gewesen wären,
Exzesse zu vermeiden und mit entsprechend harten Strafen auf Vergehen
reagiert hätten.[372] Hering, der in britischen Diensten stand, vermittelt einen
ganz anderen Eindruck vom Umgang napoleonischer Truppen mit Nonnen:
Wenn sie den „zügellosen Soldaten in die Hände fielen"[373], würden sie ein so
furchtbares Schicksal erleiden, dass ihm auf der einen Seite die Worte dafür
fehlten und es ihm auf der anderen Seite die „Schicklichkeit verbiethet"[374], es
aufzuschreiben. Er beschränkt sich daher auf kurze Umschreibungen,[375] um
das Gesehene wiederzugeben: „[...] wenn sie noch das Leben davon trugen,
doch gemeiniglich den Verstand verloren; weil der Zwang dem geängstigten
Gewissen dieser Himmelsbräute keine hinreichende Beruhigung gewährte."[376]

Interessanterweise sprechen sowohl Volgmann als auch Hering dieses
Thema in Portugal und nicht in Spanien an. Portugal wird in beiden Berichten
zu dem Ort, wo sich die eigentlichen Gräuel abspielten – also eine noch größere
Negativfolie als Spanien. Doch erst der Abgleich der Berichte damaliger Gegner
gibt Auskunft über die Dimension der Gewalt. In der Regel wird lediglich ganz
allgemein auf Gräueltaten aller Art verwiesen.

---

369   Vgl.: [Hering]: Erinnerungen, S. 350-351.
370   Vgl.: Volgmann: Wanderungen, in: Minerva 95, H. 3 (1815), S. 237.
371   Vgl.: ebd.
372   Vgl.: Knauth: Tagebuch des Majors Knauth, o. J., LATh-StA Gotha, Geheimes Archiv WW
       VII r Nr. 62, Fol. 28 RS, 29 RS-30 VS.
373   [Hering]: Erinnerungen, S. 356.
374   Ebd.
375   Vgl.: ebd., S. 382.
376   Ebd., S. 356.

Über die Gewalt auf den Schlachtfeldern findet sich kaum ein Versuch der Beschreibung. Hering jedoch ist bemüht, das Unsagbare anzusprechen:

> Dazu sah man mehrere hundert Esel Maulthiere, Pferde [...] im tiefen Kothe liegen, und mit dem Tode kämpfen, da ihnen die Barbaren entweder die Köpfe auf den Rümpfen umgedreht, oder die Flechsen abgeschnitten hatten. Getödtete Feinde lagen ebenfalls in großer Anzahl zwischen diesem Chaos umher. Kanonen und Cavallerie fuhren und ritten darüber hin, und zermalmten alles zu einem schaudervollen Gemisch. Ueberhaupt habe ich auf einem so engen Raume in dem ganzen Kriege nicht so viel Schrecknisse zusammengedrängt gesehen.[377]

Der Fokus dieser Beschreibung liegt auf dem Leid der Tiere. Die offenbar unbeschreibliche Gewaltentgrenzung gegenüber Menschen wird auf die Tiere übertragen. Sie wiegt umso schwerer, da die Tiere völlig unschuldig Opfer dieses Gemetzels wurden. Weder auf tote Menschen noch auf tote Tiere wurde im Zuge des weiteren Kampfgeschehens Rücksicht genommen. Selbst im Tode waren sie Gewalt und Erniedrigung ausgesetzt. Dabei ist es unwahrscheinlich, dass Kanonen und Kavallerie nur über getötete Gegner und Tiere fuhren bzw. ritt. Auf dem blutgetränkten Schlachtfeld dürfte kaum noch ein Unterschied zwischen den Körpern zu erkennen gewesen sein. Die Folgen der Gewalt des Krieges verwischten die Grenzen zwischen den Gegnern, die sich im Grunde in nichts nachstanden. Der Anblick bündelt für Hering alle Schrecknisse dieses Krieges, zu deren Beschreibung er es bei einer kurzen Zusammenfassung belässt. Unsagbare Gewalt an Menschen wird für ihn zumindest bis zu einem gewissen Grad über die Gewalt an Tieren sagbar. Dem Leser wird so viel Raum für die Vorstellung von den Ausmaßen der Gewaltexzesse gelassen.

Auf Gewalt gegenüber gefangenen militärischen Gegnern kommt Schümberg in einem Einschub zu sprechen. Ein nicht näher benannter deutschsprachiger Stabsoffizier hätte im Weinrausch Gefangene vor die Front bringen lassen und sie eigenhändig mit Kopfschuss getötet.[378] Erst die Beschwerden anderer Offiziere beim Vorgesetzten hätten dem Einhalt geboten. Der durch Alkohol hervorgerufene Rauschzustand wird als wesentliche Ursache für diese Brutalität verantwortlich gemacht, die in Schümbergs Bericht ein selten angesprochenes Beispiel für gewalttätiges Verhalten auch Deutschsprachiger steht. Gleichzeitig weist er auf interne Regulierungsmaßnamen hin und bringt zum Ausdruck, dass nur Einzelne derart gewalttätig waren.

Da alle der hier untersuchten gedruckten Berichte der Kriegsteilnehmer Leerstellen bezüglich der Gewaltentgrenzung aufweisen, stellt sich die Frage,

---

377 Ebd., S. 389.
378 Vgl.: [Schümberg]: Erinnerungen, S. 219-220.

wie sich die handschriftlichen Quellen dazu verhalten. In diesem Zusammenhang ist das Zeugnis von Klauß aufschlussreich, der auf napoleonischer
Seite im Einsatz war. Sein Bericht enthält zahlreiche und zum Teil ausführlich beschriebene Gewaltexzesse.[379] Dabei äußert auch er sich über Vorgänge
in einem von napoleonischen Truppen besetzten Nonnenkloster, allerdings
einem spanischen.[380] Er bemerkt zunächst, dass es da schön her gegangen
wäre, als er dort ankam, und sich bei solchen Aktionen immer genug junge
„franzosen"[381] fänden.[382] Die Bemerkung deutet auf Vergewaltigungen hin,
die jedoch auch hier wieder ausschließlich den Franzosen unter seinen Mitkämpfern angelastet werden und Angehörige anderer Herkunft – damit auch
Klauß – von der Beteiligung an den offenbar üblichen Übergriffen ausschließt.
In einem Vorhof, wo man eine alte Frau festgehalten hätte,[383] wären Klauß
und sein Kamerad Müller von einem deutschsprachigen Husaren beauftragt worden, bis zu dessen Rückkehr auf die anderen Acht zu geben.[384]
Klauß wird zum Beteiligten und übernimmt eine Ordnungsfunktion.
Warum ausgerechnet ihm und seinem Kameraden diese Aufgabe zufällt,
ob die gemeinsame Sprache oder Herkunft die Ursache ist, die sie von den
anderen – möglicherweise Franzosen – unterscheidet und vertrauenswürdig
macht, bleibt offen. Der Husar wäre kurz darauf mit einem alten „pfafen"[385]
aus einem nahe gelegenen Bettelmönchkloster zurückgekommen.[386] Ob bzw.
woher Klauß wusste, dass es sich um Bettelmönche handelte oder ob er es nur
annahm, weil, wie er vermerkt, die Bettelmönche die zahlreichsten in Spanien
wären,[387] wird nicht deutlich. Dieser Einschub mitten in der Schilderung einer
Gewaltszene vermittelt eine kulturelle Information wie Hintergrundwissen
bei der Beschreibung einer Kirche, eines Klosters oder einer anderen Sehens-
würdigkeit. Im weiteren Verlauf eröffnet sich Klauß, dass es sich bei dem alten
Mönch um den Prior und bei der alten Nonne um die Äbtissin des jeweiligen
Klosters handelte,[388] nach Amt und Alter also beide Respektpersonen. Der
Husar jedoch hätte die Äbtissin rücklings zu Boden gebracht, während dem
Geistlichen mit der Bemerkung: „die zwei sollen auch ihr Sach machen"[389], die

---

379   Vgl.: Klauß: Ich, 1815/1863, Gemeindearchiv Haßloch, Bestand 1 A 1 Nr. 45, Fol. 1-63.
380   Ebd., Fol. 28.
381   Ebd.
382   Vgl.: ebd.
383   Vgl.: ebd., Fol. 29.
384   Vgl.: ebd., Fol. 28-29.
385   Vgl.: ebd., Fol. 29.
386   Vgl.: ebd.
387   Vgl.: ebd.
388   Vgl.: ebd.
389   Ebd.

Hosen heruntergezogen worden wären. Als sich der Geistliche weigerte, hätte der Husar ihn mit Säbelhieben traktiert, bis er den Aufforderungen nachzukommen versuchte.[390] „wie magt dem darum gewesen sein"[391], schreibt Klauß, der sich in diesem Moment – gemeinsam mit seinem Kameraden Müller – abgewandt und den Ort verlassen hätte.[392] Während die allgemein üblichen Übergriffe gegen Nonnen von Klauß nur mit einer kurzen Bemerkung erwähnt werden, überstieg der Vorfall mit den zwei Klostervorstehern offenbar die kriegsübliche Gewaltausübung, noch dazu er von einem Deutschsprachigen veranlasst wurde. Anders als in gedruckten Zeugnissen erfolgt hier eine ausführlichere Beschreibung des Geschehnisses, doch ebenfalls nüchtern und ohne darüber zu urteilen. Lediglich mit der Bemerkung, wie dem Prior wohl zumute gewesen sein müsse, zeigt Klauß einen nachdenklichen Zug. Das seinerzeit reale – oder möglicherweise nur retrospektiv behauptete – Verlassen des Ortes deutet jedoch auf eine Ablehnung des Geschehens als einem Vergehen hin, an dem Klauß und sein Kamerad Müller nicht weiter beteiligt sein wollten. Welcher Herkunft die anderen in den Vorfall Involvierten waren, erfährt man nicht. So wird, wie bei Schümberg, der Eindruck erweckt, dass es sich bei dem Husaren um einen Einzelfall unter den Deutschsprachigen handelte, der sich solchen Verhaltens schuldig machte. Franzosen hingegen werden von Klauß – stereotypen Zuschreibungen der Völkertafeln entsprechend – als Wüstlinge charakterisiert, die, obwohl katholisch, auch vor den Bräuten Gottes nicht Halt machten. Die Schändung der Nonnen und des geistlichen Standes, der in Spanien ein Träger des Widerstands war und dessen Beteiligung die Kriegsteilnehmer immer wieder zu spüren bekamen, war offenbar nicht nur übliches und erlaubtes Abreagieren, sondern eine Machtdemonstration: Bei Widerstand gegen die Regierung Joseph Bonapartes stellte auch die Religion keinen geschützten Raum dar. Angesichts der den Zeugnissen zu entnehmenden üblichen Übergriffe gegen Nonnen lässt sich der Umgang mit nicht prostitutionswilligen Frauen leicht erahnen. Setzt man das in Bezug zu den in den gedruckten Berichten geäußerten Feststellungen, dass Frauen sich besonders brutal an den napoleonischen Gefangenen vergangen hätten (siehe Kapitel 6.1.3), wird dieses Verhalten mehr als nachvollziehbar.

Besonders deutlich wird der Kontrast zwischen veröffentlichten und handschriftlichen Zeugnissen am Beispiel der Kämpfe um Tarragona, an denen auch Klauß beteiligt war. So schreibt er z.B., dass die Kriegsteilnehmer vor dem Angriff auf die Stadt Wein erhalten hätten, um sie kampfeslustiger zu

---

390 Vgl.: ebd.
391 Ebd.
392 Vgl.: ebd.

machen.[393] Diese Praxis war vor besonders gefährlichen Einsätzen nicht
unüblich. Den konsumierten Alkohol bezeichnet Klauß in der Folge auch als
„Franzosen-Blut"[394], das in ihnen gewallt hätte. Berücksichtigt man die Darstellung der Franzosen in seinem Zeugnis,[395] so verbindet sich damit das Auf-
saugen von Siegeswillen und die Erzeugung eines Rauschzustandes, den er bei
sich und den Angehörigen der napoleonischen Truppen offensichtlich häufig
erlebt und beobachtet hatte. Das deckt sich mit seinem Verweis auf einen
hohen Verbrauch an alkoholischen Getränken unter den Kriegsteilnehmern.
Da sich die Bewohner der Stadt Tarragona nicht hatten ergeben wollen,
hätte der kommandierende Marschall bei der Einnahme der Stadt befohlen,
alle und jeden umzubringen, dem man begegne.[396] Beim Eindringen in die
Stadt habe sich Klauß daraufhin u. a. durch eine Gasse kämpfen müssen, in
der die Leichen von Spaniern und Franzosen „4 biß 5 Man Hoch"[397] lagen
und über die er habe hinweg kletterten müssen, um vorwärts zu kommen.[398]
Die Befestigungen Tarragonas, die aus verschiedenen Stadtringen bestanden,
konnten nur nach und nach eingenommen werden. Nachdem der erste
von den „franzosen freigestelt"[399] war, hätten die in der Nacht alle „Nieder-
gemetzel"[400] und „Bei 3000 Menshen"[401] ermordet. Weist diese Passage noch
Ähnlichkeiten mit Gewaltschilderungen bei Hering in Portugal auf, so geht
Klauß in seinem Bericht im Weiteren darüber hinaus. Nachdem die ersten
Teile Tarragonas schon genommen und von den „franzosen"[402] gebrandschatzt
worden seien, während andere Stadtringe noch Widerstand leisteten, entschloss sich Klauß, sich mit zwei deutschsprachigen Kameraden (einer davon
besagter Kamerad Müller aus seinem Heimatort) ebenfalls auf die Suche nach
Beute zu machen.[403]

> Da Mir in die Gessel und Gassen Kamen da Stehen Wir Stiehl da Wir die vielen
> Toten auf den Gassen und gessel sahen Liegen da sagen Wir undereinanter da
> sieht shöhn aus da gehen Wir 3 in Ein Hauß da Wir in den Gan kumen da lieg
> Ein Knab und Ein Mächten unter der Stubeture da Lieg die frau in der Stub da
> Lieg der Mann und ein Knab die waren alle Tod gestoosen in der wieg da Lieg ein
> Kind und war versutel bies unter die Erne da sagen Wir untereinander sehe daß

---

393   Vgl.: ebd., Fol. 25.
394   Ebd., Fol. 26.
395   Vgl.: ebd., Fol. 1-63.
396   Vgl.: ebd., Fol. 26.
397   Ebd.
398   Vgl.: ebd.
399   Ebd.
400   Ebd.
401   Ebd.
402   Ebd., Fol. 28.
403   Vgl.: ebd.

arm Kind da sage ich Jacob Klauß zu dem Müller der auf Mein ort ist wir wollen
dem Kind Edwas geben da finck der Marttern von Landau an Zu Lachen und sagt
was denken ihr Simbel, ich habe noch shocklnlat in meinem Sack ich Nam Ein
Stück shocklat und nam ein Stück Leinwand das Heussich in denn Heuser und
auf der Strasen Herrum fehet, da kend ihr Euch Leich Tencken wie da aussiet/
und Nam mein Stück ssocktlat und Mach den Kind Ein sslutzer und gabt den
Kind dan Naser das Kind Ruhig Jetz gehen Mir weiter Zum Hauß Naus finden
aber Nichts [...] da Wir da Stehen da Kumt Ein Italiener aus dem Hauß und Hat
da Kind in dewen Banioned wo ich den unshult ein schlutzer gemaht hab, da
er Müte war Mit dem Kind, da shleutert Er daß Kin aus der Flin unter Ein Haus
Giwel da wahr das Kind tod [...]⁴⁰⁴

Statt unsagbaren Grauens, das Hering nicht in Worte fassen konnte (die aus
Gründen gesellschaftlicher Konventionen wohl auch nicht gedruckt worden
wären) gewinnen Klauß und seine Kameraden dem Anblick der nieder-
gemetzelten Toten etwas Schönes ab. Ob es sich dabei um eine Folge des
beschriebenen Rauschzustandes, Genugtuung über den gebrochenen Widerstand oder Ergötzen an Toten handelte, bleibt offen. Gewaltentgrenzung ließ
sich auch mit von spanischer Seite verübten Grausamkeiten begründen. So
schreibt Klauß z. B., dass bei den Kämpfen um Tarragona drei französische
Grenadiere an das Stadttor genagelten worden wären, was für eine Eskalation
der Gewalt bei der Erstürmung gesorgt hätte.⁴⁰⁵ Die Stadt Tarragona wurde
zum Sinnbild der Aufhebung aller Schranken, zu einem externen Gebiet, in
dem keine Regeln mehr galten. Die Order des Vorgesetzten war Legitimation
und gab die Grenze des regellosen Raumes vor. Die Art der Beschreibung des
Ganges durch die Stadt ähnelt in gewissem Maße den Schilderungen der in
Kapitel 4 erläuterten Spaziergänge, nur dass dem Leser hier weder archi-
tektonische noch landschaftliche Besonderheiten nahegebracht werden
sollen. Klauß schildert die vielen Toten wie einen Bestandteil der natürlichen
Umgebung. An anderer Stelle bezeichnet er Tote auch als kaputt gegangen –
Menschen, die nun kaputt sind und nicht mehr funktionierten.⁴⁰⁶ Das zeugt
auch hier von einer mechanischen, auf die Funktionstüchtigkeit im Kampf
ausgerichteten Betrachtungsweise des (über)lebenden Kriegsteilnehmers.

Und doch gab es etwas, das diese harte Haltung aufbrach. Ein offenbar
weinendes kleines Kind in einer Wiege rührte etwas in Klauß. Ein einziges,
übrig gebliebenes kleines Leben zwischen all den Toten, unschuldig und hilf-
los wie viele Opfer des Krieges, weckte das Bedürfnis in ihm, etwas für das Kind
zu tun. Der als Marrtern von Landau Bezeichnete lachte ihn für diese wider-
sinnige Anwandlung aus und nannte ihn einen Simbel, einen Narren, stellte

---

404 Ebd., Fol. 28-29.
405 Vgl.: ebd., Fol. 29-31.
406 Vgl.: ebd., Fol. 24, 42.

sich aber nicht dagegen. Über das Verhalten seines Kameraden Müller wird nichts berichtet, aber zumindest hielt auch er offenbar nicht dagegen. Klauß hatte noch Schokolade bei sich. Obwohl in dieser Situation völlig irrational, fertigte er aus dem, was ihm zur Verfügung stand, eine Art Nuckelersatz und konnte das Kind damit beruhigen. Möglicherweise war es eine Anwandlung von Menschlichkeit, vielleicht aber auch nur der Wunsch, das an friedliche Zeiten oder die eigene Familie erinnernde Weinen zu beenden, das die im Krieg gebotene Kaltherzigkeit ins Wanken brachte. Die drei an dieser menschlichen Regung Beteiligten werden als Deutschsprachige identifiziert, was sie in einen gewissen Gegensatz zu denen stellt, die die Gräuel verursacht haben. Dabei fällt eines auf: Selbst in diesem handschriftlichen Bericht waren die Toten, über die man steigen musste oder die man vorfand, das Werk, das die Franzosen bereits zuvor verübt hätten. Klauß selbst kommt immer erst hinzu und konstatiert die Gewaltexzesse. In der konkret beschriebenen Episode übernimmt ebenfalls ein nicht Deutschsprachiger den negativen Part. Das Kind, das Klauß eben noch mit dem selbst gemachten Nuckelersatz hatte beruhigen können, wurde von einem Italiener mit dem Bajonett aufgespießt und vor den Augen der anderen gegen einen Hausgiebel geschleudert. Ihn hatte das unschuldige Kind nicht erweichen können, im Gegenteil. Verrohung und Respektlosigkeit vor dem Leben werden hier von einem Italiener repräsentiert. Die Zuschreibung reiht sich ein in von Brandts Negativverweis auf den italienischen Raum, von wo die Spanier die ehrenrührige Praxis des Verstümmelns von Kriegsgegnern übernommen hätten.

Wie bereits in den gedruckten Zeugnissen ersichtlich, ist auch Klauß in seinem handschriftlichen Bericht darum bemüht, die Franzosen unter seinen Mitkämpfern für Gewaltausschreitungen auf napoleonischer Seite verantwortlich zu machen. Obwohl selbst Teil der nach Spanien entsandten Truppen, stellt er sich in Zusammenhang mit Gewaltexzessen in einer Statisten- bzw. Beobachterrolle dar. Dennoch gibt Klauß' Bericht einen Einblick in den Kriegsalltag, wie er in den gedruckten Publikationen tunlichst vermieden wird. In einem nicht für die Öffentlichkeit bestimmten Zeugnis offenbart er seine Erinnerungen und Ansichten. Doch nicht jeder handschriftliche Bericht enthält persönliche Offenbarungen. Knauths Zeugnis z. B. ähnelt eher einem militärischen Marschbuch, in dem zwar auch von Gewaltexzessen die Rede ist, die aber bei weitem nicht so ausführlich geschildert werden wie bei Klauß.[407]

---

407   Vgl.: Knauth: Tagebuch des Majors Knauth, o. J., LATh-StA Gotha, Geheimes Archiv WW VII r Nr. 62, Fol. 22 RS-48 VS; Klauß: Ich, 1815/1863, Gemeindearchiv Haßloch, Bestand 1 A 1 Nr. 45, Fol. 1-63.

Die Beschreibung von Belagerungen und dem Kampf um Städte ist auch in den gedruckten Quellen, soweit vorhanden, von militärtaktischer Form geprägt.[408] Die klare, fast analytische Sprache fördert etwas zu Tage, das sich im Abgleich mit handschriftlichen Quellen als äußerst interessant erweist. Klauß schreibt in seinem Bericht auch über die Belagerung von Saragossa.[409] Nachdem die Festungsmauern genommen waren, hätte der „Krieg gegen die Häuser"[410] begonnen. Dort, wie auch in seiner Beschreibung der Belagerung von Tortosa, wird sowohl im Kampf als auch danach massive Gewaltanwendung deutlich, die bei Klauß zum Teil positive Emotionen auslöste. Er und seine Kameraden, aber auch die Gegner schienen während der Gewalt- und Kampfhandlungen in eine Art Rauschzustand überzugehen, der den von Alkohol verursachten übersteigt. Diese Art von Rausch ist von einer außerordentlichen Klarheit in der Wahrnehmung des Geschehens und ebenso klar strukturiertem Handeln geprägt, die das eigene Agieren effektivierte. Yuval Noah Harari untersuchte dieses Phänomen bei Kriegsteilnehmern aus der zweiten Hälfte des 20. Jahrhunderts und zog zum Abgleich historische Dokumente heran.[411] In seinem Aufsatz *Combat Flow: Military, Political, and Ethical Dimension of Subjective Well-Being in War* kommt er zu dem Schluss, dass es sich dabei um einen sogenannten Flow-Zustand handelt.[412] Generell wird mit dem Begriff Flow das völlige Aufgehen im eigenen Handeln oder Tun beschrieben. Dieses Konzept wurde ursprünglich in Bezug auf die Verbesserung der Lebensqualität angewendet. Harari schließt sich zwar der Auffassung Mihaly Csikszentmihalyis an,[413] dass sich dieses Phänomen grundsätzlich bei allen Menschen und in allen Zeiten finden lasse, bindet den Begriff jedoch nicht einzig an die Verbesserung der Lebensqualität, sondern versteht ihn als einen generellen Prozess der Leistungssteigerung unter bestimmten Rahmenbedingungen. Der combat flow tritt seiner Meinung nach im Gefecht auf, wenn „(a) soldiers are fully absorbed in the present moment; (b) they lose

---

408   Besonders offensichtlich ist das im Zeugnis von Hering. Vgl.: [Hering]: Erinnerungen.

409   Vgl.: Klauß: Ich, 1815/1863, Gemeindearchiv Haßloch, Bestand 1 A 1 Nr. 45, Fol. 7-14.

410   Ebd., Fol. 8.

411   Vgl.: Harari, Yuval Noah: Combat Flow: Military, Political, and Ethical Dimension of Subjective Well-Being in War, in: Review of General Psychology 12, H. 3 (2008), S. 253-264; Harari, Yuval Noah: Military Memoirs: A Historical Overview of the Genre from the Middle Ages to the Late Modern Era, in: War History 14, H. 3 (2007), S. 289-309; Harari, Yuval Noah: Martial Illusions: War and Disillusionment in Twentieth-Century and Renaissance Military Memoirs, in: The Journal of Military History 69, H. 1 (2005), S. 43-72.

412   Vgl.: Harari: Combat Flow, in: Review of General Psychology 12, H. 3 (2008), S. 253-264.

413   Vgl.: Csikszentmihalyi, Mihaly/Csikszentmihalyi, Isabella S. (Hg.): Optimal Experience. Psychological Studies of Flow in Consciousness. 2. Nachdr., Cambridge u. a. 1995; Harari: Combat Flow, in: Review of General Psychology 12, H. 3 (2008), S. 254.

reflective awareness as social actors, along with all irrelevant worries and thoughts; (c) their normal sense of time is distorted; (d) they experience an exhilarating and heightened sense of "being alive"; and (e) as a result of the above, they can maximize their mental and physical abilities."[414] Bei genauer Lektüre der hier herangezogenen Zeugnisse lassen sich verschiedene Komponenten von Hararis Flow-Definition finden, wenn auch, aufgrund der Publikations-bedingungen und gesellschaftlicher Konventionen, nicht alle Aspekte in voller Eindeutigkeit. Dennoch weisen die Quellen auf derartige Rauschzustände hin, für die der Krieg den Ermöglichungsraum bot – wie z. B. Heusingers oben angeführte Äußerung über die Mordlust napoleonischer Truppen, die nicht einmal von den Vorgesetzten hätte eingedämmt werden können. Diese Form von Rausch kann, wie jeder andere auch, durchaus zu einem erstrebenswerten Zustand werden und vereinzelt zu einer Art Suchtverhalten führen. Da nur eine Kriegssituation die Rahmenbedingungen für diesen Zustand bietet, über den zu sprechen sich außerhalb dieses entgrenzten Raumes noch dazu ver-bietet, kann ein erneuter Einsatz für den Betreffenden als wünschenswert betrachtet und angestrebt werden.

Krieg ist immer eine Aneinanderreihung von Gewalttaten, jedoch nicht zwangsläufig bei jedem Beteiligten Auslöser für Gewaltentgrenzung. Nicht nur, aber besonders in Klauß' Zeugnis werden extreme Gewalttaten einzelner Kriegsteilnehmer hervorgehoben. Ihr Verhalten ist sicher durch erlebte Gewalt verstärkt worden, sie kann jedoch nicht als alleinige oder allgemeingültige Ursache für Gewaltentgrenzung geltend gemacht werden. Welcher Grad an Gewaltanwendung bzw. Gewaltentgrenzung durch den einzelnen Kriegs-teilnehmer mitgetragen, selbst ausgeübt oder gezielt vorangetrieben wurde, hing von einer Vielzahl von Faktoren ab, z. B. Gewöhnung bzw. Abstumpfung, Gruppenverhalten, Überlebenswillen, aber auch von Faktoren rein subjektiver Natur. Ist Gewaltanwendung für einen Kriegsteilnehmer von vornherein attraktiv und wird um ihrer selbst willen ausgeführt, so lässt sich nach Jan Philipp Reemtsma von autotelischer Gewalt sprechen.[415] In diesem Fall ist Krieg als ein Ermöglichungsraum für Gewalt, Anziehungspunkt und ideales Feld für Menschen mit hohem Gewaltpotenzial und niedriger Hemmschwelle, insbesondere dann, wenn die unkontrollierte Ausübung von Gewalt im gesellschaftlichen Umgang als antizivilisatorisch gilt.[416] Auch wenn sich davon

---

414   Harari: Combat Flow, in: Review of General Psychology 12, H. 3 (2008), S. 255.

415   Zu den drei Typen, in die Reemtsma die Gewaltausübung unterteilt, siehe: Reemtsma, Jan Philipp: Vertrauen und Gewalt. Versuch über eine besondere Konstellation der Moderne. Hamburg 2008.

416   Sönke Neitzel und Harald Welzer weisen bei der Untersuchung von Abhörprotokollen deutscher Kriegsgefangener darauf hin, dass nicht jeder Soldat zwangsläufig eine Phase

ausgehen lässt, dass die Mehrzahl der auf napoleonischer Seite kämpfenden Kriegsteilnehmer ihren Einsatz auf der Iberischen Halbinsel – schon aus Gründen der Konskription – unfreiwillig antrat, schließt das die Anwesenheit gewaltaffiner Personen nicht aus. Dieser Gesichtspunkt sollte daher bei der Lektüre der Berichte nicht unberücksichtigt bleiben.

Dass gerade Kriegsbegebenheiten beim Verfassen von Lebenserinnerungen eine nachträgliche Verarbeitung bzw. eine für das Selbstverständnis passende Umarbeitung erfahren, ist nicht ungewöhnlich, sondern eine Praxis, die auch in der Gegenwart anhält. Volgmann verweist zwar auf die Gewaltspirale in diesem Krieg. Sie wird aber mit den täglich ums nackte Überleben kämpfenden Kriegsteilnehmern in Zusammenhang gestellt, die ständig die getöteten Kameraden um sich sahen, womit nicht nur der Kriegsalltag beschrieben, sondern zugleich das von Volgmann nicht weiter thematisierte Agieren der napoleonischen Truppen erklärt und gerechtfertigt wird.[417] Ein Einschub wie bei dem Verfasser der *Briefe aus Spanien*, dass sich in diesem Krieg auch Deutschsprachige „unbeschreiblich roh und zügellos betragen"[418] hätten, ist eine Seltenheit.

In diesem Zusammenhang können die blinden Flecken der eigenen Gewalttaten nicht auf die allgemeinen Konventionen der Zeit reduziert werden. Sie erfüllten noch einen anderen Zweck. Die Negativierung Frankreichs war in der Zeit der Restauration und den damit einhergehenden Bestrebungen der Herrschaftssicherung im deutschsprachigen Raum von besonderem Interesse, insbesondere in den in der napoleonischen Zeit neu entstandenen Staaten sowie in Staaten mit unter Napoleon geändertem Grenzverlauf, der nach dem Wiener Kongress beibehalten wurde. Wie bereits dargelegt, wurde Napoleon noch lange nach seiner Herrschaft auch von vielen deutschsprachigen Kriegsteilnehmern verehrt. Die Ablehnung Frankreichs war in breiten Bevölkerungsschichten im deutschsprachigen Raum ebenfalls nicht so groß, wie von Seiten der Regierenden gewünscht. Trotz aller Schwierigkeiten und Belastungen waren unter Napoleon gerade für das Bürgertum und den Handel Verbesserungen geschaffen worden, die eine Dämonisierung Frankreichs erschwerten. Die gedruckten Berichte der Kriegsteilnehmer hingegen fügten sich mit den dort beschriebenen Übergriffen französischer Kriegsteilnehmer in die von Herrschaftsseite vertretene Sichtweise ein. Weniger Napoleon, der nur kurz in Spanien weilte, sondern das Handeln der Franzosen

---

der Brutalisierung benötigte, um mit entsprechender Gewalt zu agieren. Vgl.: Neitzel/Welzer: Soldaten, S. 83-94.

417 Vgl.: Volgmann: Wanderungen, in: Minerva 95, H. 3 (1815), S. 17.

418 o.V.: Briefe aus Spanien, in: Fackeln 1, H. 1 (1811), S. 8.

ganz allgemein wurde thematisiert. Diese künstliche Trennung erlaubte es, Napoleon (auch in den Berichten) Respekt zu zollen und Frankreich dennoch als blutrünstig darzustellen. Gleichzeitig entsteht der Eindruck, dass die auf napoleonischer Seite eingesetzten deutschsprachigen Kriegsteilnehmer aufgrund der Konskription gezwungen waren, die Gräueltaten auf der Iberischen Halbinsel zu erleben – jedoch nur als Beobachter, da Gewalt nicht ihre Sache war, sondern die Erkundung des fremden Landes. Diese paradoxen Trennungslinien in den Berichten dienen nicht nur der Selbstrechtfertigung der Verfasser, sondern in gewisser Weise auch der des Lesepublikums: Das hätte sich sonst sein Stillhalten unter der Napoleonischen Herrschaft vorwerfen und eingestehen müssen, dass das eigene Verhalten die auch von Landsleuten auf der Iberischen Halbinsel verübten Exzesse begünstigt hat. So aber nahmen die publizierten Berichte Rücksicht auf die Gefühlswelt der Leser und bedienten sie entsprechend. Das könnte ein weiterer Grund dafür sein, dass gerade die Publikationen von ehemals auf napoleonischer Seite Kämpfenden so große Verbreitung und Wiederauflagen erfuhren – im Gegensatz zu den Berichten der Kriegsteilnehmer auf britischer Seite. Ihr den Napoleonrausch im deutschsprachigen Raum eher anklagende Ton stellte eine oft ungeliebte Form des Erinnerns dar. Demensprechend verweigerte man ihnen auch die Anerkennung ihrer Leistungen im Kampf gegen Napoleon. Mit obrigkeitstreuen Kriegsteilnehmern, die – im Einklang mit ihren Dienstherren – erst für und dann gegen den französischen Kaiser gekämpft hatten, konnte man sich eher identifizieren.

6.2.2   Spanischer Unabhängigkeits- oder Volkskrieg. Eine Frage der Perspektive?

Die Darlegungen in Abschnitt 6.1 über den breiten Widerstand der spanischen Bevölkerung gegen die napoleonischen Truppen führt zu der mir mehrfach gestellten Frage, warum ich im Titel meiner Arbeit nicht den Begriff *Volkskrieg*, sondern *spanischer Unabhängigkeitskrieg* gewählt habe. Interessanterweise wurde diese Frage vornehmlich von deutschen Militärhistorikern aufgeworfen, nicht von spanischer oder anglophoner Seite.[419] Da mit den unterschiedlichen Begrifflichkeiten zugleich bestimmte Fremdbilder transportiert werden und dieses Projekt sich mit kriegsbedingter Fremdbildvermittlung auseinandersetzt, bietet es sich an, diesem Zusammenhang nachzugehen.

Im Englischen und Portugiesischen wird der Kampf auf der Iberischen Halbinsel gegen die napoleonischen Truppen als *the peninsular war* bzw. als *Guerra*

---

419   Für diesen Denkanstoß danke ich besonders Herrn Dr. Gerhard Bauer vom Militärhistorischen Museum in Dresden.

Peninsular bezeichnet. Das entspricht der britischen und portugiesischen Perspektive, nach der Portugal als Basis für die unter Wellington nach Spanien vordringenden Truppen diente.[420] Portugal war nicht nur z. B. durch napoleonische Übergriffe von den kriegerischen Auseinandersetzungen betroffen, sondern mit eigenen Truppen aktiv an ihnen beteiligt. Schauplatz der Auseinandersetzungen war aus britischer und portugiesischer Sicht demzufolge die gesamte Iberische Halbinsel, was sich in der Bezeichnung dieses Krieges in beiden Ländern widerspiegelt. Im Französischen finden sich verschiedene Begrifflichkeiten, die auf die unterschiedliche Rezeption der Ereignisse hindeuten: *campagne d'Espagne*, *guerre d'Espagne*, aber auch *Guerre d'indépendance espagnole*. In der spanischsprachigen Forschungsliteratur hingegen wird konsequent vom Kampf um die Unabhängigkeit Spaniens von Napoleon gesprochen, womit der Fokus der Erinnerung und die Bewertung des Krieges als *Guerra de la Independencia Española* in Spanien bis in die Gegenwart deutlich wird. Im deutschen Raum wird der spanische Widerstand gegen Napoleon vielfach als *Volkskrieg* rezipiert. Die Verwendung dieses Begriffs geht bis in die Zeit des Krieges selbst zurück und findet sich auch in der Gegenwart in unterschiedlichsten Publikationen oder auch in Ausstellungen, wie z. B. 2012 im Deutschen Historischen Museum in Berlin und im Militärhistorischen Museum in Dresden. Es stellt sich die Frage, warum die Auseinandersetzung auf der Iberischen Halbinsel gerade im deutschsprachigen Raum als *Volkskrieg* bezeichnet wurde und was die Verwendung dieses Begriffs in der Gegenwart über die Reflektion der Ereignisse von 1808-1814 aussagt. In diesem Zusammenhang ist es interessant, Berichte der sowohl auf französischer als auch auf britischer Seite kämpfenden deutschsprachigen Kriegsteilnehmer unter dem Gesichtspunkt der Kommunikation, aber auch bezüglich der Übersetzung der den damaligen Krieg bezeichnenden Begrifflichkeiten in den Blick zu nehmen.

„Der revolutionären Denkfigur entsprechend sei das Volk unbesiegbar, sobald es nur selbst die Waffen in die Hand nehme."[421] Das Volk als Zentrum der Macht, das sich seine Herrschaft jedoch erkämpfen und bewahren müsse, wurde in Frankreich für den Krieg mobilisiert. Die umfassende Mobilisierung ging mit der Einführung der Konskription einher, wurde jedoch auch mit einer Politisierung des Krieges verbunden, die Volk und Nation aneinanderband.[422]

---

420   Zum Kriegsverlauf siehe Kapitel 2.

421   Rink, Martin: Preußisch-deutsche Konzeptionen zum „Volkskrieg" im Zeitalter Napoleons, in: Lutz (Hg.): Reform, Reorganisation, Transformation. Zum Wandel in den deutschen Streitkräften von den preußischen Heeresreformen bis zur Transformation der Bundeswehr. München 2010, S. 72.

422   Vgl.: Rink: Vom Partheygänger zum Partisanen, S. 194-196.

Unter Volkskrieg wurden somit nach Rink auch „die Operationen der vom Staat mobilisierten Wehrpflichtheere verstanden"[423]. Der Erfolg des französischen Heeres gegen traditionell aufgestellte Armeen führte Ende des 18. Jahrhunderts dazu, dass seine veränderte Ausbildung und Organisation Vorbildcharakter für verschiedene Staaten in Europa gewann, die ihrerseits ihre Heere zu reformieren begannen.[424] Dazu war die Lektüre französischer Schriften in militärischen Kreisen von zentraler Bedeutung. Französisch war im militärischen Bereich zudem Kommunikationssprache. Dementsprechend gelangten auch Informationen über den Kriegsverlauf auf der Iberischen Halbinsel oft auf Französisch in den deutschsprachigen Raum, insbesondere nach dem Aufstand vom 2. Mai 1808 und der Kapitulation eines französischen Korps bei Bailén. Wie bereits für die schöne und die Reiseliteratur festgestellt, nahm Französisch auch im militärischen Bereich eine Mittlerfunktion ein, wodurch das dort genutzte Vokabular für die Rezeption der Ereignisse in Spanien Verbreitung fand.

Um die unterschiedlichen Perspektiven nachvollziehen zu können, sei an dieser Stelle noch einmal ein kurzer Rückblick gestattet. Im französischen Verständnis hatte Joseph Bonaparte 1808 durch die Abdankung des spanischen Königs rechtmäßig dessen Platz eingenommen – abgesehen davon, dass die Abdankung auf französischen Druck erfolgt war. Aus spanischer Perspektive war die Abdankung eines Königs der spanischen Monarchie – noch dazu im Ausland und unter schwer nachvollziehbaren Bedingungen – nicht in Übereinklang mit der Rolle des Königshauses zu bringen.[425] Daraus resultierte zunächst eine große Verunsicherung, und zwar sowohl in Spanien als auch in seinen Kolonien. Hinzu kommt, dass die „Unabhängigkeit des bourbonischen Spaniens [...] damals als identisch mit der Freiheit des Königs angesehen worden war"[426]. Die Abwesenheit Ferdinands stand symbolisch für die Unfreiheit Spaniens und der Spanier, die nun von Fremden beherrscht wurden. In dieser Situation wurde, wie bereits ausgeführt, auf althergebrachte regionale – und damit dezentrale – Strukturen der Herrschaftssicherung zurückgegriffen, die die Regierungsgewalt in Vertretung des abwesenden Königs ausüben sollten (Junta Central, Cortes, siehe Kapitel 2.2). Obwohl diese regionalen

---

423   Rink: „Volkskrieg", S. 66.

424   Vgl.: ebd., S. 65; Pröve: Militär, Staat und Gesellschaft, S. 8-10. Weiterführend siehe: Fiedler: Kriegswesen und Kriegführung. Bd. 2; Fiedler: Grundriß der Militär- und Kriegsgeschichte. Bd. 2.

425   Vgl.: Guerra, F.-X.: Modernidad e independencias. Ensayos sobre las revoluciones hispánicas. Bd. 3. Aufl. (Colecciones MAPFRE 1492. 11, Colección Relaciones entre España y América, Bd. 16). Madrid 2000, S. 118-122.

426   Wohlfeil: Spanien und die deutsche Erhebung, S. 262.

Strukturen nicht unerheblich von den Interessen der einzelnen Provinzen geprägt waren, breitete sich der Widerstand gegen Joseph Bonaparte in bis dahin unbekanntem Maße schnell und fast flächendeckend aus.[427] Große Vielfalt und die Anpassung an die geografischen Gegebenheiten des Landes waren seine besonderen Merkmale. In der Mobilisierungsphase vollzogen sich in den unterschiedlichen Regionen des Landes die verschiedensten Prozesse parallel oder kurz hintereinander. Während der ersten Welle war es das Ziel der Junta Central, „jeden Spanier rechtsverbindlich zur Verteidigung seiner Heimatgemeinde zu verpflichten"[428]. Spanier sollten gemeinsam und überall dem Gegner entgegentreten.[429] Allerdings erwies es sich als schwierig, die spanische Bevölkerung zum gemeinsamen, Regionen übergreifenden Aufstand zu bewegen. Entgegen der Schlussfolgerungen von Wohlfeil wurde der aktive Widerstand von der Mehrheit der spanischen Bevölkerung offenbar weniger als ein nationales Anliegen verstanden,[430] auch wenn man der Fremdherrschaft Bonapartes im Allgemeinen eher ablehnend gegenüber stand. Die sevillianische Junta hatte bereits in den ersten Kriegswochen Vorsichtsregeln zusammengestellt, die dem ungleichen Kräfteverhältnis zwischen französischer und spanischer Seite Rechnung trugen.[431] Demnach waren offene Feldschlachten zu vermeiden und stattdessen ein *guerra de partidas* zu führen, eine Taktik, die im Grunde dem sogenannten kleinen Krieg entsprach.[432] Unter Berücksichtigung der Beschaffenheit des Landes, der oft unausgebildeten Männer sowie deren mangelnder Ausrüstung wurden, wie bereits gezeigt, aus den Kolonien und dem arabisch-afrikanischen Raum bekannte Kampfformen einbezogen. Auch in den hier untersuchten Quellen wird zwischen den bekannten Kampfformen und den hinzugekommenen Elementen der als Guerilla bezeichneten spanischen Widersacher unterschieden (siehe Kapitel 6.1). Die Guerilla werden in diesem Zeitraum zu einem ebenso gefürchteten wie bewunderten Mythos, um die sich viele Geschichten und Erzählungen ranken. Von französischer Seite wurde dieser Widerstand von Anfang an als Insurrektion bezeichnet, also als unrechtmäßiger Aufstand gegen eine rechtmäßige Herrschaft.[433] Damit suchte man ihn von vornherein zu delegitimieren und gleichzeitig die Rezeption dieses Krieges zu bestimmen.

---

427 Vgl.: Rink: „Volkskrieg", S. 76.
428 Wohlfeil: Spanien und die deutsche Erhebung, S. 31-32.
429 Vgl.: Wohlfeil, Rainer: Der Volkskrieg im Zeitalter Napoleons, in: Groote/Müller (Hg.): Napoleon I. und das Militärwesen seiner Zeit. 1. Aufl., Freiburg i. B. 1968, S. 110.
430 Vgl.: ebd., S. 113.
431 Vgl.: ebd., S. 110-111.
432 Vgl.: ebd.
433 Vgl.: ebd., S. 105.

Unabhängig von den Aktivitäten der Juntas und der Guerilla wurde auch in den einzelnen Provinzen Spaniens immer wieder zur Verteidigung der *pueblos* aufgerufen. Die Bedeutung des Wortes *pueblo* muss hier näher erläutert werden, denn dahinter verbergen sich im damaligen Spanisch mehrere Bedeutungsebenen. Zum einen wurde unter *el pueblo espagnol* Spanien im Sinne seines Weltreiches gefasst. Das Wort *pueblo* stand aber auch für Bevölkerung, mit entsprechendem Zusatz wie *de la ciduad* konnte ebenso eine bestimmte Bevölkerungsgruppe gemeint sein, was soziale Zuweisungen beinhaltete.[434] Der Begriff *pueblo* hatte aber vor allem auch eine räumliche Dimension. Er bezeichnete eine bestimmte Region, der sich Menschen zugehörig fühlten, also ein Dorf, eine Stadt oder eine Provinz.[435] Im agrarisch geprägten Spanien mit seinen lokalen Macht- und Herrschaftsstrukturen war die Identifikation mit der heimischen Provinz zum damaligen Zeitpunkt stark ausgeprägt und wirkte sich – zu Wellingtons Ärger – auch auf die Kriegführung aus. So erwies es sich oft als sehr schwierig, die Bevölkerung zu Widerstands- oder Kampfhandlungen außerhalb ihres *pueblo* zu mobilisieren. Besonders deutlich wurde das z. B. an den Grenzen der Provinzen, wo mit den jeweiligen regionalen Machtstrukturen auch die Kampfbereitschaft der Ortsansässigen endete. Spanien war also, wie auch die Verfasser der untersuchten Berichte immer wieder betonen, keinesfalls ein einheitliches Ganzes, sondern eine von zahlreichen *pueblos* getragene Monarchie, deren Gleichgewicht es zu wahren galt. Der starke lokale Bezug der spanischen Bevölkerung weist auf ein traditionelles Staatsverständnis hin, das mit dem durch die Revolution geprägten französischen nicht überein ging. Auch wenn liberale Gedanken in der Zeit des Unabhängigkeitskrieges in Spanien Auftrieb erfuhren, erfassten sie nicht die breite Masse der Bevölkerung, die sich weiterhin in traditionellen Denkmustern im Sinne der *pueblo*-Gemeinschaft bewegte.[436] Im Französischen wurde das Wort *pueblo* jedoch oft mit *peuple* (Volk) oder *population* (Bevölkerung) übersetzt, Begriffe, die nach 1789 eine ganz andere inhaltliche Bedeutung als die des spanischen *pueblo* erlangt hatten und an den französischen Nationenbegriff gebunden waren. Über das Französische fanden diese Begrifflichkeiten ihren Weg in den deutschsprachigen Raum, nicht zuletzt über die Kriegsteilnehmer, die verschiedentlich auf französische Berichte verweisen.[437] Auch wenn sich die

---

434 Vgl.: Hocquellet, Richard: Mobilisation populaire et invention nationale dans l'Espagne
      en lutte contre la France (1808-1814), in: Revue d'histoire du XIXe siècle 42, H. 1 (2011),
      S. 73-74.
435 Vgl.: ebd., S. 73.
436 Vgl.: ebd., S. 76.
437 Wie bereits dargelegt, bezieht z. B. von Brandt die Memoiren von de Pradt in seine
      Publikation ein. Vgl.: Brandt: Ueber Spanien; Pradt: Mémoires historiques.

Verfasser der hier untersuchten Zeugnisse der lokalen Spezifik des Krieges bewusst waren (siehe Kapitel 5.1), schrieben auch sie in ihren Berichten in Bezug auf Spanien von Volk und Nation. Im deutschsprachigen Raum wurden diese Begriffe – der französischen Übersetzung folgend – im Allgemeinen auch im französischen, national gebundenen Sinne verstanden. Die eigentliche Bedeutungsebene des Wortes *pueblo* hingegen wurde nicht rezipiert. Der Widerstand eines *pueblo* avancierte beim Leser französischer Berichte schnell zum Widerstand des Volkes. Sinn verändernde Übersetzungen und fehlendes kulturelles Wissen führten so zu einem verzerrten Blickwinkel auf die Ereignisse in Spanien als einem Volkskrieg im Sinne einer nationalen Erhebung, die die Napoleon kritische Öffentlichkeit im deutschsprachigen Raum beflügelte und Spanien eine nationale Vorreiterrolle zuschrieb. Bei Rink ist nachzulesen, dass z. B. Gneisenau[438] in seinen Schriften über den Krieg in Spanien von der Bezeichnung Insurrektion (womit er zunächst die französische Sichtweise übernommen hatte) zu Volkskrieg wechselte.[439] Nach Wohlfeil galten „Volkskriege, wie der spanische [...] jedoch auch nach ungeschriebenem völkerrechtlichem Brauch als unzulässig, weil sie die gesamte staatliche Ordnung bedrohten [...] Volkserhebungen und Volkskriege solcher Art widersprachen den Herrschaftsformen, die im Jahre 1808 in Europa bestanden."[440] Insbesondere nach der Französischen Revolution war man in den europäischen Monarchien an einer Bewaffnung der Bevölkerung nicht interessiert, barg sie doch die Gefahr, die eigene Herrschaft langfristig zu gefährden. Im eigenen Interesse galt es, die allgemeine Mobilisierung und den Widerstand gegen Napoleon nicht über die Wiederherstellung der zuvor bestehenden Machtverhältnisse hinaus gehen zu lassen. Dementsprechend stand man der Beteiligung und vor allem der damit verbundenen Bewaffnung breiter Bevölkerungsteile auch im deutschsprachigen Raum kritisch gegenüber. In Spanien hatte man sich aufgrund der Partikularität des Landes und seiner inneren Zoll- und Wirtschaftsgrenzen zur Abwehr von Banden und einem verbreiteten Schmugglerwesen bereits früher auf ein lokales Milizsystem gestützt, was verbreiteten Waffenbesitz

---

438 August Wilhelm Antonius Graf Neidhardt von Gneisenau (1760-1831) trat ab 1778 in verschiedene militärische Dienste, nahm 1782-1783 am amerikanischen Unabhängigkeitskrieg teil und machte ab 1785 Karriere in preußischen Diensten, wo er zum Generalfeldmarschall aufstieg. Er war u. a. an der Ausarbeitung der preußischen Heeresreformen beteiligt und hatte als Stabschef Blüchers maßgeblichen Anteil am Sieg bei Waterloo. Weiterführend zu Gneisenau siehe: Thiele, Gerhard: Gneisenau: Leben und Werk des Königlich-Preußischen Generalfeldmarschalls. Eine Chronik. 2. Aufl., Berlin 2007; Otto, Hans: Gneisenau. Preußens unbequemer Patriot. Biographie. Bonn 1983.

439 Vgl.: Rink: Vom Partheygänger zum Partisanen, S. 279.

440 Wohlfeil: Der Volkskrieg im Zeitalter Napoleons, S. 117.

in der Bevölkerung mit sich brachte.[441] Die Teilnahme ehemaliger Soldaten, Schmuggler, Briganten, auf Konfrontation oder Rache sinnender Landleute oder Milizen und Geistlicher am Widerstand gegen Napoleon machte die Entwicklung des Landes nach dem Ende der Auseinandersetzungen unabsehbar und möglicherweise unkontrollierbar.[442] In der Zeit des Absolutismus war man gerade darum bemüht, das Volk zu entwaffnen.[443] Obwohl in Spanien kein Volks-, sondern ein Guerillakrieg geführt wurde, stellte es für die herrschenden Eliten eine Art unkontrollierbaren Pulverfasses dar – eine Feldstudie unter Beobachtung, die der Diskussion um das Thema Volkskrieg Auftrieb verlieh.

> Wenngleich die Guerilla nach dem Muster des bereits bekannten kleinen Krieges operierte, so erreichte das ein Ausmaß der Volksbeteiligung und die Art und Weise der Kriegführung eine neue – oder besser vorabsolutistische alte – Dimension. Die [...] Guerilla war weit mehr als ‚nur' eine neue Taktik, denn sie warf die sozialen, rechtlichen und wirtschaftlichen Normen des Absolutismus völlig um. [...] Noch lange bevor sich die verheerenden Folgen des spanischen Krieges für Napoleon in ihrem vollem Ausmaß zeigten, hatte dieser Konflikt massiven Einfluss auf die Pläne zum deutschen Volksaufstand. Die Pläne Gneisenaus und anderer führen zu einer neuen Konzeption des kleinen Krieges. Bei der Guerilla, – d. h. beim Landsturmkonzept – handelte es sich nicht nur um einen Volkskrieg, sondern um den kleinen Krieg in strategischer Dimension. Dieses Konzept wurde in Preußen in äußerst klarer Weise durchdacht und in höchst unvollkommener Weise in die Tat umgesetzt.[444]

Der Volksaufstand im Sinne eines Volkskrieges war im deutschsprachigen Raum in aller Munde. Nicht nur Gneisenau und Clausewitz[445] setzten sich während und nach dem Krieg in Spanien theoretisch mit der Taktik der Guerilla und der Beteiligung der Bevölkerung am Kampf auseinander. Auch und gerade die Erlebnisberichte der aus Spanien zurückkehrenden

---

441 Vgl.: Rink: „Erfindung" des Guerillakrieges, in: Militärgeschichte. Zeitschrift für historische Bildung 1, (2008), S. 7.

442 Vgl.: ebd., S. 8.

443 Vgl.: Rink: „Volkskrieg", S. 69.

444 Rink: Vom Partheygänger zum Partisanen, S. 277.

445 Carl von Clausewitz (1780-1831) war ein preußischer General, der sich ebenfalls durch die Entwicklung und Durchführung von Heeresreformen hervortat. Seine militärtheoretischen Schriften (insbesondere „Vom Kriege") beschäftigen sich mit Strategie, Taktik und Philosophie und werden bis in die Gegenwart an Militärakademien gelehrt. Weiterführend zu Clausewitz siehe: Schössler, Dietmar: Carl von Clausewitz. Mit Selbstzeugnissen und Bilddokumenten. (Rowohlts Monographien, Bd. 448). Reinbek bei Hamburg 1991; Parkinson, Roger: Clausewitz. A Biography. Digit. Fass. d. Ausg. 1971, New York 2002; Derbent, T./Camenisch, Marco: Clausewitz und der Volkskrieg. Frankfurt am Main 2012.

Kriegsteilnehmer waren in diesen Diskurs eingebunden. Der 1811 veröffentlichte Bericht des Verfassers der *Briefe aus Spanien* verwendet noch durch-
gehend den Terminus Insurrektion, was die französische Sichtweise auf den
Widerstand suggeriert.[446] Von Brandt verwendet den Begriff Insurrektion vor
allem dann, wenn er den Widerstand in einer Region für unangebracht hielt.[447]
Ansonsten legen seine Aufzeichnungen – nicht zuletzt angesichts seiner
späteren Karriere und seinem Bemühen, sich durch seine Anwesenheit vor
Ort als Kenner der Materie zu positionieren – eine aktive Auseinandersetzung
mit der Thematik Volkskrieg nahe. Er verwendet den Begriff zwar selten, z. B.
am Ende des vierten Kapitels seines Berichts von 1823 im Zusammenhang
mit der Beschreibung der Guerilla,[448] und definiert den Terminus auch nicht.
Offensichtlich konnte er davon ausgehen, dass er hinlänglich bekannt war
oder für sich selbst sprach und keiner näheren Erklärung bedurfte. Obwohl
der Begriff damals im deutschsprachigen Raum eng an den erfolgreichen
Widerstand in Spanien gebunden wurde, ändert von Brandt auch an dieser
Stelle seines Zeugnisses seine Perspektive auf die Dinge nicht: „Doch es glaube
Niemand, daß Spanien, ohne ein stehendes Heer zu haben, diesen Kampf
noch einmal bestehen könne, und daß der Volkskrieg, wie wir ihn hier finden,
hinreiche es von der Knechtschaft zu bewahren."[449]

Der damals fast legendäre Volkskrieg in Spanien wird von von Brandt zu einer
spezifischen Kampfform mit weit weniger Erfolgsaussichten deklariert, als man
ihr im deutschsprachigen Raum zuschrieb. Während von Brandts Aussagen
seine Abneigung gegen diese unkontrollierte, irreguläre Kampfesweise deutlich werden lassen, impliziert die Verwendung des Begriffs Volkskrieg zugleich
eine flächendeckende Erhebung. Trotzdem bleibt ein stehendes Heer für ihn
die entscheidende Komponente. Die Herabwürdigung der Guerilla bedient
gleichzeitig eine andere Argumentation von Brandts: Ohne die britischen
Truppen unter Wellington, die aus seiner Perspektive das fehlende stehende
Heer ersetzt hätten, wäre ein spanischer Sieg unmöglich gewesen. Den Anteil
der durchaus noch vorhandenen Teile der spanischen Armeen, die später unter
Wellingtons Oberbefehl agierten, negiert er an dieser Stelle vollkommen. Einzig das funktionstüchtige britische Heer und die, wie etwas später vermerkt,
gleichzeitig in Mittel- und Osteuropa ablaufenden Kampfhandlungen der
„Teutschen und [...] Russen"[450] haben den Ausgang des Krieges entscheiden

---

446   Vgl.: o.V.: Briefe aus Spanien, in: Fackeln 1, H. 1 (1811), S. 3-108.
447   Vgl. z. B.: Brandt: Ueber Spanien, S. 117.
448   Vgl.: ebd., S. 74.
449   Ebd.
450   Ebd., S. 75.

können. Der Krieg in Spanien wird so zu einem Krieg verschiedener Mächte um Spanien. Der Anteil des von ihm als Volkskrieg bezeichneten Widerstands bleibt aus dieser Perspektive minimal. Auch erscheint seine eigene Niederlage als Angehöriger der napoleonischen Truppen unter diesem Gesichtspunkt weniger dramatisch: Man war nicht dem gemeinen Volk, sondern einem Heer unterlegen, welches von anderen Mächten unterstützt worden war,[451] eine in der Restauration typische Interpretation und eine Aufwertung des eigenen Handelns, selbst wenn die französischen Okkupationsbestrebungen von von Brandt retrospektiv als eine Form der Knechtschaft bezeichnet wurden.[452]

Von Brandt hebt in seinen Ausführungen über den Kampf gegen Napoleon u. a. die Erhebung „ganzer Heere [...] die namentlich Deutschlands Schaaren im Befreiungs-Kriege so auszeichnete"[453] hervor, was das Verhalten der „Spanische[n] Landmacht"[454] um so unorganisierter und undisziplinierter erscheinen lässt. Damit reduziert er die spanische Gegenwehr indirekt auf die Aktionen der Guerilla, denen er bereits zuvor keinen großen Anteil an der Befreiung Spaniens zubilligt. Obwohl er die Befreiung Spaniens dem Eingreifen der britischen Truppen zuschreibt (und damit eine Interpretation Napoleons übernimmt)[455],[456] beschäftigt er sich immer wieder mit der Motivation der spanischen Gegenwehr. Neben der gelegentlichen Verwendung des Terminus' Volkskrieg schreibt er z. B.,[457] dass „ein großes Volk die Waffen ergriffen hat, um das höchste irdische Gut, seine Nationalunabhängigkeit"[458], zu verteidigen. Von Brandt verfügte demnach nicht nur über einen Nationenbegriff. Die nationale Unabhängigkeit hatte für ihn offenbar auch einen besonders hohen Wert. Über die Erhebung der Spanier bringt er sich in den Nationenbildungs- und Freiheitsdiskurs der Zeit ein. Den Zeitgenossen dürfte jedoch die Bedeutung solcher Umschreibungen klar gewesen sein. Immer wieder hebt er in seinem Bericht den Drang der Spanier nach Unabhängigkeit hervor und ihren Wunsch, nicht von fremden Mächten regiert zu werden. Gewollt oder ungewollt gesteht er somit dem Widerstand in den einzelnen Regionen und selbst der Guerilla und ihren Anführern einen besonderen Stellenwert zu. Bemerkungen wie: „Es gibt kein Land, das auf seine Unabhängigkeit stolzer wäre"[459] machen deutlich,

---

451   Vgl.: ebd., S. 74-75.
452   Vgl.: ebd., S. 4.
453   Ebd., S. 45.
454   Ebd.
455   Vgl.: ebd., S. 75 (einschließlich Fußnote *).
456   Vgl.: ebd., S. 47.
457   Vgl. z. B.: ebd., S. 74.
458   Ebd., S. 47.
459   Ebd., S. 122.

dass von Brandt einen zentralen Antrieb für den Kampf gegen Napoleon auf der Iberischen Halbinsel erkannt hatte. Trotz allen Bemühens, den spanischen Widerstand und seine Bedeutung herunterzuspielen, kam er offensichtlich nicht umhin, dieses Thema aufzugreifen.

Im Gegensatz zu seinem Bericht von 1823 beschäftigt sich von Brandt in anderen, oftmals militärtheoretischen Veröffentlichungen durchaus genauer mit dem Volkskrieg. In einem militärischen Handbuch aus dem Jahr 1829 definiert er ihn wie folgt: „Wir verstehen unter Volkskrieg einen Kampf, in dem die Energie und Kraft aller Bürger eines Staats sich mit entgegenkommender Bereitwilligkeit in der durch das Staats-Oberhaupt vorgezeichneten Richtung bewegt, und die Mehrzahl zwischen Selbstaufopferung oder Rettung des Vaterlandes nicht unschlüssig bleibt."[460]

Spanien dient von Brandt in seinen militärtheoretischen Abhandlungen als Beispiel,[461] obwohl seine Definition von Volkskrieg in Hinblick auf das Verhältnis zwischen Staatsoberhaupt und der Organisation des Widerstands gerade dort problematisch war. Der 1823 noch heruntergespielte und mit dem ebenfalls verwendeten Terminus Insurrektion als unrechtmäßig betrachtete Widerstand avanciert in seinen militärtheoretischen Schriften zur praktischen Erfahrung mit dem Phänomen Volkskrieg, der nach seiner Definition allerdings vom Handeln des Volkes im Sinne seines Herrschers ausgeht. Diese Betrachtungsweise entspricht seiner royalistischen Grundhaltung und auch der spanische Widerstand lässt sich für ihn im Nachhinein in dieses Bild einordnen: der nach der Niederlage Napoleons wieder eingesetzte spanische König Ferdinand VII. wurde – ganz im Sinne der Restauration – als legitimer Herrscher und somit auch der Widerstand gegen Joseph Bonaparte als legitim eingeordnet. In seinem Bericht Ueber Spanien bezeichnete von Brandt den spanischen Widerstand – dem Zeitgeist folgend – als Kampf um „National-Unabhängigkeit"[462] und richtete sich, wie die meisten der damals üblichen Publikationen von Kriegsteilnehmern, an eine breite, historisch und politisch interessierte Leserschaft, der er aus persönlicher Perspektive einen Überblick über die Verhältnisse in Spanien vermitteln wollte. Seine militärtheoretischen Abhandlungen waren Teil seiner späteren Karriere als Militärlehrer, in denen er sich als Augenzeuge in die im deutschsprachigen Raum geführte Debatte um den Volkskrieg einbrachte und seine persönliche Perspektive auf die

---

460 Brandt: Handbuch, S. 322.

461 Vgl. z. B.: ebd., S. 335, 344, 346, 355, 359-360, 362; Brandt, Heinrich von: Handbibliothek für Offiziere, oder: Populaire Kriegslehre für Eingeweihte und Laien. Bd. 6, Abt. 2: Der kleine Krieg in seinen verschiedenen Beziehungen. Berlin 1837, S. 226, 250-260, 307, 410, 490-498.

462 Brandt: Ueber Spanien, S. III.

Geschehnisse als Expertenwissen offerierte. Dieser Umstand legt nahe, dass der Begriff Volkskrieg damals zwar durchaus mit Spanien in Verbindung gebracht wurde, das Interesse an dieser Thematik in militärischen und staatspolitischen Kreisen jedoch vornehmlich seiner Verhinderung bzw. der Sicherung der in der Restauration wieder hergestellten Herrschaftsverhältnisse galt, war doch die – nicht nur für von Brandt unkalkulierbare – Volksbewaffnung im aufkommenden Nationenbildungsprozess bis hinein in die Debatten der Frankfurter Nationalversammlung immer wieder Gegenstand der Diskussion.[463]

Der Militärwundarzt Geißler verwendet in seiner 1830 erschienenen Veröffentlichung den Begriff „Volkskampf"[464]. Der im Vorwort gewählte Begriff stellt von Anfang an klar, unter welchem Gesichtspunkt sich der Bericht dem Thema Spanien widmet. Der Leser im deutschsprachigen Raum konnte diesen Begriff und damit zugleich die Bedeutung des Berichts klar zuordnen, denn „wem von uns wäre wohl unbekannt, daß der Volkskampf in Spanien [...] mit Recht in den Annalen der neueren Kriegsgeschichte berühmt"[465] geworden wäre. Im Zeugnis selbst wird der Terminus nicht weiter thematisiert, sondern das Erlebte und Gehörte beschrieben. In einer Passage über einen Guerilla Führer nutzt Geißler die Bezeichnung „Volksaufstand"[466], womit er die breite Unterstützung des Widerstands in seinem Einsatzgebiet (Katalonien) unterstreicht. Er verweist auch auf die Abneigung der Spanier gegen Frankreich,[467] die eine wesentliche Motivation für den Kampf gewesen wäre. Der Begriff Volk findet immer wieder im Zeugnis Verwendung,[468] wobei sich Geißler auf die Bevölkerung Kataloniens bezieht. Trotz durchaus vermerkter lokaler Differenzen verallgemeinert er die erlebten Einzelfälle, da er als Angehöriger der napoleonischen Truppen in seiner Einsatzregion überall auf massive Gegenwehr traf.

Auch wenn sich der Begriff Volkskrieg in Schümbergs Bericht nicht findet, thematisiert auch er immer wieder den Kampf der Spanier. Ihr Verlangen nach Unabhängigkeit und ihre Ablehnung der fremden Herrschaft stellten seiner Meinung nach eine Antriebsfeder im Kampf gegen Napoleon dar und

---

463   Zu den Debatten der Frankfurter Nationalversammlung siehe: Kühne, Jörg-Detlef: Die Reichsverfassung der Paulskirche. Vorbild und Verwirklichung im späteren deutschen Rechtsleben. Frankfurt am Main 1985.
464   Geißler: Denkwürdigkeiten (1830), S. IV.
465   Ebd.
466   Ebd., S. 133.
467   Vgl. z. B.: ebd., S. 3-4.
468   Vgl. z. B.: ebd., S. 3, 116, 118.

zeichneten Spanien und die Spanier gegenüber anderen Ländern aus: „Der Gedanke an fremde Herrschaft ist für den Spanier schon halber Tod [...]"⁴⁶⁹.

In den ausgewählten Zeugnissen werden der Kampf der Spanier um ihre Unabhängigkeit und die Ablehnung eines für sie aufoktroyierten Herrschers thematisiert. Bei der Lektüre der Berichte wird die regionale Differenzierung dieses Kampfes sichtbar. Natürlich könnte die Betonung des Kampfes um nationale Unabhängigkeit in der Zeit der Restauration auch eine indirekte Bedeutung für den aufkommenden Nationenbildungsprozess im deutschsprachigen Raum haben. Zieht man jedoch die Lebenswege der Verfasser oder ihre unterschiedlichen politischen Anschauungen in Betracht, dann ist die Absicht einer möglichst umfassenden Darlegung der spanischen Verhältnisse einschließlich der Motivation für das Handeln der Bevölkerung wahrscheinlicher. Der Terminus spanischer Unabhängigkeitskrieg reflektiert also einerseits die in den Quellen enthaltenen Beschreibungen und erfasst zugleich das Wesen der damaligen Auseinandersetzungen auf der Iberischen Halbinsel. Das Thema Volkskrieg ist eine vornehmlich im deutschsprachigen Raum diskutierte Problematik, die, wie bereits dargelegt, einer u. a. sprachlich verzerrten Perspektive auf die Geschehnisse in Spanien, den Hoffnungen und Idealen liberaler Kräfte und den Befürchtungen der damaligen Herrschaftseliten vor bürgerlichen Umstürzen geschuldet ist. Den Terminus auf den Krieg in Spanien zu beziehen, wird bei genauerer Betrachtung schwierig, denn er speiste sich aus lokalen Erhebungen.⁴⁷⁰ So bemerkt z. B. auch Rink: „Dabei war der spanische ‚Volkskrieg' eine ambivalente Angelegenheit. Das ‚Volk' nahm auf ganz unterschiedliche Weise teil; in erster Linie bestand die Bevölkerung nicht aus heroischen Kämpfern, sondern aus Menschen, die vom Krieg heimgesucht wurden. Auch scheitert der Versuch, den Konflikt in *eine* Kategorie einzuordnen."⁴⁷¹ Wie bereits an anderer Stelle bemerkt, dient Spanien auch in diesem Zusammenhang als eine Projektionsfläche für Auseinandersetzungen im deutschsprachigen Raum, deren Wirkung sich in einem eigenen Diskurs bis in die Gegenwart hält und sowohl Angst als auch Faszination vor dem Phänomen Volkskrieg widerspiegelt. Die Zeugnisse hingegen zeigen ein sehr differenziertes Bild des Kampfes um die spanische Unabhängigkeit in

---

469 [Schümberg]: Erinnerungen, S. 228.

470 Rink verweist in seiner Dissertation darauf, dass in Spanien „die neue Konzeption von Volk und Nation, die sich in der Französischen Revolution entwickelt hatte, in die Praxis übertragen" wurde. Dem kann so nicht zugestimmt werden, denn die Mehrheit der Bevölkerung hatte ein eher traditionelles Staats- und Nationenverständnis, auch wenn der Begriff *nación* gebraucht wurde. Vgl.: Rink: Vom Partheygänger zum Partisanen, S. 309.

471 Rink: „Erfindung" des Guerilakrieges, in: Militärgeschichte. Zeitschrift für historische Bildung 1, (2008), S. 4.

all ihren Formen und Widersprüchlichkeiten. Da es sich in diesem Projekt nicht um die Analyse deutschsprachiger Projektionen auf Spanien, sondern um die Perspektive von Kriegsteilnehmern auf das Land und ihren Beitrag im Spanien-Diskurs handelt, findet hier die Bezeichnung spanischer Unabhängigkeitskrieg Verwendung.

6.3   Resümee

Von den Verfassern der hier untersuchten Quellen wird der in ihren Einsatzregionen erlebte Widerstand der Spanier gegen Joseph Bonaparte als Widerstand des spanischen Volkes gebündelt. Der im deutschsprachigen Raum und vor allem in militärischen Kreisen diskutierte Begriff vom Volkskrieg steht für sie jedoch nicht im Fokus. Ihre Berichte verweisen in unterschiedlichem Maße auf Gegner und Feinde, in jedem Fall jedoch wird in diesem Zusammenhang die erlebte Gewalt der Gegenseite und namentlich die der Franzosen[472] thematisiert. Gewalt erscheint als Handlungsoption im Ermöglichungsraum Krieg, wird jedoch in Bezug auf das eigene Agieren der Verfasser, wenn überhaupt, nur sehr verhalten erwähnt. Das trifft sowohl auf die publizierten als auch auf die handschriftlichen Quellen zu, wobei letztere ein etwas deutlicheres Bild von den Schrecken des Krieges zeichnen. In der Regel ist es die mechanische Wiedergabe von Fakten, die die Darstellung von Schlachtfeldern, Toten oder militärischen Kampfhandlungen prägt.[473] Lediglich derart gestaltete Einschübe, gelegentlich auch Passagen, lassen auf den kriegerischen Aspekt des Aufenthaltes der Kriegsteilnehmer auf der Iberischen Halbinsel schließen. Die handschriftliche Quelle von Klauß offenbart allerdings, dass Krieg, Gewalt und Rauschgefühle im Angesicht von Tod und Zerstörung subjektiv akzeptiert und weder gesellschaftlich, emotional noch religiös-moralisch in Frage gestellt, sondern als normal und legitim betrachtet wurden. Auch die christliche Religion besaß im Falle entfesselter Gewalt keinerlei Einhegungsfunktion. Die Wahl eines nicht öffentlichen Mediums machte manches sagbar, was in gedruckten Zeugnissen ein blinder Fleck blieb. Genehmigte grenzenlose Gewaltausübung gestattete für eine gewisse Zeit ein Ausbrechen aus dem disziplinarischen Regelwerk des Militärs und wirkte als Kompensation für erlebte Gewalt. Unterdrückte Empfindungen wie Wut, Angst oder Hilflosigkeit (z. B. gegenüber unvermuteten Angriffen aus der Bevölkerung oder

---

472   Zur Vielschichtigkeit des Begriffs „Franzosen" siehe Kapitel 6.1.
473   Siehe dazu z. B. die Zeugniss von: Knauth: Tagebuch des Majors Knauth, o. J., LATh-StA Gotha, Geheimes Archiv WW VII r Nr. 62, Fol. 22 RS-46 RS; [Hering]: Erinnerungen.

der Guerilla) wurden ventiliert, was die Kanalisierung der Gefühlswelt für den weiteren Dienst erleichterte. Die Quellen weisen dabei auf Rauschzustände hin, bei denen hoch konzentriertes Handeln zum Ausblenden der für die jeweilige Tätigkeit unwichtigen Faktoren führt, den so genannten Flow, der eine Optimierung der Leistung und ein subjektives Glücksgefühl zur Folge hat.[474] Nach Harari kann sich dieser Zustand auch unter Gefechtsbedingungen einstellen. Die im combat flow optimierte Leistungsfähigkeit kann zum Überleben beitragen, was das – auch in der Gegenwart – oft ambivalente Verhältnis von Kriegsteilnehmern zu ihren Einsätzen möglicherweise erklärt. Der abgeklärte Umgang mit dem allgegenwärtigen Tod war andererseits der einzige Schutz, um unter den Bedingungen des Krieges nicht zusammenzubrechen.

Sowohl eine Beteiligung an – obwohl allseits geübter – Brutalität als auch ein gewisses Ergötzen daran standen weit außerhalb der gesellschaftlichen Konventionen. So etwas war nur im Kriegszustand nachvollziehbar, in einem Raum, für den die sonst gültigen Regeln gesellschaftlichen Umgangs ausgehebelt waren. Mit dem Ende des Einsatzes und der Rückkehr in andere, nun wieder geltende Rahmenbedingungen wurde nicht nur der entgrenzte Raum verlassen, sondern die erlebte Entgrenzung vom öffentlichen Selbst der Kriegsteilnehmer getrennt. Sie blieb zwar innerlich vorhanden, war aber gegenüber der Familie und der Öffentlichkeit unsagbar. Der in den Berichten als blinder Fleck erscheinende Aspekt der eigenen Gewaltausübung erweist sich als Selbstschutz der Verfasser. Hätten sie öffentlich gemacht, zu welchen Grausamkeiten sie während des Krieges fähig waren, wären sie Gefahr gelaufen, von der Gesellschaft geächtet zu werden. Das Er- und Überleben der von Franzosen und Spaniern verübten Gewalt hingegen rückte sie in das Licht der Tapferen, die Mitleid und/ oder Bewunderung verdienen. Die künstliche Abgrenzung der Deutschsprachigen von den anderen Angehörigen der napoleonischen Truppen, insbesondere von den Franzosen, diente der Exklusion der Verantwortung für die Gewaltexzesse, vor allem auch der Abgrenzung der deutschsprachigen Regionen gegenüber Frankreich, das nachträglich als besonders blutrünstig dargestellt wird. In diesem Zusammenhang verwundert die Wiederauflage solcher Berichte vor dem bzw. während des deutsch-französischen Krieges wenig.

---

474   Zum Flow siehe: Csikszentmihalyi, Mihaly/Aebli, Hans: Das flow-Erlebnis. Jenseits von Angst und Langeweile: im Tun aufgehen. (Konzepte der Humanwissenschaften). 11. Aufl., Stuttgart 2010.

KAPITEL 7

Krieg, eine spezifische Form des Kulturkontakts

Ausgangspunkt für die vorliegende Arbeit war die Frage, inwiefern Krieg mit einer spezifischen Form von Kulturkontakt einhergeht. Als Beispiel für diese Untersuchung wurden Zeugnisse von deutschsprachigen Kriegsteilnehmern am spanischen Unabhängigkeitskrieg ausgewählt und einer Analyse unterzogen. Um dieser Frage nachspüren zu können, war es wichtig, die verschiedenen Ebenen und Schichten in den Quellen Stück für Stück freizulegen und die Aussagen kritisch zu hinterfragen. Da es sich bei den Zeugnissen um Medien handelt, mussten neben den Kriegsursachen und dem Kriegsverlauf auch die Entwicklung der Presselandschaft sowie des Verlagswesens, der Publikationsbedingungen einschließlich Wiederauflagen, das Informationswesen der Zeit und damit auch (soweit möglich) die Leserschaft einbezogen werden, um die Verbreitung und Bedeutung der Selbstzeugnisse abschätzen und erste inhaltliche Filtermechanismen in den Quellen offenlegen zu können. Erst nach dieser Vorarbeit war es möglich, sich der subjektiven Sichtweise der Verfasser zu nähern. Dazu wurde ein kritischer, akteurzentrierter, quellengeleiteter Zugriff gewählt, um die verschiedenen Dimensionen und Bedeutungsebenen freizulegen. Dieser Zugang machte eine umfassende Kontextualisierung unabdingbar, um eine Vielzahl der in verschiedenen Ländern präsenten Diskurse zu berücksichtigen, sich auf dieser Grundlage die Sichtweise und Handlungsmöglichkeiten der Verfasser zu erschließen und an die Gegebenheiten ihrer – soweit nachvollziehbar – individuellen Lebenswege rückzubinden. Je nach in den Zeugnissen verhandelter Thematik musste dabei der theoretische Zugriff verfeinert oder modifiziert werden.

7.1   Das Beispiel des spanischen Unabhängigkeitskriegs

Die Quellenanalyse ergab, dass sowohl die napoleonischen als auch die Zensurbestimmungen in der Zeit der Restauration, aber auch die individuelle Verarbeitung der Kriegsereignisse die Verfasser veranlassten, ihre Berichte vorwiegend unter landeskundlichen Aspekten zu präsentieren. Das betrifft vor allem Kriegsteilnehmer, die auf napoleonischer Seite gekämpft hatten und die auf diese Weise versuchten, eine Diskussion über die erlittene Niederlage unter Napoleon oder das in Spanien durch sie zu unterdrückende Streben nach nationaler Unabhängigkeit zu umgehen. Aber auch die Erinnerung an den von Kriegsteilnehmern auf britischer Seite gezeigten Ungehorsam gegenüber damals Napoleon folgenden Landesherren war in der Restauration nicht erwünscht.

In der Mehrheit der gesichteten Quellen tritt das Selbst der Verfasser in den Beschreibungen hervor und verkörpert durchaus einen modernen Begriff von Individualität, auf die auch die Definition des Selbst nach Krusenstjern zutrifft.[1] Besonders in den gedruckten Schriften werden viele Aspekte des im Einsatzgebiet vorgefundenen Alltagslebens – wie Heilkunde, Tanz, Musik, Mode, Küche, Riten etc. – zum Teil ausführlich beschrieben, was die Berichte von Kriegsteilnehmern für Leser über den militärischen Adressatenkreis hinaus interessant machte und ein differenziertes und ambivalentes Spanienbild offenbart. Die in Bücher- und Bibliothekskatalogen vorgenommene Einordnung der Berichte in die Kategorie der historisch-politischen Schriften verhalf ihnen zu einer besonderen Glaubwürdigkeit, da sie die Authentizität der Zeugnisse bekräftigte. Der Eingang in Lesekreise, die ihrerseits für die Weiterverbreitung der Schriften sorgten, stärkte deren Legitimität und Repräsentativität um ein Weiteres. Über die Art der Publikation und die der Verbreitung sowie über die Leserschaft wurde ein Zirkelschluss erzeugt, der die Wahrhaftigkeit der Berichte legitimierte und den in ihnen enthaltenen Wissenszuwachs propagierte.

Die Vielzahl an landschaftlichen und kulturellen Beschreibungen besonders in den Zeugnissen der Verfasser, die auf napoleonischer Seite kämpften, machten den Krieg trotz der hohen Verlustzahlen einmal mehr zu einer Art Reise, von der der Zurückgekehrte als Experte über ein weit entferntes Land auftrat.[2] Die Teilnahme an diesem Krieg führt somit in den Augen der Verfasser als auch der Leser zu einem Wissens- und Bildungszuwachs, obwohl die Bedingungen, unter denen sich die Verfasser auf der Iberischen Halbinsel aufhielten, einen sehr spezifischen Blickwinkel beinhalten. Die Publikationen werden dabei zum Mittlermedium, um sich über sein näheres Umfeld hinaus Reputation oder eine Einkommensquelle zu verschaffen. Angesichts der geringen Zahl der Überlebenden dieses Einsatzes gewannen deren Zeugnisse an Bedeutung für die Öffentlichkeit und die Hinterbliebenen. Diese Selbstzeugnisse wurden somit repräsentativ für die Erfahrungen der Entsandten, auch derjenigen, die nicht zurückkehrten. Dass sich die Zeugnisse mitunter widersprechen bzw. aus verschiedenen Blickwinkeln berichten, schmälerte ihren Wert nicht, sondern weckte gesteigertes Interesse an ihren unterschiedlichen Perspektiven. Durch

---

1 Vgl.: Krusenstjern: Was sind Selbstzeugnisse?, in: Hist. Anthropol. 2, (1994), S. 462-471.
2 Vgl. z. B.: o.V.: Briefe aus Spanien, in: Fackeln 1, H. 1 (1811); Brandt: Ueber Spanien; [Schümberg]: Erinnerungen.

den konkreten Verweis auf Einsatzort und -zeit behalten nicht nur widersprüchlich erscheinende Aussagen ihre Berechtigung, sie zeichnen darüber hinaus ein diskursives Bild von Spanien, was die Position der Kriegsteilnehmer als kulturelle und Wissensvermittler sogar noch verstärkt. Das belegen nicht nur die Rezensionen der Berichte, sondern auch die Wiederauflagen der Zeugnisse. So hielten z. b. die nach dem Unabhängigkeitskrieg aufflammenden Karlistenkriege das Interesse an Spanien wach und führten – offensichtlich mangels umfassender und tiefgründiger aktuellerer Informationsquellen – zu Wieder- und sogar Erstauflagen bis dahin unveröffentlichter Berichte.[3] Wiederauflagen finden sich bis ins 20. Jahrhundert hinein, oft in Erwartung möglicher neuer Kriege instrumentalisiert oder durch ein entsprechendes Vorwort um eine spezifische Sichtweise bemüht.[4] Sie dienten u. a. dazu, den Kriegseinsatz als abenteuerliche Reise oder Heldengeschichte darzustellen und so das Bild der Öffentlichkeit positiv zu konturieren. Damit einher ging jedoch immer auch die aus dem Beginn des 19. Jahrhunderts stammende Sicht der damaligen Kriegsteilnehmer auf Spanien, seine Bewohner und ihre Kultur. Das zu dieser Zeit erlangte, nicht aktualisierte Wissen über das Land und die ursprünglichen Publikationsbedingungen dürften ohne Kontextualisierung besonders im 20. Jahrhundert zu einer weiteren Verzerrung der Perspektive auf Spanien beigetragen haben.

Besondere Beachtung ist den in den Zeugnissen entschlüsselten Codefunktionen der Beschreibungen von Landschaften im kulturgeografischen Sinne zu schenken – also der Kategorie Raum. Über sie wurde sonst Unsagbares – sei es z. B. aus Zensurgründen oder wegen des vorherrschenden Männlichkeitsbildes – sagbar gemacht. Dazu gehören die Sorge um das eigene Leben, die Umschreibung von Schrecken, gefühlter Bedrohung oder allgegenwärtiger Gefahr, entfesselter Gewalt, Zerstörungswut und natürlich Angst, aber auch das Überwinden von Angst und Fremdheit sowie die Kritik an

---

3   Vgl. z. B.: [Marter, Christian L.]: Fünf Marter-Jahre. Schicksale eines deutschen Soldaten in
    Spanien und Sicilien. Weimar 1834; Tromlitz, A. von: Sämmtliche Schriften von A. Tromlitz.
    Sammlung 2. Bd. 12: Der Papagei. Scenen aus dem Kriegsleben in Spanien, aus dem Tagebuche eines teutschen Officiers. Dresden u. a. 1834, S. 99-192; Rigel, Franz X.: Erinnerungen aus
    Spanien. Aus den Papieren des Verfassers des Siebenjährigen Kampfes auf der Pyrenäischen
    Halbinsel von 1807 bis 1814. Mannheim 1839; [Heusinger]: Des Kriegers Feierabende. Bd. 1;
    Heusinger: Des Kriegers Feierabende. Bd. 2; Ebbecke, Ludwig: Meine Schicksale während
    eines dreißigjährigen Militairdienstes, besonders in der Königl. Deutschen Legion zur Zeit
    der Expedition nach dem baltischen Meere, nach der Schelde und nahmentlich der Kriegszüge auf der pyrenäischen Halbinsel unter dem Oberbefehle Wellington's gegen Napoleon's
    Heere. Goslar 1851; Brandt: Aus dem Leben, Bd. 1-3.
4   Vgl. z. B.: Rehtwisch: Einleitung, S. 1; Geissler: Denkwürdigkeiten [1910]; Holzing: Unter
    Napoleon in Spanien [1936]; Holzing: Unter Napoleon in Spanien (1937).

bestehenden Herrschaftsverhältnissen. Die beschriebene Umgebung dient als Barometer für Veränderungen und gibt Aufschluss über Geschehenes. Die Landschaftsbeschreibungen gehen somit weit über die reine Darstellung von Natur und Umgebung hinaus – ein Umstand, der auch in anderen, nicht in die Untersuchung einbezogenen Zeugnissen sichtbar wird und in den eher literarisch-fiktionalen Quellen noch eine ganz andere Dimension erreicht.[5] In jedem Falle erscheint es lohnenswert, auch Zeugnisse von Kriegsteilnehmern aus anderen Einsatzgebieten, -zeiten und -ländern auf solche codierten Landschaftsbeschreibungen im Sinne eines hineingeschriebenen Erfahrungsraums zu prüfen.

Dass das asymmetrische Verhältnis zwischen den von Napoleon nach Spanien entsandten Kriegsteilnehmern und der spanischen Bevölkerung durchaus Verschiebungen unterlag, wird in Bezug auf Verletzung und Krankheit besonders deutlich. Hierbei handelt es sich um eine spezifische Kontaktzone, in der sogar die als Gegner Spaniens betrachteten Kriegsteilnehmer von den im Widerstand Kämpfenden kurzzeitig menschliche Zuwendung erfahren und Einblicke in bestimmte spanische Lebensbereiche erhalten konnten. In Abhängigkeit vom Kriegsverlauf entwickelte sich zwischen den verschiedenen Gruppen immer wieder ein, um mit Bogner zu sprechen „ungleiches Verhältnis [...] (meist) wechselseitiger Angewiesenheit"[6]. Dieses wechselseitige, immer wieder neu auszuhandelnde gegenseitige aufeinander angewiesen Sein zeigt sich deutlich in den Berichten – und zwar nicht nur in denen von Kriegsteilnehmern auf napoleonischer, sondern auch in denen auf britischer Seite. Allein die gängige Einquartierungs- und Versorgungspraxis brachte für Kriegsteilnehmer, wenn auch unter Kriegsbedingungen, Einblicke in das spanische Alltagsleben mit sich, die sich Reisenden auf touristischen Routen so nicht erschlossen.

Die Kontakte zur Bevölkerung hatten offenbar auch Auswirkungen auf die Feindbildkonstruktion. Feindbilder gehen als negativ sozial vermittelte Deutungsmuster mit einer Empathieverweigerung und oft mit einer

---

5 [Fürstenwärther]: Spanien; Vgl. z. B.: Mämpel, Johann C.: Der junge Feldjäger in fränzösischen und englischen Diensten während des Spanisch-Portugisischen Kriegs von 1806-1816. Bd. 3: Des jungen Feldjägers Kriegskamerad, gefangen und strandend, immer getroßt und thätig. Eingeführt von Goethe. Leipzig 1826; Schwarze: Lebensgeschichte; Tromlitz: Scenen aus dem Kriegsleben; Lindau: Erinnerungen; Barkhausen, Georg H.: Tagebuch eines Rheinbund-Offiziers aus dem Feldzuge gegen Spanien und während spanischer und englischer Kriegsgefangenschaft, hg. von seinem Enkel. Wiesbaden 1900.
6 Bogner: Gewaltkonflikte, S. 204.

Entmenschlichung des Gegners einher.[7] Erstaunlicherweise führt selbst die massive Gewaltentgrenzung auch seitens der Zivilbevölkerung im spanischen Unabhängigkeitskrieg in den Quellen in der Regel nicht zu einer allgemeinen Verteufelung der Spanier, sondern zu einer sogenannten Pseudospeziation (eine Art Trennung aufgrund unterschiedlicher kultureller Prägung). Über Kultur und Konfession – also über spezifische Sinnhorizonte – und damit verbundene stereotype Zuschreibungen wird eine subjektive Abgrenzung zwischen dem Selbst und der erlebten Fremde vorgenommen. Dadurch entstehende bzw. konstruierte Kausalbeziehungen ermöglichen es, sich zum Teil widersprechende Zuschreibungen in der Person des Spaniers zu vereinen und so das Bild eines ambivalenten Spaniers zu erzeugen, welches sich auf die gesamte Bevölkerung und das Land an sich übertragen ließ. Kriegsteilnehmer, die auf napoleonischer Seite auch in Portugal zum Einsatz kamen, stellen dem ambivalenten Spanier einen weitaus erbitterteren Portugiesen gegenüber, wodurch die Negativierung des Spaniers eine gewisse Begrenzung erfährt.[8] Im Rahmen dieses Prozesses enthalten die Zeugnisse verschiedene Aktualisierungen, aber auch Tradierungen von Spanienbildern und weisen insgesamt eine erstaunliche Vielfalt an Informationen über das Land und seine Bewohner auf. Die häufige Erwähnung des Stolzes der Spanier z. B. dürfte dazu beigetragen haben, dass sich die bereits seit dem 16. Jahrhundert bekannte, im deutschsprachigen Raum besonders durch Schillers Don Carlos verbreitete Redewendung *stolz wie ein Spanier zu sein* verfestigte und bis heute gebraucht wird.[9]

Um in die fremde Welt eintauchen zu können, sprechen die Verfasser den Leser auf den unterschiedlichsten Ebenen an, wie z. B. Genuss, Geschmack, Geruch, Musik oder Mode, und verbinden verschiedenste Eindrücke mit stark emotionalem Erleben. Die Lektüre der Berichte kann so zu einem – sowohl positiv als auch negativ besetzten – sinnlichen Erlebnis werden, das über emotionale Berührung und plastische Darstellungskraft ein lebendiges, einprägsames Bild von Spanien zeichnet. Nicht der Finger auf der Landkarte,

---

7   Vgl.: Sommer, Gert: Feindbilder, in: Sommer/Furchs (Hg.): Krieg und Frieden. Handbuch der Konflikt- und Friedenspsychologie. 1. Aufl., Weinheim 2004, S. 303-305.

8   Dazu sind Beschreibungen der Portugiesen wie z. B. bei Volgmann in Bd. 3, H. 2, S. 231 in Bezug zum gesamten Zeugnis zu setzen. Vgl.: Volgmann: Wanderungen, in: Minerva 95, H. 3 (1815), S. 1-42; Volgmann: Wanderungen, in: Minerva 95, H. 3 (1815), S. 222-255; Volgmann: Wanderungen, in: Minerva 96, H. 4 (1815), S. 21-48.

9   Vgl.: Aschmann, Birgit: „Stolz wie ein Spanier". Genese und Gestalt des deutschen Spanienbildes in der Nachkriegszeit, in: Aschmann/Salewski (Hg.): Das Bild „des Anderen". Politische Wahrnehmung im 19. und 20. Jahrhundert (Historische Mitteilungen, Beiheft 40). Stuttgart 2000, S. 90.

sondern die Lektüre des Berichts bringt den Leser, obwohl er physisch in seiner gewohnten Umgebung bleibt, mit all seinen Sinnen nach Spanien. Aufbau, Gliederung und Themenauswahl der Berichte werden zur sprachlichen Fassung einer kognitiven Landkarte, die sich dem Leser bei der Lektüre offenbart. Kriegsteilnehmer präsentieren sich als Kulturvermittler, die sich aus einem grausam geführten Krieg heraus in einen sonst literarisch dominierten Spaniendiskurs einbrachten und bis zu einem gewissen Grad als Korrektiv des vorherrschenden Spanienbildes fungierten. Der eigentliche Grund für den Aufenthalt in Spanien, die Bekämpfung bzw. Unterstützung des Widerstands gegen Napoleon, tritt mit dieser Darstellungsweise in den Hintergrund. Das erklärt auch die Leerstellen in Bezug auf Gewaltausschreitungen oder den Umgang mit Frauen. So kann der Kriegsteilnehmer trotz seines Auftrages als emotionales Wesen in Erscheinung treten, vermenschlicht sich auf diese Weise für den Leser, obwohl sein Einsatz auch Wissen um die Ausübung von Gewalt erweiterte. Die Präsentation dieses Wissens war jedoch bei der Zielgruppe, für die die publizierten Zeugnisse gedacht waren, nicht akzeptabel. Gerade hier ist zwischen den Zeilen zu lesen bzw. erweisen sich nicht für ein breites Publikum gedachte handschriftliche Quellen zum Abgleich als hilfreich. Sie füllen die Leerstellen in den gedruckten Berichten, weisen auf den Umgang mit dem Krieg in der Öffentlichkeit hin und zeigen, dass gerade von den Kriegsteilnehmern aus dem deutschsprachigen Raum um eine akzeptable Position zwischen Sieger und Besiegtem gesucht wurde, die trotz allem oft auch von einer Anerkennung der militärischen Leistung Napoleons gekennzeichnet war. Ambivalenz findet sich also nicht nur in Hinsicht auf das in den Quellen vermittelte Spanienbild, sondern auch im Umgang mit diesem Krieg.

Neben den Informationen über Spanien und die Spanier sowie die dadurch sichtbar werdenden Filtermechanismen der Kriegsteilnehmer, des Publikationswesens und der Öffentlichkeit enthalten die Berichte auch Bilder anderer Religionen und Personengruppen. Der Kontakt Spaniens zu islamisch geprägten Regionen und die Abgrenzung der Spanier von Nicht-Christen und Nicht-Katholiken lässt die Verfasser nicht nur ein spezifisches Bild spanisch-katholischer Frömmigkeit entwerfen, sondern offenbart mitunter auch ihre meist sehr mit Stereotypen behafteten Ansichten zu Judentum und Islam. Im Rahmen des Nationenbildungsprozesses kommen weitere Be- und Zuschreibungen z. B. von Franzosen, Italienern und Polen hinzu. Besonders in den Quellen deutschsprachiger Verfasser, die mit polnischen Truppen nach Spanien gekommen waren, finden sich ausführlichere Beschreibungen von, vor allem aber Abgrenzungen zu polnischen Kriegsteilnehmern. Neben dem Spanienbild konstruieren sie ein spezifisches Bild des Polen, der häufig als Negativfolie zu den Deutschsprachigen herangezogen wird und so ein damals vorhandenes patriotisches Polenbild mit einer negativen Konturierung versieht.[10] Beschriebene Gräueltaten und Übergriffe werden oft mit polnischen Kriegsteilnehmern in Verbindung gebracht,[11] was die Leerstellen bezüglich der auch von Deutschsprachigen verübten Gewalthandlungen in den gedruckten Quellen nicht vordergründig auffällig werden lässt. Deutschsprachige auf napoleonischer Seite identifizieren sich in den gedruckten Quellen im Zusammenhang mit Gewaltausschreitungen meist nicht mit den von ihnen so genannten Franzosen. Sie positionieren sich als scheinbar dritte, das Kriegsgeschehen beobachtende Seite, über das sie wie Journalisten berichten. Diese künstlich geschaffene Position des außenstehenden Dritten wird durch die zahlreichen Informationen über landeskundliche Aspekte befördert. Sie ermöglicht es darüber hinaus, auch über den antinapoleonischen Widerstand Auskunft zu geben und Fragen nach der eigenen Handlungsweise gar nicht erst entstehen zu lassen. Diese in den Berichten eingenommene Position dient der nachträglichen Einhegung der Gewaltentgrenzung in diesem Krieg. Die eigene Beteiligung daran war der breiten Öffentlichkeit außerhalb des Kriegsraumes nicht vermittelbar.

Die Abwertung anderer Kriegsteilnehmer aus den eigenen Reihen in Verbindung mit stereotypen Zuschreibungen lässt u. a. eine interessante Perspektive auf konfessionelle Zugehörigkeiten entstehen. So berichten verschiedene Verfasser über die bevorzugte Behandlung der polnischen Kriegsteilnehmer durch die spanische Bevölkerung.[12] Als Ursache wurde die Zugehörigkeit zum katholischen Glauben gesehen. Dieser gemeinsame Referenzrahmen erwies sich aber, den Schilderungen der Verfasser zu Folge, als trügerisch, denn polnische Kriegsteilnehmer wären nicht weniger brutal gegen Gegner und Widerständler vorgegangen, was ihnen in Kampfsituationen in den napoleonischen Truppen sogar besondere Anerkennung einbrachte.[13] In den Berichten wird deutlich, dass die Zugehörigkeit zur gleichen Konfession keine Sicherheit vor Übergriffen bot und die Bewertung des Gegenüber nicht

---

10 Vgl. z. B. die Beschreibung Schümbergs übher das Verhalten eines polnischen Infanteristen: [Schümberg]: Erinnerungen, S. 87-88; o.V.: Briefe aus Spanien, in: Fackeln 1, H. 1 (1811), S. 42. Zum patriotischen Polenbild siehe: Whiton, Helga B.: Der Wandel des Polenbildes in der deutschen Literatur des 19. Jahrhunderts. (German Studies in America, Bd. 40). Bern u. a. 1981.

11 Vgl. z. B.: [Schümberg]: Erinnerungen, S. 44, 46.

12 Vgl.: ebd., S. 45.

13 Vgl. z. B.: Brandt: Ueber Spanien, S. 93-94. Franzosen wurde nach der Revolution von 1789 von spanischer Seite die Zugehörigkeit zum wahren – katholischen – Glauben abgesprochen. Dazu siehe Kapitel 5.4 und 6.

zwangsläufig an tradierte religiöse Muster gebunden werden konnte, wobei
die eigene Ausgrenzung der (überwiegend protestantisch geprägten Verfasser)
durch die spanische Bevölkerung wahrscheinlich maßgeblicher Antrieb für
diese Schilderungen war.

Für die historische Forschung enthalten die Berichte der Kriegsteilnehmer
einen reichen Fundus an Informationen über unterschiedlichste Aspekte des
gesellschaftlichen Lebens aus ihrer Entsende- und Einsatzregion. Im Gegensatz zu verbreiteten Auffassungen von einem damals inquisitorisch dunklen
oder romantisch verklärten Spanienbild wird in den Berichten eine weitaus
heterogenere Darstellung des Landes deutlich. Dieser Informationsquell sollte
nicht ungenutzt bleiben. Berücksichtigt man den Umstand, dass gerade im
spanischen Unabhängigkeitskrieg, aber auch nachfolgenden kriegerischen
Auseinandersetzungen viele spanische Quellen verloren gegangen sind,
könnten die Berichte von Kriegsteilenehmern aus unterschiedlichen Ländern
das Potenzial haben, diese Lücken zumindest partiell zu schließen. Selbstverständlich müssten sie dafür einer kritischen Analyse unterzogen werden.
Das zeitgenössische Lesepublikum im deutschsprachigen Raum jedenfalls
erhielt aus den Berichten von Kriegsteilnehmern vielfältige Informationen
über den derzeitigen Zustand des iberischen Landes, seiner Bevölkerung und
seiner Kultur – ein in dieser Hinsicht bisher weitgehend ungenutzter Quellen-
korpus mit viel Potenzial in Bezug auf das Spanienbild im deutschsprachigen
Raum und den Wissenstransfer zwischen den Ländern, aber auch bezüglich
der Entschlüsselung von Sinnhorizonten und Handlungsmustern der Kriegsteilnehmer über den Einsatzort hinaus. Warum die Vorreiterrolle Spaniens im
Kampf um seine Unabhängigkeit von napoleonischer Herrschaft im weiteren
Verlauf der Geschichte im deutschsprachigen Raum kaum mehr rezipiert
wurde, bleibt zu ergründen.

7.2   Krieg als spezifische Form des Kulturkontakts – weitergedacht

Der spanische Unabhängigkeitskrieg wurde und wird immer wieder mit
bestimmten Begriffen in Verbindung gebracht. So fand der Begriff Volkskrieg
in diesem Zusammenhang Eingang in deutschsprachige militärische Schriften,
der allerdings eine spezifisch deutschsprachige Deutungsproblematik beinhaltet (siehe Kapitel 6.2). Anders verhält es sich mit dem bis in die Gegenwart
weltweit präsenten Terminus Guerilla. Er kommt vom spanischen guerra,
also „Krieg", und bezeichnete eine spezifische Form des „kleinen Krieges", der
erstmals im spanischen Unabhängigkeitskrieg (1808-1814) so genannt wurde

und sich damals u. a. durch seine besondere Grausamkeit auszeichnete.[14] Die Nichtakzeptanz der bonapartistischen Herrschaft durch breite Kreise der spanischen Bevölkerung und die asymmetrischen Machtverhältnisse bildeten den Nährboden für eine Taktik der Zermürbung des Gegners, indem man z. B. Nachschub- und Versorgungslinien unterbrach, die Einquartierung erschwerte, gezielte Anschläge auf einzelne Personen oder kleinere militärische Einheiten verübte und damit Angst und Schrecken unter den Soldaten verbreitete, aber auch Korruption nutzte, um das bestehende System zu schwächen. Diese Form des sogenannten kleinen Kriegs erfolgte aus der Bevölkerung heraus, unter ihrer Mitwirkung und/oder mit ihrer Unterstützung. Der Verlauf des spanischen Unabhängigkeitskrieges und die Rolle der Bevölkerung zeigen, dass sich die asymmetrischen Verhältnisse immer wieder zu Gunsten der Bevölkerung verschoben, die mit ihrem wachsenden Widerstand zunehmend als Akteur agierte. In vielen Auseinandersetzungen des 19. und 20. Jahrhunderts wurde auf die Strategie der Guerilla zurückgegriffen.[15] Gerade im Falle asymmetrischer Kriege avanciert die Haltung der Bevölkerung des Landes, in dem der Konflikt ausgetragen wird, zu einem wichtigen Faktor. Das Machtgefälle zwischen den Parteien kann sich aufgrund notwendiger wechselseitiger Angewiesenheit durch erwiesene oder verweigerte Unterstützung der Bevölkerung verschieben. Ihre Kooperation kann entscheidend sein – ein Faktor, an dem die Gruppe um Che Guevara in Bolivien scheiterte. Obwohl der Bevölkerung also eine bedeutende Rolle zukommt, wird sie in der gegenwärtigen Vorstellung von Krieg meistens ausgeblendet. Letztere verbindet sich in der Regel mit der militärischen Auseinandersetzung zwischen Staaten, ganz im Sinne Rousseaus. Demnach verläuft „Krieg […] nicht zwischen Mensch und Mensch, sondern zwischen Staat und Staat, wobei die einzelnen nur zufällig Feinde sind – nicht als Menschen, nicht einmal als Bürger, sondern als Soldaten"[16]. Diese aus der frühen Neuzeit stammende Sichtweise zielt auf zwischenstaatliche und im Sinne Münklers symmetrische Kriege ab. Ihr unterliegt die Vorstellung von Krieg bis in die Gegenwart, obwohl die Phase als symmetrisch zu

---

14   Das Wort Guerilla kommt von dem spanischen „guerra", was übersetzt Krieg bedeutet. Ursprünglich wurden im Mittelalter Privatkriege – fehdeähnliche Auseinandersetzungen – als „guerrilla" bezeichnet. Im 18. Jahrhundert wird der Terminus auch auf „bewaffnete leichte Treffen" angewandt. Im spanischen Unabhängigkeitskrieg gab es Guerilleros, die sowohl als Kampfgruppe an ein reguläres Heer angebunden waren, aber auch völlig unabhängig agierten. Der Begriff Guerilla wird jedoch oft als Synonym für den kleinen Krieg gebraucht. Vgl.: Pelizaeus: Mobilisierung, S. 259-260; Schmidt: Guerrillero, in: GG 29, H. 2 (2003), S. 161 (Fußote 1).

15   Vgl.: Münkler: Neuen Kriege, S. 53.

16   Rousseau, Jean-Jacques: Der Gesellschaftsvertrag oder Prinzipien des Staatsrechts. Wiesbaden 2008, S. 21.

bezeichnender Kriege in der Geschichte vergleichsweise kurz ist und gegenwärtig wieder asymmetrische Kriege dominieren.[17] Damit einher geht, wie
Münkler bemerkt, die Verlagerung von Kampfzonen, die Mittel der Kriegsführung werden umdefiniert und es erfolgt zwangsläufig die Mobilisierung
neuer Ressourcen.[18] Die allgemein vorherrschende Vorstellung von Krieg, in
dem eine klare Unterteilung in Kombattanten und Nichtkombattanten vorgenommen und das oft formulierte Ziel, der Schutz der Zivilbevölkerung,
gewährleistet werden kann, lässt sich nur schwer mit der Form der heute
dominierenden asymmetrischen Kriegführung in Einklang bringen. Diese
Ambivalenz zu vermitteln und dennoch Einsätze zur Friedenssicherung oder
Sicherung demokratischer Verhältnisse zu legitimieren, erweist sich offensichtlich als schwierig. Der staatlich sanktionierte militärische Einsatz gegen
Terroristen macht das Anliegen trotz des Anspruchs chirurgisch präzise
geführter Luftschläge nicht leichter – und das Abtun ziviler Opfer als Kollateral-
schäden trägt nicht zu den erwarteten Sympathien in der Bevölkerung bei. So
greift z. B. die mediale Unterscheidung zwischen bösem Taliban und gutem
Afghanen zu kurz, ein schwarz-weiß Schema, das den jahrelangen, hart-
näckigen Widerstand nicht erklärt, der ohne die Einbeziehung verschiedener
Bevölkerungsteile unmöglich wäre. Wenn auch nicht so benannt, erinnern die
in Afghanistan angewandten Methoden an Taktiken der Guerilla.

In militärischen Auseinandersetzungen kam und kommt mit den entsandten Truppen immer auch z. B. für Logistik, Berichterstattung oder
medizinische Versorgung zuständiges Personal in die Einsatzgebiete. Wie
die Angehörigen der Kampfverbände auch, haben sie meist keine genauen
Kenntnisse über die dortige Mentalität und Kultur der Menschen. Viele der
dadurch entstehenden Probleme könnten durch eine entsprechende Vorbereitung auf das jeweilige Einsatzgebiet vermieden werden. So aber treffen
die Kriegsteilnehmer unter den spezifischen Bedingungen des Krieges in der
Regel auf Unbekanntes, was das Verhältnis zur einheimischen Bevölkerung
einschließt. Während der mehr oder weniger intensiven Kontakte treffen – wie
im spanischen Unabhängigkeitskrieg – unterschiedliche Kenntnisse, Gewohnheiten, Möglichkeiten, kurz: unterschiedliche Sinnhorizonte aufeinander.
Bedingt durch die Extremsituation des Krieges handelt es sich dabei jedoch
oft eher um ein Aufeinanderprallen von Sinnhorizonten.

Im Rahmen der Internationalen Sommer-Akademie (2011) und des Studium
Optimum Projekts (2013) der Universität Rostock behandelte Zeugnisse von

---

17   Siehe dazu: Münkler, Herfried: Der Wandel des Krieges. Von der Symmetrie zur Asym-
      metrie. 1. Aufl., Weilerswist 2006; Münkler: Neuen Kriege.
18   Vgl.: Münkler: Neuen Kriege, S. 53.

Teilnehmern an unterschiedlichen kriegerischen Auseinandersetzungen aus dem 19. und 20. Jahrhundert belegen das.[19] Immer waren es Kontakte mit der Bevölkerung, die deren An- und Einsichten über den Krieg und darüber hinaus über das jeweilige Einsatzland bestätigten, ergänzten oder veränderten. Die Erlebnisse und Erkenntnisse müssen nach der Beendigung des Einsatzes retrospektiv erneut verhandelt und eingebettet werden, um eine innere Kontingenz zu erzeugen. Kriegsteilnehmer durchlaufen oft auch erst im Nachhinein einen Prozess, der zu einer Revision des Bekannten führt. Je nach Lebensweg sowie individuellen und gesellschaftlichen Gegebenheiten können dabei Umdeutungsprozesse vorgenommen werden, um die Inkorporation des Erlebten zu ermöglichen. Ein Weg dazu war und ist die Niederschrift der Erlebnisse. In ihren Zeugnissen berichten Kriegsteilnehmer dabei auch von ihnen bis dahin oft unbekannten Landschaften, Sitten und Gebräuchen. Auf diese Weise vermitteln sie ein Bild von anderen Kulturen, auch wenn das weder die Aufgabe noch das Anliegen von Kriegen ist. Mit der fortschreitenden Entwicklung werden heute auch die neuen Medien zur Verbreitung der gewonnen An- und Einsichten genutzt, wie z. B. Blogs oder Twitter. Sie gestatten eine schnelle und weniger zensierte Verbreitung der Informationen an einen großen Personenkreis. Die gezielte Nutzung der Medien durch die unterschiedlichen Konfliktparteien sorgt allerdings für eine spezifische Narration der kriegerischen Auseinandersetzungen in der Öffentlichkeit, die in der Regel präsenter ist als die Sichtweisen der Kriegsteilnehmer. Ihren Berichten wird dennoch auch gegenwärtig oft eine höhere Glaubwürdigkeit zugesprochen als den Bildern in den Medien. Was die Teilnehmer an kriegerischen Auseinandersetzungen am Einsatzort erleben, bleibt nicht dort, sondern wird von ihnen gewissermaßen in die Heimat importiert. Es kann somit nicht nur die Wahrnehmung von Kriegen, sondern auch die von anderen Ländern und Kulturen und damit das Denken und Handeln von Menschen beeinflussen. Das offizielle Ende eines kriegerischen Konflikts mag die aktiven Auseinandersetzungen im Einsatzgebiet betreffen und das allgemeine mediale Interesse schnell erlöschen lassen. Doch der Prozess des Wahrnehmungs- und Wissenstransfers zwischen Einsatzgebiet und Heimat, der Kampf um Deutung und Legitimation geht in eine neue Phase, in der Kriegsteilnehmer auch gegenwärtig nicht selten als Korrektiv der offiziellen Lesart fungieren. Indem sie ihre Sichtweise aus der Perspektive von Augenzeugen mit selbst erlebten Fakten untermauern,

---

19   Dazu gehörten: Wohlgethan, Achim: Operation Kundus. Mein zweiter Einsatz in
       Afghanistan. 2. Aufl., Berlin 2009; Ahlsheimer, Georg W.: Vietnamesische Lehrjahre. Sechs
       Jahre als deutscher Arzt in Vietnam 1961-1967. Frankfurt am Main 1968; Renn, Ludwig: Im
       Spanischen Krieg. Berlin 1963; [Schümberg]: Erinnerungen.

offenbaren sie dem Lesepublikum einen tieferen Einblick in das Geschehen und in die verschiedenen Sinnhorizonte.

In allen für diese Arbeit herangezogenen Quellen finden sich Beschreibungen einer Vielzahl von Kulturkontakten unter Kriegsbedingungen, wenn auch von unterschiedlicher Art und auf verschiedenen Ebenen. Auch Kulturkontaktsituationen unter Kriegsbedingungen können eine Ressource für die Erweiterung des eigenen Wissenshorizonts sein, die von Akzeptanz, notgedrungener Duldung, Aneignung oder Ablehnung begleitet werden. Beeinflusst werden diese Prozesse vor allem durch den Verlauf des Krieges und die Art der Kriegführung, aber auch durch die damit einhergehenden Kontakte zur Zivilbevölkerung. Besonders in asymmetrischen Kriegen ist auch der Kulturkontakt asymmetrisch, was für die Wahrnehmung der Ereignisse und das Verhalten der Beteiligten kennzeichnend ist.

Sichtet man weitere Publikationen von Teilnehmern aus kriegerischen Auseinandersetzungen aus dem 20. und 21. Jahrhundert, so finden sich auch dort spezifische Kulturkontakte. Obwohl kriegerische Auseinandersetzungen alles andere sind als eine adäquate Gelegenheit zum Wissenserwerb über andere Länder, Mentalitäten und Kulturen, so kommen Kriegsteilnehmer während ihres Einsatzes doch fast immer mit fremden Kulturen in Berührung, die ihren Sinnhorizont verändern. Krieg ist dabei als ein Raum anzusehen, in dem Sinnhorizonte aufeinander treffen oder -prallen und dadurch ungewollt Kulturkontakte herbeigeführt werden, welche die Inkorporation neuen Wissens mit sich bringen. Krieg erweist sich so als ein Ermöglichungsraum, in dem sich Entgrenzungen unterschiedlichster Art vollziehen. In dieser Situation erlangter Wissenszuwachs bleibt dabei nicht auf die Kriegsteilnehmer beschränkt, sondern kann über mündliche Erlebnisberichte hinaus in Veröffentlichungen oder Nutzung der Medien auch einer breiteren Öffentlichkeit zugänglich werden. Publizierte Berichte von Kriegsteilnehmern sind allerdings nicht nur den jeweiligen gesellschaftlichen Rahmenbedingungen unterworfen und enthalten dementsprechende Codefunktionen, die es zu entschlüsseln gilt. Sie stellen immer auch eine retrospektive Eingrenzung des Erlebten und des eigenen Handelns dar. Kulturkontakt ist demnach eine – wenn auch nicht beabsichtigte – Begleiterscheinung von Kriegen, die über individuelle Fremdbildvermittlung zum Tragen kommt und somit nicht nur ihre Akteure beeinflusst. Kriegsteilnehmer erweisen sich in gewissem Maße als kulturhistorische Informationsträger über Kriegszeiten, in denen Literatur oder Reiseberichte das Interesse der Öffentlichkeit kaum oder gar nicht bedienen können. Die retrospektive Aufarbeitung von in Kriegen erlebten Kulturkontakten kann auch die Wissensgrenzen von Zuhörern oder Lesern erweitern und die Entwicklung, Veränderung oder Verfestigung von Fremd-, Freund- und

Feindbildern befördern, die in der Gesellschaft oft tief verwurzelt bleiben und das Zusammenleben verschiedener Gruppen auf lange Sicht beeinflussen. Die untersuchten Quellen belegen, dass Kriege spezifische Formen von Kulturkontakt bergen und den Zeugnissen von Kriegsteilnehmern unter diesem Gesichtspunkt mehr Aufmerksamkeit geschenkt werden sollte. Sie stellen auch für die Zeit der aufkommenden Massenheere ein bisher ungenutztes Potenzial für die Kultur- und Fremdbildvermittlung dar.

Anhang

Grafische Darstellung der Einsatzorte

Von dem Verfasser der *Briefe aus Spanien*
Volgmann
Georg Holzenthal
Heinrich von Brandt
Heinrich Adolph Schümberg
Karl Franz von Holzing
Ernst Heinrich Christian Heusinger
Johann Friedrich Hering
Johann Karl August Geißler
Jacob Klauß
Friedrich Sachs
Christian Maximilian Wilhelm Knauth

Für die Karten wurden die Ortsangaben aus den Zeugnissen übernommen und mit historischem Kartenmaterial abgeglichen.[1] Sofern sich eine Route aus den Einsatzorten herauslesen ließ, wurde diese eingezeichnet – anderenfalls sind nur die Orte selbst verzeichnet. Je nach Umfang des zurückgelegten Weges finden sich unter den Grafiken Ausschnitte der Iberischen Halbinsel oder ihre komplette Abbildung. Jeder Karte ist eine Tabelle mit damaligen und heutigen Ortsbezeichnungen (sofern nachvollziehbar) beigefügt.

---

[1] Induráin Pons, Jordi: Atlas histórico de España. Con textos originales de todas las épocas. 1. Aufl., Barcelona 2012; Lipscombe, Nick: The Peninsular War Atlas. Oxford 2010; Pro Ruiz, Juan/Rivero Rodríguez, Manuel: Breve atlas de historia de España. (Alianza atlas, Bd. 15). 1. Aufl., Madrid 2008; García de Cortázar, Fernando: Historia de España. Bd. 44: Apéndice. Atlas de historia de España. Madrid 2007; Konstam, Angus: Historical Atlas of the Napoleonic Era. London 2003; López-Davalillo Larrea, Julio: Atlas histórico de España y Portugal. Desde el paleolítico hasta el siglo XX. Madrid 2000; López de Vargas Machuca, Tomás/Núñez de las Cuevas, Rodolfo: Atlas de la península y de las posesiones españolas en ultramar. Colección de mapas de distintos tamaños y escalas, Online-Ausg.1998, https://digital.iai.spk-berlin.de/viewer/image/630119309/1/ (acc. 16.8.2017). Als besonders hilfreich erwies sich in diesem Zusammenhang auch die digitale Kartensammlung des Iberoamerikanischen Instituts. Iberoamerikanisches Institut: Digitale Sammlungen. Historische Karten, 2007-2020, http://digital.iai.spk-berlin.de/viewer/collections/historische-karten/ (acc. 16.8.2017).

Karte 1a – der Verfasser der *Briefe aus Spanien*

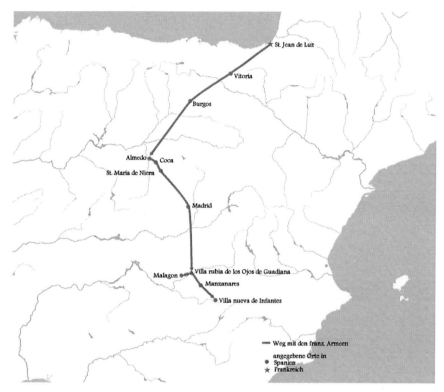

Abb. 1   In der Quelle des Verfassers der *Briefe aus Spanien* angegebene Einsatzorte auf seinem Weg durch Spanien

Karte 1b – der Verfasser der *Briefe aus Spanien*

Abb. 2
In der Quelle des Verfassers der Briefe
aus Spanien angegebener Rückweg durch
Spanien nach Verwundung

Verzeichnis der in der Quelle des Verfassers der Briefe aus Spanien
angegebenen Ortschaften auf seinem Weg durch Spanien

Ortsname in der Quelle	gegenwärtige Entsprechung
Almedo/Olmedo	vermutl. Olmedo
Briviessa	Briviesca
Burgos	Burgos
Celado el Camino	Celada del Camino
Coca	Coca
Consuegra	Consuegra
Duennas	Dueñas
Fonterabia	vermutl. Fuenterrabía, heute Hondarribia
Guadarrama	Guadarrama (Madrid)
Illescas	Illescas
Leganes	Leganés
la Solana	La Solana
Madrid	Madrid
Malagon	Malagón
Manzanares	Manzanares
Mirando	vermutl. Miranda de Ebro
Mondragon	Arrasate/Mondragón
Mora	Mora

(fortges.)

Ortsname in der Quelle	gegenwärtige Entsprechung
Otero de reros	vermutl. Otero de Herreros
Poncorbo	Pancorbo
Pron	kein Nachweis
Salinas	kein Nachweis
Segovia	Segovia
St. Maria de Niera	vemutl. Santa María la Real de Nieva
Toledo	Toledo
Tolosa	Tolosa (Guipúzcoa)
Torrequemada	vermutl. Torrequemada
Valdestillas	Valdestillas
Valladolid	Valladolid
Villa nueva de Infantes/Infantes	Villanueva de los Infantes (Ciudad Real)
Villa real	vermutl. Villa real de Urrechua
Villa rubia de los Ojos de Guadiana	Villarrubia de los Ojos
Vitoria	Vitoria-Gasteiz

Karte 2 – Volgmann

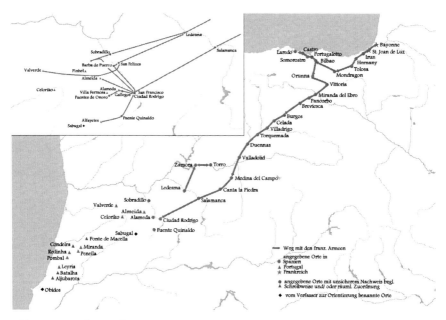

Abb. 3   In der Quelle von Volgmann angegebene Einsatzorte auf der Iberischen Halbinsel

Verzeichnis der in der Quelle von Volgmann angegebenen
Einsatzorte in Spanien

Ortsname in der Quelle	gegenwärtige Entsprechung
Alameda	La Alameda de Gardón
Barba de Puerco	heute Puerto Seguro
Bilbao	Bilbao
Breviesca	Briviesca
Burgos	Burgos
Canta de la Piedra	Cantalapiedra
Castro	Castro Urdiales
Celada	Celada del Camino
Ciudad Rodrigo	Ciudad Rodrigo
Duennas	Dueñas
Fuente Quinaldo	Fuenteguinaldo
Fuentes de Onoro	Fuentes de Oñoro

(fortges.)

Ortsname in der Quelle	gegenwärtige Entsprechung
Gallegos	vermutl. Gallegos de Argañán
Hernany	Hernani
Irun	Irun
Laredo	Laredo (Kantabrien)
Ledesma	Ledesma (Salamanca)
Medina del Campo	Medina del Campo
Miranda del Ebro	Miranda de Ebro
Mondragon	Arrasate/Mondragón
Orunna	Orduña
Pancorbo	Pancorbo
Portugaletto	Portugalete
Posto	kein Nachweis
Salamanca	Salamanca
San Felizes	vermutl. San Felices de los Gallegos
San Francisco (Vorstadt von Ciudad Rodrigo)	vermutl. heute zu Ciudad Rodrigo gehörig
Sobradillo	vermutl. Sobradillo (Salamanca)
Somorostre	San Juan de Somorrostro, heute zu Musques gehörig
Tolosa	Tolosa (Guipúzcoa)
Torquemada	Torquemada
Torro/ Toro	Toro
Valladolid	Valladolid
Villadrigo	Villodrigo
Villa real	kein Nachweis
Vittoria	Vitoria-Gasteiz
Zamora	Zamora

Karte 3 – Holzenthal

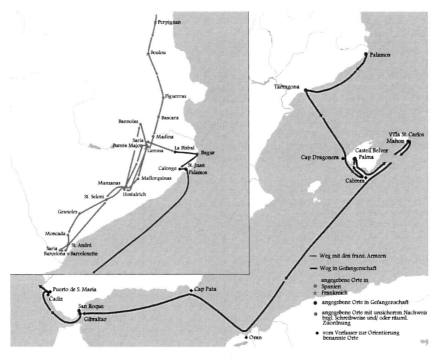

Abb. 4   In der Quelle von Holzenthal angegebene Einsatzorte und Stationen der
            Gefangenschaft in Spanien

*Verzeichnis der in der Quelle von Holzenthal angegebenen
Einsatzorte und Stationen der Gefangenschaft in Spanien*

Ortsname in der Quelle	gegenwärtige Entsprechung
Bagur	vermutl. Begur
Bannolas	Bañolas
Barcelona/ Barcellona	Barcelona
Barcelonette	La Barceloneta, heute zu Barcelona gehörig
Bascara	Bàscara
Cabrera	Cabrera
Cadiz	Cádiz
Calonge	Calonge
Cap Dragonera	Sa Dragonera

(*fortges.*)

Ortsname in der Quelle	gegenwärtige Entsprechung
Cap Pata/ Cabo de Gata	Cabo de Gata
Castell/ Fort Belver	Castell de Bellver, Festung über Palma
Cattadeu	kein Nachweis
Cornelia	kein Nachweis
Figuerras	Figueres
Gerona	Girona
Gibraltar	Gibraltar
Granoles	Granollers
Hostalrich	Hostalric
La Bisbal	La Bisbal d'Empordà
Madina	Medinyà, heute zu Sant Julià de Ramis gehörig
Mahon	Maó
Mallorquinas	Les Mallorquines (Sils)
Manzanas	Manzanes
Moncada	Montcada i Reixac
Palma	Palma de Mallorqua
Palamos	Palamós
Puente Major (nahe Gerona)	vermutl. Ponte Major, heute zu Girona gehörig
Puerto de S. Maria	El Puerto de Santa María
San André/ St. Andre	vermutl. Sant Andreu, heute zu Barcelona gehörig
San Roque	San Roque (Cádiz)
Saria (nahe Barcelona)	vermutl. Sarrià, heute zu Barcelona gerhörig
Saria	vermutl. Sarrià de Ter
St. Juan	vermutl. Sant Joan de Palamós, heute zu Palamós gerhörig
St. Pedro	kein Nachweis
St. Seloni/ San Seloni	Sant Celoni
Tarragona	Tarragona
Villa St. Carlos/ St. Carlos	heue Es Castell

Karte 4 – von Brandt

Abb. 5   In der Quelle von von Brandt angegebene Einsatzorte in Spanien

Verzeichnis der in der Quelle von von Brandt angegebenen
Einsatzorte in Spanien

Ortsname in der Quelle	gegenwärtige Entsprechung
Altobiscar	kein Nachweis
Anzanigo	Anzánigo
Arbaizete	kein Nachweis
Ayerbe	Ayerbe
Bagnols	vermutl. Bañolas
Barcellona	Barcelona
Bougette	Auritz/Burguete
Canfranc/Val de Canfranc	Canfranc
Castelsolit	kein Nachweis

(fortges.)

Ortsname in der Quelle	gegenwärtige Entsprechung
Gerona	Girona
Figueras	Figueres
Huerta de Alicante	gibt es heute nicht mehr, lag bei Alicante
Islas Medas	Islas Medas
Jaca	Jaca
Lerida	Lleida
Madrid	Madrid
Molina	Molina de Segura (Murcia)
Mondragon	Arrasate/Mondragón
Morella	Morella
Murcia	Murcia
Oropesa	Orpesa/Oropesa del Mar
Pamplona	Pamplona/Iruña
Playa de Andres Zaro	kein Nachweis
Puerte de Bernere	vermutl. Puerta de San Juan, Tor der Stadtmauer von Bermeo
Riberas del Xucar	kein Nachweis
Roncesvalles	Orreaga/Roncesvalles
Rosas	Roses (Girona)
Sagunt	Sagunto/Sagunt
San Lorenzo	kein Nachweis
Santa Fé	Santa Fe
Segovia	Segovia
St. Matheo	San Mateo de Gállego
Tamarite	Tamarite de Litera
Tortosa	Tortosa
Uldecona	Ulldecona
Valencia	Valencia
Vittoria	Vitoria/Gasteiz
Villa Feliche	Villafeliche
Zamora	Zamora
Zaragoza	Saragossa

Karte 5 – Schümberg

Abb. 6   In der Quelle von Schümberg angegebene Einsatzorte in Spanien

Verzeichnis der in der Quelle von Schümberg angegebenen Einsatzorte in Spanien

Ortsname in der Quelle	gegenwärtige Entsprechung
Andujar	Andújar
Alcaraz	Alcaraz
Aldea de Rio	vermutl. Villa del Río
Almagro	Almagro
Almaradiel	Almuradiel
Almoradiel	vermutl. La Puebla de Almoradiel
Aranda	Aranda de Duero
Aranjuez	Aranjuez

(*fortges.*)

Ortsname in der Quelle	gegenwärtige Entsprechung
Barcellona	Barcelona
Bascara	Bàscara
Baston	kein Nachweis
Baylen	Bailén
Breviesca	Briviesca
Burgos	Burgos
Cabezas	Las Cabezas de San Juan
Cadix	Cádiz
Canada de la Higuera	kein Nachweis
Carmona	Carmona
Carolina	La Carolina
Carpio	El Carpio
Casa del Rey	kein Nachweis
Celada	Celada del Camino
Cordova	Córdoba
Dos Hermanos	Dos Hermanas
Duennas	Dueñas
Ernani	Hernani
Espartinas	Esquivias
Estella	Estella/Lizarra
Ezija	Écija
Figueras	Figueres
Galapaja	kein Nachweis
Gerona	Girona
Grenada	Granada
Guadalarara	Guadalajara
Guadarrama	Guadarrama (Madrid)
Guarroman	Guarromán
Hostalrich	Hostalric
Infantes	Villanueva de los Infantes (Ciudad Real)
Junquera	La Jonquera
La Carlotta	La Carlota
La Guardia	La Guardia
La Isle de Leon	San Fernando (Cádiz)
La Puebla	vermutl. La Puebla de Arganzón
La Roca	La Roca de Vallès

(*fortges.*)

Ortsname in der Quelle	gegenwärtige Entsprechung
Las Cor* Las Correderas	Las Correderas, heute zu Santa Elena (Jaén)
Las Angelas	vermutl. los Ángelas, heute zu Madrid gehörig
Lasolana	La Solana
Legannes (nahe Madrid)	Leganés
Lerma	Lerma (Burgos)
Lumbier	Lumbier
Luisiana	La Luisiana
Madridejos	Madridejos
Madrid	Madrid
Malaga	Málaga
Malorcinas	Les Mallorquines (Sils)
Manzanares/Mançanares (in der Mancha)	Manzanares
Miranda	vermutl. Miranda de Ebro
Moncade	Montcada i Reixac
Mondragon	Arrasate/Mondragón
Mora	Mora
Nuestro Sennor de la Consolacion	Consolación (Valdepeñas)
Ocana	Ocaña
Olmedo	Olmedo
Otero de Herreros	Otero de Herreros
Pamplona	Pamplona/Iruña
Pancorbo	Pancorbo
Pevennes	kein Nachweis
Perpignan	Perpignan
Prun	kein Nachweis
Puerto de Lapice/Puerta Lapiche	Puerto Lápice
Puerto de Santa Maria Roncal	Puerto de Santa María Roncal
Roncevalles	Orreaga/Roncesvalles
Quintaba de la Puenta	Quintana del Puente
Salinas	vermutl. Salinas de Léniz, heute Leintz-Gatzaga
San Ildefonso	Real Sitio de San Ildefonso
San Rafael	San Rafeal (Segovia)
San-Seloni	Sant Celoni

(fortges.)

Ortsname in der Quelle	gegenwärtige Entsprechung
Santa Crux	Santa Cruz de Mudela
Santa Maria de Nieva	Santa María la Real de Nieva
Segovia	Segovia
Sevilla	Sevilla
Sierra St. Adriano	kein Nachweis
Solana	Keine genaue Bestimmung möglich, da es zu viele Orte mit diesem Namen in Spanien gibt und die Quelle keine ausreichenden Hinweise gibt.
Somosierra	Somosierra (Madrid)
Tarazona la Vieja	vermutl. Hacienda de Tarazona, heute zu la Rinconada gehörig
Toledo	Toledo
Tolosa	Tolosa (Guipúzcoa)
Torquemada	Torquemada
Trembleque	Trembleuqe
Tudela	Tudela
Ustariz	Ustaritz
Valdepennas	Valdepeñas (Ciudad Real)
Valdestillas	Vadestillas
Valladolid	Valladolid
Villalta	Villalta (Burgos)
Villalta	Villarta de San Juan
Villadrigo	Villodrigo
Villafranca-Villareal	Villarreal de Urrechua
Villata	Villarta de San Juan
Viso	vermutl. Viso del Marqués
Vittoria	Vitoria-Gasteiz
Xerez de la Frontera	Jerez de la Frontera
Zaragossa	Saragossa

Karte 6 – von Holzing

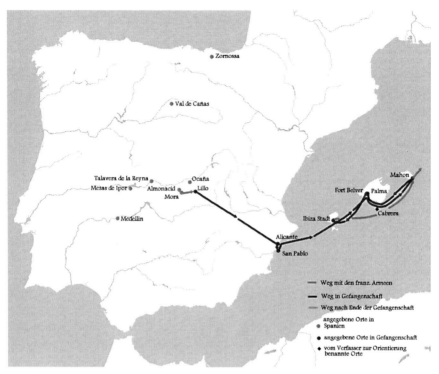

Abb. 7   In der Quelle von von Holzing angegebene Einsatzorte einschließlich der
              Stationen während und nach der Gefangenschaft in Spanien

*Verzeichnis der in der Quelle von von Holzing angegebenen
Einsatzorte einschließlich der Stationen während und nach der
Gefangenschaft in Spanien*

Ortsname in der Quelle	gegenwärtige Entsprechung
Alicante	Alicante
Almonacid	Almonacid de Toledo
Cabrera	Cabrera
Fort Belver	Castell de Bellver
Ibiza Stadt	Ibiza-Stadt
Lillo	Lillo
Mahon	Maó

(fortges.)

Ortsname in der Quelle	gegenwärtige Entsprechung
Medellin	Medellín
Mesa de Ipor	Mesas de Ibor
Mora	Mora
Ocaña	Ocaña
Palma	Palma de Mallorca
San Pablo/Tabarca	Tabarca/Nueva Tabarca/Isla Plana
Talavera de la Reyna	Talavera de la Reina
Val de Cañas	Valdecañas de Cerrato
Zornossa	bask. Zornotza, heute Amorebieta-Etxano

Karte 7 – Heusinger

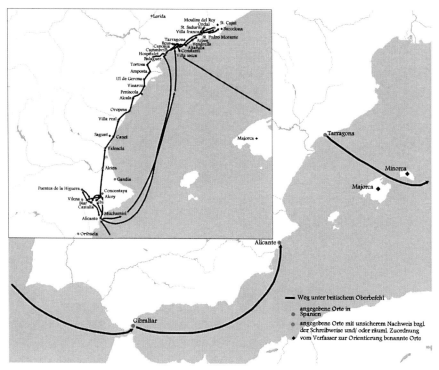

Abb. 8   In der Quelle von Heusinger angegebene Einsatzorte in Spanien

Verzeichnis der in der Quelle von Heusinger angegebenen
Einsatzorte in Spanien

Ortsname in der Quelle	gegenwärtige Entsprechung
Alcala	Alcalà de Xivert
Alcira	Alzira
Alcoy	Alcoi
Alicante	Alicante
Alta fulla/ Altafulla	Altafulla
Amposta	Amposta
Arbos	L'Arboç
Balaguer	vermutl. Coll de Balaguer
Ballarefus (bei Tarragona)	kein Nachweis

(*fortges.*)

Ortsname in der Quelle	gegenwärtige Entsprechung
Barcelona	Barcelona
Biar	Biar
Cammbrils	Cambrils
Canet	Canet d'en Berenguer
Canonja	La Canonja
Castalla	Castalla
Ordal	vermutl. Ordal oder Sant Pau d'Ordal
Constanti	Constanti
Concentaya	Concentaina
Fuentes de la Higuera	La Font de la Figuera
Gandia	Gandia
Gibraltar	Gibraltar
Hospitalet	vermutl. Vandellòs i l'Hospitalet de l'Infant
Ibi	Ibi
Lerida	Lleida
Majorca	Mallorca
Minorca	Menorca
Moulins del Rey	Molins de Rei
Muchamiel	Mutxamel
Murviedro	heute Sagunto/Sagunt
Orhiuela	Orihuela
Oropesa	Orpesa/Oropesa del Mar
Peniscola	Península/Peñíscola
Puerto	kein Nachweis
Punto del Fangar	kein Nachweis
Reus	Reus
St. Felippe	kein Nachweis
St. Cujat	Sant Cugat de Vallès
St. Pedro Morante	vermutl. Sant Pere Molanta, heute zu Olèrdola gehörig
St. Sadurni	Sant Sadurní d'Anoia
St. Vincent	kein Nachweis
Tarragona	Tarragona
Tortosa	Tortosa
Ul de Gerona	Ulldecona
Val de Clos (nahe Hospitalet)	kein Nachweis

(fortges.)

Ortsname in der Quelle	gegenwärtige Entsprechung
Valencia	Valencia
Vendrells	El Vendrell
Vilena	Villena
Villa bella	kein Nachweis
Villa franca/ Villa franca de Panades	vermutl. Vilafranca del Penedès
Villa nuova (nahe Villa franca)	vermutl. Heute zu Vilafranca del Penedès gehörig
Villa real	Vila-real
Villa secca	Vila-seca
Vinaroz	Vinaròs

Karte 8 – Hering

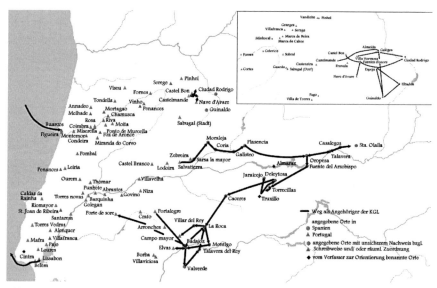

Abb. 9   In der Quelle von Hering angegebene Einsatzorte in Spanien und Portugal

Verzeichnis der in der Quelle von Hering angegebenen Einsatzorte in
Spanien

Ortsname in der Quelle	gegenwärtige Entsprechung
Almaraz	Almaraz
Almeida (bei Galegos)	vermutl. La Alameda de Gardón
Badajoz	Badajoz
Caceres	Cáceres
Casalegos	Cazalegas
Ciudad Rodrigo	Ciudad Rodrigo
Coria	Coria
Deleytosa	Deleitosa
Elbadon	vermutl. El Bodón
Espeja	Espeja
Fuente del Arzobispo	vermutl. El Puente del Arzobispo
Fuentes d'onore/Fuentes d'onoro/Fuentes	Fuentes de Oñoro
Galegos	vermutl. Gallegos Argañán
Galisteo	Galisteo

(fortges.)

Ortsname in der Quelle	gegenwärtige Entsprechung
Guinaldo/Fuente Guinaldo	Fuenteguinaldo
Jecazego	vermutl. Jaraicejo
La Roca	La Roca de la Sierra
Montigo	Montijo
Moraleja	Moraleja (Cáceres)
Oropesa	Oropesa (Toledo)
Plasencia	Plascencia
Sarsa la mayor	Zarza la Mayor
Sta. Olalla (nahe Casalegos)	vermutl. Santa Olalla (Toledo)
Santa Olalla/Sant Olaga Afumar (beiPortalegre)	keine Übereinstimmung für die Region gefunden
Talavera/ Talavera de la Reyna	Talavera de la Reina
Talavera del Rey (an der Guidiana)	vermutl. Talavera la Real
Torrecillas	Torrecillas de la Tiesa
Truxillo	Trujillo
Valverde	Valverde de Léganes
Villar del Rey	Villar del Rey
Villa de Porco	kein Nachweis

Karte 9 – Geißler

Abb. 10
In der Quelle von Geißler angegebene
Einsatzorte in Spanien

Verzeichnis der in der Quelle von Geißler angegebenen Einsatzorte in
Spanien

Ortsname in der Quelle	gegenwärtige Entsprechung
Barcelona	Barcelona
Bascaras	Bàscara
Figueras	Figueres
Gerona	Girona
Hostalrich	Hostalric
Hostelnu	vermutl. Els Hostalets (Llers)
la Jonqueras/Jonqueras	La Jonquera
Medina	Medinyà, heute zu Sant Julià de Ramis gehörig
Puente majore/Pontemajore	vermutl. Pont Major, heute zu Girona gehörig
Saria (bei Barcelona)	vermutl. Sarrià, heute zu Barcelona gehörig
Saria (bei Gerona)	vermutl. Sarrià de Ter
St. Andraja	Sant Adriá de Besòs
St. Celoni	Sant Celoni

Karte 10 – Klauß

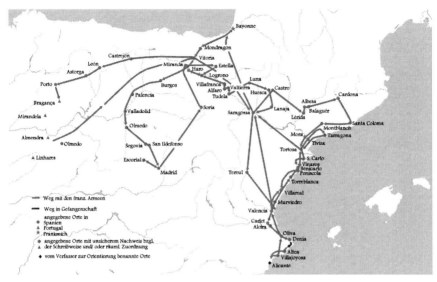

Abb. 11   In der Quelle von Klauß angegebene Einsatzorte in Spanien und Portugal

Verzeichnis der in der Quelle von Klauß angegebenen Einsatzorte in
Spanien

Ortsname in der Quelle	gegenwärtige Entsprechung
Albesa	Albesa
Alcira	Alzira
Alfaro	Alfaro
Altea	Altea (Alicante)
Astorga	Astorga
Balaguér	Balaguer (Lleida)
Bastarra	kein Nachweis
Bayonne	Bayonne
Benicarlo	Benicarló
Burgos	Burgos
Cardona	Cardona
Carlet	Carlet
Castrejon	vermutl. Castrejon de la Peña
Castro	vermutl. La Puebla de Castro

(*fortges.*)

Ortsname in der Quelle	gegenwärtige Entsprechung
Denia	Dénia
Escorial	San Lorenzo de El Escorial
Estella	Estella/ Lizarra
Fiera	kein Nachweis
Giewie	kein Nachweis
Haro	vermutl. Haro
Huerta (nahe Alicante)	vermutl. Huerta de Alicante, gibt es heute nicht mehr, lag bei Alicante
Huesca	Huesca
Lanaja	Lanaja
León	León
Lérida	Lleida
Logrono	Logroño
Luna	vermutl. Luna (Saragossa)
Madrid	Madrid
Malteo	kein Nachweis
Miranda	vermutl. Miranda de Ebro
Mondragon	Arrasate/Mondragón
Montblanch	Montblanc
Mora (nahe Tortosa)	vermutl. Móra d'Ebre
Murviedro	heute Sagunto/Sagunt
Oliva	Oliva (Valencia)
Olmedo	Olmedo
Olmedo (nahe Portugal)	vermutl. Olmedo de Camaces
Palencia	Palencia
Peniscola	Peníscola/Peñíscola
Porto	vermutl. Porto (Zamora)
S. Carlo	vermutl. Sant Carles de la Rápita
San Ildefonso	Real Sitio de San Ildefonso
Santa Coloma	vermutl. Santa Coloma de Cervelló
Saragossa	Saragossa
Segovia	Segovia
Soria	Soria
Tarragona	Tarragona
Tereul (nahe Valencia)	Tereul
Tivisa	Tivissa

(*fortges.*)

Ortsname in der Quelle	gegenwärtige Entsprechung
Torreblanca	Torreblanca
Tortosa	Tortosa
Tudela	Tudela
Valencia	Valencia
Valladolid	Valladolid
Villajoyosa	Villajoyosa/La Vila Joiosa
Villamajo	kein Nachweis
Villareal	Vila-real
Valtierra	Valtierra
Villafranca	Villafranca (Navarra)
Vinaros	Vinaròs
Vitoria	Vitoria-Gasteiz

Karte 11 – Sachs

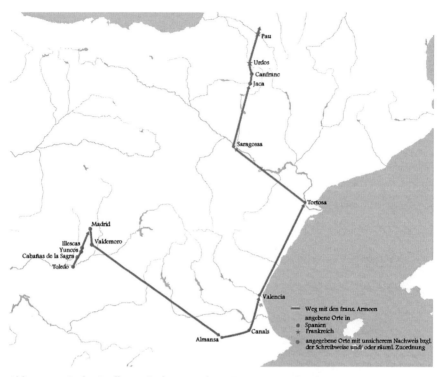

Abb. 12   In der Quelle von Sachs angegebene Einsatzorte in Spanien

Verzeichnis der in der Quelle von Sachs angegebenen Einsatzorte in Spanien

Ortsname in der Quelle	gegenwärtige Entsprechung
Almarsa	vermutl. Almansa
Cabannas	Cabañas de la Sagra
Canales (nahe Valencia)	vermutl. Canals (Valencia)
Canfranc	Canfranc
Illescas	Illescas
Jaca	Jaca
Madrid	Madrid
Toledo	Toledo

(fortges.)

Ortsname in der Quelle	gegenwärtige Entsprechung
Tortosa	Tortosa
Valdemoro	Valdemoro
Valencia	Valencia
Yuncos	Yuncos
Zaragoza	Saragossa

Karte 12 – Knauth

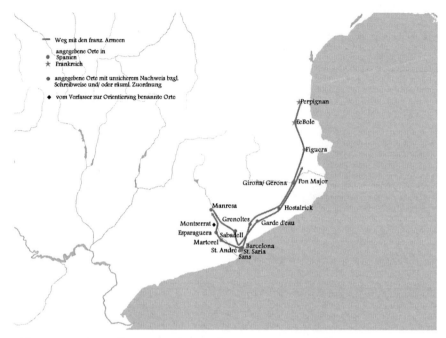

Abb. 13   In der Quelle von Knauth angegebene Einsatzorte in Spanien

Verzeichnis der in der Quelle von Knauth genannte Einsatzorte in Spanien

Ortsname in der Quelle	gegenwärtige Entsprechung
Barcelona	Barcelona
EeBole	vermutl. Le Boulou
Esparaguera	Esparaguerra
Figuera	Figueres
Girona/ Gerona	Girona
Grade d'eau	vermutl. Cardedeu
Grenoltes	vermutl. Granollers
Hostalrick	Hostalric
Manresa	Manresa
Martorel	Martorell
Perpignan	Perpignan

(*fortges.*)

Ortsname in der Quelle	gegenwärtige Entsprechung
Pon Major	Pont Major, heute zu Girona gehörig
Sabadell	Sabadell
Sans	vermutl. Sarrià Sant Grevasi, heute zu Barcelona gehörig
St. André	vermutl. Sant Andreu, heute zu Barcelona gehörig
St. Saria	vermutl. Sants Montjuïc, heute zu Barcelona gehörig

Abkürzungsverzeichnis

Abt.	Abteilung
Abschn.	Abschnitt
Aufl.	Auflage
Ausg.	Ausgabe
bask.	baskisch
Bd.	Band
Bde	Bände
brosch.	broschiert
bzgl.	bezüglich
digit. Fass.	digitalisierte Fassung
dt.	deutsch
erg.	ergänzt/e
Erstausg.	Erstausgabe
erw.	erweitert
Faks.	Faksimile
Fol.	Folio
franz.	französisch
H.	Heft
Hg.	Herausgeber
hg.	herausgegeben
Jh.	Jahrhundert
ilum.	iluminiert
KGL	King's German Legion/ Königlich Deutsche Legion
Lizenzausg.	Lizenzausgabe
Nachdr.	Nachdruck
Neuaufl.	Neuauflage
neugestalt.	neugestaltete
o.J.	ohne Jahresangabe
o.O.	ohne Ortsangabe
Orig.-Ausg.	Originalausgabe
o.S.	ohne Seitenangabe
o.V.	ohne Angabe des Verfassers
pol.	politisch
räuml.	räumlich
S.	Seite
Sonderausg.	Sonderausgabe

Sp.	Spalte
SpätMA	Spätmittelalter
u. a.	unter anderem
überarb.	überarbeitete
verb.	verbesserte
Verl.	Verlag
verm.	vermehrte
vermutl.	vermutlich
z. B.	zum Beispiel

Siglenverzeichnis

ADB	Allgemeine Deutsche Biographie
BEZG	Berner Zeitschrift für Geschichte und Heimatkunde
bpb	Bundeszentrale für politische Bildung
Bull. Spanish Stud.	Bulletin of Spanish Studies. Hispanic Studies and Researches on Spain, Portugal and Latin America
CN	Chronica nova. Revista de historia moderna de la Universidad de Granada
DZPh	Deutsche Zeitschrift für Philosophie. Zweimonatsschrift der internationalen philosophischen Forschung
EGO	Europäische Geschichte Online
Estudis	Estudis. Revista de historia moderna
Fackeln	Fackeln. Ein Journal in zwanglosen Heften
F.A.Z.	Frankfurter Allgemeine Zeitung
GG	Geschichte und Gesellschaft. Zeitschrift für Historische Sozialwissenschaft
Geist der Zeit	Geist der Zeit. Ein Journal für Geschichte, Politik, Geographie, Staaten- und Kriegskunde
GLAK	Generallandesarchiv Karlsruhe
Hist. Anthropol.	Historische Anthropologie. Kultur, Geschichte, Gesellschaft
Historia	Historia. Zeitschrift für Alte Geschichte
HHStAW	Hessisches Hauptstaatsarchiv Wiesbaden
HStAD	Hessisches Staatsarchiv Darmstadt
HZ	Historische Zeitschrift
ICOMOS	Internationaler Rat für Denkmäler und Schutzgebiete
Journal für die neuesten Land- und Seereisen	Journal für die neuesten Land- und Seereisen und das Interessanteste aus der Völker- und Länderkunde zur angenehmen Unterhaltung für gebildete Leser in allen Ständen
LATh-StA Gotha	Landesarchiv Thüringen – Staatsarchiv Gotha
mdv aktuell	mitteldeutscher Verlag aktuell
MGG	Die Musik in Geschichte und Gegenwart. Allgemeine Enzyklopädie der Musik
MGZ	Militärgeschichtliche Zeitschrift
Minerva	Minerva. Ein Journal historischen und politischen Inhalts
NDB	Neue Deutsche Biographie
N.F.	Neue Folge

NLA HA	Niedersächsisches Landesarchiv Hannover
ÖGL	Österreich in Geschichte und Literatur
Razón y Fe	Razón y Fe. Revista Hispanoamericana de Cultura
Staden-Jahrbuch	Staden-Jahrbuch. Beiträge zur Brasilienkunde und zum brasilianisch-deutschen Kultur- und Wirtschaftsaustausch
SAHR	Society for Army Historical Research
SZG	Schweizerische Zeitschrift für Geschichte
Toletum	Toletum. Boletín de la Real Academia de Bellas Artes y Ciencias Históricas de Toledo
TvG	Tijdschrift voor Geschiedenis
VSWG	Vierteljahrschrift für Sozial- und Wirtschaftsgeschichte
ZF Online-Ausg.	Zeitshistorische Forschungen/ Studies in Contemporary History. Online Ausgabe
ZfE	Zeitschrift für Ethnologie
ZfdPh	Zeitschrift für Deutsch Philologie

Quellen- und Literaturverzeichnis

Archiv-Quellen

Untersuchungssache gegen den Obristen v. Ledebur und den Obristleutenant Hermanny wegen ihres Betragens bei dem Kommando des Regiments Groß- und Erbprinz in Spanien, 1808-1810, HStAD, E 8 B 74/1.

Akten der außerordentlichen Militärkommission: Untersuchung über das Benehmen des Obristen v. Ledebur und des Oberleutenants Hermann bei dem Kommando des Regiments Groß- und Erbprinz während des Feldzugs in Spanien, 1809, HStAD, E 8 B 73/1.

Akten der außerordentlichen Militärkommission: Untersuchung über das Benehmen des Oberleutenants Danner im Regiment Georg (Groß-) und Erbprinz bei dem Kommando des Regiments und 2. Bataillon während des Feldzugs in Spanien, 1809, HStAD, E 8 B 73/2.

Cordemann, Ernst: Tagebuch des Oberleutnants Ernst Cordemanns (1809-1815), 1833, NLA HA, Hann. 91 Cordemann I Nr. 1.

Holle, Karl Ludwig von: Tagebuch des Karl Ludwig von Holle, 1804-1808, NLA HA, Dep. 130, Acc. 2010/021 Nr. 44.

Keim: Kriegserlebnisse des Leutnants Keim in den Feldzügen der Jahre 1806-1815, (1835-1839), HHStAW, 3004 Nr. A 112 b.

Keim: Kriegserlebnisse des Leutnants Keim in den Feldzügen der Jahre 1806-1815. Abschrift, (1835-1837), HHStAW, 3004 Nr. A 112 a.

Klauß, Jacob: Ich, Jacob Klauß, 1815/1863, Gemeindearchiv Haßloch, Bestand 1 A 1 Nr. 45.

Knauth, Christian M. W.: Tagebuch des Majors Knauth vom Regiment Herzöge zu Thüringen von 1809-1810 den Feldzug gegen Spanien betreffend, o.J., LATh-StA Gotha, Geheimes Archiv WW VII r Nr. 62.

o.V.: Eisenacher Bürgerbuch, 1781-1829, Stadtarchiv Eisenach, 21.3-004, S. 340.

Poten, Augustus: Kriegstagebuch des August Poten (Kings German Legion). Kurze Generale Recapitulation von Schlachten, Scharmützeln, Kanonaden und anderen Hauptbegebenheiten usw. woran das 2. schwere, nachherige 2. leichte Dragoner-Regiment der Kgl.-Englisch-Teutschen-Legion teilgenommen hat. Mit alphabetischer Liste sämtlicher Offiziere des 2. Dragonerregiments, 1805-1816, NLA HA, MS, Nr. 280.

Rückert, Leonhard: Meine Laufbahn, 1809-1813, GLAK, 65 Nr. 721.

[Rückert, Leonhard]: Aufzeichnungen von Oberstleutnant L. Rückert über seine Erlebnisse im spanischen Feldzug 1809-1813. Abschrift, 20. Jh., GLAK, 65 Nr. 721.

[Sachs, Friedrich]: Bericht des Leutnants Friedrich Sachs aus Karlsruhe über seine Kriegsverletzung und seine Hospitalaufenthalte 1812 in Spanien. Abschrift von Rainer Fürst, [nach 1812], GLAK, 69 Klose Nr. 21.

Gedruckte Quellen, Quelleneditionen und Online-Quellen

Ahlsheimer, Georg W.: Vietnamesische Lehrjahre. Sechs Jahre als deutscher Arzt in Vietnam 1961-1967. Frankfurt am Main 1968.

B., Peter: Einsatztagebuch MINUSMA Teil 5: Danke und „Auf Wiedersehen." (2014), http://www.einsatz.bundeswehr.de/portal/a/einsatzbw/start/aktuelle_einsaetze/mali/!ut/p/z1/hY_LCsIwEEX_qJNE-102FrFQivSlzUZCG2qlJiXE4sKPNoVoV5zFhb l35gwDDM7AJJ-HnptBST7avmHehQZpmZKQkBLTHUryuqrqaoexh6CGo78RZm OoUhGCohPQWIa_znChAAasEo6rpDCLGiHNYLXX3CjtTEqbcUkeWtvEGTpoE I4p9rffU_gVHlwahWRD40TmC_DGZ_787fJ2eRqaK5fdKI6qjT7GdN8HWeb2bxor Mbw!/dz/d5/L2dBISEvZ0FBIS9nQSEh/#Z7_B8LTL2922T1BC0IRVUUVUC1165 (acc. 4.8.2017).

Barkhausen, Georg H.: Tagebuch eines Rheinbund-Offiziers aus dem Feldzuge gegen Spanien und während spanischer und englischer Kriegsgefangenschaft, hg. von seinem Enkel. Wiesbaden 1900.

Bösenberg, F.W.: Auszug aus dem Tagebuche des preußischen Unterofficiers F.W. Bösenberg, (welcher bei der Grenadier-Compagnie des ersten Bataillons Leibgarde, Major von Schwichow gestanden) während seiner Kriegsgefangenschaft im Jahr 1807 in Frankreich und Spanien geführt, in: Militairische Blätter. Eine Zeitschrift 2, H. 9 (1821), S. 129-144.

Brandt, Heinrich von: Ueber Spanien mit besonderer Hinsicht auf einen etwanigen Krieg. Mit einem Kupfer. Berlin 1823.

Brandt, Heinrich von: Handbuch für den ersten Unterricht in der höheren Kriegskunst. Zum Gebrauch in Militär-Schulen und für den Selbstunterricht. Mit zwei Plänen. Berlin 1829, hier S. 321- 363.

Brandt, Heinrich von: Handbibliothek für Offiziere, oder: Populaire Kriegslehre für Eingeweihte und Laien. Bd. 6, Abt. 2: Der kleine Krieg in seinen verschiedenen Beziehungen. Berlin 1837.

Brandt, Heinrich von: Aus dem Leben des Generals der Infanterie z. D. Dr. Heinrich von Brandt. Aus Tagebüchern und Aufzeichnungen seines verstorbenen Vaters zusammengestellt. Bd. 1-3. Berlin 1868-1882.

Brandt, Heinrich von: Souvenirs d'un officier polonais. Scènes de la vie militaire en Espagne et en Russie (1808-1812). Paris 1877.

[Brandt, Heinrich von]: In the Legion of Napoleon.The Memoirs of a Polish Officer in Spain and Russia 1808-1813, übers. und hg. von Jonathan North. London u. a. 1999.

Bundesministerium der Verteidigung: Einsatz Bundeswehr. Einsatztagebücher (2017), http://www.einsatz.bundeswehr.de/portal/a/einsatzbw/start/aktuelle_einsaetze/ einsatztagebuecher/!ut/p/z1/o4_Sj9CPykssyoxPLMnMzovMAfIjo8zinSx 8QnyMLI2MQiy8DAwcTXwtzJxC3YoNvA31wwkpiAJKG-AAjgb6wSmp- pFAM8xxmuFsoh-sH6UflZVYllihV5BfVJKTWqKXmAxyoX5kRmJeSk5qQ H6yIoSgIDei3KDcUREASek6fA!!/dz/d5/L2dBISEvZoFBIS9nQSEh/#Z7_ B8LTL2922T8JooA4M86BUG3oC4 (acc. 4.8.2017).

Buske, Rainer: Kunduz. Ein Erlebnisbericht über einen militärischen Einsatz der Bundeswehr in Afghanistan im Jahre 2008. Berlin 2015.

Cantillo, Alejandro del: Tratados, convenios y declaraciones de paz y de comercio que han hecho con las potencias estranjeras los monarcas españoles de la casa de Borbon desde el año de 1700 hasta el día. Puestos en órden é ilustrados muchos de ellos con la historia de sus respectivas negociaciones. Madrid 1843.

Clair, Johannes: Vier Tage im November. Mein Kampfeinsatz in Afghanistan. 5. Aufl., erweiterte Ausg., Berlin 2017.

Coelln, Friedrich von: Rezension: Fackeln. Ein Journal in zwanglosen Heften, in: Jenaische Allgemeine Literatur-Zeitung 9, H. 3 (1812), S. 463-464.

Dehnel, Heinrich: Rückblicke auf meine Militair-Laufbahn in den Jahren 1805 bis 1849 im königlich-preußischen Heere, im Corps des Herzogs von Braunschweig-Oels, im königlich-großbritannischen und im königlich-hannoverschen Dienst. Hannover 1859.

Ebbecke, Ludwig: Meine Schicksale während eines dreißigjährigen Militairdienstes, besonders in der Königl. Deutschen Legion zur Zeit der Expeditionen nach dem baltischen Meere, nach der Schelde und nahmentlich der Kriegszüge auf der pyrenäischen Halbinsel unter dem Oberbefehle Wellington's gegen Napoleon's Heere. Goslar 1851.

Eckhold, Robert: Fallschirmjäger in Kunduz. Wir kamen, um zu helfen und erlebten den perfiden Terror! 2. Aufl., Limbach-Oberfrohna 2010.

Falkmann, Wilhelm L.: Auszüge aus meinem Tagebuche in den Jahren 1809 bis 1814. Bilder aus dem Kriegsleben eines Lippischen Officiers, in: Lippisches Magazin für vaterländische Kultur und Gemeinwohl 4, H. 38 (1838), S. 593-597.

[Fürstenwärther, Moritz von]: Ansichten von Spanien während eines sechsjährigen Aufenthalts in diesem Lande. Von einem Officier des ehemaligen Rheinbundes. Wiesbaden 1814.

Geißler, C.: Denkwürdigkeiten aus dem Feldzuge in Spanien in den Jahren 1810 und 1811 mit dem Herzoglich Sächsischen Weimarischen Contingent. Leipzig 1830.

[Geissler, C.]: Geschichte des Regiments Herzoge zu Sachsen unter Napoleon mit der grossen Armee im russischen Feldzuge 1812. Insbesondere Beziehung auf die übrigen damals der Division Lioson zugetheilten Großherzoglich Frankfurtischen,

Herzoglich Anhaltischen, Fürstlich Lippischen, Schwarzburgischen, Waldeckischen Reußischen Truppen, hg. von C. Geissler. Eisenach 1840.

Geissler, C.: Denkwürdigkeiten aus dem Feldzuge in Spanien in den Jahren 1810 u. 1811 mit dem Herzogl. Sächs. Kontingent von C. Geissler, Großherzogl. Sächsischer Militärwundarzt. (Aus vergilbten Pergamenten. Eine Folge von Tagebüchern, Briefen und Berichten aus der Napoleonischen Epoche, Bd. 5). Leipzig [1910].

Groos, Heike: Ein schöner Tag zum Sterben. Als Bundeswehrärztin in Afghanistan. (Fischer-Taschenbuch, Bd. 18502). Frankfurt am Main 2011.

Hahmann, Ernst-Ulrich: Mit neunzehn im Kessel von Stalingrad. Tatsachenbericht. Berlin 2015.

Helwingsche Hof-Buchhandlung: Zueignung, in: [Friedrich Hering] (Hg.): Erinnerungen eines Legionärs, oder Nachrichten von den Zügen der Deutschen Legion des Königs (von England) in England, Irland, Dänemark, der Pyrenäischen Halbinsel, Malta, Sicilien und Italien. In Auszügen aus dem vollständigen Tagebuche eines Gefährten derselben. Hannover 1826, III-IV.

[Hering, Friedrich]: Erinnerungen eines Legionärs, oder Nachrichten von den Zügen der Deutschen Legion des Königs (von England) in England, Irland, Dänemark, der Pyrenäischen Halbinsel, Malta, Sicilien und Italien. In Auszügen aus dem vollständigen Tagebuche eines Gefährten derselben. Hannover 1826.

[Hering, Friedrich]: Journal of an Officer in the King's German Legion. Comprising an Account of his Campaigns and Adventures in England, Ireland, Denmark, Portugal, Spain, Malta, Sicily, and Italy. London 1827.

[Hering, Friedrich]: Journal of an Officer in the King's German Legion. Comprising an Account of his Campaigns and Adventures in England, Ireland, Denmark, Portugal, Spain, Malta, Sicily and Italy. Withefish, MT 2007.

[Hering, Friedrich]: Journal of an Officer in the King's German Legion. Comprising an Account of his Campaigns and Adventures in England, Ireland, Denmark, Portugal, Spain, Malta, Sicily and Italy. Neuaufl., WITHEFISH, MT 2010.

[Hering, Friedrich]: Journal of an Officer in the King's German Legion. Reprint, o.O. 2010.

Hering, John F.: Journal of an Officer in the King's German Legion. Recollections of Campaining during the Napoleonic Wars. (Eyewitness to War Series). Reprint, Oakpast 2009.

Heusinger, Ernst: Ansichten, Beobachtungen und Erfahrungen, gesammelt während der Feldzüge in Valencia und Catalonien in den Jahren 1813 und 1814, mit Bezugnahme auf die Operationen der verbündeten englisch-sicilianisch-spanischen Armeen; wie auch bei der darauf folgenden Expedition nach Genua und während des Aufenthalts des Braunschweigischen Husaren-Regiments in Sicilien und Italien, bis zur Rückkehr desselben nach Deutschland im Jahre 1816. Braunschweig 1825.

[Heusinger, Ernst]: Des Kriegers Feierabende oder historisch-romantische Dar-stellungen, Kriegs- und Reisefahrten, Seebilder und Reminiscenzen, aus der Zeit der deutschen und spanischen Befreiungs-Kriege. Bd. 1, Braunschweig 1835.

Heusinger, Ernst: Des Kriegers Feierabende oder historisch-romantische Darstellungen, Kriegs- und Reisefahrten, Seebilder und Reminiscenzen, aus der Zeit der deutschen und spanischen Befreiungs-Kriege. Bd. 2. Braunschweig 1835.

Heusinger, Ernst: Weltbilder. Militairische Erinnerungen. Bd. 1-2. Hannover 1847.

Heusinger, Ernst: Braunschweig in seiner Betheiligung an der deutschen Volks-erhebung. Rückblicke und Zeitbilder. Braunschweig 1849.

[Heusinger, Ernst]: Achtundvierzig Jahre. Zeichnungen und Skizzen aus der Mappe eines constitutionellen Officiers. Bd. 1, Cassel 1851.

[Heusinger, Ernst]: Achtundvierzig Jahre. Zeichnungen und Skizzen aus der Mappe eines constitutionellen Officiers. Bd. 3, Cassel 1852.

Heusinger, Ernst: Bilder aus den Freiheitskämpfen des neunzehnten Jahrunderts. Bd. 1-4. Leipzig 1863.

Heusinger, Ernst: Schicksals Walten. Novellen und Skizzen. Bd. 2. Braunschweig 1873.

Heusinger, Ernst: Schicksals Walten. Novellen und Skizzen. Bd. 1. Braunschweig 1873.

Hibbert, Christopher (Hg.): A Soldier of the Seventy-First. The Journal of a Soldier in the Peninsular War. 2. Aufl., Moreton-In-Marsh, Gloucestershire 1996.

Holzenthal, Georg: Briefe über Deutschland, Frankreich, Spanien, die balearischen Inseln, das südliche Schottland und Holland, geschrieben in den Jahren 1809, 10, 11, 12, 13 und 14, von Georg Holzenthal, Premier-Lieutenant in Hochfürstlich Schaumburg-Lippischen Diensten, in: Journal für die neuesten Land- und See-reisen 23, H. 7 (1816), S. 223-272.

Holzenthal, Georg: Briefe über Deutschland, Frankreich, Spanien, die balearischen Inseln, das südliche Schottland und Holland, geschrieben in den Jahren 1809, 10, 11, 12, 13 und 14, von Georg Holzenthal, Premier-Lieutenant in Hochfürstlich Schaumburg-Lippischen Diensten, in: Journal für die neuesten Land- und See-reisen 23, H. 8 (1816), S. 275-322.

Holzenthal, Georg: Briefe über Deutschland, Frankreich, Spanien, die balearischen Inseln, das südliche Schottland und Holland, geschrieben in den Jahren 1809, 10, 11, 12, 13 und 14, von Georg Holzenthal, Premier-Lieutenant in Hochfürstlich Schaumburg-Lippischen Diensten, in: Journal für die neuesten Land- und See-reisen 24, H. 9 (1816), S. 49-96.

Holzenthal, Georg: Briefe über Deutschland, Frankreich, Spanien, die balearischen Inseln, das südliche Schottland und Holland, geschrieben in den Jahren 1809, 10, 11, 12, 13 und 14, von Georg Holzenthal, Premier-Lieutenant in Hochfürstlich Schaumburg-Lippischen Diensten, in: Journal für die neuesten Land- und See-reisen 24, H. 10 (1816), S. 97-144.

Holzenthal, Georg: Briefe über Deutschland, Frankreich, Spanien, die balearischen Inseln, das südliche Schottland und Holland, geschrieben in den Jahren 1809, 10, 11, 12, 13 und 14, von Georg Holzenthal, Premier-Lieutenant in Hochfürstlich Schaumburg-Lippischen Diensten, in: Journal für die neuesten Land- und Seereisen 24, H. 11 (1816), S. 229-276.

Holzenthal, Georg: Briefe über Deutschland, Frankreich, Spanien, die balearischen Inseln, das südliche Schottland und Holland, geschrieben in den Jahren 1809, 10, 11, 12, 13 und 14, von Georg Holzenthal, Premier-Lieutenant in Hochfürstlich Schaumburg-Lippischen Diensten, in: Journal für die neuesten Land- und Seereisen 24, H. 12 (1816), S. 281-301.

Holzenthal, Georg: Briefe über Deutschland, Frankreich, Spanien, die balearischen Inseln, das südliche Schottland und Holland. Geschrieben in den Jahren 1809 bis 1814. Berlin 1817.

Holzenthal, Georg: Briefe über Deutschland, Frankreich, Spanien, die balearischen Inseln, das südliche Schottland und Holland. Geschrieben in den Jahren 1809 bis 1814 ... Mit ... Kupfern. (Historical Collection from the British Library). Reprint, London 2010.

Holzing, Karl F. von: Auflösung des Räthsels, in: Morgenblatt für gebildete Stände 2, H. 302 (1808), S. 1208.

Holzing, Karl F. von: Meine Gefangennehmung in Spanien, vierjährige Gefangenschaft in Alicante, auf den balearischen Inseln und endlich, nach erlangter Freiheit, die Rückreise über Genua durch die italienische und teutsche Schweiz in's Vaterland, nebst Gedichten und Charaden. Freiburg im Breisgau 1824.

Holzing, Karl F. von: Meine Gefangennehmung in Spanien, vierjährige Gefangenschaft in Alicante, auf den balearischen Inseln und endlich, nach erlangter Freiheit, die Rückreise in's Vaterland über Genua durch die italienische und teutsche Schweiz, nebst Gedichten und Charaden. Mannheim 1825.

Holzing, Karl F. von: Unter Napoleon in Spanien. Denkwürdigkeiten eines badischen Rheinbundoffiziers (1787-1839). Aus alten Papieren hg. von Max Dufner-Greif. Berlin u. a. [1936].

Holzing, Karl F. von: Unter Napoleon in Spanien. Denkwürdigkeiten eines badischen Rheinbundoffiziers (1787-1839). Aus alten Papieren hg. von Max Dufner-Greif. Berlin u. a. 1937.

Huber, Ernst Rudolf (Hg.): Dokumente zur Deutschen Verfassungsgeschichte. Bd. 1: Deutsche Verfassungsdokumente 1803-1850. 3. neubearb. und verm. Aufl., Stuttgart u. a. 1961, S. 100-105.

Kausler, Franz G. F. v./Woerl, Joseph E.: Die Kriege von 1792 bis 1815 in Europa und Aegypten in gedrängter Darstellung mit besonderer Rücksicht auf die Schlachten Napoleons und seiner Zeit nach den zuverläßigsten Quellen bearbeitet. Karlsruhe u. a. 1840, hier S. 384.

Klaus, Jakob: Jakob Klaus aus Haßloch. Erinnerungsbericht, in: Joachim Kermann
    (Hg.): Pfälzer unter Napoleons Fahnen. Veteranen erinnern sich. Erlebnisberichte
    anläßlich der 200. Wiederkehr der Französischen Revolution (Sonderdruck der
    Bezirksgruppe Neustadt im Historischen Verein der Pfalz). Speyer 1989, S. 73-120.

Klaus, Jakob: Jakob Klaus aus Haßloch. Lebenslauf des Jakob Klaus, in: Joachim
    Kermann (Hg.): Pfälzer unter Napoleons Fahnen. Veteranen erinnern sich. Erlebnis-
    berichte anläßlich der 200. Wiederkehr der Französischen Revolution (Sonder-
    druck der Bezirksgruppe Neustadt im Historischen Verein der Pfalz). Speyer 1989,
    S. 121-123.

Knauth, Christian M. W.: Spanisches Kriegstagebuch. Feldzug in Katalonien hg. von
    Otto Bessenrodt. Gotha 1937.

Knauth, Christian M. W.: Tagebuch, in: Thomas Hemmann (Hg.): Manresa – Das Tage-
    buch des gotha-altenburgischen Majors Knauth über seinen Feldzug in Katalonien
    1810. Norderstedt 2009, S. 55-118.

Kohler, Berthold: Die Hölle. Der Einsatz der Bundeswehr in Mali verdient nicht
    nur dann Anerkennung und Aufmerksamkeit, wenn er Opfer fordert, in: F.A.Z.,
    27.7.2017, http://www.faz.net/aktuell/politik/kommentar-kampf-in-mali-15124914.
    html (acc. 4.8.2017).

Kuhlen, Kay: Um des lieben Friedens willen. Als Peacekeeper im Kosovo. 4. überarb.
    Aufl., Eschede 2009.

Lindau, Friedrich: Erinnerungen eines Soldaten aus den Feldzügen der Königlich-
    deutschen Legion. Hannover 1846.

Mämpel, Johann C.: Der junge Feldjäger in französischen und englischen Diensten
    während des Spanisch-Portugisischen Kriegs von 1806-1816. Eingeführt durch
    J.W. von Göthe. Bd. 1. Leipzig 1826.

Mämpel, Johann C.: Der junge Feldjäger in fränzösischen und englischen Diensten
    während des Spanisch-Portugisischen Kriegs von 1806-1816. Bd. 3: Des jungen Feld-
    jägers Kriegskamerad, gefangen und strandend, immer getroßt und thätig. Ein-
    geführt von Goethe. Leipzig 1826.

[Marter, Christian L.]: Fünf Marter-Jahre. Schicksale eines deutschen Soldaten in
    Spanien und Sicilien. Weimar 1834.

Matijević, Daniela: Mit der Hölle hätte ich leben können. Als deutsche Soldatin im
    Auslandseinsatz. 2. Aufl., München 2011.

Mayer, Karl J.: Napoleons Soldaten. Alltag in der Grande Armée. (Geschichte erzählt,
    Bd. 12). Lizenzausg., Darmstadt 2008.

o.V.: Ankündigung. Journal für die neuesten Land- und Seereisen und das Interessan-
    teste aus der Völker- und Länderkunde zur angenehmen Unterhaltung für gebildete
    Leser in allen Ständen, in: Der Nachläufer zum Schweizerboten No. 3, 15.1.1808, o.S.

o.V.: Sammlungen von Reisebeschreibb. Geographie, in: Neue Leipziger Literatur-
    zeitung, 18.8.1808, Sp. 1569-1584.

o.V.: Wissenschaftliche Werke. Erdbeschreibungen, in: Allgemeine Literatur-Zeitung, 22.9.1808, Sp. 185-192.

o.V.: Nothwendige Vorerinnerungen an die Leser dieser Zeitschrift, in: Fackeln 1, H. 1 (1811), S. V-VI.

o.V.: Briefe aus Spanien, im Jahre 1810, von einem deutschen Soldaten, in: Fackeln 1, H. 1 (1811), S. 3-108, 323.

o.V.: Erklärung des Umschlags. An sämmtliche verehrte Leser, in: Fackeln 1, H. 1 (1811), S. VII-VIII.

o.V.: Berichtigung, in: Geist der Zeit 2, H. 2 (1815), S. 320.

o.V.: Merkwürdiger Rückzug des Marschalls Ney nach dem Gefecht von Krasnoi am 18. November 1812. Vorwort, in: Minerva 93, H. 1 (1815), S. 404.

o.V.: Anzeigen (Literatur), in: Bremer Zeitung, 3.1.1817, o.S.

o.V.: Codes – Anzeige. Brandt, H. v., Ueber Spanien, in: Allgemeine Zeitung. Mit allerhöchsten Privilegien. Beilage, 19.2.1837, S. 318.

o.V.: Geschichte, in: Literaturblatt, Beilage zum „Morgenblatt für Gebildete Stände", 20.8.1841, S. 335-336.

o.V.: Todesfälle, in: Großherzoglich Badisches Regierungs-Blatt 34 (1852), S. 312.

o.V.: Constitución política de la monarquía española, promulgada en Cadiz a 19 de marzo de 1812. Fak. der Ausg. Madrid, 1820, Valladolid 2001.

Pradt, Dominique G. F. de R. de: Mémoires historiques sur la révolution d'Espagne. Paris 1816.

Rehtwisch, Theodor: Einleitung, in: Theodor Rehtwisch (Hg.): Denkwürdigkeiten aus dem Feldzuge in Spanien in den Jahren 1810 und 1811 mit dem Herzoglich Sächsischen Weimarischen Contingent. Dargestellt von C. Geissler, Großherzogl. Sächs. Militairwundarzt (Mit einem ilum. Kupfer) (Aus vergilbten Pergamenten. Eine Folge von Tagebüchern, Briefen und Berichten aus der Napoleonischen Epoche, Bd. 5). Leipzig [1910], S. 1.

Renn, Ludwig: Im Spanischen Krieg. Berlin 1963.

Rigel, Franz X.: Der siebenjährige Kampf auf der Pyrenäischen Halbinsel vom Jahre 1807 bis 1814. Besonders meine eignen Erfahrungen in diesem Kriege; nebst Bemerkungen über das Spanische Volk und Land. Bd. 1-3. Rastatt 1819-1821.

Rigel, Franz X.: Kampf um Tarragona während des Befreiungskrieges der Catalonier vom Jahre 1808 bis 1814 nebst ausführlichem Belagerungsplan. Rastatt 1823.

Rigel, Franz X.: Zeitgemäße, Ansichten und Wünsche aus dem politisch-militärischen Standpunkte betrachtet. [Mannheim] 1831.

Rigel, Franz X.: Erinnerungen aus Spanien. Aus den Papieren des Verfassers des Siebenjährigen Kampfes auf der Pyrenäischen Halbinsel von 1807 bis 1814. Mannheim 1839.

Sanz Cid, Carlos: La constitución de Bayona. Labor de redacción y elementos que a ella fueron aportados, según los documentos que se guardan en los Archives Nationales de París y los papeles reservados de la Biblioteca del Real Palacio de Madrid. Madrid 1922, hier S. 504.

[Schümberg, Heinrich A.]: Beytrag zur Geschichte der spanischen Ex-Inquisition, in: Morgenblatt für gebildete Stände 14.2, H. 177 (1820), S. 709-710.

[Schümberg, Heinrich A.]: Beytrag zur Geschichte der spanischen Ex-Inquisition. (Beschluß), in: Morgenblatt für gebildete Stände 14.2, H. 178 (1820), S. 714-715.

[Schümberg, Heinrich A.]: Spanierinnen, in: Abend-Zeitung, 15.1.1821, o.S.

[Schümberg, Heinrich A.]: Spanierinnen (Beschluß), in: Abend-Zeitung, 16.1.1821, o.S.

[Schümberg, Heinrich A.]: Erinnerungen an Spanien, belehrenden und unterhaltenden Inhalts. Mit Beziehungen auf den gegenwärtigen Krieg, hg. von Belmont. Dresden 1823.

Schwarze, Carl: Wahre und abentheuerliche Lebensgeschichte eines Berliners, der in den Kriegsjahren von 1807 bis 1815 in Spanien, Frankreich und Italien sich befand. Berlin 1829.

Suchet, Louis G.: Blokade, Belagerung und Eroberung von Tortosa durch das dritte Französische Armeekorps im Jahre 1810/11 und Vertheidigung von Monzon durch die Franzosen im Jahre 1813/14. Mit 2 Plänen. Aus den Memoiren des Marschalls Suchet, Herzog von Albufera ins Teutsche übersetzt und mit Anmerkungen versehen von Franz X. Rigel. Mannheim 1847.

Tromlitz, A. von: Sämmtliche Schriften von A. Tromlitz. Sammlung 2. Bd. 12: Der Papagei. Scenen aus dem Kriegsleben in Spanien, aus dem Tagebuche eines teutschen Officiers. Dresden u. a. 1834, hier S. 99-192.

Volgmann: Beyträge zur Geschichte des merkwürdigen Feldzuges der Franzosen in Rußland im Jahr 1812. Merkwürdiger Rückzug des Marschalls Ney nach dem Gefechte von Krasnoi am 18. November 1812. Beschrieben von Herrn Walgmann, in: Geist der Zeit 1, H. 3 (1815), S. 380-415.

Volgmann: Beyträge zur Geschichte des merkwürdigen Feldzuges der Franzosen in Rußland im Jahr 1812. Uebergang der Franzosen über die Berezina, in: Geist der Zeit 2, H. 2 (1815), S. 288-309.

Volgmann: Merkwürdiger Rückzug des Marschalls Ney nach dem Gefecht von Krasnoi am 18. November 1812, in: Minerva 93, H. 1 (1815), S. 404-434.

Volgmann: Wanderungen durch Spanien und Portugal im Gefolge der Französischen Armeen, in: Geist der Zeit 3, H. 2 (1816), S. 18-55.

Volgmann: Wanderungen durch Spanien und Portugal im Gefolge der Französischen Armeen, in: Geist der Zeit 3, H. 3 (1816), S. 194-223.

Volgmann: Wanderungen durch Spanien und Portugal im Gefolge der Französischen Armeen, in: Geist der Zeit 4 (1816), S. 187-211.

Volgmann: Wanderungen durch Spanien und Portugal im Gefolge der Französischen Armeen, in: Minerva 95, H. 3 (1815), S. 1-42.

Volgmann: Wanderungen durch Spanien und Portugal im Gefolge der Französischen Armeen (Fortsetzung), in: Minerva 95, H. 3 (1815), S. 222-255.

Volgmann: Wanderungen durch Spanien und Portugal im Gefolge der Französischen Armeen (Beschluß), in: Minerva 96, H. 4 (1815), S. 21-48.

Wohlgethan, Achim: Operation Kundus. Mein zweiter Einsatz in Afghanistan. 2. Aufl., Berlin 2009.

Woods, Christopher J.: Select Documents XLI: Johann Friedrich Hering's Description of Connacht, 1806-7, in: Irish Historical Studies 25, H. 99 (1987), S. 311-321.

Zinke, Josef: Als Bäcker im Krieg. Zeitzeugenbericht. 1. Aufl., Halle 2012.

Literatur

Ackroyd, Marcus u. a.: Advancing with the Army. Medicine, the Professions, and Social Mobility in the British Isles, 1790-1850. New York 2006, hier S. 1-59, 200-208, 324-341.

Alexander, Don W.: French Military Problems in Counterinsurgent Warfare in Northeastern Spain 1808-1813, in: Military Affais 40, H. 3 (1976), S. 117-222.

Alexander, Manfred: Kleine Geschichte Polens. (Schriftenreihe bpb, Bd. 537). Lizenzausg., Bonn 2005, hier S. 163-179.

Altena, Bert/Lente, Dick van: Gesellschaftsgeschichte der Neuzeit 1750-1989. Göttingen 2009.

Álvarez, César (Hg.): Die spanischen Guerillas, 1808-1814. Napoleons iberischer Albtraum (Heere & Waffen, Bd. 3). Berlin 2006.

Álvarez de las Asturias, Nicolás: Las constituciones de Bayona y de Cádiz. La iglesia Española ante las primeras constituciones, in: José M. Magaz Fernández (Hg.): La iglesia en los orígenes de la España contemporanea (1808) (Presencia y diálogo, Bd. 24). Madrid 2009, S. 107-134.

Ambronn, L.: Toise, in: Otto Lueger/Ernst Frey (Hg.): Luegers Lexikon der gesamten Technik und ihrer Hilfswissenschaften. Bd. 6. 3. Aufl., Berlin u. a. 1929, S. 600.

Amelang, James S.: Spanish Autobiography in the Early Modern Era, in: Winfried Schulze (Hg.): Ego-Dokumente. Annäherung an den Menschen in der Geschichte (Selbstzeugnisse der Neuzeit, Bd. 2). Berlin 1996, S. 59-72.

Amstrong, Lucile: Dances of Spain. South, Centre and North-West. Bd. 1 (Handbooks of European National Dances, Bd. 12). 2. Aufl., London 1958.

Anagnostou, Sabine: Jesuiten in Spanisch-Amerika als Übermittler von heilkundlichem Wissen. (Quellen und Studien zur Geschichte der Pharmazie, Bd. 78). Stuttgart 2000.

Anderson, Benedict: Imagined Communities. Reflections on the Origin and Spread of Nationalism. überarb. Aufl., London u. a. 2006.

Aranda Aznar, José: Merino, el guerrillero. (Los libros del ave Fénix, Bd. 189). Madrid 2000.

Arbol Navarro, Miguel del: Spanisches Funeralbrauchtum unter der Berücksichtigung islamischer Einflüsse. Zur Volkskunde und vergleichenden Religionswissenschaft. (Europäische Hochschulschriften, Reihe 19: Ethnologie/Kulturanthropologie, Abt. A - Volkskunde, Bd. 6). Bern u. a. 1974.

Arcarazo García, Luis Alfonso: La asistencia sanitaria en Zaragoza durante la Guerra de la Independencia Española (1808-1814). (Publicación ... de la Institución Fernando el Católico, organismo autónomo de la Excm. Diputación de Zaragoza, Bd. 2762). Zaragoza 2007.

Archenholtz, Johann Wilhelm von: Vorwort, in: Minerva 1, H. 1 (1792), S. 1-2.

Archenholtz, Johann Wilhelm von: Ideen der Engländer von dem Kriege in Spanien, in: Minerva 70, H. 2 (1809), S. 109-157.

Ariès, Philippe: Geschichte des Todes. (Hanser Anthropologie). München u. a. 1980.

Ariès, Philippe: Studien zur Geschichte des Todes im Abendland. (dtv Wissenschaft, Bd. 4369). 2. Aufl., München 1982.

Armillas Vicente, José Antonio (Hg.): La Guerra de la Independencia. Estudios. Bd. 1-2. Zaragoza 2001.

Artola Gallego, Miguel: La burguesía revolucionaria (1808-1874). Bd. 5 (Historia de España, Bd. 46). 8. Aufl., Madrid 1981.

Artola, Miguel: La Guerra de la Independencia. (Espasa Fórum). Pozuelo de Alarcón (Madrid) 2007.

Aschmann, Birgit: „Stolz wie ein Spanier". Genese und Gestalt des deutschen Spanienbildes in der Nachkriegszeit, in: Birgit Aschmann/Michael Salewski (Hg.): Das Bild „des Anderen". Politische Wahrnehmung im 19. und 20. Jahrhundert (Historische Mitteilungen, Beiheft 40). Stuttgart 2000, S. 90-108.

Assmann, Aleida: Der lange Schatten der Vergangenheit. Erinnerungskultur und Geschichtspolitik. (Schriftenreihe bpb, Bd. 633). Lizenzausg., Bonn 2007.

Aymes, Jean René: La Guerra de la Independencia en España 1808-1814. (Estudios de historia contemporánea). Madrid 1974.

Aymes, Jean-René: La guerrilla española (1808-1814). En la literatura testimonial francesa, in: José Antonio Armillas Vicente (Hg.): La Guerra de la independencia. Estudios, Bd. 1. Zaragoza 2001, S. 15-33.

Aymes, Jean-René: La Guerra de la Independencia. Héroes, villanos y víctimas (1808-1814). (Colección Hispania, Bd. 20). Lleida 2008.

Azcárate, Pablo de: Wellington y España. (Grandes Biografías). Madrid 1960.

Baberowski, Jörg: Dem Anderen begegnen: Repräsentationen im Kontext, in: Jörg Baberowski u. a. (Hg.): Dem Anderen begegnen. Eigene und fremde Repräsentation in sozialen Gemeinschaften (Eigene und fremde Welten, Bd. 10). Frankfurt am Main u. a. 2008, S. 9-14.

Baberowski, Jörg: Repräsentationen der Ausschließlichkeit: Kulturrevolution im sowjetischen Orient, in: Jörg Baberowski u. a. (Hg.): Selbstbilder und Fremdbilder. Repräsentation sozialer Ordnungen im Wandel (Eigene und fremde Welten. Repräsentationen sozialer Ordnungen im Wandel, Bd. 1). Frankfurt am Main u. a. 2008, S. 119-137.

Baberowski, Jörg: Gewalt verstehen, in: ZF Online-Ausg. 5, H. 1, 2008, http://www.zeithistorische-forschungen.de/16126041-Baberowski-1-2008 (acc. 16.11.2013).

Backhaus, Wilhelm: Der Hellenen–Barbaren–Gegensatz und die Hippokratische Schrift Περὶ ἀέρων ὑδάτων τόπων, in: Historia 25, H. 2 (1976), S. 170-185.

Baecque, Antoine de: Imperiale Verletzungen, in: Bénédicte Savoy/Yann Potin (Hg.): Napoleon und Europa. Traum und Trauma. Berlin u. a. 2010, S. 49-63.

Bahamonde Magro, Angel/Mérida, Toro J.: Burguesía, especulación y cuestión social en el Madrid del siglo XIX. (Estudios de historia contemporánea: siglo XXI). Madrid 1978.

Bähr, Andreas u. a.: Räume des Selbst. Eine Einleitung, in: Andreas Bähr u. a. (Hg.): Räume des Selbst. Selbstzeugnisforschung transkulturell (Selbstzeugnisse der Neuzeit, Bd. 19). Köln 2007, S. 1-12.

Balsalobre García, Juana María: Una mirada a Goya: los desastres de la guerra, in: Espacio, tiempo y forma. Serie V, historia contemporánea 15 (2002), S. 13-23.

Barbastro Gil, Luis: Los afrancesados. Primera emigración política del siglo XIX español (1813-1820). (Monografias, Instituto de Cultura 'Juan Gil-Albert', Bd. 1640). Madrid 1993.

Bartolomé Gómez, Jesús (Hg.): Los desastres de la guerra. Mirada, palabra e imagen (Manuales. Cultura y filología clásica). Madrid 2010.

Bauer, Franz J.: Von Tod und Bestattung in alter und neuer Zeit, in: HZ 254, H. 1 (1992), S. 1-31.

Bayer, Erich/Wende, Frank (Hg.): Wörterbuch zur Geschichte. Begriffe und Fachausdrücke. 5. neugestalt. u. erw. Aufl., Darmstadt 1995.

Beamish, North L.: History of the King's German Legion. Bd. 1. London 1832.

Beamish, North L.: Geschichte der Königlich Deutschen Legion. Bd.1: Mit 18 colorierten Abbildunge, 4 Schlachtplänen und mehreren Tabellen. Hannover 1832.

Beamish, North L.: Geschichte der Königlich Deutschen Legion. Bd. 2: Mit 5 Schlachtpänen, einer Lithographie und mehreren Tabellen. Hannover 1837.

Becker-Cantarino, Baerbel: Die „Schwarze Legende". Zum Spanienbild in der deutschen Literatur des 18. Jahrhunderts, in: ZfdPh 94, H. 2 (1975), S. 183-203.

Behrends, Jan C.: Afghanistan als Gewaltraum. Sowjetische Soldaten erzählen vom Partisanenkrieg, in: Tanja Penter/Esther Meier (Hg.): Sovietnam. Die UdSSR in Afghanistan 1979-1989. Paderborn 2017, S. 141-159.

Benavent Montoliu, Jorge F.: La imagen de España en Alemania de la ilustración al Romanticismo, in: Estudis 25 (1999), S. 201-230.

Bergdolt, Klaus: Der Schwarze Tod in Europa. Die Große Pest und das Ende des Mittelalters. München 1994, hier S. 119-145

Bergdolt, Klaus: Pest, in: Werner E. Gerabek u. a. (Hg.): Enzyklopädie Medizingeschichte. Berlin u. a. 2005, S. 1122-1127.

Bernecker, Walther L.: Spanische Geschichte. Vom 15. Jahrhundert bis zur Gegenwart. (Beck'sche Reihe, Bd. 2111). Orig.-Ausg., München 1999.

Bernecker, Walther L.: Vom Unabhängigkeitskrieg bis heute, in: Walther L. Bernecker/ Horst Pietschmann (Hg.): Geschichte Spaniens. Von der frühen Neuzeit bis zur Gegenwart. 4. überarb. u. aktual. Aufl., Stuttgart 2005, S. 239-257.

Bersier, Gabrielle: Reise als Umrahmung der Utopie. Einige Überlegungen zum utopischen Reiseroman bis zum Ausgang des 18. Jahrhunderts, in: Wolfgang Griep/ Hans-Wolf Jäger (Hg.): Reise und soziale Realität am Ende des 18. Jahrhunderts (Neue Bremer Beiträge, Bd. 1). Heidelberg 1983, S. 292-301.

Bertrand, Gilles: Der Diskurs der Reisenden, in: Arnd Bauerkämper u. a. (Hg.): Die Welt erfahren. Reisen als kulturelle Begegnung von 1780 bis heute. Frankfurt am u. a. 2004, S. 301-320.

Best, Heinrich/Weege, Wilhelm: Biographisches Handbuch der Abgeordneten der Frankfurter Nationalversammlung 1848/49 (Handbücher zur Geschichte des Parlamentarismus und der politischen Parteien, Bd. 8). Düsseldorf 1996, hier S. 105-106.

Bethencourt, Francisco: L'Inquisition à l'époque moderne. Espagne, Portugal, Italie. XVe-XIXe siècle. (Les nouvelles études historiques). Paris 1995.

Bethencourt, Francisco: The Inquisition. A Global History, 1478-1834. (Past and Present Publications). Cambridge u. a. 2009.

Beuys, Barbara: Heimat und Hölle. Jüdisches Leben in Europa durch zwei Jahrtausende. Religion, Geschichte, Kultur. 1. Aufl., Reinbek bei Hamburg 1996, hier S. 423-436.

Birgfeld, Johannes: Krieg und Aufklärung. Studien zum Kriegsdiskurs in der deutschsprachigen Literatur des 18. Jahrhunderts. Bd. 1-2. Hannover 2012.

Blades, James u. a.: Drum, in: Grove Music Online (2001), https://www.oxford musiconline.com/grovemusic/view/10.1093/gmo/9781561592630.001.0001/omo-9781561592630-e-0000051410 (acc. 15.11.2013).

Blanco Fernández de Caleya, Paloma u. a.: Catálogo del herbario de la Real Expedición Botánica de Nueva España (1787-1803). Conservado en el Real Jardín Botánico de Madrid. Madrid 2010, hier hier S. 19-52.

Blanco, Juan Francisco: La muerte dormida. Cultura funeraria en la España tradicional. (Colección "Acceso al saber": Serie: Etnología, Bd. 1). Valladolid 2005.

Blankenhorn, Erich: 1808-1814. Badische Truppen in Spanien. Amtliche Veröffentlichung des Armeemuseums Karlsruhe/Baden. Deutsche Wehr am Oberrhein. (Deutsche Wehr am Oberrhein, Bd. 5). Karlsruhe 1939.

Bogner, Artur: Gewaltkonflikte und Wandel sozialer Fremdheit in Nordghana, in: Herfried Münkler (Hg.): Die Herausforderung durch das Fremde (Interdisziplinäre Arbeitsgruppen: Forschungsberichte, Bd. 5). Berlin 1998, S. 201-303.

Bohrmann, H.: Zeitschrift, in: Severin Corsten u. a. (Hg.): Lexikon des gesamten Buchwesens. Bd. 8. 2. völlig neu bearb. Aufl., Stuttgart 2008, S. 365-366.

Bolte, Ernst: Hannoversche Geschichte und die Kämpfe der Königlich Deutschen Legion im Auslande. Ein Gedenkbüchlein deutscher Waffentaten im In- und Auslande. Hannover 1914.

Böning, Holger: Krieg und der ‚gemeine Mann' im 18. Jahrhundert. Selbstzeugnisse – neue Medien – Informationsstrukturen, in: Stefanie Stockhorst (Hg.): Kriege und Frieden im 18. Jahrhundert. Kulturgeschichtliche Studien. 1. Aufl., Hannover 2015, S. 51-74.

Bordes, Juan u. a.: Goya, cronista de todas las guerras "Los Desastres" y la fotografía de guerra. Berlin u. a. 2012.

Botti, Alfonso (Hg.): Clero e guerre spagnole in età contemporanea (1808-1939) (Collana dell'Iinstituto di studi storici Gaetano Salvemini di Torino. Serie die ispanistica). Soveria Mannelli 2011.

Bourdieu, Pierre: Die feinen Unterschiede. Kritik der gesellschaftlichen Urteilskraft. (Suhrkamp-Taschenbuch Wissenschaft). Sonderausg., Frankfurt am Main 2003.

Bourdieu, Pierre: Die männliche Herrschaft. (Suhrkamp-Taschenbuch Wissenschaft, Bd. 2031). 2. Aufl., Frankfurt am Main 2013.

Boutry, Philippe: Der Priester, in: François Furet (Hg.): Der Mensch der Romantik. Lizenzausg., Essen 2004, S. 190-214.

Bovekamp, Boris: Die Zeitschrift „Minerva" und ihre Herausgeber Johann Wilhelm Archenholtz (1743-1812) und Friedrich Alexander Bran (1767-1831). Ein Beitrag zur Kompatibilität von Militär, Aufklärung und Liberalismus. (Geist & Wissen, Bd. 3). Kiel 2009.

Bozal, Valeriano (Hg.): Miradas sobre la Guerra de Independencia. Madrid 2008.

Brandau, Birgit u. a.: Von der Gründung der USA bis zum Wiener Kongress (1776-1815), in: Lexikonredaktion des Verlages F.A. Brockhaus in Zusammenarbeit mit Gernot Dallinger/Hans-Georg Golz (Hg.): Weltgeschichte der Neuzeit. Vom 18. Jahrhundert bis zur Gegenwart (Schriftenreihe bpb, Bd. 486). Lizenzausg., Bonn 2005, S. 15-60.

Braubach, Max: Das Europäische Staatensystem 1740-1792, in: Fritz Valjavec (Hg.): Historia mundi, Bd. 9: Aufklärung und Revolution. Bern 1960, S. 84-109.

Braun, Annette: Wahrnehmung von Wald und Natur. (Forschung Soziologie, Bd. 58). Opladen 2000, hier S. 37-60.

Bresemann, Manfred: Des Königs Deutsche Legion 1803-1816 und ihre britische Überlieferung in der Königlich-hannoverschen Armee bis 1866, in: Alt-Hannoverscher Volkskalender (1987), S. 102-104, 44-47, 50-52, 46-48.

Brett-James, Antony: The British Soldier in the Napoleonic Wars 1793-1815. (Sources of History Series). London 1970.

Briesemeister, Dietrich: Die Rezeption der spanischen Literatur in Deutschland im 18. Jahrhundert, in: Harald Wentzlaff-Eggebert (Hg.): Spanien aus deutscher Sicht. Deutsch-spanische Kulturbeziehungen gestern und heute (Beihefte zur Iberoromania, Bd. 20). Tübingen 2004, S. 228-255.

Briesemeister, Dietrich: „Die spanische Verwirrung" (J.W. von Goethe). Zur Geschichte des Spanienbildes in Deutschland, in: Harald Wentzlaff-Eggebert (Hg.): Spanien aus deutscher Sicht. Deutsch-spanische Kulturbeziehungen gestern und heute (Beihefte zur Iberoromania, Bd. 20). Tübingen 2004, S. 97-112.

Briesemeister, Dietrich: Berlin und Spanien. Ein Streifzug durch die Geschichte, in: Harald Wentzlaff-Eggebert (Hg.): Spanien aus deutscher Sicht. Deutsch-spanische Kulturbeziehungen gestern und heute (Beihefte zur Iberoromania, Bd. 20). Tübingen 2004, S. 81-93.

Briesemeister, Dietrich: Spanische Kunst in europäischen Reiseberichten, in: Harald Wentzlaff-Eggebert (Hg.): Spanien aus deutscher Sicht. Deutsch-spanische Kulturbeziehungen gestern und heute (Beihefte zur Iberoromania, Bd. 20). Tübingen 2004, S. 42-58.

Briesemeister, Dietrich: Die Iberische Halbinsel und Europa. Ein kulturhistorischer Rückblick, in: Harald Wentzlaff-Eggebert (Hg.): Spanien aus deutscher Sicht. Deutsch-spanische Kulturbeziehungen gestern und heute (Beihefte zur Iberoromania, Bd. 20). Tübingen 2004, S. 3-21.

Briesemeister, Dietrich: Spanien im Wandel. Beobachtungen ausländischer Reisender in der zweiten Hälfte des 18. Jahrhunderts, in: Harald Wentzlaff-Eggebert (Hg.): Spanien aus deutscher Sicht. Deutsch-spanische Kulturbeziehungen gestern und heute (Beihefte zur Iberoromania, Bd. 20). Tübingen 2004, S. 190-201.

Briesemeister, Dietrich/Wentzlaff-Eggebert, Harald: Einleitung – Aspekte der Kulturvermittlung, in: Dietrich Briesemeister/Harald Wentzlaff-Eggebert (Hg.): Von Spanien nach Deutschland und Weimar-Jena. Verdichtung der Kulturbeziehungen in der Goethezeit (Ereignis Weimar-Jena. Kultur um 1800. Ästhetische Forschungen, Bd. 3). Heidelberg 2003, S. 9-16.

Bröchler, Anja: ‚Was uns das Recht unseres Glaubens erlaubt zu tun'. Kriegsgreuel in den Eroberungen Amerikas, in: Sönke Neitzel/Daniel Hohrath (Hg.): Kriegsgreuel. Die Entgrenzung der Gewalt in kriegerischen Konflikten vom Mittelalter bis ins 20. Jahrhundert (Krieg in der Geschichte, Bd. 40). Paderborn 2007, S. 137-154.

Brösicke, Katrin: Kriegsteilnehmer als Vermittler von Landschaftsbildern, in: Rita Garstenauer/Günter Müller (Hg.): Aus der Mitte der Landschaft. Landschaftswahrnehmung in Selbstzeugnissen (Jahrbuch für die Geschichte des ländlichen Raumes, Bd. 8). Wien u. a. 2011, S. 114-128.

Brosius, Dieter: Die Industriestadt. Vom Beginn des 19. Jahrhunderts bis zum Ende des
    1. Weltkriegs, in: Klaus Mlynek/Waldemar R. Röhrbein (Hg.): Geschichte der Stadt
    Hannover. Bd. 2: Vom Beginn des 19. Jahrhunderts bis in die Gegenwart. Hannover
    1994, S. 273-404.

Browning, Andrew (Hg.): English Historical Documents. Bd. 6: Early Modern. 1660-
    1714. 2. Aufl., London 1996.

Brüggemann, Werner: Die Spanienberichte des 18. und 19. Jahrhunderts und ihre
    Bedeutung für die Formung und Wandlung des deutschen Spanienbildes.
    (Spanische Forschungen der Görresgesellschaft, Reihe 1: Gesammelte Aufsätze zur
    Kulturgeschichte Spaniens, Bd. 12). Münster 1956.

Brumme, Jenny u. a.: Sprachpolitik in der Romania. Zur Geschichte sprachpolitischen
    Denkens und Handelns von der Französischen Revolution bis zur Gegenwart. Berlin
    u. a. 1993, hier S. 63-151, 212-236.

Brümmer, Franz: Deutsches Dichterlexikon. Biographische und bibliographische
    Mittheilungen über deutsche Dichter aller Zeiten. Unter besonderer Berück-
    sichtigung der Gegenwart. Bd. 1. Eichstätt u. a. 1876, hier S. 360-361.

Brümmer, Franz: Lexikon der deutschen Dichter und Prosaisten von den ältesten
    Zeiten bis zum Ende des 18. Jahrhunderts (Reclams Universal-Bibliothek 1941/1945).
    Leipzig 1884, S. 187.

Brunschwig, Henri: Gesellschaft und Romantik in Preußen im 18. Jahrhundert. Die
    Krise des preußischen Staates am Ende des 18. Jahrhunderts und die Entstehung
    der romantischen Mentalität. Frankfurt am Main u. a. 1976.

Buecherl, Wolfgang: Von der Tarantel gestochen, in: Staden-Jahrbuch 9 (1961), S. 27-34.

Bundesministerium der Verteidigung: Bundeswehr. Wir. Dienen. Deutschland (2014),
    http://www.einsatz.bundeswehr.de/portal/poc/einsatzbw?uri=ci%3Abw.bwde_
    einsatzbw.aktuelle_einsaetze.afghanistan (acc. 29.12.2014).

Burgdorf, Wolfgang: Der Kampf um die Vergangenheit. Geschichtspolitik und Identi-
    tät in Deutschland nach 1813, in: Ute Planert (Hg.): Krieg und Umbruch in Mittel-
    europa um 1800. Erfahrungsgeschichte(n) auf dem Weg in eine neue Zeit (Krieg in
    der Geschichte, Bd. 44). Paderborn u. a. 2009, S. 333-357.

Burke, Peter: Kultureller Austausch, in: Peter Burke (Hg.): Kultureller Austausch (Erb-
    schaft unserer Zeit, Bd. 8). Frankfurt am Main 2000, S. 9-40.

Burschel, Peter: Die Audienz. Ritualisierter Kulturkontakt in der Frühen Neuzeit.
    Köln u. a. 2014.

Burschel, Peter/Marx, Christoph: Einleitung, in: Peter Burschel/Christoph Marx (Hg.):
    Reinheit (Veröffentlichungen des Instituts für Historische Anthropologie e.V.,
    Bd. 12). Köln u. a. 2011, S. 7-14.

Buschmann, Nikolaus/Carl, Horst: Zugänge zur Erfahrungsgeschichte des Krieges –
    Forschung, Theorie, Fragestellung, in: Nikolaus Buschmann/Horst Carl (Hg.):

Die Erfahrung des Krieges. Erfahrungsgeschichtliche Perspektiven von der Französischen Revolution bis zum Zweiten Weltkrieg (Krieg in der Geschichte, Bd. 9). Paderborn u. a. 2001, S. 11-26.

Bußmann, Walter: Die Napoleonische Hegemonie und das europäische Staatensystem, in: Walter Bußmann (Hg.): Handbuch der europäischen Geschichte, Bd. 5: Europa von der Französischen Revolution zu den nationalstaatlichen Bewegungen des 19. Jahrhunderts (Handbuch der Europäischen Geschichte). 1. Aufl., Stuttgart 1981, S. 20-28.

Buttery, David: Wellington against Massena. The Third Invasion of Portugal 1810-1811. Barnsley 2007.

Bynum, W. F. (Hg.): Brunonianism in Britain and Europe (Medical History: Supplement, Bd. 8). London 1988.

Callisen, Adolph Carl Peter: Medicinisches Schriftsteller-Lexicon der jetzt lebenden Aerzte, Wundärzte, Geburtshelfer, Apotheker, und Naturforscher aller gebildeten Völker. Bd. 7. Copenhagen 1831, hier S. 119.

Callisen, Adolph Carl Peter: Medicinisches Schriftsteller-Lexicon der jetzt lebenden Verfasser. Bd. 28. Copenhagen 1840, hier S. 172.

Canales Torres, Carlos: Breve historia de la Guerra de la Independencia. 1808-1814. (Breve historia). Madrid 2006.

Cárcel Ortí, Vicente: Historia de la Iglesia en la España contemporánea. Siglos XIX y XX. (Ayer y hoy de la historia). Madrid 2002, hier S. 25-73.

Carl, Horst: Krieg lehrt beten – Kriegserfahrungen und Religion in Nordwesteuropa um 1800, in: Ute Planert (Hg.): Krieg und Umbruch in Mitteleuropa um 1800. Erfahrungsgeschichte(n) auf dem Weg in eine neue Zeit (Krieg in der Geschichte, Bd. 44). Paderborn u. a. 2009, S. 201-217.

Carpanetto, Dino/Ricuperati, Giuseppe: Italy in the Age of Reason. 1685-1789. (Longman History of Italy, Bd. 5). 1. Aufl., New York u. a. 1987, hier S. 236-248.

Carr, Raymond: Spain. 1808-1975. (Oxford History of Modern Europe). 2. Aufl., Oxford 1982, hier S. 60-154.

Castañeda, Miguel: Cómo se fabrica una bota de vino, (TV de Castilla y León Alguien tiene que hacerlo). 2012, https://www.youtube.com/watch?time_continue=16&v=C EadyVJYCJI&feature=emb_logo (acc. 31.3.2013).

Chappey, Jean-Luc/Bourguet, Marie-Noëlle: Die Beherrschung des Raumes, in: Bénédicte Savoy/Yann Potin (Hg.): Napoleon und Europa. Traum und Trauma. Berlin u. a. 2010, S. 77-90.

Chartrand, René: Spanish Guerrillas in the Peninsular War 1808-14. (Elite Ser, Bd. 108). London 2004.

Christiansen, Franziska: Scheintod und Scheintodängste, in: Christoph Daxelmüller (Hg.): Tod und Gesellschaft – Tod im Wandel. Begleitband zur Austellung im Diözesanmuseum Obermünster Regensburg, 8. November 1996 bis 22. Dezember

1996 (Kataloge und Schriften/ Kunstsammlungen des Bistums Regensburg. Diözesanmuseum Regensburg, Bd. 18). Regensburg 1996, S. 77-80.

Chust Calero, Manuel (Hg.): Valencianos en revolución. 1808-1821 (Història, Bd. 171). València 2015.

Clinton, H.: Beiträge zur Geschichte der gegenwärtigen Feldzüge in Spanien, in: Minerva 73, H. 1 (1810), S. 104-134.

Coe, Sophie/Coe, Michael D.: Estampas del chocolate en Europa, in: Margarita de Orellana u. a. (Hg.): Chocolate II: mística y mestizaje (Artes de México, Bd. 105). México, D.F. 2011, S. 53-61.

Cofini, Marcello: Tarantella, in: Friedrich Blume (Hg.): MGG. Bd. 9, Sachteil. 2. neubearb. Aufl., Kassel 1998, S. 408-427.

Confini, Marcello Tarantella, in: Friedrich Blume (Hg.): Die Musik in Geschichte und Gegenwart. Allgemeine Enzyklopädie der Musik. Bd. 9, Sachteil. 2. neubearb. Aufl., Kassel 1998, S. 408-427.

Conrad, Anne: Heiligkeit und Gender. Geschlechterspezifische Reinheitsvorstellungen im Christentum, in: Peter Burschel/Christoph Marx (Hg.): Reinheit (Veröffentlichungen des Instituts für Historische Anthropologie e.V., Bd. 12). Köln u. a. 2011, S. 143-156.

Contreras Gay, José: Las milicias en el Antiguo Régimen. Modelos, características generales y significado histórico, in: CN 20 (1992), S. 75-103.

Corbin, Alain: Pesthauch und Blütenduft. Eine Geschichte des Geruchs. 16.-18. Tsd Ausg., Berlin 1986.

Corbin, Alain: Meereslust. Das Abendland und die Entdeckung der Küste 1750-1840. Berlin 1990, hier S. 83-130, 213-238.

Corcuera de Mancera, Sonia: ¿Inocente placer al paladar o grave cuestión moral?, in: Margarita de Orellana u. a. (Hg.): Chocolate II: mística y mestizaje (Artes de México, Bd. 105). México, D.F. 2011, S. 9-13.

Corsten, Severin: Kupfertitel, in: Severin Corsten u. a. (Hg.): Lexikon des gesamten Buchwesens. Bd. 4. 2. völlig neu bearb. Aufl., Stuttgart 1995, S. 368-369.

Courtin: Arbeiten der Brücken- und Wegebau- Ingenieurs seit 1800 oder Übersicht der neuen Baue, die unter der Regierung Napoleon's I. an Straßen, Brücken und Canälen gemacht, und der Arbeiten, die für die Flußschiffahrt, die Austrocknungen, die Handelshäfen usw. unternommen worden sind. Gotha 1813, hier S. 77-78.

Crang, Mike: Cultural Geography. (Routlegde Contemporary Human Geography). London u. a. 1998.

Crumley, Brian T.: Battalion, in: James C. Bradford (Hg.): International Encyclopedia of Military History. Bd. 1. New York u. a. 2006, S. 162.

Crumley, Brian T.: Corps, in: James C. Bradford (Hg.): International Encyclopedia of Military History. Bd. 1. New York u. a. 2006, S. 337.

Csikszentmihalyi, Mihaly/Aebli, Hans: Das flow-Erlebnis. Jenseits von Angst und Langeweile: im Tun aufgehen. (Konzepte der Humanwissenschaften). 11. Aufl., Stuttgart 2010, hier S. 7-9.

Csikszentmihalyi, Mihaly/Csikszentmihalyi, Isabella S. (Hg.): Optimal Experience. Psychological Studies of Flow in Consciousness. 2. Nachdr., Cambridge u. a. 1995.

Cuenca Toribio, José Manuel: La Guerra de la Independencia. Un conflicto decisivo. (Ensayos, Bd. 274). Madrid 2006.

Dafinger, Andreas: Anthropologie des Raumes. Untersuchungen zur Beziehung räumlicher und sozialer Ordnung im Süden Bukina Fasos (i.e. Ober Volta). (Studien zur Kulturkunde, Bd. 122). Köln 2004.

Daly, Gavin: The British Soldier in the Peninsular War. Encounters with Spain and Portugal. 1808-1814. (War, Culture and Society, 1750-1850). 1. Aufl., Basingstoke 2013.

Damir-Geilsdorf, Sabine/Hendrich, Béatrice: Orientierungsleistungen räumlicher Strukturen und Erinnerung. Heuristische Potentiale einer Verknüpfung der Konzepte Raum, Mental Maps und Erinnerung, in: Sabine Damir-Geilsdorf u. a. (Hg.): Mental Maps – Raum – Erinnerung. Kulturwissenschaftliche Zugänge zum Verhältnis von Raum und Erinnerung (Kulturwissenschaft. Forschung und Wissenschaft, Bd. 1). Münster 2005, S. 25-48.

de Lera, Angel María: Der ewige Rebell. Juan Martín Díaz, el empecinado, in: Merian. Die Lust am Reisen 18, H. 1 (1965), S. 68-70.

Deeters, Walter: Karl II., in: Historische Kommission bei der Bayerischen Akademie der Wissenschaften (Hg.): NDB. Bd. 11 (1977), Online-Version, S. 226, http://www.deutsche-biographie.de/pnd118175017.html (acc. 3.6.2012).

Derbent, T./Camenisch, Marco: Clausewitz und der Volkskrieg. Frankfurt am Main 2012.

Deuerlich, Rudolph: Universal-Katalog der Leihbibliothek von Rudoplh Deuerlich, Universitäts-Buchhändler. Wissenschaftlich und alphabetisch geordnet. Göttingen 1830, hier S. 243, 273.

Diefenbach, Joachim/Sörries, Reiner: Pestsarg und Ausschüttruhe. Kurzer Abriß der Entwicklung des Holzsarges, in: Stiftung Zentralinstitut und Museum für Sepulkralkultur (Hg.): Vom Totenbaum zum Designersarg. Zur Kulturgeschichte des Sarges von der Antike bis zur Gegenwart. 2. unveränd. Aufl., Kassel 1994, S. 37-42.

Diego, Emilio: España, el infierno de Napoleón. 1808-1814. Una historia de la Guerra de la Independencia. 1. Aufl., Madrid 2008.

Disselkamp, Martin: Nationalcharaktere als Kriterien historischer Wahrheit. Zu Bodins Methodus ad facilem historiarum cognitionem, in: Miroslawa Czarnecka u. a. (Hg.): Frühneuzeitliche Stereotype zur Produktivität und Restriktivität sozialer Vorstellungsmuster. V. Jahrestagung der Internationalen Andreas-Gryphius-Gesellschaft Wrocław 8.-11. Oktober 2008 (Jahrbuch für Internationale Germanistik, Bd. 99). Bern 2010, S. 45-65.

Dobbs, Charles M.: Third Coalition, War of the (1805), in: Gregory Fremont-Barnes (Hg.): The Encyclopedia of the French Revolutionary and Napoleonic Wars. A Political, Social, and Military History. Bd. 3. Santa Barbara, Calif. u. a. 2006, S. 982-986.

Dobbs, Charles M.: First Coalition, War of the (1792-1797), in: Gregory Fremont-Barnes (Hg.): The Encyclopedia of the French Revolutionary and Napoleonic Wars. A Political, Social, and Military History. Bd. 1. Santa Barbara, Calif. u. a. 2006, S. 346-350.

Dovifat, Emil: Archenhol(t)z, Johann Wilhelm, in: Historische Kommission bei der Bayerischen Akademie der Wissenschaften (Hg.): NDB. Bd. 1 (1953), Online-Version, S. 335-336, http://www.deutsche-biographie.de/pnd118503839.html (acc. 3.6.2012).

Downs, Roger M./Stea, David: Kognitive Karten. Die Welt in unseren Köpfen. (Uni-Taschenbücher, Bd. 1126). New York 1982.

Dudink, Stefan/Hagemann, Karen: Masculinity in Politics and War in the Age of Democratic Revolutions 1750-1850, in: Stefan Dudink u. a. (Hg.): Masculinities in Politics and War. Gendering Modern History (Gender in History). Manchester u. a. 2004, S. 3-21.

Dufour, Gérard: Las relaciones Iglesia-Estado del Concordato de 1753 a la Revolución de 1868, in: Paul Aubert (Hg.): Religión y sociedad en España (siglos XIX y XX) (Collection de la Casa de Velázquez, Bd. 77). Madrid 2002, S. 11-19.

Edelmayer, Friedrich: Die „Leyendra negra" und die Zirkulation antikatholisch-antispanischer Vorurteile, in: EGO, 3.12.2010, http://www.ieg-ego.eu/edelmayerf-2010-de (acc. 25.7.2013).

Ehlich, Konrad: Vorurteile, Vor-Urteile, Wissenstypen, mentale und diskursive Strukturen, in: Margot Heinemann (Hg.): Sprachliche und soziale Stereotype (Forum Angewandte Linguistik: Publikationsreihe d. Gesellschaft für Angewandte Linguistik, Bd. 33). Frankfurt am Main 1998, S. 11-24.

Eibach, Joachim: Annäherung – Abgrenzung – Exotisierung: Typen der Wahrnehmung „des Anderen" in Europa am Beispiel der Türken, Chinas und der Schweiz (16. bis frühes 19. Jahrhundert), in: Joachim Eibach/Horst Carl (Hg.): Europäische Wahrnehmungen 1650-1850. Interkulturelle Kommunikation und Medienereignisse (The Formation of Europe/Historische Formationen Europas, Bd. 3). Hannover 2008, S. 13-73.

Einsel, Andreas: Geschichte und Bedeutung der Hannoverschen Legion. Unveröffentlichte Abschlussarbeit, Celle 1983.

Einsel, Andreas u. a.: The King's German Legion – Hannoversche Soldaten unter britischer Flagge, in: Heide N. Rohloff (Hg.): Großbritannien und Hannover. Die Zeit der Personalunion 1714-1837. Frankfurt am Main 1989, S. 299-323.

Eitler, Pascal: „Weil sie fühlen, was wir fühlen". Menschen, Tiere und die Genealogie der Emotionen im 19. Jahrhundert, in: Hist. Anthropol. 19, H. 2 (2011), S. 211-228.

Endreß, Gerhard: Der Islam. Eine Einführung in seine Geschichte. (C. H. Beck Studium). 3. überarb. Aufl., München 1997.

England, Robert: Legion, in: James C. Bradford (Hg.): International Encyclopedia of Military History. Bd. 2. New York u. a. 2006, S. 757.

Esdaile, Charles J.: The Spanish Army in the Peninsular War. (War, Armed Forces and Society). Manchester u. a. 1988.

Esdaile, Charles J.: War and Politics in Spain, in: The Historical Journal 31, H. 2 (1988), S. 295-317.

Esdaile, Charles J.: The Breakdown of Authority in Spain, 1812-1824. Soldiers, Civilians and Guerillas, in: José Antonio Armillas Vicente (Hg.): La Guerra de la Independencia. Estudios, Bd. 1 (Publicación de al Institución „Fernando el Católico"). Zaragoza 2001, S. 35-50.

Esdaile, Charles J.: The French Wars. 1792-1815. (Lancaster Pamphlets). London 2001.

Esdaile, Charles J.: Popular Resistance to the Napoleonic Empire, in: Philip G. Dwyer (Hg.): Napoleon and Europe (A Pearson Education Book). Harlow u. a. 2001, S. 136-152, 303-306.

Esdaile, Charles J.: Fighting Napoleon. Guerrillas, Bandits and Adventurers in Spain 1808-1814. New Haven, Conn. u. a. 2004.

Esdaile, Charles J.: Cádiz, Cortes of (1810-1813), in: Gregory Fremont-Barnes (Hg.): The Encyclopedia of the French Revolutionary and Napoleonic Wars. A Political, Social, and Military History. Bd. 1. Santa Barbara, Calif. u. a. 2006, S. 196.

Esdaile, Charles J.: Junta Central (1808-1810), in: Gregory Fremont-Barnes (Hg.): The Encyclopedia of the French Revolutionary and Napoleonic Wars. A Political, Social, and Military History. Bd. 2. Santa Barbara, Calif. u. a. 2006, S. 519.

Esdaile, Charles J.: Napoleon's Wars. An International History, 1803-1815. London u. a. 2007, hier S. xvii-xxxiii, 15-70, 301-345, 346-400.

Esdaile, Charles J.: Peninsular Eyewitnesses. The Expierence of War in Spain and Portugal 1808-1813. Barnsley 2008.

Estermann, Alfred: Die Deutschen Literatur-Zeitschriften 1815-1850. Bibliographien, Programme, Autoren. Bd. 1. 2., verb. und erw. Aufl., München u. a. 1991, hier S. 358-408.

Estes, Kenneth W.: Cuirassier, in: James C. Bradford (Hg.): International Encyclopedia of Military History. Bd. 1. New York u. a. 2006, S. 359-360.

Eybl, Franz M.: Typus, Temperament, Tabelle. Zur anthropologischen und medien-theoretischen Systematik der Völkerstereotypen, in: Miroslawa Czarnecka u. a. (Hg.): Frühneuzeitliche Stereotype. Zur Produktivität und Restriktivität sozialer Vorstellungsmuster. V. Jahrestagung der Internationalen Andreas Gryphius Gesell-schaft Wrocław 8. bis 11. Oktober 2008 (Jahrbuch für Internationale Germanistik, Bd. 99). Bern 2010, S. 29-43.

Eymer, Wilfrid: Eymers Pseudonymen Lexikon. Realnamen und Pseudonyme in der deutschen Literatur, Teil 1-2. Bonn 1997, hier S. 330, 420.

Fauconnier, Gilles: Mappings in Thought and Language. Nachdr., Cambridge 1997.

Fehrenbach, Elisabeth: Vom Ancien Régime zum Wiener Kongreß. (Oldenbourg Grundriss der Geschichte, Bd. 12). 2. überarb. Aufl., München 1986.

Feiber, Albert A.: Friedhöfe im 19. und 20. Jahrhundert, in: Christoph Daxelmüller (Hg.): Tod und Gesellschaft – Tod im Wandel. Begleitband zur Austellung im Diözesanmuseum Obermünster Regensburg, 8. November 1996 bis 22. Dezember 1996 (Kataloge und Schriften/ Kunstsammlungen des Bistums Regensburg. Diözesanmuseum Regensburg, Bd. 18). Regensburg 1996, S. 97-101.

Ferdinand, Horst: Dufner-Greif, Max Emil, in: Bernd Ottnad (Hg.): Baden-Würrembergische Biographien. Bd. 2 (1999), S. 93-95, http://www.leo-bw.de/web/guest/detail/-/Detail/details/PERSON/kgl_biographien/116241330/Dufner-Greif+Max+Emil (acc. 17.5.2012).

Férussac, A. d'Audebard, Baron de: Ansicht der Provinz Andalusien in Spanien, in: Minerva 87, H. 3 (1813), S. 1-46.

Fiedler, Siegfried: Grundriß der Militär- und Kriegsgeschichte. Bd. 2: Das Zeitalter der Französischen Revolution und Napoleons. München 1976.

Fiedler, Siegfried: Kriegswesen und Kriegführung im Zeitalter der Revolutionskriege. Bd. 2 (Heerwesen der Neuzeit, Bd. 3). Koblenz 1988, hier S. 7-122.

Fierro, Maribel (Hg.): De muerte Violenta. Política, religión y violencia en Al-Andalus (Estudios onomástico-biográficos de Al-Andalus, Bd. 14). Madrid 2004.

Finley, Moses I. u. a.: Geschichte Siziliens und der Sizilianer. (Beck'sche Reihe, Bd. 1256). 3. Aufl., München 2006.

Fletcher, Ian: Voices from the Peninsula. Eyewitness Accounts by Soldiers of Wellington's Army, 1808-1814. London 2001.

Floeck, Wilfried: Das Spanienbild der französischen Aufklärer und seine Auswirkungen auf die spanische Ilustración, in: Iberoromania, N.F. 13 (1981), S. 61-76.

Flores del Manzano, Fernando: La guerrilla patriótica en Extremadura (1808-1812). (Colección Estudio, Bd. 35). Mérida 2009, hier S. 158-159.

Flórez Asensio, Asunción: El Coliseo del Buen Retiro en el siglo XVII. Teatro público y cortesano, in: Anales de historia del arte 8 (1998), S. 171-195.

Forrest, Alan u. a. (Hg.): War Memories. The Revolutionary and Napoleonic Wars in Modern European Culture. Basingstoke u. a. 2012.

Forrest, Alan u. a. (Hg.): Soldiers, Citizens and Civilians. Experiences and Perceptions of the Revolutionary and Napoleonic Wars, 1790-1820 (War, Culture and Society, 1750-1850). Basingstoke 2009.

Foucault, Michel: Archäologie des Wissens. (Suhrkamp-Taschenbuch Wissenschaft, Bd. 356). 1. Aufl. , Frankfurt am Main 1981.

Foucault, Michel: Sexualität und Wahrheit. Bd. 2: Der Gebrauch der Lüste. Frankfurt am Main 1986.

Foucault, Michel: Die Ordnung des Diskurses. Mit einem Essay von Ralf Konersmann. (Fischer-Taschenbücher Wissenschaft, Bd. 10083). erw. Ausg., Frankfurt am Main 1993.

Foucault, Michel: Die Geburt der Klinik. Eine Archäologie des ärztlichen Blicks. (Fischer-Taschenbücher Wissenschaft, Bd. 7400). 9. Aufl., Frankfurt am Main 2011.

Foucault, Michel: Überwachen und Strafen. Die Geburt des Gefängnisses. (Suhrkamp-Taschenbuch, Bd. 2271). 14. Aufl., Frankfurt am Main 2013.

Franzbach, Martin: Lessings Huarte-Übersetzung (1752). Die Rezeption und Wirkungsgeschichte des „Examen de ingenios para las ciencias" (1575) in Deutschland. (Hamburger romanistische Studien. B, Ibero-amerikanische Reihe, Bd. 29). Hamburg 1965.

Fraser, Ronald: Napoleon's Cursed War. Spanish Popular Resistance in the Peninsular War, 1808-1814. London u. a. 2008, hier S. ix-6, 124-153, 316-347.

Fratzke-Weiß, Birgit: Europäische und nationale Konzeptionen im Rheinbund. Politische Zeitschriften als Medien der politischen Öffentlichkeit. (Europäische Hochschulschriften, Reihe 3: Geschichte und ihre Hilfswissenschaften, Bd. 756). Frankfurt am Main u. a. 1997.

Frevert, Ute: Was haben Gefühle in der Geschichte zu suchen?, in: GG 35, H. 2 (2009), S. 181-208.

Frevert, Ute/Haupt, Heinz-Gerhard: Einführung. Der Mensch des 19. Jahrhunderts, in: Ute Frevert/Heinz-Gerhard Haupt (Hg.): Der Mensch des 19. Jahrhunderts. Lizenzausg., Essen 2004, S. 9-18.

Friedrich, Markus/Schunka, Alexander (Hg.): Reporting Christian Missions in the Eighteenth Century. Communication, Culture of Knowledge and Regular Publication in a Cross-Confessional Perspective (Jabloniana, Bd. 8). Wiesbaden 2017.

Fuchs, Konrad/Raab, Heribert: dtv-Wörterbuch zur Geschichte. Bd. 1. München 1972, hier S. 199-200.

Fuchs, Konrad/Raab, Heribert: dtv-Wörterbuch zur Geschichte. Bd. 2. München 1972, hier S. 771.

Furrer, Daniel: Zechen und Bechern. Eine Kulturgeschichte des Trinkens und Betrinkens. (Geschichte erzählt, Bd. 4). Darmstadt 2006, hier S. 63-70, 118-120, 137.

Gámez Amián, Aurora: El vino de Jerez y la vitivinicultura malagueña en los siglos XVIII y XIX, in: María del Carmen Borrego Plá u. a. (Hg.): El vino de Jerez y otras bebidas espirituosas en la historia de España y América. Jerez 2004, S. 79-93.

García Cárcel, Ricardo: El sueño de la nación indomable. Los mitos de la Guerra de la Independencia. (Historia). 2. Aufl., Madrid 2007.

García de Cortázar, Fernando: Historia de España. Bd. 44: Apéndice. Atlas de historia de España. Madrid 2007, hier S. 365-408.

Garzmann, Manfred R. W.: Zur Geschichte der Garnison Braunschweig, in: Gerd Spies/ Matthias Puhle (Hg.): Festschrift zur Ausstellung Brunswiek 1031 – Braunschweig

1981. Die Stadt Heinrichs des Löwen von den Anfängen bis zur Gegenwart. Vom 25.4.1981 bis 11.10.1981. Braunschweig 1981, S. 181-192.

Gernert, Angelica/Groblewski, Michael: Ein Überblick: Die italienischen Staaten zwischen 1559-1814, in: Wolfgang Altgeld/Rudolf Lill (Hg.): Kleine italienische Geschichte (Schriftenreihe bpb, Bd. 530). Lizenzausg., Bonn 2005, S. 175-184.

Gerstenberger, Debora: Iberien im Spiegel frühneuzeitlicher enzyklopädischer Lexika Europas. Diskursgeschichtliche Untersuchung spanischer und portugiesischer Nationalstereotypen des 17. und 18. Jahrhunderts. (Beiträge zur Wirtschafts- und Sozialgeschichte, Bd. 110). Stuttgart 2007.

Geulen, Christian: Geschichte des Rassismus. (Beck'sche Reihe, Bd. 2424). München 2007.

Geyer-Kordesch, Johanna: Die Medizin im Spannungsfeld zwischen Aufklärung und Pietismus. Das unbequeme Werk Georg Ernst Stahls und dessen kulturelle Bedeutung, in: Norbert Hinske (Hg.): Zentren der Aufklärung: Halle. Aufklärung und Pietismus (Wolfenbüttler Studien zur Aufklärung, Bd. 1). Heidelberg 1989, S. 255-274.

Geyer-Kordesch, Johanna: Pietismus, Medizin und Aufklärung in Preußen im 18. Jahrhundert. Das Leben und Werk Georg Ernst Stahls. (Hallesche Beiträge zur Europäischen Aufklärung, Bd. 13). Tübingen 2000.

Giehrl, Hermann: Der Feldherr Napoleon als Organisator. Betrachtungen über seine Verkehrs- und Nachrichtenmittel, seine Arbeits- und Befehlsweise. Berlin 1911, hier S. 84-121.

Giger, Matthias: Huartes Prüfung der Köpfe zu den Wissenschaften, in: SwissGifted 1, 1 (2008), S. 26-30.

Gil Romero, Maria del Carmen/Luque Muriel, Francisco de Borja: La participación de los ilustrados en la política repobladora de Carlos III. La real sociedad económica matritense de amigos del país y los proyectos de nuevas poblaciones presentados por Juan Gaspar de Thürriegel, in: Miguel Avilés Fernández/Guillermo Sena Medina (Hg.): Nuevas poblaciones en la España moderna. Córdoba 1991, S. 221-231.

Gilman, Sander L.: Zur Physiognomie des Geisteskranken in Geschichte und Praxis, 1800-1900, in: Sudhoffs Archiv 62, H. 3 (1978), S. 209-234.

Ginzburg, Carlo: Hexensabbat. Entzifferung einer nächtlichen Geschichte. Berlin 1990.

Giorgio, Michaela de: Die Gläubige, in: Ute Frevert/Heinz-Gerhard Haupt (Hg.): Der Mensch des 19. Jahrhunderts. Lizenzausg., Essen 2004, S. 120-147.

Glover, Michael: The Peninsular War 1807-1814. A Concise Military History. 1. Aufl., London u. a. 1974.

Goerigk, Martine: Bäume. Eine Reise durch Zeiten und Kulturen. Geschichte, Mythologie, Märchen, Brauchtum, Nutzen, Botanik. 1. Aufl. , Bürgel 2009, hier S. 36-41, 70-73, 204-207.

Goetsch, Paul: Einleitung: Zur Bewertung von Lesen und Schreiben im 17. und 18. Jahrhundert, in: Paul Goetsch (Hg.): Lesen und Schreiben im 17. und 18. Jahrhundert.

Studien zu ihrer Bewertung in Deutschland, England, Frankreich (ScriptOralia, Bd. 65). Tübingen 1994, S. 1-23.

González García, Manuel-José: Lessings Kenntnisse der spanischen Literatur und Kultur, in: Hans Juretschke (Hg.): Zum Spanienbild der Deutschen in der Zeit der Aufklärung. Eine historische Übersicht (Spanische Forschungen der Görresgesellschaft, Reihe 2, Bd. 33). Münster 1997, S. 133-148.

Goodman, Edward J.: Spanish Nationalism in the Struggle against Napoleon, in: The Review of Politics 20, H. 3 (1958), S. 330-346.

Gould, Peter/White, Rodney: Mental Maps. (Pelican Books: A: Pelican Geography and Environmental Studies). Harmondsworth u. a. 1974.

Goya y Lucientes, Francisco de: Los desastres de la guerra. Coleccion de ochenta láminas inventadas y grabadas al agua fuerte. Madrid 1863.

Goya y Lucientes, Francisco José de: Desastres de la guerra. Vorwort von Konrad Farner. (Diogenes-Taschenbücher, Bd. 33, 2). Reprint der Ausgabe von 1863, Zürich 1972.

Grab, Alexander I.: Napoleon and the Transformation of Europe. (European History in Perspective). Basingstoke u. a. 2003.

Graf, Friedrich W.: Die Wiederkehr der Götter. Religion in der modernen Kultur. (Schriftenreihe bpb, Bd. 465). Lizenzausg., Bonn 2004.

Graf, Friedrich W.: Der Protestantismus. Geschichte und Gegenwart. (Schriftenreihe bpb, Bd. 623). Lizenzausg., Bonn 2007.

Graf, Wilhelm F.: Die Spaltung des Protestantismus. Zum Verhältnis von evangelischer Kirche, Staat und ‚Gesellschaft' im frühen 19. Jahrhundert, in: Wolfgang Schieder (Hg.): Religion und Gesellschaft im 19. Jahrhundert (Industrielle Welt. Schriftenreihe des Arbeitskreises für Moderne Sozialgeschichte, Bd. 54). Stuttgart 1993, S. 157-190.

Graham, John: Lavater's Physiognomy in England, in: Journal of the History of Ideas 22, H. 4 (1961), S. 561-572.

Gray, Daniel S.: „Prisoners, Wanderers, and Deserters". Recruiting for the King's German Legion, 1803-1815, in: SAHR 53 (1975), S. 148-158.

Gray, Daniel S.: The French Invasion of Hanover in 1803 and the Origins of the King's German Legion, in: Consortium on Revolutionary Europe 1750-1850. Proceedings 10 (1980), S. 198-211.

Greminger, Ueli: Johann Caspar Lavater. Berühmt, berüchtigt – neu entdeckt. Zürich 2012.

Guerra, F.-X.: Modernidad e independencias. Ensayos sobre las revoluciones hispánicas. Bd. 3. Aufl. (Colecciones MAPFRE 1492. 11, Colección Relaciones entre España y América, Bd. 16). Madrid 2000.

Gundert, Beate: Humoralpathologie, in: Karl-Heinz Leven (Hg.): Antike Medizin. Ein Lexikon. München 2005, S. 436-441.

Günther, Dagmar: Napoleonische Herrschaft und Befreiungskriege in der autobiographischen Erinnerung deutscher Bildungsbürger im Kaiserreich, in: Ute Planert (Hg.): Krieg und Umbruch in Mitteleuropa um 1800. Erfahrungsgeschichte(n) auf dem Weg in eine neue Zeit (Krieg in der Geschichte, Bd. 44). Paderborn u. a. 2009, S. 359-376.

Günther, J.: Johann Karl August Geißler, großherzogl. sachs. weimar.-eisenach. Landesdirektionskanlist zu Eisenach; geb. 3. April 1785, gest. 5. Januar 1840, in: Luginsland. Blätter für Heimatkunde, Beilage zur „Eisenacher Tagespost", 22.11.1927, S. 173-174.

Gutzmer, Karl: Leihbibliothek, in: Severin Corsten u. a. (Hg.): Lexikon des gesamten Buchwesens. Bd. 4. 2. völlig neu bearb. Aufl., Stuttgart 1995, S. 442-444.

Gutzmer, Karl: Subskription, in: Severin Corsten u. a. (Hg.): Lexikon des gesamten Buchwesens. Bd. 7. 2. völlig neu bearb. Aufl., Stuttgart 2007, S. 298-299.

Gutzmer, Karl u. a.: Lesegesellschaften, in: Severin Corsten u. a. (Hg.): Lexikon des gesamten Buchwesens. Bd. 4. 2. völlig neu bearb. Aufl., Stuttgart 1995, S. 481-482.

H.: Braunschweig (-Oels). Friedrich Wilhelm, in: Hellmuth Rößler u. a. (Hg.): Biographisches Wörterbuch zur deutschen Geschichte. Bd. 1. 2. völlig neubearb. und stark erw. Aufl., München 1973, S. 363-364.

Haberkern, Eugen/Wallach, Joseph F. (Hg.): Hilfswörterbuch für Historiker. Mittelalter und Neuzeit. 2. neubearb. u. erw. Aufl., Bern u. a. 1964.

Hagemann, Karen: „Heran, heran, zu Sieg oder Tod!" Entwürfe patriotisch-wehrhafter Männlichkeiten in der Zeit der Befreiungskriege, in: Thomas Kühne (Hg.): Männergeschichte – Geschlechtergeschichte. Männlichkeit im Wandel der Moderne (Geschichte und Geschlechter, Bd. 14). Frankfurt am Main 1996, S. 51-68.

Hagemann, Karen: „Männlicher Muth und Teutsche Ehre". Nation, Militär und Geschlecht zur Zeit der Antinapoleonischen Kriege Preußens. (Krieg in der Geschichte, Bd. 8). Paderborn 2002.

Hagemann, Karen: Federkriege: Patriotisch-Nationale Meinungsmobilisierung in Preußen in der Zeit der Antinapoleonischen Kriege 1806-1815, in: Bernd Sösemann (Hg.): Kommunikation und Medien in Preußen vom 16. bis zum 19. Jahrhundert (Beiträge zur Kommunikationsgeschichte, Bd. 12). Stuttgart 2002, S. 281-302.

Hagemann, Karen: 'Unimaginable Horror and Misery'. The Battle of Leipzig in October 1813 in Civilian Experience and Perception, in: Alan Forrest u. a. (Hg.): Soldiers, Citizens and Civilians. Experiences and Perceptions of the Revolutionary and Napoleonic Wars, 1790-1820 (War, Culture and Society, 1750-1850). Basingstoke u. a. 2009, S. 157-178.

Hahn, Alois: Die soziale Konstruktion des Fremden, in: Walter M. Sprondel (Hg.): Die Objektivität der Ordnungen und ihre kommunikative Konstruktion. Für Thomas Luckmann (Suhrkamp-Taschenbuch Wissenschaft, Bd. 1140). 1. Aufl., Frankfurt am Main 1994, S. 140-163.

Hahn, Alois: „Partizipative" Identitäten, in: Herfried Münkler (Hg.): Furcht und Faszination. Facetten der Fremdheit (Studien und Materialien der Interdisziplinären Arbeitsgruppe: Die Herausforderung durch das Fremde, der Berlin-Brandenburgischen Akademie der Wissenschaften). Berlin 1997, S. 115-158.

Hahn, Hans H.: 12 Thesen zur Stereotypenforschung, in: Elena Mannová/Hans H. Hahn (Hg.): Nationale Wahrnehmungen und ihre Stereotypisierung. Beiträge zur Historischen Stereotypenforschung (Mitteleuropa – Osteuropa. Oldenburger Beiträge zur Kultur und Geschichte Ostmitteleuropas, Bd. 9). Frankfurt am Main u. a. 2007, S. 15-24.

Hahn, Hans H./Hahn, Eva: Nationale Stereotypen. Plädoyer für eine historische Stereotypenforschung, in: Hans H. Hahn (Hg.): Stereotyp, Identität und Geschichte. Die Funktion von Stereotypen in gesellschaftlichen Diskursen (Mitteleuropa – Osteuropa. Oldenburger Beiträge zur Kultur und Geschichte Ostmitteleuropas, Bd. 5). Frankfurt am Main u. a. 2002, S. 17-56.

Hänsel-Hohenhausen, Markus von: Die anonym erschienenen autobiographischen Schriften des neunzehnten Jahrhunderts. Bibliographie. Mit einem Nachweis für die Bibliotheken Deutschlands. München 1986.

Harari, Yuval Noah: Martial Illusions: War and Disillusionment in Twentieth-Century and Renaissance Military Memoirs, in: The Journal of Military History 69, H. 1 (2005), S. 43-72.

Harari, Yuval Noah: Military Memoirs: A Historical Overview of the Genre from the Middle Ages to the Late Modern Era, in: War History 14, H. 3 (2007), S. 289-309.

Harari, Yuval Noah: The Ultimate Experience. Battlefield Revelations and the Making of Modern War Culture, 1450-2000. Basingstoke 2008.

Harari, Yuval Noah: Combat Flow: Military, Political, and Ethical Dimension of Subjective Well-Being in War, in: Review of General Psychology 12, H. 3 (2008), S. 253-264.

Harig, Georg: Aspekte der chirurgischen Ausbildung in Berlin, in: Georg Harig (Hg.): Chirurgische Ausbildung im 18. Jahrhundert (Abhandlungen zur Geschichte der Medizin und der Naturwissenschaften, Bd. 57). Husum 1990, S. 35-58.

Hartmann, Andreas: Im Osten nichts Neues. Europa und seine Barbaren seit dem V. Jahrhundert v. Chr., in: Andreas Michler/Waltraud Schreiber (Hg.): Blicke auf Europa. Kontinuität und Wandel (Eichstätter Kontaktstudium zum Geschichtsunterricht, Bd. 3). 1. Aufl. , Neuried 2003, S. 31-77.

Hartmann, Peter C.: Geschichte Frankreichs. (Beck'sche Reihe, Bd. 2124). Orig.-Ausg., 2. Aufl., München 2001.

Heggen, Alfred: Alkohol und bürgerliche Gesellschaft im 19. Jahrhundert. Eine Studie zur deutschen Sozialgeschichte. (Einzelveröffentlichungen der Historischen Kommission zu Berlin, Bd. 64). Berlin 1988, hier S. 8-28.

Heigel, Karl T. von: Thürriegl, Josef Kaspar, in: Historische Commission bei der Königl. Akademie der Wissenschaften (Hg.): ADB. Bd. 38 (1894), Online-Version, S. 230-233, http://www.deutsche-biographie.de/pnd100993648.html?anchor=adb (acc. 25.10.2012).

Hemmann, Thomas: Einleitung, in: Thomas Hemmann (Hg.): Das Tagebuch des gotha-altenburgischen Majors Knauth 1809: Feldzug in Süddeutschland, Österreich und Tirol. 2. Aufl., Norderstedt 2007, S. 11-45.

Hemmann, Thomas (Hg.): Manresa – Das Tagebuch des gotha-altenburgischen Majors Knauth über seinen Feldzug in Katalonien 1810, Norderstedt 2009, S. 7-54.

Henny, Sundar: Vom Leib geschrieben. Der Mikrokosmos Zürich und seine Selbst-zeugnisse im 17. Jahrhundert. (Selbstzeugnisse der Neuzeit, Bd. 25). Köln u. a. 2016.

Herder, Johann Gottfried von: Briefe zu Beförderung der Humanität. Bd. 1-10. Riga 1793-1797.

Herrmann, Ulrich/Müller, Rolf-Dieter (Hg.): Junge Soldaten im Zweiten Weltkrieg. München 2010.

Hinterhäuser, Hans: Tugenden und Laster des Spaniers im Wandel der Jahrhunderte, in: Franz K. Stanzel (Hg.): Europäischer Völkerspiegel. Imagologisch-ethnographische Studien zu den Völkertafeln des frühen 18. Jahrhunderts. Heidelberg 1999, S. 157-168.

Höchner, Marc: Selbstzeugnisse von Schweizer Söldneroffizieren im 18. Jahrhundert. (Herrschaft und soziale Systeme der frühen Neuzeit, Bd. 18). Göttingen 2015.

Hocquellet, Richard: Mobilisation populaire et invention nationale dans l'Espagne en lutte contre la France (1808-1814), in: Revue d'histoire du XIXe siècle 42, H. 1 (2011), S. 71-84.

Hoffmann, Detlef: Visuelle Stereotypen, in: Hans H. Hahn (Hg.): Stereotyp, Identität und Geschichte. Die Funktion von Stereotypen in gesellschaftlichen Diskursen (Mitteleuropa – Osteuropa. Oldenburger Beiträge zur Kultur und Geschichte Ost-mitteleuropas, Bd. 5). Frankfurt am Main u. a. 2002, S. 73-85.

Hoffmann, Peter: Niedersächsische Geschichte, in: Werner Künzel/Werner Rellecke (Hg.): Geschichte der deutschen Länder. Entwicklungen und Traditionen vom Mittelalter bis zur Gegenwart (Schriftenreihe bpb, Bd. 723). Überarb. Neuaufl., Lizenzausg., Bonn 2008, S. 229-256.

Holzapfel, Otto: Aesculapius, in: Otto Holzapfel (Hg.): Lexikon der abendländischen Mythologie. Köln 2010, S. 35.

Holzapfel, Otto: Asklepios, in: Otto Holzapfel (Hg.): Lexikon der abendländischen Mythologie. Köln 2010, S. 62.

Holzmann, Michael: Deutsches Pseudonymen-Lexikon. Aus den Quellen bearbeitet von Dr. Michael Holzmann und Dr. Hanns Bohatta. Leipzig u. a. 1906, hier S. 28.

Hönsch, Ulrike: Wege des Spanienbildes im Deutschland des 18. Jahrhunderts. Von der schwarzen Legende zum „Hesperischen Zaubergarten". (Hermaea, N.F., Bd. 91). Tübingen 2000.

Hönsch, Ulrike: Zwischen aufklärerischem Anspruch und verlegerischem Pragmatismus. Der Spanienartikel in Johann Heinrich Zedlers „Universal Lexicon", in: Dietrich Briesemeister/Harald Wentzlaff-Eggebert (Hg.): Von Spanien nach Deutschland und Weimar-Jena. Verdichtung der Kulturbeziehungen in der Goethezeit (Ereignis Weimar-Jena. Kultur um 1800. Ästhetische Forschungen, Bd. 3). Heidelberg 2003, S. 55-65.

Howard, John: Nachrichten von den vorzüglichen Krankenhäusern und Pesthäusern in Europa. Nebst einigen Beobachtungen über die Pest und fortgesetzten Bemerkungen über Gefängnisse und Krankenhäuser. Aus dem Englischen. Mit Zusätzen des deutschen Herausgebers, welche besonders die Krankenhäuser angehen. Mit Kupfern und Tabellen, hg. von Christian F. Ludwig. Leipzig 1791.

Howard, Martin: Wellington's Doctors. The British Army Medical Services in the Napoleonic Wars. Staplehurst 2002.

Howard, Martin R.: Napoleon's Doctors. The Medical Services of the Grande Armée. Staplehurst 2006.

Huarte de San Juan, Juan: Johann Huarts Prüfung der Köpfe zu den Wissenschaften. Worinne er die Verschiedenen Fähigkeiten die in den Menschen leigen zeigt Einer jeden Theil der Gelehrsamtkeit bestimmt der für sie eigentlich gehöret Und endlich den Aeltern Anschläge ertheilt wie sie fähige und zu den Wissenschaften aufgelegte Söhne erhalten können. Aus dem Spanischen übersetzt von Gotthold Ephraim Leßing. Zerbst 1752.

Huarte de San Juan, Juan: Prüfung der Köpfe zu den Wissenschaften. Juan Huarte. Übers. von G. E. Lessing. Mit einer kritischen Einleitung und Bibliographie von Martin Franzbach. Nachdr. der Ausg. Zerbst 1752, München 1968.

Huck, Stephan: Vom Berufsmilitär zur allgemeinen Wehrpflicht. Militärgeschichte zwischen Französischer Revolution und Freiheitskriegen 1789 bis 1815, in: Karl-Volker Neugebauer/Michael Busch (Hg.): Grundkurs deutsche Militärgeschichte. Bd. 1: Die Zeit bis 1914. Vom Kriegshaufen zum Massenheer. München 2006, S. 122-217.

Huerkamp, Claudia: Der Aufstieg der Ärzte im 19. Jahrhundert. Vom gelehrten Stand zum professionellen Experten. (Kritische Studien zur Geschichtswissenschaft, Bd. 68). Göttingen 1985, hier S. 22-59.

Hulot, Frédéric: Le maréchal Suchet. Paris 2009.

Hürlimann, Annemarie: Die Eiche, heiliger Baum deutscher Nation, in: Bernd Weyergraf (Hg.): Waldungen. Die Deutschen und ihr Wald. Ausstellung der Akademie der Künste vom 20. September bis 15. November 1987 (Akademie-Katalog/Akademie der Künste, Berlin West, Bd. 149). Berlin 1987, S. 62-69.

Iberoamerikanisches Institut: Digitale Sammlungen. Historische Karten, 2007-2020, http://digital.iai.spk-berlin.de/viewer/collections/historische-karten/ (acc. 16.8.2017).

Iborra, Pascual: Historia del protomedicato en España. 1477-1822. (Acta historico-medica Vallisoletana: Monografías, Bd. 24). Valladolid 1987, hier S. 125-126, 262-285.

Imbault-Huart, Marie J.: La formation chirurgicale en France au XVIII'ème siècle, composante essentielle d'une nouvelle chirurgie, in: Georg Harig (Hg.): Chirurgische Ausbildung im 18. Jahrhundert (Abhandlungen zur Geschichte der Medizin und der Naturwissenschaften, Bd. 57). Husum 1990, S. 75-90.

Imhof, Michael: Stereotypen und Diskursanalyse. Anregungen zu einem Forschungs-konzept kulturwissenschaftlicher Stereotypenforschung, in: Hans H. Hahn (Hg.): Stereotyp, Identität und Geschichte. Die Funktion von Stereotypen in gesellschaft-lichen Diskursen (Mitteleuropa – Osteuropa. Oldenburger Beiträge zur Kultur und Geschichte Ostmitteleuropas, Bd. 5). Frankfurt am Main u. a. 2002, S. 57-71.

Induráin Pons, Jordi: Atlas histórico de España. Con textos originales de todas las épocas. 1. Aufl., Barcelona 2012.

International Research Project, Working Group and Network: Nations, Borders, Identities. The Revolutionary and Napoleonic Wars in European Expierences and Memories (2004-2009), 1.8.2009, http://www.unc.edu/nbi/index.htm (acc. 6.5.2013).

Isaac, Benjamin: The Invention of Racism in Classical Antiquity. Princeton, NJ u. a. 2004.

J., D.: Sabler, l'action de, in: Denis Diderot/Jean Le Rond d'Alembert (Hg.): Encyclopédie, ou Dictionnaire raisonné des sciences, des arts et des métiers. Bd. 14. Neufchastel 1765, S. 466.

J., D.: Tarentule, in: Denis Diderot/Jean Le Rond d'Alembert (Hg.): Encyclopédie, ou Dictionnaire raisonné des sciences, des arts et des métiers. Bd. 32. Genf 1779, S. 674-678.

Jacyna, Stephen: Medicine in Transformation. 1800 to1849, in: W. F. Bynum u. a. (Hg.): The Western Medical Tradition. 1800 to 2000. Cambridge u. a. 2006, S. 11-101.

Jancke, Gabriele/Ulbrich, Claudia: Einleitung. Vom Individuum zur Person. Neue Konzepte im Spannungsfeld vom Autobiographietheorie und Selbstzeugnis-forschung, in: Gabriele Jancke/Claudia Ulbrich (Hg.): Vom Individuum zur Person. Neue Konzepte im Spannungsfeld vom Autobiographietheorie und Selbstzeugnis-forschung (Quereelles. Jahrbuch für Frauen- und Geschlechterforschung, Bd. 10). Göttingen 2005, S. 7-27.

Jeismann, Michael: Das Vaterland der Feinde. Studien zum nationalen Feindbegriff und Selbstverständnis in Deutschland und Frankreich 1792-1918. (Sprache und Geschichte, Bd. 19). Stuttgart 1992.

Jiménez de Gregorio, Fernando: El ayuntamiento de Toldo en la guerra por la independencia y su entorno, de 1809 a1814. (Publicaciones del Instituto Provincial de Investigaciones y Estudios Toledanos. Serie 1: Monografías, Bd. 21). Toledo 1984.

JLPM: Vid, in: Miguel Artola (Hg.): Diccionario temático. Enciclopedia de Historia de España. Bd. 5. 1. reimpr., Madrid 1995, S. 1211-1212.

Jones, Colin: Charity and Bienfaisance. The Treatment of the Poor in the Montpellier Region 1740-1815. Cambrigde 1982.

Julia, Dominique: Der Priester, in: Michel Vovelle (Hg.): Der Mensch der Aufklärung. Lizenzausg., Essen 2004, S. 282-320.

Juretschke, Hans: Die Anfänge der modernen deutschen Historiografie über Spanien (1750-1850). Ein Versuch, in: Consejo Superior de Investigaciones Científicas y la Goerres-Gesellschaft zur Pflege der Wissenschaft (Hg.): Homenaje a Johannes Vincke para el 11 de mayo 1962, Bd. 2. Madrid 1962/63, S. 867-923.

Jursa, Michael: Die Babylonier. Geschichte, Gesellschaft, Kultur. (Beck'sche Reihe, Bd. 2349). Orig.-Ausg., München 2004, hier S. 35-37.

Kahl, Willi/Katz, Israel J.: Bolero, in: Grove Music Online (2001), https://www.oxfordmusiconline.com/grovemusic/view/10.1093/gmo/9781561592630.001.0001/omo-9781561592630-e-0000003444 (acc. 15.11.2013).

Kaiser, Michael: ‚Ärger als der Türck'. Kriegsgreuel und ihre Funktionalisierung in der Zeit des Dreißigjährigen Kriegs, in: Sönke Neitzel/Daniel Hohrath (Hg.): Kriegsgreuel. Die Entgrenzung der Gewalt in kriegerischen Konflikten vom Mittelalter bis ins 20. Jahrhundert (Krieg in der Geschichte, Bd. 40). Paderborn 2007, S. 155-183.

Kaiser, Wolfram/Völker, Arina: Ausbildungsmodalitäten im 18. Jahrhundert: Zielstellungen und Resultatsvergleiche zwischen dem halleschen System und den Praktiken am Berliner Collegium medico-chirurgicum, in: Georg Harig (Hg.): Chirurgische Ausbildung im 18. Jahrhundert (Abhandlungen zur Geschichte der Medizin und der Naturwissenschaften, Bd. 57). Husum 1990, S. 193-206.

Kamen, Henry: The Spanish Inquisition. London u. a. 1965, hier S. 247-306.

Kamen, Henry: The Spanish Inquisition. An Historical Revision. London 1997.

Kampelmann, Felix: Das Haus Schaumburg-Lippe. 900 Jahre Gesamtgeschichte mit Stammfolge. (Deutsche Fürstenhäuser, Bd. 33). Werl 2011, hier S. 20-29.

Kant, Immanuel: Immanuel Kant's Anthropologie in pragmatischer Hinsicht, hg. und erläutert von J. H. Kirchmann. (Philosophische Bibliothek oder Sammlung der Hauptwerke der Philosophie alter und neuer Zeit, Bd. 14). Reprint von 1797, Berlin 1869.

Kapp, Friedrich/Goldfriedrich, Johann: Geschichte des Deutschen Buchhandels. Im Auftrag des Börsenvereins der Deutschen Buchhändler herausgegeben, von der Historischen Kommission desselben. Bd. 4, in: Mark Lehmstedt (Hg.): Geschichte des deutschen Buchwesens (Digitale Bibliothek, Bd. 26). Digit. Fass. d. Orig.-Ausg. 4 Bde. 1886-1913, Berlin 2004.

Karge, Wolf: Heiligendamm. Erstes deutsches Seebad, gegründet 1793. 3., erg. Aufl., Schwerin 2008.

Katner, Wilhelm: Das Rätsel des Tarentismus. Eine Ätiologie der italienischen Tanzkrankheit. (Nova Acta Leopoldina. Abhandlungen der Deutschen Akademie der Naturforscher Leopoldina. N.F., Bd. 18). Leipzig 1956.

Kaufman, Matthew H.: Surgeons at War. Medical Arrangements for the Treatment of the Sick and Wounded in the British Army during the Late 18th and 19th Centuries. (Contributions in Military Studies, Bd. 205). Westport, Conn. u. a. 2001, hier S. 45-98.

Kaulbach, Hans-Martin: Männliche Ideale von Krieg und Frieden in der Kunst der napoleonischen Ära, in: Jost Dülffer (Hg.): Kriegsbereitschaft und Friedensordnung in Deutschland 1800-1814 (Jahrbuch für historische Friedensforschung, Bd. 3). Münster u. a. 1995, S. 127-154.

Kermann, Joachim: Jakob Klaus aus Haßloch. Die Teilnahme am Kriegsgeschehen in Spanien (1808-1812). Die politischen und militärischen Hintergründe, in: Joachim Kermann (Hg.): Pfälzer unter Napoleons Fahnen. Verteranen erinnern sich. Erlebnisberichte anläßlich der 200. Wiederkehr der Französischen Revolution (Sonderdruck der Bezirksgruppe Neustadt im Historischen Verein der Pfalz, Bd. 6). Speyer 1989, S. 65-71.

Kessemeier, Gesa: „Die Königin von England hat keine Beine". Geschlechterspezifische Körper- und Modeideale im 19. und 20. Jahrhundert, in: Clemens Wischermann/ Stefan Haas (Hg.): Körper mit Geschichte. Der menschliche Körper als Ort der Selbst- und Weltdeutung (Studien zur Geschichte des Alltags, Bd. 17). Stuttgart 2000, S. 173-190.

Kilpatrick, Robert: Eighteenth-Century England: Surgical Education in a Commercial Society, in: Georg Harig (Hg.): Chirurgische Ausbildung im 18. Jahrhundert (Abhandlungen zur Geschichte der Medizin und der Naturwissenschaften, Bd. 57). Husum 1990, S. 91-111.

Kinderfreund, Carl J.: Das Fürstenhaus Lobkowitz. Mit einem Anhange: Das Banquett zu Raudnitz im Jahre 1811. Nach Archivs-Quellen bearbeitet und herausgegeben. Prag 1860, hier S. 22-23.

Kirch, Katja: „Ich habe meinen Sterbekittel und Haube mir schon zur Hand gelegt". Anmerkungen zur Geschichte der Sterbevorsorge, in: Christoph Daxelmüller (Hg.): Tod und Gesellschaft – Tod im Wandel. Begleitband zur Austellung im Diözesanmuseum Obermünster Regensburg, 8. November 1996 bis 22. Dezember 1996 (Kataloge und Schriften/ Kunstsammlungen des Bistums Regensburg. Diözesanmuseum Regensburg, Bd. 18). Regensburg 1996, S. 89-92.

Kirchner, Joachim: Das Deutsche Zeitschriftenwesen. Seine Geschichte und seine Probleme. Bd. 1: Von den Anfängen bis zum Zeitalter der Romantik. Wiesbaden 1958, hier S. 200-208, 220-222, 260-263, 269-270.

Kirchner, Joachim: Das Deutsche Zeitschriftenwesen. Seine Geschichte und seine Probleme. Bd. 2: Vom Wiener Kongress bis zum Ausgange des 19. Jahrhunderts. Wiesbaden 1962, hier S. 1-8.

Kirsch, Frank-Peter: Berliner Militärärzte im Labor von 1870-1895, Berlin 2009, https://refubium.fu-berlin.de/bitstream/handle/fub188/5209/ELEKTRONISCHE_VERSION_FPKDR_09.pdf?sequence=1&isAllowed=y (acc. 18.2.2012).

Kitchin, Robert: Cognitive Maps: What are they and why study them?, in: Journal of Environmental Psychology 14, H. 1 (1994), S. 1-19.

Kitchin, Robert/Freundschuh, Scott (Hg.): Cognitive Mapping. Past, Present and Future (Routledge Frontiers of Cognitive Science, Bd. 4). 1. Aufl., London u. a. 2000.

Kleinmann, Hans-Otto: Zwischen Ancien Régime und Liberalismus, in: Peer Schmidt (Hg.): Kleine Geschichte Spaniens (Schriftenreihe bpb, Bd. 527). Lizenzausg., Bonn 2005, S. 253-328.

Knoblauch, Hubert: Religionssoziologie. (Sammlung Göschen, 2094). Berlin u. a. 1999.

Köhler, Werner: Fieber, hämorrhagische, in: Werner E. Gerabek u. a. (Hg.): Enzyklopädie Medizingeschichte. Berlin u. a. 2005, S. 396-398.

Koner, W.: Repertorium über die vom Jahre 1800 bis zum Jahre 1850 in Akademischen Abhandlungen, Gesellschaftsschriften und wissenschaftlichen Journalen auf dem Gebiete der Geschichte und ihrer Hülfswissenschaften erschienenen Aufsätze. Geschichte. Bd. 1, Heft 1: Einleitung. Chronologie. Allgemeine Zeitgeschichte. Geschichte Deutschlands und Ungarns. Berlin 1852, hier S. XVI.

Konetzke, Richard: Die iberischen Staaten von der Französischen Revolution bis 1874, in: Walter Bußmann (Hg.): Handbuch der europäischen Geschichte, Bd. 5: Europa von der Französischen Revolution zu den nationalstaatlichen Bewegungen des 19. Jahrhunderts. 1. Aufl., Stuttgart 1981, S. 886-929.

Konstam, Angus: Historical Atlas of the Napoleonic Era. London 2003.

Kosch, Wilhelm: Dufner-Greif, in: Wilhelm Kosch (Hg.): Deutsches Literatur-Lexikon. Biographisches und Bibliographisches Handbuch. Bd. 1. 2. vollständ. neubearb. u. stark erw. Aufl., Bern 1949, S. 387.

Koselleck, Reinhart: Zur historisch-politischen Semantik asymmetrischer Gegenbegriffe, in: Harald Weinrich (Hg.): Positionen der Negativität (Poetik der Hermeneutik. Arbeitsergebnisse einer Forschungsgruppe, Bd. 6). München 1975, S. 65-104.

Kraft, Heinz: Brandt, August Heinrich von, in: Historische Kommission bei der Bayerischen Akademie der Wissenschaften (Hg.): NDB. Bd. 2 (1955), Online-Version, S. 531, http://www.deutsche-biographie.de/pnd120745992.html (acc. 3.6.2012).

Kratz, Reinhard G.: Babylonbilder der Bibel, in: Joachim Marzahn/Günther Schauerte (Hg.): Babylon. Mythos & Wahrheit Bd. 2. München 2008, S. 553-566.

Kroll, Stefan: Soldaten im 18. Jahrhundert zwischen Friedensalltag und Kriegserfahrung. Lebenswelten und Kultur in der kursächsischen Armee 1728-1796. (Krieg in der Geschichte, Bd. 26). Paderborn 2006.

Krömer, Wolfram: Das Bild der anderen Kultur. Wahrnehmungsraster in den Beziehungen zwischen Spanien und dem deutschsprachigen Raum, in: Margit Raders/Luisa M. Schilling (Hg.): Deutsch-Spanische Literatur- und Kulturbeziehungen. Rezeptionsgeschichte. Madrid 1995, S. 25-36.

Krusenstjern, Benigna: Was sind Selbstzeugnisse? Begriffskritische und quellenkundliche Überlegungen anhand von Beispielen aus dem 17. Jahrhundert, in: Hist. Anthropol. 2 (1994), S. 462-471.

Kühne, Jörg-Detlef: Die Reichsverfassung der Paulskirche. Vorbild und Verwirklichung im späteren deutschen Rechtsleben. Frankfurt am Main 1985.

Kühne, Thomas/Ziemann, Benjamin: Militärgeschichte in der Erweiterung. Konjunkturen, Interpretationen, Konzepte, in: Thomas Kühne/Benjamin Ziemann (Hg.): Was ist Militärgeschichte? (Krieg in der Geschichte, Bd. 6). Paderborn u. a. 2000, S. 9-45.

Kürbis, Holger: Erinnerungen und Tagebücher – Die preußische Sicht auf den spanischen Unabhängigkeitskrieg 1808-1814, in: Jürgen Luh u. a. (Hg.): Preußen, Deutschland und Europa 1701 bis 2001 (Baltic Studies, Bd. 8). Groningen 2003, S. 296-312.

Kuschick, Ingrid: Medicina popular en España. (Antroplogía y etnología). Madrid 1995, hier S. 40-42.

Küster, Hansjörg: Geschichte des Waldes. Von der Urzeit bis zur Gegenwart. 2. Aufl. der brosch. Ausg., München 2008, hier S. 167-205.

La Parra López, Emilio: El mito del rey deseado, in: Christian Demange u. a. (Hg.): Sombras de mayo. Mitos y memorias de la Guerra de Independencia en España (1808-1908) (Collection de la Casa de Velázquez, Bd. 99). Madrid 2007, S. 221-236.

La Parra López, Emilio (Hg.): Actores de la Guerra de la Independencia (Mélanges de la Casa de Velázquez, N.S., Bd. 38). Madrid 2008.

Laborde, A.L.J. Comte de: Ursachen der Entvölkerung Spaniens, in: Minerva 78, H. 2 (1811), S. 182-200.

Lammel, Hans-Uwe: Zur Stellung der Pensionärchirurgen an der Berliner Charité, in: Georg Harig (Hg.): Chirurgische Ausbildung im 18. Jahrhundert (Abhandlungen zur Geschichte der Medizin und der Naturwissenschaften, Bd. 57). Husum 1990, S. 59-68.

Lammel, Hans-Uwe: Nosologische und therapeutische Konzeptionen in der romantischen Medizin. (Abhandlungen zur Geschichte der Medizin und der Naturwissenschaften, Bd. 59). Husum 1990, hier S. 11-72.

Langenohl, Andreas: Mental Maps, Raum und Erinnerung. Zur kultursoziologischen Erschließung eines transdisziplinären Konzepts, in: Sabine Damir-Geilsdorf u. a. (Hg.): Mental Maps – Raum – Erinnerung. Kulturwissenschaftliche Zugänge zum Verhältnis von Raum und Erinnerung (Kulturwissenschaft. Forschung und Wissenschaft, Bd. 1). Münster 2005, S. 51-69.

Langewiesche, Dieter: Eskalierte die Kriegsgewalt im Laufe der Geschichte?, in: Jörg Baberowski (Hg.): Moderne Zeiten? Krieg, Revolution und Gewalt im 20. Jahrhundert (bpb, Bd. 585). Lizenzausg., Bonn 2006, S. 12-36.

Laudi, Jürgen: Schleswig-Holsteiner und Hamburger in der „King's German Legion". Ein wenig bekanntes Randgebiet schleswig-holsteinischer Militärgeschichte aus den napoleonischen Kriegen als genealogische Fundstelle, in: Familienkundliches Jahrbuch Schleswig-Holstein 41 (2002), S. 81-96.

Lavater, Johann Caspar: Physiognomische Fragmente zur Beförderung der Menschenkenntniß und Menschenliebe. Bd. 1-4. Nachdr. der Ausg. Leipzig und Winterthur, 1775-1778, Hildesheim 2002.

Lenz, Christoph: Die wissenschaftliche Auseinandersetzung mit dem stark soziokulturell geformten „Krankheitsbild" Tarantismus von 1300 bis heute, Bamberg 2011.

Lessenich, Rolf: Radcliffe, Ann, in: Eberhard Kreutzer/Ansgar Nünning (Hg.): Metzler-Lexikon englischsprachiger Autorinnen und Autoren. 631 Porträts. Von den Anfängen bis in die Gegenwart. Stuttgart 2002, S. 473.

Lewin, Kurt: Kriegslandschaft, in: Carl-Friedrich Graumann (Hg.): Kurt-Lewin-Werkausgabe, Bd. 4: Feldtheorie. Bern u. a. 1982, S. 315-325.

Li, Wenchao: Die christliche China-Mission im 17. Jahrhundert. Verständnis, Unverständnis, Missverständnis. Eine geistesgeschichtliche Studie zum Christentum, Buddhismus und Konfuzianismus. (Studia Leibnitiana: Supplementa, Bd. 32). Stuttgart 2000.

Liebenstein, Ludwig A. F. v.: Der Krieg Napoleons gegen Russland in den Jahren 1812 und 1813. Bd. 2. Frankfurt am Main 1819, hier S. 258.

Lippmann, Walter: Public Opinion. ungekürzte Ausg., o.O. 2013.

Lipscombe, Nick: The Peninsular War Atlas. Oxford 2010.

Livet, Georges: Histoire des routes et des transports en Europe. Des chemins de Saint-Jacques à l'âge d'or des diligences. Strasbourg 2003, hier S. 382-387, 481-483.

Loetz, Francisca: Histoire des mentalités – Medizingeschichte. Wege zu einer Sozialgeschichte der Medizin, in: Medizinhistorisches Journal 27 (1992), S. 272-291.

Löffler, Ulrich: Lissabons Fall – Europas Schrecken. Die Deutung des Erdbebens von Lissabon im deutschsprachigen Protestantismus des 18. Jahrhunderts. (Arbeiten zur Kirchengeschichte, Bd. 70). Berlin u. a. 1999.

Löhlein, L.: Leopold von Holzing, in: Friedrich Weech (Hg.): Badische Biographieen. Bd. 1. Heidelberg 1875, S. 393.

López de Vargas Machuca, Tomás/Núñez de las Cuevas, Rodolfo: Atlas de la península y de las posesiones españolas en ultramar. Colección de mapas de distintos tamaños y escalas, Online-Ausg.1998, https://digital.iai.spk-berlin.de/viewer/image/630119309/1/ (acc. 16.8.2017).

López Piñero, José María: Enfermedad y medicina en la España del siglo XIX, in: Aula. Historia Social 7 (2001), S. 18-79.

López-Davalillo Larrea, Julio: Atlas histórico de España y Portugal. Desde el paleolítico hasta el siglo XX. Madrid 2000.

Lorblanchès, Jean-Claude: Les soldats de Napoléon en Espagne et au Portugal. 1807-1814. Paris u. a. 2007.

Lorenzo Pinar, Francisco J.: El comercio de la muerte en la Edad Moderna. El caso de Zamora, in: Eliseo Serrano Martín (Hg.): Muerte, Religiosidad y Cultura Popular. Siglos XIII-XVIII (Pblicación ... de la Institución Fernando el Católico, organismo autónomo de la Excm. Diputación de Zaragoza, Bd. 1640). Zaragoza 1994, S. 433-448.

Löw, Martina: Raumsoziologie. (Suhrkamp-Taschenbuch Wissenschaft, Bd. 1506). Frankfurt am Main 2001.

Lüdtke, Karen: Dances with Spiders. Crisis, Celebrity and Celebration in Southern Italy. (Epistemologies of Healing, Bd. 4). New York u. a. 2009, hier S. 55-64.

Luhmann, Niklas: Inklusion und Exklusion, in: Helmut Berding (Hg.): Studien zur Entwicklung des kollektiven Bewußtseins in der Neuzeit, Bd. 2: Nationales Bewußtsein und kollektive Identität (Suhrkamp-Taschbuch Wissenschaft, Bd. 1154). 2. Aufl., Frankfurt am Main 1996, S. 15-43.

Magaz Fernández, José M.: La reforma eclesiástica de los afrancesados, in: José M. Magaz Fernández (Hg.): La iglesia en los orígenes de la España contemporanea (1808) (Presencia y diálogo, Bd. 24). Madrid 2009, S. 71-106.

Maier, Gregor: Erfahrungsweisen von Krieg und Umbruch im Bistum Straßburg 1802-1813, in: Ute Planert (Hg.): Krieg und Umbruch in Mitteleuropa um 1800. Erfahrungsgeschichte(n) auf dem Weg in eine neue Zeit (Krieg in der Geschichte, Bd. 44). Paderborn u. a. 2009, S. 183-199.

Mariblanca, Rosaria: Historia del Buen Retiro. Madrid 2008, hier S. 84-127.

Martín Hernández, Francisco/Martín Hernández, José: Los seminarios españoles en la época de la Ilustración. Ensayo de una pedagogía eclesiástica en el siglo XVIII. (Monografías de historia eclesiástica, Bd. 8). Madrid 1973.

Martínez Esteban, Andrés: Ilustrados, regalistas y reformistas, in: José M. Magaz Fernández (Hg.): La iglesia en los orígenes de la España contemporanea (1808) (Presencia y diálogo, Bd. 24). Madrid 2009, S. 13-70.

Martínez, Fernando: La Constitución de Bayona y la experiencia constitucional Josefina, in: Historia y Política 19 (2008), S. 151-171.

Martínez Laínez, Fernando: Como lobos hambrientos. Los guerrilleros en la Guerra de la Independencia (1808-1814). (Investigaciones históricas, Bd. 28). Madrid 2007.

Martínez Ruiz, Enrique: La Guerra de la Independencia (1808-1814). Claves españolas en una crisis europea. (Historia). Madrid 2007.

Martínez Ruíz, Enrique: La España de Carlos IV (1788-1808). (Cuadernos de historia, Bd. 71). Madrid 1999.

Mastnak, Jens: Werbung und Ersatzwesen der Königlich Deutschen Legion 1803 bis 1813, in: MGZ 60, H. 1 (2001), S. 119-142.

Mathieu, Jon: Landschaftsgeschichte global. Wahrnehmung und Bedeutung von Bergen im internationalen Austausch des 18. und 20. Jahrhunderts, in: SZG 60, H. 4 (2010), S. 412-427.

Mauss, Marcel: Soziologie und Anthropologie. Bd. 2: Gabentausch, Todesvorstellungen, Körpertechniken. Wiesbaden 2010.

McGrigor, Mary: Wellington's Spies. Barnsley 2005.

Meerheimb, v.: Brandt, Heinrich August von, in: Historische Commission bei der Königl. Akademie der Wissenschaften (Hg.): ADB. Bd. 3 (1876), Online-Version, S. 253-255, https://www.deutsche-biographie.de/pnd120745992.html#adbcontent (acc. 4.6.2012).

Melgar y Abreu, Bernardino de/Piedras Albas y de Benavites, San Juan de: Fiestas de toros. Bosquejo histórico. (Colección Tauromaquias, Bd. 12). Sevilla 2008, hier S. 354-427.

Menninger, Annerose: Die Verbreitung von Schokolade, Kaffee, Tee und Tabak in Europa (16.-19. Jahrhundert). Ein Vergleich, in: Berner Zeitschrift 63, H. 1/1 (2001), S. 28-37.

Meusel, Johann G.: Schümberg, in: Johann S. Ersch (Hg.): Das gelehrte Teutschland oder Lexicon der jetzt lebenden Teutschen Schriftsteller. Bd. 20. 5., durchaus verb. und verm. Ausg., Lemgo 1825, S. 310-311.

Miles, Robert: Ann Radcliffe, in: David S. Kastan (Hg.): The Oxford Encyclopedia of British Literature. Bd. 4. Oxford u. a. 2006, S. 308-311.

Miraflores, Manuel P. F. de Pinedo Alava y Davila de: Documentos a los que se hace referencia en los apuntes histórico-críticos sobre la revolución de España. Bd. 1. London 1834, hier S. 12-14.

Molina Molina, Àngel L.: Mujeres públicas, mujeres secretas: (la prostitución y su mundo, siglos XII-XVII). (Colección Historia y Patrimonio, Bd. 2). Murcia 1998.

Moliner Prada, Antonio: Pueblo y ejército en la Guerra de la Independencia, in: José Antonio Armillas Vicente (Hg.): La Guerra de la Independencia. Estudios, Bd. 2. Zaragoza 2001, S. 917-953.

Moliner Prada, Antonio (Hg.): La expulsión de los moriscos (Historia). Barcelona 2009.

Mone, Franz Joseph (Hg.): Badisches Archiv zur Vaterlandskunde in allseitiger Hinsicht. Bd. 1. Karlsruhe 1826, S. 335.

Moreno Alonso, Manuel: José Bonaparte. Un rey republicano en el trono de España. (Historia). Madrid 2008.

Müller, Ingo W.: Humoralmedizin. Physiologische, pathologische und therapeutische Grundlagen der galenistischen Heilkunst. Heidelberg 1993, hier S. 17-34.

Müller-Schellenberg, Guntram: Das nassauische Militär in napoleonischer Zeit. Militärgeschichte eines deutschen Kleinstaates im Spannungsfeld von Politik, Wirtschaft und sozialen Verhältnissen. 2. Aufl., Wiesbaden 2007.

Multhoff, Robert F.: Friedrich Wilhelm, Herzog, in: Historische Kommission bei der Bayerischen Akademie der Wissenschaften (Hg.): NDB. Bd. 5 (1961), Online-Version, S. 502, http://www.deutsche-biographie.de/pnd118703242.html (acc. 3.6.2012).

Münkler, Herfried: Die neuen Kriege. 5. Aufl., Reinbek bei Hamburg 2003, hier S. 7-12, 104-123, 245, 262-267.

Münkler, Herfried: Der Wandel des Krieges. Von der Symmetrie zur Asymmetrie. 1. Aufl., Weilerswist 2006, hier S. 9-74, 151-188, 218-243.

Münkler, Herfried/Ladwig, Bernd: Dimension der Fremdheit, in: Herfried Münkler (Hg.): Furcht und Faszination. Facetten der Fremdheit (Studien und Materialien der Interdisziplinären Arbeitsgruppe: Die Herausforderung durch das Fremde, der Berlin-Brandenburgischen Akademie der Wissenschaften). Berlin 1997, S. 11-44.

Münkler, Herfried/Ladwig, Bernd: Einleitung: Das Verschwinden des Fremden und die Pluralisierung der Fremdheit, in: Herfried Münkler (Hg.): Die Herausforderung durch das Fremde (Interdisziplinäre Arbeitsgruppen: Forschungsberichte, Bd. 5). Berlin 1998, S. 11-25.

Munné, Ventura: La alfabetización de las clases populares en el Mataró del siglo XVIII, in: Eliseo Serrano Martín (Hg.): Muerte, Religiosidad y Cultura Popular. Siglos XIII-XVIII (Publicación ... de la Institución Fernando el Católico, organismo autónomo de la Excm. Diputación de Zaragoza, Bd. 1640). Zaragoza 1994, S. 97-116.

Murken, Julia: Bayerische Soldaten im Russlandfeldzug 1812. Ihre Kriegserfahrungen und deren Umdeutungen im 19. und 20. Jahrhundert. (Schriftenreihe zur bayerischen Landesgeschichte, Bd. 147). München 2006.

Murken, Julia: Von „Todesängsten" zu „guter Manneszucht". Soldatische Männlichkeit im napoleonischen Russlandfeldzug und ihre Umdeutung im 19. und 20. Jahrhundert, in: Ute Planert (Hg.): Krieg und Umbruch in Mitteleuropa um 1800. Erfahrungsgeschichte(n) auf dem Weg in eine neue Zeit (Krieg in der Geschichte, Bd. 44). Paderborn u. a. 2009, S. 317-332.

Navarro, Ramon: Historia de la sanidad en España. Barcelona 2002, hier S. 78-130.

Neitzel, Sönke/Welzer, Harald: Soldaten. Protokolle vom Kämpfen, Töten und Sterben. (Schriftenreihe bpb, Bd. 1139). Lizenzausgabe, Bonn 2011.

Noiriel, Gérard: Der Staatsbürger, in: Ute Frevert/Heinz-Gerhard Haupt (Hg.): Der Mensch des 19. Jahrhunderts. Lizenzausg., Essen 2004, S. 201-227.

Noth, Albrecht: Der a priori legitime Krieg im Islam: Hauptaspekte des islamischen Rechts zum Thema „Krieg und Frieden", in: Heinrich von Stietencron/Jörg Rüpke (Hg.): Töten im Krieg (Veröffentlichungen des Instituts für Historische Anthropologie e.V., Bd. 6). München u. a. 1995, S. 277-295.

Nübel, Christoph: Durchhalten und Überleben an der Westfront. Raum und Körper im Ersten Weltkrieg. (Zeitalter der Weltkriege, Bd. 10). Paderborn 2014.

Núñez Florencio, Rafael: Sol y sangre. La imagen de España en el mundo. (Espasa fórum). Madrid 2001, hier S. 45-70, 255-312.

Nünning, Ansgar (Hg.): Grundbegriffe der Kulturtheorie und Kulturwissenschaften (Sammlung Metzler, Bd. 351). Stuttgart u. a. 2005.

o.V.: Subscription auf Bücher, Pränumeration, in: Johann Heinrich Zedler (Hg.): Grosses vollständiges Universal-Lexikon aller Wissenschaften und Künste, welche bishero durch menschlichen Verstand und Witz erfunden und verbesserte worden. Bd. 40. Leipzig u. a. 1744, Sp. 1572-1573.

o.V.: Tarantel, in: Johann Heinrich Zedler (Hg.): Grosses vollständiges Universal-Lexikon aller Wissenschaften und Künste, welche bishero durch menschlichen Verstand und Witz erfunden und verbessert worden. Bd. 41. Leipzig u. a. 1744, Sp. 1801-1804.

o.V.: Turba, in: Johann Heinrich Zedler (Hg.): Grosses vollständiges Universal-Lexikon aller Wissenschaften und Künste, welche bishero durch menschlichen Verstand und Witz erfunden und verbessert worden. Bd. 45. Leipzig u. a. 1745, Sp. 1839-1841.

o.V.: Volcks, in: Johann Heinrich Zedler (Hg.): Grosses vollständiges Universal-Lexikon aller Wissenschaften und Künste, welche bishero durch menschlichen Verstand und Witz erfunden und verbessert worden. Bd. 50. Leipzig u. a. 1746, Sp. 407.

o.V.: Vielheit, in: Johann Heinrich Zedler (Hg.): Grosses vollständiges Universal-Lexikon aller Wissenschaften und Künste, welche bishero durch menschlichen Verstand und Witz erfunden und verbessert worden. Bd. 48. Leipzig u. a. 1746, Sp. 1106.

o.V.: Heinrich Adolf Schümberg, in: L. B. Wolff (Hg.): Encyclopädie der deutschen Nationalliteratur oder biographisch-kritisches Lexicon der deutschen Dichter und Prosaisten seit den frühesten Zeiten; nebst Proben aus ihren Werken. Bd. 7. Leipzig 1842, S. 64-65.

o.V.: Sachs, Friedrich, in: Gesellschaft von Gelehrten und Vaterlandsfreunden (Hg.): Universal-Lexikon vom Großherzogthum Baden. Karlsruhe 1843, S. 947.

o.V.: Trinken und Trinksucht, in: Johann G. Krünitz (Hg.): Ökonomisch-technologische Encyklopädie oder allgemeines System der Staats-, Stadt-, Haus- und Landwirtschaft, und der Kunstgeschichte, in alphabetischer Ordnung. Bd. 188. Berlin 1846, S. 100-257.

o.V.: Pradt (Dominque-Georges-Frédéric Dufour de), in: Adolphe Robert u. a. (Hg.): Dictionnaire des parlementaires français. Comprenant tous les membres des assemblées françaises et tous les ministres français depuis le 1. mai 1789 jusqu'au 1. mai 1889. Bd. 5. Paris 1891, S. 40-41.

o.V.: Granden in: Meyers Konversations-Lexikon. Ein Nachschlagewerk des allgemeinen Wissens. Bd. 7. 5. gänzl. neubearb. Aufl., Leipzig u. a. 1895, S. 861.

o.V.: Musselin, in: Wolfgang Pfeifer (Hg.): Etymologisches Wörterbuch des Deutschen. Bd. 2. Berlin 1989, S. 1142.

o.V.: Profession, in: Wolfgang Pfeifer (Hg.): Etymologisches Wörterbuch des Deutschen. Bd. 2. Berlin 1989, S. 1323.

o.V.: Calvo de Rozas, Juan Lorenzo, in: Alberto Gil Novales (Hg.): Diccionario biográfico del Trienio Liberal. Madrid 1991, S. 116-117.

o.V.: Kugelspinnen, in: Lexikon-Institut Bertelsmann (Hg.): Bertelsmann. Lexikon. Tiere. Gütersloh 1992, S. 460.

o.V.: Taranteln, in: Lexikon-Institut Bertelsmann (Hg.): Bertelsmann. Lexikon. Tiere. Gütersloh 1992, S. 840-841.

O'Dwyer, Margaret M.: The Papacy in the Age of Napoleon and the Restoration. Pius VII. 1800-1823. Lanham u. a. 1985.

Opitz, Alfred: Durch die Wüste, Lichter tragend ... Sozialgeschichte und literarischer Stil in den Reiseberichten über die Iberia um 1800, in: Wolfgang Griep/Hans-Wolf Jäger (Hg.): Reise und soziale Realität am Ende des 18. Jahrhunderts (Neue Bremer Beiträge, Bd. 1). Heidelberg 1983, S. 188-217.

Orellana, Margarita de: Del agua preciosa al chocolate, in: Margarita de Orellana u. a. (Hg.): Chocolate II: mística y mestizaje (Artes de México, Bd. 105). México, D.F. 2011, S. 6-7.

Ortenburg, Georg/Hodemacher, Jürgen: Braunschweigisches Militär. Mit einem Anhang über Braunschweiger Kasernen. Cremlingen 1987, hier S. 9-12, 19-23, 31-75.

Osterhammel, Jürgen: Gastfreiheit und Fremdenabwehr. Interkulturelle Ambivalenzen in der Frühen Neuzeit, in: Herfried Münkler (Hg.): Furcht und Faszination. Facetten der Fremdheit (Studien und Materialien der Interdisziplinären Arbeitsgruppe: Die Herausforderung durch das Fremde, der Berlin-Brandenburgischen Akademie der Wissenschaften). Berlin 1997, S. 379-436.

Osterhammel, Jürgen: Die Verwandlung der Welt. Eine Geschichte des 19. Jahrhunderts. (Schriftenreihe bpb, Bd. 1044). Lizenzausg., Bonn 2010.

Ottenbacher, Albert: Das öffentliche Bild des Indianers. Eine kleine Genealogie eines auch heute noch virulenten medialen Images, in: Andreas Englhart u. a. (Hg.): Die Öffentlichkeit des Fremden. Inszenierungen kultureller Alterität im langen 19. Jahrhundert (Kulturgeschichtliche Perspektiven, Bd. 7). Berlin 2010, S. 193-214.

Otto, Hans: Gneisenau. Preußens unbequemer Patriot. Biographie. Bonn 1983.

Outram, Dorinda: Aufbruch in die Moderne. Die Epoche der Aufklärung. Stuttgart 2006.

Pape, Walter: „Männerglück". Lyrische Kriegsagitation und Friedenssehnsucht zur Zeit der Befreiungskriege, in: Jost Dülffer (Hg.): Kriegsbereitschaft und Friedensordnung in Deutschland 1800-1814 (Jahrburch für historische Friedensforschung, Bd. 3). Münster u. a. 1995, S. 101-126.

Parkinson, Roger: Clausewitz. A Biography. Digit. Fass. d. Ausg. 1971, New York 2002.

Partridge, Richard/Oliver, Michael: Battle Studies in the Peninsula. A Historical Guide to the Military Actions in Spain, Portugal and Southern France between June 1808 and April 1814, with Notes for Wargamers. 1. Aufl., London u. a. 1998, hier S. 1-23.

Pascua Sánchez, María J. de la: La solidaridad como elemento del „bien morir". La preparación de la muerte en el siglo XVIII (El caso de Cádiz), in: Eliseo Serrano Martín (Hg.): Muerte, Religiosidad y Cultura Popular. Siglos XIII-XVIII (Publicación ... de la Institución Fernando el Católico, organismo autónomo de la Excm. Diputación de Zaragoza, Bd. 1640). Zaragoza 1994, S. 343-364.

Pascual, Pedro: Frailes guerrilleros en la Guerra de la Independencia, in: José Antonio Armillas Vicente (Hg.): La Guerra de la Independencia. Estudios, Bd. 2. Zaragoza 2001, S. 775-798.

Pawly, Ronald: Napoleon's Dragoons of the Imperial Guard. (Men-at-arms Series, Bd. 480). Oxford 2012.

Pazos, Antón M.: Inquisition und Afrancesados in Spanien und Portugal gegen Ende des 18. Jahrhunderts, in: Bernard Plongeron (Hg.): Die Geschichte des Christentums, Bd. 10: Aufklärung, Revolution, Restauration. (1750-1830). Freiburg im Breisgau 2000, S. 30-35.

Pelizaeus, Ludolf: Die Radikalisierung des Krieges der „Guerilla" auf der Iberischen Halbinsel und in Süditalien 1808-1813, in: Sönke Neitzel/Daniel Hohrath (Hg.): Kriegsgreuel. Die Entgrenzung der Gewalt in kriegerischen Konflikten vom Mittelalter bis ins 20. Jahrhundert (Krieg in der Geschichte, Bd. 40). Paderborn 2007, S. 205-221.

Pelizaeus, Ludolf: Die anti-napoleonische Mobilisierung in Spanien und Sizilien und deren Auswirkung auf Lateinamerika 1806-1830, in: Rüdiger Bergien/Ralf Pröve (Hg.): Spießer, Patrioten, Revolutionäre. Militärische Mobilisierung und gesellschaftliche Ordnung in der Neuzeit. Göttingen 2010, S. 259-280.

Pérez Saenz de Urturi, Juan-Eusebio: La libertad religiosa en el Estatuto Constitucional de Bayona (1808), in: Anales de historia contemporánea 4 (1985), S. 55-77.

Peter, Antonio: Geschichte Thüringens, in: Werner Künzel/Werner Rellecke (Hg.): Geschichte der deutschen Länder. Entwicklungen und Traditionen vom Mittelalter bis zur Gegenwart (Schriftenreihe bpb, Bd. 723). Überarb. Neuaufl., Lizenzausg., Bonn 2008, S. 389-410.

Peters, Carl Friedrich Wilhelm: Zur Geschichte und Kritik der Toisen-Maass-Stäbe. Ein Beitrag zur definitiven Einordnung der auf das altfranzösische System begründeten Messungen in das metrische System. (Metronomische Beiträge, Bd. 5). Berlin 1885.

Petiteau, Natalie: Lendemains d'Empire. Les soldats de Napoléon dans la France du XIXe siècle. Paris 2003.

Petiteau, Natalie: Survivors of War: French Soldiers and Veterans of the Napoleonic Armies, in: Alan Forrest u. a. (Hg.): Soldiers, Citizens and Civilians. Experiences and Perceptions of the Revolutionary and Napoleonic Wars, 1790-1820 (War, Culture and Society, 1750-1850). Basingstoke u. a. 2009, S. 43-58.

Pfahl-Traughber, Armin: Antisemitismus in der deutschen Geschichte. (Beiträge zur Politik und Zeitgeschichte). Berlin 2002, hier S. 31-34.

Pietschmann, Horst: Von der Gründung der spanischen Monarchie bis zum Ausgang des Ancien Régime, in: Walther L. Bernecker/Horst Pietschmann (Hg.): Geschichte

Spaniens. Von der frühen Neuzeit bis zur Gegenwart. 4. überarb. u. aktual. Aufl., Stuttgart 2005, S. 138-139, 216-237.

Pivka, Otto von: The Black Brunswickers. (Men-At-Arms Series). Reading 1973.

Planert, Ute: Zwischen Alltag, Mentalität und Erinnerungskultur. Erfahrungs-geschichte an der Schwelle zum nationalen Zeitalter, in: Nikolaus Buschmann/ Horst Carl (Hg.): Die Erfahrung des Krieges. Erfahrungsgeschichtliche Perspektiven von der Französischen Revolution bis zum Zweiten Weltkrieg (Krieg und Geschichte, Bd. 9). Paderborn u. a. 2001, S. 51-66.

Planert, Ute: Auf dem Weg zum Befreiungskrieg. Das Jubiläum als Mythenstifter. Die Re-Interpretation der napoleonischen Zeit in den Rheinbundstaaten, in: Winfried Müller u. a. (Hg.): Das historische Jubiläum. Genese, Ordnungsleistung und Inszenierungsgeschichte eines institutionellen Mechanismus (Geschichte: Forschung und Wissenschaft, Bd. 3). Münster 2004, S. 195-217.

Planert, Ute: Der Mythos vom Befreiungskrieg. Frankreichs Kriege und der deutsche Süden. Alltag – Wahrnehmung – Deutung. 1792-1841. (Krieg in der Geschichte, Bd. 33). Paderborn 2007.

Planert, Ute: Militär, Krieg und zivile Gesellschaft. Rekrutierungsverweigerung im Süden das Alten Reiches in: Ute Planert (Hg.): Krieg und Umbruch in Mitteleuropa um 1800. Erfahrungsgeschichte(n) auf dem Weg in eine neue Zeit (Krieg in der Geschichte, Bd. 44). Paderborn u. a. 2009, S. 111-135.

Polk, William R.: Aufstand. Widerstand gegen Fremdherrschaft. Vom Amerikanischen Unabhängigkeitskrieg bis zum Irak. (Schriftenreihe bpb, Bd. 1019). Lizenzausg., Bonn 2009, hier S. 48-65.

Porres Martin-Cleto, Julio: Las casas de la Inquisición en Toledo, in: Toletum 20 (1986), S. 117-135

Poten, Bernhard von: Rigel, Franz, in: Historische Commission bei der Königl. Akademie der Wissenschaften (Hg.): ADB. Bd. 28 (1889), Online-Version, S. 608, http://www.deutsche-biographie.de/pnd116547006.html?anchor=adb (acc. 4.6.2012).

Pro Ruiz, Juan/Rivero Rodríguez, Manuel: Breve atlas de historia de España. (Alianza atlas, Bd. 15). 1. Aufl., Madrid 2008.

Pröve, Ralf: Enzyklopädie deutscher Geschichte. Bd. 77: Militär, Staat und Gesellschaft im 19. Jahrhundert. München 2006.

Pröve, Ralf: Unterwegs auf Kosten der Kriegskasse. Formen des sozialen Kulturtrans-fers im Europa des 18. Jahrhunderts, in: Bernhard R. Kroener/Angela Strauß (Hg.): Lebenswelten. Militärische Milieus in der Neuzeit. Gesammelte Abhandlungen (Herrschaft und soziale Systeme in der Frühen Neuzeit, Bd. 11). Berlin 2010, S. 143-154.

Puerta Escribano, Ruth de la: La segunda piel. Historia del traje en España (del siglo XVI al XIX). Valencia 2007.

Pütz, Susanne: Vampire und ihre Opfer. Der Blutsauger als literarische Figur. Bielefeld 1992.

Raders, Margit: Überlegungen zur Spanien-Rezeption in Deutschland und Weimar-Jena (1770-1830) anhand zeitgenössischer Reiseberichte und anderer landeskundlicher Werke, in: Dietrich Briesemeister/Harald Wentzlaff-Eggebert (Hg.): Von Spanien nach Deutschland und Weimar-Jena. Verdichtung der Kulturbeziehungen in der Goethezeit (Ereignis Weimar-Jena. Kultur um 1800. Ästhetische Forschungen, Bd. 3). Heidelberg 2003, S. 67-133.

Ramsey, Neil: The Military Memoir and Romantic Literary Culture, 1780-1835. (The Nineteenth Century Series General Editors' Preface). Farnheim, Surrey u. a. 2011.

Rätsch, Christian: Pflanzen der Venus. Aphrodisiaka und Liebestränke. Hamburg 1995, hier S. 78-79.

Ratzmann, Wolfgang: Reformatorische Theologie und evangelische Bestattungskultur angesichts von Tod und Trauer, in: Rüdiger Fikentscher (Hg.): Begräbniskulturen in Europa (mdv aktuell, Bd. 5). Halle (Saale) 2009, S. 105-111.

Rawlings, Helen: Church, Religion and Society in Early Modern Spain. (European Studies Series). New York u. a. 2002.

Reckewell: Dörnberg, in: Horst-Rüdiger Jarck/Günter Schell (Hg.): Braunschweigisches biographisches Lexikon. 19. und 20. Jahrhundert. Hannover 1996, S. 81-82.

Reemtsma, Jan Philipp: Vertrauen und Gewalt. Versuch über eine besondere Konstellation der Moderne. Hamburg 2008.

Reichardt, Sven: Feindbild und Fremdheit – Bemerkungen zu ihrer Wirkung, Bedeutung und Handlungsmacht, in: Benjamin Ziemann (Hg.): Perspektiven der Historischen Friedensforschung (Frieden und Krieg. Beitrgäge zur historischen Friedensforschung, Bd. 1). 1. Aufl., Essen 2002, S. 250-271.

Reichel, Claude: Entdeckung einer Landschaft. Reisende, Schriftsteller, Künstler und ihre Alpen. 1. Aufl., Zürich 2005.

Remedy, Sovereign: Holy Alliance of 1815, in: George C. Kohn (Hg.): Dictionary of Historic Documents. (Facts on File Library of World History). überarb. Aufl., New York, NY 2003, S. 202-203.

Requate, Jörg: „Unverbürgte Sagen und wahre Fakta". Anmerkungen zur „Kultur der Neuigkeiten" in der deutschen Presselandschaft zwischen dem 18. und der ersten Hälfte des 19. Jahrhunderts, in: Bernd Sösemann (Hg.): Kommunikation und Medien in Preußen vom 16. bis zum 19. Jahrhundert (Beiträge zur Kommunikationsgeschichte, Bd. 12). Stuttgart 2002, S. 239-254.

Revuelta González, Manuel: El anticlericalismo en la España del siglo XIX, in: Razón y Fe 233 (1996), S. 395-409.

Revuelta González, Manuel: El anticlericalismo español en el siglo XX, in: Paul Aubert (Hg.): Religión y sociedad en España (siglos XIX y XX) (Collection de la Casa de Velázquez, Bd. 77). Madrid 2002, S. 155-178.

Rink, Martin: Vom „Partheygänger" zum Partisanen. Die Konzeption des kleinen Krieges in Preußen 1740-1813. (Europäische Hochschulschriften, Reihe 3: Geschichte und ihre Hilfswissenschaften, Bd. 851). Frankfurt am Main u. a. 1999.

Rink, Martin: Die „Erfindung" des Guerillakrieges. Der „Dos de Mayo" 1808 – Auftakt zum Spanischen Unabhängigkeitskrieg, in: Militärgeschichte. Zeitschrift für
historische Bildung 1 (2008), S. 4-9.

Rink, Martin: Preußisch-deutsche Konzeptionen zum „Volkskrieg" im Zeitalter
Napoleons, in: Karl-Heintz Lutz (Hg.): Reform, Reorganisation, Transformation.
Zum Wandel in den deutschen Streitkräften von den preußischen Heeresreformen
bis zur Transformation der Bundeswehr. München 2010, S. 65-88.

Riotte, Torsten: Hannover in der britischen Politik (1792-1815). Dynastische Verbindungen als Element außenpolitischer Entscheidungsprozesse. (Historia profana
et ecclesiastica, Bd. 13). Münster 2005.

Robles, Christóbal: La reforma eclesiástica en las Cortes de Cádiz, in: José M.
Magaz Fernández (Hg.): La iglesia en los orígenes de la España contemporanea
(1808) (Presencia y diálogo, Bd. 24). Madrid 2009, S. 135-206.

Rodríguez González, Agustín Ramón: Las guerrillas de la Guerra de la Independencia:
de partidas a divisiones, 1808-1814, in: Militaria. Revista de cultura militar 7 (1995),
S. 345-357.

Rodríguez Zurro, Ana I.: Causas del fracaso de la política de conciliación del gobierno
Josefino, in: José Antonio Armillas Vicente (Hg.): La Guerra de la independencia.
Estudios, Bd. 1. Zaragoza 2001, S. 549-577.

Roering, Johanna: Krieg bloggen. Soldatische Kriegsberichterstattung in digitalen
Medien. (Kultur- und Medientheorie). Bielefeld 2014.

Rossfeld, Roman: Vom Frauengetränk zur militärischen Notration. Der Konsum von
Schokolade aus geschlechtergeschichtlicher Perspektive, in: BEZG 63, H. 1/1 (2001),
S. 55-65.

Rothenberg, Gunther: Die Napoleonischen Kriege. (Weltgeschichte des Krieges).
Berlin 2000, hier S. 112-117, 133-156.

Rothert, Wilhelm: Mierzinsky, Ignaz Aug., in: A. Rothert/M. Peters (Hg.): Allgemeine
hannoversche Biographie, Bd. 3: Hannover unter dem Kurhut (1646-1815). Bd. 3.
Hannover 1916, S. 508.

Röttger-Rössler, Birgitt: Emotion und Kultur: Einige Grundbegriffe, in: ZfE 127, H. 2
(2002), S. 147-162.

Roura i Aulinas, Luís: „Guerra pequeña", y formas de movilización armada en la Guerra
de al Independencia. ¿tradición o innovación?, in: José Antonio Armillas Vicente
(Hg.): La Guerra de la Independencia. Estudios, Bd. 1. Zaragoza 2001, S. 275-300.

Rousseau, Jean-Jacques: Der Gesellschaftsvertrag oder Prinzipien des Staatsrechts.
Wiesbaden 2008.

Rücker, August: Rücker, in: [Eduard Hitzig]/[Karl Büchner] (Hg.): Verzeichniss im Jahre
1825 in Berlin lebender Schriftsteller und ihrer Werke. Aus den von ihnen selbst entworfenen oder revidirten Artikeln zusammengestellt und zu einem milden Zwecke
herausgegeben. Berlin 1826, S. 225.

Rueda, Ana: Heroísmo femenino, memoria y ficción: la Guerra de la Independencia, in: Vanderbilt e-Journal of Luso-Hispanic Studies 5, 9.4.2009, https://ejournals.library. vanderbilt.edu/index.php/lusohispanic/article/view/3235 (acc. 31.10.2014).

Ruof, Friedrich: Johann Wilhelm von Archenholtz. Ein deutscher Schriftsteller zur Zeit der Französischen Revolution und Napoleons (1741-1812). (Historische Studien, Bd. 131). Berlin 1915.

Ruppert, Andreas: Historische und Reiseliteratur zur Iberia in der Fürstlichen Bibliothek Corvey, in: Corvey-Journal. Mitteilungen aus dem Projekt Fürstliche Bibliothek Corvey 4, H. 3 (1992), S. 35-43.

Ruppert, Andreas: Zum Spanienbild in der deutschen Unterhaltungsliteratur 1800-1850, in: Corvey-Journal. Mitteilungen aus dem Projekt Fürstliche Bibliothek Corvey 4, H. 3 (1992), S. 5-15.

Rüster, Detlef: Alte Chirurgie. Von der Steinzeit bis zum 19. Jahrhundert. 4. überarb. Aufl., Berlin 1999, hier S. 249-255.

Rutz, Andreas: Ego-Dokument oder Ich-Konstruktion? Selbstzeugnisse als Quellen zur Erforschung des frühneuzeitlichen Menschen, in: Zeitenblicke 1, H. 2, 20.12.2002, http://www.zeitenblicke.de/2002/02/rutz/index.html (acc. 6.5.2013).

Salas Ausens, J. A.: Los colonos de Sierra Morena a finales del siglo XVIII, in: Miguel Avilés Fernández/Guillermo Sena Medina (Hg.): Nuevas poblaciones en la España moderna. Córdoba 1991, S. 193-200.

Salmen, Walter: Tanz im 19. Jahrhundert, in: Werner Bachmann (Hg.): Musikgeschichte in Bildern. Bd. 4. Leipzig 1989, 178.

Sánchez Lora, José L.: Religiosidad popular: un concepto equívoco, in: Eliseo Serrano Martín (Hg.): Muerte, Religiosidad y Cultura Popular. Siglos XIII-XVIII (Publicación ... de la Institución Fernando el Católico, organismo autónomo de la Excm. Diputación de Zaragoza, Bd. 1640). Zaragoza 1994, S. 65-79.

Sánchez Madrid, Vicente: El servicio de farmacia en hospitales militares españoles, Madrid 1995, http://webs.ucm.es/BUCM/tesis/19911996/D/1/AD1029701.pdf (acc. 13.9.2013).

Sander, Sabine: Handwerkschirurgen. Sozialgeschichte einer verdrängten Berufsgruppe. (Kritische Studien zur Geschichtswissenschaft, Bd. 83). Göttingen 1989.

Sandgruber, Roman: Schokolade. Von der Götterspeise zum Massenprodukt, in: BEZG 63, H. 1/1 (2001), S. 38-45.

Sauer, Paul: Napoleons Adler über Württemberg, Baden und Hohenzollern. Südwestdeutschland in der Rheinbundzeit. Stuttgart u. a. 1987, hier S. 255-260.

Schaar, Sebastian: Wahrnehmung des Weltkrieges. Selbstzeugnisse Königlich Sächsischer Offiziere 1914 bis 1918. (Zeitalter der Weltkriege, Bd. 11). Paderborn 2014.

Scharfe, Martin: Evangelische Andachtsbilder. Studien zu Intention und Funktion des Bildes in der Frömmigkeitsgeschichte vornehmlich des schwäbischen Raumes.

(Veröffentlichungen des staatlichen Amtes für Denkmalpflege Stuttgart, Reihe C: Volkskunde, Bd. 5). Stuttgart 1968.

Scharfe, Martin: Soll und kann die Forschung subjektiver Frömmigkeit das Ziel volkskundlich kulturwissenschaftlicher Tätigkeit sein?, in: Ruth-Elisabeth Mohrmann (Hg.): Individuum und Frömmigkeit. Volkskundliche Studien zum 19. und 20. Jahrhundert (Beiträge zur Volkskultur in Nordwestdeutschland, Bd. 96). Münster 1997, S. 145-151.

Scharff, Thomas: Seelenrettung und Machtinszenierung. Sinnkonstruktionen der Folter im krichlichen Inquisitionsverfahren des Mittelalters, in: Peter Burschel u. a. (Hg.): Das Quälen des Körpers. Eine historische Anthropologie der Folter. Köln 2000, S. 151-169.

Scheffler, Thomas: Kränkung und Gewalt. Ehre und Blasphemie als Sicherheitsprobleme der Weltgesellschaft, in: Wolfgang Palaver u. a. (Hg.): Westliche Moderne, Christentum und Islam. Gewalt als Anfrage an monotheistische Religionen (Edition Weltordnung, Religion, Gewalt, Bd. 2). 1. Aufl., Innsbruck 2008, S. 29-58.

Schenk, Frithjof B.: Mental Maps. Die Konstruktion von geographischen Räumen in Europa seit der Aufklärung, in: GG 28, H. 3 (2002), S. 493-514.

Schilling, René: Der Körper des „Helden". Deutschland 1813-1945, in: Susanne Conze (Hg.): Körper macht Geschichte – Geschichte macht Körper. Körpergeschichte als Sozialgeschichte. Bielefeld 1999, S. 119-140.

Schlögl, Rudolf: Katholische Kirche, Religiosität und gesellschaftlicher Wandel. Rheinisch-westfälische Städte 1750-1830, in: Wolfgang Schieder (Hg.): Religion und Gesellschaft im 19. Jahrhundert (Industrielle Welt. Schriftenreihe des Arbeitskreises für Moderne Sozialgeschichte, Bd. 54). Stuttgart 1993, S. 86-112.

Schlögl, Rudolf: Alter Glaube und moderne Welt. Europäisches Christentum im Umbruch. 1750-1850. (S. Fischer Geschichte). Frankfurt am Main 2013.

Schmid, Alois: Spanien. Johann Kaspar von Thürriegel (1722-1795) und seine Kolonie in der Sierra Morena, in: Alois Schmid/Katharina Weigand (Hg.): Bayern mitten in Europa. Vom Frühmittelalter bis ins 20. Jahrhundert. München 2005, S. 228-241.

Schmidt, Peer: Die Privatisierung des Besitzes der toten Hand in Spanien. Die Säkularisation unter König Karl IV. in Andalusien (1798-1808). (VSWG, BEIHEFT 90). Stuttgart 1990.

Schmidt, Peer: Tortur als Routine. Zur Theorie und Praxis der römischen Inquisition in der frühen Neuzeit, in: Peter Burschel u. a. (Hg.): Das Quälen des Körpers. Eine historische Anthropologie der Folter. Köln 2000, S. 201-215.

Schmidt, Peer: Der Guerrillero. Die Entstehung des Partisanen in der Sattelzeit der Moderne. Eine atlantische Perspektive 1776-1848 in: GG 29, H. 2 (2003), S. 161-190.

Schmidt, Peer: Absolutismus und Aufklärung. Die Bourbonen im 18. Jahrhundert, in: Peer Schmidt (Hg.): Kleine Geschichte Spaniens (Schriftenreihe bpb, Bd. 527). Lizenzausg., Bonn 2005, S. 209-251.

Schmidt, Rudolf: Deutsche Buchhändler, Deutsche Buchdrucker. Beiträge zu einer Firmengeschichte des deutschen Buchgewerbes. Bd. 3, in: Mark Lehmstedt (Hg.): Geschichte des deutschen Buchwesens (Digitale Bibliothek, Bd. 26). Digit. Fass. der Orig.-Ausg. 6 Bde. 1902-1908, Berlin 2004.

Schmidt-Funke, Julia A.: Die 1830er Revolution als europäisches Medienereignis, in: EGO, 23.2.2011, http://www.ieg-ego.eu/schmidtfunkej-2011-de (acc. 5.7.2012).

Schmiedel, David: „Du sollst nicht morden". Selbstzeugnisse christlicher Wehrmachts-soldaten aus dem Vernichtungskrieg gegen die Sowjetunion. Frankfurt u. a. 2017.

Schmölders, Claudia: Das Vorurteil im Leibe. Eine Einführung in die Physiognomik. Berlin 1995.

Schneider, Erich: Das Bild der Französischen Revolutionsarmee (1792-1795) in der zeitgenössischen deutschen Publizistik, in: Jürgen Voss (Hg.): Deutschland und die Französische Revolution. 17. Deutsch-Französisches Historikerkolloquium des Deutschen Historischen Instituts Paris (Bad Homburg 29. September - 2. Oktober 1981) (Beihefte der Francia, Bd. 12). München 1983, S. 194-213.

Schneider, Franz: Pressefreiheit und politische Öffentlichkeit. Studien zur politischen Geschichte Deutschlands bis 1848. (Politica. Abhandlungen und Texte zur politischen Wissenschaft, Bd. 24). 1. Aufl., Neuwied 1966, hier S. 171-274, 289-312.

Schnipperges, Heinrich: Homo Patiens. Zur Geschichte des kranken Menschen. München u. a. 1985, hier S. 101-123.

Schön, Erich: Der Verlust der Sinnlichkeit oder Die Verwandlung des Lesers. Mentali-tätswandel um 1800. (Sprache und Geschichte, Bd. 12). Stuttgart 1987.

Schön, Erich: Geschichte des Lesens, in: Bodo Franzmann u. a. (Hg.): Handbuch Lesen. Im Auftrag der Stiftung Lesen und Deutsche Literaturkonferenz. München 1999, S. 1-58.

Schöner, Erich: Das Viererschema in der antiken Humoralpathologie. (Sudhoffs Archiv für Geschichte der Medizin und der Naturwissenschaften. Beiheft 4). Wiesbaden 1964, hier S. 86-100.

Schormann, Michael H.: Vorgeschichte und politische Zusammenhänge der Personal-union, in: Heide N. Rohloff (Hg.): Großbritannien und Hannover. Die Zeit der Personalunion 1714-1837. Frankfurt am Main 1989, S. 25-59.

Schössler, Dietmar: Carl von Clausewitz. Mit Selbstzeugnissen und Bilddokumenten. (Rowohlts Monographien, Bd. 448). Reinbek bei Hamburg 1991.

Schottenloher, Karl/Binkowski, Johannes: Flugblatt und Zeitung. Ein Wegweiser durch das gedruckte Tagesschrifttum. Bd. 1: Von den Anfängen bis zum Jahre 1848. (Biblio-thek für Kunst- und Antiquitätenfreunde, Bd. 21). Nachdr. aus der Erstausg. Berlin, R. C. Schmidt, 1922, München 1985, hier S. 341- 373.

Schramm, Manuel: Die Entstehung der modernen Landschaftswahrnehmung (1580-1730), in: HZ 287, H. 1 (2008), S. 37-59.

Schreiber, Heinrich: Freiburg im Breisgau mit seinen Umgebungen. Geschichte und Beschreibung. Freiburg im Breisgau 1825, hier S. 365-366.

Schultz, Hans-Dietrich: Raumkonstrukte der klassischen deutschsprachigen Geographie des 19./20. Jahrhunderts im Kontext ihrer Zeit. Ein Überlick, in: GG 28, H. 3 (2002), S. 339-342.

Schulze, Friedrich: Der Deutsche Buchhandel und die geistigen Strömungen der letzten hundert Jahre. in: Mark Lehmstedt (Hg.): Geschichte des deutschen Buchwesens (Digitale Bibliothek, Bd. 26). Digit. Fass. d. Orig.-Ausg. 1925, Berlin 2004.

Schulze, Winfried: Ego-Dokumente: Annäherung an den Menschen in der Geschichte? Vorüberlegungen für die Tagung „Ego-Dokumente", in: Winfried Schulze (Hg.): Ego-Dokumente. Annäherung an den Menschen in der Geschichte (Selbstzeugnisse der Neuzeit, Bd. 2). Berlin 1996, S. 11-30.

Schütz, Alfred: Der Fremde, in: Arvid Brodersen (Hg.): Gesammelte Aufsätze: Alfred Schütz, Bd. 2: Studien zu soziologischen Theorie. Den Haag 1972, S. 53-69.

Schwemmer, Oswald: Die kulturelle Existenz des Menschen. Berlin 1997.

Schwerdt, Wolfgang: Vampire, Wiedergänger und Untote. Auf der Spur der lebenden Toten. (Kleine Kulturgeschichten). Berlin 2011.

Schwertfeger, Bernhard: Geschichte der Königlich Deutschen Legion 1803-1816. Bd. 2. Hannover u. a. 1907.

Schwertfeger, Bernhard: Geschichte der Königlich Deutschen Legion 1803-1816. Bd. 1. Hannover u. a. 1907.

Scotti-Douglas, Vittorio: Regulating the Irregulars. Spanish Legislation on la guerilla during the Peninsular War, in: Charles J. Esdaile (Hg.): Popular Resistance in the French Wars Patriots, Partisans and Land Pirates. Basingstoke u. a. 2005, S. 137-160.

Segeberg, Harro: Die literarisierte Reise im späten 18. Jahrhundert. Ein Beitrag zur Gattungstypologie, in: Wolfgang Griep/Hans-Wolf Jäger (Hg.): Reise und soziale Realität am Ende des 18. Jahrhunderts (Neue Bremer Beiträge, Bd. 1). Heidelberg 1983, S. 14-31.

Sellin, Volker: Mentalitäten und Sozialgeschichte, in: Wolfgang Schieder/Volker Sellin (Hg.): Sozialgeschichte in Deutschland. Entwicklungen und Perspektiven im internationalen Zusammenhang (Kleine Vandenhoeck-Reihe, Bd. 1523). Göttingen 1987, S. 101-121.

Severin-Barboutie, Bettina: Vom freiwilligen Söldner zum wehrpflichtigen Untertan. Militärische Massenmobilisierung im Königreich Westphalen, in: Michael Eissenhauer/Jörg Westerburg (Hg.): König Lustik!? Jérôme Bonaparte und der Modellstaat Königreich Westphalen (Kataloge der Museumslandschaft Hessen Kassel). Kassel 2008, S. 120-126.

Shortland, Micheal: The Power of a Thousand Eyes: Johann Caspar Lavater's Science of Physiognomical Perception, in: Criticism 28, H. 4 (1986), S. 379-408.

Showalter, Dennis: Lancers, in: James C. Bradford (Hg.): International Encyclopedia of Military History. Bd. 2. New York u. a. 2006, S. 740.

Siemer, Antje: „Moi, toujours moi rien que moi" – Zu einigen Facetten des Napoleonbildes in der deutschen Publizistik, in: Holger Böning (Hg.): Französische Revolution und deutsche Öffentlichkeit. Wandlungen in Presse und Alltagskultur am Ende des achtzehnten Jahrhunderts (Deutsche Presseforschung, Bd. 28). München 1992, S. 309-322.

Sigerist, Henry E.: The Story of Tarantism, in: Dorothy Schullian/Max Schoen (Hg.): Music and Medicine. New York 1948, S. 96-116.

Sikora, Michael: Desertion und nationale Mobilmachung. Militärische Verweigerung 1792-1813, in: Ulrich Bröckling/Michael Sikora (Hg.): Armeen und ihre Deserteure. Vernachlässigte Kapitel einer Militärgeschichte der Neuzeit (Sammlung Vandenhoeck). Göttingen 1998, S. 112-140.

Simmel, Georg: Exkurs über den Fremden, in: Otthein Rammstedt (Hg.): Gesamtausgabe: Georg Simmel. Bd. 11: Soziologie: Untersuchungen über die Formen der Vergesellschaftung. 1. Aufl., Frankfurt am Main 1992, S. 764-771.

Simms, Brendan: Britain and Napoleon, in: Philip G. Dwyer (Hg.): Napoleon and Europe (A Pearson Education Book). Harlow u. a. 2001, S. 189-203, 309-311.

Smith, Alan E.: La recepción de la primera edición de "Los desastres de la Guerra" de Goya (marzo, 1863) en el Madrid del joven Galdós, in: Bull. Span. Stud. 86, H. 4 (2009), S. 459-474.

Smolny, Conny: Komm, sanfter Tod, des Schlafes Bruder. Eine Kulturgeschichte des Todes. (Kleine Kulturgeschichten). Berlin 2010, hier S. 12-53.

Soeffner, Hans-Georg: Kulturmythos und kulturelle Realität(en), in: Hans-Georg Soeffner (Hg.): Kultur und Alltag (Soziale Welt, Sonderband 6). Göttingen 1988, S. 3-20.

Sommer, Gert: Feindbilder, in: Gert Sommer/Albert Furchs (Hg.): Krieg und Frieden. Handbuch der Konflikt- und Friedenspsychologie. 1. Aufl., Weinheim 2004, S. 303-316.

Sörries, Reiner: Der weite Weg zum Friedhof – Entwicklung der Friedhofskultur seit 1800, in: Claudia Denk/John Ziesemer (Hg.): Der bürgerliche Tod. Städtische Bestattungskultur von der Aufklärung bis zum frühen 20. Jahrhundert. Internationale Fachtagung des Deutschen Nationalkomitees von ICOMOS in Zusammenarbeit mit dem Bayerischen Nationalmuseum München, 11.-13. November 2005 (ICOMOS: Hefte des Deutschen Nationalkomittees, Bd. 44). Regensburg 2007, S. 8-10.

Sournia, Jean-Charles u. a.: Illustrierte Geschichte der Medizin. Bd. 5. Genehmigte Sonderaufl., Salzburg 1990, hier S. 2870-2905.

Spickernagel, Ellen: „So soll dein Bild auf unsern Fahnen schweben". Kultur und Geschlechterpolitik in der Napoleonischen Ära, in: Jost Dülffer (Hg.):

Kriegsbereitschaft und Friedensordnung in Deutschland 1800-1814 (Jahrbuch für historische Friedensforschung, Bd. 3). Münster u. a. 1995, S. 155-169.

Stadler, Ulrich: Der gedoppelte Blick und die Ambivalenz des Bildes in Lavaters Physiognomischen Fragmenten zur Beförderung der Menschenkenntniß und Menschenliebe, in: Claudia Schmölders (Hg.): Der exzentrische Blick. Gespräch über Physiognomik. Berlin 1996, S. 77-92.

Stanzel, Franz K.: Das Nationalitätenschema in der Literatur und seine Entstehung zu Beginn der Neuzeit, in: Günther Blaicher (Hg.): Erstarrtes Denken. Studien zu Klischee, Stereotyp und Vorurteil in englischsprachiger Literatur. Tübingen 1987, S. 84-96.

Stanzel, Franz K.: Europäer. Ein imagologischer Essay. 2. aktual. Aufl., Heidelberg 1998.

Stanzel, Franz K.: Zur literarischen Imagologie. Eine Einführung, in: Franz K. Stanzel (Hg.): Europäischer Völkerspiegel. Imagologisch-ethnographische Studien zu den Völkertafeln des frühen 18. Jahrhunderts. Heidelberg 1999, S. 9-39.

Steinbauer, Eric W.: Vampyrologie für Bibliothekare. Eine kulturwissenschaftliche Lektüre des Vampirs. (Bibliotope, Bd. 1). Hagen, Westf. 2011.

Steinhoff, Hans-Hugo: Briefroman, in: Günther Schweikle/Irmgard Schweikle (Hg.): Metzler Literatur Lexikon. Begriffe und Definitionen. 2. überarb. Aufl., Stuttgart 1990, S. 62-63.

Stella, Alessandro: Amours et désamours à Cadix aux XVIIe et XVIIIe siècles. (Le temps du genre). Toulouse 2008.

Stemmler, Joan K.: The Physiognomical Portraits of Johann Caspar Lavater, in: The Art Bulletin 75, H. 1 (1993), S. 151-168.

Stenger, Horst: Deutungsmuster der Fremdheit, in: Herfried Münkler (Hg.): Furcht und Faszination. Facetten der Fremdheit (Studien und Materialien der Interdisziplinären Arbeitsgruppe: Die Herausforderung durch das Fremde, der Berlin-Brandenburgischen Akademie der Wissenschaften). Berlin 1997, S. 159-221.

Stewart, William E.: Gesellschaftspolitische Tendenzen in der Reisebeschreibung des ausgehenden 18. Jahrhunderts, in: Wolfgang Griep/Hans-Wolf Jäger (Hg.): Reise und soziale Realität am Ende des 18. Jahrhunderts (Neue Bremer Beiträge, Bd. 1). Heidelberg 1983, S. 32-47.

Stöber, Rudolf: Deutsche Pressegeschichte. Von den Anfängen bis zur Gegenwart. (UTB). 2. überab. Aufl., Konstanz 2005, hier S. 305-318.

Stockhorst, Stefanie: Einleitung. Krieg und Frieden im 18. Jahrhundert als Forschungsdesiderat einer Kulturgeschichte der Moderne, in: Stefanie Stockhorst (Hg.): Kriege und Frieden im 18. Jahrhundert. Kulturgeschichtliche Studien. 1. Aufl., Hannover 2015, S. 11-28.

Strauß, Ulrike: Die „Franzosenzeit" (1806-1815), in: Horst-Rüdiger Jarck/Gerhard Schildt (Hg.): Die Braunschweigische Landesgeschichte. Jahrtausendrückblick einer Region. 2. Aufl., Braunschweig 2001, S. 691-712.

Strohmeier, Gerhard/Stekl, Hannes: Wahrnehmung von Landschaft – aktuelle Positionen und Diskurse, in: ÖGL 53, H. 2 (2009), S. 99-100.

Stuart, Alan/Kasprycki, Sylvia S. (Hg.): Auf den Spuren der Irokesen. Berlin 2013.

Stubbe, Hannes: Formen der Trauer. Eine kulturanthropologische Untersuchung. Berlin 1985, hier S. 107-115, 120-125, 205-208.

Stübig, Heinz: Bildung, Militär und Gesellschaft in Deutschland. Studien zur Entwicklung im 19. Jahrhundert. (Studien und Dokumentation zur deutschen Bildungsgeschichte, Bd. 54). Köln u. a. 1994, hier S. 75-88.

Suárez-Pajares, Javier: Bolero, in: Friedrich Blume (Hg.): MGG. Bd. 2, Sachteil. 2. neubearb. Aufl., Kassel 1995, S. 1-7.

Tacke, Charlotte: Denkmal im sozialen Raum. Nationale Symbole in Deutschland und in Frankreich im 19. Jahrhundert. (Kritische Studien zur Geschichtswissenschaft, Bd. 108). Göttingen 1995, hier S. 135-200.

Takeda, Sharon Sadako: Einführung, in: Sharon Sadako Takeda/Kaye Durland Spilker (Hg.): Fashioning Fashion. Europäische Moden 1700-1915. München u. a. 2012, S. 11-14.

Tanner, Jakob: Wie machen Menschen Erfahrungen? Zur Historizität und Semiotik des Körpers, in: Susanne Conze (Hg.): Körper macht Geschichte – Geschichte macht Körper. Körpergeschichte als Sozialgeschichte. Bielefeld 1999, S. 16-34.

Thiel, Erika: Geschichte des Kostüms. Die europäische Mode von den Anfängen bis zur Gegenwart. neugestalt., überarb. und erw. Aufl., Berlin 1980, hier S. 287-330.

Thiele, Gerhard: Gneisenau: Leben und Werk des Königlich-Preußischen Generalfeldmarschalls. Eine Chronik. 2. Aufl., Berlin 2007.

Thielen, Hugo: Helwing, Christian Friedrich, in: Dirk Böttcher u. a. (Hg.): Hannoversches Biographisches Lexikon. Von den Anfängen bis in die Gegenwart. Hannover 2002, S. 162-163.

Tieleman, Teun: Galen, in: Karl-Heinz Leven (Hg.): Antike Medizin. Ein Lexikon. München 2005, S. 315-319.

Tietz, Manfred: Das französische Spanienbild zwischen Aufklärung und Romantik. Inhalte, Funktion und Repliken, in: Komparatistische Hefte 2 (1980), S. 25-41.

Tischler, Matthias M./Fidora, Alexandra (Hg.): Christlicher Norden – Muslimischer Süden. Ansprüche und Wirklichkeit von Christen, Juden und Muslimen auf der Iberischen Halbinsel im Hoch- und Spätmittelalter (Erudiri sapientia. Studien zum Mittelalter und zu seiner Rezeptionsgeschichte, Bd. 7). Münster 2007.

Tölle-Kastenbein, Renate: Antike Wasserkultur. (Beck's archäologische Reihe). München 1990, hier S. 177-186.

Tone, John L.: The Peninsular War, in: Philip G. Dwyer (Hg.): Napoleon and Europe (A Pearson Education Book). 1. Aufl., Harlow u. a. 2001, S. 225-242, 313-315.

Tonn, Horst: Medialisierung von Kriegserfahrungen, in: Georg Schild/Anton Schindling (Hg.): Kriegserfahrungen. Krieg und Gesellschaft in der Neuzeit. Neue Horizonte der Forschung (Krieg in der Geschichte, Bd. 55). Paderborn 2009, S. 109-133.

Trimberg, Hugo v.: Reise, in: Jacob Grimm/Wilhelm Grimm (Hg.): Deutsches Wörterbuch. Bd. 14 (1893), Online-Version, Sp. 718, http://woerterbuchnetz.de/cgi-bin/WBNetz/wbgui_py?sigle=DWB&mode=Vernetzung&lemid=GR03888#XGR03888 (acc. 19.1.2011).

Tröhler, Ulrich/Prüll, Cay-Rüdiger: Hospital, Krankenhauswesen, in: Werner E. Gerabek u. a. (Hg.): Enzyklopädie Medizingeschichte. Berlin u. a. 2005, S. 620-627.

Tsouyopoulos, Nelly: Asklepios und die Philosophen. Paradigmawechsel in der Medizin im 19. Jahrhundert. (Medizin und Philosophie. Beiträge aus der Forschung, Bd. 2). Stuttgart-Bad Cannstatt 2008, hier S. 23-185.

Tuan, Yi-Fu: Space and Place. The Perspective of Experience. 7. Aufl., Minneapolis MN 2011.

Tulard, Jean: Geschichte Frankreichs. Bd. 4: Frankreich im Zeitalter der Revolutionen 1789-1851. Stuttgart 1989.

Umersbach, Viktoria: Im Wald, da sind die Räuber. Eine Kulturgeschichte des Waldes. (Kleine Kulturgeschichten). Berlin 2009, hier S. 65-89.

Unterholzner, Bernhard: Vampire im Habsburgerreich, Schlagzeilen in Preußen, in: Christoph Augustynowicz/Ursula Reber (Hg.): Vampirismus und magia posthuma im Diskurs der Habsburgmonarchie (Austria: Forschung und Wissenschaft/Geschichte, Bd. 6). Wien 2011, S. 89-103.

Unterkircher, Alois: „Medikale Kultur" – zur Geschichte eines Begriffes und zur Einführung in diesen Band, in: bricolage. Innsbrucker Zeitschrift für Europäische Ethnologie 5, H. 5 (2008), S. 7-23.

Uriol Salcedo, José I.: Historia de los caminos de España 2: Siglos XIX y XX. (Colección de ciencias, humanidades e ingeniería, Bd. 41). Madrid 1992, hier S. 1-33.

Vallejo Zamora, José: La Guerra de la Independencia en Tarazona, 1808-1814. (Publicación ... de la Institución Fernando el Católico, organismo autónomo de la Excm. Diputación de Zaragoza, Bd. 2717). Zaragoza 2008.

van den Dunk, H. W.: Over de betekenis van Ego-documenten, in: TvG 83, H. 2 (1970), S. 147-161.

van Dülmen, Richard: Kultur und Alltag in der Frühen Neuzeit. Bd. 1: Das Haus und seine Menschen, 16.-18. Jahrhundert. München 1990, hier S. 215-228.

van Dülmen, Richard: Kultur und Alltag in der Frühen Neuzeit. Bd. 3: Religion, Magie, Aufklärung, 16.-18. Jahrhundert. München 1994, hier S. 137-150.

Vazques Lesmes, Rafael: Panoramica de un proceso artesanal e industrial en las nuevas poblaciones, in: Miguel Avilés Fernández/Guillermo Sena Medina (Hg.): Nuevas poblaciones en la España moderna. Córdoba 1991, S. 161-186.

Verdène, Georges: La torture, les supplices et les peines corporelles et affictives dans la justice allemande. Paris 1906, hier S. 224.

Vereinigung der Freunde des Wehrgeschichtlichen Museums Schloß Rastatt e.V. (Hg.): Unter dem Greifen. Altbadisches Militär von der Vereinigung der Markgrafschaften bis zur Reichsgründung 1771-1871. Karlsruhe 1984.

Vicens Vives, Jaime u. a. (Hg.): Historia social y económica de España y America. Bd. 5: Burguesia, industrialización, obrerismo. Los siglos XIX y XX. America Independiente. Barcelona 1961.

Vidal Manzanares, César: España contra el invasor francés. 1808. (Atalaya, Bd. 303). Barcelona 2008.

Vizuete Mendoza, Carlos J.: Los antiguos colegios. Universidad de Toledo y Almagro (siglos XVI-XIX). (Ediciones Institutiocionales, Bd. 84). Cuenca 2010.

Voigtländer, Lutz: Vom Leben und Überleben in Gefangenschaft. Selbstzeugnisse von Kriegsgefangenen 1757 bis 1814. Freiburg im Breisgau 2005, hier S. 7-15, 167-227, 291-306.

Voß, Rudolph: Der Tanz und seine Geschichte. Eine kulturhistorisch-choreographische Studie. Mit einem Lexikon der Tänze. Erfurt 1868, hier S. 57-61, 284-288, 312-317.

Wagner, Thomas: Irokesen und Demokratie. Ein Beitrag zu Soziologie interkultureller Kommunikation. (Kulturelle Identität und politische Selbstbestimmung in der Weltgesellschaft, Bd. 10). Münster 2004.

Waldenfels, Bernhard: Das Eigene und das Fremde, in: DZPh 43, H. 4 (1995), S. 611-620.

Waldenfels, Bernhard: Phänomenologie des Eigenen und des Fremden, in: Herfried Münkler (Hg.): Furcht und Faszination. Facetten der Fremdheit (Studien und Materialien der Interdisziplinären Arbeitsgruppe: Die Herausforderung durch das Fremde, der Berlin-Brandenburgischen Akademie der Wissenschaften). Berlin 1997, S. 65-83.

Walter, François: Les figures paysagères de la nation. Territoire et paysage en Europe (16e-20e siècle). (Civilisations et sociétés, Bd. 118). Paris 2004, hier S. 35-78.

Weber, Max: Wirtschaft und Gesellschaft. (Hauptwerke großer Denker). Paderborn 2006.

Weber, Max: Die protestantische Ethik und der Geist des Kapitalismus. (Wort-Schätze). Reprint, Erfstadt 2007.

Wechmar, Karl: Handbuch für Baden und seine Diener oder Verzeichnis aller badischen Diener vom Jahr 1790 bis 1840, nebst Nachtrag bis 1845. Von einem ergrauten Diener und Vaterlandsfreund. Heidelberg 1846, hier S. 67, 305.

Weech, Friedrich von: Karl Friedrich, in: Historische Kommission bei der bei der Königlichen Akademie der Wissenschaften (Hg.): ADB. Bd. 15 (1882), Online-Version, S. 241-248, https://www.deutsche-biographie.de/pnd118560166.html#adbcontent (acc. 14.7.2012).

Wehler, Hans-Ulrich: Deutsche Gesellschaftsgeschichte. Bd. 1: Vom Feudalismus des Alten Reiches bis zur defensiven Modernisierung der Reformära 1700-1815. Studienausgabe, München 2008.

Wehling, Hans-Georg: Baden-Württemberg in der Geschichte, in: Werner Künzel/ Werner Rellecke (Hg.): Geschichte der deutschen Länder. Entwicklungen und

Traditionen vom Mittelalter bis zur Gegenwart (Schriftenreihe bpb, Bd. 723). Überarb. Neuaufl., Lizenzausg., Bonn 2008, S. 35-58.

Weigelt, Horst: Johann Kaspar Lavater. Leben, Werk und Wirkung. (Kleine Vandenhoeck-Reihe, Bd. 1556). Göttingen 1991.

Weiß, Joseph: Die deutsche Kolonie an der Sierra Morena und ihr Gründer Johann Kaspar von Thürriegel, ein bayerischer Abenteurer des 18. Jahrhunderts. Ein Beitrag zur Geschichte unseres Volkstums im Auslande. (Vereinsschrift/ Görres-Gesellschaft zur Pflege der Wissenschaft im Katholischen Deutschland, Bd. 1). Köln 1907.

Weiß, Philipp: Eine kleine Geschichte des Sarges, in: Stiftung Zentralinstitut und Museum für Sepulkralkultur (Hg.): Vom Totenbaum zum Designersarg. Zur Kulturgeschichte des Sarges von der Antike bis zur Gegenwart. 2. unveränd. Aufl., Kassel 1994, S. 10-22.

Welzer, Harald: Das kommunikative Gedächtnis. Eine Theorie der Erinnerung. (Becksche Reihe, Bd. 1669). 2. Aufl., München 2008.

Wentzlaff-Eggebert, Harald: Wie schrieb man in Deutschland über die spanische Inquisition? Von Zedlers großem vollständigen Universal-Lexikon (1735) zu Ersch/ Grubers Allgemeiner Encyclopädie (1840), in: Margit Raders/Luisa M. Schilling (Hg.): Deutsch-Spanische Literatur- und Kulturbeziehungen Rezeptionsgeschichte. Madrid 1995, S. 103-122.

Whiton, Helga B.: Der Wandel des Polenbildes in der deutschen Literatur des 19. Jahrhunderts. (German Studies in America, Bd. 40). Bern u. a. 1981.

Wiegmann, W. (Hg.): Franzosenzeit und Befreiungskriege. Zur Geschichte des Fürstentums Schaumburg-Lippe 1807-1815. Stadthagen 1915.

Will, Alexander: Grenzerfahrungen beim Waffenbruder. Offiziere der Mittelmächte im Orient 1914-1918, in: Sabine Penth u. a. (Hg.): Die Grenzen Europas. St. Ingbert 2006, S. 141-155.

Windler, Christian: Religiöse Minderheiten im christlichen Spanien, in: Peer Schmidt (Hg.): Kleine Geschichte Spaniens (Schriftenreihe bpb, Bd. 527). Lizenzausg., Bonn 2005, S. 103-121.

Winter, Sascha: Zwischen Kirche und Friedhof. Der Landschaftsgarten als Bestattungs- und Erinnerungsort um 1800, in: Claudia Denk/John Ziesemer (Hg.): Der bürgerliche Tod. Städtische Bestattungskultur von der Aufklärung bis zum frühen 20. Jahrhundert. Internationale Fachtagung des Deutschen Nationalkomitees von ICOMOS in Zusammenarbeit mit dem Bayerischen Nationalmuseum München, 11.-13. November 2005 (ICOMOS: Hefte des Deutschen Nationalkomitees, Bd. 44). Regensburg 2007, S. 132-143.

Wittmann, Reinhard: Geschichte des deutschen Buchhandels. in: Mark Lehmstedt (Hg.): Geschichte des deutschen Buchwesens (Digitale Bibliothek, Bd. 26). Digit. Fass. d. Orig.Ausg. 1999, Berlin 2004.

Wohlfeil, Rainer: Spanien und die deutsche Erhebung. 1808-1814. Wiesbaden 1965.

Wohlfeil, Rainer: Der Volkskrieg im Zeitalter Napoleons, in: Wolfgang Groote/Klaus-Jürgen Müller (Hg.): Napoleon I. und das Militärwesen seiner Zeit. 1. Aufl., Freiburg i. B. 1968, S. 105-128.

Wohlfeil, Rainer: Das Spanienbild der Süddeutschen Frühliberalen, in: Johannes Bährmann u. a. (Hg.): Festschrift Ludwig Petry, Bd. 1 (Geschichtliche Landeskunde, Bd. 5). Wiesbaden 1968, S. 109-150.

Wohlfeil, Rainer: Vom Stehenden Heer des Absolutismus zur allgemeinen Wehrpflicht (1789-1814), in: Friedrich Forstmeier u. a. (Hg.): Deutsche Militärgeschichte in sechs Bänden: 1648-1939, Bd. 1, Abschn. 2. Herrsching, München 1983, S. 9-212.

Woitas, Monika Fandango, in: Friedrich Blume (Hg.): MGG. Bd. 3, Sachteil. 2. neubearb. Aufl., Kassel 1995, S. 308-315.

Woźniakowski, Jacek: Die Wildnis. Zur Deutungsgeschichte des Berges in der europäischen Neuzeit. 1. Aufl., Frankfurt am Main 1987.

Wülfing, Wulf: Reiseliteratur und Realitäten im Vormärz. Vorüberlegungen zu Schemata und Wirklichkeitsfindung im frühen 19. Jahrhundert, in: Wolfgang Griep/Hans-Wolf Jäger (Hg.): Reise und soziale Realität am Ende des 18. Jahrhunderts (Neue Bremer Beiträge, Bd. 1). Heidelberg 1983, S. 371-394.

Wunder, Bernd: Europäische Geschichte im Zeitalter der Französischen Revolution. Stuttgart 2001.

Wunderlich, Peter: Das Collegium medico-chirurgum zu Dresden (1748-1814), in: Georg Harig (Hg.): Chirurgische Ausbildung im 18. Jahrhundert (Abhandlungen zur Geschichte der Medizin und der Naturwissenschaften, Bd. 57). Husum 1990, S. 181-191.

Wunderlich, Uli: Der Tanz um den Toten im Sarg – Zeugnisse für einen Begräbnisritus in Spanien, in: Barbara Börngässer u. a. (Hg.): Grabkunst und Sepulkralkultur in Spanien und Portugal (Ars Iberica et Americana, Bd. 11). Frankfurt am Main u. a. 2006, S. 475-494.

Zacharasiewicz, Waldemar: Die Klimatheorie in der englischen Literatur und Literaturkritik. Von der Mitte des 16. bis zum frühen 18. Jahrhundert. (Wiener Beiträge zur Englischen Philologie, Bd. 77). Wien u. a. 1977, hier S. 1-230.

Zacharasiewicz, Waldemar: Klimatheorie und Nationalcharakter auf der „Völkertafel", in: Franz K. Stanzel (Hg.): Europäischer Völkerspiegel. Imagologisch-ethnographische Studien zu den Völkertafeln des frühen 18. Jahrhunderts. Heidelberg 1999, S. 119-137.

Zagolla, Robert: Im Namen der Wahrheit. Folter in Deutschland vom Mittelalter bis heute. Berlin 2006, hier S. 95-101, 118-119.

Zimmermann, Christian von: Reiseberichte und Romanzen. Kulturgeschichtliche Studien zur Perzeption und Rezeption Spaniens im deutschen Sprachraum des 18. Jahrhunderts. (Frühe Neuzeit, Bd. 38). Tübingen 1997.

Zimmermann, Christian von: „... fast fremder als Japan und manche entfernte Reiche ..." Die Aufklärung in Spanien und Portugal im Blick der deutschen Reisenden, in: Christoph Frank/Sylvaine Hänsel (Hg.): Spanien und Portugal im Zeitalter der Aufklärung. Internationales Symposium der Carl-Justi-Vereinigung und des Forschungszentrums Europäische Aufklärung Potsdam, 19.-22. Februar 1998 (Ars Iberica et Americana: kunsthistorische Studien der Carl-Justi-Vereinigung, Bd. 8). Frankfurt am Main u. a. 2002, S. 123-136.

Zimmermann, Harro: Klopstock, Friedrich Gottlieb, in: Bernd Lutz (Hg.): Metzler-Autoren-Lexikon. Deutschsprachige Dichter und Schriftsteller vom Mittelalter bis zur Gegenwart. Stuttgart 1986, S. 365-369.

Zurita Aldeguer, Rafael: Suchet en España. Guerra y sociedad en las tierras del sur valenciano (1812-1814). (Colección Adalid, Bd. 65). Madrid 2015.

Zürn, Guntram: Reisebeschreibungen Italiens und Frankreichs im Morgenblatt für gebildete Stände (1830-1850). (Europäische Hochschulschriften: Reihe 18, Vergleichende Literaturwissenschaft, Bd. 119). Frankfurt am Main u. a. 2008.

Zwierlein, Cornelia: Natur/ Kultur-Grenzen und die Frühe Neuzeit. Transcodierung von Natur, Klimatheorie und biokulturelle Grenzen, in: Christine Roll u. a. (Hg.): Grenzen und Grenzüberschreitungen. Bilanz und Perspektiven der Frühneuzeitforschung (Früneuzeit-Impluse, Bd. 1). Köln u. a. 2010, S. 25-49.

Stichwortverzeichnis